Honores inauditi

Cultural Interactions
in the Mediterranean

Editor in Chief

Floris van den Eijnde, *Utrecht University*

Editorial Board

David Abulafia, *Cambridge University*
Diederik Burgersdijk, *Radboud University*
Ingela Nilsson, *Uppsala University*
Rolf Strootman, *Utrecht University*

VOLUME 6

The titles published in this series are listed at *brill.com/cim*

Honores inauditi

Ehrenstatuen in öffentlichen Räumen Siziliens
vom Hellenismus bis in die Spätantike

von

Rebecca J. Henzel

BRILL

LEIDEN | BOSTON

Umschlagbild: Ansicht der Agora von Morgantina von Westen, photo credit: Autorin. /
Cover illustration: View of the Agora of Morgantina from the west, photo credit: the author.

Library of Congress Cataloging-in-Publication Data

Names: Henzel, Rebecca J., author.
Title: Honores inauditi : Ehrenstatuen in öffentlichen Räumen Siziliens
    vom Hellenismus bis in die Spätantike / von Rebecca J. Henzel.
Other titles: Ehrenstatuen in öffentlichen Räumen Siziliens vom
    Hellenismus bis in die Spätantike
Description: Leiden ; Boston : Brill, 2022. | Series: Cultural interactions
    in the Mediterranean, 2405–4771 ; vol. 6 | Includes bibliographical
    references and index.
Identifiers: LCCN 2021059538 (print) | LCCN 2021059539 (ebook) |
    ISBN 9789004504639 (hardback) | ISBN 9789004504646 (ebook)
Subjects: LCSH: Sicily (Italy)—Antiquities. | Monuments—Social aspects
    —Italy—Sicily—History. | Portrait sculpture, Greco-Roman—Italy—Sicily. |
    Inscriptions—Italy—Sicily—History. | Sicily (Italy)—Civilization—To 800.
Classification: LCC DG55.S5 H46 2022 (print) | LCC DG55.S5 (ebook) |
    DDC 937/.8—dc23/eng/20220105
LC record available at https://lccn.loc.gov/2021059538
LC ebook record available at https://lccn.loc.gov/2021059539

Typeface for the Latin, Greek, and Cyrillic scripts: "Brill". See and download: brill.com/brill-typeface.

ISSN 2405-4771
ISBN 978-90-04-50463-9 (hardback)
ISBN 978-90-04-50464-6 (e-book)

Copyright 2022 by Rebecca J. Henzel. Published by Koninklijke Brill NV, Leiden, The Netherlands.
Koninklijke Brill NV incorporates the imprints Brill, Brill Nijhoff, Brill Hotei, Brill Schöningh, Brill Fink,
Brill mentis, Vandenhoeck & Ruprecht, Böhlau and V&R unipress.
zugl.: Freie Universität Berlin, Diss.; 2019
Koninklijke Brill NV reserves the right to protect this publication against unauthorized use. Requests for
re-use and/or translations must be addressed to Koninklijke Brill NV via brill.com or copyright.com.

This book is printed on acid-free paper and produced in a sustainable manner.

Meinen Eltern

Inhaltsverzeichnis

Danksagung XI
Abbildungsverzeichnis XIII

1 **Einleitung** 1
  1.1 Thema 2
  1.2 Forschungsstand 4
  1.3 Geschichte Siziliens 9
  1.4 Zielsetzung 10
  1.5 Methodik zur Analyse fragmentarischer Befunde 12
    1.5.1 *Archäologische und epigraphische Quellen* 12
    1.5.2 *Literarische Quellen* 22
    1.5.3 *Sichtbarkeit der Statuenmonumente* 22
  1.6 Aufbau der Arbeit 24

2 **Fallbeispiele** 26
  2.1 Fallbeispiel Morgantina 26
    2.1.1 *Die Statuenmonumente* 28
    2.1.2 *Chronologische Auswertung* 32
    2.1.3 *Aufstellungsorte* 32
    2.1.4 *Zusammenfassung* 33
  2.2 Fallbeispiel Solunt 34
    2.2.1 *Die Agora* 36
    2.2.2 *Statuenmonumente* 37
    2.2.3 *Sozial-historische Auswertung der Inschriften* 41
    2.2.4 *Chronologische Entwicklung* 43
    2.2.5 *Aufstellungsorte* 45
    2.2.6 *Zusammenfassung* 46
  2.3 Fallbeispiel Halaesa 47
    2.3.1 *Materialgrundlage* 48
    2.3.2 *Die Statuenbasen und Statuen* 60
    2.3.3 *Die sozial-historische Auswertung der Inschriften* 61
    2.3.4 *Aufstellungsorte* 64
    2.3.5 *Chronologische Entwicklung* 66
    2.3.6 *Zusammenfassung* 69
  2.4 Resümee der Fallbeispiele 69
    2.4.1 *Chronologische Entwicklung* 69
    2.4.2 *Typenspektrum und Material* 70

VIII INHALTSVERZEICHNIS

2.4.3 *Aufstellung der Statuenmonumente* 70

2.4.4 *Sozial-historischer Kontext* 71

3 Hellenismus – Genese der griechisch-römischen Ehrenpraxis 72

3.1 Literarische Quellen 72

3.1.1 *Ciceros Reden gegen Verres* 72

3.1.2 *Das halaesinische Dekret* 74

3.2 Archäologische Quellen 75

3.2.1 *Quaderbasen* 75

3.2.2 *Orthostatenbasen* 77

3.2.3 *Nischenbasen* 79

3.2.4 *L-förmige Basen* 80

3.2.5 *Andere Monumente* 80

3.2.6 *Exedren* 81

3.2.7 *Material der Statuenbasen* 82

3.3 Die Statuen 83

3.3.1 *Material der Statuen* 84

3.4 Die Inschriften der Statuenbasen 86

3.4.1 *Zur Sprache der Inschriften* 87

3.4.2 *Zur Datierung der Inschriften* 87

3.5 Sozial-historische Auswertung der Inschriften 88

3.5.1 *Geehrte* 90

3.5.2 *Stifter* 93

3.6 Der Kontext der Ehrenpraxis 94

3.7 Die Aufstellungsorte der Ehrenstatuen 97

3.7.1 *Außenräume* 100

3.7.2 *Innenräume* 102

3.7.3 *Auswertung der Aufstellungsorte: Die unterschiedlichen Aspekte von Sichtbarkeit* 104

3.8 Chronologische Entwicklung 106

3.8.1 *Genese der Ehrenpraxis in Sizilien* 106

3.8.2 *Entwicklung der Ehrenpraxis ab dem 2. Jh. v. Chr.* 109

3.8.3 *Gründe für das späte Aufkommen von Ehrenstatuen* 110

3.8.4 *Honores inauditi? Cicero und die Statuenmonumente* 112

4 Kaiserzeit – Festigung der Ehrenpraxis 114

4.1 Literarische Quellen 115

4.2 Archäologische Quellen 116

4.2.1 *In situ-Befunde* 116

4.2.2 *Ex situ-Befunde* 117

INHALTSVERZEICHNIS IX

4.2.3 *Statuen* 121

4.2.4 *Chronologische Verteilung* 124

4.3 Inschriften nicht-kaiserlicher Personen 125

4.4 Sozial-historische Auswertung der nicht-kaiserlichen Ehreninschriften 127

4.4.1 *Geehrte* 131

4.4.2 *Stifter* 134

4.4.3 *Anlässe für Statuenaufstellungen* 135

4.5 Das Kaiserhaus als Empfänger von öffentlich aufgestellten Statuenmonumenten 136

4.5.1 *Die kaiserliche Familie: Statuenbasen und Porträtköpfe* 140

4.5.2 *Die Inschriften kaiserlicher Statuenbasen* 142

4.5.3 *Die Stifter kaiserlicher Statuen* 143

4.5.4 *Anlässe für die Errichtung kaiserlicher Statuen* 144

4.5.5 *Kaiserkult in Sizilien* 145

4.5.6 *Chronologische und geographische Verteilung der kaiserlichen Monumente* 148

4.6 Aufstellungsorte kaiserzeitlicher Statuenmonumente 150

4.6.1 *Aufstellung der Statuenmonumente anhand von in situ-Befunden* 151

4.6.2 *Aufstellungsmöglichkeiten der Statuenmonumente anhand von ex situ-Befunden* 153

4.7 Die Sichtbarkeit der Statuenmonumente 157

4.8 Chronologische Entwicklung 158

4.8.1 *Frühe Kaiserzeit* 158

4.8.2 *Die Zeit der Adoptivkaiser* 158

4.8.3 *Die Severische Epoche* 159

4.8.4 *Das 3. Jh. n. Chr.* 160

4.9 Zusammenfassung und Einordnung 161

4.10 Kontextualisierung der Ergebnisse 165

5 **Spätantike – das Ende der Ehrenstatuen in Sizilien** 168

5.1 Die Statuenbasen 170

5.2 Die Statuen 172

5.2.1 *Das Material der Statuen* 174

5.3 Wiederverwendung von Statuenbasen und Skulptur 174

5.4 Die Inschriften der Statuenmonumente 175

5.5 Sozial-historische Auswertung 178

5.5.1 *Geehrte* 179

5.5.2 *Stifter* 180

| 5.6 | Die Aufstellungsorte | 182 |

5.6 Die Aufstellungsorte 182
5.7 Zusammenfassung und Einordnung 183
5.8 Das Ende der Ehrenpraxis 187

6 Resümee 190
6.1 Ergebnisse 191
6.2 Fazit 198

7 Summary 199
7.1 Methods 199
7.2 Results 200
7.3 Discussion 202
7.4 Closing 204

Katalog 209
Abbildungen 528
Literatur 687
Register 717

Danksagung

Die vorliegende Arbeit stellt die überarbeitete Fassung meiner 2019 an der Freien Universität verteidigten Doktorarbeit dar. Bedanken möchte ich mich zunächst bei meiner Erstbetreuerin Monika Trümper, die mir nicht nur Sizilien als spannendes Forschungsthema nahegebracht hat, sondern mich auch mehrmals zu Ausgrabungskampagnen nach Morgantina mitnahm. Obgleich ich von vielen Archäologen wenig Zuspruch für das Dissertationsthema erfuhr, unterstützte sie mich immer. Zudem setzte sie sich dafür ein, dass das Vorhaben mit einem Stipendium des Exzellenzclusters TOPOI gefördert und als Projekt C-6-8-1 in die Berlin Graduate School of Ancient Studies (BerGSAS), Gruppe Landscape Archaeology and Architecture (LAA), aufgenommen wurde. TOPOI finanzierte darüber hinaus mehrere Forschungsreisen nach Sizilen, ohne die diese Arbeit nicht zustande gekommen wäre. Die Mittel für eine weitere Forschungsreise stellte das Frauenförderprogramm der Geschichts- und Kulturwissenschaften der FU Berlin bereit. Darüber hinaus bin ich sowohl TOPOI als auch dem DAAD für die finanzielle Unterstützung mehrerer Aufenthalte in Oxford dankbar. Ich hatte nicht nur die Freude Associate member des Merton College zu werden und die Sackler Bibliothek nutzen zu können, sondern auch und vor allem Jonathan Prag kennen zu lernen. Ihm danke ich nicht nur für zahlreiche Informationen zu unpublizierten Inschriften, Literatur sowie zu den wechselnden Zuständigkeiten in Museen und Soprintendenzen Siziliens, sondern vor allem für zahlreiche Gespräche über Sizilien und die sizilische Forschung. Als Zweitprüfer fand sich Ralf von den Hoff bereit, die Arbeit zu betreuen, dem ich dafür herzlich danke. Die Kosten für die Bildrechte, die den Katalog dieser Arbeit möglich machen, wurden teilweise von TOPOI finanziert, wofür ich ebenfalls sehr dankbar bin. Für die Aufnahme meiner Arbeit in die Publikationsreihe von Brill danke ich besonders Floris van den Eijnde und Giulia Moriconi sowie Gera van Bedaf.

Darüber hinaus bin ich zahlreichen Personen zu Dank verpflichtet, die mir Zugang zu Magazinen von Museen, mithilfe von Leitern zu Oberseiten von Statuenbasen, Informationen zu unpublizierter Forschung gewährten sowie mich Statuenbasen vermessen ließen oder Bildrechte gewährten:

Dott. G. Parello, Dott.ssa M. C. Parrello (Parco archeologico e paesaggistico della Valle dei Templi di Agrigento); Dott.ssa P. F. Marchese, Dott. G. Galofaro (Centuripe); Dott.ssa R. Lanteri, Dott.ssa R. Panvini (Parco archeologico di Megara Hyblaea, area del cd. Ginnasio Romano a Siracusa); Dott.ssa G. Lamagna, Dott.ssa E. Storaci (Museo archeologico regionale 'Paolo Orsi' di Siracusa); Dott. ssa M. Zaffuto (Termini Imerese); M. Bell (Morgantina); C. Reusser, M. Mohr,

C. Russenberger (Monte Iato); Dott.ssa C. Di Giacomo, Dott.ssa D. Spagnolo (Messina); H. Tréziny, F. Mège (Megara Hyblaea); Dott.ssa A. M. Parrinello, Dott. L. Biondo, Dott.ssa M. G. Griffo (Museo archeologico regionale Lilibeo di Marsala); Th. Schäfer, F. Schön (Pantelleria); M. Wolf (Solunt); Dott.ssa F. Spatafora, Dott.ssa E. Pazzini (Museo archeologico 'Antonino Salinas' a Palermo) und den zahlreichen Mitarbeitern der Museen.

Für die Lektüre und kritische Kommentare zu meiner Arbeit danke ich Dennis Beck, Kristina Bolz, Anja Schwarz, Alex Hoer, Aurelia Schwerdtfeger und meinen Eltern. Einige Abschnitte der Arbeit habe ich nach Gesprächen und Diskussionen über mein Material mit meiner Forschungsgruppe in Leiden umgeschrieben; für die Diskussionen und Anregungen danke ich M. J. Versluys und meiner NWO VICI „Innovating objects"-Gruppe.

Die Arbeit widme ich meinen Eltern Christoph und Brigitte, die mir nicht nur durch zahlreiche Reisen und Museumsbesuche die Antike nahebrachten, sondern mich immer intellektuell und finanziell bei meiner Studienwahl unterstützten. Vor allem meinem Vater möchte ich für seine Unterstützung und konstruktiven Kommentare zu meinen Texten danken. Der größte Dank aber geht an meinen Mann Yuri, der mich in den Höhen und Tiefen des Entstehungsprozesses der Arbeit immer unterstützt und motiviert hat.

Abbildungsverzeichnis

1   Aci1, Frontalansicht. Bonacasa 1964, Taf. 14,2   528
2   Aci1, Profilansicht. Bonacasa 1964, Taf. 14,1   528
3   Agrigent, Übersichtsplan mit Markierung der Fundorte. Nach De Miro
    2011, Abb. 13, ©Parco archeologico e paesaggistico della valle dei Templi di
    Agrigento   529
4   Agrigent, sog. Untere Agora. Nach De Miro 2012, Abb. 8, ©Parco archeologico e
    paesaggistico della valle dei Templi di Agrigento   530
5   Agrigent, sog. Oratorium des Phalaridis, Steinplan. Nach Wolf 2016,
    Beilage 7   531
6   Agrigent, römischer Tempel, Steinplan. Nach De Miro 2011, Abb. 34, ©Parco
    archeologico e paesaggistico della valle dei Templi di Agrigento   531
7   Agr4. Autorin, ©Parco archeologico e paesaggistico della valle dei Templi di
    Agrigento   532
8   Agr4, Zeichnung. Autorin, ©Parco archeologico e paesaggistico della valle dei
    Templi di Agrigento   532
9   Agr5. Autorin, ©Parco archeologico e paesaggistico della valle dei Templi di
    Agrigento   532
10 Agr5, Zeichnung. Autorin, ©Parco archeologico e paesaggistico della valle dei
    Templi di Agrigento   532
11 Agr6. Autorin, ©Parco archeologico e paesaggistico della valle dei Templi di
    Agrigento   533
12 Agr6, Zeichnung. Autorin, ©Parco archeologico e paesaggistico della valle dei
    Templi di Agrigento   533
13 Agr7. Autorin, ©Parco archeologico e paesaggistico della valle dei Templi di
    Agrigento   533
14 Agr7, Zeichnung. Autorin, ©Parco archeologico e paesaggistico della valle dei
    Templi di Agrigento   533
15 Agr8. Autorin, ©Parco archeologico e paesaggistico della valle dei Templi di
    Agrigento   534
16 Agr9. Autorin, ©Parco archeologico e paesaggistico della valle dei Templi di
    Agrigento   534
17 Agr10. ©Regione Siciliana – Parco Archeologico e Paesaggistico della Valle dei
    Templi – Museo Archeologico Regionale "Pietro Griffo" di Agrigento   535
18 Agr11. ©Regione Siciliana – Parco Archeologico e Paesaggistico della Valle dei
    Templi – Museo Archeologico Regionale "Pietro Griffo" di Agrigento   535
19 Agr12. ©Regione Siciliana – Parco Archeologico e Paesaggistico della Valle dei
    Templi – Museo Archeologico Regionale "Pietro Griffo" di Agrigento   536

20	Agr13, Frontalansicht. ©Regione Siciliana – Parco Archeologico e Paesaggistico della Valle dei Templi – Museo Archeologico Regionale "Pietro Griffo" di Agrigento 536
21	Cat1. Bonacasa 1964, Taf. 15,3, su autorizazzione del Parco archeologico e paesaggistico di Catania e della Valle dell'Aci 537
22	Cat2. Autorin, su autorizazzione del Parco archeologico e paesaggistico di Catania e della Valle dell'Aci 537
23	Cat3. Su autorizazzione del Parco archeologico e paesaggistico di Catania e della Valle dell'Aci 538
24	Cat4, Frontalansicht. Bonacasa 1964, Taf. 28,4, su autorizazzione del Parco archeologico e paesaggistico di Catania e della Valle dell'Aci 538
25	Cat 4, Profilansicht. Bonacasa 1964, Taf. 28,3, su autorizazzione del Parco archeologico e paesaggistico di Catania e della Valle dell'Aci 538
26	Cat5. Bonacasa 1964, Taf. 90,3, su autorizazzione del Parco archeologico e paesaggistico di Catania e della Valle dell'Aci 539
27	Cat6–8. Autorin, su autorizazzione del Parco archeologico e paesaggistico di Catania e della Valle dell'Aci 539
28	Cat9. Korhonen 2004, Nr. 21, su autorizazzione del Parco archeologico e paesaggistico di Catania e della Valle dell'Aci 540
29	Cat9, Oberseite. Autorin, su autorizazzione del Parco archeologico e paesaggistico di Catania e della Valle dell'Aci 540
30	Cat10, Frontalansicht. Bonacasa 1964, Taf. 63,2, su autorizazzione del Parco archeologico e paesaggistico di Catania e della Valle dell'Aci 541
31	Cat10, Profilansicht. Bonacasa 1964, Taf. 63,1, su autorizazzione del Parco archeologico e paesaggistico di Catania e della Valle dell'Aci 541
32	Cat11, Frontalansicht. Bonacasa 1964, Taf. 69,1, su autorizazzione del Parco archeologico e paesaggistico di Catania e della Valle dell'Aci 541
33	Cat11, Profilansicht. Bonacasa 1964, Taf. 69,2, su autorizazzione del Parco archeologico e paesaggistico di Catania e della Valle dell'Aci 541
34	Cat12, Frontalansicht. Autorin, su autorizazzione del Parco archeologico e paesaggistico di Catania e della Valle dell'Aci 542
35	Cat12, Profilansicht. Bonacasa 1964, Taf. 59,4, su autorizazzione del Parco archeologico e paesaggistico di Catania e della Valle dell'Aci 542
36	Cat13, Frontalansicht. Bonacasa 1964, Taf. 70,1, su autorizazzione del Parco archeologico e paesaggistico di Catania e della Valle dell'Aci 543
37	Cat13, Profilansicht. Bonacasa 1964, Taf. 70,2, su autorizazzione del Parco archeologico e paesaggistico di Catania e della Valle dell'Aci 543
38	Cat14. Autorin, su autorizazzione del Parco archeologico e paesaggistico di Catania e della Valle dell'Aci 543

ABBILDUNGSVERZEICHNIS

XV

39 Cat15. Autorin, su autorizazzione del Parco archeologico e paesaggistico di Catania e della Valle dell'Aci 543

40 Cat18. Korhonen 2004, Nr. 10, su autorizazzione del Parco archeologico e paesaggistico di Catania e della Valle dell'Aci 544

41 Centuripe, Mulino Barbagallo, Plan mit Markierung der Fundorte. Nach Libertini 1953, 354 Abb. 1 544

42 Centuripe, Phasenplan. Wilson 1990, 112 Abb. 102 545

43 Cent1. Autorin 545

44 Cent2. Su concessione dell'Assessorato del Beni Culturali e dell'identità Siciliana 546

45 Cent3. Su concessione dell'Assessorato del Beni Culturali e dell'identità Siciliana 546

46 Cent4. Su concessione dell'Assessorato del Beni Culturali e dell'identità Siciliana 546

47 Cent5. Su concessione dell'Assessorato del Beni Culturali e dell'identità Siciliana 546

48 Cent6. Autorin, su autorizazzione del Parco archeologico e paesaggistico di Catania e della Valle dell'Aci 547

49 Cent7. Autorin, su autorizazzione del Parco archeologico e paesaggistico di Catania e della Valle dell'Aci 547

50 Cent8. Autorin, su autorizazzione del Parco archeologico e paesaggistico di Catania e della Valle dell'Aci 548

51 Cent9. Manganaro 1989, Abb. 32 548

52 Cent10. Manganaro 1989, Abb. 34 549

53 Cent11. Autorin, su autorizazzione del Parco archeologico e paesaggistico di Catania e della Valle dell'Aci 549

54 Cent12. Autorin, su autorizazzione del Parco archeologico e paesaggistico di Catania e della Valle dell'Aci 550

55 Cent13. Autorin, su autorizazzione del Parco archeologico e paesaggistico di Catania e della Valle dell'Aci 550

56 Cent14. Libertini 1926, Taf. 17,1 551

57 Cent15. Su concessione dell'Assessorato del Beni Culturali e dell'identità Siciliana 551

58 Cent16, Frontalansicht. Su concessione dell'Assessorato del Beni Culturali e dell'identità Siciliana 552

59 Cent16, Profilansicht. Su concessione dell'Assessorato del Beni Culturali e dell'identità Siciliana 552

60 Cent17. Autorin, su autorizazzione del Parco archeologico e paesaggistico di Catania e della Valle dell'Aci 552

61	Cent18. Autorin, su autorizazzione del Parco archeologico e paesaggistico di Catania e della Valle dell'Aci 552
62	Cent19. Autorin, su autorizazzione del Parco archeologico e paesaggistico di Catania e della Valle dell'Aci 553
63	Cent20. Autorin, su autorizazzione del Parco archeologico e paesaggistico di Catania e della Valle dell'Aci 553
64	Cent21, eingemauerte Basis. Autorin, su autorizazzione del Parco archeologico e paesaggistico di Catania e della Valle dell'Aci 553
65	Cent22. Autorin, su autorizazzione del Parco archeologico e paesaggistico di Catania e della Valle dell'Aci 554
66	Cent22, Zeichnung nach der Ausgrabung. Libertini 1953, Abb. 5 554
67	Cent22, Foto nach der Ausgrabung. Libertini 1953, Abb. 4 554
68	En1. Bonacasa Carra 1977, Taf. 5,1 555
69	En2. Manganaro 1982, Abb. 5–6 555
70	Eri1. J. Prag 556
71	Eri2. Fama 2009. 389 556
72	Eri3. Brugnone 1982–1983, Taf. 8 556
73	Frat1, als Baumaterial in Kirche verbaut. J. Prag 556
74	Frat1. Manni Piraino 1971, Taf. 52,1 556
75	Halaesa, Plan der Agora. Autorin nach Tigano 2012, Taf. 98 557
76	Halaesa, Agora, Rekonstruktionszeichnung. R. Burgio in: Tigano 2012, Abb. 109 558
77	Halaesa, Agora, Ansicht von NO. Autorin 558
78	Hala1. Autorin, su concessione del Museo Archeologico Regionale "Antonino Salinas" di Palermo 558
79	Hala1, Oberseite. Autorin, su concessione del Museo Archeologico Regionale "Antonino Salinas" di Palermo 558
80	Hala2, Exedra A. Burgio 2012, Abb. 123 559
81	Hala2, Zeichnung der Bekrönung. Burgio 2012, Abb. 134 559
82	Hala2, Rekonstruktion. Burgio 2012, Abb. 138 559
83	Hala2, Inschriftenblock. Prag 2017b, Regione Siciliana. Assessorato dei Beni Culturali e della Identità Siciliana – Dipartimento dei Beni Culturali e della Identità Siciliana – Parco Archeologico di Tindari 560
84	Hala3. Prag 2017b, Regione Siciliana. Assessorato dei Beni Culturali e della Identità Siciliana – Dipartimento dei Beni Culturali e della Identità Siciliana – Parco Archeologico di Tindari 560
85	Hala4, Exedra C. Burgio 2012, Abb. 127 560
86	Hala4, Inschriftenblock. Prag 2017b, Regione Siciliana. Assessorato dei Beni Culturali e della Identità Siciliana – Dipartimento dei Beni Culturali e della Identità Siciliana – Parco Archeologico di Tindari 561

ABBILDUNGSVERZEICHNIS   XVII

87   Hala5, Oberseite. Autorin, Regione Siciliana. Assessorato dei Beni Culturali e della Identità Siciliana – Dipartimento dei Beni Culturali e della Identità Siciliana – Parco Archeologico di Tindari   561

88   Hala7. Prestianni Giallombardo 2012, Abb. 160, Regione Siciliana. Assessorato dei Beni Culturali e della Identità Siciliana – Dipartimento dei Beni Culturali e della Identità Siciliana – Parco Archeologico di Tindari   561

89   Hala10, Exedra B, Zeichnung. Burgio 2012, Abb. 125   562

90   Hala10. Autorin, Regione Siciliana. Assessorato dei Beni Culturali e della Identità Siciliana – Dipartimento dei Beni Culturali e della Identità Siciliana – Parco Archeologico di Tindari   562

91   Hala11. Autorin, Regione Siciliana. Assessorato dei Beni Culturali e della Identità Siciliana – Dipartimento dei Beni Culturali e della Identità Siciliana – Parco Archeologico di Tindari   562

92   Hala12. Autorin, Regione Siciliana. Assessorato dei Beni Culturali e della Identità Siciliana – Dipartimento dei Beni Culturali e della Identità Siciliana – Parco Archeologico di Tindari   563

93   Hala13. Autorin, Regione Siciliana. Assessorato dei Beni Culturali e della Identità Siciliana – Dipartimento dei Beni Culturali e della Identità Siciliana – Parco Archeologico di Tindari   563

94   Hala14. Autorin, Regione Siciliana. Assessorato dei Beni Culturali e della Identità Siciliana – Dipartimento dei Beni Culturali e della Identità Siciliana – Parco Archeologico di Tindari   563

95   Hala15, Wiedergabe von G. Walter (1624). Prestianni Giallombardo 2012, Abb. 169   564

96   Hala17. Prag 2017b, Regione Siciliana. Assessorato dei Beni Culturali e della Identità Siciliana – Dipartimento dei Beni Culturali e della Identità Siciliana – Parco Archeologico di Tindari   564

97   Hala18, Fotomontage des Monuments. Burgio 2013, 24 Abb. 10   564

98   Hala18, Schaft in situ. Autorin, Regione Siciliana. Assessorato dei Beni Culturali e della Identità Siciliana – Dipartimento dei Beni Culturali e della Identità Siciliana – Parco Archeologico di Tindari   565

99   Hala18, Block A, Inschrift. Autorin, Regione Siciliana. Assessorato dei Beni Culturali e della Identità Siciliana – Dipartimento dei Beni Culturali e della Identità Siciliana – Parco Archeologico di Tindari   565

100 Hala18, Block A, Oberseite. Autorin, Regione Siciliana. Assessorato dei Beni Culturali e della Identità Siciliana – Dipartimento dei Beni Culturali e della Identità Siciliana – Parco Archeologico di Tindari   565

101 Hala18, Block B, Oberseite. Autorin, Regione Siciliana. Assessorato dei Beni Culturali e della Identità Siciliana – Dipartimento dei Beni Culturali e della Identità Siciliana – Parco Archeologico di Tindari   565

102	Hala18, Rekonstruktion. Burgio 2013, 25 Abb. 11 566
103	Hala19. Prag 2017b, Regione Siciliana. Assessorato dei Beni Culturali e della Identità Siciliana – Dipartimento dei Beni Culturali e della Identità Siciliana – Parco Archeologico di Tindari 566
104	Hala20. Prag 2017b, Regione Siciliana. Assessorato dei Beni Culturali e della Identità Siciliana – Dipartimento dei Beni Culturali e della Identità Siciliana – Parco Archeologico di Tindari 567
105	Hala21. Prag 2017b, Regione Siciliana. Assessorato dei Beni Culturali e della Identità Siciliana – Dipartimento dei Beni Culturali e della Identità Siciliana – Parco Archeologico di Tindari 567
106	Hala22. Prag 2017b, Regione Siciliana. Assessorato dei Beni Culturali e della Identità Siciliana – Dipartimento dei Beni Culturali e della Identità Siciliana – Parco Archeologico di Tindari 568
107	Hala23. Prag 2017b, Regione Siciliana. Assessorato dei Beni Culturali e della Identità Siciliana – Dipartimento dei Beni Culturali e della Identità Siciliana – Parco Archeologico di Tindari 568
108	Hala24. Prag 2017b, Regione Siciliana. Assessorato dei Beni Culturali e della Identità Siciliana – Dipartimento dei Beni Culturali e della Identità Siciliana – Parco Archeologico di Tindari 568
109	Hala25. Prag 2017b, Regione Siciliana. Assessorato dei Beni Culturali e della Identità Siciliana – Dipartimento dei Beni Culturali e della Identità Siciliana – Parco Archeologico di Tindari 569
110	Hala26. Prag 2017b, Regione Siciliana. Assessorato dei Beni Culturali e della Identità Siciliana – Dipartimento dei Beni Culturali e della Identità Siciliana – Parco Archeologico di Tindari 569
111	Hala27. Prag 2017b, Regione Siciliana. Assessorato dei Beni Culturali e della Identità Siciliana – Dipartimento dei Beni Culturali e della Identità Siciliana – Parco Archeologico di Tindari 569
112	Hala28. Prag 2017b, Regione Siciliana. Assessorato dei Beni Culturali e della Identità Siciliana – Dipartimento dei Beni Culturali e della Identità Siciliana – Parco Archeologico di Tindari 570
113	Hala29. Prag 2017b, Regione Siciliana. Assessorato dei Beni Culturali e della Identità Siciliana – Dipartimento dei Beni Culturali e della Identità Siciliana – Parco Archeologico di Tindari 570
114	Hala30. Prag 2017b, Regione Siciliana. Assessorato dei Beni Culturali e della Identità Siciliana – Dipartimento dei Beni Culturali e della Identità Siciliana – Parco Archeologico di Tindari 571
115	Hala31. Prag 2017b, Regione Siciliana. Assessorato dei Beni Culturali e della Identità Siciliana – Dipartimento dei Beni Culturali e della Identità Siciliana – Parco Archeologico di Tindari 571

ABBILDUNGSVERZEICHNIS

XIX

116 Hala32. Prag 2017b, Regione Siciliana. Assessorato dei Beni Culturali e della
Identità Siciliana – Dipartimento dei Beni Culturali e della Identità Siciliana –
Parco Archeologico di Tindari   572

117 Hala33. Autorin, Regione Siciliana. Assessorato dei Beni Culturali e della
Identità Siciliana – Dipartimento dei Beni Culturali e della Identità Siciliana –
Parco Archeologico di Tindari   572

118 Hala34-36. Autorin, Regione Siciliana. Assessorato dei Beni Culturali e della
Identità Siciliana – Dipartimento dei Beni Culturali e della Identità Siciliana –
Parco Archeologico di Tindari   573

119 Hala37. Autorin, Regione Siciliana. Assessorato dei Beni Culturali e della
Identità Siciliana – Dipartimento dei Beni Culturali e della Identità Siciliana –
Parco Archeologico di Tindari   573

120 Hala38. Autorin, Regione Siciliana. Assessorato dei Beni Culturali e della
Identità Siciliana – Dipartimento dei Beni Culturali e della Identità Siciliana –
Parco Archeologico di Tindari   573

121 Hala39. Autorin, Regione Siciliana. Assessorato dei Beni Culturali e della
Identità Siciliana – Dipartimento dei Beni Culturali e della Identità Siciliana –
Parco Archeologico di Tindari   573

122 Hala40, Ansicht von SO. Autorin, Regione Siciliana. Assessorato dei Beni
Culturali e della Identità Siciliana – Dipartimento dei Beni Culturali e della
Identità Siciliana – Parco Archeologico di Tindari   574

123 Hala40, Ansicht von SW. Autorin, Regione Siciliana. Assessorato dei Beni
Culturali e della Identità Siciliana – Dipartimento dei Beni Culturali e della
Identità Siciliana – Parco Archeologico di Tindari   574

124 Hala41. Autorin, Regione Siciliana. Assessorato dei Beni Culturali e della
Identità Siciliana – Dipartimento dei Beni Culturali e della Identità Siciliana –
Parco Archeologico di Tindari   574

125 Hala42. Autorin, Regione Siciliana. Assessorato dei Beni Culturali e della
Identità Siciliana – Dipartimento dei Beni Culturali e della Identità Siciliana –
Parco Archeologico di Tindari   574

126 Hala43. Autorin, Regione Siciliana. Assessorato dei Beni Culturali e della
Identità Siciliana – Dipartimento dei Beni Culturali e della Identità Siciliana –
Parco Archeologico di Tindari   575

127 Hala44.   Autorin, Regione Siciliana. Assessorato dei Beni Culturali e della
Identità Siciliana – Dipartimento dei Beni Culturali e della Identità Siciliana –
Parco Archeologico di Tindari   575

128 Hala45. Autorin, Regione Siciliana. Assessorato dei Beni Culturali e della
Identità Siciliana – Dipartimento dei Beni Culturali e della Identità Siciliana –
Parco Archeologico di Tindari   575

129 Hala46. Autorin, Regione Siciliana. Assessorato dei Beni Culturali e della Identità Siciliana – Dipartimento dei Beni Culturali e della Identità Siciliana – Parco Archeologico di Tindari 575

130 Hala47. Autorin, Regione Siciliana. Assessorato dei Beni Culturali e della Identità Siciliana – Dipartimento dei Beni Culturali e della Identità Siciliana – Parco Archeologico di Tindari 576

131 Hala48. Autorin, Regione Siciliana. Assessorato dei Beni Culturali e della Identità Siciliana – Dipartimento dei Beni Culturali e della Identità Siciliana – Parco Archeologico di Tindari 576

132 Hala49. Autorin, Regione Siciliana. Assessorato dei Beni Culturali e della Identità Siciliana – Dipartimento dei Beni Culturali e della Identità Siciliana – Parco Archeologico di Tindari 576

133 Hala50. Autorin, Regione Siciliana. Assessorato dei Beni Culturali e della Identità Siciliana – Dipartimento dei Beni Culturali e della Identità Siciliana – Parco Archeologico di Tindari 576

134 Hala51. Portale 2009, 69 Abb. 4, Regione Siciliana. Assessorato dei Beni Culturali e della Identità Siciliana – Dipartimento dei Beni Culturali e della Identità Siciliana – Parco Archeologico di Tindari 577

135 Hala52. Portale 2009, 90 Abb. 10 a-b, Regione Siciliana. Assessorato dei Beni Culturali e della Identità Siciliana – Dipartimento dei Beni Culturali e della Identità Siciliana – Parco Archeologico di Tindari 577

136 Hala53, Hala54. Portale 2009, 89 Abb. 9 a-b, Regione Siciliana. Assessorato dei Beni Culturali e della Identità Siciliana – Dipartimento dei Beni Culturali e della Identità Siciliana – Parco Archeologico di Tindari 577

137 Halu1. Autorin, su concessione del Museo Archeologico Regionale "Antonino Salinas" di Palermo 578

138 Halu1, Oberseite. Autorin, su concessione del Museo Archeologico Regionale "Antonino Salinas" di Palermo 578

139 Halu2. Autorin, su concessione del Museo Archeologico Regionale "Antonino Salinas" di Palermo 578

140 Halu3, Oberseite. Autorin, su concessione del Museo Archeologico Regionale "Antonino Salinas" di Palermo 579

141 Halu5. Autorin 579

142 Halu6. Autorin 579

143 Monte Iato, schematischer Plan der Agora, Baubestand der frühen Kaiserzeit. Plan Zürcher Ietas-Grabung 580

144 Iato1. Zürcher Ietas-Grabung 580

145 Iato2. Zürcher Ietas-Grabung 581

146 Iato3. Zürcher Ietas-Grabung 581

147 Iato4. Zürcher Ietas-Grabung 581

ABBILDUNGSVERZEICHNIS

XXI

148 Iato4. Zürcher Ietas-Grabung 581
149 Iato5. Zürcher Ietas-Grabung 582
150 Iato6. Zürcher Ietas-Grabung 582
151 Iato7. Zürcher Ietas-Grabung 582
152 Iato8. Zürcher Ietas-Grabung 583
153 Iato8. Zürcher Ietas-Grabung 583
154 Iato9. Zürcher Ietas-Grabung 583
155 Iato10. Zürcher Ietas-Grabung 583
156 Iato10. Zürcher Ietas-Grabung 583
157 Iato11. Zürcher Ietas-Grabung 584
158 Iato12. Zürcher Ietas-Grabung 584
159 Iato13. Zürcher Ietas-Grabung 584
160 Iato13. Zürcher Ietas-Grabung 584
161 Iato14. Zürcher Ietas-Grabung 585
162 Iato14. Zürcher Ietas-Grabung 585
163 Iato15. Zürcher Ietas-Grabung 585
164 Iato16. Zürcher Ietas-Grabung 586
165 Iato17. Zürcher Ietas-Grabung 586
166 Iato17. Zürcher Ietas-Grabung 586
167 Iato18. Zürcher Ietas-Grabung 586
168 Iato19. Zürcher Ietas-Grabung 586
169 Iato20. Zürcher Ietas-Grabung 587
170 Iato21. Zürcher Ietas-Grabung 587
171 Iato22. Zürcher Ietas-Grabung 587
172 Iato22. Zürcher Ietas-Grabung 587
173 Iato23. Zürcher Ietas-Grabung 588
174 Malta1. Bonanno 2005, 161 588
175 Malta1, Zeichnung. Nach Bonanno 2005, 217 589
176 Malta2-3. Bonanno 2005, 175 589
177 Malta4. Christol-Pirino 2010, 104 Abb. 4 590
178 Malta5. Christol-Pirino 2010, 96 Abb. 1 590
179 Malta6. Christol-Pirino 2010, 100 Abb. 2 590
180 Malta10. Azzopardi 2008, 26 590
181 Mars1. Autorin, Regione Siciliana. Parco archeologico Lilibeo-Marsala 591
182 Mars5. R. Wilson 591
183 Mars6. R. Wilson 591
184 Mars9. Autorin 591
185 Mars10. Autorin, Regione Siciliana. Parco archeologico Lilibeo-Marsala 592
186 Mars11. Autorin 592
187 Mars11, Oberseite. Autorin 592

188	Mars12. Autorin, Regione Siciliana. Parco archeologico Lilibeo-Marsala	593
189	Mars13. Autorin	593
190	Mars14. Autorin	593
191	Mars14, Oberseite. Autorin	593
192	Mars15-16. Autorin	594
193	Mars17. Autorin	594
194	Mars17, Oberseite. Autorin	594
195	Mars18. Autorin	595
196	Mars18, Oberseite. Autorin	595
197	Mars19. Autorin	595
198	Mars19, Oberseite. Autorin	595
199	Mars21. Autorin	596
200	Mars21, Oberseite. Autorin	596
201	Maz1. Manni Piraino 1969, Taf. 50	596
202	Maz5. J. Prag	596
203	Maz7, derzeitiger Zustand. Autorin	597
204	Maz7, restaurierter Zustand. Wilson 1990, 326 Abb. 278	597
205	Megara Hyblaea, Ausschnitt. Tréziny 2018, 251 Abb. 376	598

206 Megara Hyblaea, Agora. Nach Tréziny 2013, Abb. 3, https://journals.openedition.
org/cefr/1013   598

207	MegH1. Tréziny 2018, 253 Abb. 379	599
208	MegH1, Querschnitt. Tréziny 2018, 252 Abb. 377	599
209	MegH2. Autorin	600
210	MegH2, Querschnitt. Tréziny 2018, 255 Abb. 382	600
211	MegH3. Autorin	600
212	MegH4. Autorin	600
213	MegH5. Autorin	600
214	MegH6-8. Autorin	601
215	MegH6. Autorin	601
216	MegH7. Autorin	601
217	MegH8. Autorin	601

218 Mess1. Autorin, su concessione della Regione Siciliana, Assessorato dei Beni
Culturali e della Identità siciliana – Dipartimento dei Beni Culturali e della
Identità siciliana – Museo interdisciplinare di Messina   602

219 Mess1, Ansicht der Seite. Autorin, su concessione della Regione Siciliana,
Assessorato dei Beni Culturali e della Identità siciliana – Dipartimento dei Beni
Culturali e della Identità siciliana – Museo interdisciplinare di Messina   602

220 Mess1, Oberseite. Autorin, su concessione della Regione Siciliana, Assessorato
dei Beni Culturali e della Identità siciliana – Dipartimento dei Beni Culturali e
della Identità siciliana – Museo interdisciplinare di Messina   603

ABBILDUNGSVERZEICHNIS

XXIII

221 Mess2. Su concessione della Regione Siciliana, Assessorato dei Beni Culturali e della Identità siciliana – Dipartimento dei Beni Culturali e della Identità siciliana – Museo interdisciplinare di Messina   603

222 Mess3. Su concessione della Regione Siciliana, Assessorato dei Beni Culturali e della Identità siciliana – Dipartimento dei Beni Culturali e della Identità siciliana – Museo interdisciplinare di Messina   603

223 Mess4. Su concessione della Regione Siciliana, Assessorato dei Beni Culturali e della Identità siciliana – Dipartimento dei Beni Culturali e della Identità siciliana – Museo interdisciplinare di Messina   604

224 Mess5. Su concessione della Regione Siciliana, Assessorato dei Beni Culturali e della Identità siciliana – Dipartimento dei Beni Culturali e della Identità siciliana – Museo interdisciplinare di Messina   604

225 Mo1, Frontalansicht. Bonacasa 1964, Taf. 22, 3   605

226 Mo1, Profilansicht. Bonacasa 1964, Taf. 22, 4   605

227 Morgantina, Plan der Agora. American Excavation at Morgantina   606

228 Morgantina, Plan der Agora mit Angaben der Monumente. Nach Bell 1999, 259   607

229 Morga1, Markierung im Plan. Nach Bell 2012, Abb. 45   608

230 Morga1. Autorin   608

231 Morga2. American Excavation at Morgantina   609

232 Morga3-4, Steinplan. Nach Campagna 2006, 27 Abb. 4,1   609

233 Morga3-4, Plan. Nach Bell 2012, Abb. 42   610

234 Morga3-4. Autorin   610

235 Morga5. Autorin   611

236 Morga5 von N. Autorin   611

237 Treppe mit Morga6-7 im Hintergrund. M. Trümper   611

238 Morga6-7 von S. M. Trümper   611

239 Morga8. M. Trümper   611

240 Morga9. M. Trümper   611

241 Pal1. Bonacasa 1964, Taf. 80,1   612

242 Pal2. Autorin   612

243 Pal3. Autorin   612

244 Pal4. Autorin   612

245 Pal5, Frontalansicht. Bonacasa 1964, Taf. 50,2   613

246 Pal5, Profilalansicht. Bonacasa 1964, Taf. 50,1   613

247 Pal6, Frontalansicht. Autorin   613

248 Pal6, Profilansicht. Bonacasa 1964, Taf. 59,1   613

249 Pal7, Frontalansicht. Bonacasa 1964, Taf. 50,4   614

250 Pal7, Profilansicht. Bonacasa 1964, Taf. 50,3   614

251 Pal8. Autorin   614

252	Pal8, Zeichnung von Torremuzza. Torremuzza 1762 614
253	Pal9. Autorin 615
254	Pal10. Autorin 615
255	Pal10, Seite der Basis. Autorin 615
256	Pal11. Autorin 615
257	Pal12. Bivona 1970, Taf. 12 616
258	Pal13. Bivona 1970, Taf. 13 616
259	Pal14. Autorin 616
260	Pal15. Autorin 616
261	Pal16. Bivona 1970, Taf. 22,1 617
262	Pal17. Autorin 617
263	Pal18. Bivona 1970, Taf. 15,2 617
264	Pal19. Autorin 617
265	Pal20. Bivona 1974, Taf. 31 618
266	Pal21. Autorin 618
267	Pal22. Bonacasa 1964, Taf. 65,3 618
268	Pal23. Autorin 618
269	Pal25. Bivona 1970, Taf. 18,2 619
270	Pal26. Autorin 619
271	Pal27. Autorin 619
272	Pal28. Autorin 619
273	Pantelleria, Platzanlage. Pantelleria Grabung Tübingen 620
274	Pante1-2. Autorin 621
275	Pante3. Autorin 621
276	Pante3, Stufenanlage mit integrierter Statuenbasis. Autorin 621
277	Pante5. Schäfer 2015, 719 Abb. 1a 621
278	Pante6. Schäfer 2015, 723 Abb. 2a 621
279	Pante7. Schäfer 2015, 728 Abb. 4a 622
280	Pante8. Schäfer – Alföldy 2015, 779 Abb. 6 622
281	Pante9. Schäfer – Alföldy 2015, 788 Abb. 38 622
282	Pante10. Autorin 623
283	Pante11. Schäfer 2015, 730 Abb. 5a 623
284	Pante13. Schäfer 2015, 737 f. Abb. 19 a-e 623
285	Segesta, Agora. Ampolo – Parra 2012, Abb. 305 624
286	Segesta, Agora, 3D Rekonstruktion. Taccola 2012, Taf. 336 625
287	Seg1. Autorin 625
288	Seg1, Oberseite. Autorin 625
289	Seg2. Autorin 625
290	Seg2, Oberseite. Autorin 625
291	Segesta, Theater, Rekonstruktion. Bulle 1926, Taf. 25 625

ABBILDUNGSVERZEICHNIS

XXV

292 Seg3. Ampolo – Erdas 2019, 232 626

293 Seg4. Ampolo – Erdas 2019, 231 626

294 Seg5. Ampolo – Erdas 2019, 233 626

295 Seg6. Ampolo – Erdas 2019, 234 627

296 Seg7. Ampolo – Erdas 2019, 235 627

297 Seg8. Ampolo – Parra 2012, Abb. 323 627

298 Seg9. Ampolo – Erdas 2019, 246 627

299 Seg10. Ampolo – Erdas 2019, 248 628

300 Seg11. Ampolo – Erdas 2019, 247 628

301 Seg13. Ampolo – Erdas 2019, 271 628

302 Seg14. Ampolo – Erdas 2019, 242 628

303 Seg15. Angeletti 2012, Abb. 430 629

304 Seg16. Angeletti 2012, Abb. 431 629

305 Seg17. Autorin 629

306 Seg18. Angeletti 2012, Abb. 433 629

307 Solunt, Übersichtsplan. Wolf 2013, Taf. 39 630

308 Solunt, Agora. Nach Wolf 2013, Taf. 111 631

309 Solunt, Agora, Rekonstruktionszeichnung. Wolf 2013, Taf. 101 630

310 Sol1. Wilson 1990, 43 Abb. 33 632

311 Sol2. Calascibetta – Di Leonardo 2012, Abb. 50 632

312 Sol3-4. Autorin 632

313 Sol3-4, Oberseite. Wolf 2013, Taf. 7,4 632

314 Sol5. Autorin 632

315 Sol6, Erweiterung. Autorin 632

316 Sol7. Autorin 633

317 Sol8, Ansicht von S. Autorin 633

318 Sol9 von O mit Sol8 im Hintergrund. Autorin 633

319 Sol10. Autorin 633

320 Sol11, Ansicht von N. Autorin 634

321 Sol11, Ansicht von S. Autorin 634

322 Sol12, Ansicht von S. Autorin 634

323 Sol12. Autorin 634

324 Sol13, Sol14, Sol15. Autorin 635

325 Sol13, Sol14, Sol15: Kopffragment. Bonacasa 1964, Taf. 77,3 635

326 Sol13, Sol14, Sol15: Kopffragment. Bonacasa 1964, Taf. 77,4 635

327 Sol16. Autorin 636

328 Sol17. Bonacasa 1964, Taf. 94,2 636

329 Sol18. Bivona 1970, Taf. 31 636

330 Syrakus, Karte. Mertens 2006, Abb. 567 637

331 Syr1. Autorin, su concessione dell'Assessorato dei Beni Culturali e dell'identità Siciliana 637

332 Syr1, Zeichnung der Oberseite. Autorin, su concessione dell'Assessorato dei Beni Culturali e dell'identità Siciliana 637

333 Syr2. J. Prag, su concessione dell'Assessorato dei Beni Culturali e dell'identità Siciliana 638

334 Syrakus, sog. ginnasio. Wilson 1990, Abb. 96 638

335 Syrakus, sog. ginnasio mit Markierung der Monumente. Nach Lupus 1887, 304 639

336 Syr3. Autorin, su concessione dell'Assessorato dei Beni Culturali e dell'identità Siciliana 639

337 Syr4. Autorin, su concessione dell'Assessorato dei Beni Culturali e dell'identità Siciliana 640

338 Syr5. Autorin, su concessione dell'Assessorato dei Beni Culturali e dell'identità Siciliana 640

339 Syr3-5. Autorin, su concessione dell'Assessorato dei Beni Culturali e dell'identità Siciliana 640

340 Syr6. Su concessione dell'Assessorato dei Beni Culturali e dell'identità Siciliana 641

341 Syr7. Su concessione dell'Assessorato dei Beni Culturali e dell'identità Siciliana 641

342 Syr8. Su concessione dell'Assessorato dei Beni Culturali e dell'identità Siciliana 642

343 Syr9. Su concessione dell'Assessorato dei Beni Culturali e dell'identità Siciliana 642

344 Syr10. Su concessione dell'Assessorato dei Beni Culturali e dell'identità Siciliana 643

345 Syr11-12. Su concessione dell'Assessorato dei Beni Culturali e dell'identità Siciliana 643

346 Syr12, Kopf. Autorin, su concessione dell'Assessorato dei Beni Culturali e dell'identità Siciliana 644

347 Syr12, Seitenansicht. Autorin, su concessione dell'Assessorato dei Beni Culturali e dell'identità Siciliana 644

348 Syr13. Su concessione dell'Assessorato dei Beni Culturali e dell'identità Siciliana 645

349 Syr14. Su concessione dell'Assessorato dei Beni Culturali e dell'identità Siciliana 645

350 Syr15. Su concessione dell'Assessorato dei Beni Culturali e dell'identità Siciliana 646

ABBILDUNGSVERZEICHNIS

XXVII

351   Syr16. Su concessione dell'Assessorato dei Beni Culturali e dell'identità Siciliana   646

352   Syr17. Su concessione dell'Assessorato dei Beni Culturali e dell'identità Siciliana   647

353   Syr18. Su concessione dell'Assessorato dei Beni Culturali e dell'identità Siciliana   647

354   Syr19. Su concessione dell'Assessorato dei Beni Culturali e dell'identità Siciliana   647

355   Syr20. Bonacasa 1964, Taf. 89, 3, su concessione dell'Assessorato dei Beni Culturali e dell'identità Siciliana   647

356   Syr21. Su concessione dell'Assessorato dei Beni Culturali e dell'identità Siciliana   648

357   Syr22. Manganaro 1989, Abb. 63, su concessione dell'Assessorato dei Beni Culturali e dell'identità Siciliana   648

358   Syr23. Su concessione dell'Assessorato dei Beni Culturali e dell'identità Siciliana   649

359   Syr24. Su concessione dell'Assessorato dei Beni Culturali e dell'identità Siciliana   649

360   Syr25. Autorin, su concessione dell'Assessorato dei Beni Culturali e dell'identità Siciliana   649

361   Syr25, Oberseite. Autorin, su concessione dell'Assessorato dei Beni Culturali e dell'identità Siciliana   649

362   Taormina, Fundorte in der Umgebung der Agora. Nach Wilson 1990, Abb. 273   650

363   Taorm1, Oberseite. Muscolino 2009-2010, Abb. 2-3   650

364   Taorm2. Muscolino 2009-2010, 427 Abb. 14   651

365   Taorm3, Oberseite. Muscolino 2009-2010, Abb. 12-13   651

366   Taorm4. Su concessione dell'Assessorato dei Beni Culturali e dell'identità Siciliana   651

367   Taorm4, Oberseite. Autorin, su concessione dell'Assessorato dei Beni Culturali e dell'identità Siciliana   651

368   Taorm5. Su concessione dell'Assessorato dei Beni Culturali e dell'identità Siciliana   652

369   Taorm5, Oberseite. Autorin, su concessione dell'Assessorato dei Beni Culturali e dell'identità Siciliana   652

370   Taorm4-5 in situ. Nach Bacci 1980-1981, Taf. 169   652

371   Taorm4-5 in situ. Muscolino 2009-2010, 437 Abb. 21   653

372   Taorm6. Campagna 2006, 223 Abb. 5   653

373   Taorm7, Frontalansicht. Boschung 1993, Taf. 47,3   653

XXVIII

ABBILDUNGSVERZEICHNIS

374 Taorm7, Profilansicht. Boschung 1993, Taf. 47,4   653

375 Taorm8. Manganaro 1964, Taf. 16,2   654

376 Taorm9. Manganaro 1964, Taf. 16,1   654

377 Taorm10. Manganaro 1989, Abb. 23   654

378 Taorm12. Su concessione del Museo Archeologico Regionale "Antonino Salinas" di Palermo   655

379 Taorm 13. Su concessione del Museo Archeologico Regionale "Antonino Salinas" di Palermo   655

380 Term1. Su concessione del Museo Civico Baldassare Romano di Termini Imerese   655

381 Term2. Nach Belvedere 2012, Abb. 205   656

382 Term3. Autorin, su concessione del Museo Civico Baldassare Romano di Termini Imerese   656

383 Term3, Oberseite. Autorin, su concessione del Museo Civico Baldassare Romano di Termini Imerese   656

384 Term4. Autorin, su concessione del Museo Civico Baldassare Romano di Termini Imerese   657

385 Term4, Oberseite. Autorin, su concessione del Museo Civico Baldassare Romano di Termini Imerese   657

386 Term5. Bivona 1994, Taf. 10, su concessione del Museo Civico Baldassare Romano di Termini Imerese   657

387 Term6. Autorin, su concessione del Museo Civico Baldassare Romano di Termini Imerese   657

388 Term7. Bonacasa 1964, Taf. 82,2, su concessione del Museo Civico Baldassare Romano di Termini Imerese   658

389 Term8, Frontalansicht. Autorin, su concessione del Museo Civico Baldassare Romano di Termini Imerese   658

390 Term8, Profilansicht. Bonacasa 1964, Taf. 38,2, su concessione del Museo Civico Baldassare Romano di Termini Imerese   658

391 Term9, Zeichnung. Bivona 1994, Nr. 12 Taf. 9, su concessione del Museo Civico Baldassare Romano di Termini Imerese   659

392 Term10. Bonacasa 1964, Taf. 33,3, su concessione del Museo Civico Baldassare Romano di Termini Imerese   659

393 Term11. Bivona 1994, Taf. 5, su concessione del Museo Civico Baldassare Romano di Termini Imerese   659

394 Term12. Autorin, su concessione del Museo Civico Baldassare Romano di Termini Imerese   660

395 Term13. Autorin, su concessione del Museo Civico Baldassare Romano di Termini Imerese   660

ABBILDUNGSVERZEICHNIS

396   Term14. Autorin, su concessione del Museo Civico Baldassare Romano di Termini Imerese   661

397   Term15. Autorin, su concessione del Museo Civico Baldassare Romano di Termini Imerese   661

398   Term16. Autorin, su concessione del Museo Civico Baldassare Romano di Termini Imerese   662

399   Term17, Frontalansicht. Bonacasa 1964, Taf. 46,1, su concessione del Museo Civico Baldassare Romano di Termini Imerese   662

400   Term17, Profilansicht. Autorin, su concessione del Museo Civico Baldassare Romano di Termini Imerese   662

401   Term18. Autorin, su concessione del Museo Civico Baldassare Romano di Termini Imerese   663

402   Term18, Oberseite. Autorin, su concessione del Museo Civico Baldassare Romano di Termini Imerese   663

403   Term19. Autorin, su concessione del Museo Civico Baldassare Romano di Termini Imerese   663

404   Term21. Autorin, su concessione del Museo Civico Baldassare Romano di Termini Imerese   664

405   Term21, Oberseite. Autorin, su concessione del Museo Civico Baldassare Romano di Termini Imerese   664

406   Term22. Bivona 1994, Taf. 4, su concessione del Museo Civico Baldassare Romano di Termini Imerese   665

407   Term23. Brugnone 1974, Taf. 33,5, su concessione del Museo Civico Baldassare Romano di Termini Imerese   665

408   Term24. Autorin, su concessione del Museo Civico Baldassare Romano di Termini Imerese   665

409   Term25. Bivona 1994, Taf. 7, su concessione del Museo Civico Baldassare Romano di Termini Imerese   665

410   Tyndaris, Karte mit Markierung der Fundorte. Nach Spigo 2006, 98 Abb. 1   666

411   Tynd1. Autorin, Regione Siciliana. Assessorato dei Beni Culturali e della Identità Siciliana – Parco Archeologico di Tindari   667

412   Tynd1, Oberseite. Autorin, Regione Siciliana. Assessorato dei Beni Culturali e della Identità Siciliana – Parco Archeologico di Tindari   667

413   Tynd2. Bonacasa 1964, Taf. 80,4, Regione Siciliana. Assessorato dei Beni Culturali e della Identità Siciliana – Parco Archeologico di Tindari   667

414   Tynd3. Bonacasa 1964, Taf. 79,2, Regione Siciliana. Assessorato dei Beni Culturali e della Identità Siciliana – Parco Archeologico di Tindari   667

415   Tynd4. Autorin, Regione Siciliana. Assessorato dei Beni Culturali e della Identità Siciliana – Parco Archeologico di Tindari   668

416	Tynd5. Autorin, su concessione del Museo Archeologico Regionale "Antonino Salinas" di Palermo 668
417	Tynd6. Bonacasa 1964, Taf. 81,1, su concessione del Museo Archeologico Regionale "Antonino Salinas" di Palermo 669
418	Tynd7. Autorin, su concessione del Museo Archeologico Regionale "Antonino Salinas" di Palermo 669
419	Tynd8. Autorin, su concessione del Museo Archeologico Regionale "Antonino Salinas" di Palermo 670
420	Tynd9, Frontalansicht. Autorin, su concessione del Museo Archeologico Regionale "Antonino Salinas" di Palermo 670
421	Tynd9, Profilansicht. Autorin, su concessione del Museo Archeologico Regionale "Antonino Salinas" di Palermo 670
422	Tynd10. Autorin, su concessione del Museo Archeologico Regionale "Antonino Salinas" di Palermo 671
423	Tynd10, Porträtkopf. Autorin, su concessione del Museo Archeologico Regionale "Antonino Salinas" di Palermo 671
424	Tynd11. Autorin, su concessione del Museo Archeologico Regionale "Antonino Salinas" di Palermo 671
425	Tynd12. Manganaro 1989, Abb. 3, Regione Siciliana. Assessorato dei Beni Culturali e della Identità Siciliana – Parco Archeologico di Tindari 672
426	Tynd13. Su concessione del Museo Archeologico Regionale "Antonino Salinas" di Palermo 672
427	Tynd13, Profilansicht. Bonacasa 1964, Taf. 40,3, su concessione del Museo Archeologico Regionale "Antonino Salinas" di Palermo 672
428	Tynd14. Bonacasa 1964, Taf. 88,1, su concessione del Museo Archeologico Regionale "Antonino Salinas" di Palermo 673
429	Tynd15. Autorin, su concessione del Museo Archeologico Regionale "Antonino Salinas" di Palermo 673
430	Tynd16. Bonacasa 1964, Taf. 81,2, Regione Siciliana. Assessorato dei Beni Culturali e della Identità Siciliana – Parco Archeologico di Tindari 674
431	Tynd17. Autorin, su concessione del Museo Archeologico Regionale "Antonino Salinas" di Palermo 674
432	Tynd18. Autorin, su concessione del Museo Archeologico Regionale "Antonino Salinas" di Palermo 675
433	Tynd19. Autorin, su concessione del Museo Archeologico Regionale "Antonino Salinas" di Palermo 675
434	Tynd20. Autorin, su concessione del Museo Archeologico Regionale "Antonino Salinas" di Palermo 676
435	Tynd21. Autorin, su concessione del Museo Archeologico Regionale "Antonino Salinas" di Palermo 676

ABBILDUNGSVERZEICHNIS

436 Tynd23. Autorin, su concessione del Museo Archeologico Regionale "Antonino Salinas" di Palermo 677

437 Tynd24. Autorin, Regione Siciliana. Assessorato dei Beni Culturali e della Identità Siciliana – Parco Archeologico di Tindari 677

438 Tynd25. Autorin, Regione Siciliana. Assessorato dei Beni Culturali e della Identità Siciliana – Parco Archeologico di Tindari 678

439 Tynd26. Autorin, Regione Siciliana. Assessorato dei Beni Culturali e della Identità Siciliana – Parco Archeologico di Tindari 678

440 Tynd27. Autorin, su concessione del Museo Archeologico Regionale "Antonino Salinas" di Palermo 678

441 Tynd29. Autorin, su concessione del Museo Archeologico Regionale "Antonino Salinas" di Palermo 679

442 Tynd30. Autorin, su concessione del Museo Archeologico Regionale "Antonino Salinas" di Palermo 679

443 Tynd31. Bivona 1970, Taf. 42,3, su concessione del Museo Archeologico Regionale "Antonino Salinas" di Palermo 679

444 Geographische Verteilung der Statuenmonumente in der hellenistischen Zeit. Autorin 680

445 Geographische Verteilung der Statuenmonumente in der Kaiserzeit. Autorin 681

446 Geographische Verteilung der Statuenmonumente in der Spätantike. Autorin 682

447 Zeitliche Verteilung aller Statuenmonumente. Jedem Objekt wird eine normierte Normalverteilung zugeordnet, deren Standardabweichung durch die Unsicherheit in der Datierung bestimmt wird. Die Kurve ist die Summe dieser Verteilungen und zeigt die warscheinlichste Verteilung von Objekten nach Jahr. Autorin 683

448 Zeitliche Verteilung der hellenistischen Statuenmonumente. Autorin 683

449 Zeitliche Verteilung der spätantiken Statuenmonumente. Autorin 684

450 Zeitliche Verteilung aller kaiserzeitlichen Statuenmonumente. Autorin 684

451 Zeitliche Verteilung nicht-kaiserlicher Statuenmonumente. Autorin 685

452 Zeitliche Verteilung der kaiserlichen Statuenmonumente. Autorin 685

453 Zeitliche Verteilung der lateinischen und griechischen Inschriften. Prag 2018, 132 fig. 1 686

KAPITEL 1

Einleitung

(...) excogitati quidam erant a Siculis honores in me inauditi.

Cic. Planc. 64,7

∴

Im Rahmen eines Gerichtsverfahrens berichtet Cicero von seiner Quästur in Sizilien, die er im Jahr 75 v. Chr. bekleidet hatte. Voll des Eigenlobes über seine eigene vorbildliche Amtszeit weist er auf Ehrungen hin, die die Sizilianer ihm erbrachten. Cicero beschreibt diese Ehrungen im Weiteren nicht genauer, doch kann davon ausgegangen werden, dass es sich um Ehrenstatuen handelte, die gewöhnlich in den Provinzen für die römischen Amtsträger aufgestellt wurden. Explizit von Statuen spricht er umso ausführlicher in den „Orationes in Verrem". In mehreren Reden des Repetundenprozesses gegen C. Verres, der als Proprätor Sizilien von 73 bis 71 v. Chr. verwaltet und ausgeplündert hatte, beschreibt er verschiedene Städte der Provinz.

Cicero zufolge zierten zahlreiche Statuen öffentliche Gebäude, Heiligtümer und Platzanlagen.

Er nennt Standbilder von Göttern, die in Tempeln und Heiligtümern standen, sowie kostbare Statuen von Meistern wie Polyklet und Myron auf. Darüber hinaus erwähnt Cicero eine weitere Kategorie von Statuen, die Ehrenstatuen, die vor allem *in foro* errichtet wurden. Ihm zufolge wurde allein für Verres fast in jeder Stadt Siziliens ein Standbild errichtet.

Ciceros Beschreibungen weisen auf einen blühenden 'statue habit' in Sizilien in späthellenistischer Zeit hin, der auch für die nachfolgenden Epochen vermutet werden kann. Aus diesem Grund ist es verwunderlich, dass das Phänomen der Ehrenpraxis in Sizilien bisher nicht untersucht wurde. Diese Arbeit hat das Ziel, die Ehrenstatuen als Bestandteil der Ehrenpraxis in ihrem historischen, sozialen und räumlich-urbanen Kontext holistisch zu erforschen. Während der Forschungsdiskurs sich bisher vor allem auf das östliche Mittelmeer beschränkt hat, wird diese Arbeit diesen um eine ganze Region des westlichen Mittelmeers erweitern.

© REBECCA J. HENZEL, 2022 | DOI:10.1163/9789004504646_002

1.1 Thema

Eine Statue im öffentlichen Raum kann aufgrund ihrer kommemorativen Funktion als größte Ehre in der griechisch-römischen Welt interpretiert werden. Denn auch nach dem Tod des Geehrten war sie gewöhnlich weiterhin sichtbar. Dies erklärt, warum Statuen auf Platzanlagen, in Heiligtümern oder an Straßen seit dem Hellenismus das Stadtbild jeder griechisch-römischen Stadt prägen. Bereits in klassischer Zeit wurden Götter und herausragende Persönlichkeiten in Form einer Statue im öffentlichen Raum geehrt[1]. In der hellenistischen Epoche entwickelte sich diese Praxis zu einem attraktiven Konzept, welches dazu führte, dass der öffentliche Raum „Statuenwäldern" zu gleichen schien. Zunächst galt diese Form der Ehrung Staatsmännern, siegreichen Athleten, Herrschern und deren Entourage; im Laufe des Hellenismus öffnete sie sich für die gesamte Elite. Vor allem die Agora wurde im Laufe des 3. Jh. v. Chr. zum bevorzugten Raum für Statuenaufstellungen der lokalen Oberschicht[2]. Eine ähnliche Entwicklung lässt sich auch in Heiligtümern beobachten, die besonders in klassischer und frühhellenistischer Zeit den bevorzugten Ort für Statuenaufstellungen darstellten.

Die Aufstellung einer Statue im Stadtraum erforderte eine Genehmigung der öffentlichen Gremien der Stadt[3]; folglich wurde die Ehrenstatue[4] als ein Bestandteil eines Ehrenkanons im Austausch für Wohltaten gegenüber der Polisgemeinschaft verliehen[5]. Spätestens in späthellenistischer Zeit prägte

---

1 Ausführlich zur Statuenaufstellung in hellenistischer Zeit und deren Entwicklung, Ma 2015.
2 Vgl. Ma 2015, 76 f.
3 B. Sielhorst zufolge sorgten diese dafür, „dass es zu einer gewissen Nivellierung in der Repräsentation Einzelner kam und sich Werte und Normen durchsetzen, die die kollektive Leistung über die des Individuums stellen", Sielhorst 2015, 174.
4 Der Begriff der Ehrenstatue ist ein moderner Terminus, der die in öffentlichen Räumen aufgestellte Porträtstatue von Statuen wie Grab- und Weihestatuen unterscheiden soll. Dazu zuletzt C. Murer, die betont, dass eine Abgrenzung der Kategorien kaum möglich ist, Murer 2017, 12 f.; ebenso bereits Sehlmeyer 1999, 12 f. und Trümper 2014, 69. Ausführlicher Fejfer 2008, 17–72. Zur Problematik der Identifikation von privaten Ehrenstatuen als Weihestatuen, Ma 2015, 156 f.
5 Zu den verliehenen Ehrungen gehörten zusätzlich zur Statue im öffentlichen Raum u.a. Ehrensitze und die Verleihung von Kränzen.
   – Definition Euergetismus, vgl. Zuiderhoek 2009, 6–12. Außerdem grundlegend Gauthier 1985; Quaß 1993 zum griechischen Osten; Habicht 1995 zu den gesellschaftlichen Strukturen und Veränderungen von der Klassik zum Hellenismus; Veyne 1988, bes. 22–24. 107–112. 162–268. Veyne geht allerdings von der Einteilung der Gesellschaft in die Gruppe der Honoratioren und dem Rest aus, während neuere Untersuchungen gezeigt haben, dass das Verhältnis doch

EINLEITUNG

die Porträtstatue das Bild jeder griechisch-römischen Stadt[6]. Darüber hinaus erfreute sich die privat initiierte Aufstellung von Statuen immer größerer Beliebtheit[7]. Diese benötigten ebenfalls eine Genehmigung des Stadtrats bzw. einer öffentlichen Institution. In der Kaiserzeit standen dagegen der Kaiser und seine Familie im Mittelpunkt von Ehrungen, für die es keines spezifischen Anlasses mehr bedurfte[8]. In der Forschung besteht Einigkeit darüber, dass mit der severischen Zeit ein starker Rückgang der sog. ‚statue habit' einsetzte. Zur Zeit der Neuordnung des Reiches durch Diokletian ist wieder eine vermehrte Aufstellungstätigkeit zu beobachten. Verbunden damit wandelte sich die Ehrenpraxis: Kaiser, Statthalter und weitere kaiserliche Amtsträger standen nun im Fokus von Ehrungen, im Gegensatz zu der lokalen Elite der Städte, die kaum mehr präsent war[9].

Zusätzlich zu den Ehrenstatuen, die das Gros der an öffentlichen Orten aufgestellten Statuen ausmachten, fanden sich auch Standbilder von Göttern, Personifikationen, mythologische Figuren oder Idealfiguren[10]. Bei Personifikationen konnte es sich beispielsweise um das Bildnis einer öffentlichen Institution[11] handeln oder um die Darstellung einer kaiserlichen

---

    sehr viel komplexer war, dazu Gilhaus 2015, 11–16. Ausführlich zur hellenistischen Zeit, Ma 2015. Zur Kaiserzeit in Kleinasien, Zuiderhoek 2009.

6   Zur Entwicklung der Ehrenstatue im Westen des Reiches und Rom s. Sehlmeyer 1999; Erkelenz 2003; Fejfer 2008, 21. Umstritten ist, ob Ehrenstatuen dort erst im 1. Jh. v. Chr. zahlreich auftreten oder bereits vorher, wie ein Zitat von Plinius dem Älteren vermuten lässt.

7   Ehrenstatuen werden auf offizielle Initiative eines öffentlichen Gremiums errichtet, Privatstatuen auf private Initiative, dazu u.a. von den Hoff 2009, 193; Fejfer 2008, 17 f.; ausführlich Ma 2015, 155–239. 286–289, bes. 155–159. Öffentliche und private Ehrenstatuen werden meist in Untersuchungen unter dem Begriff der Ehrenstatue subsumiert, vgl. Rödel-Braune 2015, 25. J. Ma weist zurecht auf die sog. Portfolio Monumente hin, die private und öffentliche Statuen vereinen und somit einen Grenzfall darstellen, Ma 2015, 164 f. Zudem werden private Ehrenstatuen oft Personen für die Ausführung eines Amts gestiftet, dementsprechend werden sie als „öffentliche Person" geehrt, Ma 2015, 169–175. 288.

8   Højte 2005, 166.

9   Zum Wandel vgl. Borg – Witschel 2001; Witschel 2007, bes. 114; Smith 2016, 4 f.

10   Auf der Agora von Athen im 4. Jh. v. Chr. standen bspw. die Statue der Eirene mit dem Plutosknaben, während wenig später neben ihr die Statuen verdienter Staatsmänner errichtet wurden, Sielhorst 2015, 83. 221. Diese Kombination verbildlicht verschiedene Funktionen einer Agora (politisch und sakral). In der hohen Kaiserzeit sind bspw. in Cuicul Kaiserstatuen, Familiengruppen, Gottheiten und Personifikationen nebeneinander aufgestellt, vgl. Zimmer 1989, 21–31; Kleinwächter 2001, 83–96.

11   Zur Darstellung der Personifikation des Demos in Form einer Statue im Bouleuterion von Aphrodisias, Smith 2006, Nr. 44, Taf. 34; LSA-2583. Zur Darstellungen kaiserlicher Tugenden u.a. in Halaesa, Portale 2009, 82–84.

Tugend. Weihestatuen, d.h. Statuen, die als Weihgeschenke in Heiligtümern an eine Gottheit gestiftet wurden, lassen sich nur mithilfe der Inschrift von Ehrenstatuen unterscheiden. Allerdings war der Übergang von der Ehren- zur Weihestatue fließend, da auch Ehrenstatuen zunächst Göttern geweiht wurden[12]: Die Formel *theois (pasi)*, an alle Götter, findet sich auch in hellenistischer Zeit noch bei Ehreninschriften für öffentlich geehrte Personen[13].

1.2 Forschungsstand

Während die Klassische Archäologie lange von der stilistischen Erforschung von Statuen und Porträtköpfen dominiert wurde, hat sich die Forschung in den letzten Jahrzehnten vermehrt mit den Aufstellungskontexten von Statuen beschäftigt. Seit den 8oer Jahren des letzten Jahrhunderts bildet die Frage nach der Statuenausstattung einzelner Räume spezifischer Funktion im städtischen Raum wie Platzanlagen[14], Theatern[15], Gymnasia[16], Thermen[17], Heiligtümern[18] und Bouleuteria[19] einen Schwerpunkt. Damit hatte die Beschäftigung mit der sozialhistorischen und architektonischen Bedeutung von Statuen begonnen. Nicht mehr nur die Statue allein wurde in den Blick genommen, sondern auch die dazugehörige Statuenbasis und ihr Aufstellungsort. Die Inschriften wurden bis dahin selten gemeinsam mit ihrem Träger betrachtet, doch aufgrund der zunehmenden Kontextualisierung von Statuenmonumenten begann man von der isolierten Betrachtung einzelner Komponenten abzurücken.

In Bezug auf die Beschäftigung mit dem Phänomen der Ehrenstatue kann man von einem regelrechten Boom sprechen. Der Fokus lag meist auf der Epoche des Hellenismus, die den Ausgangspunkt einer ausgeprägten Ehrenpraxis bildet, in deren Rahmen verdiente Polisbürger mit einer Statue ausgezeichnet wurden. Die Mehrzahl der Untersuchungen konzentrierte sich auf bestimmte Städte bzw. Regionen mit einer großen und gut erhaltenen

---

12 Bspw. eine Statuenweihung an eine Priesterin der Athena Polias in Priene, die von ihrem Vater geweiht wurde, ist als Weihestatue zu bezeichnen, stellt aber ebenfalls eine privat gestiftete Ehrenstatue dar, Löhr 2000, 138 f., Kat. Nr. 160.

13 Vgl. Ma 2015, 24 f.

14 U.a. Zimmer 1989 (Cuicul und Thamugadi).

15 Fuchs 1987.

16 U.a. von den Hoff 2004; Mathys 2014b.

17 Manderscheid 1981; Schröder 2009; Smith 2007.

18 Herbin 2014 (Apollonheiligtum Delos); Mathys 2014a (Athenaheiligtum Pergamon).

19 Bier 2011 (Ephesos).

EINLEITUNG 5

Materialbasis wie Athen[20], Aphrodisias[21], Delos[22], Pergamon[23], Olympia[24], Pompeji[25], Priene[26] oder Rom[27]. Nur für wenige Städte liegen Untersuchungen vor, die Ausstattung an Ehrenstatuen diachron in ihrer Gesamtheit innerhalb des Stadtraums erfassen. Hervorzuheben ist an dieser Stelle besonders J. Ma, der mit seiner Monographie „Cities and Statues" ein Standardwerk zur hellenistischen Ehrenpraxis geschaffen hat[28]. Allerdings liegen die meisten der von ihm untersuchten Städte aufgrund der erhaltenen Materialbasis im griechisch-kleinasiatischen Osten des Reiches. Für den Westen liegen kaum Untersuchungen für dieselbe Zeitspanne vor[29].

Für die Kaiserzeit hat sich die Forschung dagegen vor allem auf den Westen des Reiches konzentriert. Diese Verschiebung ist durch die Veränderung der Ehrenpraxis im Rahmen des Prinzipats zu erklären. Von Rom ausgehend wurde die Städte Italiens und einige Provinzen untersucht. Auch hier dominierte lange Zeit auf archäologischer Seite die Erforschung kaiserlicher Porträts, während auf historischer Seite die Inschriften im Vordergrund standen. G. Alföldy hat als Epigraphiker durch Untersuchungen von beschrifteten Statuenbasen verschiedener Regionen exemplarisch gezeigt, welchen Mehrwert die gemeinsame Betrachtung von Ehreninschrift, Statuenbasis und Einlassungsspuren an der Oberseite des Inschriftenträgers bringen kann[30]. Besonders die Statuenaufstellungen auf nordafrikanischen Platzanlagen waren aufgrund der reichen Befunde Thema von Untersuchungen[31].

Eine relativ neue Entwicklung ist die Erforschung der Statuen in der Spätantike. Während einzelne Untersuchungen sich mit dem spätantiken Porträt[32] oder den Statuen[33] unabhängig von ihrem Kontext beschäftigen, stehen doch solche im Vordergrund, die Themen wie Wiederverwendung

---

20 U.a. Krumeich 2014 (Akropolis); Leone 2020 (Agora).
21 U.a. Smith 1999, 2006, 2007.
22 U.a. Trümper 2008, 138–255, 314–340; 2014 (Agora des Italiens); Griesbach 2014b (Delos); Herbin 2014 (Apollonheiligtum).
23 Mathys 2014a, 2014b.
24 U.a. Leypold 2014.
25 Kockel 2005.
26 Ma 2015.
27 U.a. Sehlmeyer 1999.
28 Ma 2015.
29 Vgl. dazu Zanker 1976; Prag – Quinn 2013.
30 U.a Alföldy 1984.
31 U.a. Zimmer 1989; Kleinwächter 2001.
32 U.a. Kovacs 2014.
33 U.a. Gehn 2012.

und Translokation von Statuen und ihren Basen behandeln[34]. Dafür eigneten sich bestimmte Städte aufgrund der Materialbasis in besonderem Maße, wie Aphrodisias, Ephesos, nordafrikanische Städte oder Rom[35]. Besonders zu erwähnen ist das in Oxford ansässige Projekt „Last Statues of Antiquity"[36]: Alle erhaltenen spätantiken Statuen und Statuenbasen wurden in einer frei zugänglichen Datenbank zusammengestellt, die erstmals umfassende statistische Auswertungen zu Statuen in der Spätantike erlaubt. Ein erstes Ergebnis davon ist ein Sammelband als Abschluss des Projekts, in dem sowohl unterschiedliche Städte und Regionen, als auch Themen wie die Wiederverwendung oder die Darstellung von Frauen thematisiert werden[37].

Die skizzierte Entwicklung der Statuenaufstellung im öffentlichen Raum hat sich somit vor allem aufgrund von Forschungen in Kleinasien, Griechenland und Rom etabliert. Sizilien wurde bisher in keiner einzigen Untersuchung thematisiert, weder als Vergleichsbeispiel noch in einer holistischen Studie. Dieses Forschungsdesiderat dürfte der besonderen Lage, Geschichte und Forschungsgeschichte Siziliens und den erhaltenen Befunden geschuldet sein.

Die Forschungsgeschichte zu Sizilien ist stark mit der Sicht der antiken Geschichtsschreiber verbunden, die der Insel nach der Eroberung durch die Römer einen Niedergang bescheinigte[38]. Lange Zeit galten die archaische und die klassische Epoche als Blütezeit Siziliens, weshalb die archaischen Stadtzentren und monumentalen Tempelanlagen im Fokus der Forschung standen.

Umstritten ist in der Forschung, wie die Zeit nach der römischen Eroberung zu benennen ist. Während einige Forscher einen kontinuierlichen griechischen Einfluss sehen und sie deshalb als hellenistisch bezeichnen, ordnen andere Forscher der politischen Situation mehr Bedeutung zu und nennen die Epoche ‚spätrepublikanisch'. Im Folgenden wird sie als ‚hellenistisch' bezeichnet, da in den Städten Siziliens weiterhin griechische Kulturelemente vorherrschten[39]. Darüber hinaus haben J. Quinn und J. R. W. Prag mit dem Sammelband „The Hellenistic West" gezeigt, dass keineswegs nur die Nachfolgestaaten der Diadochen im Osten des Mittelmeeres als ‚hellenistisch' zu bezeichnen sind,

---

34 Bauer – Witschel 2007; Smith 2018.
35 U.a. Bauer 1996; Niquet 2000.
36 http://laststatues.classics.ox.ac.uk/ (aufgerufen am 3.8.2020).
37 Smith – Ward Perkins 2016.
38 Pfuntner 2013a, 6–29.
39 Dazu u.a. Wilson 2013; van Bommelen – López-Bertran 2013, 276–280. Zur Diskussion zuletzt auch Trümper 2019, 8.

EINLEITUNG

da die Periode ab dem 3. Jh. v. Chr. eine Zeit darstellt, in der über das gesamte Mittelmeergebiet dieselbe materielle Kultur vorhanden war[40].

In der bisherigen Forschung wurde das von Hieron II. beherrschte Gebiet im Osten der Insel dem bereits von den Römern eroberten Rest Siziliens gegenübergestellt. Dementsprechend wurde Sizilien als Mittelglied zwischen Ost und West wahrgenommen und in den Forschungsdiskussionen aufgrund dieser hybriden Situation meist ausgeklammert.

Neue Ausgrabungen und eine Neubewertung bereits publizierter Fundgruppen haben jedoch besonders im letzten Jahrzehnt dazu geführt, dass die Zeit der römischen Herrschaft nicht mehr als Phase des Niedergangs für die Insel gedeutet wird. Vielmehr konnte das Bild einer bis in die Spätantike prosperierenden Provinz gezeichnet werden[41]. In der Forschung stehen nun nicht mehr die monumentalen Tempelanlagen klassischer Zeit im Fokus, sondern die hellenistische Epoche. Zahlreiche Publikationen, Forschungsvorhaben und Konferenzen zur hellenistisch-römischen Zeit bezeugen den deutlichen Wandel in der Forschung. Die Kaiserzeit dagegen wird aufgrund fehlender literarischer Quellen weiterhin kaum beachtet; hier sind vor allem archäologische Forschungen hervorzuheben. R. Wilson hat bereits 1990 ein Standardwerk zum römischen Sizilien publiziert, das einen Überblick von der Eroberung durch die Römer bis in die Spätantike bietet[42]. Durch eine Vielzahl neuer Grabungen und Surveys hat sich das Blickfeld auf Sizilien seitdem deutlich erweitert. Zeugnis hiervon ist unter anderem eine Konferenz zum römischen Sizilien in Göttingen im November 2017[43]. Mehrere Forscher konnten in den letzten Jahren mithilfe unterschiedlicher Untersuchungsgegenstände zeigen, dass Sizilien in der Kaiserzeit keineswegs wirtschaftlich oder kulturell im Niedergang begriffen war, sondern vor allem in severischer Zeit eine Blütezeit festzustellen ist[44]. Ebenso hat sich auch die Forschung zur Spätantike in Sizilien weiterentwickelt; so wurde vor allem anhand von Surveys und

---

40 Prag – Quinn 2013; ausführlich zur steigenden Vernetzung im Mittelmeerraum Versluys 2014; Pitts – Versluys 2015.

41 U.a. Wilson 1990. 2000. 2013; Prag 2007. 2013; Campagna 2004. 2007; Belvedere – Bergemann 2018; Trümper – Adornato – Lappi 2019; skeptischer De Ligt 2020.

42 Wilson 1990.

43 Belvedere – Bergemann 2018.

44 Zu Getreidelieferungen, Soraci 2011. L. Pfuntner hat mithilfe von Siedlungsanalysen die Entwicklung von Systemen und Netzwerken von Städten und Siedlungen nachvollziehen können und das Bild vom verlassenen Innenland Siziliens korrigieren können, Pfuntner 2013a. Darüber hinaus hebt L. Pfuntner die severische Epoche in Sizilien aufgrund von Verbindungen zu den nordafrikanischen Provinzen als besonders boomend hervor, Pfuntner 2016. Anders De Ligt 2020.

Grabungen von Villen das ländliche Gebiet erforscht[45], während es weiterhin an Wissen über die spätantiken Städte in Sizilien fehlt[46].

Trotz der skizzierten positiven Entwicklung, zeigt der Abriss der Forschungsgeschichte auch verschiedene Forschungsdesiderate auf: Da die Epochen, in denen Statuen den öffentlichen Raum prägten, nicht im Mittelpunkt standen, liegt keine Arbeit vor, die sich mit einem der Bestandteile von Statuenmonumenten beschäftigt. Dies liegt am fragmentarischen Erhaltungszustand des Materials sowie an der schlechten Publikationslage. Es fehlt weiterhin Grundlagenforschung zu verschiedenen mit der Statuenaufstellung verbundenen Themen: Das Standardwerk zur sizilischen Skulptur ist die Monographie von Bonacasa von 1964, in der katalogartig über 200 Statuen aufgelistet werden[47]. Für die hellenistisch-römische Zeit existieren keine übergreifenden Studien. Die geringe Zahl publizierter Inschriften aus Sizilien hat seit jeher zu Diskussionen geführt. Die Corpora CIL und IG zu Sizilien sind veraltet (1883 und 1890). Seit deren Drucklegung sind durch Ausgrabungen zahlreiche Neufunde zutage getreten, die teilweise verstreut in unterschiedlichen Artikeln oder Museumskatalogen publiziert wurden. In den seltensten Fällen ist allerdings der Inschriftenträger berücksichtigt worden. Dies zeigt sich auch in dem Überblickswerk zu kaiserlichen Statuenbasen von J. M. Højte, in dem lediglich 15 Statuenbasen Sizilien zugeordnet werden[48]. Eine deutliche Verbesserung ist festzustellen, seitdem Prag mit *I.Sicily* ein digitales Corpus aller Steininschriften Siziliens erstellt[49]: Aus den ca. 250 publizierten Inschriften (Stand 2002) sind mittlerweile über 3000 geworden (Stand August 2020). Mithilfe der neuen epigraphischen Daten kann nun, verbunden mit archäologischen Untersuchungen, ein sehr viel differenzierteres Bild des öffentlichen Lebens gezeichnet werden: Agorai sind durch Grabungen und Kongresse stärker in den Fokus gerückt[50], ebenso das damit verbundene Repräsentationsverhalten einer hellenistischen Elite. Es konnte dabei gezeigt werden, dass im Späthellenismus eine Monumentalisierungsphase der urbanistischen Zentren mit griechisch geprägten Bauformen einsetzte, in der sich die städtische Oberschicht mithilfe von Stiftungen hervorheben konnte[51].

---

45 Zu den Surveys in Sizilien zusammengefasst, Burgio 2017a; Zusammenfassung der Villenforschung in Sizilien, Wilson 2018.

46 Zum Forschungsstand Sami 2013.

47 Bonacasa 1964.

48 Højte 2005.

49 *I.Sicily*: http://sicily.classics.ox.ac.uk/.

50 Ampolo 2012a.

51 U.a. Campagna 2007; 2011; Prag 2015.

EINLEITUNG   9

1.3   Geschichte Siziliens

Zunächst war Sizilien von verschiedenen Stämmen (Elymer, Sikaner, Sikuler)
bevölkert, als die Griechen im Rahmen der Kolonisationswelle ab dem 8. Jh.
v. Chr. vor allem die Ostküste besiedelten, während sich an der Westküste
Handelsstützpunkte der Punier/Karthager befanden. Zwischen Griechen und
Karthagern kam es zu zahlreichen Auseinandersetzungen, die 480 v. Chr.
in der Schlacht bei Himera mit einem Sieg des syrakusanischen Tyrannen
Gelon gipfelten[52]. In dieser Zeit wurde eine Vielzahl monumentaler Tempel
in Syrakus und Agrigent und Himera errichtet. Danach kam es aufgrund von
Expansionsbestrebungen auf beiden Seiten immer wieder zu kriegerischen
Auseinandersetzungen zwischen Karthago und Syrakus. Mit dem Eingreifen
Roms als neuer Machtfaktor wurde Karthago zurückgedrängt und schließlich
146 v. Chr. im Dritten Punischen Krieg endgültig besiegt und zerstört. Bereits
nach der Niederlange Karthagos im Ersten Punischen Krieg 241 v. Chr. war
Sizilien mit Ausnahme des sog. Hieronischen Königreiches zur ersten Provinz
Roms geworden. Der Osten der Insel um Syrakus herum sicherte sich unter
König Hierons II. mit Verträgen als Bündnispartner Roms Unabhängigkeit.
Die Herrschaftszeit Hieron II. von 269 bis 215 v. Chr. stellte eine Blütezeit
für Syrakus dar; auch aus diesem Grund wird er gerne als hellenistischer
Herrscher bezeichnet und mit denen im östlichen Mittelmeer verglichen.
Kurz nach seinem Tod wurde Syrakus 211 v. Chr. von Rom erobert und in die
römische Provinz eingegliedert. Als Provinz stand Sizilien unter der Herrschaft
von Statthaltern, und Städte erhielten unterschiedlichen Status. Besondere
Ereignisse in der Geschichte Siziliens waren von 136 bis 132 v. Chr. und von
104 bis 101 v. Chr. Sklavenaufstände, die erst von der römischen Armee nie-
dergeschlagen werden konnten. Mit dem Beginn des Prinzipats wurde Sizilien
abermals neu gegliedert. Im Zuge dessen wurden einige Städte zu coloniae
oder municipia erhoben[53]. Während Sizilien in hellenistischer Zeit der wichtigste Getreidelieferant für Rom gewesen war, übernahmen ab augusteischer
Zeit Ägypten und dann vermehrt Nordafrika diese Rolle[54]. Doch war Sizilien
entgegen älterer Foschungsmeinung trotzdem durchgehend für Lieferungen
zuständig. In der Spätantike stieg die Getreideproduktion sogar wieder stark
an, da Nordafrika den Osten des Reiches versorgte; für die Lieferungen nach
Italien war nun wieder in vollem Umfang Sizilien zuständig. Über das Getreide

---

52   Zusammengefasst zur Geschichte Finley 1993; Dreher 2008.
53   Wilson 1990, 35–43; Hoffmann-Salz 2010.
54   Zur wichtigen Rolle Siziliens, Soraci 2011, bes. 199–203.

hinaus war Sizilien aufgrund seiner Lage in das Handelssystem im Mittelmeer integriert.

Über die historischen Ereignisse in Sizilien liegen wenige literarische Quellen vor. Sie stammen vor allem aus der hellenistischen Zeit, zu nennen sind Diodor, Polybios, Livius und Cicero. Polybios, Livius und Diodor schilderten vor allem als Historiker die Punischen Kriege, wobei sie wiederum auf ältere literarische Werke zurückgriffen. Ihre Werke berichten sowohl von historischen Ereignissen als auch über die politische und wirtschaftliche Verwaltung unter der römischen Herrschaft. Auch wenn die Topographie einiger Städte beschrieben wird, sind für die vorliegende Arbeit doch besonders die Reden gegen Verres von Cicero von Bedeutung. Seine Reden haben zwar nicht den Zweck, historische Ereignisse und Zusammenhänge zu erläutern. Jedoch zählt er verschiedene Arten von Statuen auf, darunter auch Ehrenstatuen. Damit ist er der Einzige, der die Ehrenpraxis in Sizilien ausdrücklich beschreibt. Allerdings haben sich von den von ihm genannten Ehrenmonumenten keine archäologischen Funde erhalten. Über das kaiserzeitliche Sizilien ist aus literarischen Quellen kaum etwas bekannt. Ein negatives Bild von Sizilien der frühen Kaiserzeit entwarf Strabon, während Plinius nur den Status einzelner Städte beschreibt[55].

1.4   Zielsetzung

Diese Arbeit möchte einen Beitrag zur Erforschung Siziliens leisten, indem erstmals die Ehrenstatuen im öffentlichen Raum als ein Bestandteil der Ehrenpraxis systematisch in ihrer gesamten Ausprägung erfasst werden. Das Phänomen der Ehrenpraxis stellt ein zentrales Phänomen des urbanen Lebens dar und wird hier in einer diachronen Perspektive, die vom Hellenismus bis in die Spätantike reicht, untersucht. Wie die Forschung im Osten ergeben hat, beginnt die Errichtung von Ehrenstatuen in größerer Ausprägung grundsätzlich erst im Hellenismus. Da es keinen Hinweis darauf gibt, dass in Sizilien eine frühere Genese zu erwarten ist, wird mit dieser Epoche begonnen. Der Zielsetzung entsprechend beruht die Arbeit nicht nur auf bereits publizierten Daten, sondern präsentiert neues und vervollständigt bereits bekanntes Material. Erstmals wird die Statuenaufstellung einer gesamten Region anhand aller verfügbaren Komponenten untersucht.

---

55   Lehmler 2005, 25–33; Pfuntner 2013a, 12–16, 31–44.

EINLEITUNG

Ziel ist die Erforschung der Genese, Entwicklung und Ausprägung der Ehrenpraxis in Sizilien. Im Zentrum stehen die Monumente selbst, sowie deren Kontext.

Der öffentliche Raum stellt in dieser Arbeit den räumlichen Kontext dar. Unter öffentlichem Raum wird hier der öffentlich genutzte und gestaltete Raum verstanden. J. Ma hat treffend formuliert: „Public space is common property, legally owned by the whole community as a political entity – it is not anybody's, but everybody's: it is precisely not open for anybody to act on or in public space, and public permission has to be specifically granted for such an action[56]." Durch die vermehrte Nutzung von raumtheoretischen Askpekten in der Archäologie der letzten Jahre gelten Statuenmonumente nicht mehr als rein passive Objekte: sie prägen Räume und Räume wiederum prägen die Statuenmonumente und deren Aufstellung bspw. durch Sichtachsen oder Bewegungsmuster[57]. Daher ist von Interesse, wo diese Monumente aufgestellt wurden und wie durch sie der öffentliche Raum geprägt wurde.

Der soziale Kontext der Ehrenstatuen ist ebenso bedeutsam: Wer stellte für wen weshalb eine Statue auf und welche Rückschlüsse können daraus auf die Gesellschaft gezogen werden? Welche Monumenttypen wurden für wen genutzt?

Daran knüpfen Fragen zu der Entwicklung der Ehrenpraxis an. Sind Brüche besonders in Zeiten erheblicher politischer Veränderung, wie der Provinzwerdung Siziliens, der Neuordnung der Provinz durch Augustus, Diokletians Reform des gesamten Reiches oder aber durch sizilische Ereignisgeschichte erkennbar? Veränderungen können aus unterschiedlichen Gründen zu Zerstörung oder Umnutzungen von Monumenten führen. Hierzu gehört auch die ‚Dynamik' von Statuenmonumenten : Bei dem Fundort muss es sich nicht unbedingt um den primären Aufstellungsort handeln[58].

Besonders interessant vor dem Hintergrund unterschiedlicher Kultureinflüsse in Sizilien sind zudem Fragen nach dem Einsetzen der Ehrenpraxis in Sizilien. Nach einem Blick in den Osten könnte die Nutzung von Ehrenstaten zunächst in griechischen Städten Siziliens vermutet werden. Doch handelt es sich nicht vielmehr um ein global hellenistisches Phänomen, welches nicht von punischen, griechischer oder römischer Prägung einer Stadt abhängt? Kann die Genese und Entwicklung in Sizilien in das allgemeine Modell von Statuenmonuenten anderer Regionen eingefügt werden?

---

56 Ma 2017, 71.
57 Zu Bewegungs- und Zugangsmustern u.a. Laurence – Newsome 2011; Paliou u.a. 2014.
58 Zu Translozierungen u.a. Krumeich 2014.

1.5 Methodik zur Analyse fragmentarischer Befunde

Die Grundlage der Untersuchung bildet ein Katalog aller verfügbaren Quellen zu Ehrenstatuen in Sizilien und den dazugehörigen Inseln. Es handelt sich dabei um literarische, archäologische und epigraphische Quellen. Jede dieser Gruppen erfordert eine eigene Methodik der Analyse und Bewertung. Im Folgenden werden die Quellen und deren Komponenten einzeln aufgezählt. Im Befund dominieren die archäologischen und epigraphischen Quellen, auf denen deshalb der Fokus der Arbeit liegt. Die literarischen Quellen werden in diesem Rahmen nicht umfassend analysiert, lediglich die wenigen für die Statuenmonumente aussagekräftigen Erwähnungen, wurden in den Katalog aufgenommen.

Für diese Arbeit war Feldforschung essentiell für die Sichtung und Analyse der archäologischen Quellen in Sizilien. Auf acht Forschungsreisen nach Sizilien wurden daher alle Komponenten von Statuenmonumenten sowohl in situ als auch in Museen und Magazinen aufgenommen. Das bedeutet, sie wurden gesichtet, vermessen und zeichnerisch sowie photographisch dokumentiert. Die epigraphischen Daten gehen zum großen Teil auf J. Prag zurück, der diese im Rahmen des *I.Sicily* Projekts gesammelt und neu editiert hat.

1.5.1 Archäologische und epigraphische Quellen

Der Maximalbestand eines Statuenmonuments besteht aus dem Fundament, ggf. einem Basisfuß, dem Schaft, ggf. einer Bekrönung und der Statue. In der Forschung gibt es unterschiedliche Nomenklaturen für die einzelnen Komponenten; hier werden die im Folgenden genannten Begriffe verwendet. Der Maximalbefund ist in Sizilien in keinem Fall erhalten, weshalb alle Komponenten einer Ehrenstatue gleichermaßen berücksichtigt wurden, um Rückschlüsse auf die Monumentengattung und ihre Ausprägung ziehen zu können. Im Folgenden werden die einzelnen Bestandteile aufgeführt und der jeweilige Umgang bei der Untersuchung ausgeführt.

1.5.1.1 Fundament

Das Fundament einer Statuenbasis ist in situ vorhanden und gibt deshalb den ursprünglichen Standort an. Es liefert somit Aufschluss über den räumlichen Kontext des Statuenmonuments. Der Aufstellungsort kann außerdem über Standspuren des Fundaments bzw. der Basis oder Auslassungen im Paviment erschlossen werden. Wenn nur der Minimalbefund in Form eines Fundaments erhalten ist, ist der Befund allein nicht aussagekräftig genug, um eine sichere Identifizierung als Teil einer Statuenbasis vorzunehmen. In diesem Fall ist der Kontext ausschlaggebend, um Statuenmonumente bspw. von Altären zu

EINLEITUNG 13

unterscheiden[59]. Doch ist es unmöglich, ohne die Inschrift zu entscheiden, ob eine Ehrenstatue oder eine andere Statue darauf errichtet war. Anhand der Form und der Größe des Fundaments kann allerdings sehr wohl auf den Basentyp und damit auf die Anzahl der Statuen rückgeschlossen werden.

Trotzdem wurden alle Fundamente von Statuenbasen im öffentlichen Raum aufgenommen, denn nur Monumente in situ geben einen exakten Aufstellungsort an, mit dessen Hilfe kontextbezogene Fragen beantwortet werden können. Grundsätzlich gibt es Hinweise auf Götterstandbilder u.a. in Athen und Cuicul, auf denen Statuen von Göttern und Personifikationen in großer Zahl neben Ehrenstatuen die Platzanlage bevölkerten[60]. Öffentliche Räume schließen natürlich nicht nur Platzanlagen ein, sondern ebenso Heiligtümer, Theater, Bäder, Gymnasien und andere Gebäudekomplexe.

Ein wichtiges Ergebnis dieser Arbeit ist jedoch, dass Ehrenstatuen in Sizilien fast ausschließlich auf Platzanlagen und angrenzenden Gebäude errichtet wurden; nur wenige Statuen können in Theatern und Heiligtümern nachgewiesen werden. Obgleich auch hier Hinweise auf die Aufstellung von Götterstandbildern und Personifikationen vorliegen, scheint ihre Anzahl im Vergleich zu Ehrenstatuen verschwindend gering[61]. Umso wichtiger für die Identifizierung von Ehrenstatuen ist also der Kontext. Die Datierung von Fundamenten ist nur mithilfe von stratigraphischen oder relativchronologischen Methoden möglich[62].

1.5.1.2 Statuenbasis

Eindeutig als Statuenbasen identifiziert werden können Steinblöcke, wenn sie auf ihrer Oberseite Einlassungen für die Befestigung einer Marmorplinthe oder einer Bronzestatue aufweisen und an ihrer Vorderseite eine Ehreninschrift tragen.

Da Informationen zur Oberfläche nicht immer verfügbar waren, muss definiert werden, was abgesehen von den klar zu interpretierenden Einlassungen zu einer Identifikation führen kann[63]. Wichtig ist dabei besonders die

---

59 S. dazu u.a. MegHybl1.

60 Zimmer 1989; Kleinwächter 2001; Leone 2020.

61 Halaesa: ISicily3686, Prag – Tigano 2017, 31 f. Nr. 4 (Statuenbasis zu Ehren von Serapis und Isis); ISico804, Portale 2009, 78–82, Abb. 7 a–h (Ceres Standbild, aufgestellt in Exedra 6); ISico768, Portale 2009, 82–84, Abb. 8 a–g, 85–87 (Concordia Augustae Standbild, aufgestellt in Exedra 7).

62 Zur relativchronologischen Datierung von Statuenfundamenten in Olympia, Leypold 2014; hier siehe v.a. das Fallbeispiel Solunt.

63 Darauf weist auch G. Alföldy hin, der einen ähnlichen Katalog von Merkmalen zur Identifikation erstellt, Alföldy 1984, 20 f., 24 f. Zuletzt zur Bestimmung von Statuenbasen, Gilhaus 2015, 305–316.

Unterscheidung von einem Altar. Altäre können Inschriften mit ähnlichen Formularen wie Statuenbasen tragen[64] und sind besonders bei fragmentarischer Erhaltung schwer von Statuenbasen zu unterscheiden. Jedoch weisen Altäre oft Darstellungen von Paterae, Bukaranien oder Girlanden auf und können an den Ecken mit Voluten verziert sein[65] oder eine Patera an der Oberseite tragen[66]. Deshalb wurden für die Untersuchung immer alle Seiten vermeintlicher Statuenblöcke betrachtet. Ein weiteres sicheres Merkmal für Statuenbasen sind die an der Vorderseite angebrachten Ehreninschriften. Weitere Anhaltspunkte sind die Proportion und Größe der Marmorplatte. Während Bauinschriften einen Ein- bis Zweizeiler mit großen Buchstaben aufweisen[67], sind für Statuenbasen viele kurze Zeilen typisch. Dementsprechend sind an Bauwerken eher lange Blöcke mit Ausdehnung der Inschrift in der Horizontalen angebracht. Verkleidungsplatten von Statuenbasen sind in den meisten Fällen hochrechteckig. L. Gilhaus zufolge betragen die Maße von Basen in den Westprovinzen zwischen 100–200 × 60–80 cm, Inschriftenplatten durchschnittlich 80 × 60 cm[68]. Allerdings gibt es auch hier Ausnahmen, wie die Anbringung von Ehreninschriften an Ehrenbögen oder Nischenbasen, die in ihren Maßen und Proportionen Bauinschriften gleichen.

Mit den genannten Kriterien können Ehreninschriften in der Regel vor allem von Bau- und Grabinschriften unterschieden werden. Selten sind alle der aufgezählten Kriterien erfüllt, da das Objekt entweder nicht genug Informationen preisgibt oder aber die Inschrift vom üblichen Schema abweicht. Aus diesem Grund erweisen sich vor allem bei fragmentarischer Erhaltung der Inschrift Informationen über den Inschriftenträger als besonders wichtig. Darüber hinaus sind die Maße und Proportionen von Statuenbasen oder Inschriftenplatten ausschlaggebend für die Identifikation der Art des Statuenmonuments.

Die Statuenbasen stellen die zentrale Komponente eines Statuenmonuments und somit dieser Untersuchung dar. Auch in fragmentiertem Zustand sind Rückschlüsse auf verschiedene Parameter des Monuments möglich. In

---

64   S. dazu Alföldy 1984, 24 f.

65   Obgleich das Beispiel der kaiserlichen Statuenbasen in der „Caserma dei Vigili" in Ostia zeigt, dass auch Basen an den Seiten Olpen bzw. Kannen zeigen, Højte 2005, Titelbild. Sie scheinen hier wohl auf die sakrale Umgebung des Kaiserkults hinzuweisen. Auch G. Zimmer bringt Statuenbasen in Cuicul, die an den Seiten Paterae u.ä. tragen mit den auf den Basen dargestellten Gottheiten in Verbindung, Zimmer 1989, 19.

66   Gilhaus 2015, 305.

67   Zur Buchstabengröße von Bauinschriften, Horster 2001, 14 f. Anm. 37. 40. Natürlich weist die Bauinschrift Unterschiede im Formular auf (Nominativ des Stifters verbunden mit *fecit/dedit* o.ä. in lateinischen Inschriften, dazu, Horster 2001, 10–20), doch liegen zahlreiche stark fragmentierte Marmorplatten vor, die eine Auseinandersetzung erfordern.

68   Gilhaus 2017, 306.

EINLEITUNG

der Forschung liegen unterschiedliche Typologien von Statuenbasen vor[69]. Über die Art der Einordnung bsteht keine Einigkeit; für diese Untersuchung folgt die Typologie der Form der Basen. Die Form gibt in den allermeisten Fällen Hinweise auf die Funktion und damit die Art des Monuments. Anhand der Form kann die Anzahl der aufgestellten Statuen, die Größe der Statuen und die Art des Standbildes festgestellt werden. Oft korreliert die Form auch mit der Machart: monolith, zusammengesetzt oder verkleidet. Sie spielt deshalb erst nachgeordnet eine Rolle und zwar insofern, als dass sie Aufschluss über die Materialverfügbarkeit geben kann. Dieser Typologie folgend lassen sich die Basen in Sizilien in sechs Typen einteilen:

Quaderbasen tragen auf ihrer quadratisch-rechteckigen Oberfläche eine einzelne stehende Statue. Sie können monolith oder aus mehreren Blöcken zusammengesetzt sein, profiliert oder unprofiliert vorliegen. Es gibt sie in unterschiedlichen Höhen; hier werden sie in flach, mittelhoch und hoch untergliedert. Die Ehreninschrift ist an der Vorderseite des Schafts angebracht, einige wenige tragen die Inschrift auch auf der Bekrönung.

Orthostatenbasen bestehen aus mehreren Orthostaten. Sie sind dadurch breiter als Quaderbasen und meist relativ hoch. Aufgrund ihrer langrechteckigen Form trugen sie gewöhnlich mehrere Statuen oder ein Reiterstandbild. Orthostatenbasen können aus mehreren Blöcken bestehen, aber auch aus einem gemauerten oder mit Bruchstein verfüllten Kern, der mit Marmorplatten verkleidet war. Die Zusammenstückung ist mit der Größe zu erklären, eine monolithe Basis dieser langrechteckigen Form wäre, vor allem in Marmor, sehr teuer. Im Falle eines Reiterstandbildes befand sich die Ehreninschrift gewöhnlich an der Kurzseite, während die Anbringung an der Langseite auf die Aufstellung stehender Personen bzw. einer stehenden Statue hinweist[70].

L-förmige Basen werden hier aufgrund ihrer besonderen Form als eigener Typ eingeführt. Sie ähneln in ihrer Machart Orthostatenbasen, doch handelt es sich um einen erweiterten Typus, da der langrechteckigen Standfläche eine weitere folgt. Somit ist es eine Kombination aus einer Orthostaten- und einer Quaderbasis bzw. zwei aneinander gesetzten Orthostatenbasen. In Sizilien finden sich zwei dieser Basen in Segesta, deren Form bisher umfassend nur in Aphrodisias identifiziert und analysiert wurde[71]. Aufgrund der Form und Größe sind sie als Statuenträger einer Statuengruppe aufzufassen.

---

69   Tuchelt 1979; Siedentopf 1968; Jacob-Felsch 1969; Bergemann 1990; von Thüngen 1994; Schmidt 1995; Højte 2005. Darüber hinaus wurden Statuenbasen auch geographisch erfasst: Athen (u.a. Krumeich 2008. 2010); Delos (u.a. Trümper 2008; Griesbach 2014b; Herbin 2014; Dillon – Baltes 2013); Didyma (Filges 2007); Leptis Magna (Bigi 2010); Pergamon (u.a. Mathys 2014); Venetia und Histrien (Alföldy 1984).

70   S. u.a. die Statue des Billienus in Delos.

71   Dazu Angeletti 2012; Smith – Hallett 2015.

16 KAPITEL 1

Als Sonderform kann hier die in die Architektur integrierte **Nische** angeführt werden. Als Nischen werden rechteckig abschließende erhöhte Aussparungen in der Wand bezeichnet. Als Basis fungiert ein Unterlager, welches, in die Architektur integriert, die untere Rahmung der Nische bildet und sich über die gesamte Tiefe erstreckt. Die Besonderheit, weshalb sie als eigener Typ geführt wird, besteht in der flachen und länglichen Form. Die Inschriften an der Vorderseite dieser Blöcke bestehen deshalb aus wenigen, aber dafür längeren Zeilen. Das in der Nische errichtete Standbild kann, falls es aus Bronze gefertigt ist, direkt im Unterlager verankert sein, besteht es aus Marmor, mit der Plinthe auf das Unterlager gestellt werden. Möglich ist auch, dass für die Aufstellung ein weiterer Block genutzt wird. Befindet sich die Ehreninschrift jedoch bereits auf der Vorderseite des Unterlagers, ist ein weiterer Block nicht zu erwarten.

Exedren sind Sitzbänke in rechteckiger oder halbkreisförmiger Form mit einer Rückenlehne, die gleichzeitig auch als Statuenträger fungieren. Hier werden Exedren in rechteckige und halbkreisförmige Formen unterteilt. Aufgrund der Form und Größe wurde dieser Statuenbasentyp kaum für Einzelehrungen genutzt, sondern vielmehr für Familien- bzw. Gruppenmonumente.

Bogenmonumente trugen oft Statuen und dienten somit als überdimensionierte Basis. Cicero erwähnt ein Bogenmonument in Syrakus, auf dem ein Reiterstandbild des Verres und eine wohl stehende Statue seines Sohnes aufgestellt waren. Archäologische Befunde haben sich nicht erhalten.

1.5.1.3 Inschrift

Jedes Statuenmonument trug eine Ehreninschrift. Diese konnte sich an unterschiedlichen Stellen des Monuments befinden. Gewöhnlich war sie an der Frontseite der Basis angebracht, doch konnte sie beispielsweise auch auf der Plinthe der Statue oder auf der Bekrönung der Basis angebracht sein. Bei vielen Statuenbasen wurde die Inschrift allerdings nicht direkt auf den steinernen oder gemauerten Korpus geschrieben, sondern auf marmorne Verkleidungsplatten. Die Zuordnung von solchen beschrifteten Marmorplatten zu Statuenbasen gestaltet sich nicht immer einfach, da beschriftete Marmorplatten auch an Gebäuden oder an Grabbauten angebracht wurden. Deshalb müssen Kriterien definiert werden, mit denen man Marmorplatten überzeugend Statuenbasen zuweisen kann[72]. Dies gilt besonders, wenn die Inschrift

---

72 Ähnlich Alföldy 1984, 23–25. Außerdem Stuart 1938, 13 f.; Højte 2005, 19–27; Gilhaus 2015, 305–316.

EINLEITUNG

nicht vollständig erhalten ist. Ehreninschriften folgen in der Regel folgendem Aufbau[73]:

Die Inschrift nennt den Namen des Geehrten im Dativ (Latein) bzw. Akkusativ (Griechisch). Jedoch liegen auch Ehreninschriften vor, die den Geehrten im Nominativ nennen[74]. Es folgt die Angabe des Stifters im Nominativ, wobei es sich hier um Einzelpersonen, eine Gruppe oder öffentliche Institutionen handeln kann[75]; bei privaten Stiftungen folgt die Erlaubnis einer öffentlichen Institution[76]. Anschließend können Informationen zur Finanzierung des Monuments, der Grund für die Errichtung, Angaben zum Material der Statue oder zur geehrten Person gemacht werden. Im Unterschied zu Ehrungen beginnen Grabinschriften in der Regel mit der Formel *Dis Manibus* oder weisen andere übliche Formulierungen auf, die sie deutlich von Ehrungen unterscheiden lässt[77].

Durch die Ehreninschrift ist eine sozial-historische Einordnung der Statuenmonumente möglich. Nur mithilfe der Inschrift (oder eines Porträtkopfes) ist eindeutig zu entscheiden, ob eine Ehrenstatue aufgestellt wurde. Unabhängig von der historischen Kontextualisierung des Monuments, können auch fragmentierte Blöcke oder Platten zu einer Rekonstruktion der Größe des Basisblocks führen, da das Ehrenformular in den meisten Fällen zu ergänzen ist.

1.5.1.4 Datierung

Statuenbasen können je nach Erhaltungszustand auf unterschiedliche Weise datiert werden. In situ befindliche Basen werden relativchronologisch eingeordnet. Dies geschieht hier vor allem über den archäologischen Kontext. Hierbei kann es sich um eine stratigraphische Datierung der umgebenden Erdschichten oder um eine relative Einordnung gegenüber den umgebenden Erdschichten handeln. Meist geht es dabei um das Verhältnis zum Bodenbelag an diesem Ort[78]. Basen, die auf einer Pflasterung stehen, wurden sicher erst nach der Verlegung des Bodens errichtet; ob unmittelbar danach oder viel

---

73   Zu Ehreninschriften u.a. Ma 2015. Zur Identifikation u.a. Alföldy 1984, 23–25; Stuart 1938, 13 f.; Højte 2005, 19–27; Gilhaus 2015, 305–316.

74   U.a. „Great man nominative" Ma 2012, 21.

75   Obgleich L. Gilhaus auf zwei Grabinschriften in Sizilien hinweist, die die Formel *ex decreto decurionum* bzw. *locus publice datus ex decreto decurionum* aufweisen (CIL X 7247/ CIL X 7377), Gilhaus 2015, 313 f.

76   Alföldy 1984, 58–60.

77   Beispielsweise das Alter des Gestorbenen, welches sich bei Ehrungen nur in den seltensten Fällen findet.

78   Dazu Henzel 2019.

später, muss allerdings häufig offenbleiben. Darüber hinaus werden etablierte Chronologien aus der Epigraphik und der Archäologie genutzt. Ist eine Ehreninschrift erhalten, dann werden epigraphische Datierungsmethoden angewandt. Während die paläographische Methode keine genaue, sondern nur eine ungefähre zeitliche Einordnung ermöglicht[79], erlauben Titel und Ämter, besonders bei Kaisern, eine genaue Datierung. Darüber hinaus lassen bestimmte zeittypische Formulierungen und Ämterbezeichnungen eine genauere Bestimmung zu. Die Erwähnung von Personen, die anderweitig prosopographisch bekannt sind, macht ebenfalls eine zeitliche Verortung möglich[80]. Hier werden Inschriften in einer Kombination der aufgezählten Möglichkeiten datiert, wobei vor allem die Datierungen von J. Prag übernommen werden, der eine Corpus-Datenbank aller Inschriften auf Stein erstellt. Aufgrund der fragmentarischen Erhaltung aufgenommener Objekte kann oft nur eine zeitliche Einordnung in ein Jahrhundert erfolgen. Was aber meist eindeutig voneinander geschieden werden kann, sind die Monumente der hellenistischen Zeit von Monumenten der Kaiserzeit und diese von Monumenten der Spätantike.

1.5.1.5 Identifikation

Obgleich bereits in den Abschnitten zu den einzelnen Komponenten die Frage der Identifikation angesprochen wurde, soll hier zusammenfassend vorgestellt werden, wie die in den Katalog aufgenommenen Objekte als Bestandteil einer Ehrenstatue identifiziert wurden und wie sicher diese ist. In den Katalogeinträgen findet sich jeweils ein Vermerk zur Identifikation. Diese beruht auf einem dreistufigen System (sicher, wahrscheinlich, unsicher). Diese simple Abstufung und Benennung scheint dem komplexen Sachverhalt nicht gerecht zu werden, gleichwohl wird bei der Erklärung deutlich werden, welchen Vorteil diese relativ einfache Abstufung hat.

1) Sicher identifizierbare Komponenten: Dieser Kategorie werden sowohl Ehreninschriften als auch Porträtköpfe zugeordnet. Ist die Ehreninschrift unvollständig, ist im Einzelfall oder mithilfe weiterer Informationen wie den Maßen des Inschriftenträgers oder Einlassungsspuren für eine Statue an der Oberseite desselben zu entscheiden. Ein Porträtkopf unterscheidet die Statue von einem idealisierten Porträt einer Gottheit oder einer Personifikation.

2) Wahrscheinlich als Teil einer Ehrenstatue einzustufende Komponenten: Diese Kategorie umfasst einen großen Teil der Katalogeinträge, nämlich alle Objekte, die zwar keine (vollständige) Ehreninschrift oder einen

---

79 Zur Schwierigkeit der Datierung der hellenistischen Inschriften Siziliens, Prag 2017a, 119 f.
80 Alföldy 1977, 7–11.

EINLEITUNG

Porträtkopf enthalten, jedoch in öffentlichem Raum aufgestellt waren und nicht in Zusammenhang mit einem Tempel oder Altar zu rekonstruieren sind. Dies gilt auch für Statuenbasentypen, die ausschließlich für die Aufstellung von Ehrenstatuen genutzt wurden, wie z. B. Exedren.

3) Als unsicher zu einer Ehrenstatue gehörend einzustufende Komponenten: In diese Kategorie fallen vor allem die Fundamente, die sich in situ befinden. Sie können nicht eindeutig von Statuenmonumenten von Personifikationen oder Gottheiten unterschieden werden und in einigen Fällen nicht einmal von den Fundamenten von Altären. Auch wenn in diesen Fällen eine sichere Identifikation als Ehrenstatue nicht möglich ist, gibt es doch gewichtige Argumente, die für die Zugehörigkeit sprechen, wie bspw. der Aufstellungsort. Die Gründe für die Aufnahme in den Katalog werden in den jeweiligen Einträgen im Katalog aufgeführt. In einigen wenigen Fällen wird damit auch auf Interpretationen in der bestehenden Literatur reagiert.

1.5.1.6   Aussagen der Basen zur Anzahl, Größe und Standmotiv
           der Standbilder

Die Form der Basentypen macht es möglich, Aussagen über die Anzahl der dargestellten Statuen und deren Größe zu machen. Aus diesem Grund wurden für die Arbeit auch Statuenbasen ohne erhaltene Ehreninschrift aufgenommen, obwohl nicht eindeutig eine Zuweisung als Statuenträger einer Ehrenstatue möglich ist. Während Quaderbasen für die Aufstellung einer einzelnen Statue genutzt wurden, fungierten Orthostatenbasen für Reiterstandbilder, Statuengruppen oder in großen und nicht mehr langrechteckigen Formaten sogar als Gespannmonumente. Das Standbild des Billienus in Delos zeigt allerdings, dass auch Orthostatenbasen als Träger einer einzelnen Statue dienen konnten[81]. Auch Exedren und L-förmige Basen wurden gewöhnlich für mehrere Standbilder genutzt. In der Forschung werden verschiedene Methoden zur Rekonstruktion der Statuengröße verwendet, die in dieser Arbeit ebenfalls zum Einsatz gekommen sind:

Erstens wird davon ausgegangen, dass Körper mit klaren Proportionsverhältnissen aufgebaut sind („polykletisches Statuenschema")[82]. Demnach reicht bspw. bei einem Porträtkopf das Maß von Kinn zu Scheitel, welches mit dem Faktor 7,5 multipliziert wird, um die Gesamthöhe der Statue errechnen zu können.

Zweitens wird versucht, die Größe von Statuen über das Verhältnis von Statue zu Basis zu ermitteln. Dabei wird die Breite der Standfläche für die

---

81   Vgl. u.a. Rödel 2015, 381–383.
82   Vgl. Berger 1990, 176 f.

größentechnische Einordnung von Standbildern genutzt, um das mögliche Format der Statue (lebensgroß, überlebensgroß, kolossal) zu bestimmen[83]. Eine Standfläche von 50–75 cm Breite wird als Basis für eine lebensgroße Statue interpretiert[84]. Bei einer Breite von unter 50 cm geht man von einer unterlebensgroßen Statue und bei über 75 cm von einer weit überlebensgroßen, wenn nicht kolossalen Statue aus. Problematisch ist hierbei, dass ohne Informationen zum Inschriftenträger unklar ist, ob es sich um die Maße des Schafts oder der Standfläche der Basis handelt. Je nach Aufbau der Basis kann die Standfläche deutlich breiter sein als der Schaft bzw. die Inschrift aufgrund eines überkragenden Kopfprofils. Eine ähnliche Herangehensweise hat B. Ruck verwendet, die das Verhältnis von Statue zu Plinthenbreite mit dem Faktor 2,8 berechnet[85].

Eine andere Methode erfordert die Vermessung der Einlassungsspuren der Oberseiten von Statuenbasen. Die Werte werden dann nach dem polykletischen Statuenschema verrechnet. Dabei wird von der Grundannahme ausgegangen, dass der Körper in Einheiten aufgebaut ist und so durch Proportionsverhältnisse berechnet werden kann[86]. Somit kann die Höhe der Statue mithilfe der Fußlänge- oder breite berechnet werden[87].

Abhängig vom Erhaltungszustand des Objekts entscheidet sich, welche der genannten Methoden zur Berechnung der Statuenhöhe angewendet werden kann. Je mehr erhalten ist, desto genauer kann die errechnete Höhe rekonstruiert werden. Jedoch können die Ergebnisse nur als Annäherungswerte verstanden werden, da einerseits eine Übertragung polykletischer Maße auf römische Statuen problematisch ist[88], andererseits das Verhältnis von Basis und Statue nicht immer gleich ist, vor allem dann nicht, wenn es sich um wiederverwendete Statuen bzw. Basen handelt.

Über die reine Größenbestimmung hinausgehend wird im Rahmen dieser Arbeit versucht die Einlassungsspuren von Bronzestatuen systematisch auch

---

83   Zur Problematik, ausführlich Ruck 2007, 21–50.

84   Højte 2005, 32, ohne weitere Erläuterung. Ausführlich B. Ruck 2007, 21–50. Als lebensgroß gilt Ruck zufolge bei Frauen eine Größe ab 1,54 m, bei Männern ab 1,65 m, als kolossal dagegen gelten Statuen ab einer Größe von 2,30 m (Frauen) bzw. 2,50 m (Männer). Die Basen müssen mind. 95 cm breit sein, Ruck 2007, 26. Anders bspw. Cancik 1990; Kreikenbom 1992; bes. zu Cancik s. Ruck 2007, 17 Anm. 4–6.

85   Ruck 2007, 37–46.

86   Vgl. Berger 1990, 176 f.

87   Die Fußlänge muss demnach mit dem Faktor 6 multipliziert werden; die Fußbreite mit dem Faktor 16.

88   Untersuchungen haben gezeigt, dass für römische Porträtstatuen der Multiplikator zwischen 6,0 und 6,8 liegen kann, vgl. Ruck 2007, 47 Anm. 78.

EINLEITUNG 21

für die Ermittlung des Standmotivs und des Statuentypus zu nutzen[89]. Auch hier geht es weniger um eine sichere Zuordnung des Statuentypus[90], sondern vielmehr um eine Annäherung an das Monument mithilfe der Verwendung aller zur Verfügung stehender Informationen. Mit den Einlassungen für Bronzestatuen der Oberseiten von Basen steht eine bisher vernachlässigte Informationsquelle zur Verfügung[91].

Es wird davon ausgegangen, dass die begrenzte Auswahl an Statuentypen[92] mit unterschiedlichen Standmotiven in Verbindung zu bringen ist. Vor allem Himation- und Togastatuen lassen sich mit einem ruhigen, leicht ponderierten Stand in Verbindung bringen (Kategorie A). Mehr Bewegung im Standmotiv findet sich dagegen bei nackten, halbnackten und Panzerstatuen, was sich dadurch zeigt, dass die Sohle des einen Fußes fest aufsteht, die Ferse des anderen aber erhoben ist (Kategorie B).

Kategorie A zeichnet sich demzufolge durch nicht sehr weit auseinanderstehende, gleich aussehende Einlassungen aus. Je nach Verdübelungstechnik sind zwei Umrisse von Fußsohlen, zwei Dübellöcher pro Fußsohle oder jeweils ein Dübelloch pro Fuß zu sehen. Entweder können diese sich auf einer Höhe oder aber versetzt befinden; dann handelt es sich um einen ponderierten Stand. Je weiter die Einlassungen auseinanderliegen, desto bewegter oder größer ist die Statue. Dieses Standmotiv findet sich besonders häufig bei Toga- und Himationstatuen.

Kategorie B dagegen ist gekennzeichnet durch zwei unterschiedliche Einlassungsspuren. Die vordere zeigt meist eine fest aufstehende Fußsohle,

---

89 Ähnlich auch M. Mathys für Pergamon und A. Filges zu Didyma, zum Vorgehen, Mathys 2014, 6; Filges 2007, 107–110.

90 Anders, Zimmer 1989, 24 f. G. Zimmer ordnet den Statuenbasen der Agora von Cuicul hier aufgrund der Inschriften konkrete Statuen zu, bspw. eine Panzerstatue aufgrund des Topos der Sieghaftigkeit in der Inschrift einer Statue des Kaisers. Kritik an diesem Vorgehen u.a. Kleinwächter 2001, 91 f.

91 Zur Verdübelung von Bronzestatuen auf ihren Basen, Bol 1978, 85–87, bes. 86 Abb. 9; Bol 1985, 160–163; Willer 1996, bes. 346–370; Willer 2000. Graphisches Schema Willer 1996, 350 Abb. 10. Eine systematische Untersuchung der Einlassungen von Bronzestatuen auf Statuenbasen hat R. Nouet in ihrer unpublizierten Doktorarbeit vorgenommen, R. Nouet, Archéologie de l'empreinte: techniques de fixation des statues en Grèce égéenne, de l'époque archaïque à la fin de l'époque hellénistique (VIIᵉ–Iᵉʳ siècle av. J.-C.), Thèse de doctorat Paris 2017.

92 Nackt, Hüftmantel, Panzer, Himation, Toga, vgl. Smith 1998, 64–66. S. auch Mathys 2014, 5. Außerdem dazu, Goette 1990 (Togastatuen); Siedentopf 1968 (Reiterstandbilder des Hellenismus); Bergemann 1990 (römische Reiterstandbilder); Stemmer 1978 (Panzerstatuen); Post 1999 (römische Hüftmantelstatuen); Hallett 2005, bes. 102–222 (nackte/halbnackte Statuen). Hier sind ausschließlich männliche Statuentypen aufgelistet, weil in Sizilien keine Statuenbasis der Inschrift zufolge Einlassungsspuren für eine weibliche Statue zeigt.

während die andere einen nach hinten gesetzten Fuß zeigt, der nicht komplett mit der Sohle aufliegt, sondern lediglich anhand ein runden Dübellochs die aufgesetzten Zehen des Fußes zeigt. Diese Haltung zeigt sich besonders oft bei nackten, halbnackten Hüftmantel- oder Panzerstatuen.

Allerdings ist zu beachten, dass eine exakte Zuordnung nur anhand der Einlassungsspuren kaum möglich ist, da vor allem bei Kategorie B die Einordnung nicht immer zutreffend ist. Es finden sich beispielsweise Panzerstatuen mit zwei komplett auftretenden Fußsohlen wie mit einem angehobenen Spielbein. Dagegen sind keine Beispiele für Togati in stark bewegtem Standmotiv überliefert. Auch wenn Kategorie A in den meisten Fällen zutreffend sein dürfte, geht es vielmehr darum zu zeigen, ob es sich um ein bewegtes oder ruhiges Standmotiv handelt.

1.5.1.7 Statue
Im Rahmen dieser Untersuchung wurden alle Statuen und Statuenfragmente unterschiedlichen Materials aufgenommen, die im öffentlichen Raum errichtet waren, vor allem aber Statuen mit einem Porträtkopf. Die Datierung der Statuen erfolgte anhand der Typologie und des Stils. Bei unpublizierten Statuen wurde dieses Verfahren angewendet; bei bereits publizierten Stücken wurde die vorgeschlagene Datierung soweit als möglich am Befund geprüft und übernommen oder modifiziert. Der Großteil der Statuen stellt stehende Gewandstatuen aus Marmor dar. Darüber hinaus sind aber auch Panzerstatuen und Sitzstatuen im Jupitertypus vorhanden.

1.5.2 *Literarische Quellen*
Für Sizilien lassen sich nur wenige Schriftquellen zur Ehrenpraxis auswerten, allen voran Ciceros Reden gegen Verres. Im Rahmen dieser Arbeit erfolgt keine umfassende Analyse der literarischen Quellen[93]. Da die dort erwähnten Ehrenstatuen in der Regel nicht näher kontextualisiert werden, wurden sie zwar in den Katalog aufgenommen, doch werden sie nur für die Überprüfung der archäologischen Befunde herangezogen. Von den von Cicero erwähnten Monumenten haben sich keine Überreste erhalten.

1.5.3 *Sichtbarkeit der Statuenmonumente*
Der raumtheoretische Zugriff[94], der in den letzten Jahren vermehrt Eingang in die Archäologie gefunden hat, hat die Frage aufgeworfen, ob Kriterien für

---

93   Dazu u.a. Dubouloz – Pittia 2007; Prag 2007; Lintott 2008.
94   U.a. Lefevbre 1974, zusammengefasst von Günzel 2010, 195 f.

EINLEITUNG   23

die Präsenz und Wahrnehmung der Statuenmonumente im Raum benannt
werden können. Dabei ist zu beachten, dass Statuen keine Kunstwerke im
modernen Sinne waren, sondern als Stellvertreter der geehrten Person aufge-
fasst wurden[95]. Je mehr Statuen den Stadtraum bevölkerten, desto wichtiger
war es, die eigene Statue von den anderen Monumenten abzusetzen[96]. Größe,
Typ, Material, der Aufstellungsort und, damit verbunden, die Sichtbarkeit des
Monuments waren dabei die entscheidenden Faktoren.

Der Ort der Aufstellung einer Statue ist als wichtigster Faktor in der Wahrnehmung des Rangs eines Monuments und seines Inhabers oder Stifters zu
nennen. Je mehr Personen das Monument erblickten, desto begehrter war
der Aufstellungsort. Nicht zufällig spricht man bei besonders frequentierten
Orten, an denen wichtige und/oder viele Statuen aufgestellt waren, vom *cele-
berrimus locus* bzw. *epiphanestatos topos*[97]. Meist handelte es sich dabei um die
Agora bzw. das Forum; doch war dies von den lokalen Gegebenheiten abhängig. Der *epiphanestatos topos* konnte sich auch im Laufe der Zeit ändern[98].

Kriterien für die Steigerung der Sichtbarkeit sind:

1.   Die Größe des Statuenmonuments, die sowohl an die Form der Basis als
     auch an die der Statue geknüpft ist. Die Wahl des Basentyps (Rundbasis,
     Quaderbasis, Exedra, Reitermonument etc.), der unterschiedliche Größen
     ausprägte, konnte zu einer hervorgehobenen Sichtbarkeit des Monu-
     ments beitragen. Statuen lagen in allen Größen vor, von unterlebensgro-
     ßen bis kolossalen Statuen. Kolossale Statuen waren beispielsweise stark
     mit einer göttlichen Aura verbunden, weshalb das Format Göttern und
     Kaisern vorbehalten war[99].

2.   Das Material sowohl der Basis als auch der Statue. Es konnte durch-
     aus sinnbildlich für die Bedeutung des Monument sein. Als kostbare
     Materialien sind Gold, Silber, Elfenbein zu nennen, während Bronze und
     Marmor zu den gängigen Materialien gehörten. Bronze konnte allerdings
     durch Vergoldung u.ä. veredelt werden[100]. Natürlich trug zur Wahl des
     Materials die Verfügbarkeit vor Ort bei[101]: In Aphrodisias bspw. wurde

---

95   Vgl. dazu zusammengefasst von den Hoff 2014.
96   Erkelenz 2003, 95; Dillon – Baltes 2013, 238.
97   Diesen zu finden haben sich verschiedene Forscher zum Ziel gemacht, s. Beiträge im
      Tagungsband Griesbach 2014a.
98   Beispiele: Dillon – Baltes 2013, 207; Griesbach 2016, 152.
99   Zum Kolossalformat als Mittel der Repräsentation, Ruck 2007, 201–204. 273–276.
100   Zu Bildnissen aus vergoldetem Bronze, Lahusen – Formigli 2001, 505–510.
101   Ebenso Mathys 2014, 7; Untersuchungen zur Materialverwendung, Filges 2007, 2. 105.
      107 Anm. 541 (Didyma: 9 von 10 aus Bronze); Lehmann 2008, 586 (Olympia: Bronze für

anscheinend ausschließlich Marmor verwendet, da Marmorbrüche vor Ort vorhanden waren, während in anderen Regionen wie etwa Sizilien Marmor aufwendig importiert werden musste. Die These, Marmor sei nur für Kultbilder und Bronze für Ehrenstatuen verwendet worden,[102] muss ebenso wie der alternative Vorschlag, Marmor sei für Innen- und Bronze aufgrund der Wetteranfälligkeit der Oberfläche für Außenräume anzunehmen, weiter untersucht werden[103].

3.   Der Statuentyp und seine konkrete Ausführung. Sie trugen ebenfalls dazu bei, dass sich Monumente von anderen abhoben[104]. Es stand eine bestimmte Anzahl von Statuentypen für männliche und weibliche Standbilder zur Verfügung. Neben Gewandstatuen stach beispielsweise eine Panzerstatue durchaus heraus. Auch die auffällige Variation der Standmotive oder der Frisur konnte die Statue in ihrer Umgebung hervorheben.

Wenn die Bedeutung der Statue und ihre Inszenierung im Raum der Bedeutung der geehrten Person entsprach, dann verbildlichte die Aufstellung von Statuenmonumenten performativ die Gesellschaftsstruktur. Aus diesem Grund lassen sich nicht nur aus der Auswertung der Inschriften von Statuenmonumenten Rückschlüsse über die soziale und politische Struktur ziehen, sondern auch aus der Analyse der Aufstellungsorte.

1.6   Aufbau der Arbeit

Um Merkmale der Aufstellung von Ehrenstatuen in Sizilien und deren Veränderungen fassen zu können, erfolgt die Analyse der Befunde in drei historischen Epochen (Hellenismus, Kaiserzeit, Spätantike). Den sozialen Raum in seiner physischen Präsenz in Form der Ehrenstatuen für jede Stadt in Sizilien einzeln zu erfassen, würde den Rahmen dieser Arbeit sprengen. Aus diesem Grund soll exemplarisch anhand von drei gut dokumentierten Fallbeispielen untersucht werden, wo und wie die Statuen im Raum zu verorten sind. Darüber hinaus wurde der Maximalbefund jeder Stadt in Katalogform

---

Statuen für Sieger); Krumeich – Witschel 2009, 211 Anm. 153 (Athen, Akropolis: Bronze); Dillon – Baltes 2013, 208 (Dromos in Delos: Bronze); Mathys 2014, 92 f. (Pergamon: Bronze; für die Darstellung der Athenapriesterinnen lässt sich allerdings ein Wandel von Bronze- (im Hellenismus) zu Marmorstatuen (in der Kaiserzeit) feststellen).

102   Grundlegend dazu Tuchelt 1970; zusammengefasst u.a. bei Bergemann 1990, 20–22; Fejfer 2008, 157–163; Lahusen 2010, 59–82. Allgemein zu Bronzestatuen, Lahusen – Formigli 2001.

103   Zur Bedeutung des Kontextes bei der Bewertung, Queyrel 2015.

104   Vgl. Dillon – Baltes 2013, 238–240.

aufgenommen. Jedes Objekt ist mit einer Abkürzung versehen, die sich aus den ersten Buchstaben der Stadt und einer Ziffer zusammensetzt. Die Befunde aller Städte werden in drei Epochen ausgewertet, wodurch es zwangsläufig zu Wiederholungen mit den auswertenden Kapiteln kommen kann. Die Merkmale zur Präsenz der Monumente im Raum, welche im Abschnitt zur Sichtbarkeit aufgeführt sind, leiten die Analyse und Auswertung der Aufstellungsorte von Statuenmonumenten in den chronologischen Kapiteln. In Klammern werden jeweils die Abkürzungen der Objekte angeführt, so wie sie im Katalog aufgeführt werden.

KAPITEL 2

Fallbeispiele

Aufgrund des weiten topographischen Rahmens der Arbeit und der Materialfülle der vielen Einzelbefunde ist es an dieser Stelle nicht möglich jede Stadt in voller Tiefe zu diskutieren, weshalb im Folgenden drei Städte exemplarisch vorgestellt werden. Morgantina, Solunt und Halaesa bieten sich dafür gut an, da sich dort in situ-Befunde erhalten haben, die im Hinblick auf die Aufstellung der Ehrenstatuen ausgewertet werden können. Darüber hinaus repräsentieren die drei Städte durch ihre Lage und ihre Geschichte unterschiedliche geographische und kulturhistorische Regionen Siziliens (zur Lage der Städte s. Abb. 444–446): Bei Morgantina handelt es sich um eine Stadt im Binnenland, die ihre Blütezeit in der hellenistischen Zeit hatte. Das im Westen gelegene Solunt stellt dagegen eine Küstenstadt dar, die lange von punischem Einfluss geprägt war. Halaesa schließlich liegt an der Nordküste Siziliens. An ihr lässt sich exemplarisch die gesamte Entwicklung vom Ausbau der Agora im 2./1. Jh. v. Chr. bis zur Zerstörung im 4. Jh. n. Chr. fassen.

In den folgenden Unterkapiteln wird jeweils kurz auf die Lage, Geschichte sowie die Forschungsgeschichte eingegangen, bevor die Statuenmonumente und ihre Aufstellung diskutiert werden.

2.1 Fallbeispiel Morgantina

Morgantina stellt für das hellenistische Sizilien vor allem aufgrund der vollständig ausgegrabenen monumentalen Agora ein wichtiges Fallbeispiel dar.

Seit 1955 wird Morgantina von der Missione Americana und der Princeton University erforscht. Bereits zuvor erfolgten kleinere Grabungen, unter anderem durch S. Cavallari und P. Orsi. Obwohl die Agora oft als Paradebeispiel hellenistischer Agorai im Westen angeführt wird, ist bisher keine umfassende Publikation erschienen[1].

---

1 Vor allem von M. Bell, dem Leiter der Grabungen, erschienen zahlreiche Artikel, die aber wenig auf Funde und Datierungen der Agora eingehen. Bell 1984–1985; Bell 1993; Bell 2007; Bell 2009; Bell 2012; Bell 2015; Bell 2019. Ich danke M. Bell für die Möglichkeit bereits ein Kapitel aus seiner noch unpublizierten Monographie zur Agora von Morgantina lesen zu können.

© REBECCA J. HENZEL, 2022 | DOI:10.1163/9789004504646_003

FALLBEISPIELE

Morgantina liegt im Zentrum Ostsiziliens, zu Fuße des modernen Orts Aidone, der auch das Museum der Grabungsfunde beherbergt. Aufgrund der Lage war Morgantina verkehrstechnisch gut an das antike Catania, aber ebenso an den Süden und Norden der Insel angebunden. Die Stadtmauer befestigte ein Stadtgebiet von 78 ha, das sich über das hügelige Serra Orlando Plateau erstreckte. Seit dem 5. Jh. v. Chr. war die Binnenbebauung in ein orthogonales System eingebunden.

Die Agora liegt in einer Senke zwischen zwei Hügeln, auf denen sich heute die Überreste klassischer und hellenistischer Wohnhäuser befinden. Die Platzanlage nimmt eine Fläche von drei *insulae* ein (126 × 228 m = 28.728 m^2)[2] und wird an allen Seiten gerahmt (Abb. 227): Während die Nord- und Weststoa am Raster ausgerichtet wurden, weicht die Oststoa davon ab[3]. Der südliche Teil der Agora wird im Westen von einem Theaterbau, im Osten von Getreidespeichern eingerahmt. Mittig auf Höhe der Enden von Ost- und Weststoa befindet sich eine Stufenanlage, die den Niveauunterschied zwischen südlichem und nördlichem Abschnitt der Platzanlage überbrückt[4]. Im Norden verläuft die Plateia A direkt südlich der Nordstoa durch die Agora, während die Plateia B mittig auf die Agora stößt, jedoch durch den Bau der Weststoa unzugänglich wurde.

Morgantina wird im 3. Jh. v. Chr. gemeinhin als Teil des hieronischen Einflussgebiets gesehen[5], welches von der kulturellen und technischen Entwicklung in Syrakus profitierte. Die monumentale Ausgestaltung der Agora wird dementsprechend in der Forschung als Teil des Einflusses Hierons II. gedeutet.

Morgantina wurde 211 v. Chr. von den Römern erobert und Livius zufolge an spanische Kaufleute übergeben[6]. Die Eroberung wurde lange als Zeitpunkt der Zerstörung der Stadt gedeutet und die Periode danach als Zeit des Niedergangs[7]. Gleichwohl haben die archäologischen Forschungen der letzten Jahren ergeben, dass wahrscheinlich weder eine Zerstörung noch ein

---

2   Bell 1984–1985, 504 f.

3   Bell 1984–1985, 511, M. Bell zufolge ist die Oststoa an den Hügeln und nicht am Raster orientiert.

4   M. Bell interpretiert die Stufenanlage als Ekklesiasterion, Bell 1984–1985, 510 Anm. 22. Gegen diese Identifizierung sprechen sich mehrere Forscher aus, Becker 2003, 70–73; Wilson 2012, 262 Anm. 52; Hellmann 2013, 141 f.

5   Diodor 23,4,1; Bell 1984–85, 519 f.; Bell 1988, 338–340; Die Argumentation für die Zugehörigkeit zum hieronischen Königreich zusammengefasst in Bell 1999, 258 Anm. 5. L. Campagna dagegen zweifelt an einer Zugehörigkeit Morgantinas, Campagna 2004, 155 f. Anm. 14.

6   Liv. 26.21.17.

7   Stone 1983.

kompletter Niedergang der Stadt stattgefunden hat[8]. Einen systematischen Überblick über die archäologischen Befunde nach 211 v. Chr. und ihre Interpretation wurde kürzlich vorgelegt[9]. M. Trümper konnte zeigen, dass nicht alle Teile der Stadt dieselbe Entwicklung aufweisen (Agora vs. Südbezirk)[10]. Unklar bleibt, wer nach 211 v. Chr. Morgantina bewohnt hat und welche Instanz für Um- bzw. Neubauten zuständig war; es ist wohl nicht von einer kompletten Umsiedlung oder Vernichtung der Bewohner auszugehen, sondern vielmehr von einer Vermischung verschiedener Bevölkerungsethnien[11]. Deutlich ist allerdings, dass das Stadtgebiet nach 211 v. Chr. reduziert und die Agora eine partielle Umnutzung erfuhr[12]. Die Auflassung der Stadt wird schließlich in das 1. Jh. n. Chr. datiert[13].

2.1.1 *Die Statuenmonumente*

Die Befunde von Statuenmonumenten in Morgantina beschränken sich auf Fundamente und Basenschäfte in situ sowie auf eine Gewandstatue aus Kalkstein. Zugehörige Inschriften haben sich nicht erhalten.

2.1.1.1 Statuenbasen und Fundamente in situ

Es sind vier Schäfte von Statuenbasen (Morga1, Morga3, Morga4, Morga5) und fünf Fundamente (Morga6, Morga7, Morga8, Morga9, Morga10) in situ auf der Agora erhalten (Abb. 228). Sie stammen von unterschiedlichen Monumenttypen: Eine Exedra, zwei Orthostatenbasen, auf denen Reiterstandbilder rekonstruiert werden können, und rechteckige Basen unterschiedlicher Größe. Dabei handelt es sich jeweils um zusammengesetzte Quaderbasen, die einzelne stehende Statuen trugen.

Der Schaft eines Statuenmonuments für eine lebensgroße stehende Statue befindet sich am südlichsten Pfeiler der Oststoa (Morga1, Abb. 228; Abb. 229–230). Diese ist ebenso überdacht wie Strukturen an der Rückwand des Bouleuterions, die möglicherweise als zwei Statuenbasen rekonstruiert werden können (Abb. 228; Abb. 232–234). Beide sind zwar stark restauriert, aber die Maße zeigen, dass die größere von ihnen entweder zwei Statuen oder

---

8   So M. Trümper zum Süd-Westbad und dem sog. Heiligtum, Trümper 2019. Auch in den Getreidespeichern findet sich kein Zerstörungshorizont, Walthall 2015. Zur Weiternutzung der Agora nach 211 v. Chr., Bell 2007, 118.

9   Trümper 2018a.

10 Trümper 2018a, 18.

11 Dazu Trümper 2018a, 8.

12 Bell 2019.

13 M. Bell zufolge fand sie bereits früher statt, da Morgantina Pompeius unterstützt hatte, Bell 2007, 121.

FALLBEISPIELE

ein überlebensgroßes Standbild trug und die kleinere eine einzelne stehende Statue (Morga3: 1,36 × 1,30 × 1,44 m; Morga4: 1,40 (max.) × 1,84 × 0,90 m).

Weitere vier Statuenmonumente wurden im Freien errichtet. Davon befinden sich drei vor der Nordstoa: Mittig an der Treppe zur Stoa hinauf wurde ein Reiterstandbild errichtet, von dem sich das Fundament erhalten hat (Morga8, Abb. 228; Abb. 239). Am westlichen Ende der Nordstoa lassen sich zwei weitere Fundamente einer rechteckigen Basis (Morga6, Abb. 228; Abb. 237–238)[14] und einer halbkreisförmigen Exedra (Morga7, Abb. 228; Abb. 237–238) identifizieren. Von der Exedra ist lediglich eine Steinreihe des Fundaments erhalten, so dass der obere Aufbau und die Bekrönung mit Statuen unsicher sind. In Kombination mit der rechteckigen Basis und der herausgehobenen Lage ist hier gleichwohl keine profane Sitzbank zu erwarten, sondern ein Monument mit repräsentativer Wirkung. Ein weiteres Reiterstandbild lässt sich südlich der Stufenanlage im Zentrum der Agora anhand des hier erhaltenen Basenschafts rekonstruieren (Morga5, Abb. 228; Abb. 235–236).

Alle Statuenbasen bestehen aus lokalem Kalkstein. Es handelt sich nicht um monolithe, sondern jeweils um aus mehreren Blöcken des Kalksteins zusammengesetzte Basen. Eine Verkleidung ist nicht erhalten, kann aber vorausgesetzt werden. Denkbar sind Marmor- oder Bronzeplatten sowie ein Stucküberzug, auf denen die Ehreninschrift angebracht werden konnten. Die stuckierten Altäre in Morgantina könnten auch im Bereich der Statuenbasen für eine Verkleidung mit Stuck sprechen, da sie die aufgrund der Form, der Datierung und der optionalen Anbringung von Inschriften gut miteinander vergleichbar sind[15].

2.1.1.2 Statuen

Eine Statue aus Kalkstein wurde bei den Grabungen der American Excavations bei den Stufen vor der Oststoa gefunden (Morga2, Abb. 231). Die weibliche Gewandstatue ist annähernd lebensgroß und wurde mit einer Statuenbasis am Südende der Oststoa in Verbindung gebracht (Morga1). Diese einzige erhaltene Statue aus dem öffentlichen Raum der Stadt besteht aus Kalkstein, die Arme waren möglicherweise in Marmor angestückt. Die Datierung der Statue in das 3. Jh. v. Chr., die in der Literatur angegeben wird[16], wäre besonders hinsichtlich der Frage nach der dargestellten Person interessant (s. 1.1.3). Allerdings weisen

---

14   M. Bell zufolge handelt es sich hierbei um ein Bema und nicht um eine Statuenbasis.
15   Der Altar in der Nordstoa aus dem 4. Jh. v. Chr. wurde mit einer feinen Putzschicht verkleidet, mit der auch ein aufwendiges Fußprofil modelliert wurde, s. dazu u.a. Bell 2015, 71 Abb. 8. Weitere Beispiele für Stuckierungen in Morgantina stellen die Rundaltäre des Zentralheiligtums und das Gebälk des Bouleuterions dar.
16   U.a. Bonanno 2013.

Vergleichsbeispiele eher auf eine Datierung in die erste Hälfte des 2. Jhs. v. Chr. hin (Morga2). Eine eindeutige Identifizierung als Ehrenstatue ist zudem aufgrund des fehlenden Statuenkopfes nicht möglich, da so auch die Darstellung einer Göttin oder Personifikation denkbar wäre.

Abgesehen von der beschriebenen Statue stammen aus archaischen und klassischen Heiligtümern Morgantinas überlebensgroße Götterdarstellungen; aus der hellenistischen Zeit sind allerdings keine weiteren Standbilder erhalten. Von zwei weiblichen Akrolithstatuen haben sich die Füße, Hände und Köpfe aus Marmor (Demeter und Persephone)[17] und von einer männlichen Terrakottastatue der bemalte Kopf (Hades) erhalten. Bei der sog. Göttin von Morgantina (Demeter) handelt es sich um eine überlebensgroße Statue mit einem Torso aus Kalkstein, deren Extremitäten aus Marmor angesetzt wurden. Die genauen Aufstellungsorte der Götterdarstellungen sind derweil unbekannt. Vor allem die Größe der sog. Göttin von Morgantina würde einen dazugehörigen großformatigen Sakralbau erwarten lassen, der aber bislang nicht lokalisiert werden konnte.

Diese Vergleiche zeigen einerseits, dass großformatige Votivstatuen bereits in vorhellenistischer Zeit errichtet wurden, und andererseits, dass vor allem lokales Material verwendet und Marmor nur partiell eingesetzt wurde. Besonders interessant ist derweil die Darstellung des Hades in Terrakotta aus hellenistischer Zeit[18]. Die feine Ausarbeitung von Bart und Haupthaar belegt das handwerkliche Können des Künstlers und zeigt eindrucksvoll die Möglichkeiten auf, die das Material bot. Auch wenn es sich bei den genannten Statuen um Darstellungen von Göttern handelt und nicht um Ehrenstatuen, zeigen sie doch die Vielfalt der genutzten Materialien für die lokale Skulptur auf, die sich wahrscheinlich auch auf die Ehrenstatuen übertragen lässt. Während die früh zu datierenden Statuenmonumente der Agora in Innenräumen aufgestellt waren (Stoa, Bouleuterion), wurden alle weiteren unter freiem Himmel errichtet (Stufenbau, Macellum, Nordstoa). Aus diesem Grund ist indes fraglich, ob auch die im Freien stehenden Statuen aus Kalkstein oder Terrakotta gearbeitet waren. Allerdings könnte auch die Art der Statue Auswirkungen auf die Wahl des Materials gespielt haben. Ließe sich die weibliche Kalksteinstatue wirklich mit der Basis in der Oststoa verbinden, könnte es sich sowohl in der Oststoa als auch im Bouleuterion um Götterstandbilder und nicht um Ehrenstatuen gehandelt haben. Durchaus denkbar wäre auch das Aufstellen von Bronzestatuen aufgrund der besseren Wetterbeständigkeit.

---

17   U.a. Maniscalco 2015.
18   U.a. Raffiotta 2015.

FALLBEISPIELE

2.1.1.3   Sozial-historische Auswertung

Aufgrund fehlender Inschriften ist eine Kontextualisierung der Statuen-monumente schwierig. Mit dem Statuenmonument in der Oststoa (Morga2) wurde in der 1. Hälfte des 2. Jhs. v. Chr. eine Frau geehrt. Da der Porträtkopf der Statue nicht erhalten ist, ist eine eindeutige Identifizierung nicht möglich. Sucht man nach weiblichen Personen, die zu dieser Zeit im öffentlichen Raum mit Statuen geehrt wurden, findet man wenig Vergleiche[19]. Frauen wurden vor allem als Ehefrauen gemeinsam mit ihrem Ehemann in Statuengruppen geehrt oder als Priesterinnen in Heiligtümern[20]. Während im Osten des Reiches bereits in hellenistischer Zeit einzelne Ehrenstatuen für Frauen errichtet wurden, ist dies in Italien erst ab augusteischer Zeit nachweisbar[21]. Es ist zwar durchaus denkbar, dass in einer griechisch orientierten Stadt wie Morgantina einer Frau eine Ehrenstatue errichtet wurde, gleichwohl sind keine vergleichbaren Monumente auf Agorai derselben Zeit erhalten. Deshalb müsste die Ehrung einer Frau als außergewöhnlich eingeschätzt werden. Wohl auch deswegen wurde sie in der Vergangenheit sogar als eine Darstellung der Philistis, der Ehefrau Hierons II., gedeutet[22]. Allerdings beruht diese Annahme einerseits auf einer Datierung der Statue in die zweite Hälfte des 3. Jhs. v. Chr. und andererseits auf der Interpretation der Stoa als Teil einer hieronischen Stiftung. Einzelne Statuen sind von Philistis nicht bekannt und eine dazugehö-rige Basis für Hieron II. ist in Morgantina nicht erhalten. Wahrscheinlicher ist folglich eine Interpretation der Statue als Göttin. Dies wurde in der Literatur bislang nicht diskutiert, obwohl es aufgrund der Weiblichkeit der Dargestellten und der in dieser Zeit noch nicht ausgeprägten Ehrenpraxis in Morgantina durchaus denkbar ist.

Weiterhin können aufgrund der herausgehobenen Aufstellungsorte Ehrun-gen von Mitgliedern der lokalen Elite und, nach der römischen Eroberung von Morgantina, von Amtsträgern vermutet werden. M. Bell hat vorgeschla-gen, in dem Reiterstandbild am sog. Ekklesiasterion eine Ehrung für Verres zu sehen (Morga5)[23]. Dass Amtsträger durchaus in späthellenistischer Zeit mit Reiterstandbildern geehrt wurden, hat J. Bergemann gezeigt[24].

---

19   R. van Bremens Untersuchung zu weiblichen Ehrenstatuen im Osten beginnt mit dem späten 3. Jh. v. Chr. „when we begin to have any relevant evidence at all", van Bremen 1996, 9.

20   Auch G. Biard hat kürzlich resümiert, dass Frauen zunächst als Priesterinnen bzw. im sakralen Kontext und als Ehefrau oder Mutter geehrt wurden, Biard 2017, 347–360.

21   Zusammengefasst von Murer 2017, 20 f.

22   Bell 1993, 332.

23   Bell 2007, 133 f.

24   Bergemann 1990.

2.1.2 *Chronologische Auswertung*

Das Fallbeispiel Morgantina ist besonders interessant für die chronologische Entwicklung von Ehrenstatuen in Sizilien, da die Agora früher als die der beiden anderen Fallbeispiele entstanden ist und demnach zu Rückschlüssen über das Einsetzen der Ehrenpraxis beitragen kann. Auffällig ist, dass die Fundamente, die vermutlich dem 3. Jh. v. Chr. zugeordnet werden können, nicht eindeutig mit Statuenbasen bzw. der Aufstellung von Ehrenstaten in Verbindung gebracht werden können. Auch die bisher als Philistis gedeutete Kalksteinstatue kann aufgrund ihrer aktualisierten chronologischen Einordnung nicht mehr in das 3. Jh. v. Chr. datiert werden. Gleichwohl ist auch bei einer Datierung in die erste Hälfte des 2. Jhs. v. Chr. fraglich, ob es sich wirklich um eine Ehrenstatue handelte. Auch wenn sich keine der Monumente aufgrund von Ehreninschriften oder Porträtköpfen als Ehrenstatuenmonument identifizieren lassen, sprechen ein Fundament (Morga8) und Schaft (Morga5) der Reiterstandbilder für die Darstellung von Mitgliedern der lokalen Elite oder Amtsträgern. Diese, so wie auch weitere Fundamente (Morga6, 7, 9), entstanden allerdings erst ab dem 2. Jh. v. Chr; die besonders prominente Basis (Morga5) an der Stufenanlage in der Mitte der Agora wird stratigraphisch sogar erst in das 1. Jh. v. Chr. gesetzt.

2.1.3 *Aufstellungsorte*

Drei Statuenmonumente wurden in Innenräumen errichtet, alle anderen unter freiem Himmel auf der Agora. Weder im Theater noch an anderen Orten in Morgantina haben sich Hinweise auf die Errichtung von Ehrenstatuen gefunden.

Die drei Monumente in Innenräumen sind jeweils an die Gebäude angelehnt: im Bouleuterion an der Rückwand und in der Oststoa an einem Pilaster (Abb. 228). Die mittlere der Statuenbasen im Bouleuterion war direkt vom Eingang aus sichtbar, da sie in einer Achse mit der Tür lag. Auch die außen stehenden Monumente orientieren sich an architektonischen Strukturen: Das Reiterstandbild schließt seitlich direkt an die Stufenanlage des Ekklesiasterions an. Damit steht es mittig auf der Platzanlage und war sowohl vom unteren als auch vom oberen Abschnitt der Agora sichtbar. Zudem musste jeder Besucher der Agora, der die Treppe benutzte, um den Höhenunterschied zu überwinden, oder Besucher des im Osten liegenden Theaters zwangsläufig am Monument vorbeigehen. Die Ausrichtung der Basis weist auf eine Orientierung der Pferdeskulptur in Richtung Norden hin. Somit waren die Ehreninschrift und der Porträtkopf des Geehrten von den Stoai und dem Macellum einsehbar. Unklar ist, inwieweit das Macellum die Sicht von der Nordstoa aus versperrte und auch wo, abgesehen vom westlichen Teil der

FALLBEISPIELE   33

Nordstoa, auf der Agora noch merkantile, politische und administrative Tätigkeiten stattfanden[25]. Die Statuenmonumente des 2. und 1. Jhs. v. Chr. lassen derweil vermuten, dass sowohl die Nord- als auch die Oststoa Zentren des öffentlichen Lebens waren. Hier häufen sich die Fundamente mehrerer Statuenmonumente, die nach 211 v. Chr. errichtet wurden. Die Exedra befindet sich beispielsweise direkt neben der Treppe, die zur Plateia A führte. Ebenfalls an den Stufen orientiert ist das Monument eines weiteren Pferdestandbilds. Mit dieser Position überblickt das Monument die gesamte Agora und wurde sowohl vom Zugang von der Plateia A aus, als auch vom südlichen Teil der Agora gesehen[26]. Zumindest ist die Exedra am westlichen Ende der Nordstoa in Richtung Osten, also in Richtung des Reiterstandbilds, ausgerichtet. Dieses Bild von neu errichteten, repräsentativen Statuenmonumenten widerspricht der üblichen These, die Nordstoa sei nach der Eroberung nur noch für Läden und Handwerk gebraucht worden[27]. Möglicherweise waren allerdings die westlich gelegenen Räume (Raum 1 und 2) noch in „public use"[28]. Es wäre höchst erstaunlich, wenn Statuenmonumente an Werkstätten oder Läden orientiert wären. Somit können die Monumente vielleicht zur weiteren Erforschung zur Nutzung der westlichen Räume der Nordstoa beitragen.

Die Statuenbasis, die sich vor dem erst nach 175 v. Chr. gebautem Macellum befindet, liegt nördlich des Gebäudes. Dort befindet sich weder ein Eingang noch ein anderer offensichtlicher Orientierungspunkt, der die Aufstellung einer Statue an dieser Stelle erklären würde.

Insgesamt kann festgehalten werden, dass alle Statuenmonumente auf architektonischen Elementen ausgerichtet waren, auch wenn diese von unterschiedlicher Art sind: Treppen, Rückwände und Pilaster. Keines steht in der Mitte der Freifläche, obwohl diese in Morgantina hinreichend Platz für zahlreiche großformatige Monumente geboten hätte.

2.1.4   *Zusammenfassung*

Das Fallbeispiel Morgantina eignet sich zur genaueren Betrachtung der hellenistischen Ehrenpraxis. Zunächst kann festgehalten werden, dass Hinweise auf Ehrenstatuen nur von der Agora stammen. Zudem lässt sich

---

25   Zur Agora Morgantinas nach 211 v. Chr. ist bisher wenig bekannt, Publikationen beschäftigen sich zumeist mit der Zeit vor 211 v. Chr. Klärung wird hoffentlich der angekündigte Band der Morgantina Studies zur Agora bringen. Bisher, Stone 2014, 12–23; Bell 2019.

26   Auch hier stellt sich wieder die Frage, wie die Sichtbeziehung durch den Macellumsbau gestört wurde.

27   Bell 2019, 44 f.

28   Bell 2019, 45 Anm. 43.

zusammenfassen, dass für eine monumental ausgebaute Platzanlage erstaunlich wenig Statuenmonumente aufgestellt waren.

Die frühsten Hinweise auf Statuenaufstellungen in Morgantina stellen eine Basis in der Oststoa und zwei Basen im Bouleuterion dar. In beiden Fällen kann weder eine genaue Datierung in das 3. Jh. v. Chr. erfolgen noch nachgewiesen werden, dass dort Ehrenstatuen aufgestellt waren. Viel mehr kann vermutet werden, dass vor dem 2. Jh. v. Chr. Statuenbasen Götterbilder trugen. Erst nach 211 v. Chr. folgte die Aufstellung weiter Monumente, die mithilfe relativchronologischer und stratigraphischer Überlegungen datiert werden konnten – diesmal an architektonischen Strukturen auf der Platzanlage orientiert. Sie zeigen eine größere Diversität an Monumenttypen (Exedra, Reiterstandbild) als die zuvor genutzten Basen für einzelne stehende Statuen. Die späte Errichtung von Ehrenstatuen im nördlichen Teil der Agora ist vor allem vor dem Hintergrund der gewandelten Nutzung der Platzanlage nach der Eroberung von Bedeutung. Das Bouleuterion als politisches Gebäude war zu diesem Zeitpunkt nicht mehr in Benutzung, und darüber hinaus ist unklar, inwiefern die Agora noch für politische Zwecke genutzt wurde. Viel deutet auf eine kommerzielle Nutzung weiter Bereiche der Nordstoa hin. Zu einer eher merkantilen Nutzung passt auch die Errichtung des Macellums nach 175 v. Chr., das die offene Fläche der nördlichen Agora markant zustellte.

Deutlich wird, dass die Erforschung der Statuenmonumente zu einer Neubewertung des öffentlichen Raumes in Morgantina nach 211 v. Chr. beitragen kann. Nicht nur die Errichtung des Macellums nach 175 v. Chr., sondern eben die Errichtung von Statuenmonumenten (in bescheidenem Maße) beweisen ein funktionierendes öffentliches Leben, in dem durchaus finanzielle Resourcen vorhanden waren[29]. Das allerdings zuvor keine sicher nachweisbaren Monumente auf der großen, prächtig ausgestatteten Platzanlage errichtet wurden, kann nur als sizilienweite Erscheinung verstanden werden.

2.2   Fallbeispiel Solunt

Die antike Stadt Soluntum liegt an der Nordküste Siziliens östlich von Palermo auf dem Monte Calfano. Aufgrund ihrer Lage auf dem steilen Berghang konnte die Stadt gut verteidigt werden. In der Kaiserzeit war Solunt an die Via Valeria zwischen Lilybaeum und Messina angebunden; die bedeutende strategische Lage Solunts lässt sich auch an der Erwähnung auf der Tabula Peutingeriana ablesen.

---

29   Ähnlich auch Trümper 2019, 128.

FALLBEISPIELE

Die antike Siedlung wurde ursprünglich zwischen dem 8. und 7. Jh. v. Chr. von den Phöniziern als Solous am Fuße des Monte Calfano am Meer gegründet[30]. Diese Siedlung wurde allerdings von Dionysios I. zerstört[31], woraufhin in der 2. Hälfte des 4. Jhs. v. Chr. oberhalb der Vorgängersiedlung eine Stadt gegründet wurde, die einem orthogonalen Stadtplan folgt (Abb. 307). Angeblich soll Agathokles hier nach seiner Rückkehr aus Afrika Söldner angesiedelt haben[32]. Weil Solunt sich im ersten Punischen Krieg Diodor zufolge den Römern ergab, erhielt die Stadt nach dem Krieg den Status einer *civitas decumanae*[33]. Bis in das 3. Jh. n. Chr. finden sich sowohl Münzen als auch Inschriften im Bereich der Agora; in dasselbe Jahrhundert setzt M. Wolf auch Reparaturarbeiten an der Stoa und Spoliation von Architekturteilen. Ihm zufolge wurde die Agora nicht mehr als öffentlicher Ort, sondern als Gehöft genutzt[34]. C. E. Portale schlug dagegen jüngst eine kontinuierliche Besiedlung bis in das 7. Jh. n. Chr. vor[35]. Dabei bezieht sie sich allerdings einerseits auf nicht kontextualisierte Münzfunde und andererseits auf eine aus mehreren Fragmenten unterschiedlicher Statuen zusammengesetztes weibliches Standbild, das ihr zufolge in der Spätantike entstanden ist. Die von ihr angeführten Münzfunde nach severischer Zeit sind indes eher gering, so dass bezweifelt werden kann, ob sie wirklich für eine kontinuierliche Besiedlung im Umkreis der Agora sprechen können[36].

Die Stadt wurde bereits früh durch literarische Erwähnungen identifiziert. Erste Ausgrabungen fanden in den Jahren 1828–1835 statt[37]. Grabungen unter S. Cavallari und G. Meli im Jahr 1856 führten unter anderem zur Veröffentlichung eines Stadtplans im Jahr 1875[38]. Weitere Grabungen erfolgten unter A. Salinas, E. Gábrici und V. Tusa. Seit 1964 führt das Deutsche Archäologische Institut in Rom von H. Schläger, G. Mader, A. Wiegand und M. Wolf geleitete Forschungen durch, deren Ergebnisse in mehreren Monographien zu den Wohnbauten, der Agora und dem Theater vorliegen[39]. Darüber hinaus sind jüngst zahlreiche Artikel zu Solunt publiziert worden, die sich vorwiegend mit gesellschaftshistorischen Fragestellungen beschäftigten[40].

---

30   Thukydides 6,2,6.
31   Diodor 14, 5; 78,7.
32   Diodor 20,69,3–4.
33   Diodor 23, 187; Cic. Verr. 2,42; 3,103.
34   Wolf 2013, 42 (Phase 5). 79.
35   Portale 2017b, 54.
36   Gandolfo 2003.
37   Zur Forschungsgeschichte u.a. zusammengefasst Greco 2003, 1 f.; Wolf 2012, 223.
38   Zur Forschungs- und Grabungsgeschichte Greco 2003, 2; Wolf 2003, 2 f.
39   Wiegand 1997 (Theater); Wolf 2003 (Häuser); Wolf 2013 (Agora).
40   U.a. Tusa 1963; Famá 1987; Tusa 1966; Greco 1993–1994; Greco 1997; Portale 2006; Wolf 2009.

2.2.1 Die Agora[41]

Die Stadt folgt einem orthogonalen Aufbau. Dabei orientieren sich der Plan und die Architektur der Stadt an der steilen Topographie des Berghangs. Die Agora liegt auf einem breiten Plateau, während das zweite Geschoss der Stoa aufgrund des Niveauunterschieds nur von der darüberliegenden Terrasse zugänglich ist (Abb. 307–309). Auf dieser Terrasse befinden sich außerdem das Theater, ein sakraler Rechteckbau und ein Bouleuterion bzw. Odeon. Östlich der Agora stehen eine monumentale Zisterne und ein Gymnasion. Das urbane Zentrum gleicht mit der von Stoai umgebenen Agora, Theater, Bouleuterion, Gymnasium, Thermen und Peristylhäusern einer griechischen Stadt, während die Heiligtümer der Stadt einem phönizisch-punischen Einfluss zu folgen scheinen[42]. Das Theater überbaute ferner Strukturen, die aufgrund des *opus africanum* als punisch interpretiert wurden; ähnlich sind auch Reste unter der Stoa zu interpretieren, die auf einen Vorgängerbau hinweisen[43].

Die Agora bildet das Zentrum der ausgegrabenen Stadt und ist durch die sog. Via dell'Agora erreichbar. Von der U-förmigen Stoa, die die Agorafläche rahmt, ist die Weststoa gut erhalten (Abb. 308). Vom Ost- und Nordflügel ist nur wenig zu erkennen. Rekonstruiert werden konnte eine zweistöckige Flügelrisalitstoa mit dorischen und ionischen Säulen[44]. Das erhaltene Stockwerk der Westportikus besteht aus einer Halle, an deren Rückwand neun Räume anschließen („Exedren"), deren Rückmauern wiederum direkt in den Fels gearbeitet wurden[45]. Sie weisen eine Breite von 5,15 bis 7,70 m auf und eine Tiefe von 3,55 bis 4,35 m. Die Exedren enthalten teilweise Sitzbänke und farbige Wandverkleidungen. Der Zugang zu Exedra 1 erfolgt durch zwei Säulen in antis; dieselbe Eingangssituation ist auch für die anderen Exedren anzunehmen, dort aber nicht erhalten[46]. Die Agorafläche wurde erst nach der Errichtung der Stoa mit Ziegelplatten gepflastert und nimmt eine Fläche von 50 × 20 m ein.

Die Ausgestaltung der Agora und seiner rahmenden Hallenbauten ist das Zeugnis einer Bauphase des mittleren 2. Jhs. v. Chr.[47]. Im Bereich der Westportikus fanden sich geringe Spuren eines älteren Baus, bei dem es

---

41   Monographisch publiziert durch Wolf 2013.
42   Greco 2003, 14. Anders De Vincenzo 2013, 188–194. 270–281.
43   Dazu Wiegand 1997, 25; Wolf 2003, 7 f.; Portale 2006, 74f.; Wolf 2013, 40.
44   Ausführlich Wolf 2013, 29.
45   Die Räume werden M. Wolf folgend von Süden nach Norden von 1 bis 9 durchnummeriert.
46   Wolf 2013, 28.
47   Wolf 2013.

FALLBEISPIELE

sich möglicherweise um einen Hallenbau handelt, der bereits kurz nach der Neugründung der Stadt errichtet wurde[48].

2.2.2 *Statuenmonumente*

Es können neun Statuenmonumenten in Form von Fundamenten und Basen in situ sowie vier dekontextualisierte Ehreninschriften auf Verkleidungsplatten oder Basen und mehrere Skulpturfragmente im Bereich der Agora identifiziert werden.

2.2.2.1 In situ-Monumente

Auf der Agora befinden sich vier Fundamente von Statuenmonumenten und ein Basisfuß (Abb. 308). Im nördlichen Teil der Agora gruppieren sich vier Fundamente und ein Basisfuß an der nicht mehr vorhandenen Treppe der Portikus. Ein Fundament auf Höhe von den Exedren 7 und 8 mit drei aufgehenden profilierten Blöcken sticht durch seine Größe hervor (Sol5, Abb. 314)[49]: Die Maße belaufen sich auf 4,17 m in der Länge und mindestens 2,47 m in der Breite. In einer späteren Phase wurde die Grundfläche des Monuments sogar noch um einen Meter erweitert (Sol6, Abb. 315). Die Länge betrug dann ca. 5,17 m. Die Größe der Basis lässt auf ein Gruppen- oder Reitermonument schließen. Die Vergrößerung der Basisfläche spricht dabei entweder für seine grundlegende Neugestaltung oder für das Hinzufügen einer einzelnen Statue in ein bereits bestehendes Gruppenmonument.

Nördlich anschließend steht auf derselben Höhe ein rechteckiges Monument (Sol7, Abb. 316). Es handelt sich um einen profilierten Basisfuß, der aus zwei Teilen besteht. Aufgrund des breiten Profils verjüngt er sich nach oben hin stark; ein Basisschaft kann mit der Grundfläche von 49,5 × 63,5 cm auf der geglätteten Fläche ergänzt werden. Der ehemaligen Treppe ums Eck folgend wurde ein weiteres Monument errichtet, das in Form eines hufeisenförmigen Fundaments mit den Maßen 1,75 × 1,90 m erhalten geblieben ist (Sol8, Abb. 317). Auf dem Fundament liegen im östlichen Bereich zudem drei geglättete Blöcke der untersten Lage des Monuments. Sie stellen den Basisfuß dar, was sich daran ablesen lässt, dass sie sich nach innen verjüngen und kaum sichtbar Ritzlinien für die Auflage des Basisschafts aufweisen. Unklar ist, ob das Innere zwischen den Fundamentflügeln verfüllt oder mit weiteren Steinblöcken ausgelegt war. Weiter östlich davon befindet sich ein L-förmiges Fundament aus sechs unregelmäßigen Steinblöcken (Sol9, Abb. 318). Hier ist aufgrund der Erhaltung nur die Länge nachvollziehbar (1,70 m), die Breite des

---

48   Dazu Wolf 2013, 40 f.
49   Wolf 2013, Taf. 13, 1.

Monuments kann dagegen nicht ermittelt werden (mind. 1,10 m). Während der erhaltene Basisfuß als Monument für eine einzelne Statue zu rekonstruieren ist, scheinen die anderen monumentaler gestaltet worden zu sein. Das südlichste Monument weist zwar die größten Maße auf, doch kann aufgrund seiner Erhaltung nicht entschieden werden, ob es ein Gespann, einzelne Pferde oder mehrere stehende Statuen trug. Bei den anderen beiden Monumenten vor der Nordportikus könnte es sich den Maßen nach um Reiterstatuen gehandelt haben[50]. Ausschlaggebend dafür ist, dass die Länge des Monuments größer ist als die Breite und die Basis in die Platzmitte orientiert ist.

Im südlichen Teil der Agora findet sich vor Exedra 2 und 3 ein weiterer Basistyp. Es handelt sich um eine halbkreisförmige Exedra, von der die Glättung des Felsbodens, halbkreisförmige Sandsteinblöcke sowie je ein Block der Wandung als auch der Bekrönung erhalten sind (Abb. 308)[51]. Die Breite der Exedra kann mit 4,70 m rekonstruiert werden, die Wandung mit einer Dicke von 43 cm und die Tiefe der Sitzbank mit 60 cm. Die Höhe der Exedra gibt M. Wolf mit 1,12 m an. Dass auf der Bekrönung Statuen standen, ist aufgrund der geringen Tiefe der Bekrönung von 24 cm auszuschließen. Die Exedra wurde aus diesem Grund wohl nur als Sitzbank genutzt[52].

Zwei Statuenbasen stehen in situ in der Portikus vor Exedra 1 (Abb. 308; Abb. 320–323). Der weite Eingang zur Exedra ist durch zwei Säulen gegliedert worden. An die nördliche wurde nachträglich eine Statuenbasis angesetzt. In derselben Phase wurde weiter im Norden vor der Portikuswand eine weitere Statuenbasis errichtet. Beide wurden aus mehreren Blöcken aus Kalk- und Sandstein zusammengesetzt[53]. Die Basis vor der Säule (Sol11, Abb. 320–321) besteht aus einem quaderförmigen Block aus Kalkstein, der direkt auf das Paviment gesetzt wurde. Darauf befindet sich der nach oben hin stark verjüngende Basisfuß, auf dem wiederum der untere Teil des Schafts aus zwei flachen nebeneinander gelegten Sandsteinplatten liegt. Diese 6 cm hohen Platten werden oben von einem monolithen Schaft abgeschlossen. Nach weiteren 6 cm verjüngt sich der Schaft um einen halben Zentimeter. Die Bekrönung der Basis fehlt ebenso wie die zugehörige Inschrift. Das nördlicher stehende Monument ist einfacher gestaltet (Sol12, Abb. 322–323): Auf einer rechteckigen, sehr verwitterten Platte stehen zwei Blöcke aus Sandstein, die eine etwas geringere Breite als das Fundament aufweisen. Auch hier haben sich weder

---

50   Gerade noch lebensgroße Reiterstandbilder auf Basen ähnlicher Maße finden sich u.a. auf dem Forum in Pompeji, Bergemann 1990, 18 Anm. 153.

51   Wolf 2013, 21. 32.

52   Wolf 2013, 32.

53   Zu den genutzten Materialien und deren Herkunft, Wolf 2013, 12.

Inschrift noch Bekrönung erhalten. Auffällig ist bei beiden Monumenten die uneinheitliche Zusammenstellung sowie ihre Aufstellung: Beide stehen auf dem Bodenbelag der Säulenhalle; vor allem Sol1 kippt geradezu gegen die hintersetzte Säule, da ihre Fundamentplatte zu kurz für den Basisfuß ist. Das sind deutliche Anzeichen dafür, dass die beiden Statuenmonumente nicht zu den ursprünglich geplanten Statuenmonumenten der Anlage gehörten.

Innerhalb der Exedra 9 am anderen Ende der westlichen Portikus findet sich an der Rückwand des Raumes eine Nische, deren profiliertes Unterlager an der Vorderseite zwei griechische Inschriften trägt, die sich auf in der Nische aufgestellte Statuen beziehen (Sol3, Sol4, Abb. 308; Abb. 312). Den Einlassungen nach zu urteilen handelte es sich um zwei lebensgroße Bronzestatuen in leichter Ponderation (Abb. 313).

Die erhaltenen Fundamente und Basen wurden aus lokal verfügbarem Material hergestellt. Die Verwendung von zwei unterschiedlich farbigen Materialien, die bei den beiden Statuenbasen vor der Exedra 1 zu finden ist, war wahrscheinlich nicht sichtbar und vermutlich durch die Verfügbarkeit der Blöcke bedingt. Das Fehlen der Ehreninschriften auf den Schäften spricht für eine Verkleidung der Basen mit Marmorplatten oder Stuck.

2.2.2.2   Ex situ-Befunde

Während der Großteil der Objekte sich in Solunt noch in situ befindet, sind auch Komponenten von Statuenmonumenten unabhängig von ihrem Aufstellungsort gefunden worden. Dabei handelt es sich um Verkleidungsplatten und Basen, die Ehreninschriften tragen. Sie wurden entweder im Bereich der Agora gefunden oder können anhand der Inschrift einem öffentlichen Aufstellungskontext zugeordnet werden. Zwei Marmorplatten mit den Maßen von 14,5 cm und 26 cm Höhe, 67,5 cm und 54 cm Breite und 7 cm bzw. 7,5 cm Tiefe wurden in Solunt aufgefunden (Sol1, Sol18). Beide wurden wiederverwendet und zumindest die Marmorplatte Sol1 dafür beschnitten (Sol1, Abb. 310; Sol18, Abb. 329).

Über die Verortung der Aufstellung von Sol1 besteht keine Einigkeit: Während einige Forscher den Fundort der Platte im sog. Ginnasio als Aufstellungsort favorisieren[54], ist eine Anbringung in einem öffentlichen Raum wie der Agora dennoch wahrscheinlicher, da die Ehreninschrift jener auf der Agora von Halaesa gleicht, die eindeutige Beschneidung der Platte für eine Wiederverwendung spricht sowie die Abwesenheit einer Statuenbasis im

---

54   Wolf 2003, 3; Portale 2006, 93; Mistretta 2013. Auch die Datierung der Inschrift ist viel debatiert worden; für eine Datierung in das 1. Jh. n. Chr. vgl. Cordiano 1997; Mistretta 2013.

40 KAPITEL 2

Haus selbst, an der die Platte befestigt war[55]. Demnach kam die Inschrift vermutlich im Rahmen seiner Wiederverwendung in das Haus und nicht, weil sie dort ursprünglich als Teil eines Statuenmonuments aufgestellt war.

Darüber hinaus wurde eine Basis im sog. Heiligtum Tre Batyloi gefunden, die dort wiederverwendet wurde (Sol2, Abb. 311). Sie trägt eine Ehreninschrift für einen Proprätor. Die Maße der Platte können indes keinem der auf der Agora oder Portikus gefundenen Statuenmonument zugeordnet werden. Einige Fragmente von griechischen Ehreninschriften aus Kalkstein stammen möglicherweise ebenfalls von Statuenmonumenten. Die Inschriften sind aber stark fragmentarisch erhalten, so dass hier nur eine von ihnen ausgewertet wird (Sol10, Abb. 319)[56].

Aufgrund der Maße der Inschriftenplatten mit einer größeren Breite als Höhe erscheint eine Anbringung in Nischen bzw. deren Unterlagern wahrscheinlicher als an einer Statuenbasis. Die Anmerkung von M. Wolf zur Exedra 1 zeigt[57], dass sich auch in dieser Exedra eine Nische seitlich in der nördlichen Wand des Raumes befand. Vorgeschlagen werden kann deshalb, dass dort und auch in weiteren Exedren Statuen standen.

2.2.2.3 Statuen

Im Bereich der Exedra 1 wurde ein leicht überlebensgroßer marmorner Togatus der frühen Kaiserzeit gefunden (Sol16, Abb. 327). Wahrscheinlich war er auf einer der dort ebenfalls in der frühen Kaiserzeit errichteten Statuenbasen aufgestellt. Da nur ein Teil der unteren Hälfte der Statue und nicht der Porträtkopf erhalten ist, können keine Aussagen zum Geehrten gemacht werden. Ebenfalls in die frühe Kaiserzeit – genauer in die claudische Zeit – wird das Kopffragment einer weiblichen Statue datiert[58]. Dieses Fragment wird im Antiquarium von Solunt zusammen mit einer aus vier Fragmenten bestehenden überlebensgroßen Marmorstatue als Agrippina maior ausgestellt (Sol13+Sol14+Sol15, Abb. 324–326)[59]. Während die Frisur des fragmentierten Porträtkopfes aus zwei Teilen in das 1. Jh. n. Chr. datiert werden kann, ist das Gewand A. Alexandridis zufolge in die severische Zeit einzuordnen[60]. Stammen die Fragmente von drei unterschiedlichen Statuen, die beide in nachantiker Zeit südlich der Agora verbaut wurden, oder wurde dem Porträtkopf in severischer Zeit oder sogar später ein neuer Statuenkörper

---

55   Siehe auch Henzel 2019.
56   Giannobile 2003.
57   Wolf 2013, 16.
58   Bonacasa 1964, 128.
59   Bonacasa 1964, 128; ausführlich Portale 2017b.
60   Alexandridis 2004, 268 Anhang 2.2.24 D8.

FALLBEISPIELE

gegeben? Darüber hinaus wurde in der Exedra 5 das untere Fragment einer weiblichen Gewandstatue aus Marmor gefunden (Sol17, Abb. 328)[61]. Erhalten sind der rechte Teil der Plinthe mit Füßen sowie Teile von Chiton und Himation.

Während die erhaltenen Skulpturfragmente aus Marmor bestehen, zeigen die Einlassungen auf den Unterlagern der Nische in Exedra 9, dass es auch Bronzestatuen gegeben haben muss. Besonders aufschlussreich wäre es, die Aufstellungsorte der Marmorstatuen zu kennen. Insbesondere im Kontext der Diskussion, ob Bronze aufgrund der Wetterbeständigkeit vor allem unter freiem Himmel, Marmorstatuen dagegen in Innenräumen zu verorten sind[62]. In Solunt finden sich gleichwohl Bronzestatuen, die in einem überdachten Raum errichtet wurden. Die Aufstellungsorte der Marmorstatuen können indes nicht genau rekonstruiert werden. Möglicherweise standen sie in der Portikus; damit wäre der Marmor vor der Witterung geschützt gewesen. Aufgrund fehlenden Monumentoberseiten können die Basen keine weiteren Informationen zum Statuenmaterial liefern.

2.2.3   Sozial-historische Auswertung der Inschriften

Es haben sich zwei Ehreninschriften in situ erhalten, denen zufolge zwei Amphipoloi mit Statuen geehrt wurden (Sol3, Sol4). Das sakrale Amt des Amphipolos ist in Syrakus im 4. Jh. v. Chr. bekannt und benennt eponyme Priester im Zeuskult[63]. In diesem Fall sind Sohn und Vater einer Familie gemeint, Apollonios und Ariston, die mithilfe weiterer Inschriften aus Solunt als Mitglieder einer der führenden Familien der Stadt gedeutet werden können.

Daneben wurden im 1. Jh. v. Chr. zwei Amtsträgern Statuen errichtet, einem Gymnasiarchen (Sol1) und einem Proprätor (Sol2). Der Statthalter wurde von einem unbekannten Koinon geehrt, das in Solunt sonst nicht nachgewiesen ist. In Halaesa gibt es indes zwei von einem sakralen Koinon dedizierte Statuenmonumente. Im Fall von Solunt ist unklar, um welche Art von Koinon es sich handelt. Da kein spezifischer Grund für die Ehrung in der Inschrift genannt wird (εὐνοίας), wurde der Proprätor wohl aufgrund seines Amtes geehrt. Die Statue für den Gymnasiarchen wurde von mehreren Gruppen von Soldaten und Epheben während der Amtszeit des Apollonios, Sohn des Apollonios, gestiftet. Beim Geehrten handelt es sich um ein Mitglied

---

61   Bonacasa 1964, 160 Nr. 231, Taf. 94, 2.
62   Queyrel 2015.
63   Tusa 1963.

einer weiteren bedeutenden Familie Solunts, Antallos Ornichas, Sohn des Antallos[64]. Diese Ehrung besticht ferner auch durch das verwendete Material: weißer Marmor. Die marmorne Platte verkleidete wohl eine Statuenbasis aus lokalem Stein. Die Erwähnung des Amtsträgers, unter dem die Ehrung erfolgte, zeigt die Bedeutung einzelner Familien in Solunt; der Amtsträger stammt aus derselben Familie wie die geehrten Amphipoloi und die Stifter der Standbilder[65]. Verschieden Generationen einer Familie hatte demnach verschiedene Ämter der Stadt inne und verstand sich darauf, ihre Familien im Stadtbild zu präsentieren.

Die einzige weibliche Geehrte ist die Ehefrau des späteren Kaisers Caracalla und damit deutlich später einzuordnen als die zuvor genannten Ehrungen. Auch hier handelt es sich um eine marmorne Verkleidungsplatte einer Statuenbasis (Sol18). Die Statue wurde von der *res publica* auf öffentlichen Beschluss hin gestiftet. Ihre Ehrung als Augusta ist insofern bemerkenswert, als dass sie von Caracalla verbannt, ermordet und mit der *damnatio memoriae* belegt wurde. Eine mögliche Wiederverwendung der Marmorplatte ist insofern nicht auszuschließen[66]. Ob der Ehreninschrift die aus unterschiedlichen Teilen zusammengesetzte Gewandstatue aus dem 2. Jh. n. Chr. zugeordnet werden kann, die der Aufstellung im Museum zufolge zu einem Standbild der Agrippina maior gehört, kann lediglich unter Vorbehalt vermutet werden. Darüber hinaus kann nur auf hypothetischer Ebene spekuliert werden, ob auf den beiden Statuenbasen vor der Exedra 1 die weibliche Gewandstatue bzw. zuvor eine Statue mit dem frühkaiserzeitlichen Porträtkopf und der Togatus zu rekonstruieren sind. Handelte es sich tatsächlich bei einem der Standbilder um Mitglieder der kaiserlichen Familie, ist eine Aufstellung vor Exedra 1 unwahrscheinlich. Dafür sind die Basen nicht bedeutend genug; sowohl die zu kurze Standplatte des nördlicheren Monuments, die zur Folge hat, dass die Basis nach hinten kippt, spricht gegen ein so prestigeträchtiges Monument als auch die im Vergleich zu den Monumenten auf der Agora viel zu bescheidenen Maße.

Alle Inschriften, die chronologisch vor der Kaiserzeit anzusetzen sind, wurden in griechischer Sprache verfasst, die einzige kaiserzeitliche Inschrift dagegen in lateinischer Sprache (Sol18). Beachtenswert ist gleichwohl, dass auch der römische Amtsträger, ein Proprätor, im 1. Jh. v. Chr. in griechischer

---

64   Auch die Pflasterung der sog. Via dell'Agora wurde von dieser Familie ausgeführt, siehe I*Sicily*3067, Portale 2006, 89 f., Abb. 24 a–b.

65   Dazu Portale 2006, 87.

66   In Halaesa finden sich auch Statuenmonuemente von Personen, die der *damnatio memoriae* anheimgefallen waren, darunter ihr Vater Plautian (Hala27).

FALLBEISPIELE

Sprache geehrt wurde (Sol2). Aufgrund des disparaten Erhaltungszustands von Inschriften der Kaiserzeit in Solunt, kann nicht geklärt werden, ob Latein allgemein in der Kaiserzeit für öffentliche Inschriften genutzt wurde oder in diesem Fall nur, weil es sich bei der Geehrten um ein Mitglied der kaiserlichen Familie handelte.

2.2.4 *Chronologische Entwicklung*

Für die Datierung der Statuenmonumente in situ sind der Bau der Stoa und die Pflasterung der Agora ausschlaggebend. Durch deren Datierungen können wiederum die Standbilder relativchronologisch in mehrere Phasen eingeordnet werden können[67].

M. Wolf zufolge wurde die Stoa in der Mitte des 2. Jhs. v. Chr. erbaut. In diese Phase können Sol3+Sol4 zugeordnet werden, da die Basen architektonisch in die Exedra 9 eingegliedert sind. Somit müssen die Ehreninschriften entgegen ihrer früheren paläographischen Datierung[68] ebenfalls in die Mitte des 2. Jhs. v. Chr. gesetzt werden und stellen die ersten Statuen für verdiente Bürger in Solunt dar.

Bisher wurden die Monumente auf der Platzanlage ebenfalls dem ursprünglichen Ausstattungskonzept zugeordnet, doch muss hier differenziert werden. Zwar kann der Bau der Stoa als *terminus post quem* für die restlichen Statuenmonumente genutzt werden, doch ist für die Einordnung der Fundamente auf der Agora die Pflasterung von Bedeutung. Die Pflasterung der Agora aus gebrannten Ziegeln kann in einen relativchronologischen Bezug zu den in situ Monumenten gesetzt werden (Abb. 308). Stehen die Fundamente der Statuenmonumente auf dem Paviment, stellt dies einen *terminus post quem* dar; die Statuenmonumente wurden dann später errichtet. Nimmt das Paviment allerdings Rücksicht auf die Fundamente und Statuenbasen und wurde um diese herum verlegt, kann das Paviment zeitlich nach oder gleichzeitig mit den Statuenmonumenten datiert werden. Aus diesen Beobachtungen kann keine exakte Datierung erfolgen, aber eine relativchronologische Einordnung.

Erhaltene Stücke des Bodenbelags stoßen gegen die Fundamente von Sol5, Sol7–9 und werden nicht von ihnen bedeckt. Dementsprechend wurden die in situ befindlichen Fundamente (Sol5, Sol7–Sol9) vor der Verlegung der Statuenmonumente errichtet. Eine weitere Phase stellt die Erweiterung von Sol5 dar (Sol6). Da sich keine Reste des Paviments zwischen den in situ Fundamenten erhalten haben, ist der Zeitpunkt der Erweiterung nicht

---

67   Zu den hellenistischen Phasen, Henzel 2019.
68   Tusa 1963.

eindeutig fassbar; es könnte bereits wenige Jahre später oder auch erst in der Kaiserzeit erfolgt sein.

Dementsprechend zentral ist also die Datierung der Pflasterung der Platzanlage. Dafür wird eine Inschrift genutzt, die wiederum in die Pflasterung der Via dell'Agora eingelassen ist und einen gewissen Attalos für die Finanzierung der Pflasterung von der genannten Straße ehrt. Die Machart des Paviment gleicht dem der Agora so stark, dass eine einheitliche Planung und Verlegung vermutet wird. Die Dedikationsinschrift der Via dell'Agora wird mithilfe der Buchstaben und erwähnten Personen an das Ende des 2. Jhs. v. Chr. datiert[69].

Demzufolge wurden die Statuenmonumente Sol5, Sol7, Sol8 und Sol9 zwischen der Errichtung der Stoa um die Mitte des 2. Jhs. v. Chr. und der Verlegung des Paviments am Ende des 2. Jhs. v. Chr. aufgestellt. Ob die Erweiterung Sol6 vor oder nach der Verlegung entstand, ist nicht zu bestimmen. Ob die Monumente Sol5–Sol9 gleichzeitig oder in einer bestimmten Reihenfolge errichtet wurden, ist ebenfalls unklar. Denkbar wäre, dass die kleinste Basis (Sol7) das erste Monument darstellte und die größeren Statuenbasen folgten, aber möglich ist ebenso, dass die kleine Basis bewusst zwischen bereits bestehende große Monumente gesetzt wurde. Da sich keine Monumente auf der Pflasterung erhalten haben, muss gefragt werden, ob nach der Verlegung des Paviments wirklich keine Statuenmonumente auf der Agora mehr errichtet wurden. Einerseits ist insgesamt zu wenig vom Paviment erhalten, als das Aussagen zur gesamten Agora gemacht werden können, andererseits kann vermutet werden, dass Monumente, die auf das Plaster gesetzt wurden, leichter abgeräumt und ausgetauscht werden konnten.

Im 1. Jh. v. Chr. folgten unabhängig von den in situ Befunden weitere Statuenmonumente (Sol1, Sol2, Sol10), die nicht eindeutig der Agora oder der Stoa zugewiesen werden. Der Togatus (Sol16) sowie ein bzw. zwei sekundär wiederverwendete Porträtköpfe (Sol13+Sol14) stammen wiederum aus einer weiteren Phase in der frühen Kaiserzeit. M. Wolf zufolge wurden auch die Basen vor der Exedra 1 (Sol11, Sol12) in diesem Zeitraum aufgestellt[70] während C. E. Portale dagegen erst von einer spätantiken Errichtung der Basen ausgeht[71]. Eine genaue chronologische Einordnung ist gleichwohl kaum möglich; für eine frühkaiserzeitliche Datierung könnte die in der Umgebung gefundene männliche Statue (Sol16) sprechen, die möglicherweise auf einer der Basen stand, während die spätantike Datierung nur dann Sinn macht, wenn von einer spätantiken Nutzung der öffentlichen Plätze der Stadt ausgegangen wird.

---

69 ISic3067; Portale 2006, 89–92. Anders SEG 41.836.
70 Wolf 2013, 41.
71 Portale 2017b, 52 Anm. 68.

FALLBEISPIELE   45

Vor Kurzem war Konsens, dass die letzten Hinweise für eine Nutzung aus dem
3. Jh. n. Chr. stammten[72]. C. E. Portale schlug indes kürzlich vor, eine zusammengesetzte weibliche Statue (Sol13+Sol14+Sol15) und deren Aufstellung in der
Stoa erst in die Spätantike zu setzen[73]. Abgesehen von diesem Standbild, kann
das letzte sicher datierte Statuenmonument an den Anfang des 3. Jhs. n. Chr.
Zeit datiert werden (Sol18). M. Wolf zufolge kam es im Laufe des 3. Jh. n. Chr. zu
unterschiedlichen Ausbesserungsarbeiten im Bereich der Agora, was zusammen mit der Verwendung von Spolien auf einen Verfall hindeuten könnte[74].

2.2.5   *Aufstellungsorte*

Generell lässt sich festhalten, dass der Statuenaufstellung des neu erbauten
Stadtzentrums offenbar kein übergeordneter Plan zugrunde lag. Lediglich die
zwei Bronzestatuen in der Exedra 9 müssen vorab geplant gewesen sein. Die
teilweise einheitliche Anordnung der Fundamente vor den Stufen der Stoa
spricht gleichwohl für eine gewisse Normierung für die Errichtung zusätzli-
cher Monumente.

Die Wahl der Statuenaufstellung in der Exedra 9 ist wahrscheinlich in der
funktionalen Nutzung des Raumes zu sehen. Aus dem Raum stammt das
Fragment eines Altars mit Girlandendekoration, weshalb M. Wolf ihn als
Amtssitz für die Amphipoloi interpretiert[75]. Eine hervorgehobene Rolle kann
aufgrund der Größe der Exedra vermutet werden, die deutlich größer ist als
die Exedren 2 bis 8. Darüber hinaus schließt direkt an den Raum die Treppe
zum Theater an (Abb. 308–309). Dementsprechend mussten Theaterbesucher
direkt am Eingang zur Exedra 9 vorbeilaufen. Oft werden sie dabei wohl
einen Blick in den Raum geworfen haben und sowohl die Statuen als auch
die Inschriften erblickt haben. Das Gleiche gilt für die Basen auf dem freien
Platz, die vor allem an der Nordseite konzentriert waren, wo sie im direkten
Blickfeld vorbeilaufender Betrachter standen. Gingen die Menschen über die
Freifläche, kamen sie unweigerlich an ihnen vorbei. Wählten sie dagegen den
Weg innerhalb der Säulenhalle, sahen sie die Statuen durch die Säulen hindurch. Der eigentliche Platz der Agora wurde freigelassen, was auch bei den
anderen Platzanlagen Siziliens festgestellt werden kann. Die später hinzuge-
fügten Monumente in der Portikus hoben die Bedeutung des dahinter liegenden Raumes durch ihre Aufstellung hervor. Möglicherweise nahm er in der
Zeit der Aufstellung der zwei Statuenbasen eine bestimmte politische oder

---

72   Wolf 2013, 41 f.
73   Portale 2017b.
74   Wolf 2012, 226 f.; Wolf 2013, 79.
75   Wolf 2013, 41 Taf. 38, 2 (2. Jh. v. Chr.), 43; vgl. Giannobile 2003, 117–120.

administrative Funktion ein. Bereits bei der Errichtung der Portikus gehörten Sitzbänke an den Wänden zur Ausstattung des Raumes. Darüber hinaus fanden sich weiße Stuckreste der Wandverkleidung und rote Stuckreste an der Sitzbank[76]. Erwähnenswert ist außerdem eine in der Nordwestecke befindliche Nische in der Wand[77], deren Nutzung für eine Statue zwar nicht nachweisbar, aber wahrscheinlich ist.

Welche Statuen auf den besprochenen Basen im Einzelnen aufgestellt waren, ist nicht bekannt, da keine Statue in situ gefunden wurde. Die Einlassungsspuren auf der Deckplatte der Nische in Exedra 9 lassen gleichwohl die Annahme zu, dass sich hier zwei stehende Bronzestatuen befanden.

2.2.6 *Zusammenfassung*

Auf der Agora von Solunt wurden zwischen der Mitte des 2. Jhs. v. Chr. bis mindestens zum 3. Jh. n. Chr. Statuenmonumenten errichtet. An keinem anderen Ort finden sich Anzeichen für die Aufstellung von Ehrenstatuen.

Die Standbilder für Amtsträger und Mitglieder führender Familien finden sich im Agora-Stoa-Komplex, der als Teil eines Monumentalisierungsprozesses urbaner Zentren im Laufe des 2. Jhs. v. Chr. gesehen werden kann[78]. Während nur Sol3 und Sol4 eindeutig von Anfang an zur Ausstattung gehörten, kommen alle anderen Standbilder erst danach hinzu. Auffallend ist generell die Konzentration der Inschriften Solunts auf einzelne Familien der Oberschicht. L. Campagna hat zurecht darauf hingewiesen, dass sich reich ausgestattete Peristylhäuser mit monumentalen Fassaden auf der Via dell'Agora, also auf der zur Agora führenden Straße, befanden. Eines der Peristylhäuser, das sog. Ginnasio, kann mit der Familie von Antallos in Verbindung gebracht werden. Ein Paviment, in welches eine Inschrift eingesetzt war, führte von diesem Haus bis zur Agora.[79] Die Inschrift wurde direkt vor dem Haus in das Paviment eingelassen und nennt Antallos als Initiator der Neugestaltung des Bodens[80]. Ein weiterer Antallos wurde darüber hinaus als Gymnasiarch mit einer Statue auf der Agora geehrt (Sol1). L. Campagna verglich die Fassadenarchitektur der Gebäude in Solunt und die Präsenz der führenden Familien mit dem hellenistischen Osten und den dortigen städtischen Honorationsschichten[81]. Ihm zufolge ist das Erstarken der führenden Familien einzelner Städte für die Errichtung und Neugestaltung urbaner Zentren in ganz Sizilien

---

76 Wolf 2013, 16.
77 Wolf 2013, 16: 57 cm breit, 33 cm tief.
78 Portale 2006; Campagna 2007; Campagna 2011, 163; Prag 2015, 179 f.
79 Campagna 2007, 113; Campagna 2011, 168–171.
80 ISic3067.
81 Campagna 2011, 172.

FALLBEISPIELE 47

verantwortlich[82]. C. E. Portale führt die Bedeutung der Oberschicht auf die Übernahme von Seewegen nach dem Zusammenbruch Karthagos zurück[83], während Wilson den Ausbau der urbanen Zentren von den Römern gefördert sieht[84]. Zu den Gründen für die Errichtung von Ehrenstatuen wird ein späteres Kapitel ausführlicher Aufschluss geben. Deutlich ist aber, dass sich die städtische Elite mithilfe von Bauprojekten, wie der Pflasterung einer wichtigen Straße oder der Errichtung einer Stoa, präsentieren konnte und ihr als Gegenleistung vom Gemeinwesen Statuen errichtet wurden. Ob allerdings auch ein Mitglied bzw. Mitglieder der lokalen Elite auf dem monumentalen Statuenmonument So15 bzw. So16 geehrt wurden, ist fraglich.

2.3   Fallbeispiel Halaesa

Die Stadt Halaesa bietet sich aus mehreren Gründen für ein Fallbeispiel an: Die Agora ist in nachantiker Zeit nicht überbaut worden und erst seit der Mitte des letzten Jahrhunderts Ort von Ausgrabungen. Vor allem aber haben sich sowohl zahlreiche Statuenbasen in situ als auch eine Vielzahl von Inschriftenplatten sowie einige Statuen erhalten. Darüber hinaus findet sich in Halaesa das einzige Dekret in Sizilien, welches eine Statuenehrung erwähnt. Somit bietet die Stadt die einzigartige Möglichkeit, die Ehrenpraxis in ihrer Gesamtheit erforschen und diskutieren zu können.

Halaesa / Alesa Archonidea liegt in den Bergen an der Nordküste Siziliens. Gegründet wurde die Siedlung Diodor zufolge 403 v. Chr. von Archonides aus Herbita[85]. Von Cicero wurde Halaesa als „(erste) der ansehnlichen und achtbaren Gemeinden"[86] beschrieben. Weil Halaesa eine der ersten Städte war, die Rom bereits früh im Ersten Punischen Krieg unterstützte, wurde sie mit dem Status einer *civitas libera ac immunis* belohnt. Infolgedessen war sie von Abgaben nach Rom befreit[87]. In augusteischer Zeit erhielt Halaesa zudem den Status eines *municipiums*. Halaesas lange Stadtgeschichte manifestiert sich in der Darstellung auf der Tabula Peutingeriana. Ende des 4. Jhs. n. Chr. wurde der Bereich der Agora durch ein Erdbeben zerstört. Wie byzantinische Gräber

---

82   Campagna 2011, 180.
83   Portale 2006, 99 Anm. 99. Außerdem zur Frage der Bevölkerungszusammensetzung Solunts u.a. Portale 2006, 70 f.
84   Wilson 1990, 28 f.
85   Diodor XIV 16, 1–3. Allgemein zur Geschichte und Forschung in Halaesa: Facella 2005.
86   Cic. Verr. 2,3,170. „Siciliae civitates multae sunt, indices oranata atque honestae, ex quibus in primis numeranda et civitas Halaesina."
87   Diodor. Sic. 14,16,3; dazu u.a. Prag 2015, 168 f.

zeigen, die auf der gesamten Fläche verteilt sind und die antiken Strukturen beschneiden, wurde die Agora spätestens von diesen Ereignissen an nicht mehr genutzt.

Obwohl Reisende bereits seit dem 16. Jh. bei ihrem Besuch der antiken Stätte Inschriften und Statuen zeichneten[88], wurden erst ab der Mitte des 20. Jhs. Grabungen durchgeführt[89]. Weil diese erst relativ spät stattfanden, liegt eine relativ gute Dokumentation vor, obgleich das Material erst in den letzten Jahren verstärkt publiziert wird[90]. In mehreren Kampagnen wurden ab 1952 verschiedene Bereiche freigelegt: die Agora, die Stadtmauer, private Häuser, Straßen und Nekropolen. Besonders hervorzuheben ist die Erforschung und Rekonstruktion von drei Statuenmonumenten durch R. Burgio. Damit ist er der erste, der sich ausführlich mit fragmentarisch erhaltenen Überresten von Statuenmonumenten in Sizilien beschäftigt hat[91]. Die hervorragende epigraphische Erforschung der Inschriften von Halaesa ist besonders J. Prag zu verdanken, der zahlreiche, bisher unpublizierte Inschriftenfragmente untersucht hat[92].

2.3.1   Materialgrundlage

Insgesamt sind Nachweise von 55 Statuenmonumenten erhalten, davon 26 Statuenbasen in situ, 24 beschriftete Basen oder Inschriftenplatten und vier Statuen bzw. Porträtköpfe. Zwei Statuenmonumente konnten anhand von in situ-Befunden und zugehörigen Inschriftenplatten sowie Bekrönungselementen zusammenhängend rekonstruiert werden.

Beim Großteil der Monumente handelt es sich um Basen für die Aufstellung einer einzelnen stehenden Statue. Darüber hinaus sind drei Exedren, eine großformatige Orthostatenbasis für eine Quadriga und drei Monumente für überlebensgroße Statuen oder die Aufstellung von Gruppen erhalten. Während die meisten Objekte im Bereich der Agora gefunden wurden, lassen sich den in situ-Basen nur in wenigen Fällen Inschriften oder Statuen zuweisen. Deshalb ist nicht auszuschließen, dass einige der Statuenmonumente auch an anderen Orten in der Stadt aufgestellt waren. Nördlich von der ausgegrabenen Agora

---

88   16. Jh.: Antonio Agustín; 17. Jh.: Gualtherus, Georg Walther; 18. Jh.: Castelli, Torremuzza.

89   Zu den Grabungen: Carrettoni 1959, 293–349; Carrettoni 1961, 266–321, bes. 285–303; zusammengefasst von Scibona 2009, 9–20.

90   U.a. wurden die Inschriften erst kürzlich in Gänze publiziert, Prag 2017b; zuvor Scibona 1971; Scibona – Tigano 2008, 24–27.

91   R. Burgio hat versucht, verstreut gefundene Komponenten eines Monuments wieder zusammenzubringen. Außerdem hat er die drei Exedren an den Stufen der Portikus untersucht, Burgio 2011, 2012, 2013, 2015.

92   Prag 2017b.

FALLBEISPIELE

befindet sich vermutlich eine weitere Platzanlage („agorà inferiore"), die bisher nicht ergraben wurde[93]. Bekannt sind außerdem zwei Tempel auf der Akropolis, ein Theater und ein Peristylhaus. Sowohl die Akropolis als auch das Theater sind derzeit Untersuchungsobjekt von Ausgrabungsprojekten und bisher unpubliziert. Ein partiell ausgegrabenes Gebäude, in dem Bronzedekrete eines Koinons gefunden wurden, hat keine Hinweise auf dort aufgestellte Statuen ergeben. Es wurde zudem bereits im 1. Jh. n. Chr. durch ein Erdbeben zerstört und nicht wiederhergestellt[94].

In eben diesem Gebäude hat sich ein Dekret in zweifacher Ausführung gefunden, welches die Aufstellung einer Ehrenstatue in Halaesa erwähnt (Hala9). Während die Überlieferung von Dekreten in Griechenland und Kleinasien zumeist Informationen zu Statuenaufstellungen liefert[95], nennt nur dieses eine Dekret in Sizilien die Ehrung einer Person mit einer Statue[96]. Es stammt vom Koinon der Apollonpriester in Halaesa und berichtet von der Ehrung eines gewissen Nemenios. Datiert werden kann das Dekret vor der Mitte des 1. Jhs. v. Chr.[97].

Interessant ist hier, dass das Koinon wie eine Polis in Versammlungen, Halia und Boule strukturiert wird. Dieses Koinon ehrt Nemenios als Wohltäter mit einer bronzenen Statue. Den Aufstellungsort darf er selbst bestimmen, zur Auswahl stehen das Heiligtum des Apollon und die Basilica. Am Dekret sind zwei Aspekte besonders interessant: Einerseits ist das Dekret in griechischer Sprache verfasst, das Wort Basilica jedoch ist ein lateinisches Wort, welches in griechischen Buchstaben geschrieben ist. Diskutiert wird, ob mit Basilica die Portikus bzw. die Agora in Halaesa identifiziert werden kann[98]. Das würde bedeuten, dass das Priesterkoinon ohne Genehmigung der Stadt dort Statuen aufstellen darf. Allerdings muss diese Vereinigung als eine besondere gelten, da die Anzahl der Mitglieder dem Dekret zufolge 825 beträgt. Dass es eine derart große Anzahl an Apollonpriestern gleichzeitig in ganz Sizilien, geschweige denn in Halaesa gab, ist zu bezweifeln. Die Vermutung, es handle sich bei den 825 Personen um alle männlichen Bürger Halaesas, würde bedeuten, dass das

---

93   Tigano 2012, 143 f.

94   Scibona 2009, 98 f.; Manganaro 2011, 51; Burgio 2017b; Prag 2018b, 95.

95   S. dazu Siedentopf 1968, 83–88; Bergemann 1990, 3.

96   Ein stark fragmentiertes Dekret aus Agrigent möglicherweise auch (SEG 37.757).

97   Prag 2017b, 70; Prag 2018b, 113 f.

98   Es haben sich sowohl eine großformatige kaiserzeitliche Inschrift sowie Fragmente von einer Inschrift auf einer Marmorplatte auf der Agora gefunden, die eine Basilica in lateinischen Buchstaben erwähnt, die daraufhin auf die Portikus bzw. die Agora bezogen wurde, Scibona 1971, 15 f. Die Inschrift auf der Marmorplatte weist 15 cm hohe Buchstaben auf, was J. Prag auf die Anbringung am Gebäude vermuten ließ, Prag 2018b, 124 Anm. 2.

Koinon faktisch die Rolle der Stadt einnimmt. Dies würde dann auch erklären, wieso die Statue auch auf der Agora/Basilica aufgestellt wurde. Ob die Statue jemals tatsächlich auf der Agora aufgestellt war, ist ebenso unbekannt wie, ob sie womöglich, falls sie jemals dort stand, länger als ein Jahrhundert dort verweilte. Der Fund der zweifachen Ausführung des Dekrets, die normalerweise für eine öffentliche und eine private Ausstellung bestimmt war[99], lässt vermuten, dass das öffentlich aufgestellte Dekret zu einem unbekannten Zeitpunkt vor der Zerstörung des Gebäudes von seinem ursprünglichen Aufstellungsort mit der privat ausgestellten Version zusammengeführt wurde[100]. Möglich ist natürlich auch, dass aus unbekannten Gründen das öffentlich zugängliche Dekret nie auf der Agora stand. Doch welche Rückschlüsse können aufgrund der vielen Unbekannten für die Statue des Geehrten geschlossen werden? Wäre tatsächlich ein Dekret von der Agora in das private Haus gebracht worden, dann könnte auch die Statue von ihrem ursprünglichen Aufstellungsort transloziert worden sein. Wäre sie ebenfalls in das Peristylhaus gebracht worden, müssten sich dort Reste finden. Vielleicht stand die Statue allerdings nie gemeinsam mit dem Dekret auf der Agora. Dann ist allerdings zu fragen, wieso zwei Versionen des Dekrets hergestellt wurden. Klärung bringen kann nur die weitere Erforschung des Peristylhauses; möglich ist, dass sich dort Hinweise auf die Statue finden.

Im Rahmen dieser Arbeit ist besonders die Agora von Interesse, welche bei der Erforschung von Halaesa in den letzten Jahrzehnten die meiste Aufmerksamkeit erfahren hat[101]. Die Agora liegt direkt an der Hauptstraße der Stadt, die den Berg hinauf verläuft. Westlich der Straße befindet sich, über Treppen erreichbar, eine mit gebrannten Ziegeln gepflasterte Platzanlage, die von einer Pi-förmigen, teilweise zweistöckigen[102] Stoa mit den Maßen 66 × 30 m umgeben wird (Abb. 75–76)[103]. Ihre Errichtung kann an das Ende des 2. Jhs. v. Chr. datiert werden, während spätere Umbauten aus dem frühen 1. Jh. n. Chr. stammen[104]. Die Agora wurde bei einem Erdbeben im 4. Jh. n. Chr. zerstört. Die gesamte Fläche wurde in byzantinischer Zeit als Friedhof genutzt, wofür zahlreiche Gräber Zeugnis sind[105]. Trotz der byzantinischen Nachnutzung wurde die Agora nie überbaut, weshalb man Originalbefunde der Erdbebenzerstörung

---

99   Prag 2018b, 118–120.
100 Vorgeschlagen von Prag 2017b, 70 f.; ausführlicher Prag 2018b, 134.
101 Zur Agora von Halaesa allgemein, Wilson 1990, 46–48; Scibona 2008. 2009; Tigano 2012.
102 Scibona 2009, 25 Anm. 54.
103 S. dazu die Rekonstruktionszeichnung der Agora, Tigano 2012, Abb. 109.
104 Tigano 2012.
105 Tigano 2009.

FALLBEISPIELE   51

freilegen konnte[106]. Es fand aber auch eine partielle Umnutzung statt, was
sich besonders gut an Raum 7 belegen lässt. Dort wurde eine größere Menge
an Marmorplatten und -skulpturen gefunden, die hier vermutlich für die
Verbrennung zu Kalk bestimmt waren[107].

2.3.1.1 Die Stoa: Architektur und Statuenmonumente

An der nordwestlichen und erhaltenen nördlichen Seite der Portikus befinden
sich Räume, welche als Tabernae bzw. Sacellae gedeutet werden. Der heutige Zustand ist das Ergebnis einer frühkaiserzeitlichen Umgestaltung. Die
Vermutung, es habe sich zuvor um Tabernae gehandelt, fußt auf Analogien zu
Räumen in anderen Stoai[108]. Im Folgenden werden die Räume kurz beschrieben (Abb. 75, Abb. 77).

– Nr. 1: Der Raum befindet sich im nördlichen Teil der Portikus. Der Raum ist
  nicht nur zur Portikus hin geöffnet, sondern auch nach Osten mit einem
  schmalen Durchgang. Hier hat sich kein Paviment erhalten, dafür aber
  eine in die Wand eingelassene Inschriftenplatte. Diese nennt einen Marcus
  Emilius Ro[...], der im Rahmen seines Aedilats mit eigenem Geld Arbeiten
  bezahlt hat[109]. Die in situ befindliche Inschrift legt nahe, dass der Genannte
  für Umbauten der Portikus zuständig war.

– Nr. 2: Die Maße betragen 4,60 × 2,90 m. Im Raum findet sich als Bodenbelag
  nur eine Schicht aus Kalk. Der Eingang des Raums ist an der Nordseite nachträglich verkleinert worden. Im Raum selbst findet sich ein Becken sowie
  eine Wasserleitung, die von diesem Becken zunächst Richtung Norden
  verläuft, dann aber abknickt und Richtung Süden weiterverläuft. Der
  Eingang ist nur 0,6 m weit geöffnet. Vor der Zusetzung in der späten
  Kaiserzeit, war der Raum mit dem südlich gelegenen Raum 3 durch eine
  Öffnung verbunden[110].

– Nr. 3: Die Maße betragen 4,60 × 2,80 m. Im weit geöffneten Eingang hat sich
  eine weiße Marmorschwelle erhalten. Dem Eingang gegenüber steht eine
  Statuenbasis an der Rückwand des Raumes (1,05 × 0,70 × 0,50 m), deren
  Basisfuß eine Marmorverkleidung (0,14 m hoch) aufweist (Hala33, Abb. 75;
  Abb. 117). Eine Verkleidung des aus Ziegeln gemauerten Schafts ist nicht
  erhalten, kann aber aufgrund der geglätteten und verputzten Oberfläche
  angenommen werden. Der Boden ist mit Buntmarmor verkleidet, ebenso

---

106   Bspw. die Inschriftenplatten der Exedra A: Carettoni 1961, 287 Abb. 22; 291 Abb. 27. Zur
      Rekonstruktion der Inschrift als Teil der Exedra, Burgio 2012, 160 mit Anm. 62.
107   Vgl. Fundkarte in Tigano – Prag 2017, 22 Abb. 15.
108   Scibona 2009, 32.
109   ISico770; AE 1973, 267.
110   Scibona 2008, 32.

die untere Wandleiste (0,27 m) und die darüber liegende Profilleiste (0,12 m) der Wände. In der Mitte des Raumes stand vermutlich ein rechteckiger Altar, von dem eine Markierung im Fußboden zeugt. Der vor dem Raum liegende Bereich in der Portikus wurde bis zur Truppe, die auf die Agora hinunterführt, mit weißen Marmorplatten ausgelegt. Südlich des Eingangs wurde im Zuge dessen eine Statuenbasis (0,15 × 0,90 × 0,90 m) errichtet, deren aus Ziegeln errichteter Kern wie der Boden mit weißen Marmorplatten verkleidet war (Hala39, Abb. 75; Abb. 121)[111].

- Nr. 4: Der Raum hat einen etwas breiteren Eingang (2,20 m) als die übrigen Räume und ist mit einem *opus signinum*-Boden ausgestattet. An der Rückseite befindet sich eine Statuenbasis mittig gegenüber dem Eingang (Hala34, Abb. 75; Abb. 118). Sie ist an beiden Seiten von Nischen gerahmt (Hala35, Hala36, Abb. 75; Abb. 118). Diese sind aber nicht in die Wand eingelassen; die gesamte Rückwand wurde gewissermaßen nach vorne gesetzt auf Höhe der Statuenbasis. Dies muss dementsprechend in einer zweiten Phase geschehen sein. Die Unterlager der Nischen sind profiliert (1,08 m hoch vom Paviment entfernt, 2,10 m breit insgesamt).
- Nr. 5: Der Boden ist mit weißen und schwarzen Marmorquadraten ausgelegt und war mit farbigem Wandputz ausgestattet. An der Rückwand steht eine Statuenbasis (0,85 m hoch erhalten), die mit einem Unterbau aus grauem Marmor und einer Profilleiste des Basisfußes aus weißem Marmor geschmückt ist (Hala37, Abb. 75; Abb. 119). Die glatte verputzte Fläche des restlichen erhaltenen Schafts spricht für eine Verkleidung mit Marmorplatten, die heute verloren sind. Südlich der Basis befindet sich ein weiterer Basissockel aus Marmor, ähnlich dem der danebenstehenden Basis. Doch ist hier kein Basisschaft erhalten. Die Türschwelle aus weißem Kalkstein weist Reste von Angel- und Riegellöchern für eine Tür auf.
- Nr. 6 und Nr. 7: Die Räume 6 und 7 sind ähnlich gestaltet und werden deshalb zusammen beschrieben. Beide weisen schmale Eingänge von ca. 1,20 m Breite auf. Die Böden sind mit *opus signinum* ausgelegt. An den Rückseiten der Räume, den Eingängen direkt gegenüber, befinden sich Nischen (in 1,15 bzw. 1,27 m Höhe vom Paviment entfernt; 1,70 m breit × 0,70 m tief) in der Wand (Hala11, Hala12, Abb. 75; Abb. 91–92). Vor den Nischen stehen runde Ziegelaltäre, die ursprünglich verputzt waren. Unklar ist, ob diese erst in der Kaiserzeit hinzugefügt wurden.

Die beschriebenen Gestaltungen der Räume zeigen eine unterschiedliche Hierarchisierung, die sich besonders in den Pavimenten und den unterschiedlichen Marmorsorten manifestiert. Da Raum 3 und die vorgelagerte Portikus am

---

111   Dazu u.a. Wilson 1990, 46.

FALLBEISPIELE

reichsten ausgestattet sind, wird dieser Raum als Sacellum für den Kaiserkult gedeutet[112]. Die Münzprägung Halaesas bietet bereits in augusteischer Zeit einen Nachweis für den munizipalen Kaiserkult: Ein Marcus Paccius Maximus wird in der Legende als *Flamen augusti* bezeichnet. In den Räumen 3–7 stehen Statuenbasen und bzw. oder Nischen für die Aufstellung von Statuen. Keine Inschrift hat sich in situ erhalten, doch wurden einige Vorschläge für die Ausgestaltung der Räume gemacht, die sich alle auf die Kaiserzeit beziehen, an deren Beginn die Portikus umgestaltet wurde[113]. Die Vermutung, die Räume hätten zuvor als Tabernae genutzt, scheint zumindest für die Räume 6 und 7 wenig wahrscheinlich. Hier befinden sich erhöhte Nischen an den Rückwänden der Räume, die wohl Statuen trugen. Die Nischen wurden in die Wände eingelassen und müssen somit zur ursprünglichen Ausstattungsphase der Portikus gehören (Abb. 75). Damit handelt es sich um die einzigen sicher der Originalphase zuzuordnenden Standbilder Halaesas. Leider ist nicht sicher zu entscheiden, ob es sich hierbei um Ehrenstatuen handelte. In Folge der kaiserzeitlichen Umgestaltung wurden den Nischen Statuen zugeordnet: In einem Fall handelt es sich um eine Statue, die anhand der Inschrift auf ihrer Plinthe als Ceres zu identifizieren ist und von einem Sevir gestiftet wurde[114]. Die andere Statue wurde mit einem in der Nähe gefundenen Inschriftenblock zusammengebracht und entsprechend als von einem Sevir gestiftete Concordia Augustae identifiziert[115]. Dabei handelt es sich nicht um Ehrenstatuen, sondern um von Mitgliedern der lokalen Elite gestiftete Standbilder einer Göttin und einer Personifikation[116]. Beide Statuen wurden aber zwischen den Räumen 2 und 3 gefunden und nicht in der Nähe von Raum 6 und 7. Deshalb vermutete R. Wilson, dass zumindest die Statue der Concordia auf der marmorverkleideten Statuenbasis vor dem potentiellen Kaiserkultraum 3 aufgestellt war[117]. Den Maßen zufolge hätte die Statue auf der flachen Basis genug Platz gehabt. Allerdings schlägt Wilson keinen Aufstellungsort für die andere Statue vor. Im Gegensatz dazu argumentiert C. E. Portale überzeugend, dass die Nischen von Raum 6 und 7 als Aufstellungsorte für beide Statuen geeigneter erscheinen (Hala11, Hala12, Abb. 75; Abb. 91–92). Die Anbringung der Inschrift auf der Plinthe der einen Statue und die flache Basis der anderen Statue führten dazu,

---

112 Vgl. Wilson 1990, 47, 295; Scibona 2009, 34.
113 Wilson 1990, 47 f.; Scibona 2009, 34; Torelli 2014.
114 ISic804; Portale 2009, 78–82.
115 ISic768; Portale 2009, 82–84. 85.
116 Obgleich es sich nicht um Ehrenstatuen handelt, werden sie hier der Vollständigkeit halber erwähnt, aber bei der Zählung von Ehrenmonumenten nicht mitgezählt und auch nicht in den Katalog aufgenommen.
117 Wilson 1990, 295.

54   KAPITEL 2

dass sie nur in erhöhter Aufstellung gut sichtbar waren[118]. Dass die Statue der
Concordia auf einer 15 cm hohen Basis aufgestellt war, scheint daher wenig
plausibel. Für die Aufstellung in den Nischen sprechen auch die nicht ausgearbeiteten Rückseiten der Statuen sowie Löcher an den Rückseiten, die
zur Befestigung an den Rückwänden der Nischen gebraucht worden sein
könnten[119]. Beide Nischen sind gleich groß, doch unterscheidet sich ihre Höhe
vom Paviment aus. Möglicherweise konnte in die niedriger aufgemauerte
Nische die größere Statue gestellt werden, in die höher aufgemauerte die kleinere Statue, um ein ähnliches Niveau zu erreichen. Da sich in beiden Räumen
Altäre befanden, die wohl erst in der Kaiserzeit errichtet wurden, muss davon
ausgegangen werden, dass die Statuen kultisch verehrt wurden. Somit kann
die Aufstellung in den Nischen für die Stifter der Statuen als größtmögliche
Repräsentationsmöglichkeit gelten.

Auf den Basen und in den Nischen der anderen Räume sind mindestens
fünf weitere Statuen zu rekonstruieren (Hala33, Hala34, Hala35, Hala36,
Hala37, Abb. 75). Alle Basen und Nischen wurden hier nachträglich errichtet
und gehören nicht zur ursprünglichen Planung. Wenn einer der freigelegten
Räume tatsächlich für den Kaiserkult genutzt wurde, kommt nur Raum 3 in
Frage, der neben dem Altar in der Mitte des Raumes eine Statue des Kaisers
enthalten haben muss. Vermutlich können auch die Wasserinstallationen in
Raum 2, der einst mit Raum 3 verbunden war, mit dem kultischen Geschehen
in Verbindung gebracht werden[120]. Wenn nun an der Rückwand von Raum 3 ein
Kaiser (Augustus?) verehrt wurde, könnte vor dem Raum auf der Basis (Hala39,
Abb. 75; Abb. 121) entweder seine Ehefrau oder ein anderes Familienmitglied
gestanden haben. Jedoch ist unklar, ob und warum die Familie des Kaisers
und ggf. weitere Kaiserstatuen räumlich getrennt voneinander und ohne Altar
aufgestellt waren[121]. Zumindest fehlen in den anderen Räumen, die teilweise
auch aufwendig ausgestattet sind, Altäre für eine kultische Verehrung der
Statuen. Unklar ist auch, ob in Raum 3 immer derselbe Kaiser und wo seine
Nachfolger verehrt wurden. M. Torelli stellte die Vermutung auf, dass die
Räume 3 bis 5 für den Kaiserkult genutzt wurden. In Raum 3 wäre ihm zufolge
eine Statue des Augustus aufgestellt gewesen, möglicherweise gemeinsam mit
Livia-Concordia[122], während in Raum 4 der vergöttlichte Caesar und in Raum 5

---

118   Portale 2009, 80.
119   Portale 2009, 81. 83 Abb. 8 f.
120   So vermutet u.a. Torelli 2014, 471.
121   Vgl. zu Kaisergruppen Rose 1997; Boschung 2002; Deppmayer 2008.
122   M. Torelli verbindet die Statuenbasis für Concordia Augusti mit der Darstellung der
       Livia-Concordia, Torelli 2014, 472. Doch ist die zugehörige Statue erst im 2. Jh. n. Chr.
       entstanden.

FALLBEISPIELE 55

Tiberius oder Claudius verehrt worden wären[123]. Für eine derartige Zuordnung gibt es allerdings weder Hinweise noch geht M. Torelli auf das Fehlen der Altäre ein oder die Frage, wo nachfolgenden Kaiser verehrt worden wären.

Insgesamt sind Belege für neun kaiserliche Statuenmonumente in Halaesa gefunden worden. Dazu zählen ein Porträtkopf des Claudius (Hala51, Abb. 134) sowie Inschriften von Statuenbasen julisch-claudischer Zeit (Hala15, Hala16) und aus dem 3. Jh. n. Chr. (Hala21, Hala28, Hala29, Hala30, Hala31). Die fragmentarische Erhaltung erlaubt keine Korrelation mit in situ erhaltenen Basen. Hervorzuheben ist aber das vollständige Fehlen der kaiserlichen Familie nach Claudius. Erst für den Anfang des 3. Jh. n. Chr. ist wieder eine Ehrung der kaiserlichen Familie nachzuweisen. Zahlreiche Ehrungen von Seviri bzw. zu Ehren von Seviri sprechen aber für die kontinuierliche Ausübung des Kaiserkults[124]. Für das 3. Jh. n. Chr. sind weitere fünf Ehrenmonumente für die kaiserliche Familie nachzuweisen. Dies ist erstaunlich, weil die Stiftungen von Ehrenstatuen generell nach der severischen Zeit im gesamten Reich stark zurückgingen[125] und sich auf ganz Sizilien fünf weitere Statuenehrungen für Kaiser des 3. Jh. n. Chr. belegen lassen. Die Abwesenheit der kaiserlichen Familie von der flavischen Dynastie bis zu den Soldatenkaisern kann vermutlich mit der Überlieferung in Verbindung gebracht werden. Nicht-kaiserliche Statuenmonumente lassen sich nämlich in Halaesa ohne Bruch nachweisen. Insgesamt finden sich allerdings in ganz Sizilien kaum Ehrungen der flavischen Kaiser; der Grund dafür ist jedoch unbekannt (Abb. 452).

In der Portikus finden sich weitere Statuenmonumente: Zwischen Raum 5 und 6 befinden sich vier Blöcke einer Statuenbasis in situ (Hala18, Abb. 75; Abb. 97–102), die in der frühen Kaiserzeit dort aufgestellt wurde, wobei der Schaft mit einigem Abstand mit der Wand verklammert wurde[126]. Dadurch konnten auch die Rückseiten der Bekrönung überkragend gebildet werden. R. Burgio rekonstruiert das Monument mit zwei beschrifteten Bekrönungsblöcken. Die fragmentarisch erhaltene Inschrift besagt, dass zwei Seviri für die Errichtung des Monuments auf eigenen Kosten sorgten. Wen sie mit dem Monument ehrten, ist unbekannt, da der betreffende mittlere Block der Bekrönung fehlt. Die Maße und der Aufstellungsort legen nahe, dass hier zwei Marmorstatuen aufgestellt waren. Verschiedene Besonderheiten wie die Machart der Basis sowie die Inschrift deuten darauf hin, dass zwei Seviri privat, aber mit eher bescheidenen Mitteln, zwei nicht näher bestimmbare Statuen

---

123 Torelli 2014, 473.
124 Sowohl aus dem 1., 2. und 3. Jh. n. Chr.
125 Dazu Borg 2001.
126 S. dazu die Fotos Burgio 2013, Abb. 11–13.

56   KAPITEL 2

an hervorgehobener Stelle aufstellten und sich damit auf jeden Fall prominent im öffentlichen Raum präsentierten.

Drei ebenfalls an hervorgehobenen Orten platzierte Monumente ganz anderer Typologie befinden sich auf den Treppenstufen der Portikus (Abb. 75). Drei Exedren befinden sich zwischen den Säulen 4 und 5 (Exedra C)[127], 3 und 4 (Exedra A) und zwischen dem ersten Interkolumnium im Norden (Exedra B). R. Burgio vermutet noch eine weitere Exedra zwischen der ersten und zweiten Säule gegenüber dem dritten Raum, von der aber bei den Ausgrabungen keine Spuren gefunden werden[128]. Ihr Ausgräber G. Carettoni hatte die Strukturen noch als spätantike Zusetzungen beschrieben[129]. Die Strukturen gehören nicht zur ursprünglichen Errichtung der Portikus, müssen aber wenig später errichtet worden sein. Dafür spricht die späthellenistische Datierung der Inschriften, die der Exedra A zugeschrieben wird und eine Weihung des Demos zu Ehren von Apollodoros Lapiron dokumentiert (Hala2, Abb. 75; Abb. 80–83). Der Exedra C wies Burgio ebenfalls einen Inschriftenblock zu, der eine späthellenistische Weihung für Caninius Niger enthält, einem Flottenkommandanten, die von seinen Soldaten aus mehreren Poleis Siziliens errichtet wurde (Hala4, Abb. 75; Abb. 85–86). Von Exedra B ist dagegen kein beschrifteter Block erhalten. Die Exedren bestanden aus dem Unterbau, der die Höhenunterschiede der Stufen ausgleicht, und der Sitzfläche, dem Schaft mit Inschrift, der Bekrönung und der Statue. Exedra A kann mit einem Schaft aus drei Blöcken rekonstruiert werden, auf denen vermutlich zwei Inschriften angebracht waren. Eine erstreckte sich über die rechte Seite des mittleren Blocks und den rechten Block. Aus Symmetriegründen ist links eine zweite Inschrift zu ergänzen. Die beiden Inschriften dürften mit zwei Statuen korrespondiert haben, die bequem auf der Bekrönung Platz fanden.

Bei allen Exedren stellt sich zwangsläufig die Frage, wie man sich die verschiedenen Ehrungen an einem Monument vorstellen muss: Können verschiedene Stifter an einem Monument unterschiedliche Personen ehren? Oder stellte der Demos die Exedra A für zwei Personen auf und die Vereinigung von Soldaten die Exedra C für Niger und einen weiteren Kommandeur? Vergleiche mit Exedren außerhalb Siziliens zeigen, dass durchaus unterschiedliche Stifter

---

127   Die Erhaltung von Exedra C ist sehr fragmentarisch, heute ist kaum mehr eine Struktur zu erkennen, dazu Burgio 2012, 157, Abb. 130 d, 131 a.

128   Burgio 2012, 157. Er erklärt dies mit den Umbauten in der frühen Kaiserzeit.

129   Carettoni 1961, 290 f.; Burgio erkannte als Erster in den Strukturen Exedren und rekonstruiert die Exedren A und B, Burgio 2012.

FALLBEISPIELE

für eine Exedra belegt sind[130]. Ob dies in Halaesa auch der Fall ist, lässt sich aber nicht eindeutig klären.

Sechs weitere Statuenbasen haben sich im nördlichen Abschnitt der Portikus erhalten (Abb. 75). Es handelt sich um einfache Quaderbasen; vier von ihnen stehen direkt an Säulen (Hala13, Hala14, Hala41, Hala43). Eine weitere steht östlich von Exedra B auf den Stufen der Portikus (Hala38), während eine andere zwischen Raum 2 und 3 aufgestellt ist (Hala43). Ihre Datierung wurde bisher in der Forschung nicht diskutiert, da fehlende Inschriften und Statuen keine präzisere Einordnung erlauben. Anhaltpunkte für eine Datierung bieten aber das Verhältnis der Monumente zum Paviment und die verwendeten Materialien. Dabei wird hier davon ausgegangen, dass die Statuenbasen, die auf dem Paviment der Portikus stehen, später aufgestellt wurden als solche, die vom Paviment ausgenommen wurden[131].

Es ergibt sich folgendes Bild: Zwei Quaderbasen werden von den Ziegeln des Bodenbelags ausgespart. Eine der Basen befindet sich südlich der ersten inneren Säule von Süden aus. Die quadratische Basis unbekannter Höhe besteht aus dunklem Kalkstein und war mit weißem Marmor verkleidet (Hala13, Abb. 93). Von einer weiteren Basis zeugen Aussparungen im Fußboden an der zweiten Säule von Westen (Hala14, Abb. 94). Drei weitere Quaderbasen wurden dagegen direkt auf das Paviment gestellt. Eine davon steht direkt an der dritten Säule von Süden (Hala42, Abb. 125). Sie besteht aus Ziegeln und umfasst einen Teil des Säulenschafts. Sie ist weder orthogonal oder parallel zum Paviment noch in Richtung Süden ausgerichtet, anders als die anderen Basen. Vielmehr steht sie schräg an der Südseite der Säule. Möglicherweise wurde dabei Rücksicht genommen auf eine weitere Statuenbasis (Hala41, Abb. 124). Diese ist direkt daneben, an der nächsten Säule in Richtung Süden aufgestellt, also an der inneren Säule der westlichen Portikus zwischen Raum 2 und 3. Die aus Ziegeln gemauerte Basis inkorporiert die Säule ebenfalls in die Struktur. Sie steht orthogonal zum Paviment und war nach Norden gerichtet. Wäre die zuvor erwähnte Statuenbasis wie die danebenstehenden Basen in Richtung Süden gedreht gewesen, dann hätten beide Basen den Weg zu Raum 2

---

130 Die Untersuchung hellenistischer Exedren durch S. von Thüngen hat gezeigt, dass die Statuen einer Exedra durchaus von unterschiedlichen Stiftern errichtet werden konnten, so z. B. von Thüngen 2004, 145 f. Nr. 124; 147 f. Nr. 127.

131 Anders Burgio 2011, 90; Burgio 2013, 15 Anm. 8. Das Paviment wurde am Übergang vom 2. zum 1. Jh. v. Chr. verlegt. Somit können auch die Basen, die direkt auf das Paviment gesetzt wurden, im Zeitraum vom Ende des 2. Jh./Anfang des 1. Jh. v. Chr. und der Kaiserzeit aufgestellt worden sein. Zu relativchronologischen Datierung mithilfe des Paviments, Henzel 2019.

in der Portikus signifikant verengt bzw. zugestellt (Abb. 75). Aus diesem Grund wurde die Basis schräg auf das Paviment gesetzt. Sie muss deshalb später datiert werden, weil sie sich an einem bereits stehenden Statuenmonument orientiert.

Ferner befindet sich zwischen den Räumen 2 und 3 eine quadratische Statuenbasis mit einigem Abstand vor der Rückwand der westlichen Portikus (Hala43, Abb. 126). Die Grundfläche von 0,80 × 0,80 m erlaubt es eine leicht überlebensgroße Statue auf der Basis zu ergänzen. Mit der erhaltenen Höhe von 0,54 m ist das Monument bereits deutlich höher als die benachbarte Basis zwischen den Räumen 3 und 4 (Hala39, Abb. 121). Diese ist nämlich nur 0,15 m hoch und gehört zur frühkaiserzeitlichen Ausstattung der Räume mit Marmor, Statuenbasen und Altären (s.o.). Allerdings ist nicht klar, ob es sich dabei möglicherweise nur um den verkleideten Basisfuß handelt und die Basis demnach deutlich höher zu rekonstruieren ist. Eine letzte Statuenbasis befindet sich auf den Stufen der Portikus östlich von Exedra B (Hala38, Abb. 120). Die Basis war Teil der Portikusstufen, die an dieser Stelle nicht mehr existieren, reicht aber über die erste Stufe hinaus. Die Basis scheint nicht gleichzeitig mit den ebenfalls auf den Stufen stehenden Exedren errichtet worden zu sein, da anderes Material verwendet wurde. Ebenso wie weitere Statuenbasen in der Portikus und auf der Platzanlage wurden Ziegeln verwendet, die vermutlich erst in der Kaiserzeit genutzt wurden.

2.3.1.2 Statuenmonumente auf der Agorafläche

Auf der gepflasterten Agorafläche stehen ebenfalls Statuenmonumente, die zumindest relativchronologisch eingeordnet werden können, doch ist die Pflasterung hier weit weniger gut erhalten als in der Portikus (Abb. 75). Die Beschreibung der Monumente erfolgt aus nördlicher Richtung.

Ein Podium aus *opus reticulatum* und Ziegeln mit einer Marmorverkleidung in der Nordwestecke der Fläche stellt das größte Monument der Agora dar (Hala40, Abb. 122–123). Es kann aufgrund des verwendeten Materials und der Technik in das 2. Jh. n. Chr. datiert werden. Die ursprüngliche Höhe und Oberseite sind unbekannt, weshalb eine Rekonstruktion des Monuments schwierig ist. Vorgeschlagen wurden in der Forschung bereits die Deutung als ein Reitermonument[132], eine Rednertribüne[133] und eine Statuenbasis für einen Redner[134]. Die Maße (4,40 × 4,40 m) sprechen vielmehr für die

---

132 Wilson 2000, 146.
133 Vgl. dazu die Rednertribünen in Morgantina und Monte Iato.
134 Scibona 2008, 14.

FALLBEISPIELE

Aufstellung einer Quadriga auf der Basis[135]. Denn für eine Rednertribüne fehlen Treppenstufen eines Aufgangs, die bei sicher identifizierten vergleichbaren Podien erhalten sind. Für eine einzelne Statue dagegen ist das Podium überdimensioniert. Es kann zwar nicht ausgeschlossen werden, dass eine Statuengruppe auf der Basis stand, doch ist die quadratische Form wenig sinnvoll für mehrere stehende Statuen, da entweder Platz ungenutzt blieb oder die Statuen in mehreren Reihen hintereinander aufgestellt hätten werden müssen, was die Sichtbarkeit erheblich beeinträchtigt hätte. Für eine Quadriga spricht, dass vergleichbare Monumente in Nordafrika im 2. Jh. n. Chr. vermehrt auf Platzanlagen besonders für die Ehrung von Kaisern aufgestellt wurden[136]. Größenvergleiche gestatten es auf der Basis in Halaesa eine lebens- oder leicht überlebensgroße Statuengruppe zu rekonstruieren.

Südlich des Podiums befinden sich weitere Statuenbasen in situ, die aber in einem weniger guten Zustand überliefert sind. Unmittelbar südlich steht leicht versetzt eine quadratische Basis aus Ziegeln direkt auf der Bodenpflasterung (Hala44, Abb. 75; Abb. 127). Wiederum südlich davon befinden sich Reste einer weiteren quadratischen Basis aus Ziegeln (Hala45, Abb. 75; 128).

Drei nebeneinander angeordnete größere rechteckige Strukturen aus Ziegeln folgen weiter südlich am Fuß der Portikusstufen (Hala48, Hala49, Hala50, Abb. 75; 39.4; 131–133). Während R. Wilson diese als Statuenbasen interpretierte, sprach sich G. Tigano jüngst für deren Deutung als Altäre aus[137]. Als Grund dafür gibt sie zwei mit Platten bedeckte Opferschächte an („pozzetti" bzw. „escharai") direkt neben bzw. vor einer der Strukturen an, jedoch ohne Vergleichsbeispiele anzugeben. Allerdings kann als Kritik die Lage von zwei weiteren Statuenbasen direkt vor den „Altären" angeführt werden (Hala46, Hala47, Abb. 75; 129–130), da sie den Zugang zu ihnen versperrt hätten. Besonders ungewöhnlich ist die Anordnung des mittleren „Altars" und der in einer Achse stehenden Statuenbasis (Hala47), zwischen denen sich einer der Opferschächte befindet. Ein Zugang zum Opferschacht war durch die enge Anordnung nicht mehr möglich.

Auszuschließen ist ein Altar in der Umgebung der Opferschächte nicht, jedoch würde man ihn eher in einer der als Statuenbasen gedeuteten kleineren Strukturen suchen (Hala46, Hala47). Dagegen ist die Anordnung von Statuenmonumenten in mehreren Reihen gut bekannt in der griechischrömischen Welt und kann auch hier vermutet werden. Die Rolle der Opferschächte ist ohne weitere Informationen über die Funde in den Schächten

---

135   S. für Statuenbasen mit vergleichbaren Maßen, Zimmer 1992, 304 f.

136   Zimmer 1992, 304.

137   Wilson 1990, 46; Tigano 2012, 142, Abb. 114.

nicht genauer bestimmbar. Es kann allerdings nicht ausgeschlossen werden, dass auf den Basen Götterstatuen standen, die mit den Opferschächten in Verbindung standen.

2.3.2 *Die Statuenbasen und Statuen*

In Halaesa befinden sich verschiedene Typen von Statuenbasen und unterschiedliche darauf zu rekonstruierende Statuentypen.

Die zahlenmäßig am häufigsten aufgestellte Basis stellt die Quaderbasis in zusammengesetzter und monolither Form dar. Auf ihnen können einzelne stehende Statuen rekonstruiert werden. Daneben gibt es einige Orthostatenbasen unterschiedlicher Größe, die für die Aufstellung einzelner oder mehrerer Statuen, aber auch für eine Quadriga genutzt wurden. Darüber hinaus liegen Nischenbasen vor, die an den Rückseiten der Räume 4, 6 und 7 errichtet wurden. Ferner wurden drei Exedren für die Darstellung von jeweils zwei stehenden Statuen zwischen den Säulen der Portikus aufgestellt.

In den meisten Fällen ist die ursprüngliche Höhe der Monumente nicht erhalten, doch weisen die erhaltenen Monumenten eine Varianz zwischen 0,15 bis 1,45 m auf. Dabei ist keine lineare Entwicklung der Höhe festzustellen. Die meisten der kaiserzeitlichen Inschriftenplatten können zu einer Höhe von ca. 0,80 m ergänzt werden, was im Vergleich zu Statuenmonumenten anderer Regionen eine durchschnittliche Größe für Statuenbasen darstellt. Dass aber auch in Halaesa die Größe der Statuenbasen und Statuen variierte, zeigt die Podiumsbasis mit monumentalen Maßen von 4,40 × 4,40 m (Hala40).

Für die Statuenbasen wurde vor allem lokaler grauer Kalkstein verwendet, der teilweise verkleidet wurde. Doch gibt es nicht bei jedem Monument Hinweise auf eine Verkleidung, wie die Exedren zeigen. Die Ehreninschrift wurde in diesen Fällen direkt auf dem Stein angebracht. Andere verwendete Steinsorten, z.B. Sandstein, stammen nicht aus Halaesa. Die Verwendung von Sandstein verwundert als Inschriftenträger, da er dafür aufgrund seiner Konsistenz eigentlich nicht geeignet ist. In der Kaiserzeit bestanden die Monumente aus einer Mischung aus Kalkstein und Ziegeln oder anderen Steinen, die mit Marmorplatten verkleidet wurden. Dafür sprechen die zahlreichen erhaltenen marmornen Inschriftenplatten aus der Kaiserzeit. Nur eine Statuenbasis, die mit Marmorplatten verkleidet wurde, stammt wohl aus der hellenistischen Zeit (Hala13, Abb. 93). Doch auch in der Kaiserzeit wurde weiterhin direkt auf den Stein geschrieben (Hala18) und vermutlich auf den Verputz lokalen Steins (Hala35, Hala36).

Zusätzlich zu den Statuenbasen haben sich auch Skulpturfragmente von Ehrenstatuen gefunden: Erhalten ist eine Gewandstatue und zwei Porträtköpfe aus weißem Marmor. Die beiden Porträtköpfe stammen aus der frühen

Kaiserzeit (Hala51, Abb. 134), wovon einer im 4. Jh. n. Chr. zweimal umgearbeitet wurde (Hala53, Abb. 136).

Sowohl die Maße als auch die erhaltenen Skulpturfragmente deuten auf die Aufstellung lebens- und leicht überlebensgroßer Statuen hin (Hala52, Abb. 135; sog. Claudio Pulcro: ohne Plinthe 1,725 m; Porträtkopf: 0,29 m; umgearbeiteter Kopf: 0,322 m). Auch wenn keine erhaltene Oberseite einer Statuenbasis eindeutig auf die Verwendung von Bronze hinweist und keine Fragmente einer solchen Statue gefunden wurden, nennt das Dekret der Apollonpriester ausdrücklich Bronze als Material für die Ehrenstatue für Nemenios (Hala9).

2.3.3 *Die sozial-historische Auswertung der Inschriften*

2.3.3.1 Die Geehrten

In Halaesa wurden verschiedene Personengruppen geehrt, darunter Mitglieder der kaiserlichen Familie, politische, militärische und sakrale Amtsträger sowie Frauen.

Während nur ein Porträtkopf des Claudius erhalten ist, sind die inschriftlichen Belege kaiserlicher Statuenmonumente in Halaesa zahlreicher. Aus julischer Zeit findet sich eine Ehrung für Augustus nach 12 v. Chr. (Hala15), während eine weitere Ehrung entweder für ihn selbst oder ein Familienmitglied bestimmt war (Hala16). Darüber hinaus galt eine Ehrung einem seiner Nachfolger, möglicherweise bereits Tiberius (Hala17). Auf diese frühen Kaiser folgen erst wieder Ehrungen aus dem 3. Jh. n. Chr., als fünf Mitglieder der kaiserlichen Familien mit Statuen geehrt wurden (Hala21, Hala28, Hala329, Hala30, Hala31).

In der hellenistischen Zeit werden, abgesehen von einer einzigen, in allen Ehreninschriften εὐεργεσίας bzw. εὐνοίας des Geehrten angeführt (Hala1, Hala2, Hala3, Hala4, Hala5, Hala7, Hala8, Hala9). Diese allgemeine Formulierung findet sich auch im hellenistischen Osten und wird mit Wohltaten wie Bautätigkeiten gegenüber der Polis in Verbindung gebracht. Einige der Geehrten bekleideten ein Amt, in dessen Rahmen die Gemeinschaft Bauten oder Geldspenden bekamen. Jedoch werden einige Personen nicht näher beschrieben und auch aus anderen Quellen sind keine weiteren Informationen erhalten; deren Verbindung mit Halaesa ist deshalb in diesen Fällen nicht zu klären (Hala3, Hala25).

Militärische Amtsträger finden sich vor allem in späthellenistischer Zeit. Gruppen von Soldaten stellten Statuenmonumente für zwei militärische Kommandeure auf, Herakleios und Caninius Niger. Diese Ehrungen befanden sich an herausragenden Orten der Agora.

Darüber hinaus wurden einem Praefectus fabrum, der dieses Amt bereits 10 Jahre lang innehatte, eine Statue errichtet (Hala19). Er gehört zu einer der führenden Familien der Stadt; bekannt sind Familienmitglieder sowohl aus den Reden des Verres als auch von vier späthellenistischen bis frühkaiserzeitlichen Statuenmonumenten Halaesas (Hala1, Hala2, Hala7, Hala19). Ebenfalls in hellenistischer Zeit wurden Scipio als Prätor (Hala6) und Gaius Vergilius Balbus als Proquästor[138] geehrt (Hala8). Scipios Ehrung ragt heraus, da die Inschrift in Latein verfasst ist, und auch diejenige des Balbus, weil sein Name vor dem des Stifters genannt wird. Erst im 3. und 4. Jh. n. Chr. finden sich weitere Amtsträger als Empfänger von Statuenmonumenten: Plautian war Anfang des 3. Jh. Prätorianerpräfekt des Septimius Severus und gleichzeitig sein Schwiegervater (Hala27). Ferner wurde ein unbekannter Prokonsul geehrt (Hala32).

Auch Personen, die sakrale Ämter bekleideten, wurden Statuen gestiftet. Heia Melpo wurde am Übergang vom 1. zum 2. Jh. n. Chr. als Priesterin der Augusta geehrt (Hala22). Außerdem wurde einem Iulius nach 14 n. Chr. eine Statue errichtet, der das Amt des Flamen divi augusti bekleidete (Hala20).

Doch waren nicht nur Ämter der Grund für Ehrungen. Es finden sich auch zwei Statuen für Frauen, Alfia und Aviana (Hala23, Hala24). Da in beiden Inschriften ihre Ehemänner erwähnt werden, die verwandt zu sein scheinen, wurden ihre Statuen vermutlich gemeinsam als Familienmonument errichtet.

Bemerkenswert ist auch das dem Rhetor Aelius Asinius Petitus errichtete Statuenmonument, dessen Ehreninschrift in griechischer Sprache verfasst war (Hala26). Zur Zeit der Aufstellung des Monuments am Ende des 2. Jh. n. Chr. waren nämlich Ehreninschriften üblicherweise in lateinischer Sprache geschrieben.

2.3.3.2 Die Stifter

Der Großteil der Statuenmonumente ist von öffentlichen Institutionen oder der Stadt gestiftet worden. In hellenistischer Zeit tritt vor allem der Demos (5-fache Erwähnung) als Stifter von Ehrenstatuen auf, während ab augusteischer Zeit mit der Nutzung der lateinischen Sprache andere Bezeichnungen für öffentliche Ehrungen gewählt werden. Darunter fallen das *municipium* sowie *decreto decurionum, pecunia publica, res publica* und *polis*. Dabei fällt auf, dass diese Termini zu unterschiedlichen Zeiten genutzt wurden. Municipium wurde lediglich einmal in augusteischer Zeit für eine Ehrung für Augustus genutzt, möglicherweise als Dank für den neuen Status der Stadt. Der Dekurionenrat trat mit der Bezeichnung *decreto decurionum* als

---

138 Antitamias (griechische Inschrift). Zu den römischen Amtsbezeichnungen in griechischer Sprache, Mason 1974.

FALLBEISPIELE

entscheidendes Gremium seit dem 1. Jh. n. Chr. auf, teilweise gemeinsam mit der Erwähnung *pecunia publica*. Eine Ehrung im 3. Jh. n. Chr. erwähnt sowohl die *res publica* als auch den *ordo* als Stifter. Die *res publica* tritt alleine in zwei weiteren Statuenstiftungen im 3. Jh. n. Chr. auf. Die Polis fungierte nur in einer Ehreninschrift als Stifter, nämlich in der einzigen griechischen Inschrift der Kaiserzeit aus Halaesa (Hala26). Damit reiht sie sich in die übliche Bezeichnung von Städten in griechischen Inschriften der mittleren bis späten Kaiserzeit in Sizilien ein.

Insgesamt stehen 15 öffentlichen Ehrungen vier private Stiftungen gegenüber. Mehrere Inschriften von Statuenbasen erwähnen weder eine offizielle öffentliche Institution als Stifter noch deren Erlaubnis für die Aufstellung im öffentlichen Raum.

Nirgendwo in Sizilien finden sich Koina bzw. Zusammenschlüsse von Personengruppen als Stiftende so häufig wie in Halaesa. Zwei Statuenmonumente wurden von Zusammenschlüssen von Soldaten gestiftet. Einmal handelt es sich um in Eryx stationierte Soldaten, die ihren Kommandeur ehren (Hala5). Ein anderes Monument stifteten Marinesoldaten mehrerer Städte Siziliens, die gemeinsam unter dem Geehrten dienten (Hala4). Außerdem stiftet das Koinon der Apollonpriester in Halaesa eine Statue (Hala7), während ein weiteres Statuenmonument aus dem Dekret eben dieser Apollonpriester bekannt ist (Hala9). Ebenfalls ohne öffentliche Unterstützung errichten die Italici eine Statue für Scipio (Hala6). Die aufgezählten Ehrungen stammen alle aus hellenistischer Zeit. Zwei Seviri treten als private Stifter von einem Statuenmonument auf (Hala18), welches sie von ihrem eigenen Geld bezahlen (*pecunia sua*).

Die Ehrung eines Kaisers durch einen gewissen Paccius, Sohn des Marcus, ist zwar nicht vollständig erhalten, trotzdem kann hier von einer privaten Ehrung gesprochen werden (Hala17). Da es sich um einen Duumvir und Flamen handelt, ist davon auszugehen, dass er im Rahmen des Priesteramtes im Kaiserkult dem amtierenden Kaiser eine Statue errichtete. Nach der Nennung des Namens in der Inschrift dürfte der Hinweis *pecunia sua* gestanden haben, außerdem der Hinweis aufseine Tätigkeit oder auf die öffentliche Erlaubnis der Ehrung wie *decreto decurionum*.

Eine große Zahl der Ehrungen ist von öffentlichen Gremien beschlossen und durchgeführt worden. Halaesa funktionierte auch nach der Eroberung Siziliens durch die Römer weiter als hellenistische Polis mit eigener Verwaltung und unabhängigen Institutionen. Während die Stadt Halaesa den Inschriften zufolge noch in den 60er-Jahren des 1. Jhs. v. Chr. den Demos als einzige öffentliche Institution erwähnt, sprach Cicero das entscheidende Organ als *senatus* an[139]. Bereits um 190 v. Chr. liegt eine lateinische Inschrift vor (Hala6), obgleich man ansonsten bis zum Beginn der Kaiserzeit in öffentlichen Inschriften die griechische Sprache bevorzugte. Die Italici als Stifter dieses Monuments lassen wichtige Handelsbeziehungen zwischen ihnen und Halaesa bzw. der Nordküste Siziliens im 2. Jh. v. Chr. vermuten oder/und die Anwesenheit der *Italici* in Halaesa[140]. Im 1. Jh. v. Chr. tauchen dann auch Ehrenmonumente für römische Bürger auf. Die Portikus wurde wohl als *basilica* bezeichnet, nachdem bis dahin lateinische Amtsbezeichnungen griechisch übersetzt wurden. Darunter befindet sich, bereits ein wenig früher, das hervorgehobene Ehrenmonument der Exedra C für Caninius Niger. Er wird hier in griechischer Sprache im griechischen Formular geehrt (Hala7). Erst in der Kaiserzeit mit den lateinischen Inschriften wird im späten 1. Jh. n. Chr. der Dekurionenrat erwähnt (Hala23). Die Struktur der Administration in Halaesa ist ansonsten weitgehend ungeklärt. Bisher wurde archäologisch kein Versammlungsort nachgewiesen[141]. Unklar ist in hellenistischer Zeit die Bedeutung des Koinons der Apollonpriester. Dem Dekret für Nemenios zufolge ist das Koinon durch Halia und Boule strukturiert, durch Institutionen, die normalerweise eine Stadt gliedern (Hala9). Weder Halia noch Boule finden sich in anderen Inschriften Halaesas. Möglicherweise kann das Koinon mit einer der Institutionen der Stadt bzw. der gesamten Polisstruktur gleichgesetzt werden. Das würde bedeuten, dass in Halaesa eine bisher singuläre Verwaltungsstruktur vorliegt, in der sakrale und politische Aufgaben gleichermaßen unter der Teilnahme aller männlicher Bürger behandelt wurden.

2.3.4 *Aufstellungsorte*

Die Statuenbasen in situ zeigen, dass die Monumente in einen bestimmten architektonischen Zusammenhang gestellt wurden (Abb. 75). Hier sind einerseits die Exedren zwischen den Säulen zu nennen, aber ebenso die Basen in der Portikus, die entweder an Säulen oder an den Wänden zwischen den Räumen stehen. Andere Statuenmonumente beziehen sich wiederum auf bestehende Monumente oder verdecken diese, wie das kaiserzeitliche Podium (Hala40). Dieses verstellt nicht nur die Stufen der Portikus, sondern auch die Sicht auf mindestens eine der Exedren (Hala2) und die dahinter liegende Portikus.

---

139   Cic. Verr. 2,3,73, 170.

140   Das Italiker Ehrenmonumente für römische Amtsträger stifteten, ist bspw. auch aus Delos bekannt, s. dazu Prag 2017b, 83.

141   Bei neuen Ausgrabungen in Halaesa wurden im Sommer 2018 wohl die Reste eines Theaters gefunden, https://www.anni6onews.com/2018/07/21/tusa-anni-ricerche-individuato-teatro-antico-halaesa/ (aufgerufen 10.10.2019).

FALLBEISPIELE

Sichtbezüge scheinen insgesamt wichtig für die Anordnung der Monumente gewesen zu sein. Die bereits direkt nach dem Bau der Platzanlage errichteten Exedren sind so angeordnet, dass sie, weil sie leicht erhöht aufgestellt waren, von jedem Besucher der Agora gesehen werden konnten. Für die erhöhte Sichtbarkeit nahm man die eingeschränkte Zugänglichkeit der Portikus in Kauf, denn die Exedren verschließen an mehreren Stellen den Durchgang von der Freifläche in die Portikus und leiten somit den Besucherfluss zu den Seiten. In Anbetracht der unterschiedlichen Stifter dieser Monumente scheint eine öffentliche Institution als entscheidendes Gremium, welches über den Aufstellungsort entschied, umso wichtiger. Die Monumente lenkten die Bewegung der Besucher und gaben bestimmte Wege vor[142]. Gleichzeitig orientierten sich aber auch einige Statuen an Wegen, da dort besonders viele vorbeigehende Personen zu erwarten waren. Da die Exedren den Zugang zur Portikus versperrten, die Räume in der Portikus aber bedeutend waren, wurden bereits in späthellenistischer Zeit Statuen an den Säulen in der Portikus errichtet. Ihre Orientierung auf den Platz zwischen den Säulenreihen hin verweist auf eine Laufroute. In der Kaiserzeit wurden dort weitere Basen aufgestellt, die wohl möglichst nahe an Raum 3 stehen sollten. Direkt seitlich des Eingangs standen jedoch bereits Basen (Hala39, Hala43), so dass die nächstmöglichsten Aufstellungsorte die Säulen der nördlichen Portikus waren. Auffällig ist dort, dass eine der Basen an den Säulen im Gegensatz zu den anderen Basen keinen Bezug auf das Paviment nimmt (Hala42). Die anderen sind orthogonal bzw. parallel zu den Platten des Paviments gesetzt (Hala13, Hala14, Hal39), die regelmäßig in Reihen verlegt wurden. Zu vermuten ist, dass es einen funktionalen Grund dafür gibt. Nachdem die südliche Basis aufgestellt war (Hala41), sollte die nördliche Basis ebenfalls möglichst nah an Raum 3 stehen (Hala42). Um den Durchgang nicht zu verschließen und um den Missstand zu vermeiden, dass sich zwei Statuen direkt gegenüber standen, wurde die Basis Hala42 schräg an die Säule gestellt. Damit steht das nördliche Säulenmonument zwar aus der Achse gedreht, aber in unmittelbarer Nähe zu den Räumen der Portikus und wurde somit von zahlreichen Besuchern bemerkt. Die Nähe der Statue zu anderen Monumenten bzw. der Raum 3 als Bezugspunkt war demnach wichtiger als eine ordentliche Anordnung.

In der Kaiserzeit wird dann in die Sichtbeziehungen der gesamten Anlage eingegriffen: Im 2. Jh. n. Chr. wurde das massive Podium (Hala40) in die Nordwestecke der Platzanlage vor die Treppenanlage gesetzt. Durch die darauf befindlichen Statuen muss das Monument den Blick auf die dahinterliegende

---

142   Auch B. Sielhorst hat Statuenmonumente auf Agorai als Richtungsweiser bezeichnet, ausführlicher Sielhorst 2015, 45.

Exedra, ihre Statuen sowie die Räume in der Portikus verdeckt haben (vorallem Hala33, Hala39, Hala34, Hala36, Hala36). Ferner möchte man die prominenten, in Nischen platzierten Statuen (Hala11, Hala12, Hala37) prinzipiell als Modell und Anziehungspunkt für die in der Portikus aufgestellte Basis von zwei Seviri annehmen (Hala18). Wer in Raum 5 auf der mittig an der Rückwand stehenden Basis stand, ist unbekannt (Hala37). Denkbar ist die Orientierung des Statuenmonuments, welches die Seviri stifteten, auch auf diese Statue hin. Die Seviri scheinen in dieser Zeit einen gewissen Einfluss in Halaesa gehabt zu haben, sodass sie sowohl Statuen in den Räumen 6 und 7 für eine Gottheit und eine Personifikation als auch eine Ehrenstatue in der Portikus errichten durften. Diese Sichtbeziehung von der Platzanlage zu diesen Räumen und Statuen blieb auch nach der Errichtung des Podiums (Hala40) unangetastet. Zu welchem Zeitpunkt Hala48, Hala49 und Hala50 vor den Stufen der Portikus aufgestellt wurden ist unklar. Möglich ist eine Beziehung zu den Opferschächten und darüber hinaus vielleicht zu den dahinterliegenden Statuen, die kultische Verehrung erfuhren. Vermutlich sind Hala45, Hala46 und Hala47 ebenfalls auf die Opferschächte und Hala48, Hala49 und Hala50 bezogen, weshalb eine Aufstellung nach deren Errichtung vermuten werden kann. Auffällig ist dabei, dass Hala44, Hala45, Hala46 und Hala47 nicht direkt am Rand der Agora stehen. Da in Sizilien Monumente nie mittig auf einer Platzanlage aufgestellt wurden, müssen diese sich hier auf an den Rändern stehende Monumente beziehen und aus diesem Grund an den beschriebenen Orten errichtet worden sein.

2.3.5 *Chronologische Entwicklung*

Der Bau der Agora am Ende des 2. Jhs. v. Chr. begründet den Beginn der Aufstellung von Ehrenstatuen in Halaesa. Nur die erhöhten und in die Rückwände von den Räumen 6 und 7 eingefügten Nischen waren von Beginn an für die Aufstellung von Statuen geplant (Hala11, Hala12). Obgleich hier nicht mit Sicherheit Ehrenstatuen zugewiesen werden können, sind diese in Solunt (s. Kap. 2.2) und Segesta nachgewiesen. Die ersten Ehreninschriften, denen Strukturen in situ zugeordnet werden können, wurden am Übergang vom 2. zum 1. Jh. v. Chr., also sehr bald nach der Monumentalisierung der Agora, aufgestellt (Hala2, Hala4). Es handelt sich jeweils um Blöcke aus lokalem Stein. Eine Ehreninschrift von den Italikern an Scipio, die um 190 v. Chr. entstand (Hala6), kann keinem Aufstellungsort zugewiesen werden. Alle übrigen hellenistischen Statuenbasen entstanden nach der Errichtung der Platzanlage und tragen griechische Ehreninschriften (Hala3, Hala5, Hala7). Abgesehen von der Ehrung des Scipio variiert nur eine weitere Statueninschrift die normale Formulierung, indem der Name des Geehrten vor den des Stifters gesetzt ist

FALLBEISPIELE

(Hala8). Damit soll wohl der Geehrte besonders hervorgehoben werden, was sich außerdem in der Nennung seines Amtes und im Fehlen der Dedikation an die Götter zeigt. Die Ehrung kann als Übergang von der hellenistischen Zeit zur Kaiserzeit gesehen werden. Denn es kommt nun zu einigen grundlegenden Veränderungen: Zum einen dominiert in der augusteischen Zeit die lateinische Sprache in den Ehreninschriften, zum anderen sind die meisten Statuenbasen mit Marmorplatten verkleidet. Nur eine Inschrift des 2. Jh. n. Chr. ist in griechischer Sprache verfasst (Hala26); die Ausnahme kann nach J. Prag hier mit der Rolle des Geehrten als Rhetor und dem Einfluss der zweiten Sophistik erklärt werden[143].

Auffällig ist, dass bereits in der späthellenistischen Zeit eine Vielzahl an Monumenttypen gebraucht wurde: Exedren (Hala2, Hala4, Hala10), Nischenbasen (Hala11, Hala12) und Quaderbasen für stehende Standbilder (Hala13, Hala14). Die beiden Quaderbasen für stehende Statuen lassen sich nur relativchronologisch einordnen. Die Pavimente der Portikus und Agora aus gebranntem Ton wurden kurze Zeit nach der Errichtung der Anlage verlegt[144]. Nur die Basis (Hala13) und eine Auslassung für eine Quaderbasis (Hala14) lassen frühere Errichtungen vermuten. Alle anderen Basen stehen auf dem Paviment, sofern es erhalten ist. Das Paviment kann also lediglich als *terminus post quem* genutzt werden. Darüber hinaus kann nur das Material der in situ-Basen Hinweise auf ihre chronologische Einordnung geben. Monumente aus Ziegeln wurden vermutlich erst in der Kaiserzeit aufgestellt.

Für die Kaiserzeit lassen sich drei Phasen rekonstruieren: In der Kaiserzeit findet mit der Umgestaltung der Räume in der Portikus zumindeste teilweise eine Sakralisierung des Raums statt. Sowohl die Altäre als Ehrungen an bzw. von Priestern (Seviri und Flamen) und Ehrungen für Kaiser sprechen für die kultische Nutzung einiger der Räume.

In der julisch-claudischen Zeit werden zahlreiche Monumente errichtet (Hala15, Hala16, Hala17, Hala19, Hala20, Hala51, Hala53, vermutl.: Hala39, Hala33, Hala34–36). Während einige wenige Statuenmonumente nicht genauer als in die Zeit des Übergangs vom 1. zum 2. Jh. n. Chr. datiert werden können (Hala18, Hala22, Hala23, Hala24), fällt Halaesa im zweiten Jh. n. Chr. wieder durch eine besonders aktive Ehrenpraxis auf. So sind die singuläre Basis für eine Quadriga (Hala40) und weitere Statuenmonumente im 2. Jh. n. Chr. (Hala25, Hala26, Hala52) entstanden. Im 3. Jh. n. Chr. wurden ausschließlich noch Statuen für hohe Amtsträger (Hala27, Hala29) und Kaiser (Hala21, Hala30, Hala31) bzw. ihre Familienmitglieder (Hala28, Hala29) errichtet. Die

---

143   Prag 2018a, 57.
144   Burgio 2011, 90; Burgio 2013, 15 Anm. 8.

68   KAPITEL 2

Ehrung des Prokonsuls (Hala32) kann nicht genauer datiert werden als in das
3./4. Jh. n. Chr. Abgesehen von dieser Inschrift findet sich im 4. Jh. der aus der
frühen Kaiserzeit stammende Porträtkopf, der zweimal umgearbeitet wurde
(Hala54).

Es zeigt sich, dass vom 2. Jh. v. bis zum 4. Jh. n. Chr. kontinuierlich Ehrenmonumente errichtet wurden. Die Neugestaltung der Agora im 2. Jh. v. Chr.
führte bald zu weiteren Eingriffen in die Strukturen wie dem Bau der Exedren,
der die Struktur der Agora und der Portikus veränderte. In der frühen Kaiserzeit erlebte die Stadt Umgestaltungen in der Portikus mit Buntmarmor und
zahlreichen Statuenaufstellungen zufolge eine Blütezeit. Im 2. Jh. n. Chr. griff
man mit der Errichtung des Podiums und weiterer Basen erneut in die Platz-
gestaltung ein, während auch einige Räume neu ausgeschmückt wurden[145].
In dieser Zeit wurden vermutlich auch die Altäre vor den Räumen 6 und 7
aufgestellt sowie die – möglicherweise mit den Opferschächten in Verbindung
stehenden – Monumente errichtet (Hala46, Hala47, Hala48, Hala49, Hala50)
Auch im 3. Jh. n. Chr. erfuhr die Agora noch eine aktive Ehrentätigkeit, die sich
nun aber auf hohe Beamte und kaiserliche Mitglieder konzentrierte und bei
der nur noch die Stadt als Stifter auftrat. Trotz der *damnatio memoriae* einiger Geehrter blieben deren Monumente anscheinend unverändert stehen. Die
lokale Elite ist nun vollständig in den Hintergrund gerückt, während sie bis
zu diesem Zeitpunkt vorrangig ehrte und geehrt wurde. Mit dem 4. Jh. endete
das aktive öffentliche Leben der Agora in Halaesa. Letzte Zeugnisse vor der
Zerstörung durch das Erdbeben sind Umarbeitungen eines frühkaiserzeitlichen Porträtkopfes und die mutmaßliche Zerstörung des Kopfes im 4. Jh.
(Hala54) sowie die Ehrung eines Prokonsuls am Übergang zum 4. Jh. n. Chr.
(Hala32). Zeichen der Umarbeitung und der Wiederverwendung finden sich
in Halaesa bereits im 3. Jh. n. Chr., als die Marmorverkleidung eines julisch-
claudischen Ehrenmonuments (Hala20) für die Ehrung des Kaisers Volusianus
verwendet wird (Hala21). Eine weitere Marmorplatte des 3. Jh. ist ebenfalls
umgedreht wiederverwendet worden (Hala31), möglicherweise aufgrund einer
damnatio memoriae. Ob die Wiederverwendungen als Zeichen von Material-
knappheit oder fehlender Ressourcen gesehen werden können, kann auf
Grundlage des Materials nicht entschieden werden. Auf jeden Fall stellt die
noch aktive Ehrenpraxis in der nachseverischen Zeit etwas Besonderes dar, da
sie nur in wenigen Städten in Sizilien nachgewiesen werden kann (Abb. 451).

---

145   Eine Blüte im 2. Jh. n. Chr. kann auch anhand der Gräber in Halaesa festgestellt werden,
      Tigano 2009, 115–133.

FALLBEISPIELE 69

2.3.6 Zusammenfassung

Auffällig ist zunächst, dass in Halaesa Ehrenstatuen lediglich auf der Agora zu finden sind, obgleich das Dekret auch von der Möglichkeit einer Aufstellung in einem Heiligtum spricht. Das Fallbeispiel ist von besonderer Bedeutung für die Erforschung Siziliens, da die Anzahl und Variation der Ehrenstatuen exemplarisch zeigen, dass eine im Vergleich zu Syrakus, Palermo oder Marsala weder politisch noch ökonomisch bedeutende Stadt vom 2. Jh. v. Chr. bis zum 4. Jh. n. Chr. eine kontinuierliche Ehrenpraxis aufweist.

Das Fallbeispiel Halaesa hat zusätzlich deutlich gemacht, dass auch im öffentlichen Raum in Sizilien sowohl in der hellenistischen- als auch in der Kaiserzeit mit Standbildern gerechnet werden müssen, die keine Ehrenstatuen darstellen. Auch wenn im Fall der zwei Statuen in den Nichen die Altäre als Hinweis für eine kultische Verehrung gesehen werden müssen, hätten hier auch bei anderem Befund kaiserliche Standbilder vermutet werden können. Darüber hinaus liegt eine Stauenbasis für Serapis (und Isis?) aus späthellenistischer Zeit vor, die vermutlich der Agora zugeordnet werden kann[146].

2.4 Resümee der Fallbeispiele

Obgleich die drei vorgestellten Städte unterschiedliche Voraussetzungen erfüllen in der Überlieferung, Erhaltung und Datierung, lassen sich Muster erkennen, die auch an anderen Orten in den folgenden Kapiteln zur Sprache kommen werden. Wie auch bei den Fallbeispielen, sollen die chronologische Entwicklung, Monumenttypen, Aufstellungsorte und der sozial-historische Kontext Leitlinien für das Resümee bilden.

2.4.1 Chronologische Entwicklung

In allen drei Städten tauchen sicher zu identifizierende Ehrenstatuen erst im 2. Jh. v. Chr. auf. Während dieser Umstand in Halaesa und Solunt sicherlich mit den Umgestaltungen der Stadtzentren zu verbinden ist, hätte man in Morgantina auf der reich ausgestatteten Agora, dem Theater oder einem öffentlichen Gebäude bereits frühere Ehrenstatuen vermutet. Jedoch lassen sich die dortigen Befunde, die auf Statuenaufstellungen hinweisen, nicht eindeutig als Ehrenstatuen deuten. Hingegen kann vielmehr vermutet werden, dass vor dem 2. Jh. v. Chr. in der Stoa und im Bouleuterion Götterbilder statt Ehrenstatuen errichtet wurden. Zudem wird bei allen drei Beispielen deutlich, dass keine der drei monumentalisierten Platzanlagen eine geplante

---

146 ISic3686.

Statuenausstattung enthielt. Lediglich die zwei Bronzestatuen in der Exedra 9 in Solunt und zwei Nischenbasen in Raum 6 und 7 in Halaesa, bei denen allerdings die Aufstellung von Ehrenstatuen fraglich ist, gehörten zur geplanten Ausstattung dazu. Die Anzahl der Monumente stieg in allen drei Städten erst mit dem Übergang vom 2. zum 1. Jh. v. Chr. an. Während in Morgantina ab dem Ende des 1. Jhs. v. Chr. aufgrund des Verfalls der Stadt keine Statuen mehr hinzukommen, kann in Solunt zu Beginn der Kaiserzeit ein leichter Anstieg, in Halaesa sogar ein deutlicher Anstieg festgestellt werden. In Solunt weisen die letzten Münzen und wenigen Statuenmonumente aus dem 3. Jh. n. Chr. dann auf einen Niedergang nach dieser Periode hin. In Halaesa kann aufgrund einer durchgehend kontinuierlichen Ehrenpraxis eine differenzierte Einordnung der Statuenmonumente entworfen werden. Nachdem in augusteischer Zeit ein Anstieg zu verzeichnen ist, nimmt die Anzahl von Statuenmonumenten bis zur severischer Zeit noch einmal zu. Danach nimmt sie bis zur Erdbebenzerstörung der Agora ab.

2.4.2 *Typenspektrum und Material*

Alle drei Städte zeigen vor allem einfache Statuenbasen, die für einzelne stehende Personen genutzt werden können. Sie bestehen aus lokalem Stein und wurden teils mit Stuck, teils mit Marmor verkleidet. Marmor zur Verkleidung von Basenschäften kann allerdings vor der Kaiserzeit nur in geringem Maße nachgewiesen werden, wohingegen in der Kaiserzeit vor allem in Halaesa eine große Anzahl an marmornen Inschriftenplatten gefunden wurde. Darüber hinaus fanden sich Nischenbasen in Solunt und Halaesa, Orthostatenbasen für Reiterstandbilder in Morgantina und Solunt sowie Exedren in Halaesa und womöglich in Morgantina. Ferner stechen besonders zwei großformatige Monumente hervor: In Solunt stand bereits in der zweiten Hälfte des 2. Jhs. v. Chr. ein Standbild, welches wohl ein Gruppenmonument oder ein Gespann trug. Dieses Monument wurde nur von einem monumentalen, hochkaiserzeitlichen Gespannmonument in Halaesa übertroffen.

2.4.3 *Aufstellung der Statuenmonumente*

Auffällig bei allen drei Fallbeispielen ist die ausschließliche Konzentration der Statuenmonumente auf die Agora und die umliegenden Hallenbauten. Hinweise auf Statuen in Theatern oder andere öffentliche Räume gibt es in allen drei Städten nicht. Nachweislich geplant für die jeweils frühste Phase der Platzanlagen finden sich Statuen nur in Räumen der Stoa in Solunt und Halaesa. Obgleich in Morgantina bereits im 3. Jh. v. Chr. Räume an der Rückwand der Nordstoa gebaut wurden, fanden sich dort keine Hinweise auf

Statuenmonumente. In Halaesa und Solunt wurden die Statuen in Nischen errichtet, die in beiden Fällen zu den Planungsphasen der Gebäude gehörten. Weitere Monumente finden sich in allen Fallbeispielen an bzw. auf Treppen der Stoai sowie vor und in den Stoai; wohl alle mit Orientierung Richtung Platzmitte. Keine dieser Statuenmonumente war allerdings von Anfang an geplant, wie nicht nur die Pavimente in Halaesa und Solunt, sondern auch die Stratigraphie in Morgantina deutlich machen. Vor allem in Halaesa lässt sich eine zunehmende Monumentendichte in der Kaiserzeit feststellen. Anscheinend wurde um bestimmte Orte konkurriert; allerdings in diesem Fall weniger mit Grösse oder Material der Statuen, sondern mithilfe des Aufstellungsortes. Bereits zuvor sind Häufungen an bestimmten Stellen erkennbar, wie beispielsweise in Solunt. Darüber hinaus wurden Laufwege und Sichtbarkeitsbezüge bereits in hellenistischer Zeit durch die Aufstellung von Statuenmonumenten beeinflusst; frühe Beispiele sind die Exedren zwischen den Säulen in Halaesa, ein späteres Beispiel ist das Gespannmonument in Halaesa, das große Teile der Statuen in der Portikus verdeckt haben muss. Über die Platzierung von Statuenmonumenten in Solunt und Halaesa, die nur anhand von Inschriften überliefert sind, ist wenig bekannt. Vor allem die wiederverwendeten Inschriftenlatten in Halaesa sprechen für eine Wiederverwendung von älteren Basen. Somit könnten auch in situ Statuenbasen, die bereits in der hellenistischen Zeit aufgestellt wurden, in der Kaiserzeit wiederverwendet worden sein.

2.4.4 *Sozial-historischer Kontext*

Obgleich in Morgantina keine Ehreninschriften mehr Zeugnis über Hintergründe der Statuenaufstellungen geben können, sprechen beispielsweise die Basen für Reiterstandbilder für Ehrungen von Amtsträgern oder wichtigen Mitgliedern der lokalen Elite. Bei diesen Mitgliedern der Elite fällt auf, dass es sich vor allem in Solunt um wenige Familien handelt. Auch in Halaesa zeigen Monumente, dass Mitglieder einer Familie von späthellenistischer Zeit bis in die frühe Kaiserzeit von Bedeutung waren und aus diesem Grund Ehrenstatuen erhielten. Als Grund für die Ehrungen dominieren Personen, die Wohltaten finanzierten oder initiierten und Ämter bekleideten. In der Kaiserzeit werden zudem zahlreiche Statuen für Mitglieder der kaiserlichen Familie und Priester des Kaiserkults geehrt.

KAPITEL 3

Hellenismus – Genese der griechisch-römischen Ehrenpraxis

Der Hellenismus gilt als die Zeit, in der die Aufstellung von Ehrenstatuen zum Bestandteil der Ehrenpraxis zwischen Bürger und Polis in der griechisch-römischen Welt wurde. Dieses Kapitel untersucht das Phänomen im öffentlichen Raum in einer Region, die von verschiedenen Kulturen beeinflusst und schließlich 241 bzw. 212 v. Chr. von Rom erobert und zur ersten Provinz gemacht wurde.

Im Folgenden werden die literarischen, archäologischen sowie epigraphischen Quellen der hellenistischen Zeit benannt und ausgewertet.

3.1 Literarische Quellen

In literarischen Quellen finden sich Erwähnungen von Statuenmonumenten, von denen zwar keins mehr archäologisch nachweisbar ist, die nichtsdestotrotz aber wichtig für eine holistische Aufnahme aller Monumente sind.

3.1.1 *Ciceros Reden gegen Verres*

Im Zuge der Gerichtsverhandlungen gegen Verres, der von 73 bis 71 v. Chr. Proprätor in Sizilien war, erwähnt Cicero verschiedene Stadträume in Sizilien, die mit Standbildern ausgeschmückt waren. Diese kann man in mehrere Gruppen einteilen: Götterstandbilder, Skulpturen alter Meister und Ehrenstatuen. Jedoch beschreibt Cicero die Statuen nicht, vielmehr nennt er nur ganz bestimmte ihrer Eigenschaften: kostbares Material, Statuen des Verres und seiner Familie, von Verres geraubte Kultstatuen berühmter Bildhauer sowie Statuen, die zu Unrecht errichtet wurden[1]. Es geht Cicero also nicht darum, eine Bestandsaufnahme zu geben, sondern die Statuen als Hilfsmittel zu nutzen, um unterschiedliche negative Eigenschaften des Verres deutlich zu machen. So behauptet er, dass Verres mehrere Städte gezwungen habe, ihm Ehrenstatuen zu errichten.

---

1 Mit den Statuen, die in den Reden gegen Verres erwähnt werden, hat sich C. Berrendonner beschäftigt, Berrendonner 2007. Die Ehrungen für Verres thematisiert M. Sehlmeyer, Sehlmeyer 1999, 213–215. Mit dem Kunstraub der Römer hat sich u.a. G. Waurick beschäftigt Waurick 1975.

© REBECCA J. HENZEL, 2022 | DOI:10.1163/9789004504646_004

HELLENISMUS – GENESE DER GRIECHISCH-RÖMISCHEN EHRENPRAXIS   73

Im Katalog sind die von Cicero erwähnten Ehrenstatuen aufgeführt, die sich auf sieben Städte verteilen (Cic1, Cic2, Cic3, Cic4, Cic5, Cic6, Cic7, Cic8, Cic9, Cic10, Cic11, Cic12). Es handelt sich vor allem um Ehrungen an Verres und seine Familie in Form von Reiterstandbildern, einem Ehrenbogen und Statuengruppen. Dass Ehrenstatuen für Statthalter in der späten Republik keineswegs ungewöhnlich waren, zeigen die Ausführungen Ciceros: Gesetze legten fest, dass das Geld, welches für die Errichtung von Standbildern für Amtsträger innerhalb einer Provinz bestimmt war, innerhalb von fünf Jahren ausgegeben werden musste[2]. Dass Cicero mit der Menge an Statuen an Verres aus rhetorischen Gründen übertreibt, ist zu vermuten, kann aber nicht nachgewiesen werden. Auch wenn die Ehrungen an Verres von den Einwohnern mehrerer Städte zerstört wurden (Taormina, Tyndaris, Leontinoi, Syrakus), sind die Statuenbasen vermutlich aber wiederverwendet worden, wie es Cicero für Taormina überliefert (Cic9)[3]. Außerdem standen nach Cicero fast auf jeder Platzanlage Siziliens Statuen der Marcelli (Cic12)[4]: Es handelte sich um M. Claudius Marcellus, der 212 v. Chr. Syrakus erobert hatte[5], sowie seine Nachfahren, von denen C. Claudius Marcellus 79 v. Chr. Prokonsul war. Darüber hinaus zählt Cicero zahlreiche Kultstatuen und Statuen berühmter Künstler auf, die von Verres geraubt worden waren[6].

Cicero liefert demnach kein vollständiges Inventar aller Statuen, die sich im 1. Jh. v. Chr. in sizilischen Städten befanden, sondern diskutiert selektiv nur die Statuen, die für seine Argumentation gegen Verres wichtig sind. Folglich sind quantitative Auswertungen zu Fragen nach der Anzahl der Statuen pro Stadt oder der Anzahl der geraubten Statuen nicht möglich. Dennoch geben Ciceros Ausführungen einen Überblick über das mögliche Spektrum an Statuen und zeigen, dass Ehrenstatuen einen festen Bestandteil im Repertoire der Statuenausstattung sizilischer Städte bildeten.

---

2   Cic. Verr. 2,2,140–146. Darüber hinaus wurden auch Cicero selbst Ehrenstatuen errichtet, von denen er einige aber ablehnte, dazu Sehlmeyer 1999, 215–217.

3   Cic. Verr. 2,2,160: Auch die Basis des Reitermonuments, welches ohne die Statue des Verres nur noch ein Pferd darstellte, müsste inklusive der Inschrift erhalten geblieben sein. Von einer Rasur derselben ist nichts bekannt.

4   Cic. Verr. 2,4,86.

5   Er war übrigens der erste, der in Sizilien systematisch Kunstraub betrieb, weshalb Ciceros Erwähnung seiner Statuenbilder vor dem Hintergrund des Prozesses gegen Verres besonders interessant ist.

6   U.a. Cic. Verr. 2,85: Inzwischen fand Verres bei seiner berüchtigten und überall bekannten Habgier Gefallen an einigen sehr schönen und sehr alten Statuen (*signa*), die er in Themerai an einem öffentlichen Platz aufgestellt gesehen hatte; er begann Sthenius zu drängen, er möge ihm seine Unterstützung versprechen und ihm helfen, diese wegzunehmen. (Übers. G. Krüger)

3.1.2 *Das halaesinische Dekret*

Dekrete, in denen die öffentlichen Ehrungen erläutert wurden, gehörten im hellenistischen Osten zu jeder öffentlichen Statuenehrung dazu[7]. Im Westen dagegen sind diese kaum erhalten. Aus Sizilien liegen zwar einige Dekrete vor, doch erwähnt nur eines aus Halaesa die Errichtung einer Ehrenstatue (Hala9)[8]. Es handelt sich um Ausführungen eines lokalen Koinon von Apollonpriestern zur Ehrung eines Wohltäters. Dieser sollte mit einer bronzenen Statue im Apollonheiligtum oder in der Basilica der Stadt, die wohl die Stoa bzw. Portikus der Agora bezeichnete, geehrt werden. Der Geehrte durfte sich zwischen den beiden möglichen Aufstellungsorten entscheiden. Der Wortlaut der Ehreninschrift der Statuenbasis wurde ebenfalls im Dekret festgeschrieben und folgte dem üblichen griechischen Dedikationsformular. Das Koinon der Apollonpriester trat in der Ehreninschrift als Stifter auf und ehrte einen Nemenios aufgrund seiner Wohltaten gegenüber dem Koinon. Erwähnenswert ist, dass von einer gesonderten Erlaubnis einer öffentlichen Institution keine Rede ist, obwohl das Dekret die Möglichkeit eröffnet, dass die Statue in der Basilica aufgestellt wird. Trifft die Deutung der Portikus der Agora als Basilica zu, dann stellt sich die Frage, ob das Koinon keine Genehmigung dafür benötigte. Die Organisation des Koinon in Boule und Halia erinnert an die einer Polis und lässt vermuten, dass es möglicherweise dem Demos der Stadt glich[9]. Dafür spricht auch die ungewöhnlich hohe Anzahl der Mitglieder von über 800 Personen, die bei einer kleinen Stadt wie Halaesa eher der Anzahl aller vollwertigen Bürgern entsprochen haben dürfte[10]. Dementsprechend hätte das Koinon keiner eigenen Genehmigung für die öffentliche Aufstellung einer Ehrenstatue bedurft. Unbekannt ist jedoch, wo die Ehrenstatue schlußendlich errichtet wurde. Weder auf der Agora noch in der Umgebung des Apollontempels hat sich ein entsprechendes Monument gefunden. Unklar ist außerdem, wieso sich in dem Peristylhaus zwei Exemplare des Dekrets fanden. J. Prag plädiert dafür, dass ein Exemplar für die gemeinsame Aufstellung im öffentlichen Raum und das andere für den privaten Gebrauch des Geehrten produziert wurde[11]. Das Gebäude, in dem die Dekrete gefunden wurden, kann demnach entweder als Privatbesitz des Geehrten oder als Vereinshaus

---

7   U.a. Gauthier 1985; Ma 2015.

8   Eine Auflistung aller sizilischer Dekrete findet sich in Prag 2018b, 107 f. Möglicherweise erwähnt auch ein Dekret aus Agrigent (SEG 37.757) die Aufstellung einer Ehrenstatue, jedoch ist es stark fragmentarisch erhalten und der Text dementsprechend ergänzt.

9   Zum Problem der politischen Organisation der sizilischen Städte und deren Bezeichnung nach der Eroberung durch die Römer, vgl. u.a. Prag 2015, 166 f.

10   Ähnlich Prag 2018b.

11   Prag 2018b, 118–120.

gedeutet werden[12]. Unklar ist allerdings, ob eins der Exemplare jemals gemeinsam mit der Statue an einem öffentlichen Ort stand. Wenn dem so wäre, ist zu fragen, wieso und zu welchem Zeitpunkt das Dekret (und womöglich auch die Statue?) seinen öffentlichen Aufstellungsort verlassen musste[13]. Da das Gebäude bereits im 1. Jh. n. Chr. in Folge eines Erdbebens in Brand geriet, lag zwischen der ursprünglichen Errichtung und der Translokation höchstens ein Jahrhundert. Ein Zeitpunkt für Veränderungen auf der Agora könnte die weitreichende Umgestaltung der Portikus zu Beginn der Kaiserzeit gewesen sein, in Folge dessen das Abräumen von Ehrenstatuen vermutet werden könnte. Das nicht alle vorkaiserzeitlichen Ehrenmonumente aus dem öffentlichen Raum verschwanden, beweisen zahlreiche Statuenbasen von der Agora.

3.2 Archäologische Quellen

Aus dem Zeitraum zwischen dem 3. Jh. v. Chr. und der augusteischen Zeit wurden 91 Statuemonumente in den Katalog aufgenommen. Sie stammen aus 17 Orten (Abb. 444). Es handelt sich um Fundamente, Basisfüße und Statuenbasen in situ, Statuenbasen in Museen oder in Zweitverwendung sowie um Statuenfragmente. Die frühesten datierbaren Statuenbasen stammen aus der Mitte des 3. Jh. v. Chr. und wurden für Hieron II. und seinen Sohn Gelon in Syrakus aufgestellt, der Hauptstadt des sog. hieronischen Königreiches.

3.2.1 Quaderbasen

Der Großteil der Statuenbasen stellt Quaderbasen für die Errichtung einer einzelnen stehenden Statue in unterschiedlicher Ausführung dar. Es handelt sich um

- 6 Fundamente (Agr2, Agr3, Morga6, Morga9, Morga10, Sol7),
- 3 Auslassungen im Paviment (Cent1, Hala14, Taorm6),
- 3 Basisfüße bzw. die unterste Lage der Basis (MegH3, MegH4, MegH5),
- eine Verkleidungsplatte (Sol1) und
- 29 (oder 30) Basisschäfte (Eri1, Hala1, Hala3, Hala5, Hala7, Hala13, Halu1, MegH6, MegH7, MegH8, Morga1, Morga3, Morga4, Taorm1, Taorm2, Taorm4, Taorm5, Seg4, Syr1, Syr2, Syr3, Syr4, Syr5, Mars1, Frat1, Sol2, Tynd1, Term1, Term2, vermutl. Sol10).

---

12   So auch Prag 2018b, 134.

13   Auch J. Prag vermutet, dass die Exemplare des Dekrets ursprünglich nicht beide an der Tür des Peristylhauses angebracht waren, Prag 2018b, 134.

13 der Basen bestehen aus monolithen Kalk- oder Sandsteinblöcken, von denen keiner ein Profil aufweist. Davon wurden sieben wiederverwendet und teilweise beschnitten (Halu1, Mars1, Syr2, Term1, Hala3), sodass die genaue Ausdehnung der Blöcke nicht mehr zu rekonstruieren oder die Oberseite nicht zugänglich ist (Eri1, Fra1). Die Inschrift wurde direkt auf der Vorderseite der Blöcke angebracht. Zusammengesetzte Basisschäfte von Quaderbasen befinden sich in Morgantina und Halaesa (Morga1, Morga3, Morga4, Hala5); weitere können nicht ausgeschlossen werden. Darüber hinaus wurde in Halaesa ein monolither Basisschaft mit Marmorplatten verkleidet, auf denen sich einst die Ehreninschrift befand (Hala13).

Die Höhe der Monumente variiert von 0,25 m bis 0,73 m. Die niedrigsten Basen finden sich in Taormina (Taorm4, Taorm5); die höchste Statuenbasis stammt aus San Fratello (Frat1).

In Taormina finden sich mit vier flachen monolithen Quaderbasen die einfachste Ausführung einer Statuenbasis (Taorm1, 2, 4, 5): Sie weisen kein Profil auf, sind zwischen 0,25 m und 0,33 m hoch und haben eine fast quadratische Oberseite. Auf der Vorderseite befindet sich jeweils eine griechische Inschrift; die Oberseiten zeigen Einlassungen für die Befestigung der Statuen. Eine ebenfalls einfache Ausführung haben die „mittelhohen" Basen, die nicht profiliert sind, aber im Gegensatz zu den flachen Basen zwischen 0,525 m und 0,73 m hoch sind, also Quaderblöcken gleichen.

Der Großteil der Quaderbasen wurde aufgrund der angebrachten Inschriften früh in Museen oder Sammlungen gebracht und somit aus seinem Kontext gerissen. Die Einträge in den Inventarbüchern geben meistens nur einen ungefähren Fundort wie etwa „Bereich der Agora" an. Die in situ befindlichen Statuenmonumente, die in der Regel aus Fundamenten oder den Basisfüßen bestehen, geben den exakten Aufstellungsort an. In Morgantina befindet sich eine Basis in situ am südlichen Ende der Oststoa vor der letzten Säule, zwei weitere befinden sich an der Rückwand des Bouleuterions. In Megara Hyblaea stehen drei Basen vor der Fassade eines Gebäudes, dessen Front zur Agora gewendet ist. In Termini Imerese und Solunt wurden Basen direkt an der untersten Stufe der Portikus der Agora errichtet. Ebenfalls an einer Treppe steht in Morgantina ein Statuenmonument. Dieses befindet sich allerdings neben der Treppe, die vor der Nordstoa die Hauptachse der Plateia A verlängert. Innerhalb der Portikus wurde dagegen in Halaesa zwei Basen gegen Säulen gelehnt, in Morgantina in einem Fall. In Syrakus wurden vermutlich in späthellenistischer Zeit drei Statuenbasen nebeneinander gegen die Portikus aufgestellt, so dass Besucher, die durch die Portikus liefen, an den Monumenten vorbeilaufen mussten. Darüber hinaus wurden in Agrigent und Megara Hyblaea jeweils zwei bzw. drei Basen um eine Exedra und ein Reiterstandbild herum gruppiert.

HELLENISMUS – GENESE DER GRIECHISCH-RÖMISCHEN EHRENPRAXIS 77

Quaderbasen stellten die am meisten verwendete Form der Statuenbasen im hellenistischen Sizilien dar. Die unterschiedlichen Varianten können nicht in eine linear chronologische Entwicklung gesetzt werden wie etwa je später, desto höher die Basis. Vielmehr scheint jede Stadt eine Präferenz gehabt zu haben, wodurch sich Gruppen bilden lassen. Zum Beispiel fanden sich nur in Taormina die flachen Statuenbasen, die sich in ihren Maßen nur gering unterscheiden. Besonders hervorzuheben ist der Verzicht auf jede Art von Profilierung der Basen. Die einzige Dekoration einer Basis zeigt das Monument für Hieron II., welches an den Seiten rote und weiße Farbreste aufweist (Syr1). Das könnte darauf hinweisen, dass weitaus mehr Statuenbasen mit Stuckierung und Farbe geschmückt waren[14]. Auch Profile aus Stuck, wie sie auf Sizilien durchaus bei Architekturelementen und Altären zu beobachten sind[15], können nicht ausgeschlossen werden.

3.2.2 *Orthostatenbasen*

In Sizilien befinden sich elf Statuenmonumente für Reiterstandbilder aus hellenistischer Zeit (MegH1, Morga5, Morga8, Pante1, Pante2, Seg15, Seg19, Seg20, Sol8, Sol9, Taorm2). Die meisten sind nur in Form von Fundamenten oder Basisfüßen überliefert; ein hoher zusammengesetzter Schaft ist in Morgantina und ein Schaft mit Ehreninschrift aus Taormina erhalten. In Segesta lassen sich zwei Auslassungen im Paviment mit Reiterstandbildern in Verbindung bringen (Seg19, Seg20). Nur in Taormina handelt es sich um ein monolithes Monument, welches aus einer flachen Basis ohne Profilierung besteht. Dagegen weisen die Basisfüße in Megara Hyblaea und Pantelleria Profile bzw. abgeschrägte Blöcke auf. Darauf sind monolithe Schaftblöcke und Bekrönungen zu rekonstruieren. Es sind keine Statuenfragmente der Reiterstandbilder erhalten. Da nur in einem Fall die Ehreninschrift des Monuments überliefert ist, können die anderen Reiterstandbilder nicht eindeutig sozial-historisch analysiert werden. Die Basis aus Taormina trägt auf der Vorderseite eine Inschrift, die einen C. Claudius Marcellus ehrt, der als Prokonsul von 79 v. Chr. bekannt ist (Taorm2). Nur ein Reiterstandbild kann womöglich in das 3. Jh. v. Chr. datiert werden (MegH1), während die anderen erst Ende des 2. bzw. zu Beginn des 1. Jhs. v. Chr. errichtet wurden. In Analogie zu Reiterstandbildern anderer Regionen und dem Beispiel aus Taormina kann vermutet werden, dass auch in Segesta, Morgantina und Cossyra römische Amtsträger geehrt wurden[16]. Cicero erwähnt, dass auf der Agora von Tyndaris Reiterstatuen für Claudius

---

14   So auch Prag 2017a, 128.
15   Bspw. in Morgantina an den Rundaltären des Agoraheiligtums.
16   Bergemann 1990, 14.

Marcellus und Mitglieder seiner Familie aufgestellt wurden, von denen sich allerdings keine archäologischen Hinterlassenschaften gefunden haben[17]. Dies ist in Megara Hyblaea wenig plausibel, gehörte die Stadt doch zumindest im 3. Jh. v. Chr. zum Königreich Hieron II. Möglicherweise war hier ein General in Form eines Reiterstandbilds dargestellt (MegH1)[18]. Auf jeden Fall muss es sich um ein sehr wichtiges Monument gehandelt haben; darauf weisen die drei direkt daran errichteten Statuenbasen hin (MegH3–5).

Aufgrund des Fehlens von Deckplatten der Basen und von Skulpturfragmenten können keine Aussagen zum Material oder Aussehen der Statuen gemacht werden[19]. Die Aufstellung aller Monumente unter freiem Himmel spricht allerdings eher für eine Verwendung von Bronze. Die Verwendung von Marmor kann aber nicht ausgeschlossen werden, denn obwohl erhaltene Deckplatten ausschließlich Einlassungen für Bronzestatuen zeigen, sind archäologisch eine Vielzahl marmorner Pferdestandbilder erhalten.

Nur die Basis in Taormina zeigt die originale Oberfläche des Monuments, welche auf ein Pferd in Levade hinweist (Taorm3). Die anderen Monumente können anhand der Maße von Fundamenten, Basisfüßen oder Schäften eingeordnet werden. H. Siedentopf gibt das Maßverhältnis einer Deckplatte von 1 × 2 m als gerade groß genug für eine lebensgroße Reiterskulptur an[20] und die Maße 0,86 × 1,72 m als groß genug für ¾ der Lebensgröße[21]. Dem zufolge waren in Sizilien überlebensgroße Pferdestandbilder aufgestellt. In Solunt könnte es sich sogar um eine weitaus größere Skulptur gehandelt haben, da die Basis 4,17 × 2,47 m groß ist.

Alle Monumente waren auf Platzanlagen im Freien aufgestellt. Der Großteil befand sich am Rand der Platzanlage bzw. an den Treppen der Portikus in die Freifläche hineinragend. So blickte die Statue bzw. das Pferd in Richtung der Platzanlage. In Morgantina ist der Schaft einer zusammengesetzten Basis erhalten, die in der Mitte der Agora direkt an den Stufen der monumentalen Stufenanlage steht. Diese dient dem Ausgleich des Niveauunterschiedes zwischen dem tiefer gelegenen südlichen mit dem höheren nördlichen Teil der Agora. Das Standbild überblickte gleichsam die gesamte nördliche Agora; es war von überall sichtbar.

---

17   Cic. Verr. 2,4,86–90; dazu Bergemann 1990, 168 L42 mit weiterer Literatur.

18   Zu Empfängern von Reiterstandbildern im 3. Jh. v. Chr., Siedentopf 1968, 16–22.

19   Einlassungsspuren auf den Deckplatten lassen verschiedene Standmotive der Pferde und ggf. das Vorhandensein weiterer Personen erkennen, s. dazu u.a. Siedentopf 1968, 65–72.

20   Siedentopf 1968, 53. Er gibt keine Kriterien für die Berechnung der Größenverhältnisse von Basis zu Skulptur.

21   Siedentopf 1968, 59 Abb. 15, Kat. 2, 76.

HELLENISMUS – GENESE DER GRIECHISCH-RÖMISCHEN EHRENPRAXIS   79

Über Reiterstandbilder hinaus kann auch ein Gruppenmonument rekonstruiert werden. In Megara Hyblaea befinden sich nicht nur ein Reitermonument und mehrere Monumente für einzelne stehende Personen, sondern auch eine langgestreckte, profilierte Basis (MegH2). Aufgrund der Orientierung handelt es sich nicht um ein Reiterstandbild, vielmehr waren zwei stehende Statuen nebeneinander auf der Basis aufgestellt. Da die Basis frühstens im 3. Jh. v. Chr. errichtet, diese aber am Ende desselben Jahrhunderts wohl schon von einer Mauer beschnitten wurde, könnten hier Personen dargestellt gewesen sein, die in diesem Zeitraum an politischer und sozialer Bedeutung verloren. Allerdings sind die Befunde in Megara Hyblaea alles andere als eindeutig datiert, weshalb die Deutung mit Vorsicht zu genießen ist.

3.2.3   *Nischenbasen*

Außerdem finden sich 15 Nischenbasen über drei Städte verteilt (Sol3, Sol4, Seg1, Seg2, Seg3, Seg5, Seg6, Seg7, Seg8, Seg9, Seg10, Seg11, Seg14, Hala11, Hala12). Es handelt sich um erhöhte Nischen in der Wand, deren Böden aus flachen, länglichen Blöcken (den Unterlagern) bestehen, auf deren Vorderseiten die Ehreninschrift angebracht ist. Sie werden gesondert angeführt, da sie erstens in Sizilien in einer größeren Zahl zu beobachten sind und zweitens sowohl Form als auch Aufstellung gemeinsam haben. Die Besonderheit besteht darin, dass die Basis flach und eher langgestreckt ist und die Ehreninschrift deshalb aus wenigen längeren Zeilen besteht.

Auf der Agora von Solunt befinden sich zwei profilierte Unterlager in situ am Rücken einer der Exedren der Stoa (Sol3, Sol4). Sie sind in einer Höhe von 1,71 m als Bestandteil in die Wand integriert und bilden gleichzeitig auch das Unterlager einer Nische. Zwischen den Profilen der Blöcke befinden sich die Ehreninschriften, die sich auf die ehemals in der Nische stehenden Bronzestatuen beziehen. Eine ähnliche architektonische Eingliederung vermuten C. Ampolo und M. C. Parra für einige flache Inschriftenblöcke, die in der Stoa von Segesta gefunden wurden (Seg3, Seg5, Seg6, Seg7, Seg10)[22]. Davon tragen einige kein Profil, aber ähneln dafür einem als Unterlager für eine Statuenaufstellung in einer Nische fungierenden Block in Form einer Tabula ansata (Seg14 (in situ); Seg8, Seg9, Seg11 (nicht in situ)). Ebenfalls eine längliche flache Form weisen auch Unterlager für Statuen in der *scaenae frons* des Theaters in Segesta auf. Zwei flache und langrechteckige Blöcke wurden bereits 1928 von H. Bulle dem Bühnengebäude zugeordnet (Seg1, Seg2)[23]. In Halaesa waren in zwei erhöhten Nischen in den Rückwänden von zwei Räumen der

---

22   Ampolo – Parra 2012, 278 f. Abb. 322.
23   Bulle 1928, 123 f.

80 KAPITEL 3

Portikus Standbilder aufgestellt (Hala11, Hala12). Doch ist nur die kaiserzeitliche Ausstattung der beiden Nischen erhalten geblieben.

3.2.4 *L-förmige Basen*

In Segesta finden sich auf der Agora die Fundamente zweier L-förmiger Statuenbasen (Seg16, Seg18). Diese Form ist sehr ungewöhnlich und gehört nicht zum allgemeinen Formenkanon von Statuenbasen. Die Fundamente in Segesta lassen keinerlei Hinweise auf die darauf befindlichen Monumente zu; weder eine dazugehörige Inschrift noch Skulpturteile wurden gefunden. Die bekannteste L-förmige Basis stammt aus Aphrodisias, wo aufgrund erhaltener Statuenfragmente und der Bekrönung eine Rekonstruktion des Monuments vorgeschlagen werden konnte. Dargestellt waren Achilles und Troilos mit seinem Pferd[24].

Auch wenn die Möglichkeit in Segesta ein Reiterstandbild mit einer stehenden Person zu kombinieren verlockend ist, muss darauf hingewiesen werden, dass sich die Basis in Aphrodisias ebenso wie weitere von V. Angeletti zusammengetragene Vergleiche L-förmiger Basen von den Basen in Segesta unterscheiden[25]. Die Maße der Längsseiten von Aphrodisias betragen 2,30 m und 1,70 m, womit die Standfläche des Reiterstandbildes länger ist als die der stehenden Person. Auch in Segesta sind die Seiten nicht gleich lang, doch ist der Unterschied viel geringer. Die längere Standfläche befindet sich aber parallel zur Portikus, was für ein Reiterstandbild sehr ungewöhnlich wäre; die stehende Person auf der kürzeren Standfläche würde davon verdeckt werden und wäre von der Platzfläche aus nicht sichtbar. Ob es sich in Segesta daher wirklich um die Kombination von Reiterstatue und stehender Person handelt, ist nicht sicher zu bestimmen[26].

3.2.5 *Andere Monumente*

Ein Fundament, welches sich in situ in Solunt auf der Agora befindet, weist kolossale Maße auf. In einer ersten Phase betrug die Größe 4,17 × 2,47 m, bevor das Monument erweitert wurde auf mindestens 5,17 × 2,47 m (Sol5, Sol6). Die Breite ist auch im kaiserzeitlichen Sizilien ohne jeden Vergleich. Es kann nicht geklärt werden, ob das Monument bloß erweitert oder ob das gesamte Monument erneuert und in diesem Zuge vergrößert wurde. In dem Fall einer Erweiterung kann nur eine einzelne Statue hinzugefügt worden sein. Handelte

---

24 Smith – Hallett 2015, bes. 154.
25 Angeletti 2012, 322.
26 Auch die von Angeletti zusammengetragenen Vergleiche zeigen eine andere Orientierung.

es sich um ein Reitermonument oder ein Gruppenmonument stehender Personen? Falls es sich um eine Erneuerung des gesamten Monuments handelte, war ein Gespann dargestellt? Die Einordnung des Fundaments in Solunt muss aufgrund fehlender Inschriften und Skulpturenfragmente offenbleiben.

3.2.6 *Exedren*

In Sizilien gliedern sich die Exedren in halbrunde und rechteckige Exedren. Sieben Exedren aus der hellenistischen Zeit sind archäologisch nachweisbar (Agr1, Agr4, Morga7, Seg17, Hala2, Hala4, Hala10). Sie sind in unterschiedlichem Zustand erhalten: Während sich in Morgantina, Segesta und Halaesa lediglich die Fundamente erhalten haben, sind bei den beiden Exedren in Agrigent sowie bei zwei der Exedren in Halaesa jeweils der Schaft überliefert. Dazugehörige Inschriften weisen zwei Basen in Halaesa auf (Hala2, Hala4). Diese beiden wurden im Rahmen der Erforschung der Agora genauer untersucht[27]. Es handelt sich um halbkreisförmige Exedren, die allerdings aufgrund der Aufstellung zwischen jeweils zwei Säulen nur eine sehr schwache Halbkreisform aufweisen. Von der sog. Exedra A sind zusätzlich zur Inschrift auch noch die Bekrönungsblöcke vorhanden, die allerdings keine eindeutigen Einlassungsspuren aufweisen. Am ehesten können sie mit der Befestigung einer Marmorstatue in Verbindung gebracht werden. Der Inschrift zufolge ehrte der Demos Halaesas mit einer Statue Lapiron, den Sohn des Apollodoros. Aufgrund der Buchstabenform dieser Inschrift kann die Exedra in das 2./1. Jh. v. Chr. datiert werden. Die Exedra C dagegen wurde von einem Zusammenschluss von Marinesoldaten mehrerer Städte errichtet, die damit ihren Flottenkommandanten Caninius Niger am Ende des 2. bzw. Anfang des 1. Jhs. v. Chr. ehrten[28]. Wegen des guten Erhaltungszustands der Exedra kann hier der Schaft des Monuments mit drei Platten rekonstruiert werden, von denen die Platte mit der Ehreninschrift als eine der seitlichen gedeutet wird. Aus symmetrischen Gründen ist eine weitere Inschriftenplatte auf der anderen Seite der Exedra zu vermuten, was gleichzeitig auch für zwei Standbilder auf der Bekrönung spricht[29].

Rückschlüsse auf das Aussehen, die Größe und die Anzahl der aufgestellten Statuen für die übrigen Exedren in Sizilien können nur in Vergleichen mit weiteren Monumenten gezogen werden. Aufgrund der erhaltenen Schäfte sind

---

27   Scibona 1971; Scibona 2008, 26; Tigano 2012, 141; Burgio 2012; Burgio 2013.

28   Tigano 2012, 141.

29   Für die sog. Exedra C ist der Inschriftenblock analog zu ergänzen. Hier sind ebenfalls zwei Standbilder zu rekonstruieren.

82 KAPITEL 3

in Agrigent jeweils drei Statuen zu vermuten (Agr1). Die rechteckige Exedra könnte sogar fünf Standbilder getragen haben (Agr4). Die nur im Fundament erhaltenen Monumente in Segesta und Morgantina sind beide von geringem Durchmesser, was eine Rekonstruktion sehr schwierig macht. Die Aufstellung von Statuen kann nicht nachgewiesen werden. Es ist auch denkbar, dass sie wie eine Exedra in Solunt nur als Sitzbank dienten[30].

Von den sieben Exedren in Sizilien können sechs in einen Aufstellungskontext gesetzt werden (nur Agr4 nicht). Alle Monumente nehmen in irgendeiner Weise Bezug auf die Architektur: Die drei Exedren in Halaesa wurden zwischen den Säulen der Portikus geöffnet zur Platzanlage errichtet, in Segesta wurde sie vor den Stufen der Portikus ebenfalls zur Platzanalage hin geöffnet. Das Monument am sog. Oratorium des Phalaris steht etwas erhöht nördlich vom Altar des Tempels und öffnet sich auf diesen hin. Somit konnten die auf der Sitzbank sitzenden Personen den Opferfestivitäten aus nächster Nähe beiwohnen. In Morgantina dagegen befindet sie sich an einer der wichtigsten Wege, nämlich an der Verlängerung der Plateia A auf der Agora, die hier direkt vor die Nordstoa führte. Die Exedra ist ebenfalls in Richtung der Platzanlage geöffnet.

3.2.7   *Material der Statuenbasen*
Alle Fundamente, die sich noch in situ an ihrem ursprünglichen Aufstellungsort befinden, bestehen aus Kalkstein oder einem anderen lokalen Gestein. Auf Pantelleria musste allerdings auch der Kalkstein für die erhaltenen Fundamente importiert werden. Während einige Basen monolith gefertigte Blöcke aus Kalkstein sind, stellen die meisten der Monumente zusammengesetzte Basen dar. Nicht alle verfügten über ein Fundament, manche wurden direkt auf das jeweilige Paviment bzw. den Erdboden gesetzt. Die Statuenmonumente, deren Fundament in situ mit Blöcken der ersten Lage des Schafts oder eines Basisfußes erhalten sind, weisen auf zusammengesetzte Monumente hin, auf denen dementsprechend weitere Bestandteile von Basen rekonstruiert werden könnten.

Drei Schäfte von Statuenmonumenten wurden darüber hinaus mit Marmorplatten verkleidet (Hala13, Hala93; Sol1, Abb. 310), einer davon nachweislich monolith. Weitere Möglichkeiten der Verkleidung von Basen stellen

---

30   S. Wolf 2013, 21. 32; Taf. 12, 4; 29, 3; 70. Hier ist ein Block der Wandung erhalten, der eindeutig zu schmal für die Aufstellung einer Statue ist.

HELLENISMUS – GENESE DER GRIECHISCH-RÖMISCHEN EHRENPRAXIS 83

Bronzeplatten[31] und, wahrscheinlicher, Verputz dar. Dieser ist unter anderem in Pantelleria an den Basenfüßen erhalten (Pante1, Pante2)[32].

3.3 Die Statuen

Aus der hellenistischen Zeit sind in Sizilien nur wenige Ehrenstatuen erhalten[33]. Während die weibliche, kopflose Gewandstatue aus Morgantina (Morga2, Abb. 231) nicht eindeutig als Ehrenstatue identifiziert werden kann, können der Agora von Monte Iato zugeordnete Marmorfragmente von Gewandstatuen mit großer Wahrscheinlichkeit männlichen Ehrenstatuen zugeschrieben werden (Iato1, Iato2, Iato3, Iato4; Abb. 144–148)[34]. Aufgrund ihrer Fragmentierung sind allerdings weder Statuentypen zu unterscheiden noch eine genaue Datierung möglich. In hellenistische Zeit können zwei Fragmente einer Statue und ein Schulterfragment einer weiteren Statue datiert werden. Letztere kann aber nicht genauer als Teil einer lebensgroßen Gewandstatue gedeutet werden. Die kleinteilige Erhaltung der Skulpturfragmente vom Monte Iato könnte auf eine absichtliche Zerstückelung hinweisen.

Zusätzlich zu den erhaltenen Statuen bzw. Statuenfragmenten können auch die Oberseiten der Statuenbasen zur Rekonstruktion von Statuen genutzt werden. Die Monumente, die Einlassungen für Bronzestatuen und damit auch das Standmotiv zeigen, weisen ausschließlich auf stehende Statuen hin. Abgesehen von einer Basis (Syr1) handelte es sich um in Ponderation stehende Männer, die aufgrund dieses Standmotivs wohl in Himation oder Toga rekonstruiert werden dürfen. Die Oberseite der Basis in Syrakus (Syr1),

---

31 Zu Verkleidungsplatten und Profilen von Statuenbasen aus Bronze u.a. Willer 2014, 32 f. Abb. 7–8. Die Verbreitung des Materials Bronze sollte in Sizilien nicht unterschätzt werden. Die im Vergleich zahlenmäßig hohe Erhaltung von Bronze für Dekrete in Sizilien weist auf eine wichtige Rolle des Materials als Inschriftenträger hin, dazu u.a. Prag 2018b, 109 f. Darüber hinaus wurden in Segesta in einer mündlichen Mitteilung durch C. Ampolo bronzene Statuenfragmente wie Finger gefunden, die wegen ihrer Fragmentierung aber nicht publiziert werden.

32 Wie qualitativ hochwertig Steinblöcke verputzt wurden, davon zeugen noch heute bspw. Rundaltäre im Agoraheiligtum in Morgantina oder die Fragmente der Architekturteile, die heute im Bouleuterion in Morgantina zu sehen sind.

33 Neben Ehrenstatuen gibt es Evidenzen für Idealplastik und Götterbilder, deren Aufstellung in Heiligtümern oder Privathäusern rekonstruiert werden kann, Coarelli 1979, 376 f. Mit den Nischen 6 und 7 in Halaesa werden, wie bereits erwähnt, Statuen von Ceres und Concordia Augustae in Verbindung gebracht, Portale 2009, 78–87.

34 U.a. Isler 2012, 234 Anm. 39. 40.

die eine Statue von Hieron II. trug, weist aufgrund der weit auseinander stehenden Einlassungsspuren auf eine nackte bzw. halbnackte Bronzestatue hin (Abb. 331–332). Die Füße stehen aber so weit auseinander, dass man sich kaum eine unterlebensgroße Statue auf einer Basis mit 1,00 × 0,84 m Ausmaß in einer extrem weiten Schrittstellung vorstellen kann. Der von B. Ruck angewandten Methode zum Verhältnis von Statuenhöhe und Breite der Statuenbasis zufolge würde man auf einer solchen Basis eine überlebensgroße Statue rekonstruieren. Der Befund legt nahe, dass die Proportionsverhältnisse der Füße zum Rest des Körpers einer Statue nicht immer dem polykletischen Ideal entsprachen.

Eine weitere Basis in Solunt (Sol6), die monumentale Ausmaße aufweist, lässt eine oder mehrere überlebensgroße Statuen rekonstruieren. Es ist jedoch unklar, ob es sich um ein Gruppenmonument, die Darstellung einer Biga oder mehrerer Reiterstandbilder handelte. Alle anderen Basen weisen auf lebens- bis leicht überlebensgroße Statuen hin.

3.3.1 *Material der Statuen*

Die Gewandstatue aus Morgantina (Morga2) ist aus Kalkstein gearbeitet, während die Statuenfragmente der Agora in Monte Iato aus weißem Marmor bestehen. Weiteren Aufschluss kann die Analyse der Oberseiten der Statuenbasen geben. Von 15 untersuchten Bekrönungen[35] der Statuenbasen weisen zehn oder elf Einlassungen für Bronzestatuen auf (Hala2 (?), Syr1, Sol3, Sol4, Seg5, Seg6, Taorm1, Taorm2, Taorm3, Taorm4, Taorm5). Sechs lassen eine Marmorstatue (Tynd1, Halu1, Hala1, Hala5, Seg1, Seg2) vermuten. Darüber hinaus berichtet das Dekret aus Halaesa (Hala9) von der Errichtung einer bronzenen Ehrenstatue.

Untersuchungen in anderen Regionen haben gezeigt, dass in hellenistischer Zeit Bronze als Material von Ehrenstatuen klar dominierte[36]. Das Verhältnis der zwei Materialien in Sizilien muss im Kontext betrachtet werden: Marmor war in Sizilien nicht verfügbar und musste importiert werden. Die Verwendung von Marmor stellte demnach einen finanziellen Mehraufwand dar[37]. Besonders

---

35 Die anderen Statuenbasen wiesen entweder keine intakte Originaloberfläche mehr auf, waren nicht eindeutig zuweisbar oder waren aufgrund ihrer Lagerung im Museum nicht zugänglich.

36 Untersuchungen zur Materialverwendung Filges 2007, 2. 105. 107 Anm. 541 (Didyma: 9 von 10 aus Bronze); Lehmann 2008, 586 (Olympia: Bronze für Statuen für Sieger); Krumeich – Witschel 2009, 211 Anm. 153 (Athen, Akropolis: Bronze); Dillon – Baltes 2013, 208 (Dromos in Delos: Bronze); Mathys 2014, 92 f. (Pergamon: Bronze; für die Darstellung der Athenapriesterinnen lässt sich allerdings ein Wandel von Bronze- (im Hellenismus) zu Marmorstatuen (in der Kaiserzeit) feststellen). Allgemein auch jüngst Biard 2017, 150.

37 Besonders vor dem Hintergrund der noch nicht erschlossenen Steinbrüche in Italien.

HELLENISMUS – GENESE DER GRIECHISCH-RÖMISCHEN EHRENPRAXIS

vor dem Hintergrund, dass in hellenistischer Zeit Bronze allgemein bevorzugt wurde, ist die Verwendung von Marmor auffällig. Trotzdem oder vielleicht gerade deshalb wurden zahlreiche Marmorstatuen errichtet. Für Sizilien kann aufgrund des aufwendigen Imports von Marmor eine besondere Semantik für das Material Marmor vermutet werden.

Die Verwendung von Marmor und Bronze als Materialien für Statuen wird seit langem in der Forschung kontrovers diskutiert[38]. Aufgrund fehlender Aufstellungskontexte vieler Basen mit aussagekräftigen Oberseiten kann zu einigen Thesen, die im Rahmen dieses Forschungsdiskurses diskutiert werden, keine klare Stellungnahme formuliert werden. Ausgeschlossen werden kann allerdings für Sizilien, dass Marmor ausschließlich für Götterstatuen oder Statuen mit einer sakralen Konnotation verwendet wurde und Ehrenstatuen dagegen ausschließlich aus Bronze gearbeitet wurden[39].

Die These, dass wegen der Wetteranfälligkeit von Marmor Bronze für Statuen in Außenräumen, Marmor dagegen nur in Innenräumen verwendet worden sei[40], kann anhand des sizilischen Materials nicht eindeutig gestützt bzw. widerlegt werden. Da viele der Statuenbasen, deren Oberseiten einer Autopsie unterzogen werden konnten, keinen exakten Fundkontext aufweisen, ist es in den meisten Fällen schwer zu entscheiden, ob sie in einem Innen- oder Außenraum standen. Die Dübellöcher in der Nische von Exedra 9 der Agora in Solunt belegen die Aufstellung von Bronzestatuen in Innenräumen (Sol3, Sol4, Abb. 313). Die Aufstellung von Marmorstatuen im Bühnengebäude des Theaters in Segesta kann als Grenzfall gesehen werden (Seg1, Seg2): Die Statuen waren zwar überdacht, doch waren sie nicht vor Wettereinflüssen geschützt, da beispielsweise Regen nicht ausschließlich direkt von oben gefallen, sondern auch in das Bühnengebäude hineingeweht sein dürfte. Eine Verwitterung der Vorderseite der Statuen darf deshalb zumindest vermutet werden. Marmorstatuen, die nachweislich im Außenraum aufgestellt waren, sind nicht überliefert. Auch dementsprechend erhaltene Bekrönungen können nicht zweifelsfrei Kontexten im Freien zugewiesen werden. Einen interessanten Fall stellt die Agora von Monte Iato wegen erhaltener marmorner Gewandfragmente von männlichen Statuen dar. Statuenbasen oder deren Abdrücke auf Pavimenten der Portikus oder Agora haben sich nicht erhalten. Da die Agorafläche nicht vollständig ergraben wurde, kann eine Aufstellung

---

38 Grundlegend Tuchelt 1970; außerdem zusammengefasst u.a. Bergemann 1990, 20–22; Fejfer 2008, 157–163; Lahusen 2010, 59–82; zuletzt Biard 2017, 150–154. Allgemein zu Bronzestatuen Lahusen – Formigli 2001.

39 Anders bspw. im Clubhaus der Poseidoniasten in Delos, Trümper 2014, 80.

40 U.a. Queyrel 2015.

an dieser Stelle zumindest von einigen von ihnen vermutet werden. Doch zeigt keines der Marmorfragmente Spuren von Verwitterung. Fraglich ist, ob dies die Vermutung einer geschützten Aufstellung rechtfertigt oder ob der Marmor mit einem Überzug behandelt wurde, der die Oberfläche resistent machte.

3.4   Die Inschriften der Statuenbasen

Die meisten Inschriften folgen dem üblichen Formular hellenistischer Ehreninschriften, die bei griechischen Inschriften den Geehrten im Akkusativ und den Stifter im Nominativ nennen. Bei lateinischen Inschriften dagegen steht der Geehrte im Dativ. Die meisten der Ehreninschriften nutzen die Formulierung εὐνοίας und/oder εὐεργεσίας ἕνεκα. Nur wenige nutzen explizit das Verb ἀνέθηκε. Keine der Inschriften erwähnt die Statue oder ihr Material. Insgesamt sind sie sehr knapp gehalten; kaum eine Inschrift ist länger als fünf Zeilen.

Während der Großteil der Inschriften dem üblichen Formular folgt, weichen einige auch ab: Eine der wenigen lateinischen Ehreninschriften nennt den Geehrten im Akkusativ (Hala8), wie das griechische Formular es vorgibt. Es handelt sich um die früheste lateinische Ehreninschrift Siziliens und bis in das 1. Jh. v. Chr. auch um die einzige[41]. Die Einzigartigkeit der Sprachwahl lässt die Vermutung zu, der Fehler läge an der seltenen Verwendung der Sprache oder an einer bewussten Kopie des griechischen Formulars. Eine weitere Statuenbasis aus Halaesa weist zwar eine grammatikalisch korrekte griechische Ehreninschrift auf, doch wird hier der Geehrte zuerst genannt, danach folgt der Stifter (Hala4). Mit dem Vertauschen von Stifter und Geehrtem wird dieser deutlich hervorgehoben; denkbar ist auch eine Angleichung an lateinische Inschriftenformulare, in denen der Geehrte zuerst genannt wird. Eine Statuenbasis der Syrakusaner, die allen Göttern geweiht wurde, aber eine Statue von Hieron II. trug (Syr1), nennt dagegen den Namen des Geehrten im Genitiv[42]. Genetivformulierungen wurden J. Ma zufolge für Altäre und Votivstatuen genutzt, bei denen die Besitzzugehörigkeit betont wird[43]. Entsprechend könnte in diesem Fall die göttliche Würde des Königs betont worden sein, weil es sich gewissermaßen um ein Monument von ihm, nicht für ihn handelt. Über das Monument für Hieron II. hinaus findet sich die Formel

---

41   Bei der ersten lateinischen Inschrift aus der Mitte des 3. Jh. v. Chr. handelt es sich um den Meilenstein eines römischen Konsuls, dazu Prag 2006.

42   Dazu Ma 2015, 20 Anm. 27.

43   Ma 2015, 20 f.

θεοῖς πᾶσι bei neun weiteren Statuenbasen (Taorm5: spätes 2. Jh.; Frat1: 2. Jh.; Sol3, Sol4: beide Mitte des 2. Jhs.; Sol10: 1. Jh. v. Chr.; Hala1: 2. Jh.; Hala2: 2./1. Jh.; Hala4: 2./1. Jh.; Hala5: 2. Jh.). Außerdem wurde eine Basis Διὶ Ἑλλανίωι geweiht (Syr2), zwei Monumente Διὶ Ὀλυμπίωι (Sol3, Sol4) und eine generell Διὶ (Seg5). Obwohl diese formale sakrale Weihung des Monuments in anderen Regionen bis in das 3. Jh. v. Chr. auftaucht, findet sie sich in Sizilien noch bis in spät-hellenistische Zeit[44]. Schließlich wird in der Inschrift einer Statuenbasis in Taormina ein Geehrter im Nominativ genannt; ein Stifter wird nicht erwähnt (Taorm2). Da der Geehrte wohl einer der wichtigsten Familien des späthellenistischen Sizilien entstammte, ist der Nominativ als sog. Great Man Nominative zu deuten, wie J. Ma diese Nutzung bezeichnet hat[45]. Weiterhin wurden Götter, Heroen und Athleten im Nominativ genannt, da diese Personen so herausragende Persönlichkeiten darstellten, dass sie keiner weiteren Erklärung bedurften[46].

3.4.1   Zur Sprache der Inschriften

Der größte Teil der Ehreninschriften hellenistischer Zeit in Sizilien wurde in griechischer Sprache verfasst. Nur eine Statuenbasis weist eine lateinische Inschrift auf (Hala6). Auch Personen mit eindeutig lateinischen Namen (z.B. Marcus, Sohn des Publius, Hala3), ebenso wie römische Amtsträger (Proprätor, Sol1; Proquästor, Hala8) wurden in griechischer Sprache geehrt. Die Amtsbezeichnungen wurden in diesen Fällen ebenfalls in griechischer Sprache wiedergegeben. Das zeigt eindeutig, dass mit der Eroberung Siziliens durch die Römer nicht automatisch die lateinische Sprache übernommen wurde. Darauf hat bereits J. Prag mehrfach hingewiesen; seine Untersuchungen haben gezeigt, dass die lateinische Sprache erst langsam ab Mitte des 1. Jhs. v. Chr. in öffentlichen Inschriften zu dominieren begann (Abb. 453)[47].

3.4.2   Zur Datierung der Inschriften

Die chronologische Einordnung der vorgestellten Befunde erfolgte anhand mehrerer Methoden. Genaue Datierungen waren nur möglich bei den Ehrungen, die syrakusanische Könige und römische Amtsträger betrafen, deren Amtszeiten aus anderen Quellen bekannt sind (Syr1, Syr2, Taorm2, Sol2, Hala4, Hala8). Das Gros aller Statuenmonumente wurde anhand der Buchstabenform der Inschriften datiert oder aber relativchronologisch mithilfe von datierten

---

44   Alleine in Halaesa finden sich vier Statuenmonumente mit dieser Formel.
45   Ma 2015, 21. Weitere Geehrte im Nominativ können Athleten, Götter und Heroen sein.
46   Ma 2015, 21–23.
47   U.a. Prag 2002.

Bauwerken, in denen sie architektonisch eingefasst, aufgestellt waren. Dabei war oft eine genauere zeitliche Einordnung als in ein Jahrhundert oder „hellenistisch" nicht möglich. Die Statuenbasen, die eine Inschrift aufweisen, konnten wie folgt chronologisch sortiert werden:

3. Jh.	Syr1, Syr2
Anfang 2. Jh.	Hala6
Mitte 2. Jh.	Seg1, Seg2, Sol3, Sol4
2. Jh.	Hala1, Taorm1, Tynd1, Seg3, Seg4
Ende des 2. bzw. Beginn des 1. Jhs.	Frat1, Hala2, Hala3, Hala4, Hala7, Hala9, Seg5, Seg6, Seg7, Seg8, Seg9 Seg10, Seg11
1. Jh.	Hala8, Sol1, Sol2, Taorm2
hellenistisch/ keine genaue Datierung möglich	Hala5, Malta1

Die frühesten Ehrungen stammen aus der Mitte des 3. Jhs. v. Chr.; vermehrt tauchen Statuenehrungen erst am Ende des 2. Jhs. v. Chr. auf (Abb. 447, Abb. 448). Auch die sicher zu identifizierenden in situ-Befunde zeigen, dass Monumente ab der Mitte des 2. Jhs. v. Chr. errichtet wurden. Erst im Rahmen der Monumentalisierung der Agorai verschiedener Städte wurden die neu gestalteten urbanen Zentren umfassend mit Ehrenmonumenten ausgeschmückt.

3.5 Sozial-historische Auswertung der Inschriften

Gemäß den Inschriften der Statuenbasen können die Ehrungen in unterschiedliche Gruppen von Geehrten und Stiftern unterteilt werden. Alle Ehreninschriften von Statuenbasen wurden in der folgenden Tabelle aufgenommen, die als Grundlage für die Auswertung dient:

ID	Geehrter	Stifter	Datierung	Grund
Eri1	Pasian Seisyrian, Sohn des Dekkios	?	Mitte 1. Jh.	Tribunus militum (χιλιαρχ)
Frat1	Andronos	Demos	2./1. Jh.	εὐεργεσίας
Hala1	Diogenes Lapiron	Demos	2. Jh.	εὐεργεσίας
Hala2	(..) Lapiron, Sohn des Apollodoros	Demos	2./1. Jh.	εὐνοίας καὶ εὐεργεσίας

HELLENISMUS – GENESE DER GRIECHISCH-RÖMISCHEN EHRENPRAXIS 89

(*fortges.*)

ID	Geehrter	Stifter	Datierung	Grund
Hala3	Marcus, Sohn des Publius	Demos	2./1. Jh.	εὐνοίας καὶ εὐεργεσίας
Hala4	Caninius Niger	Soldaten versch. Städte	2./1. Jh.	εὐνοίας
Hala5	Herakleios, Sohn des Diodoros	Soldaten aus Eryx	2./1. Jh.	Tribunus militum (χιλιαρχ), εὐνοίας
Hala6	L. Cornelius Scipio	Italiker	um 190	honoris caussa (sic)
Hala7	Lapiron, Sohn des Diogenes	Koinon der Apollonpriester	2./1. Jh.	εὐνοίας καὶ εὐεργεσίας
Hala8	Gaius Vergilius Balbus	Demos	69–66	Proquästor (ἀντιταμίαν), εὐνοίας
Hala9	Nemenios Daphnis	Koinon der Apollonpriester	1. Jh.	εὐεργέταν ἀρετᾶς, εὐνοίας
Halu1	(…) des Timandros	Demos	1. Jh.	εὐνοίας
Seg1	Pahalakros	Demos	Mitte 2. Jh.	ἀρετη
Seg2	Phalakria (Ehefrau)	Sopolis (Sohn)	Mitte 2. Jh.	εὐνοίας, als Mutter geehrt
Seg3	Artemon	Artemidora (Tochter)	2. Jh.	Gymnasiarchie, als Vater geehrt
Seg4	Minyra	Diodoros Appeiraois (Bruder)	2. Jh.	Priesteramt
Seg5	Herakleios, Sohn des Nymphon	Demos	2. Jh.	ἀρετᾶς
Seg6	Phaon Sopolianus	Demos	2. H. 2. Jh.	ἀρετᾶς
Seg7	?, Sohn des Artemon	Demos	2. Jh.	ἀρετᾶς
Seg8	Phaon Sopolianos, Sohn des Nymphon	?	Mitte des 2. Jhs.	*hierothytas*, Ausführen von Arbeiten
Seg9	Tittelos, Sohn des Artemidoros	?	Mitte des 2. Jhs.	*ieramnamos*, Aufsicht über Arbeiten
Seg10	?	?	Mitte des 2. Jhs.	Ausführen von Arbeiten

90 KAPITEL 3

(*fortges.*)

ID	Geehrter	Stifter	Datierung	Grund
Seg11	Artemidoros Dossis	?	Mitte des 2. Jhs.	*ieramnamos*, Ausführen von Arbeiten
Sol1	Antallos Ornichas, Sohn des Apollonios	Soldaten	1. Jh.	εὐνοίας, Gymnasiarch
Sol2	Sextus Peducaeus	Koinon	84–75	εὐνοίας, Proprätor
Sol3	Apollonios, Sohn des Ariston	Ariston, Sohn des Apollonios	Mitte 2. Jh.	Amt (Amphipolos)
Sol4	Ariston, Sohn des Apollonios	Apollonios, Philon und Ariston, Söhne des Ariston	Mitte 2. Jh.	Amt (Amphipolos)
Syr1	Hieron II.	Syrakusaner	265–215	– (König)
Syr2	Gelon	Demos	241–216	– (Sohn des Königs)
Taorm1	Olympis, Athlet	Demos	2. Jh.	siegreich in den phythischen Spielen
Taorm2	Gaius Claudius Marcellus	-	79	– (einflussreiche Familie; Amt)
Taorm4	Nymphodoros Eukleida	Demos	spätes 2. Jh.	εὐνοίας
Taorm5	Nymphodoros Philistos	Demos	spätes 2. Jh.	εὐνοίας καὶ εὐεργεσίας
Term1	?	?	2./1. Jh.	εὐνοίας, Arbeiten (Pflasterung etc.)
Tynd1	Antichmachos	Demos	2. Jh.	εὐεργεσίας

3.5.1 *Geehrte*

Ein Großteil der Statuenmonumentinschriften erwähnt εὐνοίας, εὐεργεσίας oder ἀρετᾶς als Eigenschaft der geehrten Person bzw. als Grund für die Ehrung. Dabei handelt es sich um eine standardisierte Formulierung, die häufig bei hellenistischen Statuenehrungen auftritt. Bei 14 der 35 Ehrungen kann keine genaue Angabe zur Funktion des Geehrten gemacht werden (Frat1, Hala1, Hala2, Hala3, Hala7, Hala9, Halu1, Mars1, Seg1, Seg5, Seg6, Seg7, Taorm4, Tynd1). Möglicherweise handelte es sich um Wohltäter, deren Taten nicht explizit genannt wurden, da sie in der Stadt überall bekannt waren. Als Beispiel sei eine

HELLENISMUS – GENESE DER GRIECHISCH-RÖMISCHEN EHRENPRAXIS

Statuenehrung in Segesta angeführt: Phalakros wurde mit einer Statue in der *scaenae frons* des Theaters geehrt. Aufgrund folgender unspezifischer Ehrung ὁ δᾶμος τῶν Ἐγεσταίων Φάλακρον Διοδώρου Ἐρύσσιον ἀρετᾶς ἕνεκα, vermutete man, dass er den Bau des Theaters finanziert hätte[48]. Auch wenn dies hier, wie auch in anderen Fällen nicht belegt werden kann, spricht die Tatsache, dass den Personen öffentliche Statuen errichtet wurden, zumindest für eine Zugehörigkeit zur führenden Oberschicht.

Fünf Statuenmonumente (Seg8, Seg9, Seg10, Seg11, Term1) wurden für Personen errichtet, die aufgrund von ihren finanzierten Bautätigkeiten als Wohltäter geehrt wurden. Davon wurden vier Statuen in Segesta in erhöhten Nischen aufgestellt. Die Inschriften gehen sehr unterschiedlich mit dem Grund für die Ehrung um; einige zählen präzise die Bautätigkeiten auf, während andere nur Arbeiten an sich erwähnen.

Zwei Statuenmonumente für Könige sind archäologisch überliefert. In Syrakus wurde eine Statuenbasis für Hieron II. und eine für seinen Sohn Gelon gefunden (Syr1, Syr2).

Unklar ist, ob sich bereits ihre Vorgänger in Sizilien mithilfe von Statuen ehren ließen. Literarisch sind Standbilder von Dionysios I., Gelon und anderen Tyrannen im Rahmen des Herrscherkults in Syrakus bezeugt[49]. Abgesehen von den beiden Genannten wurden die Statuen der Herrscher jedoch Dionysios zufolge eingeschmolzen oder verkauft. Eine nackte Statue (εἰκών γυμνόν) des Gelon wurde von den Syrakusanern beispielsweise im Heiligtum der Juno aufgestellt[50]. Unter anderem aufgrund der negativen archäologischen Überlieferung gibt es Zweifel an der Authentizität der Standbilder[51].

Ferner liegen Ehrenstatuen für Amtsträger vor; zunächst werden die römischen und militärischen Geehrten, dann Personen, die lokale Ämter bekleideten, untersucht. Die frühste Erwähnung eines römischen Amtsträgers ist die Ehrung Scipios um 190 v. Chr. (Hala6). Zwar ist keine Amtsbezeichnung erhalten, doch kann der Geehrte wohl mit Lucius Cornelius Scipio identifiziert werden, der 193 v. Chr. Prätor war. Erst im 1. Jh. v. Chr. wurden weitere Magistrate geehrt (Hala8, Sol2). Die Amtsbezeichnungen sind in den Inschriften in griechischer Übersetzung genannt (ἀντιταμίαν = Proquästor, ἀντιστράτη-γον = Proprätor)[52]. Außerdem ist mit der Aufstellung einer Bronzestatue in Taormina für C. Claudius Marcellus möglicherweise ein weiterer Magistrat

---

48 Bulle 1928, 123. 130 f.
49 Dion Chrys. 37,20 f. Dazu Sanders 1991.
50 Ael. Historia varia 6,11.
51 Stroheker 1958, 245 Anm. 115; Sehlmeyer 1999, 20 Anm. 59.
52 Zu den griechischen Entsprechungen der lateinischen Amtsbezeichnungen, Mason 1974; Rödel-Braune 2015, 66–68.

geehrt worden (Taorm2). Er war 79 v. Chr. Prokonsul und stammte aus einer der wichtigsten Familien der späthellenistischen Zeit. Die Inschrift der Basis erwähnt kein Amt und keinen Grund für die Ehrung; zudem ist sein Name im Nominativ geschrieben. Die Nennung im Nominativ deutet auf die Bedeutung des Geehrten hin, da so Götter, Athleten oder „great men" geehrt wurden, die man nicht genauer beschreiben musste[53]. Somit könnte Marcellus auch aufgrund seiner Herkunft unabhängig von seinem Amt geehrt worden sein.

Statuen von zwei Amphipoloi wurden in Solunt errichtet (Sol3, Sol4); es handelt sich um Vater und Sohn einer der führenden Familien Solunts. Das Amt des Amphipolos ist aus Syrakus bekannt, wo es 343 v. Chr. von Timoleon eingeführt wurde. Es ist gleichzeitig ein Priesteramt für Zeus und ein politisches Amt als leitender Amtsträger der Stadt. In Solunt ist es allerdings nicht das eponyme Amt wie in Syrakus[54]. Auch in weiteren sizilischen Städten ist die Amphipolia in Inschriften erwähnt. Unklar ist dabei, ob das Amt von Syrakus aus nach Solunt kam und hier ebenso ein politisch bedeutendes Amt darstellte oder, ob es nur ein Priesteramt war.

Vier militärische Amtsträger wurden in Sizilien mit Statuenmonumenten in verschiedenen Städten geehrt, in Erice, Halaesa und Solunt (Eri1, Hala4, Hala5, Sol1). In Solunt wurde ein Gymnasiarch namens Antallos von Epheben und drei Soldatenabteilungen geehrt. Antallos gehörte zu einer der führenden Familien Solunts, deren Mitglieder auch andere Ämter der Stadt inne hatten. In Halaesa und Erice wurden für zwei Chiliarchen Statuen errichtet. Dieses Amt entspricht dem römischen Amt des Tribunus militum, welches aber in griechischer Sprache wiedergegeben wurde. Herakleios und Pasian Seisyrian fungierten als Kommandeure in der Garnison in Eryx. In Halaesa wurde darüber hinaus der Flottenkommandant Caninius Niger von Marinesoldaten verschiedener Städte, die unter ihm gedient hatten, geehrt.

In Taormina findet sich eine Statuenbasis, mit der Olympis als Sieger der Pythien geehrt wird (Taorm1). Obgleich bekannt ist, dass einige Bewohner sizilischer Städte an Agonen außerhalb Siziliens teilnahmen, ist keine weitere Ehrung dieser Art bekannt. Auch Athletenstatuen, die sonst einen weit verbreiteten Ehrenstatuentypus darstellen, finden sich nicht in Sizilien. Die Oberseite der taormitanischen Statuenweihung zeigt Einlassungen einer Bronzestatue in Ponderation für eine lebens- oder leicht überlebensgroße stehende Statue. In welcher Pose sie dargestellt war, kann nur vermutet werden. Die nahe aneinander liegenden, vollständig aufgesetzten Sohlen sprechen gegen eine dynamische Pose der Statue (Abb. 363). Da der Grund für die

---

53   Ma 2015, 21–23.
54   Dazu u.a. Tusa 1963, 190–192.

HELLENISMUS – GENESE DER GRIECHISCH-RÖMISCHEN EHRENPRAXIS　　93

Ehrung ein Sieg bei den Pythien in Delphi war[55], bedeutenden Spielen der panhellenischen Welt, wäre eine athletische Darstellung zu erwarten gewesen bzw. in seinem Fall eine Darstellung als Reiter. Da die Basis aber auf keinen Fall ein Reiterstandbild getragen hat, gibt es mehrere Alternativen: Zum einen die Darstellung als Bürger der Stadt im Himation; hier gibt die Inschrift alleine den Hinweis auf den siegreichen Agon. Oder aber der Geehrte wurde zwar ohne Pferd, jedoch als Reiter dargestellt, möglicherweise in besonderer Tracht oder als nackter Athlet.

In der Mitte des 2. Jhs. v. Chr. wurde die Statue einer gewissen Phalakria von ihrem Sohn in der *scaenae frons* vom Theater in Segesta aufgestellt (Seg2). Neben ihr stand bereits eine Statue ihres Mannes Phalakros, der wiederum wenig früher oder zur selben Zeit vom Demos geehrt worden war (Seg1). Ebenfalls in Segesta wurde eine Priesterin von ihrem Bruder mit einer Statue geehrt (Seg4). Generell sind weibliche Ehrenstatuen in hellenistischer Zeit vor allem als Teil von Familiengruppen bekannt[56]. Da in Sizilien bisher keine Familiengruppen gefunden wurden[57], erklärt sich so möglicherweise der geringe Befund an weiblichen Ehrenstatuen in hellenistischer Zeit.

3.5.2　*Stifter*

Die überwiegende Anzahl von Statuenmonumenten wurde den Inschriften zufolge vom Demos der jeweiligen Städte gestiftet (Taorm1, Taorm 4, Taorm5, Tynd1, Frat1, Halu1, Seg1, Syr1). Weiterhin fungierten Gruppen wie die Syrakusaner (Syr1), die Italiker (Hala6), Koina oder andere Zusammenschlüsse als Stifter. Dabei handelte es sich sowohl um Zusammenschlüsse militärischer als auch sakraler Art. Militärische Gruppen traten in Halaesa und Solunt auf, wo sie ihre jeweiligen Kommandeure mit Statuenmonumenten ehrten. Es handelte sich um Einheiten von Soldaten und Epheben (Sol1) oder Einheiten unterschiedlicher Städte (Hala4, Hala5). Koina sind als Stifter in Halaesa und Solunt bekannt und zwar im 2. und 1. Jh. v. Chr. (Hala7, Hala9, Sol2). Während die Inschrift in Solunt zu fragmentarisch erhalten ist, um das Koinon näher bestimmen zu können, ist das Koinon der Apollonpriester in Halaesa aufgrund eines erhaltenen Dekrets gut bekannt (Hala9). Im Grunde ist es wie eine Polis aufgebaut, nämlich mit Institutionen wie Halia und Boule. Die Zahl der Mitglieder wird mit 825 Personen angegeben. J. Prag schlug aufgrund der

---

55　Vermutet wurde, dass die Pythien Agone in Taormina waren, dazu Muscolino 2009–2010, 455.

56　Van Bremen 1996; Eule 2001.

57　Denkbar sind Exedrai als Aufstellungsorte für Familiengruppen in Agrigent, Segesta und Morgantina. Hier sind allerdings weder Inschriften noch Statuengruppen erhalten, die sich zuweisen lassen.

hohen Zahl vor, dass es sich dabei um alle männlichen Bürger Halaesas gehandelt haben könnte[58].

Fragen wirft aus verschiedenen Gründen die Ehrung des Scipio in Halaesa auf (Hala6). Unklar ist erstens, wieso die Italiker (*italici*) Scipio ehrten, und zweitens, wieso dies in Halaesa geschah. Die Italiker als Stifter von Ehrenmonumenten sind aus Griechenland und Kleinasien bekannt, vor allem aus Delos als organisierte Gruppierung von Kaufleuten[59]. Anscheinend waren sie im 2. Jh. v. Chr. an der Nordostküste Siziliens aktiv und oder waren sogar in Halaesa ansässig.

Außerdem stifteten zwei Opferpriester (ἱεροθύτεις) Statuen für zwei Priester des Zeus in Solunt (Sol3, Sol4). Bei den Geehrten handelt es sich wohl um Vater und Sohn. Die Opferpriester stammten aus derselben Familie und waren somit mit den Geehrten verwandt[60].

Darüber hinaus gab es privat initiierte Ehrungen: Das früheste Beispiel stellt eine Statuenehrung im Bühnengebäude in Segesta vom Anfang des 2. Jhs. v. Chr. (Seg2) dar. Hier stand bereits eine vom Demos errichtete männliche Statue, bevor sein Sohn ein Standbild seiner Mutter, also der Ehefrau des öffentlichen Geehrten, vermutlich daneben auf eigene Kosten aufstellte (Seg1). Besonders ist außerdem das Standbild eines Mannes, das von seiner Tocher gestiftet wurde (Seg3), da Frauen kaum als Akteure der Ehrenpraxis in Sizilien auftreten.

Von sech weiteren Ehrungen ist der Name des Stifters nicht erhalten oder wird nicht genannt (Taorm2, Term1, Seg8, Seg9, Seg10, Seg11).

3.6 Der Kontext der Ehrenpraxis

Die sozial-historische Analyse der Ehrungen zeigt, dass eine besondere Konzentration auf dem Demos der Städte als verantwortlicher Institution für Statuenehrungen lag. Die Boule, die in hellenistischer Zeit in anderen Regionen gemeinsam mit dem Demos Statuen stiftete, wird dagegen nie genannt. Der Grund hierfür ist schwer zu fassen. Weil die Boule in anderen Inschriften auftaucht und entsprechende Bauten in mehreren Städten archäologisch nachweisbar sind (Monte Iato, Morgantina, Akrai, Solunt, Agrigent, Segesta), ist zu fragen, wie die politische Organisation der Städte aussah,

---

58 Prag 2017b, 71.

59 Zu den Italikern, Hermann 2002, 37–41; zur Problematik der Identifikation bzw. Definition der Italiker und zu den Ehrungen der Italiker in Delos, Trümper 2008, 293–297. 304.

60 Dazu vgl. Tusa 1963, 187 f.

HELLENISMUS – GENESE DER GRIECHISCH-RÖMISCHEN EHRENPRAXIS

welche Rolle also die Boule einnahm[61]. J. Prag zufolge nahm etwa seit dem 3. Jh. v. Chr. die Bedeutung dieser exklusiven Versammlungen zu[62]. Dies würde mit der generellen Entwicklung griechischer Städte übereinstimmen, deren Organisation in späthellenistischer Zeit der lokalen Oberschicht im Sinne eines „Honorationsregimes" oblag[63]. Auch die Erwähnung in den Reden gegen Verres, dass die Mitgliedschaft im Rat (Boule/Senatus) in Halaesa vom Einkommen abhing, weist in diese Richtung[64]. Die Abwesenheit der Boule als Stifter von Ehrungen könnte darauf hinweisen, dass exklusive Versammlungen wie die Boule keinen Einfluss auf die Ehrenpraxis hatten. Stattdessen bestimmte vielmehr das Kollektiv aller Bürger, der Demos, über die Ehrungen. Das würde dem generellen Bild späthellenistischer Poleis deutlich widersprechen.

Eine interessante Parallele stellt Pergamon dar: Hier spielt die Boule in hellenistischer Zeit auch keine Rolle als Stifter. Erst ab der augusteischen Zeit taucht sie gemeinsam mit dem Demos als Stifter von Ehrenstatuen auf[65]. Dass sie aber bereits vorher existierte, zeigen Verträge und Dekrete[66].

Während die meisten Geehrten nicht genauer zu bestimmen sind, fallen Familien einiger Städte auf, die Ehrungen und Ämter zu dominieren scheinen[67]. In Solunt stechen sowohl die Familie der Anttalloi (Sol1; Pflasterung der Via dell'Agora[68]) als auch die des Apollonios und des Ariston hervor (Sol3, Sol4), die als Amphipoloi geehrt wurden. Die ebenfalls in der Inschrift erwähnten Opferpriester kommen, wie bereits festgestellt wurde, aus derselben Familie[69]. In Segesta fällt besonders die Familie des Phalakros auf, die möglicherweise mit dem Bau des Theaters in Verbindung steht (Seg1, Seg2). In Halaesa standen mehrere Statuenbilder von Mitgliedern der Familie des Lapiron auf der Agora (Hala1, Hala2, Hala7, Hala19); die Familie war nicht nur in der späthellenistischen Zeit bedeutend, sondern auch noch in der frühen Kaiserzeit weist

---

61 Es ist sowohl eine „griechische" Organisation der Städte mit Demos, Boule und Prytaneion nachzuweisen als auch Listen lokaler Magistrate aus Taormina und Akrai sowie lokale Kalender und Münzprägung, was für eine gewisse Autonomie spricht, u.a. Prag 2015.

62 Prag 2015, 178. Cicero erwähnt zudem einen Rat (*senatus*) in Halaesa, Cic. Verr. 2,122, dazu u.a. Prag 2015, 172.

63 Zusammengefasst von van Nijf – Alston 2010. Grundlegend Veyne 1988; Gauthier 1985; Quaß 1993; Habicht 1995; Zuiderhoek 2010.

64 Cic. Verr. 2, 122.

65 Habicht 1969, 157. Zur Frage der öffentlichen Polis-Institutionen in Pergamon u.a., Bielfeldt 2010.

66 Bielfeldt 2010, 121 Anm. 8.

67 U.a. Portale 2006.

68 Portale 2006, 89 f.

69 Zum Verwandtschaftsverhältnis u.a. Tusa 1963.

ein Statuenmonument auf deren Einfluss und Macht hin. Die einzigen privat initiierten Statuenehrungen haben ebenfalls einen familiären Kontext (Seg2, Seg3, Seg4). Unklar ist, ob die von Vereinigungen und Koina gestifteten Statuen als privat anzusehen sind, denn in keiner einzigen derartigen Inschrift ist die Erlaubnis einer offiziellen Institution für die Aufstellung im öffentlichen Raum erwähnt. Zu fragen ist, ob in der Ehrenpraxis Siziliens die Erlaubnis für die Nutzung des öffentlichen Raums nicht benötigt wurde oder, ob sie nur deshalb nicht angeführt wurde, da sie generell Voraussetzung für die öffentliche Ehrung war[70]. Auf der anderen Seite lässt die Struktur des Koinon der Apollonpriester von Halaesa vermuten, dass es sich um mehr als eine berufliche Vereinigung handelte, nämlich um eine Art städtische Institution. Dafür sprechen die hohe Anzahl der Mitglieder und die Organisation des Koinon in Institutionen, die auch eine Stadt gliedern. Weder für das Koinon, welches in Solunt als Stifter auftrat, noch für die Zusammenschlüsse kann Ähnliches vermutet werden.

Frauen wurden den damaligen gesellschaftlichen Gepflogenheiten entsprechend selten mit Statuenmonumenten bedacht. Nur in Segesta wurde sowohl eine Frau als Mutter gemeinsam mit ihrem Ehemann im Theater der Stadt dargestellt als auch eine Priesterin von ihrem Bruder an einem unbekannten Ort geehrt (Seg4). Ebenfalls in Segesta fungierte eine Frau als Stifterin eines Standbildes ihres Vaters, einem Gymnasiarchen (Seg3). Bei den drei Monumenten mit weiblicher Beteiligung handelt es sich um Privatstiftungen und nicht um Standbilder, die von öffentlichen Insitutionen bezahlt wurden. Inschriftlich ist bis zur Kaiserzeit keine weitere Ehrung einer Frau mehr nachzuweisen. Möglicherweise kann dies dadurch erklärt werden, dass weibliche Familienmitglieder der römischen Amtsträger nicht geehrt werden durften[71].

Inhaber von politischen, sakralen oder militärischen Ämtern spielten eine gewichtige Rolle. Römische Amtsträger tauchen unter den Geehrten jedoch erst im 1. Jh. v. Chr. auf, obwohl Sizilien bereits seit dem 3. Jh. v. Chr. unter der Aufsicht von Amtsträgern stand. Außerdem wurden sie in griechischer und nicht in lateinischer Sprache geehrt[72]. Auch D. Erkelenz konnte in seiner Untersuchung der Ehrungen von römischen Amtsträgern in den Provinzen nur drei in Sizilien fassen[73]. Zählt man Ciceros Schilderungen hinzu, könnte die Zahl der Statuen für Amtsinhaber zahlenmäßig weitaus höher gewesen sein (Cic2, Cic3, Cic4, Cic6, Cic8, Cic9, Cic10, Cic11). Acht Ehrenstatuen wurden

---

70 So Alföldy 1979, 203.

71 Erkelenz 2003, 55.

72 Zu den Sprachen der Ehreninschriften römischer Amtsträger siehe die Tabelle, Erkelenz 2003, 321.

73 Erkelenz 2003, 315. Zur geringen Zahl von vier bekannten Amsträgern s. auch Prag 2015, 184.

HELLENISMUS – GENESE DER GRIECHISCH-RÖMISCHEN EHRENPRAXIS 97

ihm zufolge alleine für Verres errichtet, dazu noch einige für seinen Sohn, seinen Vater und seinen Schwiegersohn. Sowohl stehende Einzelstatuen als auch Reiterstandbilder, eines sogar auf einem Bogenmonument, standen anscheinend einem römischen Amtsträger, im Fall des Verres einem Proprätor, zu. Fundamente und Statuenbasen in situ, die als Reitermonumente rekonstruiert werden können, aber ohne Inschriften überliefert sind, finden sich in drei Städten. Reiterstandbilder wurden generell besonders im 2. und 1. Jh. v. Chr. oft für die Ehrung von Amtsträgern wie Statthaltern genutzt[74], weshalb die erhaltenen Monumente möglicherweise auch in Sizilien mit solchen Empfängern oder lokalen Amtsträgern in Verbindung gebracht werden können.

Auffällig ist, dass nur drei Ehrungen einer privaten Einzelperson zugeordnet werden können. Es handelt sich in allen drei Fällen um familiäre Ehrungen, in einem Fall um die eines verstorbenen Familienmitglieds (Seg3). J. Ma zufolge stellten sowohl ein Amt als auch ein Todesfall in der Familie die üblichen Gründe für Privatstiftungen dar[75]. Im griechischen Osten lassen sich ab dem Ende des 3. Jhs. v. Chr. allerdings deutlich mehr private Stiftungen von Statuen nachweisen[76].

3.7 Die Aufstellungsorte der Ehrenstatuen

Über die exakten Aufstellungsorte können nur die in situ-Befunde und Objekte mit präziser Fundortbestimmung Aufschluss geben. Viele der sich heute in Museen befindlichen Statuenbasen und Skulpturen wurden ohne genaue Angaben in die Sammlungen gebracht. In den meisten Fällen liegen immerhin Angaben zum ungefähren Auffindungsort vor. Zusätzlich oder alternativ kann aufgrund der Formulierung der Inschriften eine öffentliche Aufstellung von den Monumenten vermutet werden. Jeder der in den Katalog aufgenommenen Befunde wird im öffentlichen Raum verortet. Beachtet werden müssen bei der Interpretation natürlich mögliche Wiederverwendungen und Translokationen. Im Folgenden werden deshalb 55 in situ-Befunde und sicher zugeordnete Befunde diskutiert. Außerdem werden bei der Auswertung auch literarisch erwähnte Aufstellungsorte angeführt. Die meisten Statuenmonumente haben sich auf Platzanlagen verschiedener sizilischer Städte erhalten, einige wenige auch in Theatern und Heiligtümern. Die Aufstellungsorte können in zwei größere Komplexe, Außen- und Innenräume, untergliedert werden.

---

74 Vgl. Siedentopf 1968, 23; Bergemann 1990, 14. Erkelenz 2003, 105 f.
75 Ma 2015, 169–180.
76 Vgl. Ma 2015, 200 f.

Fundort	in situ/ rekonstruiert	Identifizierung	Innenraum	Außenraum	Aufstellungsort
Agr1	in situ	sicher		x	Umgebung eines Tempels/Altars
Agr2	in situ	sicher		x	Umgebung eines Tempels/Altars
Agr3	in situ	sicher		x	Umgebung eines Tempels/Altars
Agr4	in situ	sicher		x	unklarer Kontext
Cent1	in situ	sicher		x	vor Portikus
Hala2	in situ	sicher			auf Portikusstufen
Hala4	in situ	sicher			auf Portikusstufen
Hala10	in situ/ rekonstruiert	sicher			auf Portikusstufen
Hala11	in situ	sicher	x		Nische in Stoa
Hala12	in situ	sicher	x		Nische in Stoa
Hala13	in situ	sicher	x		vor Säule
Hala14	in situ	sicher	x		vor Säule
Malta1	in situ	unklar		x	unklarer Kontext
MegH1	in situ	unsicher		x	am Rand der Agora
MegH2	in situ	unsicher		x	am Rand der Agora
MegH3	in situ	unsicher		x	am Rand der Agora, an Standbild orientiert
MegH4	in situ	unsicher		x	am Rand der Agora, an Standbild orientiert
MegH5	in situ	unsicher		x	am Rand der Agora, an Standbild orientiert
MegH6	in situ	sicher		x	vor Mauer, an Weg
MegH7	in situ	sicher		x	vor Mauer, an Weg
MegH8	in situ	sicher		x	vor Mauer, an Weg
Morga1	in situ	unsicher	x		vor innerer Säule der Oststoa
Morga3	in situ	unsicher	x		Bouleuterion
Morga4	in situ	unsicher	x		Bouleuterion

(*fortges.*)

Fundort	in situ/ rekonstruiert	Identifizierung	Innenraum	Außenraum	Aufstellungsort
Morga5	in situ	sicher		x	Agora, am Stufenbau
Morga6	in situ	unsicher		x	vor den Stufen der Nordstoa
Morga7	in situ	unsicher		x	vor den Stufen der Nordstoa
Morga8	in situ	sicher		x	vor den Stufen der Nordstoa
Morga9	in situ	sicher		x	vor Oststoa
Morga10	in situ	unsicher		x	vor Macellum
Pante1	in situ	sicher		x	vor Portikus
Pante2	in situ	sicher		x	vor Portikus
Pante3	in situ	unsicher		x	in Treppenanlage des Podiumtempels integriert
Pante4	rekonstruiert	unsicher		x	in Treppenanlage des Podiumtempels integriert
Seg1	rekonstruiert	sicher	x		*scaenae frons* des Theaters
Seg2	rekonstruiert	sicher	x		*scaenae frons* des Theaters
Seg5	rekonstruiert	sicher	x		Nische in Stoa oder angrenzendem Gebäude
Seg8	rekonstruiert	sicher	x		Nische in Stoa oder angrenzendem Gebäude
Seg9	rekonstruiert	sicher	x		Nische in Stoa oder angrenzendem Gebäude
Seg10	rekonstruiert	sicher	x		Nische in Stoa oder angrenzendem Gebäude

(*fortges.*)

Fundort	in situ/ rekonstruiert	Identifizierung	Innenraum	Außenraum	Aufstellungsort
Seg11	rekonstruiert	sicher	x		Nische in Stoa oder angrenzendem Gebäude
Seg14	in situ	sicher	x		Nische in Stoa
Sol3	in situ	sicher	x		Nische in Exedra 9
Sol4	in situ	sicher	x		Nische in Exedra 9
Sol5+6	in situ	sicher		x	vor den Stufen der Stoa
Sol7	in situ	sicher		x	vor den Stufen der Stoa
Sol8	in situ	sicher		x	vor den Stufen der Stoa
Sol9	in situ	sicher		x	vor den Stufen der Stoa
Syr3	in situ	sicher	x		in der Portikus
Syr4	in situ	sicher	x		in der Portikus
Syr5	in situ	sicher	x		in der Portikus
Taorm4	in situ (heute Museum)	sicher	x		öffentliches Gebäude (Bouleuterion?)
Taorm5	in situ (heute Museum)	sicher	x		öffentliches Gebäude (Bouleuterion?)
Term2	Zeichnung	sicher		x	vor den Stufen der Stoa

3.7.1 *Außenräume*

Der Großteil der Statuenmonumente in situ findet sich auf Platzanlagen im Freien. Dort können sie zumeist entweder an den Rändern und/oder vor und auf den Stufen der angrenzenden Hallenbauten rekonstruiert werden. Diese Verortung kann in einigen Fällen mit der Orientierung von Monumenten an Wegen, die über die Platzanlage laufen, kombiniert werden. Dagegen gibt es keinen Anhaltspunkt ein Statuenmonument in der Mitte einer Agora zu verorten; dieser Bereich wurde stets freigelassen.

An Rändern von Platzanlagen wurden in Centuripe, Megara Hyblaea und Pantelleria Statuenmonumente aufgestellt. In Megara Hyblaea (Abb. 205–206) steht eine großformatige Basis nicht direkt an den Platz rahmenden Gebäuden, aber in geringer Entfernung dazu (MegH1)[77], während eine ähnliche Basis an der gegenüberliegenden Seite des Platzes vor der Stoa errichtet wurde (MegH2). Ebenfalls vor den Hallenbauten wurden Statuenmonumente in Centuripe (Cent1, Abb. 41, Abb. 43), Morgantina (Morga9, Abb. 228) und Pantelleria (Pante1, Pante2, Abb. 273) aufgestellt. In Achsenbeziehung mit den erwähnten Basen in Megara Hyblaea finden sich drei symmetrisch nebeneinander vor einem gepflasterten Weg angeordnete Monumente (MegH6, MegH7, MegH8), der gleichzeitig die Agora im Westen abschließt. Ebenfalls an einer Straße orientiert, hier aber gleichzeitig auch vor einer Stoa, finden sich in Morgantina eine Exedra (Morga7) und eine Basis für eine einzelne Statue (Morga6)[78]. Die Straße, die die Plateia A über den Norder der Agora verlängert, verbindet den Westteil der Stadt mit der Agora und stellt somit einen wichtigen Verbindungspunkt dar (Abb. 228). Ferner kann mit Befunden aus Halaesa (Hala2, Hala4, Hala10, Abb. 75), Solunt (Sol5–6, Sol7, Sol8, Sol9, Abb. 308–309), Morgantina (Morg8, Abb. 228), Segesta (Seg15, Seg16, Seg17, Seg18, Seg19, Seg20, Abb. 285–286) und Termini Imerese (Term2, Abb. 381) der Großteil der Statuenbasen in situ an den Treppen der Stoai rekonstruiert werden.

Ebenfalls an einer Stufenanlage befindet sich ein Reiterstandbild (Morga5). Dabei handelt es sich um die Überbrückung zwischen unterschiedlichen Niveaus der unteren und oberen Agora von Morgantina. Sowohl für Besucher des Theaters, welches sich westlich der Basis befindet, als auch für Personen, die sich im Bereich der Nordstoa aufhielten, war das Monument sichtbar (Abb. 228, Abb. 235–236). Die Ehreninschrift war höchstwahrscheinlich an der nördlichen Kurzseite der Basis angebracht und somit das Standbild in diese Richtung orientiert. Auch mit Blick auf die Nordstoa in Morgantina wurde eine Statue nördlich direkt vor dem Macellum aufgestellt (Morga10, Abb. 228). Der gewählt Ort verwundert allerdings, da sich an dieser Stelle keine Tür befindet, also keinen Bezugspunkt der Statue mit dem Gebäude. Einen anderen architektonischen Bezug zeigt eine Exedra in Agrigent (Agr1, Abb. 5). Sie ist auf den Altar eines Tempels geöffnet und mit geringer Entfernung deutlich darauf orientiert.

---

77   H. Tréziny zufolge handelt es sich um einen Altar und nicht um eine Statuenbasis, Tréziny 2018, 255–260.

78   Von M. Bell wird diese Basis als Bema gedeutet.

102   KAPITEL 3

Eine letzte Variante der Aufstellung unter freiem Himmel umfasst alle Statuenmonumente, die sich nicht an Architektur orientieren, sondern an anderen Standbildern. In Megara Hyblaea gruppieren sich drei Monumente für einzelne stehende Statuen (MegH3, MegH4, MegH5, Abb. 207–213) um eine längliche Statuenbasis (MegH1)[79]. Dafür wird sogar teilweise das Fundament der Basis verwendet. In Agrigent sind ebenfalls zwei Statuenbasen an einem größeren Statuenmonument orientiert (Agr2, Agr3, Abb. 5). Die Monumente für jeweils eine stehende Statue wurden seitlich an die Exedra bzw. vor das östliche Ende der Exedra gesetzt, geradezu als Verlängerung der Exedrawandung (Agr1). Somit ist ein deutlicher Bezug der Exedra und der sich dort gruppierenden Statuenmonumente auf den Altar und dort stattfindende kultische Handlungen zu beobachten.

Die angeführten Aufstellungsorte der Statuenmonumente unter freiem Himmel zeigen, dass die Ränder von Platzanlagen, Wege oder Treppen bevorzugt ausgewählt wurden. Keines der Statuenmonumente wurde mittig auf einer errichtet. Allerdings sind im Gegensatz zu den Rändern der Anlagen nicht alle Freiflächen vollständig ausgegraben. Die Agora vom Monte Iato zeigt exemplarisch die Problematik auf: Zahlreiche Statuenfragmente hellenistischer und kaiserzeitlicher Datierung kamen bei Grabungen im Umfeld der monumental ausgebauten Platzanlage zutage (Iato1–24). Da es sich um Fragmente männlicher Gewandstatuen aus Marmor handelt, kann vermutet werden, dass sie auf der Agora standen. Doch wurden weder Statuenbasen noch deren Abdrücke auf dem ausgegrabenen Teil des Paviments der Agora gefunden, die auf eine dortige Aufstellung hinweisen würden (Abb. 143). Möglicherweise wurde zumindest ein Teil der Statuen in den Gebäuden um die Agora herum errichtet.

3.7.2   *Innenräume*

Ehrenstatuen in Innenräumen finden sich überwiegend in Stoai bzw. Portiken. Darüber hinaus fehlt es in anderen Gebäuden an sicheren Befunden. Nur in der *scaenae frons* des Theaters von Segesta können sicher zwei Ehrenstatuen verortet werden (Seg1, Seg2). Ehrenstatuen in Bouleuteria sind in Sizilien nur über literarische Quellen gesichert (Cic1, Cic2)[80]. Entsprechende Strukturen in Morgantina sind nicht eindeutig mit Ehrenmonumenten (nicht einmal sicher mit Statuenbasen) in Verbindung zu bringen (Morga3, Morga4, Abb. 232–234)[81].

---

79   Von H. Tréziny werden diese Monumente als Sockel für Weihgeschenke bzw. als Treppenstufe gedeutet, um an den Altar (MegH1) zu gelangen, Tréziny 2018, 257.

80   Cic. Verr. 2.2.50.

81   Siehe dazu Morga3 und Morga4; Pausanias Erwähnung eines Kultbilds des Zeus im Bouleuterion an der Athener Agora beweist, dass Götterstandbilder durchaus im Bouleuterion aufgestellt waren, Paus. 1, 3, 5.

Sie befinden sich zudem an der Rückwand des Baus, während üblicherweise Statuen in Versammlungsbauten entweder am Eingang oder an den Enden der Analemmata stehen[82]. Die geringe Dichte an sicheren Befunden erstaunt angesichts der hohen Anzahl identifierter Bauten wie Thermen, Theatern oder anderen Versammlungsbauten[83].

In situ-Befunde von Ehrenstatuen haben sich dafür in Stoai bzw. Portiken gefunden: Hier standen mehrere Möglichkeiten zur Aufstellung zur Verfügung. Einerseits in erhöhten, in Wänden integrierten Nischen, teilweise sogar in abgetrennten Exedren, andererseits vor Säulen, Pilastern und Wänden der Hallenbauten. Die Aufstellung von zwei Statuen in der Nische der Rückwand von Exedra 9 in Solunt (Sol3, Sol4) kann als Paradebeispiel dieser Kategorie gelten, da hier die Nischenbasen, die Inschriften und die Einlassungen für die Bronzestatuen erhalten sind (Abb. 312–313). Aber auch in Segesta und Halaesa können Statuen in erhöhten Nischen rekonstruiert werden. Während in Segesta vier Unterlager in Tabula ansata-Form mit Inschriften (Seg8, Seg9, Seg10, Seg11), eine ohne Inschrift (Seg14, Abb. 302) und weitere profilierte flache Unterlager (?) (Seg3, Seg5, Seg6, Seg7) erhalten sind, finden sich in Halaesa zwei unbeschriftete Nischen (Hala11, Hala12, Abb. 75). Die Aufstellung in Nischen sind besonders hervorzuheben, da sie jeweils zur geplanten Erstausstattung der Platzanlagen gehören. Während in Segesta nicht klar ist, wo die Mehrzahl der Nischen innerhalb der Stoa platziert war, lassen sie sich in Halaesa und Solunt in eigenen Räumen verorten, an deren Rückwänden die Nischen eingelassen waren. Uneindeutig ist allerdings, ob die Räume geschlossen werden konnten bzw. der Zugang beschränkt war[84].

Darüber hinaus finden sich in Morgantina sowie in Halaesa Statuenbasen vor Innensäulen der Stoai. In Morgantina steht eine Basis vor dem südlichsten Pilaster der Oststoa (Morga1, Abb. 228, Abb. 229–230), in Halaesa zwei Basen für einzelnd stehende Standbilder an der mittigen Ordnung ausgerichtet (Hala13, Hala14, Abb. 75). Sie waren aufgrund ihrer Orientierung nach Westen von in der Halle wandelnden Personen und womöglich auch von der Platzanlage sichtbar.

Ferner finden sich in der späthellenistisch errichteten Quadriportikus in Syrakus drei Statuenbasen in situ, die im Inneren vor der Wand aufgereiht waren (Syr3, Syr4, Syr5; Abb. 335–339). Allerdings ist in diesem Fall nicht eindeutig geklärt, ob die Basen bereits vor der frühen Kaiserzeit aufgestellt

---

82   U.a. Gneisz 1990, 206 f., 211–213; Korkut – Grösche 2007, 5.

83   Hellenistische Theaterbauten (meist mit römischen Umbauten) sind u.a. in Akrai, Morgantina, Solunt, Taormina und Tyndaris ausgegraben.

84   Vgl. hierzu die Exedren in der Agora von Delos, Trümper 2008.

104 KAPITEL 3

wurden, einer Zeit, aus der die frühsten Statuenfragmente aus der Anlage stammen[85].

3.7.3 Auswertung der Aufstellungsorte: Die unterschiedlichen Aspekte von Sichtbarkeit

Die aufgezählten Befunde zeigen die Bandbreite an Möglichkeiten für die Aufstellung von Statuen in hellenistischer Zeit: Der Großteil orientierte sich an architektonischen Elementen, sei es an einer Säule, an Treppen oder an einem Gebäude. Die Wahl des Aufstellungsortes hatte immer den Zweck der größtmöglichen Sichtbarkeit. Man kann hier mehrere Variationen unterscheiden:

a) Orte, an denen Personen die Monumente im Vorbeigehen sehen,

b) Orte, an denen sich Leute eine längere Zeit aufhalten und somit die Standbilder für eine längere Zeit betrachten können,

c) Orte, an denen die Sichtbarkeit eines Monuments durch Sichtachsen u.ä. auf einen bestimmten Moment ausgerichtet ist,

d) Orte, an denen die Monumente die Wegführung beeinflussen.

Das erste Kriterium für die Wahl des Aufstellungsortes bezieht sich auf Monumente, die an den Rändern von Platzanlagen, aber vor allem an Treppen oder Wegen lagen. Diese sah eine Vielzahl an Menschen vermutlich nur im Vorbeigehen. Als Beispiel seien die Bronzestatuen der Exedra 9 in der Portikus in Solunt genannt (Sol3, Sol4), die Besucher des Theaters erblickten, wenn sie durch die Portikus hindurch die neben der Exedra gelegene Treppe zum Theater benutzten (Abb. 308–309). Eine genauere Betrachtung der Statuen war möglicherweise nur einem bestimmten Kreis erlaubt, der Zugang zu diesem Raum hatte. Die hohe Frequentierung der Treppe führte höchstwahrscheinlich zur Errichtung der Statuenmonumente an der nördlichen Seite der Agora (Sol5–6, Sol7, Sol8, Sol9)[86].

Monumente, die an einem Ort stehen, an dem sich Menschen vermutlich eine längere Zeit aufhielten, sind unter der zweiten Kategorie versammelt. Statuen, die im Bühnengebäude eines Theaters aufgestellt waren (Seg1, Seg2), konnten von einer großen Zahl an Besuchern für die Dauer einer Theatervorstellung gesehen werden. Auch wenn die Aufmerksamkeit der Besucher den Theaterstücken galt, bestand doch die Möglichkeit einer längeren Betrachtung.

---

85 Syr6, Syr7 usw.

86 Möglicherweise wird die Konzentration von Standbildern an der Seite der Agora aber durch die schlechtere Erhaltung des südlichen Abschnitts, in dem keine Fundamente oder Basen erhalten sind, verfälscht.

HELLENISMUS – GENESE DER GRIECHISCH-RÖMISCHEN EHRENPRAXIS

Ein weiteres Kriterium für die Aufstellung waren offenbar Sichtachsen, mit deren Hilfe die Aufmerksamkeit für ein Monument erhöht werden konnte. Ein Beispiel hierfür findet sich im Bouleuterion von Morgantina (Morga3), in dem ein Statuenmonument direkt gegenüber dem Eingang an der Rückwand des Gebäudes errichtet wurde. Dieses war aufgrund der achsialen Beziehung zum Eingang sofort beim Eintreten des Gebäudes sichtbar (Abb. 228, Abb. 232–233). Ein weiteres Monument findet sich aus der Achse verschoben (Morga4). Auch in Megara Hyblaea finden sich Achsenbeziehungen zwischen Statuenmonumenten (MegH1, MegH2, MegH6, MegH7, MegH8, Abb. 205–206), die vermutlich kein Zufall sind.

Ein letztes Aufstellungsprinzip bezieht sich auf Monumente, auf die die Aufmerksamkeit mithilfe einer erzwungenen Wegführung gelenkt wurde. In Halaesa wurden drei Exedren zwischen den Säulen der Portikus errichtet (Hala2, Hala4, Hala10), wodurch der Aufgang in das Innere deutlich beschränkt wurde und die Stufen an anderer Stelle benutzt werden mussten (Abb. 75). Diese Lenkung von Geh- und Bewegungsmöglichkeiten betrifft jedes Statuenmonument, das vor oder auf Portikustreppen errichtet wurde (demnach auch in Solunt, Segesta und Pantelleria). So deutlich wie bei den Exedren in Halaesa tritt sie sonst aber nicht in Erscheinung.

Es ist nicht möglich, diese Strategien voneinander zu trennen, da sie vorzugsweise kombiniert wurden, um die Sichtbarkeit zu erhöhen. Eine Trennung ist außerdem nicht zielführend, da viele Variablen in der Frage nach der Semantik von Statuen unbekannt sind. Dazu gehört u.a. die Frage, ob Statuenmonumente von vorübergehenden Passanten überhaupt beachtet bzw. wie lange sie betrachtet wurden. Auch wenn die Frage nach dem Status, dem Geschlecht und den Wahrnehmungsprinzipien der antiken Betrachter nicht zu klären ist, ist sie bei der Frage nach Wirkung und Sichtbarkeit von Statuenmonumenten wichtig[87]. Wie R. Bielfeldt ausführte, geht es deshalb vor allem darum „sich auf die Bildwerke selbst und die Weise, wie sie sich unter idealen Bedingungen an ihre Adressaten wenden"[88] zu konzentrieren. Auch der Umgang mit Ehrenstatuen ist nur fragmentarisch überliefert, ebenso liegen Zeugnisse über bestimmte Handlungen wie rituelle Bekränzungen von Ehrenstatuen in Sizilien nicht vor[89].

---

87   Zum antiken Betrachter u.a. Zanker 2000; Bielfeldt 2003.

88   Bielfeldt 2003, 98.

89   Die Bekränzung von Statuen wird im Rahmen einer Dissertation in Freiburg i.Br. von E. Gómez Rieser erforscht, Gómez Rieser 2017, 28–35. Die Inschrift einer kaiserzeitlichen Statuenbasis aus Mazara erwähnt die Ehrung mit einem Kranz, der auf der Basis mit einer Zeichnung angegeben ist (Maz1).

Da die Rezeptionsbedingungen antiker Betrachter nicht vollständig geklärt werden können, wird die Sichtbarkeit der Monumente und ihr Kontext analysiert. Entscheidend dabei ist der Aufstellungsort. Die wichtigste Unterscheidung betrifft die Aufstellung im Innen- oder Außenraum. Der Zugang zu Gebäuden und Plätzen konnte beschränkt sein, aber Innenräume waren davon gewöhnlich viel häufiger betroffen. Trotz der vermeintlich geringeren Sichtbarkeit wurden zahlreiche Statuen in Innenräumen aufgestellt. Dies könnte mit der Verknüpfung von Ort und Information erklärt werden, die den Aufstellungsort zu einem exklusiven Platz machte. Aufgrund eines Altarfundes in der Exedra 9 in Solunt, in der die bereits erwähnten Priester geehrt wurden, wurde vermutet, dass der Raum deren Dienstsitz darstellte[90].

Die Sichtbarkeit eines Statuenmonuments konnte außerdem mithilfe unterschiedlicher Merkmale wie z. B. der Größe erhöht werden. Während die untersuchten Monumente lebens- bis überlebensgroße Statuen trugen, unterscheiden sich die Statuenbasen in ihrer Größe. Dies konnte mit dem Aufstellungsort kombiniert werden: Das Reiterstandbild, welches an der Stufenanlage der Agora in Morgantina errichtet wurde, konnte aufgrund seiner hohen Orthostatenbasis sowohl von dem tiefer gelegenen südlichen als auch von dem höher gelegenen nördlichen Teil der Agora aus gesehen werden (Abb. 228).

Zusammenfassend kann von einem komplexen System von Sichtbarkeitsbezügen gesprochen werden. Monumente auf freien Flächen waren zwar gewöhnlich frei zugänglich und für alle Besucher sichtbar, aber der Rezeptionskontext bzw. die Funktion der Plätze luden nicht notwendigerweise zum Verweilen oder eingehendem Betrachten der Monumente ein. Auf freier Fläche wurden auch temporäre Installationen errichtet, die die Wegeführung oder Sichtbarkeit von Statuen eingeschränkt haben könnten. Aufmerksamkeit und damit verbunden eine längere, so gesehen exklusivere, Sichtbarkeit erreichten vermutlich Statuen, die durch prominente Inszenierung in der Blickachse wichtiger Wege präsentiert wurden oder mit spezifischen Informationen verknüpft werden konnten.

3.8 Chronologische Entwicklung

3.8.1 *Genese der Ehrenpraxis in Sizilien*
Die frühesten erhaltenen Statuenehrungen in Sizilien stammen aus der Mitte des 3. Jhs. v. Chr. und wurden für Hieron II. und seinen Sohn Gelon an

---

90   Wolf 2013, 43.

HELLENISMUS – GENESE DER GRIECHISCH-RÖMISCHEN EHRENPRAXIS   107

unbekannten Orten in Syrakus errichtet. Wie aus dem diskutierten Material deutlich wurde, ist eine signifikante Ehrenpraxis aber erst ab dem 2. Jh. v. Chr. fassbar. Damit soll nicht ausgeschlossen werden, dass bereits vor dem 3. Jh. v. Chr. Ehrenstatuen errichtet wurden. In Heiligtümern in Sizilien wurden bereits früher Standbilder aufgestellt, wie die Basen in Agrigent auf der sog. Terrazzo dei Donari zeigen. Ein von einem Temenos eingefasster Bereich weist Basenstrukturen unterschiedlicher Formen auf, die aus dem 5. und 4. Jh. v. Chr. stammen und E. De Miro zufolge Statuen trugen[91]. Wer hier dargestellt war, ist zwar unbekannt, von einem sakralen Bezug ist jedoch auszugehen. Im 3. Jh. v. Chr. wurde der Bereich verändert und die Basen wurden anscheinend nicht mehr genutzt. Auch die vermutlich dem 3. Jh. v. Chr. und der ersten Hälfte des 2. Jhs. v. Chr. zuzuordnenden Basen in Morgantina trugen wahrscheinlich keine Ehrenstatuen, sondern Götterbilder. Für Megara Hyblaea sind weder die Datierung noch die Identifikation als Basen für Ehrenstatuen gesichert; möglich ist auch hier eine Darstellung von Gottheiten. Andere Befunde, die zuvor an den Übergang vom 3. zum 2. Jh. v. Chr. gesetzt wurden, müssen aufgrund neuer stratigraphischer bzw. relativchronologischer Erkenntnissenun in das 2. Jh. v. Chr. datiert werden[92]. Ob in anderen öffentlichen Räumen zu dieser Zeit bereits Ehrenstatuen errichtet wurden, kann nicht sicher bestimmt werden. Problematisch ist, dass Stadtzentren in vielen sizilischen Städten im 2. Jh. v. Chr. monumentalisiert wurden, wodurch mögliche frühere Befunde kaum erhalten sind. Jedoch belegt vor allem die früher monumentalisierte Agora von Morgantina deutlich, dass die Ehrenpraxis in Form von Statuenehrungen erst im 2. Jh. v. Chr. einsetzte und sich am Übergang vom 2. Jh. zum 1. Jh. v. Chr. zahlenmäßig entwickelte (s. dazu Kap. 2, 1).

Die frühesten datierbaren Ehreninschriften von Statuenmonumenten in Sizilien lassen sich zwei Statuenbasen für Hieron II. und Gelon in Syrakus zuordnen und wurden vom Demos und den Syrakusanern errichtet. Skulpturenfragmente der Könige sind nicht erhalten[93]. Die weibliche Kalksteinstatue in Morgantina wurde lange mit Philistis, der Ehefrau Hieron II.,

---

91   De Miro – Calì 2007, 31 Abb. 10, 48 Abb. 15. 16; 47–50.

92   Die Errichtung der scaenae frons des Theaters von Segesta konnte mithilfe neuer stratigraphischer Daten in die zweite Hälfte des 2. Jhs. v. Chr. datiert werden, D'Andria 1997. 2005. Darüber hinaus haben bauhistorische Forschungen gezeigt, dass die Stoa in Solunt erst in der Mitte des 2. Jhs. v. Chr. gebaut wurde, Wolf 2013. Die zuvor paläographisch datierten Ehreninschriften müssen demnach angepasst werden.

93   Der von D. Barbera mit Hieron II. in Verbindung gebrachte Kopf im Syrakusaner Museum Inv. 741 (Inv. 14597) stellt wohl eher eine Kopie des Herakles Lansdowne dar, S. Kannsteiner sei herzlich für den Hinweis gedankt. Zur Interpretation als Hieron II.: Barbera 2015. Von E. Petersen 1892 als Athletenkopf gedeutet, Petersen 1892, 181.

108   KAPITEL 3

in Verbindung gebracht (Morga2). Doch fehlte die Inschrift, um eine sichere
Zuordnung durchführen zu können. Die Annahme beruht darauf, dass die
Oststoa als königliche Stiftung gedeutet wurde[94]. Allerdings wäre die Statue
einer Königin ohne eine dazugehörige Darstellung ihres Ehemanns im 3. Jh.
v. Chr. eine Seltenheit[95]. Die Datierung der kopflosen Statue spricht allerdings
ohnehin vielmehr für eine Aufstellung im zweiten Viertel des 2. Jhs. v. Chr. und
nicht im 3. Jh. v. Chr., womit eine Darstellung von Philistis ausgeschlossen werden kann.

Die wenigen Statuenehrungen hellenistischer Könige in Sizilien mögen
zunächst überraschen. Obgleich literarisch bereits Statuen für die syrakusanischen Tyrannen bezeugt sind[96], war doch Hieron II. der erste, unter dem
Schenkungen, Statuen und Selbstdarstellung bekannt sind. Agathokles nahm
zwar bereits den Titel Basileus an, doch verzichtete er auf eine monarchi-
sche Selbstdarstellung[97]. Dies führte zu der Vermutung, Hieron II. hätte sich
in Sizilien selbst weniger als König präsentieren wollen und sich dort vielmehr auf kulturelle Stiftungen wie Theater und Gymnasia konzentriert[98]. Im
Ausland dagegen sei er in Konkurrenz zu anderen hellenistischen Königen
getreten und hätte sich entsprechend darstellen müssen. Nach C. Lehmler
„suchte (er) den Anschluß an die anderen hellenistischen Königreiche (...)"[99].
Pausanias beschrieb in Olympia alleine fünf Statuen Hierons II.[100]. Die Konkurrenz mit anderen Königen wirkte sich nicht nur auf die statuarische
Präsentation, sondern auch auf euergetische Handlungen wie überaus großzü-
gige Getreidelieferungen aus. C. Lehmler geht allerdings davon aus, dass auch
in anderen Städten Siziliens Statuen Hierons II. aufgestellt waren, nämlich
Kopien oder Duplikate der Statuen, die außerhalb Siziliens gestiftet wurden.
Dementsprechend erwartet C. Lehmler Duplikate der Statuen in Olympia, in

---

94   Zu Stoai als königliche Stiftungen und statuarische Darstellung des Königs als Dank für
     die Bautätigkeit, Dickenson 2013. Ausnahmen für die Aufstellung von Ehrenstatuen für
     Frauen ohne ihre Familie oder den Ehemann stellen Weihungen von Priesterinnen in
     Heiligtümern dar, u.a. Dillon 2010, 57 f.
95   U.a. Kotsidu 2000, 242 Nr. 160 (Ehrung der Arsinoe III. im Heiligtum auf Kos), Kotsidu
     2000, 261 f. Nr. 178 (Ehrung der Berenike in Samos).
96   Dion. Chrys. 37,20 f. Dazu Sanders 1991. Kritik daran u.a. Stroheker 1958, 245 Anm. 115;
     Sehlmeyer 1999, 20 Anm. 59.
97   In der Münzprägung wird der Bezug auf Alexander und die Diadochenreiche sichtbar; er
     selber lässt sich aber nie auf Münzen abbilden.
98   Einerseits ist literarisch überliefert, dass Hieron II. das Diadem ablehnte (Diodor), ande-
     rerseits ist es auf Münzen abgebildet, Lehmler 2005, 190–192.
99   Lehmler 2005, 200.
100 Paus. VI 12,4; 15,6.

Taormina und in Syrakus[101]. Doch wurden in Sizilien in keiner Stadt außer in Syrakus ihn betreffende Statuenmonumente identifiziert. Blickt man auf die Fundorte von Statuen hellenistischer Herrscher im Osten, findet man diese meist in Heiligtümern. Dabei stechen panhellenische Heiligtümer wie Olympia und Delphi besonders hervor, wo auch Hieron II. Monumente errichteten[102]. Bei diesen Familiengruppen handelte es sich allerdings, wie auch B. Schmidt-Dounas betonte, um Weihgeschenke und nicht um Ehrungen[103]. Für Statuen innerhalb von Stadtanlagen kann das Gymnasium von Pergamon als Beispiel angeführt werden[104]. Jedoch sind auf Agorai, die in Sizilien das Gros an Aufstellungsorten darstellen, kaum Standbilder von Königen bekannt[105]. Hellenistische Heiligtümer sind dagegen in Sizilien kaum untersucht oder es hat sich keine skulpturale Ausgestaltung gefunden[106]. Im griechischen Osten gab es im 3. Jh. v. Chr. bereits zahlreiche Ehrenstatuen, doch handelte es sich vor allem um dynastische Herrscherfamiliengruppen, Offiziere, Heroen oder Athleten. Während Hieron II. sich zu den hellenistischen Königen im Osten dazu rechnete und deshalb ebenso wie andere Könige Statuen von sich und seiner Familie aufstellen ließ, wurde die Art der (Selbst)darstellung nicht von anderen Teilen seines Königreichs übernommen. Die Ehrenpraxis, also der reziproke Austausch von Leistungen für die Polis im Austausch gegen Ehrungen zwischen Bürger und Polis, lässt sich allerdings auch im Osten in großem Ausmaß vor allem ab dem Übergang zum 2. Jh. v. Chr. fassen.[107]

3.8.2 *Entwicklung der Ehrenpraxis ab dem 2. Jh. v. Chr.*

Die Fallbeispiele und die vermehrte Zahl an Ehrenstatuen aus den restlichen Städten zeigen eine Intensivierung am Übergang vom 2. zum 1. Jh. v. Chr. (Abb. 447–448). Die meisten Monumente wurden vom Demos als Poliskollektiv gestiftet, doch wurde ein großer Teil auch von Vereinigungen und Zusammenschlüssen errichtet. Besonders militärische und sakrale Gruppierungen schlossen sich dafür zusammen. Insgesamt fallen einige Familien auf: Sie waren nicht nur Empfänger von Ehrenstatuen, sondern hatten auch die wichtigen Ämter der Stadt inne und beteiligten sich an

---

101 Lehmler 2005, 208.
102 Hintzen-Bohlen 1992, 113 f.; Kotsidu 2000, 482, 493 f.; Schmidt-Dounas 2000, 102–132; Lehmler 2005, 193–205.
103 Schmidt-Dounas 2000, 112.
104 Von den Hoff 2018.
105 Zu Statuen von Königen auf Agorai, Dickenson 2013, 64–67.
106 Zuletzt Wolf 2016.
107 Vgl. u. a. Bielfeldt 2012, 92; Ma 2015, 294–297; zu einem umfassend erforschten Befund, vgl. Dillon – Baltes 2013, 212–221.

Gebäudestiftungen. Zuletzt hat L. Campagna das Phänomen der monumentalen Ausgestaltung der Stadtzentren mit diesen Familien in Verbindung gebracht und das Erstarken einer aktiven Oberschicht in Sizilien als Ursache angeführt[108]. Diese Entwicklung kann auf die Ehrenstatuen übertragen werden in dem Sinne, dass die Ehrenpraxis nur im Wechselspiel von Polis und Oberschicht funktioniert. Es wird eine aktive und finanzkräftige Elite benötigt, um eine sichtbare Ehrenpraxis entwickeln zu können[109].

Am Übergang vom 2. zum 1. Jh. v. Chr. tauchen dann auch römische Amtsträger unter den Geehrten auf. Diese werden, wie bei anderen Ehrungen der Zeit in Sizilien üblich, in griechischer Sprache geehrt. Zunächst handelt es sich um militärische Kommandeure, erst im 1. Jh. v. Chr. dann um Magistrate wie Proprätoren und Proquästoren. Während die Offiziere von Soldaten geehrt wurden, wurden die Magistrate von der Polis mit Ehrungen ausgezeichnet. Anscheinend versuchten die Städte erst spät, Verbindungen zu Statthaltern zu knüpfen. Dagegen lassen sich nach den Eroberungen im Osten bereits früh Ehrungen der Magistrate nachweisen[110]. Es handelt sich jedoch bei diesen vor allem um Ehrungen von Siegern bzw. Eroberern und nicht um Ehrungen von politisch-administrativen Amtsträgern[111]. Vergleichen lässt sich dies mit den von Cicero angesprochenen Ehrungen von M. Marcellus, dem Eroberer von Syrakus (Cic1).

3.8.3 *Gründe für das späte Aufkommen von Ehrenstatuen*
Während im Osten des Mittelmeers die Ehrenpraxis im 2. Jh. v. Chr. bereits ausgeprägt war, finden sich in Sizilien bislang nur Statuen von Königen, bevor im Laufe des 2. Jhs. v. Chr. die ersten Ehrenstatuen auf Platzanlagen errichtet wurden. Diese Beobachtung überrascht zunächst, gingen Forscher doch davon aus, dass Ehrenstatuen bereits im 4. Jh. v. Chr. über Griechenland nach Rom bzw. Italien kamen[112]. Somit wäre zu erwarten gewesen, dass sich durch den griechischen Einfluss im Osten Siziliens auch hier eine Ehrenpraxis festigte. Auch wenn literarisch Statuen in Rom vor allem für militärische Kommandeure aus dem 4. Jh. v. Chr. überliefert sind, sind archäologisch erst ab dem 2. Jh. v.

---

108 Campagna 2007. 2011.
109 Ein starker Demos als Grundlage für eine sichtbare Ehrenpraxis wurde für Pergamon in der Königszeit diskutiert, Bielfeldt 2010. Auch wenn in Pergamon andere historische und politische Hintergründe greifen, kann sich der Demos hier erst ab dem 2. Jh. v. Chr. als eigenständige Institution hervortun.
110 Rödel-Braune 2015, 114 f., 118 f.
111 Rödel-Braune 2015, 231–236.
112 Hölscher 1978; Sehlmeyer 1999, 48, 60–62; Fejfer 2008, 20–25.

Chr. Monumente für verdiente Bürger in Rom und Italien nachgewiesen[113]. Die Ehrenpraxis beruht auf zwei Pfeilern: einer finanzkräftigen, aktiven Oberschicht und öffentlichen Orten für die Aufstellung von Ehrenstatuen. Dass das späte Aufkommen von Ehrenstatuen in Sizilien nicht beim Fehlen einer Oberschicht oder monumentaler öffentlicher Orte zu suchen ist, zeigen beispielsweise die monumental ausgebaute Platzanlage und reich ausgestattete Privathäuser in Morgantina. Wieso also wurden Ehrenstatuen erst im Laufe des 2. Jhs. v. Chr. in signifikanter Anzahl aufgestellt[114]?

Auffällig ist das Aufkommen von Ehrenstatuen nach der römischen Eroberung. Doch von den Römern als Überbringer dieses Phänomens im Sinne einer „Romanisierung" zu sprechen, wäre vereinfacht und falsch[115]. Rom kann vielmehr als Katalysator einer Entwicklung von steigender Vernetzung im gesamten Mittelmeerraum gesehen werden[116], die durch den Sieg über Karthago verstärkt, wenn nicht sogar ausgelöst wurde. Diese Vernetzung ist vor allem ab dem 2. Jh. v. Chr. sichtbar[117], einer Zeit, in der unter anderem sizilische Eliten Handelsaktivitäten übernahmen, die aufgrund eines Vakuums auf dem Mittelmeer, welches der Sieg über Karthagos nach sich zog, entstanden war[118]. Damit wuchs nicht nur der Reichtum der Oberschicht, sondern anscheinend auch das Bedürfnis nach Engagament und Selbstdarstellung[119]. Dies wird nicht nur in der Finanzierung von Straßen und öffentlichen Gebäuden deutlich[120], sondern auch in der verstärkten Exklusivität städtischer Gremien im Späthellenismus[121]. Wie das Fallbeispiel Solunt deutlich gemacht hat, hatten bestimmte Familien nicht nur unterschiedlichste lokale Ämter inne, sondern betätigten sich auch als Wohltäter, wofür ihnen im Gegenzug Statuen errichtet wurden (vgl. Kap. 2.1). Durch den Aufstieg der sizilischen Oberschicht zu global agierenden Händlern, kamen sie vermehrt mit der hellenistischen Welt und dem materiellen Repertoire des vernetzten Mittelmeerraums in Berührung.

Die Vernetzung unterschiedlicher Kulturen führte zu einem Art Katalog an Wissen und Objekten (*koine*), der überall verfügbar war. Ehrenstatuen können

---

113 Sehlmeyer 1999, 48, 60 f.; Fejfer 2008, 20.

114 Ausführlich Henzel (im Druck).

115 Zuletzt ausführlich zur Kritik am Konzept der Romanisierung, Versluys 2014.

116 Vgl. J. Prag zu Rom als Katalysator für die Ausbreitung von Epigraphik im Westen im 2. Jh. v. Chr., Prag 2018a.

117 Allgemein zur Globalisierung in der hellenistischen Zeit, Versluys 2013; Pitts – Versluys 2015.

118 Warnking 2015.

119 Campagna 2007. 2011.

120 Seg8, Segg9, Seg10, Seg11, Term1, aber auch ISic3067 und ISic3505.

121 Prag 2015, 178. 181–185 (obwohl J. Prag hier vor allem über das 3. Jh. v. Chr. spricht).

ebenso wie bestimmte Architektur- oder Keramikformen als Teil dieser hellenistischen und globalen *koine* gesehen werden. Auch die hellenistische bzw. griechische Architektur, die für monumentalisierte öffentliche Anlagen, wie in Halaesa, Segesta und Solunt, genutzt wurde, hat weniger etwas mit Griechenland oder ethnischen Griechen zu tun, als vielmehr mit einer globalen hellenistischen Architektur, die vor allem ab dem 2. Jh. v. Chr. im gesamten Mittelmeerraum genutzt wurde[122].

Die sizilische Oberschicht übernahm somit regional bzw. lokal angepasst die hellenistische Ehrenpraxis, um sich innerhalb Siziliens als Teil der hellensitischen Welt darstellen zu können.

3.8.4   Honores inauditi? *Cicero und die Statuenmonumente*

Ciceros Reden suggerieren, die römischen Statthalter und ihre Angehörigen seien in Sizilien mit Ehrungen überschüttet worden. Aus diesem Grund sollen abschließend die archäologischen Befunde mit Ciceros Reden korreliert werden.

Resümiert man die Äußerungen Ciceros zu Statuen im öffentlichen Raum, dann müssen diese in mehrere Gruppen geordnet werden: Ihm zufolge gab es Ehrenstatuen als Teil der „Ausschmückung" von Platzanlagen, politischen Gebäuden und Heiligtümern. Am ausführlichsten spricht er über die Ehrenstatuen römischer Magistrate, die zahlreich errichtet wurden. Darüber hinaus klagt er Verres des Raubes von Statuen an; allerdings soll es sich dabei um alte Kultstatuen aus Tempeln und Heiligtümern gehandelt haben, die entweder bekannten Bildhauern der Klassik zugeschrieben wurden oder aus kostbaren Materialien bestanden. Bei keinem einzigen der von Verres geraubten Standbilder handelte es sich um eine Ehrenstatue oder eine Statue, die auf einer Platzanlage oder ähnlichen Räumen stand. Dagegen wurden einige Ehrungen für Verres entfernt, sogar mit der Erlaubnis der Institutionen, die zuvor der Aufstellung zugestimmt und diese finanziert hatten[123].

Nach der Aufnahme und Analyse aller Statuenmonumente hellenistischer Zeit in Sizilien ist zu fragen, welche Aussagen über das 1. Jh. v. Chr. getroffen werden können. Ehrungen für Amtsträger wie Verres, dem zahlreiche Ehrenstatuen von verschiedenen Städten gestiftet wurden, finden sich zwar in Sizilien, jedoch nicht in einem umfangreichen Ausmaß. Die einzige Übereinstimmung der archäologischen Überlieferung mit Ciceros Reden

---

122   S. zu Grabmonumenten in Numidia und deren Vergleiche im gesamten Mittelmeerraum, Quinn 2013. Auch in Agrigent findet sich ein ähnliches, im 2. oder 1. Jh. v. Chr. erbautes, Grabmonument, das sog. Grab des Theron.

123   Cic. Verr. 2.160–164, 4.142–146. Die Zerstörung der Standbilder muss vor der Verfassung der Reden gegen Verres 70 v. Chr. stattgefunden haben, also sehr bald nach dem Ende von Verres Amtszeit.

HELLENISMUS – GENESE DER GRIECHISCH-RÖMISCHEN EHRENPRAXIS 113

findet sich in der Ehrung für C. Claudius Marcellus, den Prokonsul von 79 v. Chr. in Taormina. Cicero nennt eine solche Statue zwar auf dem Markplatz von Tyndaris, doch erwähnt er zuvor, dass Statuen der Marceller auf fast jeder Platzanlage in Sizilien zu finden seien. Allgemein wurden im Gegensatz zu den römischen Amtsträgern vor allem Mitglieder der lokalen Oberschicht mit Statuen geehrt. Allerdings muss auf die Verhältnisse der einzelnen Städte hingewiesen werden. Während Städte wie Syrakus, Palermo, Catania oder Marsala kaum hellenistische Befunde aufweisen, zeigen kleine Städte wie Halaesa, Solunt und Segesta vergleichsweise bemerkenswert viele Statuenmonumente. Dies zeigt einerseits, dass die in nachantiker Zeit überbauten antiken Städten eine dementsprechend schlechte Überlieferungslage aufweisen, andererseits sieht man an den kleinen Städten, dass eine ausgeprägte Praxis der Aufstellung von Ehrenstatuen in späthellenistischer Zeit bestand.

KAPITEL 4

Kaiserzeit – Festigung der Ehrenpraxis

Die Kaiserzeit bietet mit 332 Monumenten die umfangreichste Materialbasis zu Ehrenstatuen in Sizilien. Die Monumente verteilen sich auf 21 Städte auf Sizilien sowie die Inseln Pantelleria, Malta und Lipari (Abb. 445). Die Inseln werden hier behandelt, da sie zur römischen Provinz *Sicilia* gehörten.

Dieses Kapitel stellt zunächst die literarischen, archäologischen und epigraphischen Quellen vor, bevor die kaiserlichen Statuen als spezielle Form der Ehrung gewürdigt werden. Auch die Frage nach dem Kaiserkult auf Sizilien wird diskutiert. Daran schließen die Einordung der Inschriften und deren sozial-historische Aussagen, die Auswertung der Aufstellungsorte sowie Überlegungen zur chronologischen und geographischen Verteilung der Ehrenstatuen an. Zum Schluss werden die Ergebnisse eingeordnet und in einen Kontext mit anderen Regionen des Reiches gesetzt.

Wieso aber werden in einer Arbeit zu Ehrenstatuen auch Kaiserstatuen untersucht? M. Clauss plädierte dafür, dass römische Kaiser immer Götter darstellten und ihre Standbilder deshalb niemals Ehrenstatuen darstellen könnten[1]. H. Blanck dagegen forderte, im Gegenteil, Kaiserstandbilder in öffentlichen Räumen als Ehrenstatuen zu bezeichnen[2]. Obgleich die besondere Rolle von Kaiserstatuen nicht angezweifelt werden soll, kann doch nach dem Verhältnis zwischen Standbildern von Amtsträgern oder Mitgliedern der Oberschicht und Statuen der kaiserlichen Familie gefragt werden. Unabhängig von der Frage nach ihrer kultischen Verehrung handelt es sich bei beiden Kategorien um Monumente, die zu Ehren der dargestellten Personen, in dieser Untersuchung im öffentlichen Raum, errichtet werden. Auch wenn kaiserliche Statuen an herausgehobenen Orten aufgestellt wurden, ältere Ehrenstatuen teils für deren Errichtung weichen mussten[3] und somit Ehrenstatuen in den Schatten stellten, wurde sicherlich nicht allen kaiserlichen Standbildern geopfert[4]. Darüber sind auch Ehrenstatuen keine reinen Darstellungen der geehrten Personen; auch ihnen wurde Verehrung zuteil, u.a. durch Bekränzung, Opfer oder Spiele[5]. Damit handelt es sich sowohl bei kaiserlichen Statuen als auch

---

1 Clauss 1999, 305.
2 Blanck 1971, 93; anders Clauss 1999, 305.
3 Kockel 2005 (Forum Pompeji).
4 Siehe auch Hitzl 2003, 102 f.
5 Chaniotis 2003, 12; Kazakidi 2018. Zu Bekränzungen von Porträtstatuen forscht zudem E. Gómez-Rieser (Freiburg i.Br.).

© REBECCA J. HENZEL, 2022 | DOI:10.1163/9789004504646_005

KAISERZEIT – FESTIGUNG DER EHRENPRAXIS   115

bei Ehrenstatuen für die Oberschicht oder für Amtsträger um Standbilder, die entweder von Privatpersonen oder Institutionen in öffentlichem Raum aufgestellt wurden und denen besondere Aufmerksamkeit zuteil wurde. Diese Argumente sprechen dafür, Ehrenstatuen neben Standbilder der kaiserlichen Familie in öffentlichen Räumen zu stellen und gemeinsam zu untersuchen.

4.1   Literarische Quellen

Aus der Kaiserzeit liegen kaum literarische Quellen vor, die Sizilien thematisieren[6]. Eine der wenigen Quellen zum kaiserzeitlichen Sizilien liegt in Strabons Geographika vor[7]. Das negative Bild, welches er dort von der Provinz entwirft, hat dazu beigetragen, dass die Kaiserzeit als Phase des fortschreitenden Niedergangs der Insel seit der Ankunft der Römer betrachtet wurde[8]. Allein der augusteische Einfluss habe sich Strabon zufolge erst positiv ausgewirkt[9]. Er beschreibt beispielsweise die Ansiedlung von Veteranen, die Städte wie Syrakus wieder hergestellt hätten[10]. Das von Strabon entworfene Negativbild einer entvölkerten Provinz konnte die archäologische Forschung in den letzten Jahrzehnten relativieren. Mehrere Surveys konnten nachweisen,

---

6   Dies führte zu der Aussage von B. Pace, die Kaiserzeit in Sizilien sei „una pagina bianca", Pace 1958. In ähnlicher Weise formulierte W. Eck noch 1996: „[...] das Sizilien der hohen Kaiserzeit scheint fast geschichtslos gewesen zu sein", Eck 1996, 109. Ebenfalls eine negative Sicht auf die (frühe) Kaiserzeit in Sizilien, Clemente 1979.

7   Weitere Quellen sind ein Abschnitt aus dem dritten Buch der „Naturalis Historia" von Plinius (3,86–94), in dem vor allem der Status der Städte nach der Neuordnung durch Augustus beschrieben wird, sowie jeweils Appians und Cassius Dios „Die Römische Geschichte". Zu Plinius u.a. Wilson 1990, 35–45. L. Pfuntner hat die literarischen Quellen zusammenfassend ausgewertet und in den aktuellen Forschungsdiskurs eingeordnet, Pfuntner 2013, 31–44.

8   U.a. Strab. 6,2,4–5. „Und als zu unserer Zeit Pompeius von allen Städten besonders Syrakus übel mitgespielt hatte, hat Caesar Augustus Kolonisten geschickt und einen großen Teil der alten Stadt wiederhergestellt." „Von den übrigen Seiten Siziliens ist die, die von Pachynus nach Lilybaeum läuft, völlig verlassen; sie bewahrt nur noch ein paar Spuren der alten Siedlungen, zu denen auch Kamarina, eine Pflanzstadt der Syrakusaner, gehörte. Agrigentum jedoch – eine Gründung der Geloer – mit seinem Hafenplatz und Lilybaeum existieren noch. Da nämlich diese Gegenden am meisten dem Karthagischen zugewandt sind, haben die langen und unterbrochenen Kriege sie größtenteils verwüstet. Die übrige und größte Seite ist, obwohl auch sie nicht volkreich ist, doch ziemlich gut bewohnt." Übers. S. Radt.

9   Dazu Hoffmann-Salz 2010, die sich mit der Überlieferung augusteischer Maßnahmen in Sizilien beschäftigt hat und konstatiert, dass Augustus nur Städte, die wichtig für den Handel bzw. die Wirtschaft waren, zu *coloniae* oder *municipia* erhob.

10 Strab. 6,2,4.

dass das Innere Siziliens intensiv für die Landwirtschaft genutzt wurde. Obgleich einige Siedlungen aufgegeben wurden, entstanden neue Siedlungen und Gehöfte. Auch die umfangreichen Bautätigkeiten in augusteischer Zeit in verschiedenen Städten lassen auf einen gewissen Wohlstand schließen[11]. Zusätzlich können die Statuenehrungen von Amtsträgern, Mitgliedern der lokalen Oberschicht und der kaiserlichen Familie ebenfalls als Zeichen prosperierender Städte gesehen werden. Sie bestärken die Annahme, dass die ökonomische Lage in der Provinz Sizilien deutlich positiver war als angenommen[12]. Literarische Erwähnungen von Ehrenstatuen liegen allerdings nicht vor.

4.2   Archäologische Quellen

Von der augusteischen Zeit bis zum Beginn der Tetrarchie sind 332 Statuenmonumente nachweisbar. Sie gliedern sich in 29 Basen in situ oder ohne Inschrift, 65 nicht-kaiserliche und 66 kaiserliche Statuenbasen und 37 kaiserliche und 146 Fragmente nicht-kaiserlicher Statuen. Insgesamt können 94 Statuenmonumente der kaiserlichen Familie zugeordnet werden. Darüber hinaus sind vier Ehrenstatuen aufgrund von Erwähnungen in anderen Inschriften überliefert.

4.2.1   *In situ-Befunde*

Aus der Kaiserzeit lassen sich 25 in situ-Befunde von Statuenmonumenten in fünf unterschiedlichen Städten fassen (Agrigent, Centuripe, Halaesa, Pantelleria, Solunt). Es handelt sich um Fundamente und Basenschäfte zwischen 0,05 m und 1,64 m Höhe. Sie werden im Folgenden in die Kategorien Fundament, Quaderbasis, Orthostatenbasis und Nischenbasis eingeteilt.

Fundamente von Statuenmonumenten sind nur in Halaesa in zwei Fundamenten erhalten. Aufgrund des schlechten Erhaltungszustands sind sie allerdings nicht eindeutig zuzuordnen. Es könnte sich ebenso um den unteren Teil von Basen handeln (Hala44, Hala45, Abb. 127–128).

Eindeutiger erhalten sind mehrere Quaderbasen: In fünf Städten Siziliens finden sich Quaderbasen in unterschiedlichen Erhaltungszuständen. Die Maße variieren zwischen Höhen von 0,13 m bis 1,64 m, Breiten von 0,49 m bis 1,40 m und Tiefen zwischen 0,41 m bis 1,42 m. Den niedrigen Quaderbasen

---

11   Unklar ist, ob sich darunter auch kaiserliche Stiftungen befinden, vgl. Lomas 2000, 164–167; Hoffmann-Salz 2010, 170 f. In anderen Fällen sind städtische bzw. private Initiativen nachweisbar, u.a. in Centuripe.

12   Ausführlich Wilson 1990.

KAISERZEIT – FESTIGUNG DER EHRENPRAXIS 117

fehlen möglicherweise weitere Lagen (wahrscheinlich Agr5, Agr6, Agr7). Aus
mehreren Teilen (Basisfuß, Schaft, Bekrönung) zusammengesetzt wurden
unter anderem die Basen in Solunt (Sol11, Sol12). Die Oberseiten der anderen Basen sind stark verwittert, so dass ggf. Einlassungsspuren für weitere
Blöcke nicht mehr vorhanden sind. Alle Quaderbasen sind jeweils für eine
lebens- oder überlebensgroße Statue konstruiert und bestehen aus Kalkstein,
Sandstein, Ziegeln oder anderen lokalen Steinsorten. In einigen Fällen sind
noch Reste der Marmorverkleidung erhalten (Hala39, Hala40). Auf Pantelleria
wurde die in die Stufenanlage integrierte Basis sorgfältig verputzt (Pante3,
Abb. 273, Abb. 275–276).

In Halaesa finden sich ferner fünf Orthostatenmonumente. Eins trug
den Maßen zufolge zwei lebensgroße stehende Statuen (Hala18, Abb. 75,
Abb. 97–102) und bestand aus mehreren Blöcken zweier Steinsorten: Aus einem
nicht lokalen Sandstein und grauen lokalen Kalkstein. Eine Verkleidung
der Basis ist trotz des schlechten Steins unwahrscheinlich[13], da die Inschrift
sich direkt auf dem Stein befindet und eine nur partielle Verkleidung ohne
Vergleich ist. Eine weitere Basis hat monumentale Ausmaße von (mind. 0,90
×) 4,40 × 4,40 m (Hala40), was auf die Aufstellung einer Quadriga, zwei Bigen
oder ähnlich platzeinnehmender Standbilder hinweist. Die monumentale
Basis besteht aus einer Kombination von *opus reticulatum* und Ziegeln, die
von Marmorplatten bedeckt waren. Über die Verkleidung der Seiten hinaus
finden sich noch Reste einer marmornen Profilleiste als Basisfuß (Abb. 123).
Darüber hinaus waren auf drei nebeneinander errichteten Basen aus gemauerten Ziegeln möglicherweise überlebensgroße stehende Statuen aufgestellt
(Hala48, Hala49, Hala50, Abb. 75, Abb. 131–133).

In Halaesa liegen außerdem vier Nischenbasen vor. Zwei wurden bereits in
späthellenistischer Zeit in den Räumen 6 und 7 errichtet, aber in der Kaiserzeit
mit neuen Statuen bestückt, bei denen es sich allerings nicht um Ehrenstatuen
handelt (Hala11, Hala12). In einem weiteren Raum stehen an der Rückwand
drei Statuenbasen in situ, von der die mittlere eine rechteckige gemauerte
Basis für eine stehende Statue darstellt (Hala34, Abb. 118). Gerahmt wird diese
von zwei sekundär errichteten Nischen (Hala35, Hala36). Die Oberseiten
bestehen jeweils aus tiefen profilierten Bekrönungen aus Sandstein.

4.2.2 *Ex situ-Befunde*

Der Großteil der erhaltenen Statuenmonumente befindet sich nicht mehr in
situ, sondern aus dem Kontext gerissen in Museen oder Magazinen. Grund für
das Interesse und den Transport sind sicherlich die Inschriften auf den Basen

---

13   Für eine partielle Verkleidung spricht sich Burgio 2013 aus (s. dazu auch Kap. 2,3).

gewesen. Dass die Basis an sich als wenig bedeutsam angesehen wurde, wird an den Statuenbasen im Museum in Palermo deutlich, von denen nur noch die Inschriften vorhanden sind, da diese im 18. Jh. von ihren Basen geschnitten wurden. Zeichnungen von Torremuzza zeigen schematisch diese Basen und ihre Inschriften[14]. Außerdem wurden bereits in der Antike Statuenbasen wiederverwendet und dafür nachweislich ihrer blockförmigen Gestalt beraubt. Ausgrabungen in Marsala haben beispielsweise gezeigt, dass Inschriften von Statuenbasen als Belag einer spätantiken Straße genutzt wurden (Mars10, Mars12).

Ferner sind den wenigsten Skulpturfunden exakte Fundorte zugeordnet, da die meisten aus nicht dokumentierten bzw. nicht publizierten Grabungen stammen. Jedoch geben auch ungefähre Auffindungsorte oft Anlass zur Annahme, sie seien im öffentlichen Bereich errichtet gewesen[15]. Skulpturen, die nachweislich aus Villen stammen, wurden dagegen nicht in den Katalog aufgenommen[16].

4.2.2.1   Statuenbasen

Die Basen, die sich nicht mehr in situ befinden, setzen sich aus monolithen Quaderbasen und Verkleidungsplatten unterschiedlicher Größe zusammen. Die monolithen Basen sind aus Kalkstein, Breccia und Marmor mit Höhen zwischen 0,11 m und 1,52 m gefertigt[17], während die Platten Maße von 0,65 m bis 1,20 m Länge und Breiten von 0,41 m bis 80,5 m für einzelne Statuen, 0,95 × 1,82 m für zwei nebeneinander stehende Statuen und 0,64 × 1,345 m für ein Reiterstandbild aufweisen und meist aus Marmor sind. Die meisten Platten weisen keine Spuren von Profilen oder angestückten Profilen auf. Dies mag daran liegen, dass sie separat angesetzt werden konnten, oder daran, dass sie keine Profile trugen. Für einen Geehrten in Catania wurden mindestens drei Statuen errichtet, deren Verkleidungsplatten eine ähnliche Profilierung

---

14   Vgl. Torremuzza 1762.

15   Die Ausgrabungen des Forums von Syrakus wurden nicht abschließend publiziert, weshalb die Funde von Statuen im Umkreis nie konkret kontextualisiert wurden, vgl. dazu Basile 2012; Wilson 2012, 257 f. Dennoch kann eine Aufstellung auf einer dortigen Platzanlage vermutet werden. Ähnlich verhält es sich in Tyndaris: Sowohl von der sog. Basilika, dem Theater als auch der insula IV fehlen vollständige Publikationen. In der Nähe der sog. Basilika und der insula IV wird jedoch das Forum vermutet, dazu u.a. Gulletta 2012. An allen drei Orten wurde eine Vielzahl an kaiserlichen und nicht-kaiserlichen Stauen und Inschriften gefunden, die eine dortige Aufstellung (im Theater bzw. auf dem Forum) vermuten lassen. Zur schwierigen Identifizierung der Platzanlagen in Sizilien s. Wilson 2012.

16   Hier sind beispielsweise kaiserliche Statuen aus einer Villa in Rabat auf Malta zu nennen.

17   Die marmorne Basis Taorm13 weist eine Höhe von 0,11 m auf, was eine Aufstellung in einer erhöhten Nische vermuten lässt.

KAISERZEIT – FESTIGUNG DER EHRENPRAXIS 119

aufweisen (Cat6, Cat7, Cat8). Von den monolithen Basen tragen 11 Fuß- und Kopfprofile unterschiedlicher Ausprägung (Halu2–3, Halu6, Mess1, Mars11, Mars15, Term3, Term4, Term18, Term21, Term22), die meisten zeigen sehr hohe Bekrönungen (allen voran Mess1). Darüber hinaus weisen fast alle eine Rahmung der Inschrift auf. Auffällig ist die Gestaltung eines Monuments aus Marsala, da es zusätzlich zum erhaltenen Kopfprofil Ranken um das Inschriftenfeld herum aufweist (Mars11, Abb. 186). Die nur noch als Inschriftenplatten erhaltenen Basen aus Tyndaris und Palermo zeigen alle profilierte Rahmungen des Inschriftenfeldes. Den Zeichnungen von Torremuzza zufolge fehlen nicht nur die Basenkörper, sondern auch auskragende Basisfüße- und bekrönungen. Fraglich ist jedoch, inwiefern seine Darstellungen der Basen das tatsächliche Aussehen angeben. Die Rahmung der Inschriften findet sich bei kaiserzeitlichen Statuenbasen in Spanien und Nordafrika[18]. In Nordafrika handelt es sich allerdings um Basen aus drei Komponenten, dem Basisfuß, dem Schaft und einer Bekrönung, während sie in Spanien nur aus dem Schaft bestehen. Dementsprechend schwierig ist die Entscheidung, um welche Art es sich in Sizilien handelt.

Ein Statuenmonument, welches mit mindestens drei darauf stehenden Statuen rekonstruiert werden kann, weicht von den übrigen Basen ab (Eri2, Abb. 71): Erstens ist die Inschrift nicht in Prosa, sondern in Versform verfasst, zweitens handelt es sich um eine Weihung an eine Gottheit und drittens sind sowohl Kaiser Tiberius, ein Prokonsul als auch Waffen und der Stifter des Monuments dargestellt. Die Inschrift folgt in vier Kolumnen auf der Vorderseite der marmornen Basis, weshalb die aufgezählten vier Statuen rekonstruiert werden können.

Ferner kann eine Basis als Träger eines Reiterstandbilds rekonstruiert werden (Malta6).

4.2.2.2   Material der Statuenbasen

Das erhaltene Material weist auf die vermehrte Nutzung von Verkleidungsplatten hin, die Basen aus dem jeweiligen lokalen Stein umschließen. Die Verkleidungsplatten sind aus Marmor, wohingegen die monolithen Basen zum größten Teil aus Kalkstein bestehen. 26 monolithe Basen stehen 52 Verkleidungsplatten gegenüber, wobei zusätzlich noch mindestens 14 Basen in situ mit Steinplatten verkleidet waren. 12 Inschriftenplatten aus Kalkstein im Museum in Palermo können ebenfalls zu den monolithen Basen hinzugerechnet

---

18   Sogenannte Base tripartite Bigi 2010, 233–225. Zu den Statuenbasen im Conventus Tarraconensis siehe Alföldy 1979, 185; ähnlich auch die Basen aus dem 2. Jh. n. Chr. in Norditalien Alföldy 1984, 112 Nr. 136 Taf. 2.

werden, da ihre Basiskörper erst im 18. Jh. erst abgetrennt wurden. So kommt ein Verhältnis von 38 monolithen Basen zu 66 Marmorverkleidungen zustande. Ausnahmen bilden fünf Platten aus Kalkstein, sowie vier marmorne monolithe Basen (Eri2, Mars5, Malta2, Taorm13) sowie die Verwendung von Breccia (Halu2, Halu3, Halu5) und Basalt (Cat9). Was darüber hinaus nicht ausgeschlossen werden kann, ist das Aufmalen von Inschriften auf verputzte Basenschäfte. Einen Hinweis darauf gibt eine verputzte Statuenbasis in Pantelleria (Pante3), die zwar keine Schriftreste aufweist, bei der aber eine Verkleidung mit Marmorplatten kaum denkbar ist, weil der Verputz der Basis und der Treppenstufen sorgfältig ineinander übergehen. Eine Verkleidung mit Steinplatten hätten am Verputz einerseits Spuren hinterlassen und andererseits wäre der Verputz der Basis dann nicht notwendig gewesen.

Die Wahl des Materials und eine mögliche damit verbundene Semantik scheinen vor allem von den ökonomischen und lokalen Begebenheiten abhängig gewesen zu sein. Das Material konnte zur Hervorhebung eines Statuenmonumente genutzt werden, aber auch um die finanziellen Möglichkeiten des Stifters aufzuzeigen. Vorstellbar wäre beispielsweise die ausschließliche Verwendung von Marmor für kaiserliche Ehrungen. Unter den marmornen monolithen Basen befindet sich jedoch nur ein Statuenmonument, welches die Darstellung eines Sohnes des Marc Aurel trug (Mars5)[19]. Die anderen drei weisen eine sakrale Konnotation auf: Das Monument in Eryx ist der Venus von Eryx geweiht (Eri2), in Malta handelt es sich um eine Ehrung für Livia als Ceres Iulia Augusta (Malta2+3) und in Taormina zu Ehren von Isis (Taorm13).

Eine Hierarchisierung des Materials bzw. des Monumententyps auf lokaler Ebene lässt sich dagegen erkennen: In Tyndaris sind alle kaiserzeitlichen Ehreninschriften auf Marmorplatten geschrieben, während andere Inschriftenarten wie beispielsweise Grabinschriften fast ausschließlich auf lokalem Stein verfasst wurden[20]. Die Verwendung von Marmor nur für Verkleidungsplatten ist ökonomisch nachvollziehbar, weil monolithe Basen aus Marmor den Import von weit mehr Material notwendig machte. Die verkleidete Basis aus *opus reticulatum* und Ziegeln in Halaesa (Hala40) zeigt, dass qualitativ hochwertige Profilleisten verwendet wurden, die in Sizilien bei monolithen Basen aus Marmor sonst nicht überliefert sind.

Alternativ zu dem lokal vorrätigen gräulichen Stein scheint in Haluntium vor allem der anstehende Brecciastein genutzt worden zu sein (Halu2–3,

---

19 Allerdings trug auch die Basis aus Erice eine Statue des Tiberius, doch handelt es sich in erster Linie um eine Weihung an die Venus von Eryx, die auch eine nicht-kaiserliche Statue trug (Eri2).

20 Vgl. dazu Fasolo 2013, 55, 69.

KAISERZEIT – FESTIGUNG DER EHRENPRAXIS

Halu5), aus dem auch in Termini Imerese zwei monolithe Statuenmonumente (Term3, Term4) und eine Verkleidungsplatte (Term5) sowie in Halaesa eine Inschriftenplatte (Hala22) gearbeitet wurden. Der rötliche Stein mit weißen und andersfarbigen Einschlüssen muss als Gegensatz zum weißen Marmor oder zum lokalen gräulichen oder gelblichen Stein aufgefallen sein.

Diese Breccia findet sich als Inschriftenträger abgesehen von den aufgezählten Städten noch in Taormina, wo der Stein ebenfalls ansteht[21]. Damit beschränkt sich die Verteilung auf den Norden der Insel. Der Hauptgrund dafür, dass der Stein nicht öfter genutzt wurde, kann in seiner Bearbeitung gesehen werden. Er muss stark poliert werden, um eine glatte Oberfläche zu erhalten, und selbst dann sind Inschriften kaum lesbar[22]. Auch mit einer Farbgebung der Buchstaben erhöht sich aufgrund der eigenen Farbigkeit des Brecciasteins die Lesbarkeit nur geringfügig. Ferner findet sich schwarzer Basalt als Inschriftenträger in Catania (Cat9, Abb. 28–29), nahe am Ätna. Die Farbe des Steins muss besonders in Kombination mit einer marmornen Statue als Kontrast zu den sonst verwendeten weißen Marmorverkleidungsplatten gewirkt haben.

4.2.3 *Statuen*

Von den Skulpturfragmenten kaiserzeitlicher Entstehungszeit können aufgrund ihres Zustands nicht alle präzise datiert werden. Die datierbaren nichtkaiserlichen Statuen zeigen eine besondere Ausprägung in den ersten beiden Jahrhunderten (34 Statuen aus dem 1. Jh. n. Chr. und 4 frühaugusteische; 22 Statuen aus dem 2. Jh. n. Chr.). Danach geht die Anzahl der erhaltenen Statuen stark zurück (zwei Statuen aus dem 3. Jh. n. Chr.). Hinzu kommen noch Skulpturfragmente, die weder innerhalb der Kaiserzeit genau datiert, noch eindeutig Ehrenstatuen zugeordnet werden können.

Der Großteil der Statuen besteht aus Togati bzw. Stola- und Pallaträgerinnen. Die Frauen sind in den üblichen weiblichen kaiserzeitlichen Statuentypen dargestellt[23]: Cerestyp, Große Herkulanerin und Schulterbauschtypus. Darüber hinaus fallen zwei Statuen auf: eine weibliche Statue aus Catania, die über der gegürteten Tunika ein Übergewand trägt, welches wie eine Toga mit Umbo

---

21 Vgl. Abfrage in der I.*Sicily* Datenbank (08. Nov. 2018).

22 Dies zeigen erhaltene Inschriften auf Breccia in Haluntium und im Museum in Palermo.

23 Zu den einzelnen Typen liegen ausführliche Studien vor, weshalb hier nicht näher darauf eingegangen wird. Allgemein zu weiblichen Ehrenstatuen Alexandridis 2004; Trimbel 2011; Murer 2017. A. Alexandridis konnte zeigen, dass in julisch-claudischer Zeit bestimmte Gewandtypen noch den kaiserlichen Frauen vorbehalten waren, bevor sie dann ab flavischer Zeit allen Frauen offenstanden, Alexandridis 2004, 40.

122   KAPITEL 4

gebunden ist[24] (Cat5, möglicherweise auch Sol17) und eine Statue aus Termini Imerese, die Fransen an der Palla aufweist (Term15). Eine Frau in Knotenpalla mit fransigem Übergewand wurde als Isispriesterin interpretiert (Taorm12).

Obwohl Porträtköpfe in Sizilien nur in einigen Fällen zusammen mit dem Statuenkörper erhalten sind, zeigt ein Porträtkopf, dass er verhüllt zu rekonstruieren ist. Grundsätzlich kann die *capite coperto*-Darstellung ein Zeichen für *pietas* oder sakrale Handlungen sein, aber auch für verheiratete Frauen stehen[25]. Abgesehen von Behältnissen von Schriftrollen neben den Beinen männlicher Gewandstatuen, haben sich Attribute nur bei weiblichen Statuen in Centuripe erhalten; es handelt sich um Ähren, Mohn und Fackeln, möglicherweise außerdem *paterae* (Cent6, Cent8). Im Falle von Sizilien könnten die Ähren symbolisch genommen werden und als Anspielung auf die Getreideproduktion in Sizilien gesehen werden. Besonders Centuripe verdankt seine Bedeutung dem umgebenden fruchtbaren Land. Generell werden die angeführten Gewandtypen und Attribute der weiblichen Statuen aber mit *pietas*, Ehe, Fülle und Mutterschaft in Verbindung gebracht[26]. Zugleich geben alle Gewandtypen den Status der Geehrten zu erkennen.

Die männlichen Geehrten tragen fast ausschließlich eine Toga, die je nach zeitlicher Entstehung auf unterschiedliche Weise drapiert wurde. Unabhängig davon stellt die Toga das übliche Gewand aller Römer dar. Sonderformen sind die Toga praetexta mit einer Bulla[27] (Tynd2) und die Laena[28] (Syr6). Während damit das Alter bzw. eine sakrale Konnotation impliziert wird, ist eine Interpretation von Togastatuen schwierig. Mithilfe von Attributen oder *capite velato* konnte auf bestimmte Ämter angespielt werden. Die Verhüllung des Kopfes weist ebenso wie bei weiblichen Geehrten beispielsweise auf die *pietas* des Dargestellten und Opfertätigkeiten hin[29].

Das zylinderförmige Behältnis für Schriftrollen, welches fast jedem Togatus als Attribut an die Seite gestellt ist, lässt keine Rückschlüsse auf ein Amt oder eine bestimmte Konnotation zu. Es wurde wohl als Allgemeinplatz für Bildung und bürgerlichen Status genutzt[30]. Die Togati ohne Porträtkopf und zugehö-

---

24 H. R. Goette zufolge durften Mädchen vor ihrer Hochzeit eine Toga tragen, Goette 1990, 80–82, 103.

25 Alexandridis 2004, 44–46.

26 Grundlegend zu weiblichen Statuentypen, Attributen und deren Interpretation, Alexandridis 2004, 44–65.

27 Bis Jungen als Jugendliche die Toga virilis erhielten, trugen sie eine Toga praetexta mit einer Bulla, Goette 1990, 4 f., 104.

28 Die Laena ist eine Sonderform der Togadrapierung, die besonders Auguren und Flamines trugen, Goette 1990, 7; DNP s.v. Laena (R. Hurschmann).

29 Fejfer 2008, 186.

30 Fejfer 2008, 185 f.

KAISERZEIT – FESTIGUNG DER EHRENPRAXIS

rige Inschrift sind aus diesem Grund lediglich als Bürger, möglicherweise auch als Magistrate oder mit *capite velato* als sakrale Amtsträger bzw. Priester zu deuten.

Darüber hinaus haben sich drei Panzerstatuen (Cent12, Cent14, Tynd19) und zwei Sitzstatuen im Jupitertypus (Cat3, Tynd11) erhalten. Während die Sitzstatuen schon aufgrund ihrer Größe mit der Darstellung von Kaisern in Verbindung gebracht werden können, ist dies für die Panzerstatuen nicht eindeutig zu belegen, obgleich für ein Fragment aus Pantelleria eine Zusammengehörigkeit zu einer postumen Ehrung für Germanicus vermutet wird (Pante8, Pante13). Auch Fragmente von nackten Ober- und Unterschenkeln männlicher Statuen lassen weitere Panzerstatuen oder Hüftmantelstatuen sowie eine Sitzstatue vermuten (Cent17, Cent18, Pante10, Pante16, Pante17, Pante18, Pante19, Pante24).

Von lebens- bis überlebensgroßen Statuen ist die gesamte Bandbreite erhalten. Die nicht-kaiserlichen Statuen weisen rekonstruierte Maße von 1,60 m bis ungefähr 2,00 m auf. Doch auch kaiserliche Statuen wurden nicht größer dargestellt[31], wie auch die eindeutig zugeordneten Porträtköpfe aus Pantelleria deutlich machen (Pante6, Pante7). Ergänzt gehören die Porträts zu Statuen, die mit 2,06 m bis 2,25 m leicht überlebensgroß bzw. überlebensgroß sind.

Da auch für nicht-kaiserliche Personen leicht überlebensgroße Ehrenstatuen errichtete wurden, ist die generelle Zuordnung von überlebensgroßen Skulpturfragmenten zu kaiserlichen Statuen problematisch. Eine solche Zuordnung kann nur aufgrund anderer Indizien wie der Schuhkleidung, Herrschaftsinsignien oder aber weit überlebensgroßen Skulpturfragmenten erfolgen. Dementsprechend kann ein kunstvoll verzierter marmorner Schuh einer über 3 m hohen Kaiserstatue aufgrund der Datierung wohl Augustus zugeordnet werden (Term6).

Während alle erhaltenen kaiserzeitlichen Statuen und Porträts in Sizilien aus Marmor bestehen[32], weisen sowohl Inschriften als auch Einlassungen an Oberseiten von Statuenbasen auf die Verwendung von Bronze hin. Ehreninschriften von Statuenbasen nennen in vier Fällen das Material der Statue *ex aere/is* (Malta4, Malta5, Malta6, Pal16). Die erhaltenen und für eine Autopsie zur Verfügung stehenden Oberseiten lassen die Erschließung von fünf Bronzestatuen (Halu3 (Abb. 140), Halu6 (Abb. 142), Mars11 (Abb. 187), Term3

---

31 B. Ruck diskutiert in ihrer Untersuchung zu Kolossalstatuen erstmals eine konkrete Definition der Berechnung von Statuenhöhen und deren Einordnung als lebensgroß, überlebensgroß und kolossal, Ruck 2007, bes. 21–27.

32 Einer mündlichen Mitteilung von C. Ampolo zufolge wurden auf der Agora von Segesta auch bronzene Statuenfragmente gefunden wie Finger.

(Abb. 383), Term21 (Abb. 405)) aufgrund von Dübellöchern zur Einlassung der Statuen zu. Nur eine Basisoberseite kann mit einer Marmorstatue rekonstruiert werden (Mess1, Abb. 220). Alle anderen Oberseiten zeigen keine eindeutig zu interpretierenden Spuren.

Aufgrund dieses disparaten Materialzustands ist eine Diskussion zur Semantik von Marmor und Bronze bzw. Gründen für die Wahl eines bestimmten Materials für Statuen für die Kaiserzeit nicht möglich. Es kann aber immerhin festgehalten werden, dass sowohl Bronze als auch Marmor verwendet wurde.

4.2.4 Chronologische Verteilung

Während die kaiserlichen Monumente relativ genau datiert werden können, sind sowohl die in situ-Befunde, die Gewandfragmente und insgesamt die nicht-kaiserlichen Monumente schwierig chronologisch einzuordnen. Auch wenn beispielsweise die Gewandfragmente vom Monte Iato nur in den Zeitraum vom Beginn der Kaiserzeit bis in das 2. Jh. n. Chr. und einige nicht-kaiserliche Ehreninschriften grob in ein Jahrhundert gesetzt werden können, lassen sich dennoch Entwicklungstendenzen aufgrund des reichen und gut datierbaren Materials zeigen. Die Funde und Befunde stammen aus dem Zeitraum zwischen 40 v. Chr. und dem Beginn der Tetrarchie. Skulpturen und Inschriften sind in unterschiedlichen Erhaltungszuständen überliefert: Während die Statuen vor allem aus dem 1. und 2. Jh. n. Chr. stammen, kaum noch aus dem 3. Jh. n. Chr., zeigen die Inschriften zwar ebenfalls eine besonders ausgeprägte Überlieferung im 1. und 2. Jh. n. Chr., doch gibt es auch noch zahlreiche Befunde aus dem 3. Jh. n. Chr. (Abb. 447, Abb. 450).

Die kaiserlichen Monumente machen dies noch deutlicher: Die julischclaudische Epoche weist mit Abstand die meisten Statuen auf, während die Inschriften kaiserlicher Monumente in severischer Zeit ihren Höhepunkt aufweisen (Abb. 452, vgl. dazu Abb. 451). Ob der Erhaltungsbefund mit der Wiederverwendung von älteren Statuenbasen zusammenhängt, kann nicht nachgewiesen werden. Wiederverwendete Monumente lassen sich für die augusteische Zeit (Halu2, Hala20, Hala55), die flavische Zeit (Taorm8), das 2. Jh. n. Chr. (Mars5) und das 3. Jh. n. Chr. (Mars15) nachweisen.

Insgesamt zeigt sich deutlich, dass im 1. Jh. n. Chr. die meisten Monumente errichtet wurden, dass die Anzahl dann leicht absinkt und zur severischen Epoche hin wieder ansteigt. In der zweiten Hälfte des 3. Jhs. n. Chr. nimmt die Anzahl der erhaltenen Statuenmonumente dann deutlich ab (Abb. 450).

Die chronologische Verteilung und das Verhältnis von Basen gegenüber Skulptur muss vor dem Hintergrund der Fundorte gesehen und eingeordnet werden. Während kaum eine Platzanlage oder eine Stadt in Sizilien vollständig

KAISERZEIT – FESTIGUNG DER EHRENPRAXIS

ausgegraben oder publiziert wurde, zeigt das Beispiel der Agora Halaesas wegen später Ausgrabungen und der vollständigen Erfassung der Inschriften und Skulpturen einen der reichsten Befunde Siziliens. Die erst späten Ausgrabungen der nie überbauten Platzanlage und die vollständige Erfassung der dort gefundenen Inschriften führen zu Befunden von Statuenmonumenten vom 2. Jh. v. Chr. bis zum 4. Jh. n. Chr. Diese kontinuierlichen Ehrungen für Kaiser, Amtsträger und die lokalen Oberschicht in Halaesa kann ähnlich auch in den anderen sizilischen Städten vermutet werden, die heute ein fragmentarisches Bild an Befunden aufweisen.

4.3   Inschriften nicht-kaiserlicher Personen

Die Inschriften kaiserzeitlicher Statuenmonumente sind zum größten Teil in lateinischer Sprache verfasst, nur sechs Statuenbasen weisen griechische Inschriften auf (Eri3, Eri4, Hala26, Halu2, Mars2, Maz1), eine Basis trägt eine bilinguale Inschrift (Mars3). Sie verteilen sich geographisch auf den Norden und Westen der Insel (Erice, Halaesa, Haluntium, Trapani, Mazara, Marsala), zeitlich sind sie heterogen verteilt. Während sich zwei griechische Inschriften in augusteischer Zeit finden (Halu2, Mars2), die aus Mazara an das Ende des 1. bzw. den Anfang des 2. Jhs. n. Chr. datiert werden kann (Maz1), stammen die übrigen drei griechischen Inschriften vom Ende des 2. Jhs. bzw. dem Beginn des 3. Jhs. n. Chr. (Hala26, Eri3, Eri4). Es kann festgehalten werden, dass ab der Mitte des 1. Jhs. v. Chr. vermehrt öffentliche lateinische Inschriften auftauchen. In der Kaiserzeit überwiegen sie dann deutlich gegenüber den griechischen Inschriften (s. dazu Abb. 453)[33]. K. Korhonen bringt diese Veränderung mit der Einrichtung der *municipia* bzw. der Ansiedlung von Veteranen in den neu gegründeten *coloniae* in Verbindung[34]. Allerdings beschränkt sich Latein als vorherrschende Sprache von öffentlichen Inschriften ab der frühen Kaiserzeit nicht nur auf diese Städte[35]. Auch wenn die Bevölkerung Siziliens in der Kaiserzeit vielleicht eher als bilingual zu beschreiben ist, was sich in den griechischen Grabinschriften bemerkbar macht[36], ist gerade die Nutzung des Lateinischen in öffentlichen Inschriften interessant. Latein wird anscheinend als Sprache der römischen Administration wahrgenommen und dementsprechend im öffentlichen Kontext genutzt. Wieso einige Ehrungen dennoch

---

33   Vgl. Prag 2002, 23–26.
34   Korhonen 2011, 8, 10.
35   Korhonen 2011, 11.
36   Prag 2002; Korhonen 2012.

126   KAPITEL 4

in griechischer Sprache verfasst wurden, ist unklar. Dass der Grund dafür im Status der Person oder in einer als „resistance towards or lack of interest in acculturation"[37] zu suchen sei[38], lässt sich nicht belegen. Außerdem kann davon ausgegangen werden, dass die Wahl der Sprache von mehr Faktoren als dem Status der Stadt abhängt. Als Beispiels dafür kann Halaesa angeführt werden, eine Siedlung, die nicht den Status einer *colonia* besaß[39]. Für den überwiegenden Teil der Statuenbasen wurde hier Latein benutzt. Vielmehr kann vermutet werden, dass sowohl der Status der Stadt, die Zusammensetzung der Bevölkerung und lokale Besonderheiten wie die historische Entwicklung der Stadt gemeinsam Einfluss auf die Verwendung von Sprache im öffentlichen Raum hatten. Denn auch Städte wie Marsala, welche als Sitz des Statthalters fungierte, weisen einige griechische Inschriften auf[40].

Das Formular der Inschriften der Statuenbasen folgt in den meisten Fällen dem üblichen Aufbau lateinischer bzw. griechischer Ehreninschriften. Zunächst wird in Latein der Geehrte genannt, darauf folgen die Filiation und ggf. Ämter oder Eigenschaften des Geehrten. Dann werden der Stifter im Nominativ und ggf. eine öffentliche Erlaubnis für die Aufstellung des Monuments genannt. Drei Ehrungen für eine Person weichen von diesem Formular ab, indem der Geehrte im Nominativ genannt wird anstatt im Dativ (Cat6, Cat7, Cat8). Die Erwähnung des Geehrten im Nominativ ist ein Phänomen, welches meist mit herausragenden Personen in Verbindung gebracht wird („great man nominative"[41]). Da dem in Catania Geehrten wohl gleich drei Statuen dediziert wurden, muss dieser eine herausragende Persönlichkeit der Stadt gewesen sein. Darüber hinaus wird der Stifter eines Monuments nicht in der Inschrift erwähnt (Term3). Dies könnte an der Dedizierung der Stadt bzw. einer öffentlichen Institution liegen, auf deren Grund die Statue errichtet wurde[42]. Nicht in Prosa, sondern im Versmaß verfasst, sind ferner vier nebeneinander in Kolumnen angebrachte Inschriften auf einer Statuenbasis angebracht (Er12).

Zwei weitere Inschriften, die nicht eindeutig von Statuenbasen stammen, enthalten Informationen über öffentliche Statuenaufstellungen. Eine Inschrift aus Catania erwähnt die Ehrung der verstorbenen Grattia Paulla mit einem öffentlichen Begräbnis und der Aufstellung einer Statue auf dem Forum (*statua data in foro*) auf Beschluss des Rates (Cat16). Ferner existiert eine Ehrung

---

37   Korhonen 2011, 19.
38   U.a. Korhonen 2011, 17, 19.
39   Vgl. Prag 2002, 27–29.
40   Prag 2002, 27.
41   Ma 2015, 21.
42   Dazu u.a. Alföldy 1979, 203.

KAISERZEIT – FESTIGUNG DER EHRENPRAXIS 127

aus Palermo für einen *curator portensis kalendarius* und *munerarius*, in der dieser mit zwei Bigen und Reiterstandbildern in Verbindung gebracht wird (Pal24).

Die Inschriften geben außerdem Auskunft über unterschiedliche Arten der Finanzierung von Statuenmonumenten. Während das Gros der Formulierungen auf eine öffentliche Finanzierung hinweist (*pecunia publica, inpensa publico*, Term18) bzw. Erwähnungen öffentlicher Institutionen, existieren auch einige private Stiftungen, die, wenn nicht anders vermerkt, *pecunia sua* finanziert wurden. Darüber hinaus wird in einer Ehreninschrift das Sammeln von Geld für die Finanzierung erwähnt (*collocato dono*, Pal16). Die Ehrung einer verstorbenen Frau, möglicherweise eines jungen Mädchens, wird aus dem Vermögen der Mutter bezahlt (*pecunia sua*). Die Zustimmung für die öffentliche Aufstellung erfolgte hier als Gegenleistung für Geldspenden (*ob dedicationem earum denarios divisit*, Mess1). Ein weiteres Statuenmonument wurde ebenfalls aufgrund bzw. mithilfe von Geldspenden der Geehrten gestiftet (*cuius dedicatione plebeis singuli decurionum filis bini decurionibus quini denarii dati sunt*, Term18).

4.4 Sozial-historische Auswertung der nicht-kaiserlichen Ehreninschriften

In der folgenden Tabelle befinden sich die wichtigsten Angaben für die Auswertung der kaiserzeitlichen Inschriften:

ID	Geehrter	Stifter	weitere Informationen	Datierung
Agr12	?	*curator rei publicae Liparitanorum*	?	2./3. Jh.
Cat6	L. Caesius	?	Duumvir	1./2. Jh.
Cat7	L. Caesius	?	Duumvir	1./2. Jh.
Cat8	L. Caesius	?	Duumvir	1./2. Jh.
Cat9	L. Rubrius Proculus	–	Duumvir, Augur	2. Jh.
Cat16	Grattia C. f. Paulla	*decreto decurionum*	Ehefrau und Mutter von Duumviri, postum	1. Jh.
Cent6	Clodia P. f. Falconilla	Sosius Priscus	Familie	um 130
Cent8	Pompeia Q. f. Sosia Falconilla	Sosius Priscus	Familie	um 160

128 KAPITEL 4

(*fortges.*)

ID	Geehrter	Stifter	weitere Informationen	Datierung
Cent10	Q. Pompeius Sex.	Sosius Priscus	Familie	2./3. Jh.
Eri2	L. Apronius	L. Apronius Caesianus (Sohn)	Milit. Aktion, Prokonsul	21 n. Chr.
Eri3	Gaius Asianus Rufus Iulianus	ἐπίτροπος	Konsul, Proconsul Asiens	um 200
Eri4	Gaius Asinius Neikomachus Iulianus	ἐπίτροπος	Konsul	3. Jh.
Hala18	?	(Libertus) Q. Caecilius und Sabinus, Seviri	*de sua pecunia*	1.–2. Jh.
Hala19	Lapiron	*pecunia publica*	*praefectus fabrum, flamen perpetuus*	julisch-claudisch
Hala20	Iulius	?	flamen divi augusti?	julisch-claudisch
Hala22	Heia Melpo	?	sacerdoti augustae	1./2. Jh.
Hala23	Alfia	*decreto decurionum*	familiäre Ehrung?	1. Jh. n.
Hala24	Aviana Av[---]	*decreto decurionum*	familiäre Ehrung?	1./2. Jh.
Hala25	L. Naevius L. f.	?	?	2./3. Jh.
Hala26	Aelius Asinius Petitus	ἡ πόλις	Rhetor	Ende 2. Jh.
Hala27	Plautian	*res publica, decreto decurionum*	Prätorianerpräfekt unter Septimius Severus, Vater von Fulvia Plautilla	202–205
Hala32	[---]idius	?	Prokonsul, v.c.	3. Jh.
Halu2	G. Pollienus	μουνικίπιον	εὐνοίας	augusteisch
Lip1	Cornelius Masuetus	*ex decreto decurionum, pecunia publica*	kaiserlicher Prokurator	tiberisch
Malta4	optimo viro	*decreto decurionum*	*Melitensium desiderium,* Geldspende	2. Jh.
Malta5	C. Vallius Postumus	*plebs Gaulitana, decreto decurionum*	Flamen, *ob merita eius*	Ende 2. Jh.
Malta6	M. Vallius C. f.	*plebs Gaulitana*	*ob merita et solacium*	161–200
Malta10	L. Cestius L. f.	Tib. Marcius Marcianus	Patron, *amico optimo et carissimo*	3. Jh.

KAISERZEIT – FESTIGUNG DER EHRENPRAXIS 129

(*fortges.*)

ID	Geehrter	Stifter	weitere Informationen	Datierung
Mars2	Demetrios Megas	?	εὐεργέταν	augusteisch
Mars3	M. Valerius Chorton	ordo et populus	εὐεργέταν, patrono perpetuus	augusteisch
Mars7	M. Marcius M. f. Bietis Glaucus	Tribus Iovis Augusti, *pecunia sua, locus publice datus decreto decurionum*	*ob merita eius, publico exornato*, Patron	185–192
Mars8	Unbekannter Quästor und Proprätor	*ordo, pecunia sua, curavit* Veturius Proculus	Provinzstatthalter, c.v.	nach 193
Mars9	C. Bultius Geminius Titianus	XII tribus	Prokonsul, *ob insignem eius, benivolentiam erga ordinem et patriam*, Patron	2./3. Jh.
Mars10	C. Mevius Q. f. Donatus Iunianus	XII tribus	Quästor, Proprätor, Patron	2./3. Jh.
Mars11	Titus Quartius Masculus	?	Quästor, *curator frumenti publici*	nach 193
Mars12	M. Rubbelinus	?	?	2./3. Jh.
Mars13	unbekannter Patron der *colonia*	?	?	nach 193
Mars15	?	*devota numini*	–	3. Jh. ?
Maz1	M. Iunius Felix	τὸ κοινὸν Κιναχων, decreto decurionum (δ.δ.β.)	Bouleut	220–250
Maz3	L. Acilius L. f.	?	Duumvir	
Maz4	L. Amatius L. f.	*populus, locus publice datus decreto decurionum*	Duumvir, Aedil, Proprätor, Quästor	2./3. Jh.
Maz5	M. Rubbelinus P. f.	?	Flamen, Tribun	2./3. Jh.
Maz6	C. Bultius Geminius	XII tribus	*clarissimus iuvenis, in honorem patri*, Patron	2./3. Jh.
Maz7	L. Cassius Manillianus	*ordo, decreto publico, pecunia publica*	c.v., Quästor, *curator rei publicae, ob insignem eius abstinentiam patientiam praestantiam erga patriam suam*	3. Jh.

(*fortges.*)

ID	Geehrter	Stifter	weitere Informationen	Datierung
Mess1	Cerrinia Cottia	Cottia Euphrosyne, *locus datus decreto decurionum, sua pecunia*	*ob dedicationem earum denarius divisit* als Gegenleistung für die Erlaubnis, Statuen der verstorbenen Tochter öffentlich aufzustellen	1./2. Jh.
Pal16	T. Claudius Herodianus	*Viri principales, collato dono*	Legat, Patron, c.v.	203
Pal24 (keine Basis)	*curator kalendarii*	*curator portensis*	Ausrichten von Spielen, Stiftung von Statuenmonumenten	2. Jh.
Pante9	M. Appuleius	L. Appuleius (Sohn)	Ritter, postum	trajanisch
Seg13	C. Iulius Longus	*municipium*	Duumvir	Übergang zum 1. Jh.
Taorm13	Priesterin ?	C. Ennius Secundus	Privatstiftung	1./2. Jh.
Term3	G. Pollienus G. f.	–	Tribunus militum	augusteisch
Term4	G. Pollienus G. f.	*Cives romani et Athenienses*	Tribunus militum	augusteisch
Term5	[---]ius Sex[---]	M. Livius Macedonicus, *locus datus decreto decurionum*	Praefectus fabrum, Tribunus militum, Prolegat, Präfekt	Ende 1. Jh. v. Chr.
Term9	M. Cestius P. f.	*ex decreto decurionum*	Duumvir, Präfectus fabrum, Primuspilus	Ende 1. Jh. v. Chr.
Term11	L. Acilius L. f.	Hispellates, *ex senatus consulto, publice decreto decurionum*	Quästor, Proprätor, Tribun, Präfectus frumenti dandi, Patron	spätdomitianisch
Term18	Antia M. f. Cleopatra	*ex voluntate populi decreto decurionum, inpensa publico*	Priesterin	2. Jh.
Term19	?	*ordo decurionum, pecunia publica, ex decreto decurionum*	Patron, *ob multa merita erga rem publicam*	2. Jh.
Term23	Eltern und Ehefrau des Stifters	Aristodamos	familiäre Ehrung	2./3. Jh.

KAISERZEIT – FESTIGUNG DER EHRENPRAXIS   131

(*fortges.*)

ID	Geehrter	Stifter	weitere Informationen	Datierung
Term24	C. Maesius Aquillius Fabius Titianus	*ordo et populus, pecunia sua*	c.v., Konsul, Patron, *benemerenti*	um 250
Term25	Titianus, *clarissimo filio*	Clodius Rufus	*ob honorem togae virilis, amico suo*	3. Jh.
Tynd26	unbekannter Quästor und *patronus Augustalium*	*locus datus decreto decurionum*	–	2./3. Jh.
Tynd31	?	*colonia, devota numini eius*	–	3. Jh.

4.4.1   *Geehrte*

Amtsträgern wurden besonders viele Statuen errichtet[43]: 26 Statuenmonumente können ihnen zugeordnet werden. Zu Beginn der Kaiserzeit fallen Personen auf, denen aufgrund von militärischen Ämtern Statuen errichtet wurden (Eri2, Hala19, Term3, Term4, Term5, Term9); auffällig ist deren Häufung in Termini Imerese. Diese kann vermutlich mit der Ansiedlung von Veteranen durch Augustus erklärt werden[44]. Ferner werden lokalen Amtsträgern wie Duumviri (Cat6, Cat9), einem Bouleuten (Maz1) und einer Gruppe von imperialen Amtsträgern Ehrenstatuen errichtet. Unter den hohen Ämtern sind Statthalter, Konsuln, Quästoren, Proprätoren, *curatori rei publicae* und ein *curator frumenti*.

Besonders eine Ehrung an Plautian (Hala27) sticht hervor. Dieser war Prätorianerpräfekt unter Septimius Severus, dessen Sohn Caracalla seine Tochter heiratete, die wiederum in Solunt mit einer Statue geehrt wurde (Sol18). Sowohl Plautian als auch seine Tochter fielen der *damnatio memoriae* anheim, was der Erhaltung ihrer Monumente in Halaesa und Solunt anscheinend aber keinen Abbruch tat.

---

43   Erkelenz 2003, 45 Anm. 144. Die chronologische Verteilung stimmt darüber hinaus in dem Sinne mit den Untersuchungen von D. Erkelenz überein, dass eine Massierung der Ehrung von Amtsträger am Übergang vom 2.–3.Jh. sichtbar ist, Erkelenz 2003, 19–21. Amtsträger werden allgemein von Städten geehrt, Erkelenz 2003, 180.

44   Wilson 1990, 38 f.

132   KAPITEL 4

Darüber hinaus beziehen sich sieben Ehrungen auf sakrale Amtsträger, wie Flamines (Maz5, Malta5, Hala19, Hala20), Auguren (Cat9) und weibliche Priesterinnen (Hala22, Term18). Die Nennung des Amtes des Flaminats als einziges Amt ist üblich, auch wenn die Geehrten für diese Funktion bereits eine erfolgreiche Ämterlaufbahn absolviert haben mussten[45]. Zusätzlich zum Flaminat wird u.a. das Amt des Tribunus militum (Hala19) bzw. das des Tribun (Maz5) genannt.

Im Jahr 27 v. Chr. erhielt der Senat die Provinz Sizilien, die fortan von einem *proconsul provinciae siciliae* verwaltet wurde[46]. Ihm waren ein *legatus proconsulis* und ein *quaestor* unterstellt, die wohl in Palermo und Marsala ihre Amtssitze hatten, während der Statthalter wie zuvor in Syrakus residierte[47]. Während in Marsala, dem Amtssitz des Quästors, und in unmittelbarer Umgebung nachweislich Statuen für Quästoren, aber auch Statthalter errichtet wurden, ist aus Syrakus, dem Sitz des Statthalters, keine einzige entsprechende Statue überliefert[48]. Auch in Halaesa und Termini Imerese wurden Ehrenstatuen für Statthalter und ihre Stäbe errichtet. In Palermo wurde ferner ein Legat geehrt; vermutlich befand sich dort sein Amtssitz.

Einige Inschriften erwähnen ferner Wohltaten oder *euergesia/eunoia* der Geehrten (Malta4, Malta5, Malta6, Halu2, Mars2, Mars3, Mars7, Mars9). Ob als Patron bezeichnete Geehrte aufgrund von Wohltaten wie Bautätigkeiten geehrt werden oder ihr persönliches Verhältnis zu einer Stadt ausschlaggebend dafür war, lässt sich zumindest aus einigen der Ehreninschriften nicht herauslesen. Bei Patronen muss es sich nicht um ein persönliches Patronatsverhältnis halten, sondern es kann sich auch um städtische Wohltäter handeln[49]. Während in der frühen Kaiserzeit nur wenige Geehrte so bezeichnet wurden (Mars3; *patrono perpetuus*, Term11), stammen die meisten Ehrungen aus dem 2. und 3. Jh. n. Chr. (Malta4, Malta6, Malta9, Mars10, Mars12, Maz6, Pal16, Term19[50]). Darunter befinden sich ein Prokonsul (Hala32, Mars9), ein Proprätor (Mars10), ein Legat (Pal16), ein Quästor (Term11, Mars10), ein Tribun und ein *praefectus frumenti* (Term11). Unterschieden werden können Patrone bestimmter Gruppen oder Vereinigungen, die ihnen auch die Statue errichteten (Mars9,

---

45   Gilhaus 2017, 121.
46   Allgemein zur Verwaltung senatorischer Provinzen im allgemeinen und Sizilien im Speziellen Haensch 1997; Wesch-Klein 2008, bes. 317–320; Wesch-Klein 2016. Während vor der Kaiserzeit zwei Quästoren in Sizilien residierten, konnte W. Eck darlegen, dass diese Tradition nicht fortgesetzt wurde und nur ein Quästor eingesetzt wurde, Eck 1991.
47   Zu den Amtssitzen Haensch 1997.
48   Dies haben bereits Haensch 1997 und Erkelenz 2003 festgestellt.
49   Dazu Saller 1982, 8–11; Gilhaus 2017, 145 Anm. 545.
50   Insgesamt werden in den folgenden Inschriften Patrone erwähnt: Malta6, Malta10, Mar3, Mar9, Mar11, Mar12, Maz6, Pal16, Term11, Term19, Term24.

KAISERZEIT – FESTIGUNG DER EHRENPRAXIS 133

Mars10, Maz6, Term11), und Patrone, die von Städten geehrt wurden. Das Phänomen, dass hohe Amtsträger von Städten oder Vereinigungen als Patron vereinnahmt wurden, findet sich im gesamten Reich, vor allem im 2. Jh. und im ersten Drittel des 3. Jhs. n. Chr. Diese Beziehung beinhaltete *benificia* im Austausch für Ehrungen wie der Aufstellung einer Statue (u.a. Term19, *ob multa merita ergam rem publicam fecit*).

Dabei wird beispielsweise M. Vallius *ob merita et in solacium C. Valli Postumi patroni municipii paris eius* geehrt (Malta6). L. Cestius wird als *patrono municipi* und *amico optimo et carissimo honoris causa* bezeichnet (Malta10). In augusteischer Zeit erhielt bereits M. Valerius Chorton eine Statue als *patronus perpetuus* (Mars3).

Zwei Statuenmonumente dagegen weisen auf ein persönliches Patronatsverhältnis zwischen Geehrten und Ehrenden hin (Eri3, Eri4): Zwei unterschiedliche Gutsverwalter dedizieren demselben Mitglied einer senatorischen Familie Statuen; dieser war möglicherweise Besitzer der Landgüter.

Auch familiäre Beziehungen werden in den Inschriften angeführt. In Centuripe stiftete der Konsul Sosius Priscus eine Familiengruppe seiner Verwandtschaft, von der sich drei der Baseninschriften erhalten haben (Cent7, Cent9, Cent10). Es handelt sich um Personen unterschiedlicher Generationen einer Familie, die auch über Centuripe hinaus agierte. In Halaesa sind zwei Inschriften von Frauen erhalten, die in dieselbe Familie eingeheiratet hatten (Hala23, Hala24). Aufgrund der fragmentierten Erhaltung beider Inschriften kann nicht eindeutig festgestellt werden, ob sie als Teil einer Familiengruppe oder aufgrund eines Amtes eine Statue erhielten. In Termini Imerese spricht eine Inschrift von der Stiftung von Statuen der Eltern und der Ehefrau des Stifters (Term23). Cerrinia wird ferner auf Initiative ihrer Mutter nach ihrem Tod mit einer Statue bedacht (Mess1) und Titianus, Sohn eines Senators, wurde aufgrund der Verleihung der Toga virilis mit einer Statue geehrt (Term25).

Wohl keine familiären, aber doch persönliche Beziehungen dokumentieren die Formulierungen *amico optimo* (Malta10) und *amico suo incomparabili* (Term25). Beide Inschriften stammen aus dem 3. Jh. n. Chr. Besondere Beziehungen betreffen auch die Errichtung von Statuen zur Erinnerung an eine Person (Malta6). Bei dieser Person muss es sich nicht unbedingt um den Geehrten handeln, sondern beispielsweise um einen Verwandten.

Unter den 65 Geehrten sind 17 Mitglieder des senatorischen Standes[51].

---

51 Es wurde in der Vergangenheit verschiedentlich die geringe Anzahl von Senatoren und Rittern in Sizilien angemerkt, Bivona 1980, 233–242; Manganaro 1982a; Eck 1996; Vera 1996, 51–53. Zu Statuenehrungen von Senatoren u.a. Eck 1984; Alföldy 2001; Erkelenz 2003; Eck 2005; Ruck 2005.

134 KAPITEL 4

Während in der frühen Kaiserzeit nur wenige Mitglieder des *ordo senatorius* Statuen erhielten (Eri2, Term11), erhöht sich die Anzahl der geehrten Senatoren im Laufe des 2. und 3. Jh. n. Chr. Besonders in Mazara und Marsala kann eine Häufung der Befunde festgestellt werden, die alle aus dieser Zeit stammen (Mars9, Mars10, Mars12, Maz4, Maz5, Maz6, Maz7). Es handelt sich entweder um senatorische Amtsträger, wie *proconsules, propraetores, consules* oder um Verwandte von Senatoren (*clarissimus filius*, Term25; *clarissimus iuvenis*, Maz6; Familienmitgliedern mehrerer Konsuln Cent6–7, Cent8–9, Cent10). In den meisten Inschriften wird der Status über das Amt hinaus mithilfe der Bezeichnung *vir clarissimus* erwähnt. Möglicherweise weisen auch die *amicus*-Formulierungen zweier Inschriften auf Senatoren hin (Malta10, Term25)[52].

Darüber hinaus erhielten acht Personen aus dem Ritterstand eine Ehrenstatue. Zwei Geehrte hatten das Amt eines kaiserlichen Procurators inne (Pante9, Lip1), sechs weitere militärische Ämter wie das des Praefectus fabrum (Hala19, Term3, Term4, Term5, Term6, Term9). Ferner wird in zwei Inschriften der ritterliche Stand erwähnt (Term5, Malta6).

Die soziale Zugehörigkeit zu einem der beiden Stände ist bei den anderen Geehrten unklar: Die meisten Geehrten bekleiden Ämter wie das des Flamen, das keine eindeutige Zuordnung erlaubt. Duumviri, Seviri und ähnliche Ämter lassen eine hohe Stellung innerhalb der munizipalen Oberschicht vermuten, ob ihre Träger jedoch einem der Stände angehören oder auch imperiale Ämter bekleideten, wird aus den Inschriften nicht ersichtlich. Munizipale Amtsträger stellen mit 22 Stauenmonumenten die größte Gruppe der Geehrten dar.

4.4.2 *Stifter*

Der Großteil der Statuenmonumente wurde von öffentlichen Institutionen gestiftet oder auf öffentlichen Beschluss hin aufgestellt. Dabei werden unterschiedliche Formulierungen verwendet: *decreto decurionum, pecunia publica, polis, plebs* (jeweilige Stadt) *decreto decurionum, municipium, ordo, ex decurionum decreto* et *pecunia publica* und *populus*.

Während das Municipium als Stifter nur in der frühen Kaiserzeit auftritt, werden im späteren Verlauf verschiedene Bezeichnungen genutzt wie *populus, plebs* oder *ordo*.

Öffentlich von der *colonia splendissima* dediziert, aber ausgeführt und finanziert durch einen Amtsträger (*curavit*), wurde eine Statue aus eigenem Vermögen (*pecunia sua*) von einem Prokonsul namens Venturius (Mars8).

Über die von Städten oder offiziellen Institutionen errichteten Statuen hinaus liegen 14, möglicherweise 15 (Agr12 (?)) private Stiftungen vor (Cent7,

---

52   Dies vermutet Eck 1992, 367 f.

KAISERZEIT – FESTIGUNG DER EHRENPRAXIS   135

Cent9, Cent10, Pante9, Eri2, Eri3, Eri4, Hala17, Hala18, Malta10, Mess1, Taorm13, Term5, Term25). Davon erwähnen zwei Inschriften (Mess1, Term5) mit der Formel *locus datus decreto decurionum* die Erlaubnis des Rates, die Ehrenmonumente auf öffentlichem Grund aufstellen zu dürfen. Fünf private Ehrenmonumente gehen auf familiäre Beziehungen zurück, darunter ein Monument in Erice, welches ein Sohn seinem Vater errichtete (Eri2), und ein Statuenmonument, welches eine Mutter zu Ehren ihrer verstorbenen Tochter errichtete (Mess1). Andere private Initiatoren sind Seviri (Hala18), Duumviri und Flamen (Hala17), *curator rei publicae* (Agr12[53]), Ritter (Term25) und Gutsverwalter/*procuratores* (Eri3, Eri4).

Das Koinon Kinakes, über welches ansonsten nichts bekannt ist, stiftete am Übergang vom 1. zum 2. Jh. n. Chr. nicht nur ein Statuenmonument auf öffentlichen Beschluss hin, sondern verlieh dem Geehrten auch einen Kranz (Maz1, Abb. 201). Dieser ist auf der Statuenbasis mit einer sehr vereinfachten Darstellung wiedergegeben.

Darüber hinaus treten in vier Fällen Tribus als Aufsteller von Statuenmonumenten auf. Gleich drei Statuenmonumente stiftete die zwölfte Tribus am Ende des 2. oder Beginn des 3. Jhs. n. Chr. in Marsala (Mars9, Mars10) und Mazara (Maz6). Ebenfalls in Marsala stellte der Tribus Iovis Augusti eine Statue auf (Mars7).

Andere Gruppen oder Zusammenschlüsse, die Stifter darstellen, sind die *cives romani et Athenienses* (Term4), die Hispellates (Term11) und *principales viri*[54] (Pal16).

4.4.3   *Anlässe für Statuenaufstellungen*

In einigen Fällen werden in den Inschriften Anlässe für die Aufstellung und Stiftung von Statuen genannt. Die übliche *ob honorem*-Formulierung variiert in Malta, Marsala, Mazara und Termini Imerese: *ob merita* (Malta6), *ob merita eius* (Mars7), *ob insignem eius, benivolentiam* (sic!) *erga* (Mars9), *ob multa merita* (Term19), *ob honorem togae virilis* (Term25) und *ob insignem eius abstinentiam patientiam praestantiam erga patriam suam* (Maz7). Weitere Gründe sind *in honorem patris* (Maz6), *benemerenti* (Term24), für eine erfolgreiche militärische Aktion (Eri2) oder auch *ex voluntate populi* (Term18)[55]. Oft handelt es sich

---

53   Da die Inschrift nur fragmentarisch erhalten ist, ist nicht sicher, ob es sich um einen Ritter oder Senator handelt. Zum Amt des *curator rei publicae* und zu deren Herkunft, Eck 1979, 193–197.

54   Es ist nicht eindeutig geklärt, wer die *viri principales* sind, R. Wilson vermutete dahinter die Bezeichnung in Palermo für die *decemprimi*, Wilson 1990, 172.

55   Ähnlich auch D. Erkelenz zu den Angaben in Ehrungen für römische Amtsträger, Erkelenz 2003, 172 f.

136   KAPITEL 4

dabei um privat initiierte Statuenaufstellungen, entweder von Einzelpersonen oder Gemeinschaften wie einer Tribus. Alle Inschriften mit einer Begründung stammen aus dem 2. und 3. Jh. n. Chr. Auch Geldspenden als Gegenleistung für die Errichtung einer Statue werden erwähnt (Term18).

Während die meisten der genannten Formulierungen sich auf die *benificia* beziehen, die im Rahmen eines Amtes erbracht werden mussten, wurden auch Statthalter und deren Mitarbeiter im Tausch für Wohltaten geehrt, vielleicht auch, weil Städte oder Vereinigungen sich diese zukünftig erhofften. Statuen für Statthalter sind in Marsala, Mazara, Halaesa und Palermo nachgewiesen, Statuen für einen Legaten in Palermo (Pal16).

Andere Städten Siziliens weisen Statuenehrungen für den Statthalter auf (Marsala, Mazara, Halaesa, Palermo), ebenso wie dieser als Dedikant oder Initiator von Baustiftungen auftrat (in Catania sowie in Agrigent gemeinsam mit einem *quaestor*)[56]. Der Legat der Provinz taucht in einer Statuenehrung für ihn in Palermo auf (Pal16), weshalb R. Haensch dort den Sitz des Legaten vermutet[57]. Der *quaestor* wiederum, dessen Amtssitz in Marsala lag, ist Empfänger mehrerer Statuenmonumente (Mars8, Mars10, Mars10, Maz4, Term11). Alle sind als Initiatoren von Gebäudestiftungen in unterschiedlichen Städten aktiv geworden.

In Marsala, dem Sitz des *quaestors*[58], finden sich mehrere Statuenmonumente sowohl für den Statthalter als auch für den *quaestor*. Syrakus dagegen, Amtssitz des Provinzstatthalters[59], weist keine Statuenmonumente hoher Amtsträger auf. Ebenso finden sich hier auch keine Hinweise auf das Eingreifen oder eine Initiative bei der Ausgestaltung der Stadt. Auffällig ist, dass der Statthalter sogar in kleinen Städten wie Halaesa mit einer Statue geehrt wurde. Denkbar ist, dass der Überlieferungszustand in Syrakus für das Fehlen der Inschriften verantwortlich ist.

4.5   Das Kaiserhaus als Empfänger von öffentlich aufgestellten Statuenmonumenten

In der folgenden Tabelle sind die wichtigsten Informationen zu den Statuenmonumenten für die Mitglieder der kaiserlichen Familie aufgelistet:

---

56   Vgl. Haensch 1997, 478 f.
57   Haensch 1997, 160, 479.
58   Haensch 1997, 160 f., bes. Anm. 44; 370. Obwohl keine schriftlichen Quellen dazu vorliegen, hat sich die Mehrheit der Forscher dafür ausgesprochen, dass es in der Kaiserzeit nur einen Quästor in Sizilien gab, dazu besonders Eck 1991; Haensch 1997, 394 Anm. 17.
59   Dazu u.a. Wilson 1990, Haensch 1997, 15. 34. 158.

KAISERZEIT – FESTIGUNG DER EHRENPRAXIS

ID	Geehrter	Stifter	weitere Angaben
Cent2	Augustus	–	Porträtkopf
Cent3	Augustus	–	Porträtkopf
Hala15	Augustus	*municipium*	Inschrift, verschollen
Halu4	Augustus	*municipium*	Inschrift
Taorm7	Augustus	–	Porträtkopf
Term6	Augustus	–	Kolossaler Schuh
Tynd4	Augustus	–	Porträtkopf
Term8	Tiberius	–	Porträtkopf, augusteisch
Pal2	Tiberius	–	Porträtkopf
Eri2	Tiberius	Privatstiftung	Inschrift
Mars6	Tiberius	?	Inschrift
Hala17	Tiberius?	Paccius M. f., Duumvir, Flamen (?)	Inschrift
Cat3	Tiberius/Claudius?	–	Sitzstatue
Mo1	L. Caesar	–	Porträtkopf
Cent4	Germanicus	–	Porträtkopf
Pante8+ Pante13 (?)	Germanicus	*Municipes ex decreto decurionum*, postum	Inschrift, Arm (?)
Cent5	Drusus minor	–	Porträtkopf
Cat2	Claudius	–	Inschrift
Tynd11	Claudius	–	Statue
Hala51	Claudius	–	Porträtkopf, verbaut
Syr15	Nero	–	Porträtkopf
Hala16	unbekanntes Mitglied der kaiserlichen Familie	?	Inschrift
Tynd8	Julisch-claudischer Nachfolger?	–	Porträtkopf
Tynd9	Julisch-claudische Prinzessin?	–	Porträtkopf
Malta2+3	Livia	Privatstiftung einer Priesterin	Inschrift+Statue
Halu5	Livia	*municipium*?	Inschrift, als Dea
Pante6+Pante12	Antonia minor	–	Porträtkopf, postum
Tynd12	Antonia minor	?	Inschrift
Term13	Drusilla	–	Porträtkopf
Syr18	Agrippina minor	–	Porträtkopf

(*fortges.*)

ID	Geehrter	Stifter	weitere Angaben
Tynd10	Agrippina minor	–	Porträtkopf
Sol13-Sol14-Sol15	Agrippina maior/ Julia Octavia?	–	2 fragmentierte Porträtköpfe
Pante11	Agrippina maior	–	Porträtkopf, claudisch
Pante7	Titus	–	Porträtkopf
Taorm8	Domitia	–	Inschrift
Syr17	Nerva	–	Porträtkopf
Mess4	Trajan	–	Porträtkopf
Syr22	Trajan	?	Inschrift
Tynd18+19	Trajan	–	Inschrift + Statue
Term17	Plotina	–	Porträtkopf
Mess2	Hadrian	–	Porträtkopf
Cent13	Hadrian	–	Porträtkopf
Maz2	Hadrian	*Lddd*	Inschrift
Term20	Divus Antoninus Pius	–	Inschrift
Tynd23	Lucius Verus	*colonia, decreto decurionum, curante Marco Valerius Vitale, curator rei publicae*	Inschrift, 160–161
Pal7	Aelius Verus	–	Porträtkopf, nach 130
Cat15	Marc Aurel	–	Jugendporträt
Pal8	Marc Aurel	*res publica*	Inschrift, 162–163
Tynd20	Marc Aurel	*decreto decurionum*	Inschrift, 140–144
Tynd21	Marc Aurel	*colonia, curante Marco Valerio Vitale, curator rei publicae*	Inschrift, 160–161
Mars5	Titus Fulvius, Sohn Marc Aurels	Privatstiftung, Lucius Aponius Rufinus, *pecunia sua*	Inschrift, 160
Taorm9	Lucilla, Tochter Marc Aurels	?	
Taorm10	Commodus	?	Inschrift, 182–192
Tynd24	Commodus	?	Inschrift, 176–217
Syr19	Vibia Sabina	–	Porträtkopf
Syr24	Faustina minor	–	Porträtkopf

KAISERZEIT – FESTIGUNG DER EHRENPRAXIS 139

(*fortges.*)

ID	Geehrter	Stifter	weitere Angaben
Term21	Divo Commodus	*decreto decurionum, pecunia publica*	Regierungszeit Septimius Severus
Pal11	Septimius Severus	*res publica*	Inschrift, 195–199/211
Pal12	Septimius Severus	*res publica, decreto decurionum*, von zwei Duumviri ausgeführt	Inschrift, 198
Term22	Septimius Severus	Privatstiftung, Maesia Fabia Titiana und Maesius Fabius Titianus	Inschrift, 196–197
Tynd25	Septimius Severus, Geta, Caracalla	*res publica, pecunia publica, decreto decurionum*	Inschrift, 198–211
Pal13	Geta (radiert)	*res publica, decreto decurionum*, von zwei Duumviri ausgeführt	Inschrift, 199
Malta8	Geta	?	Inschrift
En2	Geta (radiert), Caracalla	?	Inschrift, 209–212
Cat10	Geta oder Caracalla	–	Porträtkopf
Mars14	Caracalla	*colonia, devota numini maiestatique eius*	Inschrift, 213
Pal14	Caracalla	*res publica, decreto decurionum*	Inschrift, 195–196/197
Pal15	Caracalla	Privatstiftung, Maesia Fabia Titianus und Maesius Fabius Titianus	Inschrift, 198
Taorm11	Caracalla	?	Inschrift, 210–217
Pal17	Elagabal	?	Inschrift, 218–222
Pal18	Elagabal oder Severus Alexander	?	Inschrift, 3. Jh.
Pal19	Severus Alexander	*colonia, decreto decurionum*	Inschrift, 222–223
Tynd29	Severus Alexander	*colonia, numina eius devota*	Inschrift, 1. H. 3. Jh.
Tynd28	Severer	?	Inschrift, Übergang 2. zum 3. Jh.

140 KAPITEL 4

(*fortges.*)

ID	Geehrter	Stifter	weitere Angaben
Malta7	Julia Domna	*municipium, pecunia publica decreto, curante* (Amtsträger ?)	Inschrift, 195–196
Pal9	Julia Domna	*res publica*	Inschrift
Pal10	Julia Domna	?	Inschrift, 198–199/ 195–211
Cat11	Julia Domna	–	Porträt
Sol18	Fulvia Plautilla	*res publica, decreto decurionum*	Inschrift
Hala28	Julia Soaemias	*decreto decurionum, pecunia publica*	Inschrift
Mess3	Julia Maesia	–	Porträtkopf
Tynd27	Julia Mamaea	*res publica, devota numini*	Inschrift, 223–235
Maz9	unbekannter Kaiser	?	Inschrift, 2./3. Jh.
Maz8	Furia Sabina Tranquillina	?	Inschrift
Cat14	Gordian III.	–	Porträtkopf
Pal22	Gordian III.	–	Porträtkopf
Hala21	Volusianus	?	Inschrift
Hala29	Philippus II.	*decreto decurionum*	Inschrift
Hala30	Trajanus Decius	*res publica, devote numina miestatique eius*	Inschrift
Pal21	Divus Claudius Gothicus	*res publica*	Inschrift, postum, nach 270
Tynd30	Valerian II., Sohn Gallienus	?	Inschrift, nach 258
Hala31	unbekannter Kaiser	*res publica, decreto decurionum*	Inschrift, 3. Jh.

4.5.1 *Die kaiserliche Familie: Statuenbasen und Porträtköpfe*

Aufgrund der besonderen Bedeutung der kaiserlichen Familie für die Ehrenpraxis wird sie gesondert behandelt. Im Folgenden werden nicht nur die Kaiser, sondern auch Monumente ihrer Ehefrauen, Nachfolger und Kinder thematisiert.

KAISERZEIT – FESTIGUNG DER EHRENPRAXIS

Die Errichtung von Ehrenmonumenten für die kaiserliche Familie war Ausdruck der Loyalität gegenüber Rom[60]. In einigen Fällen waren die Statuen zudem in den Kaiserkult eingebunden[61]. Anders als bei Ehrenstatuen nicht-kaiserlicher Personen braucht es deshalb keinen spezifischen Grund für die Errichtung einer Statue; das Amt des Kaisers bzw. die Zugehörigkeit zur kaiserlichen Familie genügt.

Insgesamt können der kaiserlichen Familie 94 Statuenmonumente zugeordnet werden, darunter 39 Statuenfragmente[62] sowie 55 Statuenbasen[63]. Diese lassen sich durch die Nennung des Namens sowie der Ämterbezeichnungen in den Ehreninschriften der Statuenbasen identifizieren. Darüber hinaus lassen sich Porträtköpfe anhand der Frisur zuordnen[64]. Problematisch sind deutlich überlebensgroße oder kolossale Skulpturfragmente. Abgesehen von weit überlebensgroßen Statuen können auch Panzer- oder Gewandstatuen mit nicht-kaiserlichen Ehrenstatuen oder sogar Götterdarstellungen in Verbindung gebracht werden[65]. Schließlich werden Angehörige der Kaiserfamilie auch mit Statuen lebens- oder überlebensgroßer Maße dargestellt, die sich ohne

60   M. Claussen zufolge handelt es sich bei Darstellungen von Kaisern ausschließlich um Götterbilder und keinesfalls um Ehrenstatuen, Claussen 1999, 305. Allgemein zu kaiserlichen Standbildern als Kult-, Ehren- bzw. Verehrungsstatuen, Hitzl 2003. Da allerdings auch Ehrenstatuen bekränzt wurden und somit Verehrung erfuhren und gleichzeitig kaiserliche Statuen nicht immer kultisch verehrt wurden, werden hier auch kaiserliche Statuen behandelt.

61   Zu Sizilien und dem Kaiserkult, Kunz 2003, 240–244.

62   In Malta wurden Statuen mehrerer julisch-claudischer Mitglieder der Kaiserfamilie in einer Domus aufgefunden, die hier aufgrund ihrer nicht öffentlichen Aufstellung nicht in den Katalog aufgenommen wurden.

63   Der einzige Überblick zumindest über kaiserliche Statuenbasen von Augustus bis Commodus führt für Sizilien 15 Objekte auf, Højte 2005, 658 Abb. G16. Kaiserliche Ehrungen des 3. Jhs. n. Chr. hat S. Spranger untersucht; für Sizilien hat sie drei Statuenmonumente erfasst, Spranger 2014. Beide Untersuchungen beschäftigen sich nur mit den Ehrungen für den Kaiser selbst. Darüber hinaus liegen Artikel zu den Inschriften vor, bei denen die Inschriftenträger aber zumeist außer Acht gelassen werden, u.a. Bivona 1987. Die von H. Kunz als früheste Statuenbasis für ein Mitglied der kaiserlichen Familie identifizierte Struktur aus Agrigent kann aufgrund der geringen Maße keine Statuenbasis darstellen, sondern entweder eine Basis für eine Statuette oder eine Stele, Kunz 2003, 237 Anm. 17. Bereits zuvor als Statuenbasis gedeutet von De Miro 1984/85. Zur Inschrift ISic3324.

64   Die unterschiedlichen Porträttypen für Kaiser und ihre Familienmitglieder sind in zahlreichen Untersuchungen herausgearbeitet worden, Wegner 1956; Daltrop – Hausmann – Wegner 1966; Wiggers – Wegner 1971; Wegner 1979; Boschung 1993; Fittschen – Zanker 1983; Fittschen – Zanker 1985; Fittschen – Zanker 2010; Alexandridis 2004.

65   Problematisch sind besonders nackte Bein- oder Fußfragmente und Sitzstatuen im Jupitertypus, wie sie in Centuripe und Catania gefunden wurden.

Porträtkopf oder zugehörige Inschrift von einer nicht-kaiserlichen Person nicht unterscheiden lassen. Deshalb könnten durchaus weitere Statuen Mitglieder des Kaiserhauses dargestellt haben, was sich aber heute ohne Porträtkopf oder Inschrift im Befund nicht mehr nachweisen lässt.

Der julisch-claudische Dynastiegedanke, in dessen Rahmen besonders zu Beginn mehrere potentielle Nachfolger präsentiert wurden, scheint sich in den erhaltenen Statuenmonumenten zu spiegeln[66]. Während Augustus, Tiberius, Claudius und Nero als Kaiser geehrt wurden, sind vor allem Statuen für männliche Nachfolger errichtet worden: Für Tiberius noch zu Lebzeiten des Augustus, ebenso für L. Caesar, Germanicus und Drusus minor. Es kann in mehreren Fällen vermutet werden, dass sowohl die männlichen Prinzen als auch ihre Ehefrauen im Rahmen von dynastischen Kaisergalerien aufgestellt waren, die möglichst viele Familienmitglieder enthalten sollten[67]. Vielleicht sind einige Gewandstatuen und Porträtköpfe ebenfalls als kaiserliche Prinzen bzw. Prinzessinnen zu identifizieren. In den wenigsten Fällen kann allerdings eine gemeinsame räumliche Aufstellung nachgewiesen werden (s. Aufstellungsorte, Kap. 4.6).

Auffallend ist außerdem die Konzentration der Statuenehrungen von Kaisern aus der Zeit der Soldatenkaiser in Halaesa. Trajanus Decius (Hala30), Volusianus (Hala21) und Philippus II. (Hala29), der Sohn von Philippus Arabs, ein unbekannter Kaiser des 3. Jh. n. Chr. (Hala31) sowie die Mutter des Elagabal (Hala28) wurden in Halaesa geehrt. Allgemein gehen in Sizilien in dieser Zeit die Statuenaufstellungen zurück (Abb. 450); aus der Zeit zwischen den Severern und der Tetrarchie sind aber in Sizilien noch fünf weitere kaiserliche Monumente in Catania, Palermo, Tyndaris und Mazara erhalten (Abb. 452).

4.5.2 *Die Inschriften kaiserlicher Statuenbasen*

Alle kaiserlichen Inschriften der Satuenbasen wurden in lateinischer Sprache verfasst. Sie folgen fast gänzlich dem üblichen Formular kaiserzeitlicher Ehreninschriften. Zwei Inschriften weichen davon ab: Eine Ehrung an Trajan aus Tyndaris nennt den geehrten Kaiser im Nominativ und erwähnt zudem keinen Stifter (Tynd19). Eine Abweichung vom üblichen Formular findet sich auch 213 n. Chr. bei einer Ehrung für Caracalla (Mars14), die mit *devota numini maiestatique eius* endet. Auch zwei fragmentierte Inschriften für Severus

---

66   Zum Dynastiegedanken als Garant für Frieden und Wohlstand und damit als Grund für Familiengruppen vgl. Boschung 2002, 1. Allgemein zu kaiserlichen Familiengruppen, u.a. Rose 1997; Boschung 2002; Deppmeyer 2008.

67   Vgl. die Kaisergallerie in Pantelleria, die in claudischer Zeit entstanden sein muss. Als Ahnherr der Familie fungierte Caesar in Form eines claudischen Caesarporträtkopfes (Pante5), Schäfer 2015.

KAISERZEIT – FESTIGUNG DER EHRENPRAXIS   143

Alexander und seine Mutter aus Sizilien weisen die Formulierung *numini eius*
auf (Tynd27, Tynd29). Diese Formel wird von Diokletian an in Sizilien zur üblichen Schlussformel von Ehreninschriften, während die insgesamt früheste
Erwähnung wohl aus Rom aus dem Jahr 210 n. Chr. stammt[68]. Insgesamt scheint
Caracalla der erste Kaiser gewesen zu sein, dessen Ehreninschriften den in der
Spätantike üblichen Lobpreisungen gleichen[69]. Dazu passt die Formel, da sie
die göttliche Kraft des Kaisers betont. Auch weitere Ehreninschriften einiger
anderer Monumente severischer Zeit bzw. des 3. Jhs. n. Chr. zeigen den Wandel
der Inschriften, indem nun vermehrt Epitheta genutzt werden: Vier kaiserliche
Ehrungen für Septimius Severus, Caracalla und Geta nennen *indulgentissimo et
clementissimo principi* und *domino nostro*[70] (Pal15, Term22, Geschwister; Pal12,
Pal13, Duumviri). Drei dieser Statuenmonumente wurden in Palermo errichtet,
während die Ehrung in Termini Imerese aufgrund derselben Stifter eng mit
denen in Palermo verbunden sind. Darüber hinaus existieren nur zwei weitere
Inschriften mit ähnlichen Formulierungen. Beide stammen aus Halaesa, von
denen eine für Philippus II. als *nobilissimo caesar* (Hala29) und die andere für
Trajanus Decius als *pius* und *felix* (Hala30) errichtet wurde. Somit konzentriert
sich diese Art der Lobpreisungen auf die Nordküste Siziliens. Damit werden
bereits die sich ändernden Ehreninschriften eingeleitet (s. Kap. 5).

Insgesamt dominieren öffentliche Stiftungen deutlich vor privaten
Initiatoren. Seit dem 2. Jh. n. Chr. wird dies in unterschiedlicher Weise ausge-
drückt: Sowohl die Formulierung *colonia x* (x=jeweilige Stadt) *decreto decurionum, res publica* x *decreto decurionum, colonia* x, *res publica* x, *pecunia publica
decreto decurionum* als auch *res publica colonia* x *decreto decurionum* tauchen
auf. Allein in Tyndaris wird *colonia Augusta Tyndaritanorum decreto decurionum, pecunia publica decreto decurionum, colonia* Augusta Tyndaritanorum
in der Zeit der Adoptivkaiser und *res publica colonia Augusta Tyndaritanotum
pecunia publica decreto decurionum* und *colonia Augusta Tyndaritanorum
numina eius devota* in severischer Zeit genutzt[71].

4.5.3   *Die Stifter kaiserlicher Statuen*
Für die kaiserlichen Ehrungen sind vor allem öffentliche Institutionen verantwortlich. In der frühen Kaiserzeit stiftete entweder das *municipium*
bzw. später die *colonia*, die *res publica* oder der Dekurionenrat beschloss

---

68   Vgl. Clauss 1999, 236. Zur Formel außerdem Gundel 1953.
69   Leitmeir 2013, 472.
70   In einer der Inschriften fehlt *domino nostro* (Term22).
71   Entgegen der Annahme von J. Højte, dass die Städte einmal eine Formel wählen und diese
      kontinuierlich nutzen, Højte 2005, 168 f.

Statuenmonumente zu errichten (*decreto decurionum*). In zwei Fällen wurde ein solcher Beschluss von Duumviri (Pal12, Pal13), in zwei weiteren von einem *curator rei publicae* ausgeführt (Tynd21, Tynd23) und in einem Fall von einem unbekannten Amtsträger (Malta8), was in einigen Fällen mit *curante* eingeleitet wird. Privat initiierte Stiftungen kaiserlicher Statuen sind in sechs Fällen überliefert. Zwei davon betreffen ein Geschwisterpaar, welches zu einer der führenden senatorischen Familien im 2. und 3. Jh. n. Chr. gehörte und sowohl in Termini Imerese als auch in Palermo Statuen errichten ließ (Pal15, Term22). Von ihnen bekleidete Ämter oder ein Anlass für die Errichtung der Statuen werden nicht genannt. Die geehrten Kaiser werden als *indulgentissimo et clementissimo principi* und *domino nostro* und die beiden Ehrenden jeweils als *clarissima femina* bzw. *clarissimus puer* bezeichnet, womit deren senatorische Abstammung deutlich wird. Zwei Statuen wurden von Priestern gestiftet (Sevir, Flamen), eine weitere von einem Aedil. Die Errichtung der Statue des dritten Sohnes von Marc Aurel durch einen Sevir erfolgte *ob honorem seviratus* (Mars5). Sie waren wohl im Rahmen der *summa honoraria* neuer Amtsträger dediziert worden. Die privat initiierten Monumente lassen sich in den Zeitraum zwischen 160 und 198 n. Chr. einordnen (Mars5, Term22, Pal15). Nur die Privatstiftung einer Priesterin von Livia nach dem Tod des Augustus fällt heraus (Malta2+3), ebenso ein weiteres Monument aus tiberischer Zeit: Seine Sonderstellung liegt in der Weihung an die Venus von Eryx (Eri2). Dieses aus Dank für einen erfolgreichen Feldzug errichtete Statuenmonument sollte nicht nur die Göttin ehren, sondern zeigte der Inschrift zufolge Statuen von Kaiser Tiberius und vom Vater des Stifters, der als Prokonsul die militärische Aktion leitete.

Während die Inschriften der von einer öffentlichen Institution gestifteten Statuenmonumente nie einen Anlass für die Aufstellung angeben, nennen die privaten in einigen Fällen einen Anlass für die Ehrung. Wie auch in anderen Regionen tauchen diese zumeist im 2. und 3. Jh. n. Chr. auf[72].

4.5.4 *Anlässe für die Errichtung kaiserlicher Statuen*
Für die Aufstellung einer kaiserlichen Statue im öffentlichen Raum benötigte es, wie bereits erwähnt, keines besonderen Anlasses[73]. Private Stifter dagegen nennen in den Ehreninschriften in einigen Fällen den Grund für die Errichtung der Statue. In den meisten Fällen wird ein Amt genannt, in dessen Rahmen die *summa honoraria* erfolgte, die gerne für Bautätigkeiten oder Statuen der

---

72 Vgl. Gilhaus 2015, 62.
73 Vgl. Pekáry 1982.

KAISERZEIT – FESTIGUNG DER EHRENPRAXIS

kaiserlichen Familie genutzt wurde[74]. Obgleich man für Statuenstiftungen durch öffentliche Institutionen keinen besonderen Grund benötigte, wurde in der Forschung dennoch immer wieder versucht, Stiftungen mit bekannten Ereignissen zu verknüpfen[75]. Abgesehen von der Übernahme der Herrschaft, die dem Reich eine gewisse Stabilität versprach, lassen sich selten konkrete Anlässe finden[76]. In diesem Sinne kann lediglich die Vermutung aufgestellt werden, dass Marcus Valerius Vitale als *curator rei publicae* von Tyndaris die von der *colonia* beschlossenen Statuenehrungen für Marc Aurel und Lucius Verus als Dank für seine Ernennung für dieses Amt, die direkt durch den Kaiser erfolgte, ausführte (Tynd21, Tynd23).

4.5.5 *Kaiserkult in Sizilien*

Inwieweit die Statuenehrungen der kaiserlichen Familie mit einem lokalen oder provinzialen Kaiserkult zu verbinden sind[77], ist aufgrund der fragmentierten Kontexte der Monumente schwierig zu beantworten.

Eine kultische Verehrung stand strenggenommen nur vergöttlichen und demnach verstorbenen Kaisern zu, was zumindest in Ehreninschriften an der Erwähnung *divus* erkennbar war. Lediglich zwei Statuenbasen in Termini Imerese und eine Basis in Palermo wurden den Inschriften zufolge vergöttlichten Kaisern gestiftet (Pal21, Term20, Term21). M. Clauss allerdings plädierte dafür, dass römische Kaiser immer Götter darstellten und ihre Standbilder deshalb niemals Ehrenstatuen darstellen könnten[78]. H. Blanck dagegen fordert, im Gegenteil, Kaiserstandbilder in öffentlichen Räumen als Ehrenstatuen zu bezeichnen[79]. Obgleich die besondere Rolle von Kaiserstatuen nicht angezweifelt werden soll, kann doch nach dem Verhältnis zwischen Standbildern von Amtsträgern oder Mitgliedern der Oberschicht und Statuen der kaiserlichen Familie gefragt werden. Unabhängig von der Frage nach ihrer kultischen Verehrung handelt es sich bei beiden Kategorien um Monumente, die zu Ehren der dargestellten Personen, in dieser Untersuchung im öffentlichen Raum, errichtet werden. Auch wenn kaiserliche Statuen an herausgehobenen

---

74   Gilhaus 2017, 61 f.

75   U.a. Reisen der Kaiser oder Ereignisse im Leben des Kaisers und seiner Familie, dazu Højte 2000. J. M. Højte hat die Reisen einiger Kaiser mit deren Statuenehrungen verglichen und konnte zeigen, dass grundsätzlich kein Zusammenhang festzustellen ist.

76   Vgl. Højte 2005, 143–166. Ihm zufolge wurden die meisten kaiserlichen Statuen zu Beginn der Herrschaft des jeweiligen Kaisers dediziert.

77   Zur Definition von Kaiserkult u.a. Fishwick 1987–2005; Clauss 1999; Cancik – Hitzl 2003; Kolb – Vitale 2016.

78   Clauss 1999, 305.

79   Blanck 1971, 93; anders Clauss 1999, 305.

146 KAPITEL 4

Orten aufgestellt wurden, ältere Ehrenstatuen teils für deren Errichtung weichen mussten[80] und somit Ehrenstatuen in den Schatten stellten, wurde sicherlich nicht allen kaiserlichen Standbildern geopfert[81]. Darüber sind auch Ehrenstatuen keine reinen Darstellungen der geehrten Personen; auch ihnen wurde Verehrung zuteil, u.a. durch Bekränzung, Opfer oder Spiele[82]. Damit handelt es sich sowohl bei kaiserlichen Statuen als auch bei Ehrenstatuen für die Oberschicht oder für Amtsträger um Standbilder, die entweder von Privatpersonen oder Institutionen in öffentlichem Raum aufgestellt wurden und denen besondere Aufmerksamkeit zuteil wurde. Diese Argumente sprichen dafür, Ehrenstatuen neben Standbildern der kaiserlichen Familie in öffentlichen Räumen zu stellen und gemeinsam zu untersuchen.

In Sizilien finden sich keine Hinweise auf einen Kaiserkulttempel und nur wenige Altäre für Kaiser. Auch in den unterschiedlichen Bänden zum Kaiserkult in den westlichen Provinzen von D. Fishwick findet sich Sizilien nicht[83].

Ausschlaggebend für Vermutungen über Kaiserkultstätten in Sizilien sind numismatische und epigraphische Belege für einen *sacerdos, seviri, flamines* und *augustales* sowie für die Laren, *numen* und den *genius augusti*.

Diese finden sich in Centuripe[84] und Halaesa[85], Termini Imerese[86], Agrigent[87], Catania[88], Lipari[89], Mazara[90], Messina[91] und Gaulus[92]. Darunter befinden sich Münzen, Altäre, Statuenbasen und Grabsteine. Vor allem in zwei Städten, Centuripe und Halaesa, wurden Gebäude mit der Verehrung vom Kaiser und seiner Familie in Verbindung gebracht. Im Folgenden werden die Befunde jeweils kurz diskutiert.

---

80 Kockel 2005 (Forum Pompeji).
81 Siehe auch Hitzl 2003, 102 f.
82 Chaniotis 2003, 12; Kazakidi 2018. Zu Bekränzungen von Porträtstatuen forscht zudem E. Gómez-Rieser (Freiburg i.Br.).
83 Lediglich Syrakus wird als vermutliche Ort der provinziellen Verehrung erwähnt, Fishwick 2004, 183.
84 ISic0699.
85 ISic3576, ISic3577, ISic0768, Hala18.
86 ISic0088.
87 Isic3324.
88 ISic0031.
89 ISic0771.
90 Maz5.
91 ISic0267.
92 Malta2+3.

KAISERZEIT – FESTIGUNG DER EHRENPRAXIS

In Halaesa haben augusteische Münzen mit der Erwähnung eines *flamen augusti*[93] sowie weitere Inschriften mit Erwähnungen von *seviri* dazu geführt, in der Nähe ihrer Fundorte nach Räumen für die Verehrung von Kaisern zu suchen. Eine Umgestaltung der Portikus in der frühen Kaiserzeit, in der sowohl der Boden als auch einige Räume der Portikus mit unterschiedlichen Marmorsorten ausgestaltet wurden, führte dazu, die Statuenbasen in und vor den Räumen mit der kaiserlichen Familie in Verbindung zu bringen[94]. Eine Statue der *concordia augustae* sowie ein Standbild von Ceres konnten in den Nischen in den Rückwänden, vor denen Rundaltäre stehen, von Räumen 6 und 7 rekonstruiert und mit den Tugenden der Kaiserfrauen verbunden werden[95]. Ein weiterer Altar stand vermutlich in Raum 3, ebenfalls vor einer Statuenbasis (Hala33). Mehrere Statuenmonumente in der Portikus sind deutlich auf diesen Raum orientiert und bezeugen somit seine Bedeutung (Hala39, Hala41, Hala42, Hala43). Ob allerdings die Statue eines Kaisers dort stand, ist nicht zu beweisen, da sich dort keine dementsprechende Inschrift oder Statue gefunden hat. Fraglich ist auch, ob dort zunächst ein Standbild von Augustus aufgestellt war und später für andere Kaiser ausgetauscht wurde, denn nur in Raum 3 haben sich Hinweise auf einen Altar vor einer Statuenbasis erhalten. Statuenbasen ohne Altar finden sich darüber hinaus in den Räumen 4 und 5 (Hala34, Hala35, Hala36, Hala37). Kaiserliche Statuenmonumente können für Augustus, einem seiner Nachfolger (Tiberius?), Claudius und später für Volusianus, Julia Soaemias, Philippus II. und Trajanus Decius nachgewiesen werden. Auch wenn M. Torelli den Räumen der Portikus bestimmte Statuen zugeordnet hat, sind seine Vorschläge nur rein hypothetisch zu sehen[96]. Die vermehrte Anzahl von Mitgliedern der kaiserlichen Familie im frühen 1. Jh. n. Chr. lässt eine Statuengallerie, die die dynastische Nachfolge darstellen sollte, wahrscheinlich erscheinen. Jedoch könnte eine Kaiserkultanlage auch an einer anderen Stelle in der Stadt zu verorten sein, die noch nicht ausgegraben wurde; hier kommt u.a. die sog. *agorà inferiore* in Frage[97]. Statuen der kaiserlichen Familie alleine sind kein Beweis für deren kultische Verehrung auf institutionellem Niveau. Altäre sowie die inschriftlichen Erwähnungen von Ämtern in Verbindung mit dem Kaiserkult dagegen lassen zumindest ein lokales Kultgeschehen in Halaesa vermuten.

---

93   Wilson 1990, 43 Abb. 32; Kunze 2003, 240.
94   Scibona 2008, 12; Torelli 2014.
95   Portale 2018, 305 f.
96   Torelli 2014.
97   Siehe dazu Scibona 2008, 10.

148 KAPITEL 4

In Centuripe wurde aufgrund einer Inschrift ein Versammlungsgebäude der Augustalen vermutet[98]. Da die Inschrift in einem Portikusbau an einer Platzanlage gefunden wurde und man zusätzlich zur Inschrift dort noch Porträts von Augustus, Germanicus und Drusus minor fand, identifizierte man den Fundort mit dem Augustalengebäude[99]. Jedoch wurde die Deutung zuletzt angezweifelt[100], auch, weil unterschiedliche architektonische Umbauphasen erkennbar sind, für die aber keine stratigraphischen Informationen vorhanden sind[101]. So wurde vorgeschlagen, dass es sich um ein Materiallager handelte und die Inschrift und Porträts nur zufällig dort gemeinsam gefunden wurden[102]. Auch wenn weder Umbauten noch die chronologische Entwicklung in Centuripe bestimmbar sind, sprechen die hochwertigen Porträtköpfe von verschiedenen Personen der julischen Dynastie in Verbindung mit der Augustalen-Inschrift für eine Aufstellung einer Kaisergallerie in Centuripe, die möglicherweise mit dem Kaiserkult in Verbindung stand. Die nur kleinflächige Ausgrabung legte keinen Altar frei. Obgleich Inschrift und Statuen möglicherweise ursprünglich nicht gemeinsam aufgestellt waren, ändert dies nichts an der Tatsache, dass vermutlich irgendwo in Centuripe kaiserliche Statuen standen und, möglicherweise an einem anderen Ort, darüber hinaus Augustalen im Umfeld des Kaiserkults agierten.

4.5.6 Chronologische und geographische Verteilung der kaiserlichen Monumente

Es zeigt sich, dass die Mitglieder der julisch-claudischen Dynastie zahlreiche Statuen erhielten (35), während nur zwei Monumente für die Flavier erhalten sind (Abb. 452). Die Anzahl der Monumente steigt dann stark in der Zeit der Adoptivkaiser bzw. der Antoninen an (21) und auch noch leicht in der Zeit der Severer (27). Für die Soldatenkaiser haben sich dann weniger Statuenmonumente erhalten (9)[103].

Jedoch können diese Zahlen nicht alleine miteinander verglichen werden, da jede Dynastie unterschiedlich viele Herrscher stellte und unterschiedlich

---

98   ISic699.
99   Wilson 1990, 113; Bollmann 1996, 40; Rose 1997, 87; Patané 2011, 35.
100 Eck 1993, 116; Murer 2017, 74–76.
101 Libertini 1926; Wilson 1990, 113 f.
102 Boschung 2002, 58.
103 Die kaiserlichen Statuenehrungen des 3. Jhs. n. Chr. hat S. Spranger untersucht, Sizilien jedoch nur mit drei Ehrungen einbezogen, Spranger 2013. Für die Erlaubnis, die unpublizierte Arbeit zu konsultieren, gilt mein Dank sowohl der Autorin als auch der Weston Library Oxford.

KAISERZEIT – FESTIGUNG DER EHRENPRAXIS

lange Bestand hatte. Außerdem sind nicht nur die eigentlichen Kaiser, sondern die gesamte kaiserliche Familie in die Zählung miteinbezogen. Auffällig ist das fast vollständige Fehlen der flavischen Dynastie in den Befunden, die immerhin 27 Jahre lang regierte. Dagegen liegen trotz der relativ kurzen Herrschaftsperiode der Severer von 42 Jahren 27 Monumente vor, die meisten davon für Septimius Severus, Caracalla und Geta.

Unter den 35 Statuenmonumenten der julisch-claudischen Dynastie aus verschiedenen vierzehn Städten nimmt Augustus eine besondere Rolle ein. Sieben Ehrungen an ihn haben sich gefunden, dazu ein augusteischer Porträtkopf des Tiberius und zwei spätaugusteische bzw. frühtiberische Darstellungen von Germanicus und Drusus minor. Die Darstellung nicht nur des Herrschers selbst, sondern die seiner Nachfolger und Familienmitglieder mag auf den Dynastiegedanken hinweisen, der dem Reich und auch Sizilien eine gewisse Stabilität verschaffen zu versprach.

Möglicherweise spielten aber auch die Einteilungen der Städte durch Augustus eine Rolle: Als Dank für die Erhebung zur *colonia* oder zum *municipium* können womöglich Ehrungen für Augustus und seine Familie in Taormina, Halaesa, Haluntium, Termini Imerese und Syrakus angesehen werden. Auch allgemein die Situation einer neuen Staatsform mag dazu beigetragen haben, dass in julisch-claudischer Zeit besonders viele Statuen für die kaiserliche Familie errichtet wurden.

Die hohe Anzahl an Statuenmonumenten für die severische Familie lässt sich womöglich nicht nur mit der von Forschern vermuteten Verbindung zwischen Sizilien und Nordafrika und damit der severischen Dynastie erklären[104], sondern auch mit den Herrschaftsverhältnissen zwischen Septimius Severus, Caracalla und Geta[105]: Jeder von ihnen konnte einzeln geehrt werden, allerdings auch alle drei gemeinsam. Nach dem Tod von Septimius Severus waren zunächst Geta und Caracalla gemeinsam Regenten, weshalb sie auch zu zweit geehrt werden konnten. Nach dem Mord an Geta war Caracalla alleiniger Herrscher und wurde deshalb alleiniger Empfänger von Ehrungen. Es änderten sich also rasch hintereinander die Rahmenbedingungen für das Handeln der Stifter. Dennoch ist besonders die hohe Anzahl der Ehrungen für Caracalla auffällig, denn auch als alleiniger Geehrter haben sich fünf Monumente erhalten. Gerne würde man diese mit der von ihm verfügten *constitutio antoniniana*

---

104 Zuletzt Pfuntner 2016, L. Pfuntner argumentiert für eine Signifikanz der severischen Ehrungen in Sizilien aufgrund von 16 Ehrungen severischer Zeit gegen 15 frühere kaiserliche Ehrungen. Diese Zahl kann mit dieser Arbeit korrigiert werden.

105 Ähnlich auch Alföldy 1984, 51 f.

150 KAPITEL 4

in Verbindung bringen, die dazu führte, dass durch das Bürgerrecht auch mehr Personen Statuen stifteten konnten. Doch wurde die Mehrzahl seiner Statuenmonumente bereits vorher errichtet; nur zwei lassen sich nach 212 n. Chr. datieren.

Die geographische Verteilung lässt sich mit der Bedeutung der Städte in Verbindung bringen. Für die Mitglieder der julisch-claudischen Dynastie wurden in fünfzehn Städten Statuen errichtet. Eine Häufung von drei oder mehr Monumenten findet sich in Centuripe, Pantelleria, Halaesa, Termini Imerese und Tyndaris, während Städte wie Marsala, Syrakus und Palermo jeweils nur mit ein oder zwei Statuenehrungen vertreten sind. Von den Städten, die eine höhere Anzahl an kaiserlichen Monumenten aufweisen, erhielten Termini Imerese und Tyndaris den Status von *coloniae*, Pantelleria und Halaesa den eines *municipiums*. Über das 1. Jh. n. Chr. hinaus treten andere Städte in Erscheinung, wie Marsala, Messina und Syrakus; in Tyndaris werden auch weiterhin einige Monumente errichtet. Marsala, Palermo, Tyndaris und zusätzlich Catania weisen dann in severischer Zeit den größten Anteil an kaiserlichen Statuen auf, während in der Zeit der Soldatenkaiser vor allem Halaesa und Palermo hervorstechen.

Als Gründe für die unterschiedliche Verteilung der Stauenmonumente sind mehrere Dinge verantwortlich. Zu betonen sind vor allem der Forschungsstand, die Nachnutzung und die Entwicklung der jeweiligen Stadt.

Die Anzahl und die Verteilung der kaiserlichen Statuen kann nur im Vergleich mit den nicht-kaiserlichen Statuen eingeordnet werden, die nach der Analyse der Aufstellungsorte erfolgt.

4.6   Aufstellungsorte kaiserzeitlicher Statuenmonumente

Für die Auswertung der Aufstellungsorte von Statuenmonumenten in der Kaiserzeit können nur die in situ-Befunde Auskunft geben. Diese lassen sich an sechs Orten in Sizilien finden.

Darüber hinaus kann versucht werden, Aufstellungskontexte der kaiserlichen Statuenmonumente in mehreren Städten mithilfe gemeinsamer Stifter, einer gemeinsamen Datierung oder ähnlicher Monumente zu erfassen. Die Funde von mehreren kaiserlichen Ehrungen desselben Stifters oder an einem Fundort können ein Hinweis für eine gemeinsame Aufstellung sein.

Insgesamt lässt sich mehr Abwechslung konstatieren als für die hellenistische Zeit, in der Ehrenstatuen fast ausschließlich auf Platzanlagen und deren rahmende Hallenbauten beschränkt waren.

KAISERZEIT – FESTIGUNG DER EHRENPRAXIS

4.6.1 Aufstellung der Statuenmonumente anhand von in situ-Befunden

In Agrigent wurde in nächster Nähe zum Bouleuterion und zum Forum der Stadt in der frühen Kaiserzeit ein Podiumstempel mit einer drei Seiten umgebenden Portikus errichtet[106]. Obgleich der Komplex nicht vollständig ausgegraben ist, zeigt die westliche Portikus an der Rückwand drei Statuenbasen in situ (Agr5, Agr6, Agr7; Abb. 6). Diese können ihrer Größe zufolge mindestens lebensgroße Statuen getragen haben. Gefunden wurden darüber hinaus bei Ausgrabungen zwei Togati (Agr8, Agr9) und die Inschrift eines Stauenmonuments (Agr12); zugewiesen wurden dem Komplex außerdem zwei weitere Togati aus der frühen Kaiserzeit (Agr10, Agr11). Nur für die kopflosen Togati Agr8 und Agr9 sind die exakten Fundorte überliefert (Abb. 6); sie befanden sich vor dem Tempelpodium, wo sich allerdings keine Statuenbasen erhalten haben. Sowohl die Inschrift des Statuenmonuments, welche einen *curator rei publicae* aus Lipari als Stifter aufweist, als auch die Togati weisen darauf hin, dass der Tempel-Portikus-Komplex bis in das 2. bzw. 3. Jh. n. Chr. als Repräsentationsort genutzt wurde. Wie die Inschrift des Amtsträgers aus Lipari zeigt, beschränkte sich die Beteiligung nicht auf die lokale Elite Agrigents.

Die Agora in Halaesa weist bereits zahlreiche Statuenmonumente aus hellenistischer Zeit auf (s. Kap. 2,3). Dazu kommen kaiserzeitliche Monumente, von denen 19 sicher auf der Agora und in der Portikus verortet werden können (Abb. 75). Deutlich wird, dass eine Konzentration an Statuenmonumenten in der Portikus um Raum 3 herum, also in der Nähe des vermutlichen Kaiserkultraumes festzustellen ist. Während in hellenistischer Zeit in der nördlichen Portikus nur zwei Statuen aufgestellt worden waren (Hala13, Hala14), kamen nun vier hinzu (Hala39, Hala41, Hala42, Hala43), die so nah wie möglich um den weiten Eingang von Raum 3 herum angeordnet wurden. Der Eingang des Raumes ist weit geöffnet und der Bereich der Portikus davor durch das marmorne Paviment besonders aufwendig und kostbar ausgestattet. Möglicherweise leitete der marmorne Bodenbelag den Weg von den Stufen der Portikus zum Eingang des Raums. Die Stufen sind an dieser Stelle frei und auch das im 2. Jh. n. Chr. errichtete Podium (Hala40) scheint Rücksicht auf den Zugang zu nehmen. Darüber hinaus erreichte man die Portikus nur über die nördliche Portikus an zahlreichen Statuenmonumente vorbei oder von Süden aus hinter Raum 7, da die Stufen der Portikus am Rand des Platzes in der Kaiserzeit zugestellt worden waren.

---

106   Zum öffentlichen Zentrum der Stadt und der Tempelanlage De Miro 2010; zuletzt mehrere Artikel in Caliò u.a. 2017.

152   KAPITEL 4

Wie in Halaesa stammt die Agora in Solunt aus dem 2. Jh. v. Chr. und wurde dementsprechend bereits in späthellenistischer Zeit mit Monumenten ausgestattet. In situ finden sich die Reste von mehreren Statuenmonumenten in der Portikus und am Rand der Platzanlage (s. dazu Kap. 2,2; Abb. 307). Wohl in der Kaiserzeit wurden zu den bereits aufgestellten Monumenten zwei Statuenbasen für jeweils eine stehende Statue hinzugefügt (Sol11, Sol12). Sie befinden sich in situ vor der Exedra 1, dem südlichsten gelegenen Raum der Portikus. Der untere Teil eines Togatus kann womöglich mit einer der Basen in Verbindung gebracht werden, da er in der Exedra 1 gefunden wurde und aus der frühen Kaiserzeit stammt (Sol16). Der Raum wurde durch die Aufstellung der den Eingang rahmenden Statuenmonumente deutlich betont. Seine Funktion und Bedeutung können aufgrund fehlender Befunde heute nicht mehr nachvollzogen werden. Die Aufstellung von zwei Statuen vor der Exedra 1 kann parallel zu den in späthellenistischer Zeit errichteten Bronzestatuen in Exedra 9 gesehen werden. Möglichweise gab es eine Verschiebung repräsentativer Monumente Richtung Süden. Da im südlichen Abschnitt der Platzanlage aber der Fels höher ansteht und dadurch kein Bodenbelag erhalten ist, konnten sich Spuren von Statuenmonumenten an dieser Seite der Agora nicht erhalten.

In Syrakus befindet sich ein Gebäudekomplex, der aus einer Quadriportikus besteht, die einen Tempel mit dahinter liegendem Theater umfasst[107]. Dieser Komplex wurde fälschlicherweise zunächst als Gymnasion („ginnasio") identifiziert[108]. Vorgeschlagen wurden außerdem ein Asklepieion und ein Heiligtum der Dea Syria[109]. Unabhängig von der verehrten Gottheit handelt es sich wohl um ein Heiligtum, in dem das Theater für kultische Zwecke genutzt wurde. Während die Quadriportikus bereits in späthellenistischer Zeit errichtet wurde, kamen Theater und Tempel erst in tiberischer Zeit hinzu[110]. In der südlichen Säulenhalle sind noch drei stark verwitterte Statuenbasen in situ anzutreffen (Syr3, Syr4, Syr5). Sie stehen an der Rückwand der Portikus (Abb. 334–335). Vermutlich wurden sie dort bereits direkt nach dem Bau aufgestellt, jedoch finden sich Statuen erst ab der frühen Kaiserzeit. Es wurden Statuen unterschiedlicher Entstehungszeit gefunden, die sich heute im

---

107   Der Komplex wurde nie abschließend publiziert, ein erster Bericht stammt aus dem Jahr 1865, der aktuellste aus dem Jahr 2005, Schubring 1865; Trojani 2005. Dennoch sind Fragen zu Datierung, Nutzung und Funktion kaum beantwortet worden, s. Wilson 1988, 116–119; Isler 2017, 750 f.; zuletzt Trümper 2018b.

108   Ein Inschriftenfragment aus der Umgebung mit den Buchstaben „GYM" führte zur Benennung der Anlage, s. dazu Lupus 1887, 306 Anm. 1, Abb. 304.

109   Coarelli – Torelli 1984, 242 f.; Wilson 1988, 116–119.

110   Trojani 2005.

KAISERZEIT – FESTIGUNG DER EHRENPRAXIS 153

Museum in Syrakus befinden. Es handelt sich um drei Togati, die in julisch-claudischer Zeit entstanden sind (Syr6, Syr7, Syr8), sowie vier Togati und eine Frau (Syr9, Syr10, Syr11, Syr13, Syr14), die in die Jahre zwischen 100 und 200 n. Chr. datiert werden können. Interessant sind vor allem ein Togatus, der ein Priestergewand trägt, und ein Togatus, der *capite velato* dargestellt ist (Syr8). Diese Darstellung könnte auf eine sakrale Tätigkeit im Heiligtum bzw. deren *pietas* hinweisen. Die anderen Dargestellten können nicht genauer benannt werden; es könnte sich um Wohltäter bzw. Mitglieder der lokalen Oberschicht handeln. Ein Togatus wurde sogar noch im 4. Jh. n. Chr. umgearbeitet (Syr12) und war möglicherweise bereits seit hadrianischer Zeit dort aufgestellt gewesen (Syr11).

Das Heiligtum diente demnach mindestens über einen Zeitraum vom 1. bis 4. Jh. n. Chr. als Repräsentationsort der Oberschicht. Ob es sich dabei bei den Geehrten um Wohltäter des Heiligtums oder um Mitglieder des Kults bzw. Priester-/innen handelt, ist aufgrund der Fundlage nicht zu klären.

4.6.2 Aufstellungsmöglichkeiten der Statuenmonumente anhand von ex situ-Befunden

In Pantelleria wurden qualitativ hochwertige Porträtköpfe eines kaiserzeitlichen Caesars (Pante5), des Titus (Pante7), der Antonia minor (Pante6) und der Agrippina maior (Pante11) gefunden, außerdem eine Ehreninschrift für Germanicus (Pante8) sowie der Arm einer womöglich zugehörigen Panzerstatue (Pante13). Sowohl die Porträtköpfe als auch die Verkleidungsplatte kamen in Zisternen auf der Akropolis des antiken Cossyra zutage[111]. Diese wurden im 3. Jh. n. Chr. verfüllt, nachdem die Insel von einem Erdbeben erschüttert worden war, bei dem die Akropolis anscheinend zum großen Teil zerstört wurde. T. Schäfer hat vermutet, dass sie gemeinsam in einer dynastischen Kaisergallerie in einer Portikus der Akropolis von Cossyra aufgestellt waren[112]. Zahlreiche überlebensgroße Marmorfragmente (Pante10, Pante14–79) erlauben es, weitere Statuenmonumente zu rekonstruieren, unter ihnen womöglich weitere kaiserliche Dynastiemitglieder[113]. Zusätzlich dazu wurden Fragmente von marmornen Platten aufgefunden, teilweise mit Inschriftenresten, bei denen es sich vermutlich um Verkleidungen von Statuenbasen handelte[114]. Für eine gemeinsame Aufstellung von Caesar, Antonia minor und Agrippina maior spricht die Datierung der drei Porträtköpfe in die claudische Zeit. Die

---

111 Schäfer 2015, 752–756.
112 Schäfer 2015, 757.
113 Zu fehlenden Mitgliedern der Gallerie, Schäfer 2015, 756 f.
114 Dazu Lappi 2015, bes. 556; Schäfer – Alföldy 2015.

Statue für Germanicus wurde zwar erst nach seinem Tod errichtet, jedoch spricht der Porträtkopf von Titus für eine gewachsene Gruppe, weshalb die Aufstellung einer früher entstandenen Statue innerhalb dieser Gruppe ausgeschlossen werden sollte. Generell sind die unterschiedlichen importierten Marmorsorten[115], die für Porträtköpfe und Inschriftenplatten genutzt wurden, als Zeichen des finanziellen Wohlstandes der Oberschicht der Insel zu bewerten.

Der Fund von Porträtköpfen des Augustus, Drusus minor und Germanicus (Cent3, Cent4, Cent5) in einem Gebäude in Centuripe hat in Verbindung mit der Entdeckung einer Ehreninschrift, die Augustalen erwähnt[116], die gemeinsame Aufstellung in einer Kaisergalerie bzw. im Kaiserkult vermuten lassen (Abb. 41)[117]. Dies führte zu der Benennung des Gebäudes als Augustalenhaus[118]. Diese Deutung ist allerdings in der Forschung umstritten. Erstens wurden die Ausgrabungen nie vollständig publiziert; es ist wohl auch nicht möglich, stratigraphische Aussagen aus den Notizen der Ausgräber zu entnehmen[119]. Zweitens sind mehrere Phasen des nur fragmentarisch ergrabenen Gebäudes vor Ort zu erkennen (Abb. 42); doch wurde es nie von Bauforschern untersucht[120]. Drittens haben sich im gesamten Gebäudekomplex zahlreiche Inschriften- und Statuenfragmente unterschiedlicher Datierung gefunden. Vorgeschlagen wurde deshalb, dass es sich um ein Materiallager handeln könnte[121]. Darüber hinaus plädierte W. Eck dafür, dass es sich um ein privates Gebäude handelte[122], während sich mehrere Forscher für eine Portikus an der Agora bzw. am Forum aussprachen, die in mehreren Umbauphasen einen im 2. Jh. n. Chr. errichteten Tempel beinhaltete[123]. Am plausibelsten scheint auf Grundlage aller zugänglicher Daten die These, dass es sich um eine mehrmals umgebaute Portikus handelt, die an einer Platzanlage lag. Da die Statuenbasen mit Inschriften und die Statuen nicht alle Platz in den ausgegrabenen Räumen

---

115   Lappi 2015, 556, 558; Schäfer 2015, 758–761. Außerdem vermutet T. Schäfer, dass die Statuen bereits fertig gearbeitet importiert wurden, Schäfer 2015, 761.

116   Bei der Inschrift handelt es sich um Folgende: AE 1955, 193=AE 1989, 340a ([Laribus] Augus[tis] / [sa]crum / L. Calp[urni]us Apthonetus / IIIIvir Augustalis).

117   So u.a. Wilson 1990, 113 ("These (the portraits) and the inscription referring to an Augustalis found immediately outside, leave no room for doubt that these rooms were connected with the cult of the imperial house."); Rose 1997, 87.

118   U.a. Bollmann 1996, 40; Patané 2011, 35.

119   Libertini 1926; 1953.

120   Von G. Libertini wurden drei Phasen, von R. J. A. Wilson fünf Phasen vorgeschlagen. Libertini 1926; Wilson 1990, 113 f.

121   Boschung 2002, 58.

122   Eck 1993, 116.

123   Libertini 1926, 46; 1953, 353–368; Wilson 1990, 111–114; vorsichtiger Murer 2017, 74–76.

KAISERZEIT – FESTIGUNG DER EHRENPRAXIS

hätten finden können, lässt sich nicht ausschließen, dass es sich um ein Lager handelte. Jedoch ist aufgrund der öffentlichen Natur der Inschriften anzunehmen, dass sie aus dem Umkreis stammen und womöglich auf dem vor dem Gebäude zu rekonstruierenden Platz aufgestellt waren. Über Augustus und seine Nachkommen Germanicus und Drusus minor hinaus wurde dort auch ein überlebensgroßes Porträt Hadrians (Cent13) gefunden. Die Porträtköpfe von Drusus minor und Germanicus sind wahrscheinlich in derselben Werkstatt geschaffen worden, während der Augustuskopf in einer anderen Werkstatt gefertigt wurde, da er um einiges hochwertiger ist. Aufgrund des Hadrianporträts ist es durchaus möglich, eine gewachsene Kaisergalerie zu vermuten[124]. Die Augustaleninschrift, auch wenn sie sich nicht auf das Gebäude beziehen sollte, weist auf einen Augustalenkult in Centuripe hin. Sowohl die Porträts der kaiserlichen Familie als auch die kolossalen Skulpturfragmente könnten in diesem Rahmen zu verorten sein. Darüber hinaus wurden mehrere Statuen und Inschriften von Mitgliedern einer senatorischen Familie der Stadt aus dem 2. Jh. n. Chr. in einem Teil des Gebäudes gefunden. In diese Zeit fällt auch eine der Umbauphasen innerhalb der Portikus, in deren Rahmen die Monumente eingeordnet werden können. Zumindest drei Statuenbasen sind in situ vorhanden, davon stand eine wohl bereits in hellenistischer Zeit beim Bau der Portikus (Cent1, Abb. 41, Abb. 43)[125], eine zweite in der ersten kaiserzeitlichen Umbauphase (Cent21, Abb. 41, Abb. 64) und eine weitere bei der Erweiterung im 2. Jh. n. Chr. (Cent22, Abb. 41, Abb. 65–67). Zumindest die Statuenbasis in situ aus dem 2. Jh. n. Chr. kann aufgrund der Fundsituation vermutlich mit einer der Inschriften der Familiengruppe rekonstruiert werden[126]. Vermutet werden kann, dass die Familiengruppe in einem Teil der Portikus stand, möglicherweise in einem von dem Stifter der Statuengruppe finanzierten Gebäude[127]. Die kaiserlichen Statuen wurden dagegen im südlichen Teil der Anlage gefunden, der nach der Entstehungszeit der Porträts stark untergliedert wurde. Eine kaiserliche Statuengruppe hätte dort kaum Platz gefunden, weshalb zu vermuten ist, dass diese aus einem anderen Gebäude oder vom Forum stammen und aus einem unbekannten Grund in den Räumen gesammelt wurden, womöglich für ihre Verbrennung zu Kalk. Ohne eine bauhistorische oder stratigraphische Untersuchung oder neue Grabung, ist eine genauere Kontextualisierung der Statuen und Inschriften nicht möglich.

---

124   C. B. Rose vermutete, dass auch Tiberius zur Kaisergruppe gehörte, Rose 1997, 87.
125   Patanè 2011, 37.
126   So Libertini 1953, 355–357.
127   Murer 2017, 76.

Darüber hinaus wurden in Tyndaris mehrere kaiserliche Statuenbasen im Theater gefunden (Abb. 410). Auch wenn eine dortige Aufstellung nicht nachgewiesen werden kann, ist eine gemeinsame Aufstellung der Statuenmonumente denkbar. Die Monumente ehren den Inschriften zufolge Trajan, Lucius Verus, Marc Aurel und Julia Mamaea (Tynd18–19, Tynd20, Tynd23, Tynd27). Es ist bekannt, dass das Theater in der Kaiserzeit umgestaltet wurde. Der Umbau kann wohl aber bereits mit dem 1. Jh. n. Chr. in Verbindung gebracht werden, Renovierungsarbeiten wurden in das 2. Jh. n. Chr. datiert[128]; ob im selben Zuge jedoch auch Standbilder errichtet wurden, kann nicht geklärt werden, da die Fundorte der dort aufgefundenen Statuenbasen nicht genauer überliefert sind. Vor allem die Zusammenstellung der aufgefundenen Inschriften wirft Fragen auf. Das Monument für Trajan lässt vermuten, dass es sich um eine gewachsene Gruppe handelt, die immer wieder ergänzt wurde. Möglich ist, dass Lucius Verus und Marc Aurel zunächst in einer Gruppe aufgestellt waren, wofür der gemeinsame Stifter spricht. Dieser bekam von ihnen womöglich das Amt als *curator rei publicae* zugesprochen und drückte mit der Errichtung der Statuenmonumente seinen Dank aus[129].

Darüber hinaus wurden in Tyndaris zwei Togati und ein Porträtkopf des Augustus im Umkreis der sog. Basilika gefunden (Tynd3, Tynd4, Tynd12, Tynd16), die unmittelbar beim Forum der Stadt lag, aber bislang nicht abschließend eingeordnet werden konnte (Abb. 410)[130]. Dementsprechend kann angenommen werden, dass die Monumente dort oder aber auf der benachbarten Platzanlage aufgestellt waren.

In Palermo finden sich mehrere Statuenmonumente der severischen Kaiser, die von der *res publica* gestiftet wurden. Wegen der umfassenden Überbauung des antiken Panhormus ist kaum etwas über die Kontexte archäologischer Befunde bekannt. Nichtsdestotrotz weisen zwei der kaiserlichen Ehrungen auf eine gemeinsame Aufstellung hin. Ein Statuenmonument von Septimius Severus und eines von Geta wurde von denselben Duumviri auf Beschluss der *res publica* der Stadt ausgeführt (Pal12, Pal13). Auffällig ist darüber hinaus, dass eine Häufung severischer Statuenmonumente in Palermo zu beobachten ist, die sich nicht nur auf kaiserliche Statuen beschränkt.

---

128 Die Orchestra wurde in eine Arena umgebaut, wofür u.a. Sitzreihen entfernt und der Boden abgesenkt wurde, Spigo 2005, 59–64; Isler 2017, 820–822 mit weiterer Literatur. Die Umbauten können wohl in das 1. Jh. n. Chr. datiert werden, Reparaturarbeiten in das 2. Jh. n. Chr. Isler 2017, 822.

129 Beide sind von Marcus Valerius Vitale gestiftet, einem *curator rei publicae*. Möglicherweise wurde er von einem der beiden Kaiser eingesetzt.

130 Zur sog. Basilika s. u.a. Wilson 1990, 52–54; La Torre 2005.

KAISERZEIT – FESTIGUNG DER EHRENPRAXIS   157

Das Forum in Syrakus wurde zwar lokalisiert, jedoch wurden die Ausgrabungen, die dort durchgeführt wurden, nie publiziert[131]. Sechs Statuen stammen vermutlich von der Platzanlage und waren dort vermutlich aufgestellt, darunter konnten vier als Mitglieder der kaiserlichen Familie identifiziert werden: Nero (Syr15), Nerva (Syr17), Agrippina minor (Syr18) und Sabina (Syr19). Darüber hinaus wurden dort ein augusteischer Togatus (Syr20) und eine augusteisch-frühtiberisch zu datierende weibliche Gewandstatue im Typus Ancona/Rom (Syr16) aufgefunden.

4.7   Die Sichtbarkeit der Statuenmonumente

Die in situ-Befunde zeigen, dass Statuenmonumente zumeist auf bereits existierende Bauten oder Statuenmonumente Bezug nehmen. In neu errichteten Bauten wie in Agrigent werden Statuen an Wänden in Portikusgängen aufgestellt (Agr5, Agr6, Agr7). Die Befunde in Halaesa und Solunt, die auf bereits mit Statuenmonumenten ausgestattete Agorai aufbauen, weisen Bezüge zu bestimmten Räumen und Monumenten auf. So stehen in Solunt zwei wahrscheinlich in der Kaiserzeit hinzugefügte Statuenbasen direkt vor der Exedra 1 in der Portikus (Sol11, Sol12).

Festzuhalten ist auf Grundlage der beiden gut erhaltenen Agorai von Solunt und Halaesa eine Bezugnahme bei Neuaufstellungen von Statuen auf bestimmte Räumlichkeiten und den damit verbundenen Funktionen oder aufgestellten Statuen. Darüber hinaus achtete man vermehrt auf Laufwege. An diesen orientiert wurden Monumente errichtet, um einerseits die Wegeführung zu lenken und andererseits möglichst viele vorbeilaufende Personen mit den Statuen zu konfrontieren. Zeugnisse dafür finden sich auch in den Portiken in Agrigent und Syrakus, in denen sich viele Personen bewegt haben dürften. Auch die oberhalb der Stufenanlage, die von dem an drei Seiten von Portiken gerahmten Platz auf das Kapitol in Pantelleria führte, errichteten Basen waren mithilfe der erhöhten Aufstellung auf eine erhöhte Sichtbarkeit hin ausgelegt (Pante3, Pante4). Das Hervorheben von Statuenmonumenten mithilfe von Größe kann im Fall der monumentalen Basis in Halaesa nachgewiesen werden (Hala40). Wie bereits in der hellenistischen Zeit finden sich keine Statuenmonumente auf freien Flächen von Platzanlagen.

---

131   Dazu Wilson 2012, 257 f.

158   KAPITEL 4

4.8   Chronologische Entwicklung

4.8.1   *Frühe Kaiserzeit*

Vor allem in der julisch-claudischen Zeit finden sich zahlreiche Statuenmonumente in den neuen *coloniae* und *municipia* Siziliens. Der Großteil
der Statuen ehrt die kaiserliche Familie. Möglicherweise kann dies auf die
Einführung der neuen Staatsform, der gegenüber man Loyalität demonstrieren wollte, sowie die Neuordnung der Städte durch Augustus, dem man dafür
mit Statuenaufstellungen danken wollte, zurückführen. Andererseits wurden
in Termini Imerese in augusteischer Zeit auffällig viele militärische Amtsträger
mit einer Statue geehrt. Dies kann darauf hinweisen, dass hier in Folge der
Neuordnung durch Augustus, wie von Diodor beschrieben, Veteranen angesiedelt wurden. Die julisch-claudische Familie findet sich über Sizilien verteilt
zahlreich vertreten, was aufgrund der vielen Ehrungen der Nachfolger des
Augustus an den Dynastiegedanken des augusteischen Prinzipats denken lässt.
Pantelleria und möglicherweise auch Centuripe, Halaesa und Termini Imerese
können als Beispiele für gewachsene Kaisergalerien angeführt werden. Die
Gruppe in Pantelleria wurde erst in claudischer Zeit zusammengestellt und
wohl unter erheblichem finanziellen Aufwand aus Rom importiert[132].

   Dagegen wurden die flavischen Kaiser kaum mit Statuen bedacht (Abb. 452);
je eine Statue des Titus (Pante7) und der Domitiae (Taorm9) sind überliefert. Unklar ist jedoch, ob die Erhaltung dafür verantwortlich ist, denn nicht-
kaiserliche Ehrenstatuen finden sich durchaus (Abb. 451). Diese lassen sich
allerdings nicht genau datieren, so dass die meisten in den Übergang zwischen
dem 1. und 2. Jh. n. Chr. eingeordnet wurden.

   Insgesamt finden sich in der frühen Kaiserzeit kaum private Statuenstiftungen, sondern von Städten oder dem Dekurionenrat gestiftete Monumente, mit
denen die kaiserliche Familie und die lokale Oberschicht geehrt wurden.

4.8.2   *Die Zeit der Adoptivkaiser*

Insgesamt steigt sowohl die Anzahl der Statuenmonumente für die kaiserli-
che Familie als auch für nicht-kaiserliche Geehrte (Abb. 450). Hier finden
sich nun vermehrt privat errichtete Statuen, die entweder auf eine familiäre
Bindung oder ein bestimmtes Amt hinweisen. Dennoch sind die öffentlichen
Institutionen weiterhin die Hauptstifter von Statuenmonumenten. Sowohl am
Übergang vom 1. zum 2. Jh. n. Chr. als auch im 2. Jh. n. Chr. fällt eine Zunahme
weiblicher Geehrter in mehreren Städten auf (Catania, Centuripe, Halaesa,
Messina). Sie wurden in Familiengruppen oder als Priesterinnen geehrt,

---

132   Schäfer 2015, 761.

KAISERZEIT – FESTIGUNG DER EHRENPRAXIS

wozu auch Statuentypen wie der des Cerestypus passen. Nicht-kaiserliche Statuenmonumente in Centuripe finden sich vor allem in hadrianisch-trajanischer Zeit (Togatus, Panzerstatue, Frauenstatuen). Dabei ist eine Familiengruppe hervorzuheben, die mindestens drei Personen einer senatorischen Familie umfasst (Cent6–7, Cent8–9, Cent10).

Allgemein wird der leichte Rückgang an Ehrungen in der antoninischen Zeit, vor allem zwischen 165 und 180, mit dem Wüten der sog. Antoninischen Pest in Verbindung gebracht[133]. In Sizilien finden sich dafür allerdings keine Anhaltspunkte. Marc Aurel wurden vier Statuen errichtet, zusätzlich eine für seinen dritten Sohn, eine für seinen adoptierten Nachfolger Aelius Verus und eine weitere Statue für seine Ehefrau Sabina.

4.8.3 *Die Severische Epoche*

Am Ende des 2. Jhs. n. Chr. steigt die Errichtung von Statuenmonumenten noch einmal an (Abb. 450). Nun wird der Kreis der Stifter größer; es wird vermehrt privat gestiftet und aus eigenem Vermögen bezahlt. Ferner tauchen sowohl hohe Amtsträger sowie damit verbunden die senatorische Oberschicht auf. Außerdem stiften Tribus und ein Koinon sowie Spanier im Westen der Insel Statuen für ihre Patrone[134]. Insgesamt ist eine Häufung an Statuenmonumenten nun im Nordwesten der Insel festzustellen, was mit der Veränderung der Handelsrouten erklärt werden kann.

In Termini Imerese wurde unter Septimius Severus eine Statue für den vergöttlichten Commodus errichtet, der zuvor noch mit der *damnatio memoriae* belegt worden war. Allgemein wurde von Forschern aufgrund der Nähe zum Geburtsort von Septimius Severus und des Prokonsulats Getas in Sizilien 186/7 n. Chr. eine kaiserliche Einflussnahme vermutet. Jedoch lässt sich keine Baumaßnahme sicher der kaiserlichen Finanzierung zuordnen. Viel eher scheinen Veränderung der Seewege und soziale Veränderungen Einfluss auf die Ehrenpraxis in Sizilien genommen zu haben. Der Handel mit Nordafrika lief vor allem über den Nordosten Siziliens (Palermo, Termini Imerese, Marsala/Mazara), während andere Hafenstädte im Norden und Süden beim Handel mit Italien und Rom zumindest nicht mehr an Bedeutung zunahmen[135].

Wegen der Öffnung des Bürgerrechts 212 n. Chr. standen nun außerdem einer größeren Zahl an Personen Ämter und politische Teilhabe zur Verfügung.

---

133   Vgl. dazu u.a. Duncan-Jones 1996.

134   Entgegen der Annahme von J. M. Højte, dass im Gegensatz zum Hellenismus Koina und Vereinigungen keine Statuen mehr errichten, Højte 2005, 170. Jedoch tauchen sie in Sizilien erst am Ende des 2. Jhs. n. Chr. auf.

135   Pfuntner 2016, 455.

160   KAPITEL 4

Gleichzeitig konnten Ritter in der Verwaltung zu Ämtern aufsteigen, die zuvor nur von Senatoren bekleidet werden durften[136]. Das führte zu einer Zunahme an Ämtern und an Personen, die über politische und soziale Einflussnahme verfügten und das Vermögen als auch die Macht hatten Statuenmonumente zu errichten. Eben diese Schicht wurde in dieser Zeit besonders in den ökonomisch wichtigen Städten sichtbar, sowohl durch privat dedizierte Statuenmonumente als auch durch Baumaßnahmen bzw. Reparaturarbeiten. Die Zunahme an Statuenmonumenten ist allerdings keine Eigenart Siziliens, sondern findet sich beispielsweise auch in Nordafrika[137].

4.8.4   Das 3. Jh. n. Chr.

Die allgemeine Entwicklung der Statuenaufstellung wird in der Epoche der Soldatenkaiser als Niedergang beschrieben. Mehrere Gründe werden dafür angeführt: Die Veränderung im Repräsentationsverhalten der Oberschicht, die sich aus der Öffentlichkeit in die private Sphäre zurückzuziehen beginnt, die kurzen Regierungszeiten der Soldatenkaiser und eine Veränderung der Gesellschaft, um nur einige zu nennen. S. Spranger konnte jedoch bei der Untersuchung der kaiserlichen Statuen des 3. Jh. n. Chr. belegen, dass eine kontinuierliche Ehrung der Kaiser im gesamten Reich vorliegt[138]. Auch für nichtkaiserliche Ehrungen ist ihr zufolge zwar ein Rückgang zu konstatieren, doch fällt er keineswegs so stark aus, wie oft angenommen. Sie argumentiert, dass Familien bzw. Personen im 3. Jh. n. Chr. weniger gut prosopographisch fassbar sind und Monumente dadurch nicht genau datierbar seien. Dadurch würde eine Vielzahl an Ehrungen generell dem 2. bis 3. Jh. n. Chr. zugeteilt werden[139]. Darüber hinaus haben Untersuchungen der letzten Jahrzehnte gezeigt, dass über die Ehrenpraxis hinaus generell nicht von einer „Reichskrise" gesprochen werde kann[140].

S. Sprangers Beobachtung lässt sich auch auf Sizilien beziehen. Nur wenige Statuenmonumente können genau datiert werden, darunter die der Kaiser. Diese zeigen deutlich, dass in Sizilien weiterhin Ehrenstatuen errichtet wurden (Abb. 447, Abb. 450). Auf die geringe Zeitspanne zwischen dem Ende der severischen Dynastie und der Herrschaft Diokletians gerechnet, sind die neun Statuenmonumente, die Kaiser, ihre Ehefrauen und Nachfolger ehren,

---

136   Zum Senat und den Veränderungen der Zusammensetzung im 3. Jh. n. Chr., Heil 2008.
137   Vgl. u.a. Gilhaus 2015, 297.
138   Spranger 2014, 294 f.
139   Spranger 2014, 292 f.
140   Vgl. dazu die Diskussion zum umstrittenen Begriff der Reichskrise, Johne – Hartmann 2008.

KAISERZEIT – FESTIGUNG DER EHRENPRAXIS   161

nicht hoch genug einzuschätzen. Alleine von Gordian III. haben sich zwei Porträtköpfe erhalten und von seiner Ehefrau ist eine Statuenbasis überliefert.

4.9   Zusammenfassung und Einordnung

Zusammenfassend kann eine kontinuierliche Aufstellung von Statuen während der gesamten Kaiserzeit festgestellt werden. Es lassen sich ganz unterschiedliche Arten von Ehrenstatuen erkennen: Gewandstatuen, Sitzstatuen im Jupiter-Typus, Panzerstatuen, Reiterstandbilder, Gruppenmonumenten sowie Bigen und Quadrigen.

Chronologisch verteilt sich das kaiserzeitliche Material zwar relativ gleichmäßig, jedoch ist dabei eine Konzentration in der julisch-claudischen und in der severischen Zeit festzustellen. Auch wenn die Statuenehrungen am Ende der severischen Zeit abnehmen, werden den Soldatenkaisern weiterhin Statuen gestiftet. Der Höhepunkt der Ehrungen am Übergang vom 2. zum 3. Jh. n. Chr. findet sich auch in anderen Provinzen wie Nordafrika. Dies hat die Untersuchung von D. Erkelenz zu Ehrungen für römische Amtsträger gezeigt[141]. Die erhaltenen Monumente der antoninischen und severischen Zeit häufen sich im Nordwesten der Insel, in Palermo, Termini Imerese und Marsala bzw. Mazara. Die Bedeutung dieser Städte stieg in eben dieser Zeit aufgrund des wichtiger werdenden Handels mit Afrika[142]. Ihre Bedeutung lässt sich auch in Bau- bzw. Renovierungsarbeiten in dieser Zeit fassen[143]. Aber auch in kleinen Städten wie Halaesa ist eine kontinuierliche Statuenaufstellung von augusteischer Zeit bis in die Epoche der Soldatenkaiser nachweisbar. Zuvor finden sich die meisten Statuenmonumente in den von Augustus zu *coloniae* oder *municipia* erhobenen Städte die über ganz Sizilien verteilt sind[144]: Centuripe, Segesta, Halaesa, Haluntium, Solunt und auf den Inseln Lipari, Pantelleria und Malta.

Die geographische Verteilung der Statuenmonumente entspricht der ökonomischen Bedeutung der Städte (Abb. 445). Die Städte im Innenland nutzten den sie umgebenden fruchtbaren Boden für den Anbau und den Export von

---

141   Erkelenz 2003, 315. Nur in Italien (ohne Rom) stagnieren die Ehrungen für Amtsträger ab augusteischer Zeit (aug./1. Jh. 19 Stück, 2./3. Jh. 19 Stück).

142   Zu den Routen der Schiffe über Ost- und Westsizilien s. Warnking 2015, 249–275.

143   Zur Verwendung von importiertem Marmor und zur Bautätigkeit des 2. und 3. Jhs. n. Chr. in Sizilien, Pensabene 1996–1997, bes. 41–88; die severische Epoche in Sizilien als Blütezeit, Pfuntner 2016.

144   Zur augusteischen Neuordnung u.a. Wilson 1988, 94–101.

162   KAPITEL 4

Getreide. Die Hafenstädte lagen an wichtigen Handelswegen nach Afrika, in den Osten oder nach Italien. Agrigent fungierte als Abbauort für Schwefel.

J. Hoffmann-Salz vermutete, dass Augustus nur Städte mit strategischer Bedeutung für den Handel zu *municipia* oder *coloniae* erhob: Küstenstädte mit Häfen sowie Städte im Inland mit fruchtbarem Boden[145]. Tatsächlich kann in diesen Städten sowohl ein ökonomischer Aufschwung in augusteischer Zeit als auch die verstärkte Verehrung der kaiserlichen Familie nachgewiesen werden[146]. Auch später finden sich in diesen Städten zahlreiche Ehrenstatuen, die als Zeichen der wirtschaftlichen Prosperität gesehen werden können[147].

Während Getreide vor allem ab severischer Zeit von steigender Bedeutung war, exportierte Sizilien in der frühen und mittleren Kaiserzeit vor allem Wein und Garum[148]. Die Bedeutung der Lage Siziliens für den Handel wird besonders deutlich an der Insel Pantelleria, dem antiken Cossyra. Aufgrund ihrer Lage zwischen Nordafrika und Sizilien besaß die kleine Insel von 83 km² als Handelsstützpunkt vor allem in der frühen Kaiserzeit eine ausgebaute Akropolis und eine Platzanlage mit angrenzendem Kapitolstempel, außerdem eine hochqualitative Kaisergalerie aus unterschiedlichen importierten Marmorsorten.

Andererseits zeigt sich am Beispiel von Agrigent, dass auch eine Stadt mit einem wichtigen Rohstoff wie Schwefel nicht automatisch eine hohe Dichte an Monumenten vorweisen muss. Insgesamt fehlen hier aber nicht nur Statuenmonumente, sondern auch allgemein eine ausgeprägte erhaltene Inschriftenpraxis. Dies gilt für die gesamte Südküste in der Kaiserzeit[149].

Die auf den Basen angebrachten Inschriften sind nur in einigen wenigen Fällen in griechischer Sprache verfasst, der Großteil dagegen in Latein. Die Auswertung der Inschriften der Statuenmonumente hat ergeben, dass die Mehrheit der Statuen von den Städten bzw. öffentlichen Institutionen wie dem Dekurionenrat dediziert wurde. Private Stiftungen durch Einzelpersonen

---

145   Hoffmann-Salz 2010, 165–167, 171–173.

146   Auch wenn in Agrigent keine Statuen der kaiserlichen Familie gefunden wurden, hat sich eine Weihung an C. Caesar gefunden, deren Oberseite nach zu urteilen eine Statuette oder Stele trug. Dazu ISic3324 mit weiterer Literatur.

147   Zur Stadt als Verteilerin, Konsumentin und Besitzerin landwirtschaftlicher Güter im Hinterland und zur Urbanisierung als Zeichen für den Wohlstand der Oberschicht u.a. Wilson 1990, 237–276; Ziche 2006, 259.

148   Vgl. Wilson 1988, 301–303. Allerdings konnte C. Soraci nachweisen, dass Sizilien in der Kaiserzeit kontinuierlich Getreide lieferte und nicht, wie in der Forschung angenommen, seine Bedeutung als „Kornkammer" vollständig an Nordafrika und Ägypten abgab, Soraci 2011, 151–203. Zur Forschungsdiskussion und den Quellen Soraci 2011, 97–150. Anders u.a. Wilson 1990, 34; Korhonen 2012, 327.

149   Prag 2018c.

KAISERZEIT – FESTIGUNG DER EHRENPRAXIS

oder Vereinigungen lassen sich nur in geringer Anzahl finden. Sie treten vermehrt erst in antoninischer und severischer Zeit auf. Bei den privaten Stiftern handelt es sich entweder um munizipale Amtsträger oder, vor allem in späterer Zeit, um senatorische Familien. Priesterämter, wie das des Sevirats, treten besonders in der frühen Kaiserzeit und am Übergang vom 1. zum 2. Jh. n. Chr. sowie im 2. Jh. n. Chr. auf (Hala18, Mars5: Sevirat; Hala17, Hala19, Hala20: Flaminat; Hala22, Malta3: Priesterin). Die Bedeutung der Seviri lässt sich besonders gut in Halaesa erahnen, wo Inschriftenplatten sowie eine Statuenbasis in situ erhalten sind. Letztere befindet sich an einem prominenten Ort in der Portikus, von deren Räumen einige mit dem Kaiserkult in Verbindung gebracht werden (Hala18). Wie H. Mouritsen betont, handelte es sich vor allem um ein „euergetic office"[150]. Die Amtsträger bestanden zum größten Teil aus wohlhabenden Freigelassenen, denen die Bekleidung politischer Ämter nicht erlaubt war. Durch die Übernahme des Sevirats profitierte die Stadt vom Vermögen der Freigelassenen durch die Zahlung der *summa honoraria*[151]. Somit wurde ein größerer Teil von Statuenmonumenten, besonders in der frühen Kaiserzeit, von politisch nicht teilhabenden Mitgliedern der lokalen Oberschichten errichtet.

Empfänger von Ehrenstatuen sind zuallererst Mitglieder der kaiserlichen Familie, gefolgt von der lokalen Oberschicht und hohen Amtsträgern[152]. Die Geehrten aus der lokalen Oberschicht setzen sich aus Duumviri, Seviri, Flamines, Augures, Augustalen und Ädilen zusammen.

Das Auftreten überregional agierender Familien, welches ab der zweiten Hälfte des 2. Jhs. n. Chr. zu bemerken ist, lässt sich besonders gut an der Familie der Maesi fassen[153]: Das Geschwisterpaar Maesia Fabia Titiana und Maesius Fabius Titianus stellten ein Statuenmonument für Septimius Severus in Termini Imerese und eines für Caracalla in Palermo auf. Für C. Maesius Aquillius Fabius Titianus wurde wiederum in Termini Imerese durch *ordo* und *populus* eine Ehrenstatue für ihn als *optimus civic ac patronus* errichtet. Möglicherweise taucht derselbe C. Maesius Titianus, ein Konsul, gemeinsam mit seiner Ehefrau Fonteia Frontina in einer Inschrift in Termini Imerese auf, in der sein Sohn aufgrund der Verleihung der Toga virilis eine Statue erhält. Verwandt sind diese anscheinend mit einer Familie aus Africa, einem Konsul

---

150 Mouritsen 2006, 247.

151 Zu den *seviri* und *augustales* u.a. Duthoy 1987; Abramenko 1993; Mouritsen 2006.

152 Anders D. Erkelenz, dem zufolge generell im gesamten römischen Reich Statthalter und andere höhere Amtsträger die meisten Statuen empfangen haben, Erkelenz 2003, 187.

153 Vgl. Bivona 1980.

namens Geminius Titianus, der wiederum in Marsala mit einer Statue geehrt wurde.

Interessant ist, dass in Sizilien die Amtsträger der Provinzverwaltung bei der Aufstellung von Ehrenstatuen kaum berücksichtigt wurden. Sie wurden in Palermo, Marsala, Mazara, Termini Imerese und Halaesa geehrt, nicht aber in Syrakus, wo sich der Amtssitz des Statthalters befand. Allgemein erhielt der Statthalter D. Erkelenz zufolge weit mehr Ehrenstatuen als die anderen Mitglieder der Verwaltung[154]. In Sizilien dagegen wurden mehr Statuen für Quästoren errichtet[155], ebenso für *curatores* (Pal24), für einen kaiserlichen Legaten (Pal16), einen kaiserlichen *procurator* (Lip1) und Konsuln (Eri3, Eri4). Man könnte vermuten, dass die Überlieferung dafür verantwortlich ist, doch taucht der Statthalter in Syrakus auch nicht als Stifter von Bauten oder Ehrenmonumenten für Kaiser auf. Als Stifter von Ehrenstatuen fungierten dagegen auch *curatores rei publicae* (Agr12, Tynd21, Tynd23).

Während alle Statuen aus Marmor bestehen, ist das Gros der monolithen Statuenbasen aus Kalkstein und das der Verkleidungsplatten wiederum aus Marmor gearbeitet. Darüber hinaus liegen auch Basen aus Breccia und Vulkangestein vor. Allgemein lässt sich ein starker Anstieg von Marmor im gesamten römischen Reich nachvollziehen[156]. Aufgrund des verstärkten Abbaus von Marmor im 1. Jh. v. Chr. erhöht sich zwar die Verfügbarkeit des Rohstoffs, doch lässt sich in Sizilien trotzdem beobachten, dass Marmor noch immer zurückhaltend eingesetzt wird. Die vornehmliche Verwendung in Form von Platten zeigt eine ökonomisch sparsame Verwendung des Materials. Dennoch wurden Breccia und Vulkangestein, wohl aufgrund ihrer schlechteren Bearbeitungsmöglichkeit und Erhaltung, nur in geringem Maße eingesetzt. Für den sparsamen Gebrauch von Marmor spricht auch die Wiederverwendung von Marmorplatten, die umgedreht und auf der Rückseite beschrieben wurden (Hala20–Hala21, Taorm8–9).

Es konnten verschiedene Statuen- sowie Basentypen festgestellt werden. Die Statuentypen umfassen einerseits mehrere Arten von Gewandstatuen, aber auch Panzerstatuen und kaiserliche Sitzstatuen. Überliefert sind inschriftlich Bigen sowie archäologisch eine Quadriga. Sowohl die männlichen als auch weiblichen Gewandstatuen weisen wenig Variation auf: Männliche Statuen sind in der Toga mit einem Behältnis für Schriftrollen als Attribut,

---

154 Erkelenz 2003, 41.

155 Die höhere Anzahl an Ehrenstatuen für Quästoren als für Statthalter bemerkte schon D. Erkelenz, allerdings ohne zu versuchen diesen Umstand zu erklären, Erkelenz 2003, 45 Anm. 144.

156 Für Giallo antico, Ardeleanu 2018.

KAISERZEIT – FESTIGUNG DER EHRENPRAXIS

weibliche Statuen in den üblichen kaiserzeitlichen Gewandtypen dargestellt[157], die vor allem mit *pietas* in Verbindung zu bringen sind (Cerestypus,
Große Herkulanerin und Schulterbauschtypus). Aufgrund der geringen
Anzahl erhaltener weiblicher Gewandstatuen können weder Entwicklungen
noch lokale Vorlieben festgestellt werden. Die Statuenbasen sind in Bezug
auf die Größe mit anderen kaiserzeitlichen Basen vergleichbar. Jedoch lässt
sich keine einheitliche chronologische Entwicklung feststellen. Auffällig sind
Statuenbasen des 2. und 3. Jhs. n. Chr. aus Palermo und Tyndaris, die eine
Rahmung um die Inschrift aufweisen, die die gesamte Vorderseite einnimmt
und zwischen 50 und 90 cm hoch sind. Sie ähneln Statuenbasen in Spanien[158]
und in Nordafrika[159] aus derselben Zeit.

4.10   Kontextualisierung der Ergebnisse

Möchte man diese Ergebnisse mit denen anderer Regionen vergleichen, dann
stößt man auf die Schwierigkeit, dass zahlreiche Studien zu den Inschriften
von Statuenbasen vorliegen[160], jedoch keine Untersuchung, die alle vorhandenen Basen und Statuen einer Stadt oder Region holistisch untersucht.

In Norditalien konnte G. Alföldy ab der frühen Kaiserzeit die ausgeprägte
Aufstellung von Ehrenstatuen nachweisen, deren Anzahl allerdings zu Beginn
noch gering war[161]. Ein Anstieg ist besonders in der antoninischen und severischen Zeit zu beobachten. Ebenfalls mit der severischen Zeit ist ein Niedergang
und die vermehrte Wiederverwendung von Statuenbasen zu beobachten.
Den Anstieg der Ehrungen erst in antoninischer Zeit erklärt G. Alföldy mit
der späten Durchsetzung der römischen Administration und Städteordnung.
Aufgrund dessen hätte sich eine reiche und mächtige Oberschicht gebildet, die
politisch immer weiter aufsteigen konnte[162].

Eine ähnliche Entwicklung findet sich auch im Gebiet des Conventus
Terraconensis. Auch dort entwickelte sich eine ausgeprägte Ehrenpraxis

---

157   Zu den Gewandtypen in Italien und Nordafrika, Murer 2017, 84–86, 131–133.
158   Alföldy 1979, 185.
159   Bigi 2010, 223–225.
160   Alföldy 1979 (Statuenbasen Nordostspanien); Alföldy 1984 (Statuenbasen Norditalien);
       Zimmer 1989 (Statuenbasen auf den Platzanlagen von Cuicul und Thamugadi); Forbis 1996
       (Ehrungen Italien); Højte 2005 (kaiserliche Statuenbasen von Augustus bis Commodus);
       Mathys 2014 (Ehrenstatuen Pergamon); Spranger 2014 (Basen von Ehrenstatuen im 3.
       Jh. n. Chr.); Gilhaus 2015 (Statuenbasen Nordafrika); Rödel 2015 (Ehrungen römischer
       Amtsträger im Osten); Murer 2017 (weibliche Ehrenstatuen Italien und Nordafrika).
161   Alföldy 1984.
162   Alföldy 1984, 51, 70–74.

parallel zur „römischen" Ausgestaltung der Städte[163]. In Nordafrika beginnt die Errichtung öffentlicher Statuenmonumente erst relativ spät. Aus der julisch-claudischen und flavischen Dynastie sind kaum Ehrenstatuen bekannt[164]. Mit dem Bauboom in severischer Zeit explodieren dann quasi die Zahlen der Stiftungen von Statuen. In Kleinasien zeigen sich dagegen besonders viele Ehrungen im 1. und 2. Jh. n. Chr., was womöglich mit der bereits in hellenistischer Zeit stark ausgeprägten Ehrenpraxis zu erklären ist.

Jedoch zeigen sich in allen Regionen unterschiedliche Entwicklungen in den einzelnen Städten, die pauschale und übergreifende Auswertungen von Regionen differenzieren[165]. Überall kann aber beobachtet werden, dass die Aufstellung von Ehrenstatuen mit der ökonomischen Situation der Oberschicht bzw. der Stadt korreliert: In Kleinasien stieg das Vermögen der Elite im Laufe der ersten Jahrhunderte an[166], was sich in der vermehrten Aufwendung für Bautätigkeiten und Statuen bemerkbar machte. Dies wiederum führte zu Ehrungen der Städte für ihre Wohltäter. In Oberitalien konnten ebenfalls erhöhte euergetische Handlungen ab dem Ende des 1. und im 2. Jh. n. Chr. nachgewiesen werden. Sie beginnen am Ende des 2. Jhs. n. Chr. deutlich zu sinken[167]. In Italien und Spanien setzte ein Niedergang der Ehrenpraxis bereits ab antoninischer Zeit ein, in Italien wohl unter dem Einfluss der Pest[168].

In Sizilien kann von einer solchen Entwicklung nicht die Rede sein, obgleich unterschiedliche Entwicklungen zwischen dem Osten und dem Westen der Insel sichtbar sind. Während der Nordwesten in severischer Zeit den Städten Nordafrikas ähnelt mit der vermehrten Errichtung von Statuen für die kaiserliche Familie und mit der Präsenz bedeutender Familien, finden sich im Osten der Insel nur noch wenige neu errichtete Ehrenstatuen.

Insgesamt kann für die meisten Städte Siziliens festgehalten werden, dass im 2. und sogar noch im 3. Jh. n. Chr. zahlreiche Ehrenstatuen errichtet wurden. Anhand von in situ-Befunden und öffentlich dedizierten Ehrungen des kaiserzeitlichen Siziliens konnte gezeigt werden, dass von einer „Krise des politischen Zentrums"[169] keine Rede sein kann. Die Platzanlagen ähneln

---

163 Alföldy 1979, 200.

164 Zu Nordafrika in der frühen Kaiserzeit u.a Højte 2005, 96 f.

165 U.a. Højte 2005, 92.

166 Zuiderhoek 2009, 154. 156.

167 Goffin 2002, 217 f., 258–265.

168 Højte 2005, 92; Fejfer 2008, 36 Abb. 18 b. Zu Spanien Alföldy 1979, zu Italien Alföldy 1984. Zum Einfluss der Pest in Italien und anderen Regionen des Reiches Duncan-Jones 1996.

169 Zanker 1994, 265–269.

KAISERZEIT – FESTIGUNG DER EHRENPRAXIS

denen in Nordafrika, bei denen ein Bedeutungsverlust der Fora als Ort der Repräsentation ausgeschlossen werden kann[170].

Setzt man zusätzlich die sozial-historische Auswertung der sizilischen Ehrenmonumente denen anderer Regionen gegenüber, dann fällt der hohe Anteil an Monumenten auf, die von öffentlichen Gremien oder den Städten gestiftet wurden. Dieser lässt sich ebenfalls in Nordafrika, Kleinasien, Italien und Spanien finden[171]. Privat gestiftete Ehrenstatuen sind vor allem in Spanien und Nordafrika nachzuweisen, weniger in anderen Teilen des Reiches wie im Osten oder eben in Sizilien[172]. Frauen treten in Sizilien, wie C. Murer auch für Italien und Nordafrika gezeigt hat, als Priesterinnen oder aufgrund ihres familiären Status, z.B. als Ehefrau eines Amtsträgers bzw. in Familiengruppen auf, oder wurden aufgrund von euergetischen Handlungen wie Geldspenden geehrt[173].

---

170   Vgl. Kleinwächter 2001, 338 f.
171   Vgl. zu Pergamon Mathys 2014a, 63 f., 91–95; zu Nordafrika, Gilhaus 2015, 57 Abb. 2, 69, 104. Zu Stiftern kaiserlicher Statuen bis Commodus Højte 2005, 168; Analyse der einzelnen Provinzen Højte 2005, 607–622.
172   Højte 2005, 186 f.
173   Murer 2017, bes. 138–143.

KAPITEL 5

Spätantike – das Ende der Ehrenstatuen in Sizilien

Es können 22 Statuenmonumente in die Spätantike datiert werden[1]. Dabei handelt sich um drei marmorne Skulpturfragmente und 19 Statuenbasen aus sechs sizilischen Städten und Malta (Abb. 446). Die Monumente stammen aus der Zeit zwischen 285 und dem Beginn des 5. Jhs. n. Chr.

Trotz der vermehrten Aufmerksamkeit, die Sizilien in der Forschung erfährt, ist die Bedeutung sizilischer Städte in der Spätantike immer noch größtenteils unbekannt[2]. Während Sizilien in hellenistischer Zeit wichtiger Getreidelieferant Roms war, war dies für die Kaiserzeit in der Forschung lange umstritten[3]. Diskutiert wurde, ob nicht vor allem Ägypten und die nordafrikanischen Provinzen nun Rom mit Getreide versorgten. In der Spätantike stieg die Getreideproduktion auf jeden Fall wieder an, weil ebendiese Provinzen ihr Getreide nach der Gründung Konstantinopels vermehrt in den östlichen Teil des Reiches lieferten[4]. Die Bedeutung des Handels erklärt, wieso in der Spätantike die Küstenstädte von besonderer Bedeutung waren. Es ist sicher kein Zufall, dass nur noch in Küstenstädten Statuenmonumente gefunden wurden. Gleichzeitig zeigen reich ausgestattete Villen vor allem aus dem 4. Jh. n. Chr., die mit Großgrundbesitzern in Verbindung gebracht werden, dass ein besonderer Fokus der Elite auf ländliche Gegenden gelegt wurde[5]. Die Villen weisen deutlich auf den finanziellen Wohlstand der Besitzer hin; von einem Niedergang kann zumindest im 4. Jh. n. Chr. keine Rede sein[6]. Doch haben Untersuchungen in einigen Küstenstädten, die für den Handel besonders wichtig waren, gezeigt, dass das öffentliche Leben dort weiterhin florierte, so z.B. in Catania[7]. Allerdings lassen sich Zerstörungshorizonte des 4. und 5. Jh. durch Erdbeben in öffentlichen wie privaten Gebäuden nachweisen[8], ebenso

---

1 Mit dem Beginn der Tetrarchie ändern sich die Voraussetzungen für die Ehrenpraxis im gesamten römischen Reich. Dementsprechend wird in diesem Kapitel das Material ab dem Jahr 285 n. Chr. behandelt. Zur Chronologie Bolle u.a. 2017, 15 Anm. 1.

2 Zusammenfassend zum Forschungsstand Sami 2013.

3 Für eine kontinuierliche Getreidelieferung Siziliens an Rom argumentierte zuletzt C. Soraci, Soraci 2011. Zur Rolle Siziliens in der Spätantike Soraci 2011, 184–197.

4 U.a. Korhonen 2012, 327.

5 Zu den Villen in Sizilien zuletzt Wilson 2018.

6 Wilson 2016, 23. Zur Erforschung und Situation sizilischer Städte in der Spätantike Sami 2013.

7 U.a. Soraci 1996.

8 Vgl. die Zerstörung des Theaters in Catania Ende des 5. Jh.; das Horreum in der Villa bei Gerace, Enna Wilson 2012, 196; Wilson 2018, 212; die Zerstörung um 400 n. Chr. der Villa bei Patti Marina Wilson 2018, 209.

© REBECCA J. HENZEL, 2022 | DOI:10.1163/9789004504646_006

SPÄTANTIKE – DAS ENDE DER EHRENSTATUEN IN SIZILIEN 169

wie die Zerstörung ganzer Städte, so beispielsweise von Tyndaris und Halaesa[9]. Im 5. Jh. n. Chr. hatten sowohl weitere schwere Erdbeben in weiten Teilen Siziliens als auch Einfälle von Vandalen, die vor allem in literarischen Quellen thematisiert wurden, weitreichende Folgen: Nachdem die Vandalen bereits in Nordafrika Karthago erobert hatten, belagerten und unterwarfen sie Marsala, Palermo und einige Städte an der Südküste[10]. Zur Situation im Ostteil Siziliens gibt es unterschiedliche Thesen; zumindest finden sich in Catania und Syrakus keine hinreichenden archäologischen Befunde, die auf eine Eroberung hinweisen[11]. Generell hat die Forschung in den letzten Jahren davon Abstand genommen, Vandaleneinfälle als Grund für einen ökonomischen Einbruch zu interpretieren. Besonders für Nordafrika können bis in das 6. Jh. n. Chr. unverändert *annona*-Lieferungen und der Handel mit Öl, Garum und Keramik nachgewiesen werden[12]. Im 5. Jh. n. Chr. weisen zumindest Marsala und Catania noch öffentliche Statuenehrungen auf und Syrakus fungierte weiterhin als Sitz des Provinzstatthalters.

Wenn Statuenmonumente generell ein florierendes urbanes Leben belegen, dann würde man aufgrund der geringen Anzahl an Monumenten nach 284 n. Chr. ein kaum mehr existierendes öffentliches Leben erwarten (Abb. 447, Abb. 449). Vergleicht man jedoch das Verhältnis kaiserzeitlicher (332) und spätantiker Statuenmonumente (22) mit denen anderer Regionen, dann fügt sich Sizilien gut ein[13]: So machen die spätantiken Inschriften auf der iberischen Halbinsel nur 5% aller Inschriften der Region aus[14]. Von ihnen stellten wiederum nur ca. 4,5 % Ehreninschriften dar (56 spätantike Ehreninschriften, 100 % 1270 Inschriften)[15].

Die sizilischen Städte, in denen sich spätantike Basen erhalten haben, sind Catania, Syrakus, Marsala, Mazara und Palermo (Abb. 446). Sie alle stellten noch in der späten Kaiserzeit wichtige Hafenstädte dar[16]. Auch Agrigent, wo das Fragment eines Porträtkopfes gefunden wurde, fungierte als Hafenstadt und als Abbaustätte von Schwefel[17]. Allerdings verlor der Bereich des öffentlichen

---

9   Wilson 2016, 15. 21.

10   Dazu u.a. Wilson 1990, 331–333, 334 Abb. 284; Sami 2013, 33–35. Lilybaeum wurde 440 n. Chr. erobert. Palermo wurde 441 n. Chr. belagert, konnte aber erst 535 n. Chr. erobert werden.

11   Zu Syrakus Wilson 1990, 333; anders Sami 2013, 30 f.; zu Catania Wilson 1990, 332f.

12   U.a. Fentress et al. 2004, 157; Warnking 2015, 22. 40 f. 290–299.

13   Vgl. Ward-Perkins 2016.

14   Végh 2017, 60.

15   Végh 2017, 65. 71.

16   Dazu u.a. Uggeri 1997–1998; Uggeri 2008.

17   E. De Miro zufolge nimmt die ökonomische Bedeutung Agrigents in severischer Zeit aufgrund der Inkorporierung des Schwefelabbaus in den kaiserlichen Besitz bzw. in die kaiserliche Zuständigkeit ab, De Miro 1982–1983, 324 f.

Lebens im 4. Jh. n. Chr. seine Bedeutung[18]. Doch lässt sich im „Quartiere ellenistico-romano" bis in das 5. Jh. n. Chr. Besiedlung nachweisen, die Häuser, Gräber und sogar neue Bäder umfasste[19]. Außerdem finden sich um Umland von Agrigent keine Hinweise auf einen Niedergang, im Gegenteil; im 4. und 5. Jh. n. Chr. blühten neue Siedlungen auf[20]. In Halaesa, nahe am Meer gelegen, wurde ein umgearbeiteter Porträtkopf des 4. Jhs. n. Chr. aufgefunden (Hala54). Dieser zeigt einen letzten Hinweis auf öffentliches Leben auf der Agora[21]. Malta zeigt zumindest in tetrarchischer Zeit noch zwei Statuenmonumente, die auf ein funktionierendes öffentliches Leben hinweisen (Malta8, Malta11).

5.1 Die Statuenbasen

Aus spätantiker Zeit haben sich keine Statuenbasen oder Fundamente in situ erhalten. Bei den erhaltenen 19 Basen handelt es sich jeweils um dekontextualisierte Statuenträger für das Bildnis einer einzelnen stehenden Person. Sie können in mehrere Kategorien eingeordnet werden: Von fünf Befunden ist nur die Inschrift überliefert und ihr Aufenthaltsort unbekannt. In zwei Fällen handelt es sich um Mamorplatten (Cat17, Cat18), die Basen verkleideten. Die anderen stellen monolithe Quaderbasen dar, von denen sieben unprofiliert und vier profiliert sind. Alle angeführten Objekte, die sich im Museum in Palermo befinden, wurden im 18. Jh. von ihrer Inschrift getrennt; diese wurden an die Wände gehängt, während die Basisblöcke nicht aufbewahrt wurden. Deshalb können diese ebenfalls als monolithe Basen rekonstruiert werden, jedoch sind sie nur in Form von Inschriftenplatten erhalten[22]. Die Maße der Basen reichen von 31 cm bis 1,60 m Höhe, weisen Breiten bis 65 cm und Tiefen bis 63 cm auf. Die kleinen Basen stammen aus dem Theater von Catania (Cat17, Cat18), wo sie vermutlich aufgestellt waren. Die erhöhte Aufstellung im dreigeschossigen Bühnengebäude gewährleistete die größtmögliche Sichtbarkeit, die hier nicht mithilfe der Höhe der Statuen oder der Basen erzeugt werden musste[23].

Vergleicht man Maße und Aussehen der Statuenbasen mit zeitgenössischen Beispielen aus anderen Regionen, ist für die über 1,20 m großen Statuenbasen

---

18   So zuletzt Concetta Parello 2017.

19   Concetta Parello 2014.

20   Vgl. Bergemann 2017; Klug 2017, bes. 132; allgemein zu den Surveys in Sizilien Bergemann 2012; Concetta Parello 2014; Burgio 2017a.

21   Tigano 2012, 133 f.

22   Es könnte sich auch um dreiteilige Basen handeln, wie F. Bigi sie als „basi tripartite" für Nordafrika beschreibt, Bigi 2010, 223–225.

23   Zur *scaenae frons* des Theaters, Pensabene 1996–1997, 59 Abb. 46.

SPÄTANTIKE – DAS ENDE DER EHRENSTATUEN IN SIZILIEN   171

zu vermuten, dass es sich um wiederverwendete Basen der Kaiserzeit handelt[24]. So zeigen Untersuchungen, dass spätantike Basen üblicherweise weitaus kleiner waren[25]. Bei drei Basen lassen sich Wiederverwendungen nachweisen. Tatsächlich handelt es sich bei einer von ihnen um eine 1,60 m hohe Basis. Bei diesem Stück handelt es sich um eine sorgfältig bearbeitete hohe und schmale Basis aus Marsala (Mars16, Abb. 192), die Spuren einer älteren Inschrift aufweist (Mars15). Sie zeigt auffällige Gemeinsamkeiten mit einer weiteren Statuenbasis aus Marsala (Mars18, Abb. 195): Die Form, die Maße und der Wortlaut der Inschrift stimmen überein. Lediglich der Name der geehrten Person variiert; es handelt sich um Brüder. Obwohl die Basen offenbar als Paar konzipiert wurden, hat man nur eine von ihnen neu hergestellt (Mars18). Für die andere hat man eine ältere Basis verwendet (Mars16). Bei der neuen Basis hat man sich deutlich an der älteren Basis orientiert, was Maße und Fußprofil angeht[26].

Ein unmittelbarer Zusammenhang zwischen den Maßen und dem Status der geehrten Person kann generell nicht erkannt werden. Allerdings ist keine der kleineren Basen für eine kaiserliche Ehrung genutzt worden. Kaiserliche Statuenbasen sind in Palermo 0,50 bis 0,80 m, in Marsala 1,20 bis 1,60 m hoch. Die Basen in Palermo wurden allerdings beschnitten, wodurch nur die Inschriftenfelder erhalten sind; Bekrönungen könnten demnach zu mindestens zusätzlichen 0,10 m Höhe führen. Waren sie ein Teil von zusammengesetzten Basen, dann konnten sie weitaus größere Maße annehmen. Dass Statthalter und Mitglieder der kaiserlichen Familie in der Ehrenpraxis gleichgestellt waren, belegen zwei Basen gleicher Höhe aus Marsala. Beide stellen mit 1,60 m Höhe die höchsten spätantiken Statuenbasen in Sizilien dar. Mit einer von ihnen wurde ein Kaiser (Mars18), mit der anderen ein Statthalter (Mars21) geehrt.

Anhand des erhaltenen Materials lässt sich viel mehr schließen, dass das vor Ort verfügbare Material ausschlaggebender für die Machart der Basen war als der Status des Geehrten. Die Platten in Palermo sind untereinander sehr ähnlich: es handelt sich jeweils um Kalkstein mit farbig gefassten Inschriften. Auch wenn möglicherweise die Profile fehlen, wird keine der Basen eine Höhe von über einem Meter erreicht haben. Dagegen zeigen die Monumente in Marsala

---

24   In Aphrodisias sind die spätantiken Statuenbasen mehrheitlich als wiederverwendete Basen zu erkennen, Smith 2002, 144 Anm. 50.

25   Smith 1999, 171.

26   Die erhaltenen Maße stimmen ebenso wie das Fußprofil, welches allerdings in vereinfachter Form nachgemacht wurde, überein.

172   KAPITEL 5

schlanke Statuenbasen, die um einiges höher sind[27]. In Catania dagegen ist
keine einzige hohe Statuenbasis mit Profil erhalten, sondern nur maximal
0,35 m hohe Statuenbasen und drei Fragmente marmorner Inschriftenplatten,
welche wohl ca. 0,70 m hohe Basen zierten.

Betrachtet man das Material der Statuenbasen, fällt auf, dass nur die Basen
in Catania aus Marmor bestanden, während die übrigen aus Kalkstein hergestellt wurden. Einerseits kann das für die Bedeutung und den Wohlstand in
Catania sprechen, andererseits könnte das kostbare Material auch ein Grund
für die im Vergleich zu Marsala und Palermo kleineren Statuenbasen bzw.
Inschriftenplatten sein.

5.2   Die Statuen

Bei einem der drei erhaltenen spätantiken Skulpturfragmenten handelt es
sich um einen Porträtkopf aus Agrigent (Agr13). Die Frisur aus langen, glat-
ten und in die Stirn gekämmten Haarsträhnen hat M. Kovacs sowohl zu einer
Datierung in die 2. Hälfte des 4. Jhs. als auch zur Deutung als Privatporträt
eines jungen Amtsträgers veranlasst (Abb. 20)[28]. Die Maße des erhaltenen
Fragments lassen eine mindestens lebensgroße Statue vermuten, wohingegen
unklar ist, in welchem Kontext sie aufgestellt war[29]. Ebenfalls aus Marmor
ist der Porträtkopf aus Halaesa, der zu Beginn des 4. Jhs. n. Chr. aus einem
frühkaiserzeitlichen Kopf umgearbeitet wurde (Hala54, Abb. 136). Aufgrund
seiner Demolierung Mitte oder Ende des 4. Jhs. n. Chr. können weder Frisur
noch Gesichtszüge genauer analysiert werden[30]. Die Maße weisen auf eine
lebensgroße oder leicht überlebensgroße Statue hin. Wer mit der Statue dargestellt wurde, kann nur vermutet werden; es könnte sich sowohl um einen
Kaiser als auch um ein Privatporträt handeln. Ferner stammt aus dem sog.
ginnasio in Syrakus ein wiederverwendeter Togatus hadrianischer Zeit (Syr12,
Abb. 345–347).

Die Oberseiten der erhaltenen Statuenbasen können darüber hinaus
Auskunft über das Material und das Aussehen der spätantiken Statuen in Sizilien
geben. Eine der Statuenbasen (Mars21) weist eine ringförmige Einlassung
auf, die fast die gesamte Oberseite einnimmt; zwei dreieckige Vertiefungen

---

27   Lediglich eine Basis zeigt deutlich kleinere Maße, nämlich eine erhaltene Höhe von 65
      cm, die wohl aber aufgrund des Erhaltungszustands durchaus höher zu rekonstruieren ist
      (Mars19).
28   Vgl. Kovacs 2014, 106.
29   Als Fundort ist „ambiente ellenistico-romano" angegeben.
30   Portale 2009, 90.

SPÄTANTIKE – DAS ENDE DER EHRENSTATUEN IN SIZILIEN

schließen direkt daran an (Abb. 200). Dadurch lässt sich eine bronzene Statue mit einem für die Spätantike typischem langen Gewand rekonstruieren, welches bis auf die beschuhten Füße herabfiel[31]. Von den Schuhen waren jeweils nur die Spitzen zu sehen. Die Statue war den Einlassungen im Schrittstand dargestellt, mit dem rechten Fuß leicht zur Seite gesetzt.

Ob die anderen Geehrten eine ähnliche Tracht trugen, ist nicht zu belegen. Vergleiche mit Marmorstatuen aus anderen Regionen zeigen, dass die Gewänder auch oberhalb der Knöchel enden konnten[32].

Es gab in der Spätantike zahlreiche Möglichkeiten, Geehrte darzustellen[33]: mit der Toga in verschiedenen Formen, mit einem Himation oder einer Chlamys. Auf den sozialen Status konnte mithilfe verschiedener Attribute bzw. Insignien hingewiesen werden, wie der Mappa, dem Szepter, der Schriftrolle etc.[34]. Weder die Toga noch die Chlamys waren ausschließlich für eine bestimmte Personengruppe reserviert[35]. Nur für die kaiserliche Repräsentation standen allerdings die Panzer- und Reiterstatue zur Verfügung. So erwähnt etwa Theodosius in einem Brief von 384 n. Chr. Reiterstandbilder für seinen verstorbenen Vater[36]. C. Machado zufolge sind in Rom drei spätantike Basen von kaiserlichen Reitermonumenten erhalten[37]. Ob Reiterstatuen auch für andere Geehrte errichtet wurden, ist umstritten[38]. Für Sizilien gibt es in der Spätantike über die stehende Statue hinaus keine Hinweise auf die andernorts übliche Bandbreite an Statuentypen.

Die Analyse der Maße der Oberseite der Statuenbasen zeigt, dass die Sohlenabdrücke von Bronzestatuen von 20 bis 30 cm reichen (Mars18, Abb. 196; Mars17, Abb. 194), was eher für die Rekonstruktion lebensgroßer Statuen spricht; ebenso die Oberseite mit der ringförmigen Einlassung (Mars21). Auch die erhaltenen Porträtköpfe gehörten zu lebensgroßen Statuen (Agr13, Hala54).

---

31 Ähnliche Einlassungen lassen sich bei weiblichen Statuen nachweisen, deren Gewänder ebenfalls bis auf die Standfläche hinabfallen, vgl. Fejfer 2008, 27 Abb. 10. Da es sich in dem hier gezeigten Fall der Inschrift zufolge um einen männlichen Geehrten handelt, kann die Einlassung nur mit einem langen Gewand erklärt werden.

32 U.a. LSA-150, LSA-1069. Zu den Ehrenstatuen von Senatoren im spätantiken Rom und deren Aussehen Niquet 2000, 47–53.

33 Zu einem vollständig erhaltenen Statuenmonument eines spätantiken Statthalters: Smith 2002. Zu kaiserlichen Statuen der Spätantike in Aphrodisias, Smith 1999, 162–164.

34 U.a. Horster 1998, 46; Niquet 2000, 47–49.

35 Gehn 2012, 221. Außerdem zur Chlamys, Smith 2002, 142 f.

36 Symm. Relat. 9,4.

37 Machado 2006, 136: CIL VI 1141. 1158. 1187.

38 Vgl. Bergemann 1990, 45. Anders Horster 1998, 44 f. zu Reiterstandbildern von Statthaltern.

5.2.1 *Das Material der Statuen*

Die Tatsache, dass die erhaltenen Statuenfragmente aus Marmor bestehen, scheint die Annahme, dass für spätantike Statuen grundsätzlich Marmor als Material verwendet wurde, zu bestätigen. In der die Spätantike betreffenden Literatur trifft man aufgrund der Erhaltung fast ausschließlich auf Statuen aus Marmor. M. Horster behauptete sogar, dass „generally honorific inscriptions were written on bases upon which larger than life-size marble statues were placed (...)"[39]. Dies ist aber einzig der Tatsache geschuldet, dass sich, wie in allen Epochen, aus der Spätantike vor allem Marmorstatuen erhalten haben. Die Analyse der erhaltenen sizilischen Basisoberseiten offenbart ein anderes Bild: Nur eine Oberseite weist auf die Befestigung einer Marmorstatue bzw. Marmorplinthe hin (Syr25, Abb. 361). Passend dazu wird die Statue in der Inschrift auf der Vorderseite der Basis als steinern bezeichnet. Davon abgesehen zeigen sich ausschließlich Einlassungen für stehende Bronzestatuen (Mars17, Mars18, Mars21). Eine Einlassung davon deutet auf eine bis auf den Boden reichende Kleidung hin (Mars21). Die übrigen Einlassungen weisen auf auftretende Füße in leichter Ponderation hin.

Die Befunde erlauben zwei Rückschlüsse: Erstens hat es im spätantiken Sizilien sowohl Bronze- als auch Marmorstatuen gegeben. Zweitens wurden in dieser Zeit noch neue Statuen errichtet, die zumindest partiell spätantike Stilformen wie die spätantike Tracht aufweisen.

Dass in der Spätantike darüber hinaus auch Gold, Silber und vergoldete Bronze für Ehrenstatuen benutzt wurden, hat H. Niquets Untersuchung zu Ehrenstatuen in Rom gezeigt[40]. Solche Materialien wurden aber wohl vermehrt im privaten Bereich sowie für kaiserliche Statuen genutzt, weshalb bei rangniederen Personen vor allem mit vergoldeten Bronzestatuen zu rechnen ist[41]. Zu vermuten sind die genannten Materialien auch für Sizilien, können aber bisher nicht nachgewiesen werden.

5.3 Wiederverwendung von Statuenbasen und Skulptur

Mehrere Statuenbasen und Statuen weisen Spuren von Wiederverwendung auf. In einigen Fällen sind Reste einer älteren Inschrift zu erkennen, die auf eine Vornutzung als Statuenmonument hinweisen (Mars15/Mars16, Malta7/ Malta8). Die Statuenbasen wurden in einem Fall gedreht, so dass die Inschrift

---

39 Horster 1998, 37 Abstract.
40 Niquet 2000, 63–69.
41 Niquet 2000, 67 f.

SPÄTANTIKE – DAS ENDE DER EHRENSTATUEN IN SIZILIEN   175

des älteren Monuments nicht ausradiert werden musste (Mars5/Mars6). Dagegen wurde die Inschrift einer Basis in Marsala für die Anbringung einer neuen Inschrift ausradiert (Mars15). Ob auch die Statue dieses Monuments wiederverwendet wurde, ist nicht mehr festzustellen, weil die Oberseite der Basis nicht erhalten ist. Dass ältere Statuen umgearbeitet und wiederverwendet wurden, zeigen der Porträtkopf aus Halaesa, der ursprünglich aus der frühen Kaiserzeit stammt (Hala54), und ein Togatus aus Syrakus (Syr12). In anderen Fällen wurden die Statuenbasen in nachantiker Zeit für einen anderen Zweck verwendet. Dies könnte der Fall gewesen sein bei einer anderen Basis aus Marsala (Mars19), die heute für die Aufstellung einer Statue zu schmal ist und vermutlich für ihre Wiederverwendung beschnitten wurde.

5.4   Die Inschriften der Statuenmonumente[42]

Neun Kaiser wurden in lateinischer Sprache und in Prosa geehrt, darunter Diokletian, Galerius, Maximinus Daia, Konstantius I., Konstantin I. und Licinius, die zu Beginn der Spätantike regierten. Mit Valens und Valentinian I. wurden nur zwei Kaiser des späteren 4. Jhs. n. Chr. geehrt (Mars16, Mars18). Ihre Statuen wurden von demselben Statthalter errichtet, Marcus Valerius Quintinianus. Beide Kaiser wurden als *pius, felix* und *semper Augustus* bezeichnet, der ehrende Statthalter mit *clementia* und *pietas* verbunden. Die Inschriften unterscheiden sich nur im Namen des geehrten Kaisers. Dagegen steht die früheste der spätantiken Inschriften, nämlich eine Ehrung für Diokletian in Palermo, noch deutlich in der kaiserzeitlichen Tradition (Pal25): Die Inschrift nennt den Geehrten mit seinen Titeln bzw. Ämtern sowie den Stifter, die *res publica* Palermos. Darauf folgt *devota numini maiestatique*, was seit dem 3. Jh. n. Chr. üblicherweise als Schlussformel verwendet wurde. Auffällig sind allerdings die Zusätze hinter dem Namen des Kaisers: *pius, felix* und *invicto Augusto*. Diese Epitheta würden bei kaiserzeitlichen Ehreninschriften nicht auftreten. Sie tauchen allerdings bereits in einigen Ehreninschriften für Caracalla auf[43]. Die Ehrung für Diokletian stellt somit eine Art Bindeglied zwischen den kaiserzeitlichen *cursus honorum*-Inschriften und den spätantiken Lobinschriften dar. Schon wenig später fehlt bei Ehrungen für Konstantius und Galerius bereits die Auflistung der Ämter; der Titel Imperator wird gegen *domino nostro*

---

42   Zu spätantiken Inschriften von Statuenbasen grundlegend Salomies 1994; Horster 1998; Chastagnol 1982; Gehn 2012, 236–274; Ward-Perkins 2016; Bolle u.a. 2017; zu den spätantiken Epigrammen im Osten des Reiches Robert 1948.

43   Salomies 1994, 80 f.

getauscht (Malta8, Malta11). Diese Anrede wird zum üblichen Titel der Kaiser in der Spätantike. Die Inschrift eines Statuenmonuments für Maximinus Daia aus Palermo (Pal27) enthält bereits den Zusatz *nobilissimi caesari*. Darauf folgen zeitlich Ehreninschriften, die dem üblichen Muster spätantiker Zeit folgen: Die Kaiser wurden als *restitutor orbis terrae, fundatori publicae sercuritatis* (Pal28) bzw. *rectori orbis terrae, fundatori publicae securitatis* (Mas18) und *clementissimo et victorissimo* (Maz10) gepriesen. Die skizzierte Entwicklung von *cursus honorum*-Inschriften zu Lobpreisungen gleicht der allgemeinen Praxis bei den Statuen in der Spätantike[44].

Neben den Kaisern wurden überwiegend Statthalter mit Statuen geehrt. Die entsprechenden Inschriften unterscheiden sich in Aufbau, Sprache, Inhalt und sogar im Genre, heben aber stets zeitgenössische Tugenden von Amtsträgern hervor. Besonders betont wird die Rechtsprechung, deren Ausübung eine der wichtigsten Aufgaben des spätantiken Statthalters darstellte (Mars6, Mars19, Mars20, Mars21). Mit der *iustitia* gehen als Tugenden auch *abstinentia, integritas, innocentia, iudicem sine ullagratia lancis aequae* (Mars20) einher, ebenso Aufrichtigkeit (Pal26). All diese charakterlichen Eigenschaften wurden mit der Fähigkeit zu korrekter Rechtsprechung und zum angemessenen Umgang mit der Bevölkerung in Verbindung gebracht. Zum Tugendkanon der Spätantike gehörte darüber hinaus die Wertschätzung der Bildung[45], wie sich in mehreren Ehreninschriften zeigt, in denen von der *merita litterarum* (Mars6) und τῆς σοφίης (Syr25) die Rede ist. Darüber hinaus werden *euergesia* (Mars21) und *eunoias* (2× in Pal26) erwähnt. Damit können beispielsweise Bautätigkeiten gemeint sein, die ebenfalls als typisch für Statthalter angesehen werden können. Außerdem wird der Geehrte in einigen Fällen als Patron der Stadt (Mars6, Mars10, Mars20, Mars21) bezeichnet. Die Statthalterschaft ist das einzige Amt der Geehrten, welches genannt wird; außerdem wird auf ihren senatorischen Rang hingewiesen (*v.c., v.p.*), obgleich dieser Voraussetzung für das Amt des Statthalters war und eine Nennung daher nicht notwendig gewesen wäre.

Die explizite Nennung der ehrenden Stadt war nicht üblich in der Spätantike; dies tritt in Sizilien einmal auf. Die Ehrung nennt lediglich die *curia* als Stifter, aber nicht welcher Stadt (Mars6).

Ein Statuenmonument aus Marsala wurde der Inschrift zufolge erst nach dem Ende der Amtszeit des Statthalters errichtet (Mars6, *exconsulari*). Datiert wird das Monument in die Zeit um 400 n. Chr. Möglicherweise besteht hier ein Zusammenhang mit einem Gesetz der Kaiser Arcadius und Honorius aus dem

---

44   U.a. Ward-Perkins 2016, 32.
45   Dazu Horster 1998, 40. 52; Niquet 2000, 160 f.; Gehn 2012, 240.

SPÄTANTIKE – DAS ENDE DER EHRENSTATUEN IN SIZILIEN   177

Jahr 398, welches Amtsträgern untersagte, während der Amtszeit Statuen ohne kaiserliche Erlaubnis zu errichten[46].

Genauso wie den Geehrten Tugenden zugesprochen werden, werden in einigen Fällen auch die Ehrenden mit Eigenschaften ausgestattet. So wurden neben dem Namen des Stifters zusätzlich sein Rang oder Amt sowie persönliche Tugenden aufgeführt. Damit wird deutlicher als bei früheren Ehreninschriften, dass ein Statuenmonument nicht nur eine Ehrung der dargestellten Person bildete, sondern ebenso eine des Stifters.

Während in der Spätantike in den östlichen Regionen wie Kleinasien und Griechenland Latein vorwiegend für kaiserliche Ehrungen genutzt und alle anderen Ehrungen in griechischer Sprache verfasst wurden, wurde im Westen des Reiches Griechisch dagegen nur sehr selten verwendet. In Sizilien stellt sich die Situation komplexer dar: Es liegen sowohl griechische als auch lateinische Ehreninschriften vor: 3 griechische (Cat17, Mars21, Pal26), 15 lateinische (Cat18, Hala32, Malta8, Malta11, Mars15, Mars16, Mars17, Mars18, Mars19, Mars20, Maz10, Maz11, Pal25, Pal27, Pal28) und eine bilinguale (Syr25). Alle Statuenmonumente für Kaiser wurden zwar tatsächlich in Latein verfasst, doch wurde Latein auch bei mehreren Ehrungen für nicht-kaiserliche Personen verwendet.

Zwei Statuenbasen tragen griechische Inschriften in Versform statt der üblichen Prosa. Auf diese Weise wurden ein Statthalter im Theater in Catania im 4. Jh. n. Chr. geehrt (Cat17) sowie ein weiterer Statthalter an einem unbekannten Ort in Syrakus, ebenfalls im 4. Jh. n. Chr. (Syr25). Versinschriften wurden im Osten des Reiches besonders im 4. Jh. n. Chr. für Ehreninschriften von Statuenmonumenten genutzt[47], während sie in den westlichen Provinzen selten waren. Die Statuenbasis der Stadt Catania für Zosumianeides Severus wurde zur Erinnerung an den schon Verstorbenen aufgestellt. Die Inschrift bezeichnet Zosumianeides lediglich als Spielegeber. Ob die Finanzierung von Spielen zu seinen Aufgaben als Amtsträger gehörte oder einen wohltätigen Akt gegenüber der Stadt Catania darstellte, ist anhand der Inschrift nicht zu klären[48]. Ähnlich poetisch und uninformativ ist auch die Ehreninschrift für Perpenna Romanus in Syrakus: Dem Geehrten wird Weisheit bescheinigt und es wird erwähnt, dass Syrakus unter ihm einen Frühling erlebte. Doch ist in diesem Fall der griechischen Versinschrift eine lateinische Inschrift vorangestellt, in der kurz und knapp der Ehrende, der Geehrte und dessen Amt und

---

46   Dazu Machado 2006, 130 f.: Cod. Iust. 1,24,1.
47   Witschel 2015.
48   Die Statue des Pytheas in Aphrodisias zeigt, dass im 5. Jh. auch Privatpersonen geehrt werden konnten, zusammengefasst von Gehn 2012, 204–206.

Rang aufgezählt werden: eine Art Kurz-*cursus honorum*. Auch wenn eine weitere Inschriften in Sizilien im Versmaß verfasst ist, stellt die Basis in Syrakus doch die einzige Ehrung in Versform an einen Statthalter Siziliens dar. Im Gegensatz dazu werden die anderen Statthalter in Form üblicher prosaischer Ehreninschriften geehrt (Marsala, Palermo, s.o.).

5.5 Sozial-historische Auswertung

Die folgende Tabelle erhält zusammengefasst die wichtigsten Informationen für die Auswertung der Inschriften:

ID	Geehrter	Stifter	Datierung
Cat17	Zosumianeides Severus, Spielgeber	Astü (Catania)	4. Jh.
Cat18	?	unbekannter Satthalter	1. H. 4. Jh.
Hala32	Unbekannter Prokonsul	?	3.–4. Jh.
Malta11	Galerius	*res publica, curante duoviri*	305
Malta8	Konstantius I., Augustus	*res publica, curante trisviri*	305–306
Mars6	Iulius Claudius Peristerius Pompeianus, ehem. Statthalter	curia	um 400
Mars16	Valentinian	Marcus Valerius Quintianus, Statthalter	364–378
Mars17	Konstantin I.	Domitius Latronianus, Statthalter	314
Mars18	Valens	Marcus Valerius Quintianus, Statthalter	364–378
Mars19	Domitius Zenophilus, Statthalter	?	4.(–5.) Jh.
Mars20	Gaius Valerius Apollinaris, Statthalter	Gaius Valerius Pompeianus, *curator rei publicae*	3.–4. Jh.
Mars21	Alpinus Magnus, Statthalter	Boule und Demos	320er
Maz10	Konstantin I.	Betitius Perpetuus, Statthalter	312–314
Maz11	Unbek. Statthalter	?	4. Jh.
Pal25	Diokletian	*res publica, d d*	285

SPÄTANTIKE – DAS ENDE DER EHRENSTATUEN IN SIZILIEN 179

(*fortges.*)

ID	Geehrter	Stifter	Datierung
Pal26	Domitius Latronianus, Statthalter	Boule und Demos	314
Pal27	Maximinus Daia, Caesar	*res publica*	305–307
Pal28	Licinius, Augustus	Domitius Latronianus, Statthalter	312–324
Syr25	Perpenna Romanus, Statthalter	*populus*	Mitte 4. Jh.

5.5.1 *Geehrte*

Der Großteil der Statuenmonumente wurde für Kaiser errichtet, für Diokletian, Maximinianus Daia und Licinius in Palermo, für Konstantius 1. und Galerius jeweils als Augustus in Gaulus und für Konstantin 1. in Marsala. Zwischen 364 und 378 wurden dort ebenfalls zwei Statuenmonumente errichtet, eines für Valens als Augustus und eines für seinen Bruder Valentinian. Die kaiserlichen Statuenmonumente haben sich in vier Städten Siziliens erhalten: Gaulus, Palermo, Mazara und Marsala.

Sieben Statuenmonumente wurden darüber hinaus Statthaltern der Provinz Sizilien gestiftet. Einer von ihnen hatte den Rang eines *vir perfectissimus*, während die restlichen Statthalter *viri clarissimi* waren. Die Monumente stammen aus Palermo, Marsala, Mazara und Syrakus. Die meisten von ihnen sind nicht so genau zu datieren wie die kaiserlichen Ehrungen, da die Namen oft nicht aus anderen Quellen bekannt sind. Die früheste Ehrung kann in das Jahr 314 n. Chr. datiert werden, die letzte an den Beginn des 5. Jhs. n. Chr. Aufgrund der Auflösung des Ritterstandes und die damit verbundene Aufstockung von Ämtern[49], waren nun eigentlich alle Amtsträger senatorischen Ranges. Somit verwundern die vielen Senatoren in der Spätantike in Sizilien nicht, diese finden sich im gesamten Reich.

Im Theater von Catania wurde außerdem ein Spielgeber (*agonothet*) mit einer Statue geehrt (Cat17). Schließlich kann ein Geehrter ebenfalls aus dem Theater von Catania aufgrund der fragmentarischen Erhaltung seines Statuenmonuments nicht benannt werden (Cat18).

---

49 Zu den Veränderungen bei der Zusammensetzung des Senats und dem Wegfall des Ritterstandes, Heil 2008.

5.5.2 *Stifter*

Während die Empfänger von Statuenmonumenten zum Großteil Kaiser waren, fungierten diese nicht als Stifter von Statuen. Diese Funktion übernahmen in sieben Fällen öffentliche Institutionen: zwei mal Boule und Demos gemeinsam, zwei mal die *res publica*, je einmal der Populus Syracusani, die *curia* und einmal die Stadt Catania. Boule und Demos als gemeinsame Stifter sind besonders interessant, da sie in Sizilien in der Spätantike zum ersten Mal gemeinsam in dieser Funktion miteinander verbunden sind. In hellenistischer Zeit, in der beide üblicherweise gemeinsam Monumente initiierten, ist in Sizilien lediglich der Demos als Stifter bezeugt. Darüber hinaus dedizierten sowohl die *curia* in Entsprechung zur griechischen Boule, als auch der *populus syracusani* in Entsprechung zum Demos jeweils ein Statuenmonument. Auch die Stadt als Stifter ohne Nennung einer Institution ist durchaus bekannt aus anderen Regionen in der Spätantike.

Die *res publica* war für die Errichtung von zwei weiteren Standbildern verantwortlich. Ausgeführt wurden diese jedoch durch Amtsträger, Duumviri, der Stadt (*curante*). Es handelt sich demnach um lokale Amtsträger, die im Auftrag bzw. mit der Zustimmung der offiziellen Institution der Stadt agierten.

Neun Standbilder wurden von senatorischen Amtsträgern errichtet; acht davon von *vir clarissimi*, Statthaltern, und eines von einem *vir perfectissimus*, der das Amt des *curator rei publicae* bekleidete. Die Statthalter stellten vorwiegend Statuen für Kaiser auf, während zwei *viri clarissimi, consulari* noch im 5. Jh. n. Chr. in Catania statt Ehrenstatuen Standbilder für mythische Personen bzw. Personifikationen erichteten[50]. Der *curator rei publicae* ehrte wiederum einen anderen *vir perfectissimus*, der als Statthalter Siziliens agierte. Die lateinische Ehreninschrift dieser Basis ist in mehrerer Hinsicht ungewöhnlich (Mars20): Der Geehrte wird im Akkusativ genannt statt im Dativ, wie es für lateinische Ehreninschriften üblich ist. Damit folgt das Formular einer griechischen Ehreninschrift, in der der Geehrte im Akkusativ genannt wird. Der Geehrte wird mit allen Eigenschaften eines vorbildlichen Statthalters in Verbindung gebracht (*abstinentiae, integritas, innocentiae, iudicem sine ulla gratia lancis aequae*)[51] und zwar als *exemplum unicum*. Nur bei dieser Ehrung war ein persönlicher Grund ausschlaggebend für die Ehrung (*patronum semper suum*). Dies legt nahe, dass der Ehrende den Status seines Patrons mit

---

50 ISic0298, LSA-2056 (Standbild des Genius der Stadt Catania; Statuenbasis erhalten); ISic2057, LSA-2057 (Monument für mythisches Bruderpaar Anapius und Amphinomos; Statuenbasis erhalten mit Einlassung für eine unterlebensgroße Statue aus Bronze).

51 Zu den Eigenschaften spätantiker Statthalter u.a. Horster 2017, 240 f.

SPÄTANTIKE – DAS ENDE DER EHRENSTATUEN IN SIZILIEN   181

dem Statuenmonument hervorheben wollte und aus diesem Grund Latein als Sprache in Anlehnung an die Ehrungen an zeitgenössische Kaiser wählte.

Dass Kaiser in der Spätantike nur für wenige und im Falle von Sizilien sogar für keine Ehrungen verantwortlich waren, lässt sich auch in anderen Provinzen beobachten[52]. Umgekehrt sind sie Empfänger der meisten Ehrungen, welche von Statthaltern und öffentlichen Institutionen gestiftet wurden. Dadurch konnten vor allem die Statthalter ihre Loyalität gegenüber dem Kaiserhaus und ihre Verbindung nach Rom betonen[53]. Dieser Befund findet sich auch in anderen Regionen des Reiches[54]. Die erwähnten Ehrungen eines mythischen Brüderpaares und die des Genius der Stadt Catania können möglicherweise vor dem Hintergrund lokaler Wohltaten gesehen werden. Es war üblich, dass Statthalter sich als Patron einer Stadt inszenierten und dort Bau- und Renovierungsarbeiten als *beneficia* übernahmen[55]. Auf diesem Weg konnte die senatorische Elite versuchen, eine Verbindung zur lokalen Gesellschaft herzustellen. Besonders die Geschichte der Brüder, die ihre Eltern vor dem Vulkanausbruch in Sicherheit brachten, die also altrömische Tugenden repräsentierte, muss in Catania von großer Bedeutung gewesen sein[56]. Nur so ist zu erklären, dass das Monument nach seiner Beschädigung oder Zerstörung vom Statthalter Merulus im 5. Jh. n. Chr. neu errichtet wurde[57]. Dies geschah in einer Zeit, in der keine Ehrenstatuen mehr nachzuweisen sind[58].

Betrachtet man die Ehrungen öffentlicher Institutionen genauer, fällt auf, dass zwar jeweils fünf Statuenmonumente für Kaiser und Statthalter gestiftet wurden, diese jedoch chronologisch zu unterschiedlichen Phasen gehören. Alle kaiserlichen Ehrungen stammen aus tetrarchischer Zeit, während die Ehrungen für Statthalter über die Zeit nach 314 n. Chr. bis in das 4. bzw. 5. Jh. n. Chr. verteilt vorliegen. Anscheinend änderte sich die Ehrenpraxis insofern, als in der Übergangszeit der Tetrarchie öffentliche Gremien weiterhin wie in der Kaiserzeit Kaiser ehrten, diese Praxis dann jedoch von den Statthaltern übernommen wurde. Dieses Phänomen findet sich auch in Hispanien, wie sowohl

---

52   De Bruyn – Machado 2016, 65 Abb. 4.9.

53   Machado 2006, 250.

54   Vgl. Smith 2017, 5 Abb. 1, 3; Machado 2017, 47 Abb. 3, 4.

55   Machado 2010, 248.

56   Vgl. Claudian Car. Min 17; Ausonius Ordo urbium nobilium 16.

57   *[fl]amm[i]fugas fratre[s] / pietatis maxima dona / quos tulit hostilit[as] / reddidit hos Merulus [v.c.] / et spectabilis consul[aris / p]rouinciae Siciliae; ISic0631.* Die Inschrift weist auf eine Wiedererrichtung des Monuments hin, welches durch *hostilis* zerstört worden war. Ob damit ein Vandaleneinfall oder die Zerstörung im Rahmen eines Aufstands zwischen Christen und Heiden gemeint ist, ist nicht mehr zu entscheiden, Sami 2016, 229–232.

58   U.a. Smith 2017, 6.

182 KAPITEL 5

C. Witschel[59] als auch J. Végh[60] herausgearbeitet haben. Hier ist der Umbruch ebenfalls zu Beginn des 4. Jhs. n. Chr. anzusetzen. Während die Statthalter mit kaiserlichen Ehrungen ihre Loyalität zum Kaiserhaus betonen konnten, probierten die Städte womöglich direkteren Einfluss zu nehmen, indem sie die lokal für sie zuständigen Beamten positiv zu stimmen versuchten. Die Chance, dass Statthalter sich mithilfe von Wohltaten gegenüber der Provinz oder bestimmten Städten gegenüber hervortun würden, war wohl wahrscheinlicher, als dass der weit entfernte Kaiser dies tun würde.

5.6 Die Aufstellungsorte

Eine Statuenbasis wurden im Theater von Catania freigelegt, sie war vermutlich auch dort aufgestellt; wo genau ist allerdings unklar. Am wahrscheinlichsten ist die *scaenae frons*, die wohl drei Stockwerke und zahlreiche Nischen für die Platzierung von Statuen aufwies[61]. Die Ehrung eines Spielgebers im Theater ist nicht verwunderlich[62]. Während sein Standbild hier als letzte Ehrenstatuen im 4. Jh. n. Chr. errichtet wurde, kamen noch im 5. Jh. n. Chr. zwei neue Monumente hinzu, die zwar keine Ehrenstandbilder darstellten, doch von Statthaltern gestiftet wurden[63]. Die Errichtung von Standbildern noch im 5. Jh. zeigt die gesellschaftliche Bedeutung, die das Theater in der Spätantike hatte. Das Theater wurde archäologischen Forschungen zufolge bis ans Ende des 5. Jhs. n. Chr. benutzt[64]. Andere öffentliche Gebäude waren damals anscheinend schon nicht mehr in Gebrauch. Das Amphitheater Catanias beispielsweise fungierte im 5. Jh. wohl bereits seit längerem als Steinbruch, nachdem es bei einem Ausbruch des Ätna in der Mitte des 3. Jhs. n. Chr. beschädigt worden war[65]. Das Forum wurde bisher nicht lokalisiert[66], doch sind mehrere Bäder bekannt, die noch im 5. Jh. n. Chr. Renovierungsarbeiten unterzogen wurden[67].

---

59 Witschel 2016, 75 Tab. 5, 4.

60 Végh 2017, 71.

61 Zum Theater allgemein Pensabene 1996–1997, bes. 53–74; Wilson 1996, 158–163; Branciforti – Pagnano 2008; zur *scaenae frons* Barresi 2016, 403–406; zeichnerische Rekonstruktion der *scaenae frons* von M. Wilson, abgedruckt von Pensabene 1996–1997, 59 Abb. 46.

62 Manganaro 1958, 17.

63 ISico298; ISico631.

64 Sami 2016.

65 Tortorici 2016, 58 f.

66 Tortorici 2016, 176–182 Nr. 146. Zur Identifikation des Forums Wilson 1996, 154.

67 Eine Bauinschrift aus dem Jahr 434, in der die Restaurierung der sog. Achilles Thermen erwähnt wird, zeigt, dass Catania im 5. Jh. noch durchaus wohlhabend gewesen sein muss, s. dazu Manganaro 1958, 24–30.

SPÄTANTIKE – DAS ENDE DER EHRENSTATUEN IN SIZILIEN 183

Das sog. ginnasio in Syrakus, in dem der umgearbeitete Togatus gefunden wurde, könnte als Hinweis auf eine lange Nutzungsdauer des als Heiligtum interpretierten Komplexes gedeutet werden. Die anderen dort vermutlich aufgestellten Statuen stellen wohl Wohltäter, Amtsträger bzw. Priester dar und stammen aus dem 1. bis 3. Jh. n. Chr. Ob der Togatus bereits vor seiner Umarbeitung im Heiligtumskomplex aufgestellt war, ist unbekannt. Aufgrund fehlender publizierter Daten zum spätantiken Zustand der Anlage könnte die Statue ein erster Hinweis für eine lange Nutzung sein. Für Syrakus als Sitz des Statthalters kann durchaus eine Instandhaltung öffentlicher politischer, administrativer oder sakraler Anlagen vermutet werden.

In den anderen Städten, in denen spätantike Statuenmonumente gefunden wurden, sind die Kontexte der Aufstellungen nicht näher rekonstruierbar. Das Standbild aus Halaesa war aller Wahrscheinlichkeit nach auf der Agora aufgestellt; möglicherweise stellte es einen tetrarchischen Kaiser dar, der im Rahmen der Machtkämpfe der *damnatio memoriae* anheim fiel. Der Porträtkopf aus Agrigent ist noch schwieriger einzuordnen: Sowohl das Gebiet um das Theater als auch um das öffentliche Zentrum des Bouleuterion-Tempel-Komplex scheinen im 4. Jh. n. Chr. verlassen worden zu sein[68]. Der Tempelkomplex wurde wohl zu einem späteren Zeitpunkt für die Metallverarbeitung und die Herstellung anderer Produkte genutzt[69]. Die Errichtung einer neu gearbeiteten Ehrenstatue ist in diesem Kontext schwer vorstellbar.

5.7 Zusammenfassung und Einordnung

Es kann festgehalten werden, dass noch zu Beginn des 5. Jhs. n. Chr. in Sizilien Statuen errichtet wurden (Abb. 447, Abb. 449). Kaiser und Statthalter dominierten als Akteure; die letzten erhaltenen Kaiserbilder wurden im zweiten Drittel des 4. Jhs. n. Chr. aufgestellt. Diese wurden in tetrarchischer Zeit von öffentlichen Institutionen gestiftet und danach ausschließlich von Statthaltern. Statthalter fungierten sowohl als Empfänger als auch als Initiatoren von Statuenmonumenten. Sie ehrten vor allem Kaiser, aber auch andere Statthalter. Öffentliche Institutionen stellen den größten Anteil an Stiftern dar, allerdings sind sie nur bis 400 n. Chr. nachweisbar. Nachdem sie die Ehrungen der Kaiser an die Statthalter abgetreten hatten, beschränkten sie sich darauf, die Statthalter mit Statuen zu ehren, in der Hoffnung sie als Patron und Wohltäter für ihre Stadt gewinnen zu können. Die lokale Elite taucht in der Person des Spielgebers bzw. Wohltäters unter den Geehrten in Catania auf

---

68   Rizzo 2017.
69   Concetta Parello 2017.

und im Kreise der Ausführenden (eingeleitet mit *curante*) von Ehrungen in Malta, die von der dortigen *res publica* beschlossen wurden. Die dort tätigen ausführenden Amtsträger werden *duumviri* bzw. *trisviri* genannt. Abgesehen von ihnen verschwand die lokale Elite zugunsten der Statthalter, die mit der Errichtung von Statuen für Kaiser oder andere Statthalter ihre Loyalität zum Kaiserhaus demonstrieren und sich selbst darstellen konnten.

Während alle Kaiser in lateinischer Sprache geehrt wurden, sind die Ehreninschriften aller Statthalter mit einer Ausnahme (Mars20) in griechischer Sprache verfasst. Die Inschrift belegt allerdings, dass Latein auch in Sizilien anscheinend nicht die gängige Sprache für die Ehrung von Amtsträgern war.

Die Ehrenpraxis im spätantiken Sizilien ist in vielerlei Hinsicht mit der in anderen Regionen vergleichbar, weist aber auch einige Besonderheiten auf. Im Folgenden wird zunächst generell die Statuenaufstellung in der Spätantike beschrieben[70], bevor die Besonderheiten in Sizilien genannt werden.

a) Grundsätzlich dominierten die Kaiser und Statthalter der Provinzen die öffentliche Repräsentation in der Spätantike. Abhängig von der Provinz waren Kaiser oder Statthalter die vorherrschenden Empfänger der Statuen. Die Statthalter und öffentliche Institutionen waren hauptsächlich für die Errichtung von Statuen verantwortlich. Die lokale Elite der Städte, die zuvor sowohl Stifter als auch Empfänger von Statuenmonumenten gewesen war, spielte in der Ehrenpraxis keine Rolle mehr.

b) Während im Osten des Reiches grundsätzlich Griechisch für Inschriften genutzt wurde, wurde Latein in vielen Fällen für kaiserliche Ehrenmonumente gebraucht[71]. Latein galt als „language of government, the army, and the law"[72].

c) Ein Wandel macht sich durch die Verschiebung von kaiserzeitlichen *cursus honorum*-Inschriften zu Lobpreisungen der Geehrten bemerkbar. Darüber hinaus gab es neben den üblichen Prosainschriften bereits seit dem 3. Jh. n. Chr. auch Versinschriften. Besonders im Osten des Reiches wurden auf diese Weise Amtsträger geehrt, ab dem 5. Jh. n. Chr. lassen sich Versinschriften auch zur Ehrung von Kaisern nachweisen[73].

d) Sowohl Statuenbasen als auch Statuen wurden vermehrt wiederverwendet. Neue Statuenbasen waren meist kleiner als vergleichbare Basen der Kaiserzeit. Statuen konnten unterschiedliche Gewänder tragen und zusätzlich dazu Attribute, die den Status bzw. das Amt anzeigten.

---

70 Vgl. dazu Smith – Ward-Perkins 2016.

71 Ward-Perkins 2016, 31. In Griechenland wurden allerdings auch die kaiserlichen Inschriften in griechischer Sprache verfasst, zu Ausnahmen in Messene s. Eck 2017.

72 Ward-Perkins 2016, 31.

73 Ward-Perkins 2016, 31 f.

Die Analyse der Fundorte zeigt, dass sich die Befunde aus Marsala und Catania stark voneinander unterscheiden. Die Belege aus Marsala entsprechen dem üblichen Bild spätantiker Statuenmonumente: Der Großteil der Statuenbasen ist hoch, schmal und profiliert; teilweise handelte es sich um wiederverwendete Stücke. Die Akteure sind ausschließlich Kaiser und Statthalter. Hier sind alle Basen aus Kalkstein, während in Catania stets Marmor als Material gewählt wurde, was möglicherweise die Beobachtung erklärt, dass die Basen hier kleiner sind als in Marsala.

Eine weitere Besonderheit in Sizilien ist der Gebrauch von Prosa- und Versehreninschriften[74]. Ein Grund für den Gebrauch von Versinschriften im Osten Siziliens könnte in der Orientierung Siziliens am östlichen Teil des Reiches liegen, wie B. Ward Perkins vermutet[75]. Doch würde man dann erwarten, dass infolge der Handelskontakte viel mehr Ehreninschriften in Versen verfasst wurden. Allerdings stellen Versinschriften auch im Osten des Reiches nicht die Norm dar: Von 1512 Einträgen in der Datenbank „Last Statues of Antiquity" in Prosa gehören nur 156 diesem Typus an, das sind lediglich 10,3 %[76]. Daraus stechen die Ehrungen für kaiserliche Amtsinhaber (*imperial office-holders*) und Statthalter heraus: Von den 127 in Griechisch geehrten Amtsinhabern wurden 44 in Prosa- und 83 in Versinschriften bedacht[77]. Auffällig ist, dass sich die wenigen Befunde im Westen auf Rom, Süditalien und Sizilien beschränken[78]. Dies mag daran liegen, dass im Westen generell weniger griechische Ehreninschriften gestiftet wurden und dass Sizilien und Süditalien mit ihrer starken historischen Verbindung in den Osten eine Ausnahme darstellten[79].

Die Ehrung für den Spielegeber in Catania in Versform kann mit Ehrungen in Kleinasien verglichen werden; Spielegeber spielten hier besonders in den Städten eine wichtige Rolle[80]. Aufgrund seines Namens kann vermutet werden, dass Zosumaneides möglicherweise aus dem östlichen Teil des Reiches stammte und sich in Sizilien in einer ihm bekannten Form ehren ließ. Das Statuenmonument in Syrakus stellt dagegen einen ungewöhnlichen Einzelfall dar: Hier wurde der Geehrte in einem Epigramm geehrt, aus dem kaum

---

74 Allgemein zu Versinschriften/Epigrammen Robert 1948.

75 Ward-Perkins 2016, 32.

76 Abgerufen am 31.07.2018.

77 „Last Statues of Antiquity" Datenbank s. auch ähnlich Ward-Perkins 2016, 32 Anm. 13.

78 Rom: 6 Belege, Süditalien: 2 Belege; s. „Last Statues of Antiquity" Datenbank, aufgerufen am 31.7.2018.

79 S. „Last Statues of Antiquity" Datenbank. Allerdings muss zur Benutzung der Datenbank angemerkt werden, dass nicht alle Suchanfragen korrekte Ergebnisse ergeben, z.B. bei der Suche nach griechischen Inschriften in Norditalien wird ein Statuenbasis angezeigt, welche eine lateinische Inschrift trägt, LSA-1626 (aufgerufen 8.8.2018).

80 Vgl. u.a. Puk 2014.

hervorgeht, wer er war und wofür er mit einer Statue bedacht wurde. Vor der griechischen Inschrift befindet sich eine knappe lateinische Inschrift, die lediglich den Namen des Geehrten und des Stifters, den Rang und das Amt des Geehrten nennt.

Sowohl die Versinschriften als auch die Ehrung für den Spielegeber weisen auf einen östlichen Einfluss in Catania hin. Der Wohlstand der Provinz beruhte in der Spätantike vor allem auf dem Getreideexport, weshalb die Konzentration der Statuenmonumente auf die wichtigsten Küstenstädte nicht überrascht (Abb. 446). Forschungen zu Handelsrouten weisen Ost- und Westsizilien jeweils unterschiedliche Beziehungen zu: Westsizilien war nach Nordafrika orientiert, während Ostsizilien mit dem Osten und Italien verbunden war. Die Unterschiede von Vers- und Prosainschriften sowie die Ehrung für den Spielgeber können auf die kulturellen Einflüsse dieser Handelsbeziehungen zurückgeführt werden. Möglicherweise kann auch der Gebrauch von Marmor für die Statuenbasen in Catania auf den Handel nach Kleinasien und Griechenland zurückgeführt werden. Der Einfluss Nordafrikas zeigt sich u.a. in Marsala daran, dass der Gros aller Geehrten Kaiser darstellte und ein letzter Höhepunkt kaiserlicher Ehrungen unter valentinianischer Herrschaft zu finden ist[81].

Auch wenn einige Unterschiede innerhalb Siziliens bzw. im Vergleich mit anderen Regionen mit den Einflüssen durch Handelsbeziehungen erklärt werden können, gilt dies nicht für die Sprachen, die für die Ehreninschriften sizilischer Statuenmonumente gewählt wurden. Die Sprache der Statuenbasen entspricht nicht der üblichen Praxis im Rest des Römischen Reiches: Während vor allem im Osten des Reiches Griechisch dominierte und Latein teilweise für Ehrungen des Kaisers verwendet wurde, sind in Sizilien nicht nur Ehrungen für Kaiser in lateinischer Sprache verfasst worden, sondern auch etwa für Statthalter. Damit ist die lateinische Sprache weder auf den Status des Geehrten noch auf eine Stadt oder Region (Ost- oder Westsizilien) beschränkt. Vielmehr kann vermutet werden, dass in Sizilien weiterhin, wie seit hellenistischer Zeit, die lateinische und griechische Sprache nebeneinander in Gebrauch waren. Deren Niederschlag in den Inschriften hing offensichtlich von der Wahl der Akteure ab, denn die Verteilung in der Spätantike zeigt weder eine lokale Konzentration noch eine statusabhängige Konnotation. Die bilinguale Ehrung für Perpenna Romanus in Syrakus aus der Mitte des 4. Jhs. n. Chr. kann als Kompromiss erklärt werden, der sich möglicherweise durch Syrakus als Sitz des Statthalters erklären lässt.

---

81 De Bruyn – Machado 2016, 62 Abb. 4, 8; 63; Tantillo 2017, 220 Abb. 1 a. Eine Ausnahme stellt Leptis Magna dar, da dort Statthalter als Geehrte dominieren, Machado 2006, 140 f.

SPÄTANTIKE – DAS ENDE DER EHRENSTATUEN IN SIZILIEN   187

Es fällt auf, dass ab dem zweiten Drittel des 4. Jh. nur noch lateinische Ehreninschriften verfasst wurden, obwohl zu dem Zeitpunkt keine Kaiser mehr geehrt wurden. Die vier letzten erhaltenen griechischen Statuenehrungen können alle spätestens in die Mitte des 4. Jh. datiert werden. Bei seiner Analyse des Sprachgebrauchs in Sizilien vermutete K. Korhonen, dass Migration aus lateinischsprachigen Regionen, wie Italien oder Nordafrika in der Spätantike auch in den Osten Siziliens ein Grund für den Gebrauch der lateinischen Sprache gewesen sein könnte[82].

5.8   Das Ende der Ehrenpraxis

Während kaiserliche Standbilder bis zum Ende des 4. Jhs. n. Chr. aufgestellt wurden, wurde noch im 5. Jh. n. Chr. in Marsala ein Statthalter geehrt. Damit korrespondiert die chronologische Entwicklung der Ehrenpraxis im spätantiken Sizilien insgesamt mit den anderen Regionen des Römischen Reiches, wo die Zahl errichteter Statuen im 5. Jh. n. Chr. stark zurückging und im 6. Jh. n. Chr. fast vollständig endete[83]. Im 5. Jh. wurden Kaiser auch in den meisten anderen Regionen nicht mehr mit Statuen bedacht[84]. Allerdings unterscheiden sich dabei der Norden und der Süden Italiens voneinander: während im Norden die Praxis, Ehrenstatuen aufzustellen bereits Ende des 4. Jhs. n. Chr. zurückging, wurden im Süden noch bis zur Mitte des 5. Jhs. n. Chr. Statuen gestiftet[85]. Diese chronologische Entwicklung manifestiert sich in ähnlicher Weise auch im Osten Siziliens, da hier im Gegensatz zu Westsizilien bis in die Mitte oder möglicherweise sogar das Ende des 5. Jhs. n. Chr. noch Statuen errichtet wurden, allerdings keine Ehrenstatuen mehr. In Marsala dagegen wurde noch um 400 n. Chr. ein Statthalter geehrt. Dagegen werden im Osten des Reiches noch bis in das 6. Jh. n. Chr. Statuenmonumente errichtet. Allerdings sind auch hier, abgesehen von Konstantinopel, nur noch wenige kaiserliche Ehrungen nach dem Ende des 4. Jhs. n. Chr. zu finden[86].

Über die Gründe für das Ende der Ehrenpraxis sind vielfältige Vermutungen angestellt worden, doch sind nur wenige davon direkt zu fassen. Erdbeben und Einfälle der Vandalen in vielen sizilischen Städten im 4. bzw. 5. Jh.

---

82   Korhonen 2010, 122; Korhonen 2012, 345.
83   Smith 2016, 3. Siehe außerdem das Diagramm Smith 2016, 3 Abb. 1.2. Zuletzt für Kleinasien, Kovacs 2018.
84   Machado 2010, 249.
85   Machado 2016, 41.
86   Ward-Perkins 2017, 299.

n. Chr. führten zu Zerstörung und Niedergang des öffentlichen Lebens[87]. Neue Forschungen haben ergeben, dass in einigen Städten weiterhin eine Besiedlung vorhanden war, in der weiterhin eine Oberschicht bestimmend war. Wo beispielsweise das Straßennetz weiterhin ausgebessert wurde, ist von einer intakten munizipalen Struktur und Verwaltung auszugehen. Doch fehlen oft Informationen zu öffentlich genutzten Räumen, in denen traditionell Statuen aufgestellt wurden. So wird diskutiert, ob die Vandalen überhaupt in Catania eingefallen sind, da das Theater noch Ende des 5. Jhs. n. Chr. genutzt wurde, obwohl andere Teile der Stadt wie z. B. das Amphitheater bereits in Ruinen lagen[88]. Aus keiner anderen sizilischen Stadt sind im 5. Jh. n. Chr. noch Platzanlagen oder funktionstüchtige Versammlungsbauten bekannt[89]. Existieren diese Räumlichkeiten aber nicht mehr, dann kann die Oberschicht sich dort auch nicht mehr präsentieren; die Räume, Personen und die Ehrenpraxis bedingen einander[90]. Statuen werden zwar weiterhin aufgestellt, aber eben in den Villen der Eliten und nicht mehr in den öffentlichen Räumen urbaner Zentren.

Dass das Ende der Statuenpraxis komplexen Gründen folgt, zeigt Nordafrika, wo trotz florierender Städte noch in der Spätantike[91], die Statuenehrungen um 400 n. Chr. ebenfalls aufhörten, also noch vor der Zeit der Vandaleneinfälle[92]. Dies zeigt, dass auch in Sizilien mögliche Auswirkungen von Vandaleneinfällen relativiert werden müssen.

B. Ward-Perkins hat im Rahmen des „Last Statues of Antiquity Projects" versucht, das Ende des ‚statue habit' zu klären[93]. Er führt eine Vielzahl von Faktoren an, die übergreifend zu einem Ende von Statuenehrungen führten.

---

87   In den letzten Jahren setzen sich einige Untersuchungen kritisch mit den Vandalen auseinander, allerdings zumeist mit Nordafrika u.a. Berndt 2007, bes. 50 f., 258–262; Berndt – Steinacher 2008. Verschiedene Beiträge im letztgenannten Sammelband weisen darauf hin, dass in der älteren Forschung als durch Vandalen verursachte Zerstörungshorizonte interpretierte Befunde in seltenen Fällen mit ihnen in Verbindung gebracht werden können und sich kein wirtschaftlicher Niedergang in Nordafrika feststellen lässt.

88   Zum einem möglichen Vandaleneinfall in Catania Wilson 1990, 332–334.

89   Theater und sog. Basilika in Tyndaris wurden durch Erdbeben zerstört bzw. als Baumaterial verwendet; aus Marsala sind öffentliche Räume nicht bekannt. Die Stadt wurde aber auch von Vandalen erobert. Halaesa wurde im 4. Jh. von Erdbeben zerstört. In Palermo sind keine öffentlichen Räume bekannt; die Stadt wurde von Vandalen belagert, aber erst im 6. Jh. n. Chr. erobert. In Syrakus sind in der Spätantike keine öffentlichen Räume bekannt, der Stadtkern hat sich insgesamt stark verkleinert. Die öffentlichen Bauten von Agrigent sind bereits im 4. Jh. n. Chr. nicht mehr genutzt worden.

90   So auch M. Kovacs zum Ende der Statuenaufstellung in Kleinasien, Kovacs 2018.

91   Witschel 2008, 41.

92   U.a. De Bruyn – Machado 2016.

93   Ward-Perkins 2017, 302–308.

SPÄTANTIKE – DAS ENDE DER EHRENSTATUEN IN SIZILIEN

Der Aufstieg des Christentums und damit das Verschwinden des Kaiserkults, Regulierungen der Ehrenpraxis durch das Kaiserhaus, die Beliebtheit anderer Repräsentationsmedien wie Mosaiken oder gemalten Bildern und im Westen des Reiches die Einfälle der Vandalen. Diese variierten aber in ihren Auswirkungen in den unterschiedlichen Regionen. Mit dem Verschwinden kaiserlicher Statuen hat sich kürzlich B. Anderson beschäftigt, der in seiner Untersuchung ebenfalls auf vielfältige Ursachen rekurriert[94]. Er konstatiert den Wandel von der dreidimensionalen Form der Statue zur zweidimensionalen Darstellung in Form von Mosaiken oder Malereien. Man kann allerdings nicht von einem Ersatz für das Medium Statue sprechen, da ihm zufolge zwischen 610 und 711 ohnehin keine Darstellung eines Kaisers in Konstantinopel nachzuweisen ist[95]. Im 6./7. Jh. n. Chr. wurden Statuenehrungen zu einem „symbol of disaster and greed"[96]. Die Verengung des Personenkreises der Stifter führen auch andere Forscher als Hauptgrund für den Wandel in der Ehrenpraxis an[97].

Die Verlagerung des gestaltenden Einflusses der Oberschicht von den öffentlichen Zentren in den Städten zu den privaten Villen in Sizilien hatte Konsequenzen für die Ehrenpraxis in den Städten. Allerdings sind diese Villen aus unbekannten Gründen in der zweiten Hälfte des 5. Jhs. n. Chr. ebenfalls im Niedergang begriffen[98]. Die Oberschicht errichtete immer weniger Statuenmonumente, aber zeigte ihren Einfluss durch Wohltaten wie dem Renovieren von Gebäuden[99]. In vielen Städten lässt sich unter anderem das Instandhalten von Straßensystemen feststellen[100], was gegen einen vollständigen Niedergang öffentlichen Lebens spricht. Vielmehr ist sowohl von einer Veränderung des öffentlichen Raumes auszugehen[101] als auch von einem Wandel der Oberschicht, die bereits seit dem 3. Jh. n. Chr. im Gange war[102]. Diese Veränderungen führten zum Ende der Ehrenpraxis.

94 Anderson 2016.
95 Anderson 2016, 295.
96 Anderson 2016, 308.
97 U.a. Horster 1997, 58.
98 Wilson 2018, 214.
99 Horster 2017, 239.
100 U.a. Sami 2013, 29–31.
101 Vgl. dazu u.a. Sami 2013, 31: Agrigent fungierte beispielsweise literarischen Quellen zufolge wohl noch bis in das 7. Jh. n. Chr. als Hafen und muss aus diesem Grund noch eine gewisse Bedeutung gehabt haben. Dies manifestierte sich anscheinend aber nicht anhand von Statuenmonumenten; generell hatte Agrigent, ebenso wie ganz Südsizilien, in der Kaiserzeit schon keine bedeutende Ehrenpraxis mehr, Prag 2018c.
102 Der Wandel ist am Ende der prachtvollen Villen im 5. Jh. n. Chr. auszumachen, der bei allen Villen in demselben Zeitraum in Sizilien stattfand, Wilson 2018, 214.

KAPITEL 6

Resümee

Die vorliegende Arbeit präsentiert zum ersten Mal alle verfügbaren Hinweise auf Ehrenstatuen in Sizilien vom Beginn bis zum Ende des Phänomens in einem Katalog. Die Analyse und Einordnung aller Informationen hat gezeigt, dass Ehrenstauen kontinuierlich vom 2. Jh. v. Chr. bis zum Beginn des 5. Jhs. n. Chr. im öffentlichen Raum errichtet wurden (Abb. 447).

Während bereits in der Mitte des 3. Jhs. v. Chr. Hieron II. und seinem Sohn Ehrenstatuen aufgestellt wurden, kann von einer signifikanten Zahl erst im 2. Jh. v. Chr. die Rede sein, die erst durch die Verbindung der Oberschicht mit der hellenistischen Welt ausgelöst wurde. Während zu Beginn der Kaiserzeit zahlreiche Veränderungen in der Ehrenpraxis stattfanden, die von reichsweiten Entwicklungen, vor allem der Verehrung der kaiserlichen Familie, beeinflusst wurden, ist ab der hohen Kaiserzeit die Bedeutung Nordafrikas in der Ehrenpraxis sichtbar. Bis zur Aufstellung der letzten Ehrenstatue zu Beginn des 5. Jhs. n. Chr. bleibt diese Verbindung nach Nordafrika bestehen, die die Entwicklung der Ehrenpraxis deutlich von der in Italien oder anderen westlichen Provinzen unterscheidet.

Über diese großen Trends hinaus wurden mithilfe von Fallbeispielen detailreich die Akteure, die topographische Aufstellung der Standbilder, verwendete Materialien und Monumentarten beschrieben, um so die gesamte Ausprägung der Ehrenpraxis analysieren und interpretieren zu können. Das vorgelegte Material erlaubt nicht nur Rückschlüsse auf die Ehrenpraxis der gesamten Region bzw. Provinz, sondern auch auf Fragen der Urbanistik, nach dem Verhalten der Oberschicht und zur Organisation der Städte.

Im Rahmen dieser Arbeit wurde erstmals die Aufstellung von Ehrenstatuen in Sizilien untersucht. Um die Untersuchung durchführen zu können, war zunächst, aufgrund der disparaten Publikationslage des Materials, die Erstellung eines Kataloges aller verfügbaren Befunde und Funde notwendig. Somit stellt der Katalog ein erstes Ergebnis des Dissertationsprojektes dar. Für die Materialaufnahme in Termini Imerese, Centuripe, Palermo, Syrakus, Tyndaris, Marsala, Pantelleria, San Marco d'Alunzio, Halaesa, Morgantina, Taormina, Segesta und Megara Hyblaea wurden acht Reisen nach Sizilien unternommen. Dabei wurden vor allem Befunde in situ und die Träger von Ehreninschriften untersucht. Während die Inschriften anderer Städte oder Regionen bereits in

© REBECCA J. HENZEL, 2022 | DOI:10.1163/9789004504646_007

RESÜMEE

Publikationen vorliegen, trifft dies für Sizilien nicht zu[1]. Umso wichtiger waren deshalb mehrere Aufenthalte in Oxford zur Zusammenarbeit mit J. Prag, um Beobachtungen zu diskutieren und den Katalog zu komplettieren.

In den Katalog wurden alle Hinweise zu öffentlich errichteten Statuenmonumenten vom Hellenismus bis in die Spätantike aufgenommen. Das Material einiger Stätten war nicht für eine Autopsie zugänglich, weshalb in diesen Fällen einige Lücken im Katalog bleiben müssen. Statuenbasen und deren Statuen fanden bisher wenig Beachtung in der Forschung Siziliens und wurden nur in Ausnahmefällen publiziert. Von einigen Museen liegen Kataloge vor, jedoch handelt es sich dabei zumeist nicht um eine Vorlage von den Beständen, sondern um die Publikation von „Highlights" der Sammlungen. Somit legt diese Untersuchung erstmals einen Katalog vor, der Statuen bzw. Statuenfragmente, Inschriften, beschriftete und unbeschriftete Statuenbasen sowie in situ-Befunde öffentlich aufgestellter Statuenmonumente aus Sizilien zusammengeführt.

Aufgrund der fragmentierten Erhaltung des Materials mussten Analyse- und Auswertungsmethoden entwickelt werden, um doch möglichst genaue Aussagen über Ehrenstatuen auf Sizilien geben zu können.

Auf dieser Grundlage konnte untersucht werden wann, wo, von wem für wen Ehrenstatuen aufgestellt wurden und welche Entwicklungen oder Veränderungen dabei vom Hellenismus bis in die Spätantike beobachtet werden können.

Damit stellt die Arbeit nicht nur einen Beitrag zur Erforschung Siziliens dar, in dem mithilfe von Ehrenstatuen u.a. wichtige Erkentnisse zur Urbanistik und zur Nutzung öffentlicher Räume gewonnen wurden, sondern auch zur Ehrenpraxis einer gesamten Region. Vorgelegt wurden Ergebnisse zur hellenistischen Zeit aus dem Westen des Mittelmeers, die mit dem besser erforschten Osten verglichen werden können, ebenso wie zur Kaiserzeit und zur Spätantike, und somit zum Ende der Ehrenpraxis.

6.1   Ergebnisse

Statuenmonumente als ein Bestandteil der Ehrenpraxis sind bereits ab der Mitte des 3. Jhs. v. Chr. fassbar, doch nur in sehr geringem Umfang. Historisch

---

1   Im Rahmen der Datenbank I.*Sicily* sollen in den nächsten Jahren alle auf Stein verfassten Inschriften publiziert werden.

eingeordnet werden können in dem Zeitrahmen nur zwei Statuenbasen von Hieron II. und seinem Sohn Gelon, während andere Monumente nicht eindeutig als Ehrenstatuen identifiziert werden können. Die erste Ehrung eines Bürgers mit einer Statue durch eine öffentliche Institution der Polis findet sich erst im 2. Jh. v. Chr. Als zahlenmäßig sichtbares Phänomen fassbar werden Ehrenstatuen erst am Übergang vom 2. zum 1. Jh. v. Chr., vor allem in Städten mit monumentalisierten Platzanlagen. Dies kann mit dem Aufkommen einer städtischen Elite erklärt werden, die mithilfe von Baustiftungen ihren Reichtum und ihren Einfluss repräsentierte. Im Gegenzug wurden für sie an den von ihnen bezahlten öffentlichen Gebäuden und Plätzen von der Stadt Statuen errichtet. Mit wenigen Ausnahmen handelt es sich hierbei um Agorai und umgebende Hallenbauten; Ehrungen in anderen öffentlichen Räumen wie Bädern, Heiligtümern, politischen Gebäuden oder Theatern sind kaum nachweisbar. Im 1. Jh. v. Chr. kamen Ehrenstatuen von römischen Amtsträgern zu den geehrten Personen hinzu. Wie auch die lokale Oberschicht, wurden sie in griechischer Sprache geehrt. Aus diesem Bild fällt allerdings ein Statuenmonument für Scipio heraus, welches von den Italikern in Halaesa errichtet wurde. Dabei handelt es sich nicht nur um die frühste Ehrung eines römischen Amtsträgers in Sizilien, sondern auch um eine der ältesten lateinischen Inschriften auf Sizilien. Nur in seltenen Fällen wurde über die üblichen hellenistischen Formulierungen wie *eunoia* oder *euergesia* hinaus ein Grund für die Errichtung der Statue genannt. Der Großteil dieser Ehrenmonumente erfolgte auf öffentlichen Beschluss und mit öffentlichen Geldern, durch den Demos. Einige Statuen wurden auch von militärischen oder religiösen Vereinigungen sowie von Privatpersonen gestiftet, bei denen es sich meist um Familienangehörige der Geehrten handelte.

Zu diesem Zeitpunkt war bereits eine Vielzahl von Monumenttypen erkennbar: die halbkreis- und U-förmige Exedra, Gruppenmonumente, Reiterstandbilder und die Aufstellung einzelner Statuen in erhöhten Nischen und auf Quaderbasen unterschiedlicher Höhe.

Nach der Einführung des Prinzipats und der damit verbundenen Neuordnung der Städte in Sizilien durch Augustus lassen sich einige Veränderungen der Ehrenpraxis fassen. Die kaiserliche Familie stand nun in ihrem Mittelpunkt. Auffällig in Sizilien als senatorische Provinz ist die Tatsache, dass die Kaiser nicht eingriffen. Bautätigkeiten oder andere *beneficia* lassen sich kaum sicher mit ihnen in Verbindung bringen. Die Anzahl der Ehrenstatuen steigt, ebenso wie in anderen Provinzen, mit dem Beginn der augusteischen Zeit deutlich an[2]. Darüber hinaus ändern sich sowohl die Sprache der Ehreninschriften, das verwendete Material, die Größe der Monumente, als auch die Akteure.

---

2 Vgl. Alföldy 1997, 301.

RESÜMEE

Während in hellenistischer Zeit nur wenige Statuenbasen mit lateinischen Inschriften beschrieben waren, ändert sich dies schlagartig ab der Mitte bzw. dem Ende des 1. Jhs. v. Chr. Noch zu Beginn des 1. Jhs. v. Chr., als die ersten römischen Amtsträger in öffentlichen Ehrungen als Geehrte auftauchen, werden diese in griechischer Sprache verfasst. Eine Ehrung aus Haluntium stellt in diesem Sinne eine Art Bindeglied dar, da die Ehreninschrift zwar Griechisch ist, aber der Stifter, das *municipium*, in griechischen Buchstaben geschrieben und das lateinische Wort nicht übersetzt wurde, wie üblicherweise bei lateinischen Ämtern in griechischen Inschriften. Dass weiterhin einige öffentliche Ehrungen in griechischer Sprache verfasst wurden, sollte aufgrund der zahlreichen und teilweise dominierenden griechischen Grabinschriften der Kaiserzeit nicht überraschen; in Sizilien existierten Griechisch und Latein weiterhin nebeneinander. Insgesamt besteht über die gesamte Kaiserzeit ein Verhältnis von sechs griechischen und einer bilingualen zu 126 lateinischen Ehreninschriften.

Nach dem Übergang vom Hellenismus zur Kaiserzeit taucht Marmor vermehrt als Material für Basen bzw. Inschriftenträger auf. Insgesamt nimmt die Ausstattung mit Marmor in Sizilien zu, was exemplarisch auf der Agora von Halaesa zu beobachten ist. Kalkstein oder andere lokale Steinsorten werden zwar weiterhin für Statuenbasen genutzt, doch zumeist für monolithe Basen, während Marmor fast nur für Verkleidungsplatten nachweisbar ist. Marmor stellt anscheinend weiterhin ein kostbares Material dar, obwohl es nun auch in Italien abgebaut und der Transportweg dadurch deutlich kürzer wurde.

Auch die Form der Statuenbasen verändert sich: Vor dem Beginn der Kaiserzeit wurden vor allem flache Basen genutzt, die kaum eine Höhe von 0,60 m überschritten. Diese wächst in der Kaiserzeit auf über 1,30 m an. Allerdings lässt sich keine lineare Höhenentwicklung fassen: Gleich zu Beginn der Kaiserzeit lassen sich in Termini Imerese zwei Statuenmonumente für einen Pollienus fassen, dessen monolithe Basen 1,30 m hoch sind. Generell waren die Basen in der Kaiserzeit durchschnittlich um die 0,60 m breit und ca. 0,80 m hoch. Sie weisen außerdem öfter Profile auf, die in der hellenistischen Zeit nur in Ausnahmefällen nachzuweisen waren. Aus der hohen Kaiserzeit Ende des 2. Jhs. n. Chr. stammt mit 4,40 × 4,40 m in Halaesa das größte Statuenmonument in Sizilien überhaupt.

Auffällig ist, dass in der Kaiserzeit die Vielfalt an Monumenttypen der in situ-Befunde und Statuenbasen abzunehmen scheint, während Statuen und Inschriften für einen größeren Variantenreichtum sprechen (Sitzstatuen, Panzerstatuen, Bighen, Reiterstandbilder).

Nachdem in hellenistischer Zeit einige Exedren und Reiterstandbilder errichtet worden waren, ist nur noch ein neu errichtetes Reitermonument (Malta) zu finden. Allerdings weist auch die großformatige Basis in Halaesa, die wohl eine Quadriga trug, für ein erweitertes Spektrum. Die meisten Statuen der Kaiserzeit stellen männliche Personen in der Toga dar. Darüber hinaus finden sich Panzer- und Sitzstatuen sowie weibliche Gewandstatuen.

Während mit 94 Monumenten ein großer Teil der Statuen der kaiserlichen Familie gestiftet wurde, betrifft die Mehrheit der Statuen vor allem Mitglieder der lokalen Oberschicht sizilischer Städte. Ferner gehören kaiserliche Amtsträger und ihre Angehörigen zu den Empfängern und Stiftern von Statuenmonumenten. Die private Stiftung von Ehrenstatuen bleibt zu Beginn der Kaiserzeit eine Ausnahme und findet sich erst ab dem 2. Jh. n. Chr. in größerer Zahl. Senatorische Familien treten ebenfalls erst ab dem 2. Jh. n. Chr. als Akteure in Erscheinung, agieren dann aber in unterschiedlichen Städten gleichzeitig. Wenig Beachtung fanden außerdem Mitglieder der Provinzverwaltung, die erst im 2. Jh. und im 1. Drittel des 3. Jhs. n. Chr. vermehrt als Empfänger von Statuenmonumenten in Erscheinung treten, vor allem Quästoren und nur vereinzelt Statthalter. Überraschend ist, dass sich in Syrakus, dem Sitz des Statthalters, keine Hinweise auf Ehrungen der Amtsträger finden.

Mit dem Beginn der Tetrarchie lassen sich am Ende des dritten Jahrhunderts wiederum tiefgreifende Veränderungen konstatieren. Besonders die Ehreninschriften weisen grundlegende Änderungen in Aufbau, Inhalt und Sprache auf. Sie zeigen eine Entwicklung von *cursus honorum*-Inschriften zu spätantiken Lobpreisungen. Dementsprechend werden kaum mehr die Ämter der Geehrten oder der Stifter genannt, sondern mithilfe von Epitheta Tugenden und Qualitäten aufgezählt. Einige Inschriften der Spätantike im Osten Siziliens sind sogar im Versmaß verfasst. Während in der Kaiserzeit nur sehr vereinzelt griechische Ehreninschriften auftauchten, wird Griechisch nun wieder vermehrt genutzt. Nur kaiserliche Statuenmonumente werden ausschließlich in lateinischer Sprache verfasst. Auch bei den Akteuren können Modifikationen beobachtet werden. Bis zum Ende des 4. Jhs. n. Chr. werden zahlreiche Kaiser geehrt, zunächst von öffentlichen Institutionen oder Städten, später ausschließlich von Statthaltern. Auch andere Statuenmonumente werden von bzw. für Statthalter errichtet, während nur noch ganz vereinzelt Mitglieder der lokalen Oberschicht bzw. lokale Amtsträger Teil der Ehrenpraxis sind. Am Anfang des 5. Jhs. n. Chr. wird dann die letzte Ehrenstatue gestiftet. Danach tauchen zwar weiterhin Statthalter als Stifter von Statuen in Catania auf, allerdings handelt es sich dabei nicht mehr um Ehrenstatuen.

Von den spätantiken Statuenmonumenten sind fast nur die Basen erhalten. Nur zwei Fragmente von Porträtköpfen und die umgearbeitete Statue eines Togatus sind überliefert. Einer der Porträtköpfe, ein Togatus, sowie eine Statuenbasis weisen Spuren von Wiederverwendung auf. Die Statuenbasen unterscheiden sich lokal deutlich in ihrer Größe; während die Basen in Catania

RESÜMEE

nur bis 0,35 m hoch sind, möglicherweise aber erhöht aufgestellt waren, erreichen die Basen in Marsala eine Höhe bis zu 1,60 m. Im Gegensatz zu denen in Catania tragen sie Profile und weisen eine massive Bekrönung auf. Damit unterscheiden sie sich auch von den meisten kaiserzeitlichen Statuenmonumenten. Generell zeigen die Oberseiten der Basen, dass nicht nur marmorne, sondern auch bronzene Statuen noch in der Spätantike neu errichtet wurden, darunter auch in spätantiker Gewandung.

Zunächst kann festgehalten werden, dass Ehrenstatuen in Sizilien insgesamt mit der Praxis besser erforschter Regionen vergleichbar sind. Es gibt aber auffällige Unterschiede, die als lokale bzw. regionale Ausprägungen bezeichnet werden können. Darunter fallen unter anderem die Höhe der Statuenbasen, die Monumenttypen und die Aufstellungsorte. Eine Entwicklung der Höhe von Basen in Sizilien ist erst mit dem Beginn der Kaiserzeit sichtbar, zuvor sind wenige Basen über 0,60 m hoch. Dies steht im Kontrast zu Statuenbasen im Osten des Mittelmeers, wo bereits in hellenistischer Zeit ein Wettstreit um die höchsten und prächtigsten Monumente zu beobachten ist. Der fehlende Streit um die beste Sichtbarkeit von Statuen könnte wohl auch das Fehlen einiger Monumenttypen aus dem üblichen Kanon, wie Säulenmonumente, Bogenmonumente und aufwendig gerahmte Nischen, erklären. Eine weitere Besonderheit in Sizilien ist der Aufstellungsort von Ehrenstatuen, der zumindest zu Beginn im Kontrast zum bekannten Muster der hellenistischen Zeit steht. Die ersten nachweisbaren Ehrenstatuen finden sich in Sizilien in Nischen von Stoai und gehören somit zu geplanten Ausstattungen neu errichteter öffentlicher Platzanlagen. Auch generell sind Ehrenstatuen fast ausschließlich auf Platzanlagen und umliegende Gebäude begrenzt, in nur sehr wenigen Fällen finden sie sich in Theatern und Heiligtümern. Alle genannten Eigenheiten in Sizilien lassen sich am Besten mit dem späten Aufkommen von Ehrenstatuen erklären: In den östlichen Regionen des Mittelmeers wurden vor allem an Wegen und vor Gebäuden Statuen aufgestellt, solange, bis kein Platz mehr für neue Monumente vorhanden war. Dann erst begann man Ehrenstatuen auch im Inneren von Stoai zu errichten. In Sizilien plante man bereits beim Bau der Stadtzentren Platz für Statuen in Nischen und errichtete dagegen die Statuen im Außenraum keinem Plan folgend. Da es zu diesem Zeitpunkt noch wenige Statuenmonumente im öffentlichen Raum gab und dementsprechend weniger Konkurrenz, reichten einfache und flache Basen zumeist aus.

Wie bereits erwähnt übernahm die Elite Siziliens durch den Wegfall Karthagos als Monopolist über Handelswege im Mittelmeer teilweise deren Handelswege sowie Getreidelieferungen an Rom. Dies resultierte nicht nur in steigendem Reichtum, sondern auch in der Vernetzung mit der globalen hellenistischen Mittelmeerwelt. Die Oberschicht sah die Möglichkeit nach der Eroberung Roms ein Machtvakuum füllen zu können, indem sie und ihre Familien Bauprojekte im Stil der Eliten im Osten finanzierten. Dazu gehörte nicht nur die vor allem hellenistische, griechisch aussehende Architekur der Anlagen, sondern auch das globale Phänomen der Ehrenpraxis, welches in regionaler Form übernommen wurde. Dementsprechend sind im 2. Jh. v. Chr. in Sizilien besonders viele Mitglieder einiger weniger Familien in Ehreninschriften und Stiftungen zu finden. Obgleich auch vor dem 2. Jh. v. Chr. nicht nur eine reiche Oberschicht, sondern auch monumentalisierte Platzanlagen existierten, führte erst die Vernetzung mit der hellenistischen Welt zum Gebrauch von Ehrenstatuen.

Die Zahl der Ehrenstatuen steigt im Späthellenismus kontinuierlich an, bis sie mit dem Beginn der Kaiserzeit einen ersten Höhepunkt erreicht. Dafür können mehrere Gründe angeführt werden: Zum einen wurde Sizilien von Augustus unter senatorische Verwaltung gestellt und die Städte erhielten einen neuen Status. Bevorzugt wurden dabei anscheinend für die Getreideversorgung Roms bedeutende Städte. In diesen werden als Dank vermehrt Ehrenstatuen für Augustus aufgestellt. Zum anderen lässt sich allgemein ein Boom an Bauprojekten wie Theatern, Amphitheatern und Umbauten von Platzanalagen beobachten. Durch die Eroberung Ägyptens stand Rom nun ein weitaus größerer Lieferant für Getreide, andere Rohstoffe sowie Menschen zur Verfügung. Der Handel zwischen Rom und Ägypten lief über Sizilien, wovon Hafenstädte an dieser Route besonders profitierten[3]. Einige Handelsrouten verliefen auch über Pantelleria, was sich auch hier am Wohlstand der dortigen Oberschicht ablesen lässt, der sich in einer vermehrten Bautätigkeit und der Aufstellung von Ehrenstatuen von der späthellenistischen bis in die trajanische Zeit auswirkte. Die Vielfalt an dort verwendeten Marmorsorten ist einerseits Zeichen der vielfältigen Handelskontakte der Insel, andererseits spiegelt sich darin der Wille zur Ausstellung des eigenen Reichtums.

Im Laufe des 1. und 2. Jhs. n. Chr. lässt sich ein weiterer Anstieg bei der Aufstellung von Ehrenstatuen beobachten. Er findet in der Zeit der severischen Dynastie seinen Höhepunkt. Damit folgt Sizilien nun generell dem Trend, der sich im gesamten Reich findet. Vor allem zu Beginn der Kaiserzeit unterscheidet sich die Ehrenpraxis in Sizilien nicht von anderen Regionen des

---

3   Mit den Handelsrouten im Mittelmeer hat sich ausführlich M. Warnking beschäftigt, der die Route von Ägypten sowohl über die Meerenge von Messina, aber auch an Westsizilien vorbei rekonstruiert. Die Meerenge von Messina war ihm zufolge nicht bei allen Windbedingungen befahrbar. Warnking 2015, 250 f.

RESÜMEE

Mittelmeerraums. Auch in anderen Regionen lässt sich erst ab dem 2. Jh. n. Chr. der verstärkte Einfluss senatorischer Familien nachweisen, die überregional präsent sind. In Folge des Aufschwungs der nordafrikanischen Provinzen profitierte Sizilien sowohl als Handelspartner als auch als Brücke zwischen dem italischen Festland und Nordafrika. Dies ist besonders vor dem Hintergrund bemerkenswert, dass in den nordwestlichen Provinzen wie Spanien bereits im 2. Jh. n. Chr. der Verfall öffentlicher Infrastruktur belegt werden kann. Die wichtigen Städte finden sich nun an der Nord-, und Westküste Siziliens. Aber auch Centuripe, eine Stadt im Inland mit fruchtbarem Boden in der Umgebung, weist eine investitionsfreudige Oberschicht auf.

Wie sehr Sizilien in der späten Kaiserzeit und Spätantike auf die nordafrikanischen Provinzen hin orientiert war, belegt der Umstand, dass im 3. Jh. n. Chr. weiterhin zahlreiche Ehrenstatuen bis zum Beginn des 5. Jhs. n. Chr. errichtet werden, wohingegen dies in den meisten anderen Provinzen nicht mehr belegt ist. Wie auch anderswo sind die Akteure nun die Statthalter und Kaiser, die lokalen Eliten spielen keine Rolle mehr.

Dementsprechend konnte diese Untersuchung zeigen, dass weder mit der Ankunft der Römer auf Sizilien, noch mit dem Beginn der Kaiserzeit in Sizilien ein kultureller oder wirtschaftlicher Niedergang beobachten werden kann. Im Gegenteil, bis in die Spätantike konnte anhand der Aufstellung von Ehrenstatuen eine prosperierende urbane Kultur der Provinz nachgezeichnet werden, die sich aufgrund ihrer handelspolitischen Lage stets an wechselnden Ländern und Kulturen orientierte. Der Rückgang der Ehrenpraxis kann mit reichsweit zu beobachtenden Veränderungen der sozialen Struktur und Repräsentationsmedien in Verbindung gebracht werden. Der Rückzug ins Private und die dortige Präsentation mit gemalten Bildern oder Ähnlichem lässt sich an den prächtig ausgestatteten Villen in Sizilien ab dem 4. Jh. n. Chr. ablesen. Die früheren urbanen Zentren wurden demgegenüber vernachlässigt und stellten keine Orte mehr für die Repräsentation der Oberschicht dar.

Die vorliegende Untersuchung hat die bedeutende Rolle der Oberschicht für die Ehrenpraxis aufgezeigt. Um diese jedoch grundlegend zu verstehen, bräuchte es Forschungen zu den Baustiftungen in Sizilien sowie zu den Verbindungen einzelner Akteure und ihren Familien innerhalb Siziliens. Darüber hinaus könnten ausgeprägte prosopographische Untersuchungen das Agieren von Eliten auch in anderen Provinzen aufdecken. In einigen Fällen konnten bereits Verbindungen von Mitgliedern der sizilischen Oberschicht nach Nordafrika, Kleinasien oder Italien nachgewiesen werden, doch ist anzunehmen, dass die Oberschichten unterschiedlicher Provinzen viel besser vernetzt waren als bisher bekannt.

Auch in der Erforschung von Marmorabbau wurde zuletzt die Oberschicht als Schlüssel für das Verständnis für dessen Verteilung im Mittelmeerraum hervorgehoben[4]. In Sizilien bleibt Marmor auch nach dessen vermehrtem Aufkommen mit dem Beginn der Kaiserzeit als Ausstattungselement oder in der Architektur anscheinend selten. Eine genauere Erfoschung der für Ehrenmonumente genutzten Steinsorten und der zu Verfügung stehenden Sorten in Sizilien wäre wünschenswert, um zu verstehen, ob und wieso Sizilien Gebrauch von importierten Steinsorten machte. Verbindungen der sizilischen Eliten zu denen anderer Provinzen könnten möglicherweise bestimmte Präferenzen und Veränderungen in der Nutzung aufzeigen.

6.2   Fazit

Zusammenfassend hat sich gezeigt, dass in Sizilien von der Mitte des 3. Jhs. v. Chr. bis zum Beginn des 5. Jhs. n. Chr. die Errichtung von Ehrenstatuen kontinuierlich als Bestandteil der Ehrenpraxis genutzt wurde. Während sie zunächst nur für Könige nachgewiesen werden kann, weitet sie sich im Laufe des 2. Jhs. v. Chr. parallel zur Entwicklung der lokalen Oberschicht aus. Sowohl die historische als auch wirtschaftliche Entwicklung Siziliens zeigt einen deutlichen Einfluss auf die Aufstellung von Ehrenstatuen und deren Akteure.

Zum Schluss soll auf das eingangs angeführte Cicero-Zitat zurückgekommen werden, in dem er über noch nie dagewesenen, unerhöhte Ehrungen spricht, die ihm von den Sizilianern zu Teil wurden[5]: Die von Cicero nicht weiter erläuterten *honores inauditi* lassen sich zwar archäologisch nicht fassen, doch ist zu seinen Zeiten in Sizilien eine große Vielfalt an Typen von Statuenmonumenten nachweisbar, darunter Reiterstandbilder, einzelne stehende Statuen und Statuengruppen auf Exedren unterschiedlicher Form, in erhöhten Nischen, Quaderbasen und auf Bogenmonumenten auf Platzanlagen, in Theatern, Heiligtümern und politischen Gebäuden. Im 1. Jh. v. Chr. existierte in Sizilien eine ausgeprägte, wenn auch nicht in allen Städten in großer Zahl nachweisbare Nutzung von Ehrenstatuen als Bestandteil der griechisch-römischen Ehrenpraxis. Der aufgezeigten Entwicklung vom 3. zum 1. Jh. v. Chr. zufolge können die Ehrenstatuen um 70 v. Chr. durchaus als nie dagewesene Ehrungen innerhalb des sizilischen Kontextes bezeichnet werden.

---

4   Beck (unpublizierte Dissertation FU Berlin, 2018).

5   Cic. Planc. 64,7.

KAPITEL 7

Summary

This work offers the first collection of all available material evidence for honorary statues in Sicily. It covers the full period over which an honorary practice existed, ranging from the 2nd century BC through to the 5th century AD. Though isolated honorary statues dedicated to Hieron II and his son are known from the 3rd century BC, it was not until the 2nd century BC that a fully-fledged honorary practice was established in Sicily, following trends in the wider Hellenistic world to which the local upper class became ever more tightly connected. In contrast to this east-facing trend, an increasing influence from the Roman world can be detected after Augustus' rise to power, with a pronounced shift of focus towards depictions of imperial families. Around the period of the High empire another change occurred, as the province's economic focus moved to Northern Africa. The prosperity resulting from Sicily's central position in the Mediterranean coincides with a surge in the volume of statuary displays, which remained important until the early 5th century AD, around which time the last evidence for honorary practice on Sicily can be dated.

The core of the work is formed by a comprehensive catalogue, which presents all available material in as much detail as possible. Such in-depth information is exploited in a number of case studies, which zoom in on specific cities, laying bare local idiosyncrasies through a detailed analysis of both the actors involved and the topography, typography and material of the displayed statues. This not only offers a better understanding of the honorary practice itself, but it can also yield valuable insights in more general topics such as the development of urban areas, the changing roles of the upper class and cultural interactions between different parts of the Mediterranean world, in which Sicily plays a pivotal role.

7.1 Methods

This work's catalogue represents the first exhaustive collection of available evidence for honorary statues in Sicily ranging from the Hellenistic to the Late antique period. Its entries were collected during eight research trips to Termini Imerese, Centuripe, Palermo, Syracuse, Tyndaris, Marsala, Mazara, Pantelleria, San Marco d'Alunzio, Halaesa, Morgantina, Taormina, Segesta, Soluntum and Megara Hyblaea. Further important contributions to the catalogue stem from

© REBECCA J. HENZEL, 2022 | DOI:10.1163/9789004504646_008

the author's collaboration with Jonathan Prag, who offered numerous valuable insights and played a major role in making the catalogue as complete as could be. The material from Segesta and Trapani was not made available to the author, leading to minor lacunae in the presented material. That being said, the catalogue presents a major advancement in research on the topic: with statues and statue bases from Sicily having received only scant attention in previous scholarship, the work presented here is the first comprehensive study which brings together both statuary fragments, inscriptions and statue bases, as well as information on the topographic and material context *in situ*.

7.2   Results

The display of statuary monuments in Sicily as part of an honorary practice can be traced back to the 3rd century BC, though the list of such early examples is very short. Only two statues, depicting Hieron II and his son Gelon, can be unequivocally said to have had an honorary character. The first dedication of a statue to a citizen by a public institution occurred in the second century BC. It is only around the second half of the second century BC, however, that honorary statues became visible as a quantitatively significant phenomenon. This occurred mainly in cities containing prominent monumental squares, and it can be interpreted as resulting from the emergence of an urban elite seeking to project its wealth and influence by supporting building projects. In return, official institutions often equipped these newly constructed public buildings and spaces with statues in honour of their benefactors. This practice is mostly observed in *agorai* and their surrounding halls; only very few of these honorary statues can be traced to other public buildings such as baths, sanctuaries, political buildings or theatres. A new group receiving the honour of a dedicated statue emerged in the first century BC and consisted of Roman officials. Though these dedications followed the earlier class of honorary monuments in their use of the Greek language, an important exception to this trend was the monument in honour of Scipio, erected by *italici* in Halaesa. This statue is important as it represents both the first statue to have been erected for a Roman official and one of the oldest known Latin inscription in Sicily. The majority of inscriptions from this period were in Greek, however, and they rarely went beyond the usual Hellenistic phrases *eunoia* or *euergesia*, thus mostly failing to indicate a concrete reason for their dedication. In line with the above, most honorary monuments were constructed using public funds, on the instigation of the *demos*. A small minority of statues were funded by military or religious institutions, or by private individuals who were usually related to the dedicatee

SUMMARY   201

by family bonds. The typology of statues in this period is varied, ranging from u-shaped *exedra*, group monuments and equestrian statues to groups of individual statues placed in elevated niches or on square bases of varying height.

A number of changes occurred in the honorary practice in Sicily after the establishment of the principate, and due to the restructuring of cities by Augustus. Being a senatorial province, however, there was only little direct input from the emperors, meaning that it is unlikely that they played a large role in building works or other *beneficia*. Nevertheless, a steep rise in the number of erected honorary statues can be observed in the Augustan period. Moreover, these honorary monuments show marked changes in their language, material and size, compared to the pre-Augustan tradition. The language shows a drastic shift from Greek to Latin in the second half of the first century BC. An interesting intermediary in this respect is offered by a Greek inscription from Haluntium, where the word *municipium* is not translated to Greek, but left in its Latin form, though spelled phonetically using Greek letters. Whilst Greek and Latin would coexist as languages for honorary inscriptions, the balance in the Imperial period shifted decidedly in favour of Latin, with 126 honorary inscriptions in Sicily being known in that language, and only six inscriptions having survived in Greek. The material of monuments shows a rise in the use of marble in the Imperial period, though marble was still a relatively expensive choice: in spite of it becoming available from Italian quarries, it was mainly used to construct revetment slabs. Limestone and other types of local rock, on the other hand, were mainly used for monolith bases. A third shift concerned the form of statue bases: before the Imperial period, most bases were rather low, their height scarcely exceeding 60 cm. The Imperial period, on the other hand, boasts bases reaching heights over 130 cm; the average dimensions were 60 cm in width and 80 cm in height. Moreover, many bases contained decorative profiles that were rare during the Hellenistic period in Sicily. Although members of the Imperial family were honoured with 94 surviving monuments, the majority of dedicatees belonged to local elites: one notable group of dedicatees consists of Imperial officials. Members of the provincial government did not regularly receive the honour of a monument, until the second century, when their share in dedications started to rise. It is surprising that Syracuse shows no traces of statues dedicated to provincial government officials, even though it was home to the governor's seat. The erection of monuments by private individuals remained an exception in the early Imperial period, but became more prevalent from the second century AD onwards, with senatorial families founding monuments in multiple cities starting around that time.

The start of the tetrarchy at the end of the third century BC coincided with a new range of changes in the honorary practice. The inscriptions showed a move from *cursus honorum*-inscriptions towards Late antique glorifications, involving a reduced emphasis on the dedicatees' offices and a shift towards *epitheta* praising their supposed virtues and qualities. The Greek language came to new prominence during this period, with emperors' statues being the only type to be accompanied exclusively by Latin inscriptions. The actors involved in the honorary practice changed as well. Until the end of the fourth century AD, numerous emperors were honoured with statues, initially by cities and public institutions, but later exclusively by governors. Governors became generally very active in the honorary practice, both as dedicatees and as objects of monuments, whilst local officials' participation declined rapidly. The last honorary statue was erected in Sicily at the beginning of the fifth century AD. Though later statues were erected by governors in Catania, these do not qualify as honorary monuments. Apart from two facial fragments and a reworked *togatus*, virtually the only surviving parts of Late antique statuary monuments on Sicily are statue bases. The sizes of these differ considerably between cities: whilst bases in Catania that survive from this period are never higher that 35 cm, Marsala boasts bases as high as 1.60 m. In contrast to the former, the latter carry decorative profiles and shows signs of a massive crowning element, thus setting them apart from most monuments from the Imperial period. The bases' top sides show that both marble and bronze statues were erected, also featuring Late antique attire.

7.3   Discussion

Though the overall features of honorary practice in Sicily are comparable to those of more thoroughly studied regions, there are a number of striking differences, which can be seen as regional idiosyncrasies. Amongst these are the height of the bases, the types of monuments and the precise choice of location for statues. The height of the statues did not develop beyond a typical 60 cm until the beginning of the Imperial era. This forms a contrast with Eastern parts of the Mediterranean, where a competition for height and splendour can be observed in the Hellenistic epoch. The lack of such competition in Sicily also offers an explanation for the absence of certain types, such as column bases, arches and lavishly decorated niches. The location of the statues forms another contrast with the pattern known from the Hellenistic world: the first known honorary statues in Sicily are situated in niches of *stoai*, thus forming part and parcel of preconceived and unified designs for public squares. This fits in to the wider pattern whereby honorary statues are chiefly found as part of squares and their surrounding buildings, with far fewer occurrences in theatres and

SUMMARY

sanctuaries. The most plausible explanation for all of the above idiosyncrasies for Sicily lies in its relatively late appearance. Whereas statues in Eastern parts of the Mediterranean were initially placed by pathsides and in front of buildings, so that the inner areas of *stoai* were only equipped with statues after the former places had been filled up, the situation in Sicily was quite the reverse: here, the placement of statues in niches was part of the initial design of urban centres, whereas the placement of statues outside of these spots apparently did not follow a clear plan. As only few statuary monuments existed in public space, the resulting lack of competition ensured that simple, low bases were satisfactory.

An important factor in any history of Sicily during the Hellenistic period is the fall of Carthage, and the resulting shift in trade routes, which now partly fell in the hands of the Sicilian elite. This led not only to an increase in affluence, but also in an increased connectivity with the Hellenistic world of the Mediterranean. The combination of these two effects allowed and stimulated the local rich and powerful to embark on building projects in an Eastern, Hellenistic style. Not only did this lead to a prevalence of Greek-looking architecture, but it also brought Sicily up to speed with the global Hellenistic honorary practice, which was adopted in a regional variant, characterized by the local idiosyncrasies described above. As a consequence, a small set of families show up in honorary inscriptions.

Having shown a stable increase during the late Hellenistic period, the numbers honorary statues started a truly striking surge at the beginning of the Imperial era. This can be explained through a number of factors. First, Sicily was placed under senatorial rule, placing cities in an elevated esteem. It seems that this was especially true for cities playing an important role in Rome's grain supply. In such cities, a large number of honorary statues can be detected that were erected for Augustus in thanks and praise. The conquest of Egypt brought a huge supplier of grain, people and raw materials into the Roman empire, whose products were shipped to Rome via Sicily and Pantelleria. On the latter island alone, this led to an increase in large building works and in the display of honorary statues which can be observed well into the Trajan period. The effect on trading ports on the Sicilian coast was equally favourable.

A second increase in the display of honorary statues can be observed from the late first until the late second century AD, with a peak occurring during the Severan dynasty. This was an empire-wide trend, and the honorary practice in Sicily during this period did not differ in any essential way from the rest of the Roman empire. As in other parts of the empire, the period starting with the second century AD saw an increased presence in the honorary practice of senatorial families that operated across regional boundaries, leading them to erect statues in multiple cities. The end of the second century AD led to a deviation between Sicily and some other parts of the empire: the increased economic activity in Northern Africa trickled on Sicily, which served as a trading gateway with Rome. Whilst some other parts of the empire, such as Spain, show signs of decline, many cities on the northern and western coasts of Sicily benefited from thriving trade. The same is true for Centuripe, which, though situated inland, does show proof of a prospering upper class in the second century AD that was eager to invest and show its wealth. Further proof for the focus on northern Africa is provided by the fact that between the third and fifth centuries AD, numerous statues were erected, whereas this cannot be said of many other provinces.

It is clear from the above discussions that neither the arrival of the Romans, nor the beginning of the Imperial era, led to any form of cultural or economic decline. On the contrary: this work has made clear how the presence of rich honorary practice forms proof of a prosperous urban culture whose changing economic and political orientations led to a varying range of cultural influences from across the Mediterranean. The eventual decline of the honorary practice can be seen in the context of changes in the social structure and means of representation that occurred throughout the empire. These include a trend to retreat from public life into the domestic sphere and a shift towards personal depictions using painted pictures, both of which are evidenced by the luscious villas that were to be found in Sicily from the fourth century AD onwards. The previously thriving urban centres, on the other hand, fell into various degrees of disrepair and no longer offered means of representation.

7.4   Closing

In summary, this work has shown how honorary statues in Sicily have been erected continuously between the mid-third century BC until the beginning of the fifth century AD. While at first only used to honour Hieron II and his son, the honorary practice was adopted by the local elite during the second century BC. This was the beginning of a long and rich tradition whose changing appearance reflected the historical, societal and economic developments which shaped Sicily over the course of the centuries.

Lastly, it is interesting to go back to Cicero's quote on the *honores inauditi*, which claimed to have received from the Sicilians[1]. Although these honours, of

---

1   Cic. Planc. 64,7.

SUMMARY

which Cicero himself gave no further details, cannot be backed up by archaeological evidence, this work does offer an impression of their context. It has shown that the honorific practice in the first century BC flourished in Sicily, boasting a wide range of monument types such as equestrian monuments, single standing statues, exedrai and elevated niches embellishing agorai, theatres, political buildings and sanctuaries. In the first century BC a significant, although quantitatively not very large, honorary practice existed throughout Sicily. Given the development from the third century to the first century BC described in this work, a contemporary observer from the Sicilian context might have seen the honorary statues existing around 70 BC as *honores inauditi* indeed.

Katalog

∵

Die Objekte im Katalog sind nach Fundorten sortiert. Die Bezeichnung der Objekte im Katalog setzt sich aus einer Abkürzung des Fundorts und einer durchlaufenden Nummer zusammen (z.B. Hala1 = erster Eintrag für Halaesa). Die Einträge eines Ortes nennen grundsätzlich zunächst Inschriften, dann in situ-Befunde ohne Inschrift und zuletzt Skulpturfragmente. Die Statuenmonumente werden im Katalog unterschiedlich ausführlich beschrieben und diskutiert. Angegeben werden soweit bekannt immer der Fund- und Aufbewahrungsort, die Maße, das Material und die Datierung. Alle Maße nennen zuerst die Höhe, dann die Breite und zuletzt die Tiefe. Es folgt ein Vermerk zur Identifikation des Objekts bzw. des Monuments als Teil einer Ehrenstatue (vgl. Kap. 1.7.1.5, sicher, wahrscheinlich, unsicher). Darauf folgen eine kurze Beschreibung sowie eine Deutung und die wichtigsten Literaturangaben. Die Einträge zu Pantelleria Pante3–7 sowie Pante11–79 sind sehr knapp gehalten, da sie erst kürzlich von T. Schäfer ausführlich publiziert wurden (Schäfer 2015). Für die Inschriften werden keine Übersetzungen angegeben. Diese finden sich in der „Last Statues of Antiquity"-Datenbank (LSA) sowie in der „I. Sicily"-Datenbank (ISic) in englischer Sprache. Darüber hinaus lassen sich durch die Literaturangaben oft auch italienische Übersetzungen finden, z.B. Ampolo – Erdas 2019 für die Inschriften aus Segesta. Aus Platzgründen wurde davon abgesehen, zu den einzelnen Städten weitere Informationen wie historische Daten anzugeben.

Sofern der Fund- oder Aufstellungsort des Monuments bekannt ist, wurde dieser in einem Plan markiert. Verfügt der Plan nicht über eine Farbaufschlüsselung, dann wurde grün für die hellenistische Zeit und rot für die Kaiserzeit genutzt; liegen unterschiedliche Töne einer Farbe in einem Plan vor, dann sind die hell markierten Monumente früher als die dunkleren einzuordnen (u.a. Agrigent, Halaesa, Segesta).

Literarische Erwähnungen in Ciceros Reden gegen Verres:

Cic1
Ort: Syrakus, Bouleuterion
Datierung: zwischen 212 und 70 v. Chr.
Maße: —
Material: Bronze
Beschreibung:
– Fundament: —
– Schaft: —

210 KATALOG

- Bekrönung/Oberseite: —
- Statue: (...) ubi illius ipsius M. Marcelle, – qui eum Syracusanis locum, quem eripere belli ac voctoriae lege posset, conservavit et reddidit, – statua ex aere facta est (...)

Interpretation: Cicero zufolge errichteten die Syrakusaner im Bouleuterion von Syrakus eine Bronzestatue des Marcellus.

Lit.: Cic. Verr. 2.2.50.

Cic2

Ort: Syrakus, Bouleuterion
Datierung: 73–71 v. Chr.
Maße:
Material: Gold
Beschreibung:
- Fundament: —
- Schaft: —
- Bekrönung/Oberseite: —
- Statue: (...) ibi inauratam istius et alteram filio statuam ponerent (...).

Interpretation: Der Erwähnung bei Cicero zufolge, wurden im Bouleuterion in Syrakus eine goldene oder vergoldete Statue des Verres und eine Statue seines Sohnes errichtet.

Lit.: Cicero Verr. 2,2,50.

Cic3

Ort: Syrakus, *in foro*
Datierung: 73–71 v. Chr.
Maße:
Material: ?
Beschreibung:
- Fundament: —
- Schaft: —
- Bekrönung/Oberseite: —
- Statue: Syracusana civitas, (...), dedit ipsi statuam – est honos – et patri – bella pietatis et quaestuosa simulatio – et filio (...). Ut in foro statuerent, abstulisti (...).

Interpretation: Auf dem Forum in Syrakus errichteten die Syrakusaner sowohl dem Verres als auch seinem Vater und Sohn jeweils eine Statue.

Lit.: Cicero Verr. 2,2,145.

KATALOG

Cic4
Ort: Syrakus, *in foro*
Datierung: 73–71 v. Chr.
Maße: —
Material: —
Beschreibung:
– Fundament: —
– Schaft: Als Schaft der Standbilder fungierte ein Bogenmonument, welches Cicero zufolge auf dem Markplatz (*in foro*) errichtet wurde: Huius fornix in foro Syracusis est (...).
– Bekrönung/Oberseite: —
– Statue: Huius fornix in foro Syracusis est, in quo nudus filius stat, ipse autem ex equo nudatam ab se provinciam prospicit.
Interpretation: Auf dem Forum in Syrakus stand ein Bogenmonument, welches eine nackte Statue des Sohnes von Verres trug und ein Reiterstandbild von Verres selbst. Es scheint, als ob nur Verres auf einem Pferd dargestellt wurde, für seinen Sohn dagegen eine stehende Statue gewählt wurde. Dieser wird als *nudus* beschrieben; ob er wirklich komplett nackt dargestellt war oder beispielsweise einen Hüftmantel trug, ist rein spekulativ. In Syrakus gibt es Befunde eines Bogenmonuments, das allerdings erst in frühaugusteischer Zeit gebaut wurde[1].
Lit.: Cicero Verr. 2,2,154.

Cic5
Ort: Syrakus
Datierung: um 70 v. Chr.?
Maße: —
Material: —
Beschreibung:
– Fundament: —
– Schaft: —
– Bekrönung/Oberseite: —
– Statue: (...) alterum filium (...). Itaque illi Syracusani statuam postea statuerunt, (...).
Interpretation: Dem Schwiegersohn von Cicero wurde von den Syrakusanern eine Statue errichtet. Weder wann, noch wo diese aufgestellt wurde wird aus der Rede deutlich.
Lit.: Cicero Verres, 2,2,48.

---

1 Gentili 1951, 263–277; Wilson 1990, 56 f.

212 KATALOG

Cic6
Ort: Syrakus, Serapistempel, vor Serapisstatue (Kultbild)?
Datierung: 73–71 v. Chr.
Maße: —
Material: —
Beschreibung:
- Fundament: (...) in primo aditu vestiuloque templi.
- Schaft: —
- Bekrönung/Oberseite: —
- Statue: Quod non est proprium Syracusanorum, sed et illorum et commune conventus illius ac prope totius provinciae. Quanta illuc multitude, quanta vis hominum convenisse dicebatur tum cum statuae illius deiectae et eversae!

Interpretation: Cicero beschreibt, wie ein Standbild des Verres, welches vor der Kultstatue des Serapis in dessen Tempel aufgestellt war, niedergerissen wurde von der Bevölkerung Syrakus.
Lit.: Cicero Verres, 2,2,160.

Cic7
Ort: Termini Imerese, *in publico*
Datierung: ?
Maße: —
Material: —
Beschreibung:
- Fundament: (...) in publico (...).
- Schaft: —
- Bekrönung/Oberseite: —
- Statue: (...) signa antiquissima, monumenta P. Africani (...).

Interpretation: Im öffentlichen Raum waren in Termini Imerese Statuen des P. Scipio Africanus aufgestellt. Allerdings wird hier der Begriff *signum* benutzt. Es kann sich durchaus um Statuen, die Scipio gestiftet hat, handeln.
Lit.: Cicero Verr. 2,2,85.

Cic8
Ort: Leontinoi, Gymnasium
Datierung: 73–71 v. Chr. errichtet, um 70 v. Chr. zerstört?
Maße: —
Material: —
Beschreibung:
- Fundament: (...) in gymnasio (...).
- Schaft: —

KATALOG 213

– Bekrönung/Oberseite: —
– Statue: Leontinis, misera in civitate atque inani, tamen istius in gymnasio statua deiecta est.

Interpretation: Eine Statue des Verres wurde aus dem Gymnasium von Leontinoi entfernt.

Lit.: Cicero Verr. 2,2,160.

Cic9

Ort: Taormina, *in foro*
Datierung: 73–71 v. Chr. errichtet, um 70 v. Chr. zerstört
Maße: —
Material: —
Beschreibung:
– Fundament: —
– Schaft: —
– Bekrönung/Oberseite: —
– Statue: Taoromenitani (…), hi tamen istius evertere stauam non dubitarunt; qua abiecta basim tamen in foro manere voluerent, (…).

Interpretation: Vom Forum Taorminas wurde ein Standbild von Verres entfernt, die Basis aber stehengelassen.

Lit.: Cicero Verr. 2,2,160.

Cic10

Ort: Tyndaris, *in foro*
Datierung: 73–71 v. Chr. errichtet, um 70 v. Chr. zerstört
Maße: —
Material: —
Beschreibung:
– Fundament: (…) in foro (…).
– Schaft: —
– Bekrönung/Oberseite: —
– Statue: Tyndaritani deiecerunt in foro et eadem de causa equum inanem reliquerunt.

Interpretation: Von einem Reiterstandbild mit der Statue des Verres wurde auf dem Forum in Tyndaris die Statue des Verres entfernt.

Lit.: Cicero Verr. 2,2,160.

Cic11

Ort: Centuripe
Datierung: 73 – 71 v. Chr. errichtet, um 70 v. Chr. umgestürzt
Maße: —

Material: —
Beschreibung:
– Fundament: —
– Schaft: —
– Bekrönung/Oberseite: —
– Statue: Centuripinorum senatus decrevit populusque iussit ut, quae statuae Verris ipsius et patris eius et filii essent, eas quaestores demoliendas locarent, dumque ea demolitio fieret, senatores ne minus triginta adessent.

Interpretation: Durch einen offiziellen Beschluss wurden die Statuen von Verres, seinem Vater und seinem Sohn, die in Centuripe standen, umgestürzt. Allerdings mussten die Standbilder wieder aufgestellt werden: Haec tum dicerem, si statuas Metellus non reposuisset.
Lit.: Cicero Verr. 2,2,161–163.

Cic12

Ort: Tyndaris, *in foro*
Datierung: ?
Maße: —
Material: Bronze
Beschreibung:
– Fundament: —
– Schaft: —
– Bekrönung/Oberseite: —
– Statue: Equestres sunt medio in foro Marcellorum statuae, sicut fere ceteris in oppidis Siciliae; in quibus iste C. Marcellus statuam delegit (…).

Interpretation: Ein Reiterstandbild von C. Claudius Marcellus stand auf dem Markplatz von Tyndaris. Außerdem erwähnt Cicero weitere Reiterstandbilder der Marceller, doch ist unklar, wieviele und wer genau dargestellt wurde. C. Claudius Marcellus war Prätor und verwaltete Sizilien im Jahr 79 v. Chr. Ein Vorfahre von ihm, C. Marcellus, nahm 212 v. Chr. Syrakus ein und wurde Cicero zufolge im Bouleuterion von Syrakus mit einer bronzenen Statue geehrt. Die Familie der Marceller waren Cicero zufolge auf vielen Markplätzen Siziliens zu finden.
Lit.: Cicero Verr. 2,4,86.

KATALOG 215

Archäologische Zeugnisse:

Acireale
Aci1 (Abb. 1–2)
Fundort: Acireale
Aufbewahrungsort: Acireale Biblioteca communale
Maße: 0,52 m; 0,32 m (Kopf)
Material: Marmor
Datierung: Ende des 1. Jh. v.–Anfang des 1. Jh. n. Chr. (Bonacasa)
Identifikation: sicher
Beschreibung:
– Fundament: —
– Basisfuß: —
– Schaft: —
– Bekrönung/Oberseite: —
– Statue: Erhalten ist der Porträtkopf eines älteren Mannes mit einem wei-
 ten Büstenausschnitt, der wohl eingesetzt war. Der Kopf ist leicht nach
 rechts geneigt. Die Ohren, Nase und der untere Teil der Büste sind beschä-
 digt. Das Porträt zeigt einen älteren Mann, dessen Wangen stark eingefal-
 len sind und dessen Stirn von Falten bestimmt wird, die Nasolabial- und
 die Stirnwurzelfalte sind stark ausgeprägt. Die Lippen sind dünn und an
 den Seiten leicht nach unten gezogen. Insgesamt ist das Gesicht hager, die
 Wangen-, Kiefer- und Schädelknochen stechen unter der Haut hervor. Die
 Augen wirken eingesunken; die Haare sind stark über die Stirn zurückgegangen. Von der Kalotte ausgehend liegen die sichelförmigen Haarsträhnen
 direkt am Schädel an.
Interpretation: Der Porträtkopf wurde lange mit einer Darstellung Caesars verbunden. E. Simon konnte jedoch zeigen, dass es sich um ein spätrepublika-
nisches bzw. frühkaiserzeitliches Porträt eines unbekannten Mannes handelt.
Lit.: Böhringer 1933, Taf. 1–7; Simon 1957; Bonacasa 1964, 28 Nr. 31, Taf. 14, 1–2.

Agrigent (Abb. 3)
Agr1 (Abb. 5)
Fundort: Agrigent, sog. Oratorium des Phalaridis
Aufbewahrungsort: in situ
Maße: max. 0,91 m × 3,50 m (Innerer Durchmesser); 6,80 m (Breite außen);
4,70 m (max. Tiefe); ca. 0,80–0,85 m tief (Sitzbank); ca. 0,50–0,60 m tief
(Außenschale der Wandung)
Material: Kalkstein?
Datierung: 2./1. Jh. v. Chr. (Wolf)
Identifikation: wahrscheinlich

216 KATALOG

Beschreibung:
- Fundament: Erhalten ist das zweischalige Fundament einer halbkreisförmigen Exedra. Der Zwischenraum zwischen den Schalen wurde verfüllt, auf der westlichen Seite mit mittelgroßen bearbeiteten Blöcken, während für den östlichen Teil kleine Steine benutzt wurden. Die Frontseite wurde nachträglich zu einem unbekannten Zeitpunkt mit Steinen unterschiedlicher Größe teilweise zugesetzt.
- Basisfuß: —
- Schaft: —
- Oberseite/Bekrönung: —
- Statue: Aufgrund der Maße der Exedra können durch Vergleiche mit besser erhaltenen Monumenten außerhalb Siziliens bis zu drei stehende lebensgroße Statuen vermutet werden (van Thüngen 1994).

Interpretation: Die Exedra öffnet sich zum Altar des sog. Oratoriums, einem dorischen Antentempel. Damit war sie auf das Geschehen beim Altar ausgerichtet, der sich vor dem Tempel befand. Auch wenn nicht eindeutig zu belegen ist, dass auf der Wandung der Exedra Statuen aufgestellt waren, ist es aufgrund der tiefen Wandung zumindest möglich. Die wohl nachträglich neben die Exedra gestellten Statuenbasen (Agr2, Agr3) machen eine Nutzung für Statuen sehr wahrscheinlich. Die Größe und Form der Exedra lässt die Rekonstruktion von drei wohl lebensgroßen Statuen zu. Zu vermuten ist, dass mit der Exedra eine Familie oder Mitglieder der lokalen Oberschicht geehrt wurden; auch wenn das Monument auf einen Altar orientiert ist, zeigen Vergleich, dass Exedren grundsätzlich keine Götter-, sondern Ehrenstandbilder tragen (van Thüngen 1994).

Lit.: zum Oratorium: Koldewey – Puchstein 1899, 182 f. Abb. 160 f., Taf. 27; De Miro 2010, 29–40; Wolf 2016, 73–82 (Oratorium insgesamt); speziell zur Exedra De Miro 2010, 29–40, bes. 34; Wolf 2016, 76–82.

Agr2 (Abb. 5)
Fundort: Agrigent, sog. Oratorium des Phalaris, Südostecke der Exedra (Agr1)
Aufbewahrungsort: in situ
Maße: 0,49 × 1,35 × 1,45 m
Material: Kalkstein?
Datierung: 2./1. Jh. v. Chr., zeitlich nach Agr1 (Wolf)
Identifikation: wahrscheinlich
Beschreibung:
- Fundament: Östlich der südöstlichen Ecke der halbkreisförmigen Exedra befindet sich eine fast quadratische Struktur. Sie liegt leicht versetzt am äußersten Stein der Exedrawandung an. Die Struktur besteht hauptsächlich aus zwei länglichen Blöcken, in deren Zwischenraum weitere Steine eingefügt wurden. Zusammen ergibt sich eine annähernd quadratische Struktur.

KATALOG 217

Der Bearbeitungsgrad der Steine ist nicht zu ermitteln, da die Oberfläche stark verwittert ist.
– Basisfuß: —
– Schaft: —
– Oberseite/Bekrönung: —
– Statue: Aufgrund der Maße des Fundaments kann von einer einzelnen, wohl lebensgroßen Statue ausgegangen werden.

Interpretation: Ohne eine zugehörige Inschrift oder Skulpturfragmente kann es sich bei der Struktur sowohl um eine Basis für eine Statue als auch für ein Weihgeschenk handeln. Vor allem die Position und Größe der Basis direkt am Rand der Exedra spricht jedoch für die Aufstellung einer Ehrenstatue. Die Basis verlängert die Exedra geradezu und erweitert somit die Reihe der aufgestellten Statuen. Denkbar ist beispielsweise ein hinzugefügtes Familienmitglied zu einer Familiengruppe. M. Wolf rekonstruiert die erhaltenen Steine als untersten Teil der Basis, auf den Fußprofil und Schaft gesetzt sind. Die Größe des Fundaments lässt eine lebensgroße stehende Statue auf der Basis vermuten.

Lit.: Wolf 2016, 76 f. Abb. 38, Beil. 7; Rekonstruktion Wolf 2016, 79 Abb. 40.

Agr3 (Abb. 5)
Fundort: Agrigent, sog. Oratorium des Phalaris, Südostecke der Exedra (Agr1)
Aufbewahrungsort: in situ
Maße: 1,05 × 1,10 m (Fundament); 0,44 × 0,85 × 0,90 m (Schaft)
Material: Kalkstein ?
Datierung: 2./1. Jh. v. Chr., zeitlich nach Agr1 (Wolf)
Identifikation: wahrscheinlich
Beschreibung:
– Fundament: An der südöstlichen Ecke der Exedra (Agr1) befindet sich eine rechteckige Struktur, die sich aus zwei langrechteckigen Steinen zusammensetzt. Im Süden schließt direkt ein *opus spiccatum* Boden an. Wie bei einer weiteren Basis (Agr2), die sich um die Exedra anordnet, ist die Oberfläche der Steine stark verwittert.
– Basisfuß: Auf dem Fundament befindet sich eine weitere Steinlage.
– Schaft: —
– Bekrönung/Oberseite: —
– Statue: Aufgrund der Maße kann eine lebensgroße stehende Statue rekonstruiert werden.

Interpretation: Die beschriebene Struktur kann ebenso wie Agr2 als Statuenbasis für eine einzelne lebensgroße Statue gedeutet werden. Vor allem die Lage und die Maße sprechen für die Aufstellung einer stehenden Statue auf der Basis. Es gibt keinerlei Hinweise, wer auf der Basis dargestellt worden sein könnte. Vermutet werden kann beispielsweise ein Mitglied der lokalen Elite, der als Teil einer Gruppe dargestellt wurde.

Lit.: Wolf 2016, 76 f. Abb. 38, Beil. 7.

Agr4 (Abb. 4; Abb. 7–8)

Fundort: Agrigent, zwischen Gymnasium und Heraklestempel, in der Umgebung von Gebäudestrukturen („agora inferiore")

Aufbewahrungsort: in situ

Maße: 0,60 × 3,80 × 1,90 m (Schaft); 0,05 × 3,96 × 2,20 m (Fundament)

Material: gelblicher Sandstein?

Datierung: hellenistisch (De Miro)

Identifikation: sicher

Beschreibung:

– Fundament: Die Blöcke des Schafts befinden sich auf einem Plattform ähnlichen Fundament aus einer Vielzahl an Blöcken. Dieses reicht an der nordwestlichen Seite über die Basis hinaus. Nördlich der Exedra, also an ihrer offenen Seite, liegen weitere Steinblöcke ohne Orientierung, die möglicherweise der Exedra zugeordnet werden können.

– Basisfuß: —

– Schaft: Erhalten ist eine hufeisenförmige Exedra, die aus fünf Blöcken zusammengesetzt ist; drei Blöcke auf der Langseite und jeweils ein Block an den Kurzseiten. Jeder der Blöcke weist auf der Oberseite kleinere Einlassungsspuren auf (3 × 7 cm, 8 × 5 cm, 3 × 6 cm, 5 × 10 cm, 6 × 5 cm) die auf die Befestigung einer weiteren Steinlage hinweisen.

– Oberseite/Bekrönung: —

– Statue: Obgleich sich die Oberseite des Monuments nicht erhalten hat, können aufgrund der Maße der Exedra mindestens drei lebensgroße Statuen auf der Basis vermutet werden.

Interpretation: Der räumliche Kontext des Monuments lässt sich nicht genauer beschreiben, da sich die Erde um die Struktur herum auf das heutige Laufniveau erhebt. Das Gebiet wurde nicht großflächig ergraben; die Exedra liegt in einer Art Krater. In der Nähe der Exedra befindet sich eine Stoa und weitere Gebäude, die bisher aber nicht publiziert vorliegen. Von E. De Miro wurde das Gebäude als Prytaneion gedeutet und die Stoa und Umgebung als Teil einer sog. Unteren Agora bezeichnet (De Miro 2012, 103 f.). Allerdings findet diese Interpretation auf wenig Zustimmung in der Forschung. Die Exedra als solche kann als Gruppenmonument interpretiert werden; pro Block könnte eine mindestens lebensgroße Statue rekonstruiert werden. Damit handelt es sich hier um die einzige hufeisenförmige Exedra in Sizilien. Da weder Informationen zu zugehörigen Inschriften noch Statuen vorliegen, kann eine genauere Zuordnung zurzeit nicht erfolgen. Allerdings zeigt die Untersuchung von von Thüngen, dass Exedren nicht für Götterstandbilder, sondern Ehrenstatuen genutz wurden (von Thüngen 1994). Auch die Datierung zu ermitteln, erweist sich aufgrund unpublizierter Grabungsbefunde als schwierig. Geht man von

KATALOG 219

einer Zugehörigkeit zu den von De Miro als Stoa und Prytaneion interpretierte Gebäuden aus, dann wäre eine Errichtung in (spät?)hellenistischer Zeit denkbar.
Lit.: De Miro 2006, 73 Abb. 6–7; De Miro 2012, 103 f., Abb. 8–9; zu Exedren allgemein von Thüngen 1994.

Agr5 (Abb. 6; Abb. 9–10)
Fundort: Agrigent, römischer Tempel, westliche Portikus, südlichste Basis
Aufbewahrungsort: in situ
Maße: 0,13 × 1,32 × 1,42 m
Material: lokaler gelblich-grauer Kalkstein
Datierung: frühkaiserzeitlich (De Miro)
Identifikation: wahrscheinlich
Beschreibung:
– Fundament: —
– Basisfuß: —
– Schaft: Erhalten sind zwei Blöcke, die parallel zueinander in Ost-West-Orientierung liegen. Die Mitte zwischen ihnen ist von ca. 30 cm an mit Steinen unterschiedlicher Größe verfüllt. Die Blöcke sind stark verwittert, wodurch sich nicht klären lässt, ob weitere Blöcke auf der Oberfläche befestigt wurden oder es sich hierbei um eine flache Basis handelt.
– Bekrönung/Oberseite: —
– Statue: Aufgrund der Maße kann von einer mindestens lebensgroßen stehenden Statue ausgegangen werden.
Interpretation: E. De Miro zufolge handelt es sich um eine Statuenbasis, die vor der westlichen Portikusmauer aufgestellt wurde. Wie die Autopsie gezeigt hat, ist die Portikusmauer an der Stelle nicht erhalten. Wessen Standbild auf der Basis aufgestellt war, lässt sich aufgrund fehlender Inschriften und Statuen nicht mehr ermitteln. Möglich wären Amtsträger oder Mitglieder der lokalen Oberschicht, vergleichbar mit den aufgefundenen Statuen der frühen Kaiserzeit (Agr8, Agr9). Es kann zwar vermutet werden, dass die Basis zur ursprünglichen Ausstattung der Portikus gehörte, doch ist eine spätere Errichtung ebenfalls möglich. Die Portikus wurde wohl in der frühen Kaiserzeit errichtet. Die Maße lassen eine lebens- oder überlebensgroße Statue vermuten.
Lit.: De Miro 2011, 46 Abb. 20. 57.

Agr6 (Abb. 6; Abb. 11–12)
Fundort: Agrigent, römischer Tempel, westliche Portikus, mittlere Basis
Aufbewahrungsort: in situ
Maße: 0,29 × 1,30 × 1,10 m

Material: gräulich-gelblicher Kalkstein
Datierung: frühkaiserzeitlich (De Miro)
Identifikation: wahrscheinlich
Beschreibung:
- Fundament: —
- Basisfuß: —
- Schaft: Erhalten sind zwei rechteckige Blöcke, die in Nord-Süd-Orientierung liegen. Zwischen beiden Blöcken befindet sich eine ca. 8 cm breite Verfüllung. Die Oberfläche der Blöcke ist stark verwittert. Die Basis liegt direkt vor der Portikusmauer.
- Bekrönung: —
- Statue: —

Interpretation: Die Basis befindet sich 6,10 m nördlich von einer weiteren Basis (Agr5) mit ähnlichen Maßen entfernt. Sie befindet sich direkt vor der Portikusmauer. Wessen Standbild auf der Basis aufgestellt war, lässt sich aufgrund fehlender Inschriften und Statuen nicht mehr ermitteln. Es kann zwar vermutet werden, dass die Basis zur ursprünglichen Ausstattung der Portikus gehörte, doch könnte sie auch erst später errichtet worden sein. Nicht zu bestimmen ist außerdem, ob es sich um die ursprüngliche Höhe der Basis handelt oder weitere Blöcke an der Oberfläche befestigt wurden. Spuren haben sich zumindest keine erhalten. Die Maße der Basis lassen eine lebens- oder überlebensgroße Statue vermuten.
Lit.: De Miro 2011, 46 Abb. 20. 57.

Agr7 (Abb. 6; Abb. 13–14)
Fundort: Agrigent, römischer Tempel, westliche Portikus, nördliche Basis
Aufbewahrungsort: in situ
Maße: 0,28 × 1,40 × 1,06 m
Material: gräulich-gelber Kalkstein
Datierung: frühkaiserzeitlich (De Miro)
Identifikation: wahrscheinlich
Beschreibung:
- Fundament: —
- Basisfuß: —
- Schaft: Zwei langrechteckige Blöcke liegen in Nord-Süd-Orientierung direkt vor der Portikusmauer. Der Zwischenraum zwischen den Blöcken von ca. 8–10 cm wurde verfüllt. Der nördliche Teil des westlichen Blocks der Struktur ist nicht erhalten. Die Oberfläche des Steins ist stark verwittert.
- Bekrönung: —
- Statue: Die Maße der Blöcke sprechen dafür, eine mindestens lebensgroße stehende Statue zu rekonstruieren.

KATALOG

221

Interpretation: Die Basis befindet sich 2,48 m nördlich von einer weiteren Basis (Agr6) mit ähnlichen Maßen entfernt. Wie bei den anderen erhaltenen Basen in der Portikus (Agr5, Agr6), lassen sich mehrere Fragen zum Monument nicht beantworten: Wessen Standbild auf der Basis aufgestellt war, lässt sich aufgrund fehlender Inschriften und Statuen nicht mehr ermitteln. Es kann zwar vermutet werden, dass die Basis zur ursprünglichen Ausstattung der Portikus gehörte, doch könnte sie auch erst später errichtet worden sein. Nicht zu bestimmen ist außerdem, ob es sich um die ursprüngliche Höhe der Basis handelt oder weitere Blöcke an der Oberseite befestigt waren. Die Maße der Basis lassen eine lebens- oder überlebensgroße Statue vermuten.
Lit.: De Miro 2011, 46 Abb. 20. 57.

Agr8 (Abb. 6; Abb. 15)
Fundort: Agrigent, südöstlich vor dem römischen Tempel, 2005
Aufbewahrungsort: Agrigent, Valle dei Templi
Maße: 1,73 m hoch
Material: Marmor
Datierung: 1. H. 1. Jh. n. Chr. (De Miro, Belli Pasqua, zur Chronologie auch Goette 1990)
Identifikation: sicher
Beschreibung:
– Fundament: —
– Basisfuß: —
– Schaft: —
– Bekrönung: —
– Statue: Gefunden wurde eine männliche Marmorstatue bekleidet mit Toga und Tunika. Der rechte Arm ab dem Ellbogen, der Einsatzkopf, die Füße und ein Teil des linken Unterschenkels fehlen. Das Gewand verläuft über die linke Schulter und die Brust. Mit der linken, sehr großen Hand, an deren Ringfinger sich ein Ring befindet, greift er in die Stoffbahnen. Diese verlaufen sowohl schräg von der Schulter über die Hüfte und die gesamte rechte Seite der Statue als auch über den linken Arm. Außerdem wird der Unterkörper verhüllt. Sichtbar ist das linke, leicht gebeugte Spielbein. Der linke Fuß ist nicht erhalten, kann aber nach hinten gesetzt rekonstruiert werden. Hinter dem rechten Unterschenkel befindet sich ein *scrinium*.
Interpretation: Die männliche Gewandstatue wurde parallel zur Südwest verlaufenden Podiumsmauer des Tempels auf dem Rücken liegend neben einer weiteren Statue (Agr9) gefunden. Aufgrund der leicht überlebensgroßen Maße und des Gewands könnte es sich um einen Amtsträger handeln, der entweder mit dem Bau des Tempels in Verbindung stand oder wegen eines Amtes geehrt wurde. Aufgrund der Nähe zum Bouleuterion und zum Forum wurde

222   KATALOG

hier das öffentliche und politische Zentrum der Stadt rekonstruiert, in dessen
Nähe Statuen von römischen Amtsträgern durchaus zu erwarten sind. Der vorliegenden Statue kann weder eine Inschrift noch eine Basis zugeordnet werden. E. De Miro rekonstruiert sie zwar auf einer Basis neben dem Altar vor
dem Tempel, doch hat sich bei einer Autopsie an dieser Stelle kein Hinweis
für eine Statuenbasis gefunden. Möglicherweise stand die Statue in der Nähe
ihres Auffindungsortes in der östlichen Portikus auf einer der dort befindlichen Basen (Agr5, Agr6, Agr7).
Lit.: De Miro 2011, 51 Abb. 24 mit Angabe der Fundorte der Statuen, 57 Anm. 3,
Taf. 15, 1; Belli Pasqua 2017.

Agr9 (Abb. 6; Abb. 16)
Fundort: Agrigent, südöstlich vor dem römischen Tempel, 2005
Aufbewahrungsort: Agrigent, Valle dei Templi
Maße: 1,79 m hoch; 0,78 × 0,24 m (Plinthe)
Material: Marmor
Datierung: 1. H. 1. Jh. n. Chr. (De Miro, Belli Pasqua, s. auch zur Chronologie,
Goette 1990)
Identifikation: sicher
Beschreibung:
– Fundament: —
– Basisfuß: —
– Schaft: —
– Bekrönung/Oberseite: —
– Statue: Bekleidet ist die Statue mit Toga und Tunika. Ebenso wie bei Agr8
  war der Porträtkopf ursprünglich eingesetzt und ist nicht erhalten. Auch
  fehlen die Arme, rechts ab dem Ellbogen, links etwa ab dem Handgelenk.
  Neben dem linken Standbein steht ein *scrinium*. Das rechte Bein ist leicht
  nach außen gedreht, während der rechte Fuß in *calcei* nach rechts gedreht
  nur auf den Zehen aufgesetzt ist. Das gesamte rechte Bein scheint durch die
  gerafften Falten des Gewands hindurch. Die Stoffbahnen verlaufen von der
  linken Schulter aus schräg über den Körper und über den linken Arm. Der
  Sinus fällt auf das rechte Knie, der U-förmige Umbo ist flach gebildet. Das
  Gewand fällt auf das *scrinium* hinab. Zwischen den Füßen fällt die Lacinia
  auf die Plinthe.
Interpretation: Die männliche Gewandstatue wurde an der südöstlichen Ecke
des Tempelpodiums auf dem Rücken liegend neben einer weiteren Statue
(Agr8) aufgefunden. Von E. De Miro wurde die Statue, ebenso wie Agr8, vor
dem Tempel auf einer Basis neben dem Altar rekonstruiert (De Miro 2011, 118

KATALOG   223

Taf. 14) von der sich bei einer Autopsie keine Hinweise gefunden haben. Somit muss der Aufstellungsort als unbekannt gelten; vermutet werden kann aber die Ostportikus, in der möglicherweise parallel zur Westportikus (Agr5, Agr6, Agr7) auch mehrere Basen errichtet wurden. Da die Ostportikus bisher nicht ausgegraben wurde, ist eine Zuordnung zu diesem Zeitpunkt nicht möglich. Ebenso ist unbekannt, wer dargestellt wurde; das Gewand und die Größe lassen einen römischen Amtsträger vermuten.

Lit.: De Miro 2011, 51 Abb. 24 mit Angabe der Fundorte, 57 Anm. 3, Taf. 15; Belli Pasqua 2017.

Agr10 (Abb. 17)

Fundort: Agrigent, der Umgebung des Tempels zugeschrieben (Belli Pasqua), unbekannt (Bonacasa)

Aufbewahrungsort: Agrigent Museo archeologico regionale Pietro Griffo Inv. C 1871

Maße: 1,57 m

Material: Marmor

Datierung: spätclaudisch-neronisch (Goette)

Identifikation: sicher

Beschreibung:

– Fundament: —
– Basisfuß: —
– Schaft: —
– Bekrönung/Oberseite: —
– Statue: Vom Togatus fehlen der Kopf, die Füße mit der Plinthe sowie die linke Hand und der rechte Unterarm. Der Umbo fällt U-förmig von der Schulter, der Sinus bis auf das rechte Knie hinab. Das rechte Bein ist durchgestreckt, während das linke Knie gebeugt ist und gemeinsam mit dem Oberschenkel durch das Gewand hindurch scheint. Das Gewand ist insgesamt massig gebildet und zeigt wenige Umrisse des Körpers. Der linke Arm ist angewinkelt nach vorne gestreckt, die nicht erhaltene Hand war angesetzt.

Interpretation: Der Togatus hat lebensgroße Maße und weist keinerlei Eigenheiten auf, die zur Bestimmung des Geehrten führen könnten. Am wahrscheinlichsten ist die Darstellung eines Amtsträgers oder eines Mitglieds der lokalen Oberschicht. Ähnlich wie Agr8 und Agr9 könnte er ursprünglich im Bereich des Tempels aufgestellt gewesen sein.

Lit.: Bonacasa 1964, 139 Nr. 190, Taf. 82, 3; Goette 1990, 126 Ba 267; Belli Pasqua 2017.

Agr11 (Abb. 18)
Fundort: Agrigent, der Umgebung des Tempels zugeschrieben (Belli Pasqua); unbekannt (Bonacasa)
Aufbewahrungsort: Agrigent Museo archeologico regionale Pietro Griffo Inv. C 1872
Maße: 1,23 m
Material: Marmor
Datierung: julisch-claudisch (Belli Pasqua); spät julisch-claudisch (Bonacasa)
Identifikation: sicher
Beschreibung:
– Fundament: —
– Basisfuß: —
– Schaft: —
– Bekrönung: —
– Statue: Nur der untere Teil des Togatus ist erhalten. Der Dargestellte steht in Ponderation, der Sinus fällt über das rechte, leicht gebeugte Knie hinab.
Interpretation: Über den Dargestellten können ohne Porträtkopf, Inschrift oder Attribute keine Angaben gemacht werden. Ähnlich wie bei den Togati Agr8, Agr9 und Agr10 könnte es sich um die Darstellung eines Amtsträgers, ein Mitglied der lokalen Elite oder auch um ein Mitglied des Kaiserhauses handeln. Da der genaue Fundort unbekannt ist, kann nur vermutet werden, dass das Standbild in der den Tempelbezirk umgebenden Portikus aufgestellt war.
Lit.: Bonacasa 1964, 138 Nr. 188, Taf. 82, 1; Belli Pasqua 2017.

Agr12 (Abb. 19)
Fundort: Agrigent, westlich vom römischen Tempel, 2015
Aufbewahrungsort: Agrigent Museo archeologico regionale Pietro Griffo
Maße: 0,505 × 0,48 × ? m
Buchstabenh.: 0,065 m
Material: Marmor
Datierung: 2.–3. Jh. n. Chr. (Vallarino)
Identifikation: wahrscheinlich
Inschrift:
[---]+us vac. O[---] / [---] cur(ator) rei p[ublicae] / Lip[ar]itanoru[m---] / in omnibus p+[---] / a splendidissi[mo ordine] / muneris sui [---]
Beschreibung:
– Fundament: —
– Basisfuß: —

KATALOG 225

- Schaft: Sechs Fragmente einer Marmorplatte wurden bei Grabungen 2015 westlich des Tempels gefunden. Nur an der linken Seite der Platte hat sich der originale Rand erhalten. Auf der Vorderseite befinden sich sechs Zeilen einer lateinischen Ehreninschrift. Unklar ist, wieviel von der Platte bzw. von der Inschrift an der rechten Seite fehlt. Die erhaltenen Buchstaben sind hoch, schmal und sehr ordentlich geschrieben.
- Bekrönung/Oberseite: —
- Statue: —

Interpretation: Obwohl die Marmorplatte nur fragmentarisch erhalten ist, kann festgestellt werden, dass es sich höchstwahrscheinlich um die Verkleidungsplatte einer Statuenbasis handelt. Unbekannt ist, wer sie stiftete und wer geehrt wurde. Über den Stifter verrät die Inschrift nur, dass er das Amt des *curator rei publicae* in Lipari innehatte. Wieso ein Magistrat aus Lipari eine Ehrung in Agrigent errichtete, ist unklar.
Lit.: ISic4373; Vallarino 2017.

Agr13 (Abb. 20)
Fundort: Agrigent, S. Nicola
Aufbewahrungsort: Agrigent Museo archeologico regionale Pietro Griffo Inv. AG 499
Maße: 0,12 m hoch
Material: Marmor
Datierung: 2. H. 4. Jh. n. Chr.
Identifikation: sicher
Beschreibung:
- Fundament: —
- Basisfuß: —
- Schaft: —
- Bekrönung/Oberseite: —
- Statue: Erhalten sind Augen, ein Teil der linken Wange, linkes Ohr und die Frisur bis in den Nacken eines Porträtkopfes. Die Frisur zeigt glatte, lange Strähnen, die weit in die Stirn reichen.

Interpretation: Es wurden einige Deutungen für den Porträtkopf vorgeschlagen: J. Lenaghan schlug im Eintrag der Last Statues of Antiquity Datenbank die Darstellung des Sohnes Konstantins vor (LSA-752). Dagegen hat M. Kovacs jüngst in seiner Untersuchung zum spätantiken Porträt dargelegt, dass es sich um das Porträt eines jungen Amtsträgers aus der 2. Hälfte des 4. Jhs. n. Chr. handelt (Kovacs 2014, Kat.-Nr. B1). Wo das Statuenmonument in Agrigent aufgestellt war, bleibt aufgrund des fehlenden Kontextes allerdings unklar.

226 KATALOG

Lit.: LSA-752; Bonacasa 1964, 120 Nr. 156, Taf. 72, 1–2; Balty 1966, 546 Taf. 6, 1; Kovacs 2014, 106, 264 Kat.-Nr. B1, Taf. 36, 5–6.

Catania
Cat1 (Abb. 21)
Fundort: Sammlung Biscari
Aufbewahrungsort: Catania Museo civico Castello Ursino Inv. 193
Maße: 0,35 m hoch; 0,60 m (mit Büste)
Material: Marmor
Datierung: Ende 1. Jh. v. Chr. (Bonacasa)
Identifikation: sicher
Beschreibung:
– Fundament: —
– Basisfuß: —
– Schaft: —
– Bekrönung/Oberseite: —
– Statue: Der marmorne Porträtkopf ist in eine Büste eingesetzt. Es ist eine ältere Frau dargestellt, deren Kopf verhüllt ist. Der Kopf ist teilweise restauriert, die Nase ist auffällig groß wiederhergestellt. Während sich mittig über der Stirn ein Haarbausch befindet, der von zwei Schnecken gerahmt wird, sind die Haare locker am Hinterkopf zusammen genommen.
Interpretation: Es handelt sich wohl um das Privatporträt einer Frau der frühen Kaiserzeit. Die Frisur erinnert an die Haarmode Livias (vgl. Fittschen – Zanker 1983, Nr. 1). Aufgrund des *capite coperto* liegt eine sakrale Konnotation der Geehrten nahe, möglicherweise ist eine Priesterin dargestellt.
Lit.: Libertini 1930, 54 Nr. 112, Taf. 30; Bonacasa 1964, 32 Nr. 34, Taf. 15, 3–4.

Cat2 (Abb. 22)
Fundort: unklar, erste Erwähnung durch Mommsen 1881 bei der Begehung des Museo dei Benedettini in Catania, Mommsen vermutete eine Herkunft aus Rom
Aufbewahrungsort: Catania Museo civico Castello Ursino Inv. 349
Maße: 0,51 × 0,55 × 0,029–0,041 m
Buchstabenh.: ?
Material: Marmor
Datierung: 25. Jan. 52 n. Chr.–24. Jan. 53 n. Chr.
Identifikation: sicher
Inschrift:
Ti(berio) Claudio [Drusi f(ilio)] / Caesari Aug(usto) Ge[rmanico] / pontifici max[imo trib(unicia)] / potest(ate) XII imp(eratori) X[XV co(n)s(uli)] / v p(atri) p(atriae) cen[sori].

KATALOG 227

Beschreibung:
- Fundament:
- Basisfuß: —
- Schaft: Die rechteckig erhaltene Platte aus weißem Marmor trägt eine hochqualitativ gearbeitete lateinische Inschrift. Die rechte Hälfte der Platte ist nicht erhalten, während die erhaltene Inschrift in zwei direkt anschließenden Stücken erhalten ist. Die erste Zeile, die den Namen des Geehrten nennt, zeigt die größten Buchstaben, die Ämteraufzählung ist in kleineren Buchstaben verfasst. An den Rändern der Platte sind keine Spuren von Profil oder Befestigungselementen erkennbar. Es findet sich kein Platz auf der Platte für die Nennung des Stifters.
- Bekrönung/Oberseite: —
- Statue: Die Maße der Platte, die wohl um 15 cm erweitert werden müssen, spricht für die Aufstellung einer leicht überlebensgroßen Statue des Dargestellten.

Interpretation: Es handelt sich um eine Ehreninschrift für Kaiser Claudius, die an einer Statuenbasis befestigt war. Dafür spricht die Buchstabenhöhe und Form sowie Maße der Platte. Dass der Stifter nicht erwähnt ist, könnte den Grund haben, dass die Inschrift auf einem öffentlichen Platz aufgestellt wurde und somit die öffentliche Stiftung nicht erwähnt werden musste (s. dazu auch Alföldy 1979, 203). Daher ist davon auszugehen, dass eine Statue von Kaiser Claudius in Catania öffentlich aufgestellt war. Das Forum kommt ebenso wie das Theater oder das Odeon als Aufstellungsort in Frage. Die Platte muss mindestens um 15 cm erweitert werden, da ungefähr sieben Buchstaben fehlen.

Lit.: Ausstellung „Voce di Pietra", Catania Museo civico Castello Ursino.

Cat3 (Abb. 23)
Fundort: Catania, Convento di S. Agostino, 1737
Aufbewahrungsort: Catania Museo civico Castello Ursino
Maße: 1,24 m × 0,80 × 0,60 m
Material: weißer Marmor
Datierung: tiberisch bzw. frühkaiserzeitlich (Barresi)
Identifikation: unsicher
Beschreibung:
- Fundament: —
- Basisfuß: —
- Schaft: —
- Bekrönung/Oberseite: —
- Statue: Erhalten ist eine Sitzstatue im sog. Jupitertypus. Der Kopf, die Beine, der komplette linke Arm ab der Schulter und der rechte Unterarm fehlen, von dem Fels auf dem die Statue sitzt, ist einiges abgebrochen. Das Gewand

ist über den Schoß drapiert. Der linke Arm fehlt zwar vollständig, doch kann dieser aufgrund der Haltung der Schulter und des Rückens als erhoben rekonstruiert werden.

Interpretation: In Sizilien existierte eine ähnliche Statue in Tyndaris, die sich heute im Museum in Palermo befindet (Tynd11). Diese wurde stark nach dem Vorbild des Torsos in Catania restauriert. Die Schwierigkeit liegt in der Benennung, ob es sich um eine Darstellung des Zeus oder um die Darstellung eines Kaiser handelt. P. Barresi präferiert eine Statue des Tiberius, die im Rahmen des Kaiserkults in Catania aufgestellt war.

Lit.: Pafumi 2006, 60 f. Abb. 16, 73 f.; Barresi 2016, 386–392 Abb. 1–2.

Cat4 (Abb. 24–25)
Fundort: Catania
Aufbewahrungsort: Catania Museo civico Castello Ursino Inv. 203
Maße: 0,34 m
Material: Marmor
Datierung: spätflavisch-frühtrajanisch (Fittschen – Zanker)
Identifikation: sicher
Beschreibung:
– Fundament: —
– Basisfuß: —
– Schaft: —
– Bekrönung/Oberseite: —
– Statue: Der Porträtkopf stellt einen bärtigen Mann dar. Sowohl die Nase als auch die Wangen und die Ohren sind teilweise ergänzt. Der Kopf ist nach rechts gewendet. Der Backenbart ist lockig und kurz gehalten, wohingegen die Haupthaare von der Kalotte in einer *coma in gradus*-Frisur bis tief in die Stirn geführt sind.

Interpretation: Es handelt sich um ein männliches Privatporträt, welches anhand der Frisur an das Ende des 1. Jhs. n. Chr. datiert werden kann.

Lit.: Bonacasa 1964, 52 Nr. 61, Taf. 28, 3–4; Fittschen – Zanker 2014, 90 f. Nr. 89 Anm. 6.

Cat5 (Abb. 26)
Fundort: Catania, Fundament von S. Agostino
Aufbewahrungsort: Catania Museo civico Castello Ursino Inv. 361
Maße: 1,20 m
Material: Marmor
Datierung: 1. Jh. n. Chr. (vgl. Chronologie in Goette 1990)
Identifikation: wahrscheinlich

KATALOG   229

Beschreibung:
- Fundament: —
- Basisfuß: —
- Schaft: —
- Bekrönung/Oberseite: —
- Statue: Erhalten ist eine stehende weibliche Gewandstatue. Der Kopf, ein
  Teil der Füße und die Arme fehlen. Der Chiton ist unter der Brust gegürtet.
  Als Standbein fungiert das linken Bein, das Rechte ist leicht gebeugt, der
  Fuß dementsprechend leicht nach hinten gesetzt. Die Gewanddrapierung
  erinnert stark an eine männliche Toga mit einem U-förmigen Umbo und
  dem Sinus, der bis auf das rechte Knie fällt.
Interpretation: Die Statue wurde im Museum mit einem aus Rom angekauf-
ten Porträtkopf zusammen ausgestellt, so dass N. Bonacasa diese gemeinsam
im Katalog angibt. Der Kopf stammt aber nicht aus Catania und kann demnach nicht dazu gehören. Die Bekleidung der Statue ist ungewöhnlich, da die
Gewandung eher an eine männliche als eine weibliche Statue erinnert. Dies
findet sich besonders im 1. Jh. n. Chr. (vgl. Goette 1990, 80–82, 103). Ergänzt mit
einem Porträtkopf erreicht die Statue lebensgroße Maße.
Lit.: Libertini 1930, 53 f. Nr. 109, Taf. 32; Bonacasa 1964, 63 Nr. 77, Taf. 90, 3;
Pafumi 2006, 77 Abb. 21.

Cat6 (Abb. 27)
Fundort: Catania, Theater, in Mauer verbaut
Aufbewahrungsort: Catania Museo civico Castello Ursino Inv. 321
Maße: 0,289 × 0,602 × 0,032–0,039 m
Buchstabenh.: 0,058–0,06 m
Material: Marmor
Datierung: Ende 1. Jh. bzw. Anfang des 2. Jhs. n. Chr. (Prag)
Identifikation: sicher
Inschrift:
L(ucius) Caelius L(uci) f(ilio) / [Cla(udia tribu) Mace[r] / [II vir]
Beschreibung:
- Fundament: —
- Basisfuß: —
- Schaft: Der obere Teil einer Marmorplatte ist erhalten. Der Rand wurde
  für eine Wiederverwendung beschnitten, weshalb die linke Ecke fehlt und
  am linken und rechten Rand große Teile abgearbeitet sind. 3,8 cm vom
  ursprünglichen Rand entfernt befindet sich ein 3,0 cm breites Profil. Nur
  die erste Zeile der Inschrift ist vollständig erhalten, von der zweiten Zeile
  sind nur Teile von vier Buchstaben sichtbar. Dort ist die Platte abgebrochen

230   KATALOG

mit einer Bruchkante, die von der Höhe der zweiten Zeile bis zur Mitte der ersten Zeile führt. Die erhaltene Inschrift ist sehr ordentlich und gleichmäßig mittig auf die Marmorplatte aufgebracht. Der Marmor ist auf der gesamten Oberfläche poliert.
– Oberseite: —
– Statue: —
Interpretation: Bereits K. Korhonen rekonstruierte das Fragment, ebenso wie ein weiteres, als Verkleidungsplatten einer Statuenbasis (Korhonen 2004, 163). Geehrt ist ein Duumvir namens Lucius Caelius. Über seine Person ist abgesehen von zwei weiteren Inschrift gleichen Wortlauts in Catania nichts bekannt (Cat7, Cat8). Interessant ist, dass die weiteren Inschriftenplatten mit ähnlichen Profilen, selbem Wortlaut sowie weißem Marmor zur selben Zeit ebenfalls in Catania aufgestellt waren. Ein weiteres Fragment ist literarisch überliefert, aber heute verschollen. C. Stevenson sah das Fragment in den 1880ern im Museo Benedettini (ISico315). Auch, weil gleich vier Statuenbasen für dieselbe Person in einer Stadt doch selten sein dürfte[2], schlug J. Prag vor, die Statuenbasis hätte an allen Seiten dieselbe Inschrift getragen, da so die Vielzahl an Ehrungen für eine Person zu erklären wäre (ISico337). Jedoch ist eine solche Statuenbasis nicht bekannt, so dass möglicherweise doch davon ausgegangen werden muss, dass in Catania mehrere Ehrenstatuen für eine Person errichtet wurden.
Lit.: CIL X 7053; ISico337; Biscari 1771, 79; Ferrara 1829, 271, 360 Nr. 5; Korhonen 2004a, 162 f. Nr. 18, 164 Nr. 19.

Cat7 (Abb. 27)
Fundort: bereits im Museo Biscari
Aufbewahrungsort: Catania Museo civico Castello Ursino
Maße: 0,271 × 0,173 × 0,038–0,04 m
Buchstabenh.: 0,042–0,045 m
Material: Marmor
Datierung: Ende 1. Jh. bzw. Anfang des 2. Jhs. n. Chr. (Prag)
Identifikation: sicher
Inschrift:
[L(ucius) Caelius L(uci) f(ilius)] / Cl[a](udia) [Macer] / II v[ir] [---] / [---]
Beschreibung:
– Fundament: —
– Basisfuß: —

---

2   Es sind einige Personen bekannt, für die mehrere Ehrungen auf einer Platzanlage aufgestellt waren, so Apollodoros und Zosimos in Priene oder Artemidoros in Knidos, s. dazu Raeck 1995. Doch werden solche vermehrten Ehrungen wohl die Ausnahme dargestellt haben.

KATALOG   231

- Schaft: Erhalten ist das Inschriftenfragment der linken Seite einer
  Marmorplatte. Durch die erhaltene Profilierung an dieser Seite ist sicher,
  dass die erhaltene Inschrift den Anfang von zwei Zeilen darstellt. Erkennbar
  sind nur C und in der nächsten Zeile II v. Die Oberfläche des Marmors ist
  geglättet, die Buchstaben sind ordentlich geschrieben.
- Bekrönung/Oberseite: —
- Statue: —

Interpretation: Geehrt ist ein Duumvir namens Lucius Caelius. Über seine
Person ist abgesehen von zwei weiteren Inschrift gleichen Wortlauts in Catania
nichts bekannt (Cat6, Cat8). Interessant ist, dass die weiteren Inschriftenplatten
mit ähnlichen Profilen, selbem Wortlaut sowie weißem Marmor zur selben
Zeit ebenfalls in Catania aufgestellt waren. Ein weiteres Fragment ist literarisch überliefert, aber heute verschollen. C. Stevenson sah das Fragment in den
1880ern im Museo Benedettini (ISico315). Auch, weil gleich vier Statuenbasen
für dieselbe Person in einer Stadt doch selten sein dürfte[3], schlug J. Prag vor,
die Statuenbasis hätte an allen Seiten dieselbe Inschrift getragen, da so die
Vielzahl an Ehrungen für eine Person zu erklären wäre (ISico337). Jedoch ist
eine solche Statuenbasis nicht bekannt, so dass möglicherweise doch davon
ausgegangen werden muss, dass in Catania mehrere Ehrenstatuen für eine
Person errichtet wurden.
Lit.: CIL X 7032; ISico316; Korhonen 2004, 164 Nr. 19.

Cat8 (Abb. 27)
Fundort: Catania, Sammlung Biscari
Aufbewahrungsort: Catania Museo civico Castello Ursino
Maße: 0,178 × 0,263 × 0,035–0,038 m
Buchstabenh.: 0,03–0,041 m
Material: Marmor
Datierung: Ende des 1. Jh. bzw. Anfang des 2. Jhs. n. Chr. (Prag)
Identifikation: sicher
Inschrift:
[L(ucius) Caelius L(uci) f(ilius) / Cla(udia) [Macer] / II vir [---] / [---]
Beschreibung:
- Fundament: —
- Basisfuß: —
- Schaft: Es liegt das Inschriftenfragment der linken Seite einer Marmorplatte
  vor. An dieser Seite ist eine 3,5 cm breite Rahmung erhalten, wogegen

---

3   Es sind einige Personen bekannt, für die mehrere Ehrungen auf einer Platzanlage aufgestellt
    waren, so Apollodoros und Zosimos in Priene oder Artemidoros in Knidos, s. dazu Raeck
    1995. Doch werden solche vermehrten Ehrungen wohl die Ausnahme dargestellt haben.

232   KATALOG

zwischen Rahmen und Rand der Platte 4,7 cm liegen. Das Fragment trägt zwei Inschriftenzeilen, welche beide nicht komplett erhalten sind. Man erkennt einerseits CLA und II VIR in der nächsten Zeile. Die Buchstaben sind regelmäßig angeordnet, die Oberfläche ist poliert. Es finden sich in den Buchstaben Reste roter Farbe.

– Bekrönung/Oberseite: —

– Statue. —

Interpretation: Der Duumvir Lucius Caelius wird mit dieser Ehreninschrift geehrt. Diese wird an einer Statuenbasis angebracht gewesen sein. Über seine Person ist abgesehen von zwei weiteren Inschrift gleichen Wortlauts in Catania nichts bekannt (Cat6, Cat7). Interessant ist, dass die weiteren Inschriftenplatten mit ähnlichen Profilen, selbem Wortlaut sowie weißem Marmor zur selben Zeit ebenfalls in Catania aufgestellt waren. Ein weiteres Fragment ist literarisch überliefert, aber heute verschollen. C. Stevenson sah das Fragment in den 1880ern im Museo Benedettini (ISico315). Auch, weil gleich vier Statuenbasen für dieselbe Person in einer Stadt doch selten sein dürfte[4], schlug J. Prag vor, die Statuenbasis hätte an allen Seiten dieselbe Inschrift getragen, da so die Vielzahl an Ehrungen für eine Person zu erklären wäre (ISico337). Jedoch ist eine solche Statuenbasis nicht bekannt, so dass möglicherweise doch davon ausgegangen werden muss, dass in Catania mehrere Ehrenstatuen für eine Person errichtet wurden.

Lit.: CIL X 7031; ISico315; Korhonen 2004, 164 Nr. 20.

Cat9 (Abb. 28–29)

Fundort: Catania, S. Agata la Vetere, 1767

Aufbewahrungsort: Catania Museo civico Castello Ursino Inv. 1335

Maße: 0,78 × 0,83 × 0,36 m

Buchstabenh.: 0,09–0,13 m

Material: schwarzer Basalt

Datierung: 2. Jh. n. Chr. (Korhonen)

Identifikation: sicher

Inschrift:

L(ucio) Rubrio / Proculo / IIvir(o) quin(quennali) / auguri

Beschreibung:

– Fundament: —

– Basisfuß: —

---

4 Es sind einige Personen bekannt, für die mehrere Ehrungen auf einer Platzanlage aufgestellt waren, so Apollodoros und Zosimos in Priene oder Artemidoros in Knidos, s. dazu Raeck 1995. Doch werden solche vermehrten Ehrungen wohl die Ausnahme dargestellt haben.

KATALOG 233

- Schaft: Der fast quadratische Stein weist eine verwitterte Oberfläche auf, die dem Material des Basalts geschuldet ist. Die Vorderseite trägt eine vierzeilige lateinische Inschrift. Diese nimmt den gesamten Platz ein. Die Buchstaben sind unterschiedliche groß und zwischen ihnen befindet sich kaum Raum. Zwischen den Wörtern befinden sich Löcher als Interpunktionen.
- Bekrönung/Oberseite: Die Oberseite des Blocks zeigt zwei Klammerlöcher, die auf die Befestigung eines weiteren Blockes an der Rückseite des erhaltenen Steins hinweisen. Damit wäre die Oberseite groß genug für die Aufstellung einer lebensgroßen Statue.
- Statue: Aufgrund der Maße des Blocks kann eine lebens- oder leicht überlebensgroße stehende Statue rekonstruiert werden.

Interpretation: Für Lucius Rubrius Proculus wurde eine Statue in Catania errichtet. In der Inschrift wird er als Duumvir und Augur bezeichnet. Wer das Monument stiftete ist dagegen nicht erwähnt. Die Breite des Blocks und die vermutliche Erweiterung sollte für eine lebens- oder leicht überlebensgroße Statue genügt haben. Interessant wäre es zu wissen, ob die dazugehörige Statue aus weißem Marmor bestand, was einen starken Kontrast zwischen schwarzer Basis und weißer Statue dargestellt hätte.

Lit.: CIL X 7028; ISic0312; Wilson 1990, 172 Abb. 144; Mole Ventura 1996, 184. 190; Korhonen 2004, 164 f. Nr. 21

Cat10 (Abb. 30–31)
Fundort: Catania?
Aufbewahrungsort: Catania Museo civico Castello Ursino Inv. 226
Maße: 0,37 m
Material: Marmor
Datierung: um 210 n. Chr. (Fittschen – Zanker)
Identifikation: sicher
Beschreibung:
- Fundament: —
- Basisfuß: —
- Schaft: —
- Bekrönung/Oberseite: —
- Statue: Der marmorne Porträtkopf wurde in eine moderne Büste eingesetzt. Er ist stark bestoßen und teilweise sogar gebrochen: Sowohl durch den Hals als auch zwischen Hals und Kopf verlaufen Risse, ebenso weisen das gesamte Gesicht und die Ohren Bestoßungen auf. Im Bereich der Frisur ist der Marmor stark verwittert. Das Gesicht ist ebenso wie der Hals füllig, das Kinn wirkt schwer. Der Kopf ist zur rechten Seite gewendet. Ferner weisen die Augen Bohrungen auf. Die Haare liegen flach am Schädel an und zeigen

nur oberhalb der Ohren und im Nacken eine plastische Ausarbeitung an. Die Koteletten reichen bis zu den Unterkieferknochen.

Interpretation: Dargestellt sind entweder Kaiser Caracalla oder Geta mit einem überlebensgroßen Porträtkopf. K. Fittschen und P. Zanker plädierten dafür, keine Unterscheidung zwischen Geta und Caracalla durchzuführen, da eine solche bei dem vorliegenden Porträttypus anscheinend nicht gewünscht war. N. Boncasa deutete das Porträt dagegen als Darstellung des Geta.

Lit.: Libertini 1930, 60 Nr. 130, Taf. 33; Bonacasa 1964, 107 Nr. 138, Taf. 63; Wegner 1971, 23, 60; Fittschen – Zanker 1985, 102–104 Nr. 88 Replik 8.

Cat11 (Abb. 32–33)

Fundort: Catania, Sammlung Biscari

Aufbewahrungsort: Catania Museo civico Castello Ursino Inv. 217

Maße: 0,25 m

Material: Marmor

Datierung: Anfang des 3. Jhs. n. Chr. (Fittschen – Zanker)

Identifikation: sicher

Beschreibung:

– Fundament: —

– Basisfuß: —

– Schaft: —

– Bekrönung/Oberseite: —

– Statue: Der weibliche Porträtkopf wurde auf eine moderne Büste montiert. Der Kopf wurde vielfach ergänzt, darunter die Nase, die Lippen, die Ohren, die linke Wange und weitere Teile des Gesichts. Die Frisur dagegen ist nur leicht bestoßen und zeigt eine mittig gescheitelte und mit einer Brennschere gelegte Wellenfrisur. Am Hinterkopf sind die Haare in einem Nest zusammengenommen. Auffällig sind die feinen Angaben der Strähnen in der Haargestaltung.

Interpretation: K. Fittschen und P. Zanker zufolge handelt es sich um einen Porträtkopf der Julia Domna. Die zugehörige Statue kann leicht überlebensgroß ergänzt werden. Ohne die Angabe des Fundortes ist es nicht möglich, den ursprünglichen Aufstellungsort zu rekonstruieren. Vermutet werden kann eine gemeinsame Aufstellung mit einem ihrer Söhne (Cat10).

Lit.: Bonacasa 1964, 116 Nr. 150, Taf. 69, 1–2; Fittschen – Zanker 1983, 27 Nr. 3.

Cat12 (Abb. 34–35)

Fundort: Catania, Sammlung der Benediktiner

Aufbewahrungsort: Catania Museo civico Castello Ursino Inv. 225

Maße: 0,26 m

KATALOG 235

Material: Marmor
Datierung: frühantoninisch (Fittschen – Zanker)
Identifikation: sicher
Beschreibung:
- Fundament: —
- Basisfuß: —
- Schaft: —
- Bekrönung/Oberseite: —
- Statue: Der weibliche Porträtkopf zeigt ein weich gebildetes Gesicht, welches keine Alterszüge aufweist. Die Nase und das rechte Ohr sind bestoßen, Stellen am Kinn und den Augenbrauen sind verwittert. Die Ohren sind sehr klein, während die Lippen und Augenlider dicklich gebildet sind. Die Frisur ähnelt den Frisurtypen der Faustina maior: Das Haar ist gescheitelt und ist mit der Brennschere in Wellen gelegt. Am Hinterkof wurde das Haar in zwei großen Strähnen zusammengenommen und gemeinsam mit den Haaren, die nicht gescheitelt waren, geflochten. Diese wurden dann auf dem Kopf in vier Registern aufeinander getürmt. Zwischen dem gescheitelten Stirnhaar und dem Lockenturm liegt außerdem ein doppeltes Band.

Interpretation: K. Fittschen und P. Zanker zufolge handelt es sich um ein weibliches Privatporträt, welches sich stark an der Frisur der Faustina Maior orientiert. Die dazugehörige Statue kann leicht überlebensgroß rekonstruiert werden. Wo diese aufgestellt war, kann aufgrund fehlender Fundortangaben nicht geklärt werden.

Lit.: Bonacasa 1964, 101 Nr. 130, Taf. 59, 3–4; Fittschen – Zanker 1983, 6 8a.

Cat13 (Abb. 36–37)
Fundort: Catania ?
Aufbewahrungsort: Catania Museo civico Castello Ursino Inv. 360
Maße: 0,28 m
Material: Marmor
Datierung: Mitte des 3. Jhs. n. Chr. (Wegner)
Identifikation: sicher
Beschreibung:
- Fundament: —
- Basisfuß: —
- Schaft: —
- Bekrönung/Oberseite: —
- Statue: Der weibliche Porträtkopf wurde so auf eine nicht zugehörige Büste montiert, dass der Blick der Geehrten nach unten fällt. Das Gesicht weist zahlreiche Bestoßungen und kleinere Ergänzungen auf. Die Augen

236 KATALOG

sind gebohrt. Die Ohren liegen prominent unbedeckt von der Frisur. Die Haarsträhnen hängen im Nacken locker herunter und werden dann in einem breiten geflochtenen Nest senkrecht am Hinterkopf bis in die Stirn geführt. Die Flechtung ist in symmetrisch angeordneten Einritzungen angegeben.
Interpretation: Der Kopf ist als ein an den Portäts der Tranquillina orientiertes Privatportät zu deuten. Die Statue ist leicht- bis überlebensgroß zu rekonstruieren. Unbekannt ist sowohl wer dargestellt ist als auch wo die Statue aufgestellt war.
Lit.: Bonacasa 1964, 117 Nr. 152, Taf. 70, 1–2; Wegner 1979, 53.

Cat14 (Abb. 38)
Fundort: Catania, Theater
Aufbewahrungsort: Catania Theater Antiquarium Inv. 346
Maße: ?
Material: Marmor
Datierung: um 240 n. Chr.
Identifikation: sicher
Beschreibung:
– Fundament: —
– Basisfuß: —
– Schaft: —
– Bekrönung/Oberseite: —
– Statue: Der marmorne Porträtkopf ist stark verwittert und bestoßen. Nase, Lippen, Augen und Ohren sind bestoßen, der Kopf ist unterhalb des Kinns gebrochen. Das Gesicht zeigt einen massiven, breiten Kopf. Der Kopf ist leicht nach rechts geneigt. Die Frisur ist kaum ekennbar, da sie eng an den Schädel gelegt ist. Nur über der Stirn sind einige Haarsträhnen sichtbar. Diese enden auf derselben Linie relativ kantig weit oberhalb der Stirn. Die Augen weisen Ritzungen für die Iris und Pupille auf. Die rechte Wange zeigt Pickungen für einen Bart. Weder die Ohren noch der Hinterkopf sind ausgearbeitet.
Interpretation: Der Beschriftung im Antiquarium des Theaters in Catania zufolge, handelt es sich um einen Porträtkopf von Kaiser Gordian III. Die nicht ausgearbeiteten Ohren und der Hinterkopf könnten für eine Umarbeitung sprechen. Der Fundort des Porträts spricht für die Aufstellung der Statue im Theater Catanias.
Lit.: —

Cat15 (Abb. 39)
Fundort: Catania, Theater ?
Aufbewahrungsort: Catania Theater Antiquarium Inv. 322

KATALOG   237

Maße: ?
Material: Marmor
Datierung: antoninisch (Branciforti)
Identifikation: sicher
Beschreibung:
– Fundament: —
– Basisfuß: —
– Schaft: —
– Bekrönung/Oberseite: —
– Statue: Erhalten ist der Porträtkopf eines jungen Mannes. Der Kopf ist
  in zwei Teile gebrochen, der Riss verläuft über das Gesicht. Kinn, Ohren
  und Nase sind gebrochen, die Wangen und Haare sind abgerieben, die
  Oberfläche verwaschen. Dennoch sind die typischen Gesichtszüge, vor
  allem die Augenpartie, und die lockige Frisur des Marc Aurel zu erkennen.
Interpretation: Es handelt sich um ein Jugendporträt des Marc Aurel, welches
im Theater von Catania gefunden wurden. Der Fundort spricht für eine dortige
Aufstellung der Statue.
Lit.: Branciforti 2008b, 140 f.; zum Theater allgemein Branciforti 2008a.

Cat16
Fundort: Catania, beim Bau eines Krankenhauses, 1960
Aufbewahrungsort: Catania Museo civico Castello Ursino
Maße: 0,55 × 0,46 × 0,03 m
Buchstabenh.: 0,035–0,08 m
Material: Kalkstein
Datierung: 1. Jh. n. Chr. (Manganaro)
Identifikation: sicher
Inschrift:
Grattia C(ai) f(ilia) / Paulla / uxor C(ai) Ofilli mater C(ai) Ofill[i] / Veri du(u)
mviralium / funere publico elata et lo[co] / publico sepulta et sta[tua] / data in
foro d(ecreto) d(ecurionum).
Beschreibung:
– Fundament: —
– Basisfuß: —
– Schaft: —
– Bekrönung/Oberseite: —
– Statue: Die Inschrift überliefert die Aufstellung einer weiblichen Statue auf
  dem Forum der Stadt.
Interpretation: Die Inschriftenplatte kann nicht eindeutig einer Statuenbasis
zugeordnet werden. In der Inschrift wird allerdings die Aufstellung einer
Statuenbasis im öffentlichen Raum zu Ehren Grattia C. f. Paulla erwähnt,

weshalb sie in den Katalog aufgenommen wurde. Der Inschrift zufolge wurde auf Beschluss des Dekurionenrates der Grattia C. f. Paulla ein öffentliches Begräbnis und die Aufstellung einer Ehrenstatue auf dem Forum erlaubt. Die Geehrte war Ehefrau von C. Ofillius und Mutter von C. Ofillius Verus, beide Duumviri. Die eigentliche Statuenbasis ist nicht bekannt.

Lit.: AE 1989,341; ISico710; Manganaro 1988, 44; Manganaro 1989, 172 Nr. 43, Taf. 47; Prag 2008, 77; Hemelrijk 2015, 559; Murer 2017, 71 Anm. 536 (Inschrift des Grabbaus).

Cat17

Fundort: Catania, Theater 1594

Aufbewahrungsort: Catania Museo civico Castello Ursino Inv. 22 (nicht auffindbar)

Maße: 0,35 × 0,405 × 0,08 m

Buchstabenh.: 0,035 m

Material: weißer Marmor

Datierung: Ende des 3. Jh.–Anfang des 4. Jhs. n. Chr. (Korhonen, weitere Datierungsvorschläge außerdem von Wilson und Gehn[5])

Identifikation: sicher

Inschrift:

Εὐσεβέων κλυτὸν / ἄστυ πανόλβιον / ἄνδρα ἀνέθηκε / Ζωσυμιανείδην / ἀγωνοθετήρα / Σεβῆρον / ὄφρα καὶ ἐ(σ)σοιμένοισι [π]ρομος ἀ(εἰ)ζ(ἠ)ιβρο[τοῖσιν]

Beschreibung:

- Fundament: —
- Basisfuß: —
- Schaft: Der rechteckige Block aus weißem Marmor ist breiter als hoch, was ungewöhnlich ist für eine Statuenbasis. Die griechische Inschrift auf der Vorderseite besteht aus acht Zeilen. Von der achten Zeile ist allerdings nur die obere Hälfte erhalten. Möglicherweise schloß noch eine weitere Zeile an. Ebenso ist die erste Zeile kaum ursprünglich so nah an den Rand des Steins geschrieben worden; vielmehr wurde der Block oben und unten beschnitten, weshalb man davon ausgehen kann, dass der Block ursprünglich höher war. Die Buchstaben der Inschrift sind sehr eng geschrieben, wobei besonders gegen Ende der Zeilen die Abstände noch einmal geringer werden. Jede dritte Zeile beginnt einen Buchstaben früher.

---

5 Es wurden unterschiedliche Datierungsvorschläge gemacht: Wilson 1990, 316 Anm. 270: 4. Jh. n. Chr.; Korhonen 2004: Ende 3./Anfang 4. Jh. n. Chr.; Gehn: 2.–4. Jh. aufgrund der Versform Tendenz zum 4. Jh. n. Chr., doch taucht diese Form bereits im 2. Jh. für lokale Geehrte auf.

KATALOG   239

– Bekrönung/Oberseite: —
– Statue: —
Interpretation: Der Block verkleidete wohl eine Statuenbasis für den Spielegeber
Zosumeniades Severus. Das Verb ἀνέθηκε weist auf den Inschriftenträger als
Statuenbasis hin. Das Monument war dem Amt entsprechend wohl im Theater
von Catania aufgestellt, in dem der Block gefunden wurde. Gestiftet wurde es
von der Stadt Catania, die in der Inschrift nicht explizit genannt wird; dies findet sich auch bei anderen spätantiken Inschriften. In diesem Fall wird Catania
mit den mythischen Brüdern Anapius und Amphinomos gleichgesetzt, die mit
einem Stauenmonument im Theater im 5. Jh. n. Chr. geehrt wurden und vermutlich bereits früher dort geehrt wurden (ISic0631; Sami 2016, 225–234).
Lit.: AE 1959,24; SEG 44.0738.11; ISic1323; LSA-1517; Manganaro 1958–59, 15–19,
Taf. 2 Abb. 3; Wilson 1990, 172; Korhonen 2004, 169 f. Nr. 24.

Cat18 (Abb. 40)
Fundort: Catania
Aufbewahrungsort: Catania Museo civico Castello Ursino Inv. 916
Maße: 0,33 × 0,39 × 0,018 m
Buchstabenh.: 0,055–0,058 cm
Material: Marmor
Datierung: 1. H. des 4. Jhs. n. Chr.
Identifikation: sicher
Inschrift:
[---] / [---][nob(ilissimus)] Caesar [---] / [[---]] / [---]chus v(ir)c(larissimus),
consularis [p(rovinciae) S(iciliae)] / [---][Ve]nantius [---] / [---]
Beschreibung:
– Fundament: —
– Basisfuß: —
– Schaft: Die drei aneinanderpassenden Marmorfragmente waren Teil einer
  Inschriftenplatte. Möglicherweise handelt es sich bei der rechten Seite um
  den ursprünglichen Rand der Platte, während alle anderen Seiten keinen
  originalen Rand aufweisen. Erhalten sind Teile von drei Zeilen einer lateinischen Inschrift: Von der ersten erhaltenen Zeile ist nur das Wort Caesar
  zu lesen, in der zweiten Zeile das Ende eines Namens (?) und der Rang *vir*
  clarissimus sowie das Amt des Statthalters von Sizilien. In der dritten Zeile
  folgt dann wahrscheinlich der Teil eines Namens. Die Buchstaben sind relativ ordentlich und gleichmäßig angeordnet, hoch, schmal und eng geschrieben. In der zweiten erhaltenen Zeile ist ein Trennungspunkt zwischen zwei
  Wörtern erkennbar. Zwischen der ersten und zweiten sichtbaren Zeile ist so

viel Platz frei, dass an dieser Stelle eine weitere Zeile der Inschrift geschrieben werden hätte können.

- Bekrönung/Oberseite: —
- Statue: —

Interpretation: Es handelte sich wohl um die Marmorverkleidung einer Statuenbasis, mit der ein unbekannter Caesar geehrt wurde. Als Stifter ist ein unbekannter *vir clarissimus* und Statthalter Siziliens anzunehmen. Sowohl vor als auch nach den erhaltenen Zeilen sind wahrscheinlich noch mindestens jeweils zwei weitere Zeilen zu ergänzen, so dass die Platte mindestens 75 cm hoch gewesen sein muss. Die Leerzeile zwischen zwei der Zeilen ist ungewöhnlich.

Lit.: CIL X 7020; ISico304; Korhonen 2004, 153 f. Nr. 10.

Centuripe

Cent1 (Abb. 41; Abb. 43)
Fundort: Centuripe, Mulino di Barbagallo, östlich des Stylobats der Portikus
Aufbewahrungsort: in situ
Maße: 1,00 × 0,80 m
Material: —
Datierung: späthellenistisch ?
Identifikation: wahrscheinlich
Beschreibung:

- Fundament: Erhalten ist eine rechteckige Auslassung im Paviment aus Kalkstein vor der hellenistischen Portikus in Centuripe.
- Basisfuß: —
- Schaft: —
- Bekrönung/Oberseite: —
- Statue: Den Maßen der Aussparung nach zu urteilen könnte eine lebens- bis überlebensgroße Statue auf der Basis aufgestellt worden sein.

Interpretation: Vermutlich stand an der Stelle der Aussparung in der Pflasterung eine Statuenbasis. Aufgrund der unvollständigen Publikation der Ausgrabungen und dem Fehlen einer stratigraphischen Erforschung, ist nur eine generelle chronologische Einordnung möglich. Die Portikus wurde wohl im 2. Jh. v. Chr. errichtet und in der Kaiserzeit mehrmals umgebaut (Wilson 1990, 112; Patané 2011; s. zu den Phasen Abb. 42). Die Kalksteinpflasterung der Platzanlage wurde im südlichen Abschnitt der Anlage durch Marmorplatten aus Carrara ersetzt, was nicht vor Ende des 1. Jhs. v. Chr. geschehen sein kann. Vermutet werden kann die Aufstellung einer Statuenbasis an der Stelle ab dem 2. Jh. v. Chr. Den Maßen der Aussparung nach zu urteilen kann eine einzelne stehende Statue auf der Statuenbasis rekonstruiert werden.

Lit.: Wilson 1990, 112; Patané 2011, 37 Abb. 14, 5.

KATALOG 241

Cent2 (Abb. 44)
Fundort: Centuripe
Aufbewahrungsort: Syrakus Museo archeologico regionale Paolo Orsi Inv. 766
Maße: 0,10 m
Material: Marmor
Datierung: früh- bis mittelaugusteisch (Boschung)
Identifikation: sicher
Beschreibung:
– Fundament: —
– Basisfuß: —
– Schaft: —
– Bekrönung/Oberseite: —
– Statue: Erhalten ist der obere Teil eines männlichen Porträtkopfes aus Marmor. Das Stirnhaar wurde abgeschlagen, doch ist trotzdem das Prima Porta-Schema der Frisur deutlich erkennbar.
Interpretation: D. Boschung zufolge kann der Porträtkopf anhand der Stirnfrisur als Porträt des Augustus gedeutet werden. Er vermutete die Herkunft des Porträtfragments aus Centuripe aufgrund einer Anmerkung von G. Libertini, der einen solchen Fund in einer Publikation beschreibt (Libertini 1926). Wie auch weitere Skulpturfragmente kam das Fragment in das Museum in Syrakus. Lit.: Libertini 1926, 82 Anm. 3; Bonacasa 1964, 36 f. Nr. 39, Taf. 18, 1–2; Boschung 1993, 188 Kat.-Nr. 194, Taf. 162, 3–5.

Cent3 (Abb. 45)
Fundort: Centuripe, Mulino di Barbagallo, 30. April 1938
Aufbewahrungsort: Syrakus Museo archeologico regionale Paolo Orsi Inv. 50698
Material: Marmor
Maße: 0,38 m; 0,26 m (Kopf)
Datierung: augusteisch (Boschung)
Identifikation: sicher
Beschreibung:
– Fundament: —
– Basisfuß: —
– Schaft: —
– Bekrönung/Oberseite: —
– Statue: Erhalten ist ein leicht nach rechts geneigter Einsatzkopf aus Marmor. Die Nase ist von einem feinen Riss durchzogen. Die Stirnfrisur folgt dem Typus Prima Porta in leicht veränderter Form. Das Gesicht wurde modern gereinigt.

242 KATALOG

Interpretation: In der Portikus am Forum von Centuripe wurde der hochwertige Porträtkopf von Augustus gefunden. Aufgrund der Qualität des Kopfes wurde vermutet, die Statue wäre womöglich aus Rom importiert worden. Weitere Porträtköpfe von Drusus und Germanicus könnten für eine Kaisergallerie von Augustus und seinen Nachfolgern sprechen.

Lit.: Griffo 1949, 11–18, Taf. 1–2 (ausführliche Beschreibung); Libertini 1953, 353; Bonacasa 1964, 35 Nr. 37, Taf. 17, 1–2; Bonacasa 1988, Taf. 1; Boschung 1993, 188 f. Kat.-Nr. 195, Taf. 72. 148, 3; Boschung 2002, 57 Nr. 12, 1, Taf. 38, 1; Massner 1982, 7, Taf. 16 a; Portale u.a. 2005, 112,172 Abb. 38; Patané 2011, 56–58 Nr. 6, Abb. 57–58.

Cent4 (Abb. 46)
Fundort: Centuripe, Mulino di Barbagallo
Aufbewahrungsort: Syrakus Museo archeologico regionale Paolo Orsi Inv. NM 50699
Maße: 0,39 m
Material: Marmor
Datierung: spätaugusteisch bis frühtiberisch (Fittschen)
Identifikation: sicher
Beschreibung:
– Fundament: —
– Basisfuß: —
– Schaft: —
– Bekrönung/Oberseite: —
– Statue: Der Porträtkopf ist in sehr gutem Zustand. Der Einsatzkopf ist leicht zur rechten Seite gewendet. Das Gesicht weist die üblichen Gesichtszüge von Germanicus auf: dünne Lippen, leicht abstehende Ohren, eine leicht kantige Gesichtsform. Die Frisur besteht aus Sichellocken, die über der Stirn plastisch ausgearbeitet und in unterschiedlichen Gabel-Zange-Motiven gelegt sind.

Interpretation: In der Forschung wurden unterschiedliche Benennungen für den Porträtkopf vorgeschlagen: Drusus maior (u.a. Libertini 1953, 212 f.; Bonacasa 1964, 46; Bonacasa 1988, 317), Germanicus (Balty 1966, 531 f.; Fittschen 1987, 209; Boschung 2002, 57). Die Identifizierung als Darstellung des Germanicus im Typus Béziers konnte sich aufgrund der Porträtfoschung in den letzten Jahrzehnten festigen. Die ähnliche Bearbeitung eines weiteren Porträtkopfes aus Centuripe (Cent5) lässt die gemeinsame Herstellung in einer Werkstatt vermuten.

Lit.: Bonacasa 1964, 41 Nr. 46, Taf. 21, 1–2; Bonacasa 1988, Taf. 3, 1; Boschung 1989, 69; Massner 1982, 89 Anm. 472, 1 Taf. 20 a; Boschung 2002, 57 Nr. 12, 2, Taf. 38, 3; Patané 2011, 58 Nr. 7, Abb. 59–60.

KATALOG 243

Cent5 (Abb. 47)
Fundort: Centuripe, Mulino di Barbagallo
Aufbewahrungsort: Syrakus Museo archeologico regionale Paolo Orsi Inv. NM
50697
Maße: 0,38 m
Material: Marmor
Datierung: spätaugusteisch bis frühtiberisch (Boschung)
Identifikation: sicher
Beschreibung:
– Fundament: —
– Basisfuß: —
– Schaft: —
– Bekrönung/Oberseite: —
– Statue: Überliefert ist ein marmorner Einsatzkopf, der einen jungen Mann
  darstellt. Die Ränder des Einsatzkonus sind abgeschlagen. Ergänzt sind die
  Nase und ein Teil des Kinns. Über die Stirn zieht ein feiner Riss. Außerdem
  ist die Frisur an einigen Stellen bestoßen und die Oberfläche des Marmors
  verwittert. Das Gesicht weist zarte Züge auf, die Lippen sind sehr dünn,
  die Augen und Brauen sind scharfkantig gearbeitet. Die Frisur besteht aus
  Sichellocken, die in die Stirn gelegt sind. Über der rechten Schläfe und dem
  linken Auge sind die Haare gescheitelt und laufen in entgegengesetzte
  Richtungen.
Interpretation: Überliefert ist ein Porträtkopf des Drusus minor im Typus
Béziers. Er wurde D. Boschung zufolge in derselben Werkstatt wie der
Porträtkopf des Germanicus (Cent4) gearbeitet. Umstritten ist, wo die
Standbilder in Centuripe aufgestellt waren.
Lit.: Bonacasa 1964, 41 f., Taf. 21, 3–4 Nr. 47; Bonacasa 1988, Taf. 3, 2; Boschung
1989, 69; Goette 1990, 39 Anm. 179, 6 c; Boschung 2002, 57 Nr. 12, 3, Taf. 38, 2.4;
Massner 1982, 93 Anm. 491 Taf. 20 b; Patané 2011, 58 f. Nr. 8, Abb. 61–62.

Cent6 + **Cent7** (Abb. 48–49)
Fundort: Centuripe, Mulino di Barbagallo, 1926
Aufbewahrungsort: Centuripe Museo civico Inv. KA 783+783a (Statue und
Fackel), KA 858 (Inschrift)
Maße: 1,65 m ohne Plinthe; 0,04 × 0, 535 × 0,35–0,36 m (Plinthe); 0,82 × 0,65 ×
0,018–0,028 m (Inschriftenplatte)
Buchstabenh.: 0,08 m
Material: Marmor
Datierung: um 130 n. Chr. (Kruse 1975, 237; leicht abweichend Alexandridis und
Murer)

244 KATALOG

Identifikation: sicher
Inschrift:
[Cl]odi[ia] P. f(iliae) / Falconillae matri / Pompei Falconis / Sosius Priscus /
a[viae]
Beschreibung:
– Fundament: —
– Basisfuß: —
– Schaft: Gemeinsam mit einer weiblichen Statue hat sich eine fragmen-
   tierte Inschriftenplatte aus Marmor gefunden, die in sieben anpassenden
   Stücken erhalten ist. Während der linke und wohl auch der rechte Rand die
   Originalkanten darstellen, sind die Ausmaße oben und unten unbekannt.
   Fünf Zeilen der Inschrift sind unvollständig erhalten. Die Buchstaben
   sind in Serifen geschrieben, doch sind einige Buchstaben wie das S und
   O unregelmäßig und schräg. Die erste erhaltene Zeile dagegen zeigt deutlich breitere und sorgfältiger geschriebene Buchstaben. Während sich zwischen den meisten Wörtern Worttrenner befinden, fehlen diese zwischen
   Falconillae Matri (Z. 2), die gesamte Zeile wird gegen Ende immer enger bis
   die letzten drei Buchstaben sogar im R zusammengefasst werden mussten.
   Handelt es sich beim rechten Rand wirklich um die Originalkante, dann
   wäre die Inschrift nicht mittig auf die Platte geschrieben worden, da hier
   die Buchstaben bis an den Rand reichen. Der Marmor ist gelblich-weiß und
   von gräulichen Schlieren durchzogen; der Stein wurde ordentlich geglättet.
– Bekrönung/Oberseite: —
– Statue: Gemeinsam mit der Inschriftenplatte wurde eine Statue gefunden.
   Erhalten hat sich eine weibliche Gewandstatue im Cerestypus ohne Kopf.
   Sie trägt Tunica und Palla und an den Füßen Sandalen. Ihr linkes Bein ist
   angwinkelt zurückgesetzt, während das rechte Bein das Standbein darstellt
   und fest aufgesetzt ist. In der linken Hand hält sie Mohnstengel bzw. Ähren,
   der linke Arm dagegen ist angewinkelt, die Hand fehlt. Es hat sich eine
   Fackel erhalten, deren Standspur auf der Plinthe und in *puntelli* am Gewand
   erhalten sind. Demzufolge hielt die Statue die Fackel in der rechten Hand.
Interpretation: Es handelt sich der Inschrift zufolge um die Statue der Clodia P.
f. Falconilla, die von Q. Pompeius Sosius Priscus privat gestiftet wurde. Trotz der
privaten Stiftung könnte auf die erhaltene Inschrift noch die Erlaubnis einer
öffentlichen Institution folgen. Sosius Priscus war 149 n. Chr. Konsul und ist von
weiteren Ehreninschriften bekannt (s. dazu Eck 1996; CIL X 7034). Eine Ehrung
für ihn selbst wurde in Centuripe gefunden und weist denselben Marmor auf
(Cent10). Pompeius Falco, der Sohn der Geehrten, war 108 n. Chr. Konsul (Eck
1996, 115). W. Eck hat einen Familienstammbaum der beiden Familien erstellt.
Ihm zufolge ist Clodia Falconilla, die Geehrte, die Großmutter von Sosius

KATALOG   245

Priscus, dem Stifter der vorliegenden Statue. Die Attribute in Verbindung mit
dem Statuentypus weisen A. Alexandridis zufolge „in exemplarischer Weise
auf die weiblichen Qualitäten der Ehefrau und Mutter hin[6]". R. Patané vermutete, dass diese Statue vom selben Bildhauer wie der hadrianische Togatus
(Cent11) gearbeitet wurde und präferiert deshalb eine gemeinsame Aufstellung
beider Statuen.

Lit.: Libertini 1926, 41–43, Taf. 14; Bonacasa 1964, 155 Nr. 220, Taf. 91, 1; Kruse
1975, 237 A8; Manganaro 1989, 168, Abb. 33; Alexandridis 2004, 230 2.2.8.3;
Patanè 2011, 51–53 Nr. 2, Abb. 43–45; Murer 2017, 74–76, 194–196 Kat. 23, 195–197
Taf. 23 a–c (Statue); AE 1993, 828=AE 1996, 789; Libertini 1926, 42; Eck 1996, 115
(Inschrift).

Cent8+Cent9 (Abb. 50–51)
Fundort: Centuripe, Mulino di Barbagallo, 1926
Aufbewahrungsort: Centuripe Museo civico Inv. KA 784 (Statue); Catania
Museo civico Castello Ursino Inv. 353 (Inschrift, eingemauert)
Maße: 1,65 m ohne Plinthe; 0,04 × 0,54 × 0,42 m (Plinthe); 0,33 × 0,24 × 0,04 m
(Inschrift)
Buchstabenh.: 0,065 m
Material: Marmor
Datierung: um 160 n. Chr. (Kruse 1975, 245 f., ähnlich auch Alexandridis und
Murer)
Identifikation: sicher
Inschrift:
[Sosiae Falconillae?] / [Pompei] So[si Prisci] / [consula]ris fil. S[osi Se-] /
[necioni]s cos. II [pronep.] / [Iuli Front]ini co[s. III ab-] / [nep. --]VAMO[--]
Beschreibung:
– Fundament: —
– Basisfuß: —
– Schaft: Es ist nicht eindeutig geklärt, ob die Inschrift, die sich in Catania
   im Museo civico befindet, tatsächlich aus Centuripe stammt und zu dieser
   Statue gehört. Zwei anpassende Fragmente sind erhalten. Sie weisen keine
   originalen Ränder auf. Es sind fünf Zeilen einer lateinischen Inschrift zu
   erkennen, deren Buchstaben in Serifen ordentlich und regelmäßig geschrieben wurden. Zwischen den Wörtern wurden Interpunktionen gesetzt, worauf beim Abstand zwischen den Buchstaben allerdings keine Rücksicht
   genommen wird.
– Bekrönung/Oberseite: —

---

6   Alexandridis 2004, 59.

246 KATALOG

– Statue: Erhalten ist eine Gewandtstaue im Cerestypus *capite aperto*. Sie trägt Tunika, Palla und Schuhe. Der Einsatzkopf ist nicht erhalten. Das rechte Bein stellt das Standein dar, das linke Bein ist angewinkelt nach hinten gesetzt. Mit der linken Hand hält die Dargestellte ihr Gewand, während der rechte Arm angewinkelt erhoben ist.

Interpretation: Gehört die Inschrift tatsächlich zur Statue, dann handelt es sich bei der Geehrten um Pompeia Q. f. Sosia Falconilla, Tochter des Sosius Priscus, der eine weitere weibliche Statue (Cent6) errichtete. In der rechten Hand kann aufgrund der Armhaltung eine Fackel rekonstruiert werden[7]. Dieses Attribut wird A. Alexandridis zufolge als Symbol für Ehe und Hochzeit genutzt[8], was die *pietas* der Geehrten als Mutter und Ehefrau hervorhebt. Der Geehrten wurden in Italien zwei weitere Statuenmonumente errichtet[9].

Lit.: Libertini 1926, 42 f., Taf. 14; Bonacasa 1964, 155 f. Nr. 221, Taf. 91, 2; Kruse 1975, 245 f. A24; Alexandridis 2004, 230 2.2.8.4; Patané 2011, 52 f. Nr. 3, Abb. 47–48; Murer 2017, 74–76, 198 Kat. 24, 199 Taf. 24 (Statue); CIL X 7021; AE 1996,793=AE 1989,341b; ISico305; Manganaro 1989, 167 f. Nr. 32, Abb. 32; Eck 1996, 118–120 Anm. 79 (Inschrift).

Cent10 (Abb. 52)
Fundort: Centuripe, Mulino Barbagallo
Aufbewahrungsort: Centuripe Museo civico KA 846+KA 861
Material: Marmor
Maße: 0,38 × 0,33 × ? m
Material: Marmor
Datierung: 2.–3. Jh. n. Chr. (Manganaro)
Identifikation: sicher
Inschrift:
Q. Pompeio Sex. f. / Quir. Pri[s]co / Sosius [P]riscus pa[truo] bzw. pa[tri]
Beschreibung:
– Fundament: —
– Basisfuß: —
– Schaft: Überliefert ist eine aus neun Fragmenten zusammengesetzte marmorne Inschriftenplatte. Sie besteht aus hochwertigem gelblich-grauem Marmor, der geglättet ist. Nur der untere Rand stellt nicht den originalen Rand der Platte dar. Die Ränder sind bestoßen, zahlreiche Bruchfragmente fehlen. Lesbar sind drei fragmentierte Zeilen einer lateinischen Inschrift.

---

7 Vgl. u.a. Alexandridis 2004, Kat.-Nr. 172, 59.
8 Alexandridis 2004, 35.
9 In Minturnae AE 1935, 26 und in Cirta CIL VIII 7066, so Eck 1996, 119.

KATALOG   247

Die Serifenschrift ist unregelmäßig verfasst: Während das erste Q sehr ordentlich und rundlich geschrieben ist, werden die Buchstaben dann immer schmaler. Diese Veränderung ist bereits in der ersten Zeile zu beobachten, nimmt aber bis zur dritten Zeile zu. Die Buchstaben der Zeile sind ohne Serifen geschrieben und sind hoch, schmal und eng. Zwischen den Wörtern ist viel Platz frei, so dass die Buchstaben an den Zeilenenden sehr eng aneinander stehen.

– Bekrönung/Oberseite: —
– Statue: —

Interpretation: Gestiftet wurde das Monument von Q. Pompeius Sosius Priscus an Q. Pompeius. Dementsprechend ist W. Eck zufolge Q. Pompeius Prisus der Bruder des Pompeius Falco und Onkel von Sosius Priscus väterlicherseits (Eck 1996). Der Marmor der Verkleidungsplatte scheint derselbe zu sein, aus dem auch die Ehrung für Falconilla besteht (Cent6). Zudem weist auch die Erwähnung des Verwandschaftsverhätnisses auf eine gemeinsame Aufstellung der Familienruppe hin (so auch Murer 2017, 76). Möglicherweise gehört die Inschrift zu dem Togatus, der ebenfalls in der erhöhten „stanza delle statue" gefunden wurde (Cent11).

Lit.: Libertini 1953, 356; Manganaro 1989, 168, Abb. 34; Eck 1996, 115–117; Murer 2017, 76.

Cent11 (Abb. 53)
Fundort: Centuripe, Mulino Barbagallo, 1926 vor einer Basis
Aufbewahrungsort: Centuripe Museo civico Inv. KA 785 (+KA 793, 795 (Kopf) + KA 806 (Hand))
Material: Marmor
Maße: 1,69 m ohne Plinthe und ohne Kopf; 0,045–0,05 × 0,65 × 0,44 m (Plinthe)
Datierung: um 130 n. Chr. (Kruse 1975, 246 Anm. 431)
Identifikation: sicher
Beschreibung:
– Fundament: —
– Basisfuß: —
– Schaft: —
– Bekrönung/Oberseite: —
– Statue: Erhalten ist eine männliche Statue, gekleidet in eine Toga und Calcei an den Füßen. Neben dem linken Bein steht auf der Plinthe ein Behältnis mit Buchrollen. Die Toga zeigt einen U-förmigen Umbo. Mit der rechten Hand greift der Togatus in sein Gewand. Ein fragmentarisch erhaltener Kopf hadrianischer Zeit ergänzt die Statue. Dieser zeigt einen bärtigen Mann mit einer Frisur, die in welligen Strähnen in die Stirn fällt.

Interpretation: Von R. Patanè wurde die Statue mit der Inschrift zu Ehren von Q. Pompeius Falcus in Zusammenhang gebracht (Patané 2011). Auch wenn die Zugehörigkeit sich nicht eindeutig nachweisen lässt, könnte der gemeinsame Fundort des Togatus mit den weiblichen Gewandstatuen (Cent6, Cent8) vor einer Basis zumindest für eine Zugehörigkeit zu der Familiengruppe sprechen (so Libertini 1928, 42). Die Buchrollen und die Toga könnten für die Rolle des Geehrten als Amtsträger sprechen.

Lit.: Libertini 1926, 41, Taf. 14, 1; Kruse 1975, 246 A24 Anm. 431; Eck 1996, 114; Patané 2011, 49–51 Nr. 1, Abb. 37–39 (Statue); Bonacasa 1964, 142 Nr. 163, Taf. 75, 3 (Porträtkopf).

Cent12 (Abb. 54)
Fundort: Centuripe
Aufbewahrungsort: Centuripe Museo civico Inv. KA 787 (+799, 800, 813, 823, 824)
Maße: 1,20 m erhalten; 0,91 m (nur Torso)
Material: Marmor
Datierung: trajanisch (Patané)
Identifikation: wahrscheinlich
Beschreibung:
– Fundament: —
– Basisfuß: —
– Schaft: —
– Bekrönung/Oberseite: —
– Statue: Erhalten ist der Torso einer Panzerstatue. Der Panzer ist erhalten, es fehlen der Einsatzkopf und die Arme. Als zugehörig identifiziert wurden ein Knie und der rechte Fuß, der einen *mulleus* trägt, mit einem Teil der Statuenstützte in Form eines Palmenstumpfes. Die Epomis zeigt zwei gegenständige Palmetten und ein Gorgoneion mit langem gewelltem und gescheiteltem Haar sowie zwei gehörnte Greifen mit zurückgewandten Köpfen mit Kandelabern. Die Pteryges besteht aus langen unterteilten Scharnieren, die durch einen Zierrand eingefasst sind. Der Dargestellte trägt *calcei*.
Interpretation: Die Datierung der Statue ist umstritten; während zunächst eine trajanische Entstehung vermutet wurde, schlug K. Stemmer dagegen mit der Begründung, das Gebäude, in dem der Torso gefunden wurde, sei in tiberischer Zeit entstanden, eine tiberische Datierung vor (Stemmer 1978, 32). Da das Gebäude jedoch nicht, wie Stemmer vermutete, in tiberischer Zeit enstand, ist einer trajanischen Datierung der Vorzug zu geben. Die erhaltene Größe lässt eine überlebensgroße Panzerstatue vermuten. Der Einsatzkopf, der zu einer Identifizierung des Geehrten führen könnte, ist nicht erhalten. Der Statuentyp

KATALOG   249

der Panzerstatue wurde grundsätzlich für die Darstellung von Kaisern, ihrer Familienmitglieder, aber auch von Privatpersonen genutzt.
Lit.: Griffo 1949, 26, Taf. 4; Bonacasa 1964, 131 Nr. 175, Taf. 78, 3; Stemmer 1978, 32 3, 1 Taf. 17; Patané 2011, 53–55 Nr. 4, Abb. 50–52.

Cent13 (Abb. 55)
Fundort: Centuripe
Aufbewahrungsort: Centuripe Museo civico Inv. KA 790
Maße: 0,45 m (Kopf)
Material: Marmor
Datierung: nach 128 n. Chr. (Fittschen – Zanker)
Identifikation: sicher
Beschreibung:
– Fundament: —
– Basisfuß: —
– Schaft: —
– Bekrönung/Oberseite: —
– Statue: Der Porträtkopf weist einen guten Erhaltungszustand auf. Der Dargestellte trägt einen lockigen gepflegten Bart und volles lockiges Haupthaar. Auf dem Kopf trägt er eine *corona civica*.
Interpretation: Dargestellt ist Kaiser Hadrian im Typus Panzerbüste Imperatori 32 mit einer *corona civica* auf dem Kopf. Ob eine der Fuß- oder Beinfragmente (Cent17, Cent18, Cent19, Cent20), die ebenfalls zu überlebensgroßen Marmorstatuen ergänzt werden können, zu einer Statue Hadrians gehören, ist unklar. Wo eine solche Statue aufgestellt war, ist ebenfalls nicht bekannt. Möglicherweise war die Statue Hadrians gemeinsam mit Bildnissen von Augustus, Drusus und Germanicus in Centuripe aufgestellt.
Lit.: Libertini 1926, 80–82, Taf. 16; Fittschen – Zanker 1985, 54–57 Nr. 52 Replik 1; Patanè 2011, 64 f. Nr. 16, Abb. 80–84.

Cent14 (Abb. 56)
Fundort: Centuripe, in der Umgebung der Thermen
Aufbewahrungsort: Mentana Collezione Zevi
Maße: 0,74 m erhalten
Material: Marmor
Datierung: trajanisch (Patané 2011, 55 f.; anders Libertini und Stemmer)
Identifikation: wahrscheinlich
Beschreibung:
– Fundament: —
– Basisfuß: —

- Schaft: —
- Bekrönung/Oberseite: —
- Statue: Erhalten ist ein Panzertorso. Sowohl die Arme als auch der Torso selbst sind auf Höhe der Pteryges abgebrochen, der Einsatzkopf ist verschollen. Über den Panzer verläuft schräg ein Schwertband zur linken Seite der Statue, wo sich das Schwert befindet. Auf der Brust ist ein geflügelter Gorgonenkopf dargestellt, auf dem Panzer eine frontal zugewandte Person, die mit einer Hose bekleidet ist (Barbar?) und von zwei Greifen angegriffen wird. Die angegriffene Person kniet auf dem rechten Knie, während das linke Bein ausgestreckt ist. Unter der mittig angeordneten Gruppe befinden sich symmetrisch angeordnetes Rankenwerk. Auf den erhaltenen Pteryges sind Helm, Schild, Rosetten und Tierköpfe abgebildet.

Interpretation: Der durch den Kunsthandel in die Sammlung Zevi gekommene Panzertorso konnte mithilfe von einem Foto mit einem in Centuripe aufgefundenen, aber verschollenen Torso identifiziert werden. G. Libertini zufolge wurde der Torso in der Umgebung der Thermen in Centuripe gefunden (Libertini 1926). Wo die Statue aufgestellt war, ist allerdings nicht mehr zu bestimmen. R. Patanè stellte allerdings die These auf, der Torso wäre gemeinsam mit einer weiteren in Centuripe aufgefundenen Panzerstatue (Cent12) aufgestellt gewesen. Die Statue kann überlebensgroß rekonstruiert werden; unklar ist aber, wer dargestellt wurde.

Lit.: Libertini 1926, 82–84, Taf. 17, 1; Stemmer 1978, 23 f. Nr. I6, Taf. 4, 1; Patanè 2011, 55 f. Nr. 5, Abb. 55–56.

Cent15 (Abb. 57)
Fundort: Centuripe
Aufbewahrungsort: Syrakus Museo archeologico regionale Paolo Orsi Inv. 19232
Maße: 0,21 m
Material: Marmor
Datierung: 2. Jh. n. Chr. (Patané)
Identifikation: sicher
Beschreibung:
- Fundament: —
- Basisfuß: —
- Schaft: —
- Bekrönung/Oberseite: —
- Statue: Der Einsatzkopf zeigt ein männliches Porträt mit sehr kurzen, nur oberflächlich eingeritzten Haarsträhnen. Die Nase, Lippen, Kinn, die linke Augenbraue und das rechte Ohr sind bestoßen.

KATALOG   251

Interpretation: Der Kopf stellt ein männliches Privatporträt dar. Die Datierung ist allerdings umstritten: Während N. Bonacasa das Porträt in caesarische Zeit datierte, vermutete R. Patanè eine Entstehung im 2. Jh. n. Chr.
Lit.: Bonacasa 1964, 50 f. Nr. 58 Taf. 27, 1–2; Patané 2011, 62 Nr. 12, Abb. 71–73.

Cent16 (Abb. 58–59)
Fundort: Centuripe
Aufbewahrungsort: Syrakus Museo archeologico regionale Paolo Orsi Inv. 33263
Maße: 0,305 m; 0,22 m (Kopf)
Material: Marmor
Datierung: flavisch (Bonacasa)
Identifikation: sicher
Beschreibung:
– Fundament: —
– Basisfuß: —
– Schaft: —
– Bekrönung/Oberseite: —
– Statue: Der weibliche Porträtkopf weist ein stark beschädigtes Gesicht auf, der Marmor ist verwittert. Die Geehrte trägt eine flavische Toupetfrisur, am Hinterkopf sind die Haare in einem Nest zusammengehalten.
Interpretation: Das flavische Privatporträt gehörte zu einer marmornen Ehrenstatue. Wer damit dargestellt wurde und wo die Statue in Centuripe aufgestellt war, ist unklar.
Lit.: Bonacasa 1964, Nr. 90, Taf. 41, 1–2; Patané 2011, 63 Nr. 14, Abb. 76–78.

Cent17 (Abb. 60)
Fundort: Centuripe, Mulino di Barbagallo
Aufbewahrungsort: Centuripe Museo civico
Maße: 0,39 m
Material: Marmor
Datierung: vermutlich kaiserzeitlich
Identifikation: unsicher
Beschreibung:
– Fundament: —
– Basisfuß: —
– Schaft: —
– Bekrönung/Oberseite: —
– Statue: Erhalten ist ein marmorner Unterschenkel. Er ist einerseits oberhalb des Knöchels und andererseits oberhalb des Knies gebrochen. Die Muskeln sind stark ausgeprägt.

252 KATALOG

Interpretation: Die fragmentierte Erhaltung macht eine Datierung schwierig, doch sprechen die Bildung der Muskeln ebenso wie der Auffindungsort am ehesten für eine kaiserzeitliche Entstehung. Aufgrund der Bruchstelle oberhalb des Knies kann die Zugehörigkeit zu einer Panzerstatue vermutet werden. Die Maße des Oberschenkels sprechen für eine überlebensgroße Statue. Falls das Fragment tatsächlich einer Panzerstatue zugeschrieben werden kann, wird vermutlich ein Kaiser dargestellt worden sein. Wo ein solches Statuenmonument in Centuripe aufgestellt war, ist nicht mehr festzustellen.
Lit.: —

Cent18 (Abb. 61)
Fundort: Centuripe, Mulino di Barbagallo
Aufbewahrungsort: Centuripe Museo civico
Maße: 0,52 cm
Material: Marmor
Datierung: vermutlich kaiserzeitlich
Identifikation: unsicher
Beschreibung:
– Fundament: —
– Basisfuß: —
– Schaft: —
– Bekrönung/Oberseite: —
– Statue: Erhalten ist ein marmorner überlebensgroßer nackter Oberschenkel. Er reicht vom Knie bis knapp unterhalb der Hüfte.
Interpretation: Die Datierung des Fragments gestaltet sich aufgrund der Erhaltung schwierig. Die Oberflächengestaltung spricht am ehesten für eine kaiserzeitliche Datierung. Zudem finden sich am selben Fundort ausschließlich kaiserzeitliche Skulpturfragmente. Der Oberschenkel gehörte zu einer überlebensgroßen nackten bzw. halbnackten männlichen Statue. Damit kommt die Darstellung eines Gottes oder eines Kaisers in Frage.
Lit.: —

Cent19 (Abb. 62)
Fundort: Centuripe, Mulino di Barbagallo
Aufbewahrungsort: Centuripe Museo civico KA 809
Maße: 0,24 m
Material: Marmor
Datierung: vermutlich kaiserzeitlich
Identifikation: unsicher

KATALOG 253

Beschreibung:
- Fundament: —
- Basisfuß: —
- Schaft: —
- Bekrönung/Oberseite: —
- Statue: Erhalten ist ein linker Fuß aus Marmor. Der Fuß zeigt keine Spuren einer Fußbekleidung.

Interpretation: Der Fuß gehörte zu einer weit überlebensgroßen männlichen Marmorstatue. Sowohl die Größe als auch die Nacktheit lässt die Rekonstruktion der Statue als Darstellung einer Gottheit oder eines Kaisers vermuten. Die chronologische Einordnung dagegen ist nicht einfach, doch wird aufgrund des Fundorts am ehesten eine kaiserzeitliche Datierung in Frage kommen. Dort gibt es zwar auch späthellenistische Bauphasen, doch stammen alle dort gefundenen Skulpturfragmente aus der Kaiserzeit.

Lit.: Patanè 2011, 63 Nr. 15, Taf. 79.

Cent20 (Abb. 63)
Fundort: Centuripe, Mulino di Barbagallo
Aufbewahrungsort: Centuripe Museo civico KA 822+817
Maße: 0,43 m lang
Material: Marmor
Datierung: kaiserzeitlich
Identifikation: unsicher
Beschreibung:
- Fundament: —
- Basisfuß: —
- Schaft: —
- Bekrönung/Oberseite: —
- Statue: Ein rechter, unbekleideter Fuß aus Marmor wurde in Centuripe gefunden.

Interpretation: Vermutlich handelt es sich um das Fragment einer kaiserzeitlichen Statue, doch ist eine genaue Datierung aufgrund der geringen Erhaltung schwierig. Die Größe und Länge des Fußes lässt eine Statue von ungefähr 3 m Höhe vermuten. Diese Größe und die nackten Füße lassen die Darstellung eines Gottes oder eines Kaisers vermuten. Ein weiterer nackter Fuß (Cent19) sowie ein Ober- und Unterschenkel (Cent17, Cent18) ähnlicher Größe zeigen, dass mindestens zwei weit überlebensgroße Statue von Gottheiten oder Kaisern in Centuripe aufgestellt waren.

Lit.: Patanè 2011, 63 Nr. 15, Taf. 79.

Cent21 (Abb. 41; Abb. 64)
Fundort: Centuripe, Mulino di Barbagallo, in Westmauer eingebaut
Aufbewahrungsort: in situ
Maße: 1,30 × 0,96 × ? m
Material: lokaler Stein
Datierung: frühkaiserzeitlich
Identifikation: wahrscheinlich
Beschreibung:
- Fundament:
- Basisfuß: —
- Schaft: Der rechteckige Schaft der Statuenbasis besteht aus Steinen unter-
  schiedlicher Größe und unterschiedlichen Materials. Es scheint, dass der
  untere Teil aus größeren Steinen besteht, die oberen Lagen dagegen aus
  rechteckigen, ziegelförmigen Blöcken. Die Basis wurde im Rahmen von
  Umbauten in eine Mauer integriert und war somit nicht mehr nutzbar. Der
  Putz macht eine genaue Autopsie schwierig, weil besonders der untere Teil
  der Basis verdeckt ist. Deutlich sichtbar ist allerdings die Baufuge zwischen
  der Basis und der umgebenden Mauer.
- Bekrönung/Oberseite: —
- Statue: —
Interpretation: Die Statuenbasis befand sich an der Rückseite der
Portikusmauer. Im Rahmen von Umbaumaßnahmen in der Portikus wurde die
Basis in die Mauer integriert. Den Maßen zufolge könnte eine überlebensgroße
Statue auf der Oberseite der Basis gestanden haben. Da der Umbau vermutlich
im 3. Jh. n. Chr. stattfand, war die Basis ab diesem Zeitpunkt nicht mehr in
Gebrauch (Wilson 1990).
Lit.: Unpubliziert; zum Umbau Wilson 1990, 113.

Cent22 (Abb. 41; Abb. 65–67)
Fundort: Centuripe, Mulino Barbagallo, „stanze delle statue"
Aufbewahrungsort: in situ
Maße: 1,35 × 0,63 × 0,41 m
Material: lokaler Stein
Datierung: 2. Jh. n. Chr.
Identifikation: wahrscheinlich
Beschreibung:
- Fundament: —
- Basisfuß: —
- Schaft: An der Westseite des erhöhten Raumes befindet sich eine recht-
  eckige nStruktur in situ an der Wand, direkt bevor eine schmale Treppe

KATALOG 255

beginnt, die einen der Aufgänge darstellt. Die Basis besteht aus regelmäßigen, aber nicht geglätteten, rechteckigen Blöcken aus lokalem Stein.
– Bekrönung/Oberseite: —
– Statue: —
Interpretation: Es handelt sich wohl um eine Stauenbasis, die gemeinsam mit dem Bau des erhöhten Tempels errichtet wurde. Die Umbauphase wurde in das 2. Jh. n. Chr. gesetzt (Wilson 1990). Auf alten photographischen Aufnahmen und einer Zeichnung sind deutlich die Marmorverkleidung des Schafts und eine Profilleiste zu erkennen (Abb. 66–67). Die erhaltenen Maße der Basis sprechen für eine lebensgroße stehende Statue.
Lit.: Libertini 1953, 356 f. Abb. 4–5; zu den Phasen der Anlage s. u.a. Wilson 1990, 112 f.

Enna
En1 (Abb. 68)
Fundort: Enna/Piazza Armerina
Aufbewahrungsort: Piazza Armerina ?
Maße: 0,367 m (Kopf)
Material: Marmor
Datierung: flavisch (Bonacasa Carra)
Identifikation: sicher
Beschreibung:
– Fundament: —
– Basisfuß: —
– Schaft: —
– Bekrönung/Oberseite: —
– Statue: Erhalten hat sich ein marmorner Einsatzkopf, der einen langen Konus aufweist. Das weibliche Gesicht ist rundlich, die Wangen und das Kinn wirken schwer. Nase, Lippen, Kinn, Augenbraun und Ohren sind bestoßen bzw. abgerieben. Die Oberfläche des Marmors ist insgesamt deutlich verwittert. Auf dem Kopf befindet sich ein Lockentoupetaufsatz, während die Haare am Hinterkopf geflochten und in einer längliche Schnecke zusammengeführt sind.
Interpretation: Überliefert ist ein flavisches Privatporträt, welches an der damaligen Modefrisur orientiert ist, welche unter anderem auch Porträtköpfe von Julia, der Tochter des Titus, aufweisen.
Lit.: Bonacasa Carra 1977, 14–17 Nr. 2, Taf. 4–5.

256 KATALOG

En2 (Abb. 69)
Fundort: Enna
Aufbewahrungsort: ?
Maße: 0,325 × 0,08 × 0,02 m
Buchstabenh.: 0,04 m
Material: Marmor
Datierung: 209–212 n. Chr. (Manganaro)
Identifikation: sicher
Inschrift:
[Imp(eratori) Caes(ari) M(arco) Aurelio Antonino Aug(usto) divi Septimi] / [Severi ... filio d]ivi M(arci) [Antonini] / [Pii Ger(manici) Sarm(atici) nep(oti) d]ivi A[ntonini Pii] / [pronep(oti) divi Hadria]ni ab[nep(oti) divi Trai]/[ani Parth(ici) et divi] Nerv[ae adnep(oti)] / [et P(ublio) Septimio [[Getae (radiert)
Beschreibung:
– Fundament: —
– Basisfuß: —
– Schaft: Das schmale Stück einer Marmorplatte hat sich erhalten, auf deren Vorderseite sich Reste einer fünfzeiligen lateinischen Inschrift befinden. Die Buchstaben der letzten Zeile sind rasiert. Die erhaltenen Zeilen zeigen schmale, hohe Buchstaben, die nicht sehr regelmäßig geschrieben sind.
– Bekrönung/Oberseite: —
– Statue: —
Interpretation: Das kleine Fragment einer Ehreninschrift für die Brüder Caracalla und Geta stammt wohl von einer Statuenbasis. Der Name Getas wurde aufgrund seiner Damnatio memoriae rasiert. Obgleich nur ein kleines Fragment erhalten ist, kann versucht werden die Inschriftenplatte zu ergänzen, um ihre Maße zu rekonstruieren. Während die Höhe schwer zu ergänzen ist, da unklar ist, wieviele Zeile nach der Erwähnung des Namens noch folgen, kann die Breite mit mindestens 60 cm angegeben werden. Eine solche Breite lässt allerdings nicht die Aufstellung von zwei Statuen vermuten. Für zwei nebeneinander aufgestellte stehende lebensgroße Statuen würde man eine Breite der Platte von mindestens einem Meter rekonstruieren.
Lit.: AE 2005, 674; ISic2908; Manganaro 1982, 499 f. Nr. 3, Abb. 5–6; Manganaro 1988, 77; Manganaro 2005, 186 Nr. 4, 189 Abb. 19–20.

Erice
Eri1 (Abb. 70)
Fundort: Erice
Aufbewahrungsort: Erice Biblioteca communale Inv. 213, eingemauert
Material: Kalkstein
Maße: 0,30 × 0,90 × 0,48 m

KATALOG 257

Datierung: um 52 v. Chr. (ISic1101)
Identifikation: sicher
Inschrift:
ἐπὶ ταμία Λευκίου Καικιλίου / Λευκίου υἱοῦ Μετέλλου vacat / Πασίων Δεκκίου
Σεισυρίων / Ἐγεσταῖος χιλιαρχήσας.
Beschreibung:
– Fundament: —
– Basisfuß: —
– Schaft: Der rechteckige, möglicherweise quadratische Block wurde in Erice
  verbaut. Sichtbar ist eine vierzeilige griechische Ehreninschrift. Sie wurde
  in regelmäßigen Buchstaben geschrieben, nimmt aber nicht die gesamte
  Ausdehnung des Blocks ein: unterhalb der Inschrift weist der Block noch
  freien Raum auf, während die erste Zeile der Inschrift direkt an die obere
  Kante reicht. Dies könnte auf eine Beschneidung des Blocks hinweisen.
  Darüber hinaus ist das Fehlen einer weiteren Zeile zu vermuten, da der
  Stifter des Monuments in der Inschrift nicht erwähnt wird.
– Oberseite: —
– Statue: —
Interpretation: Ein gewisser Pasion Seisyrion, Sohn des Dekkios, war Chiliarch
während der Quästur von Lucius Caecilius Metellus. Dieser ist wiederum
als Proprätor Siziliens im Jahr 52 v. Chr. bekannt. Der Geehrte stammt aus
Segesta und war der Inschrift zufolge Chiliarch, also Tribunus militum, der
Garnison in Eryx. Der Name Dekkios weist nach B. Lietz auf eine kampanische
Abstammung hin. Der großformatige Block kann aufgrund seiner Tiefe nur
eine Statuenbasis darstellen. Interessant ist, dass auch in der Mitte des 1. Jhs. v.
Chr. sowohl das Amt des Tribunus militum als auch der lateinische Name des
Geehrten in griechischer Sprache verfasst werden. Ein weiterer Kommandeur
der Soldaten in Eryx ist aus Halaesa bekannt (Hala5).
Lit.: ISic1101; IG XIV 282; Cordano 1997, 408; Lietz 2012, 312. 446 Abb. 16.

Eri2 (Abb. 71)
Fundort: Erice
Aufbewahrungsort: Trapani Museo interdisciplinare regionale Agostino Pepoli
Inv. 5227
Maße: 0,25 × 0,29 × ? m
Buchstabenh.: 0,03–0,085 m
Material: Marmor
Datierung: 21 n. Chr. (Manganaro)
Identifikation: sicher

Inschrift:

[L(ucius) Apronius L(uci) f(ilius) Caesian]us VIIvir [epulonu]m / [--- Vene]ri Erucinae [d(ono)] d(at)- / [a patre hic missus Libyae procon]sule bella [prospera dum pugnat cecidit Maurus]ius hostis felicem gladium [tibi qui patrisque dicavit] Aproni effigiem [natus belli duce] duxque / [---]

Beschreibung:

– Fundament: —
– Basisfuß: —
– Schaft: Erhalten ist das mittlere Stück einer Basis, was von Bruchkanten an beiden Seiten bezeugt wird. Auf der Vorderseite sind Reste einer lateinischen Versinschrift erhalten, deren Eintiefungen in den Stein mit roter Farbe nachgemalt sind. Zwei Zeilen, die den Stifter und den Empfänger des Monuments erwähnen, sind in großen Buchstaben geschrieben, während sich darunter Teile von zwei Kolumnen einer lateinischen Inschrift in sehr viel kleineren Buchstaben befinden. Diese sind unregelmäßiger geschrieben.
– Bekrönung/Oberseite: Da keine Fotografie der Oberseite publiziert ist und eine Autopsie nicht möglich war, kann nur eine Aufnahme der Vorderseite für die Beschreibung genutzt werden. Da das Foto von einer leicht schrägen Perspektive aus gemacht wurde, ist dennoch eine Vertiefung an der Oberfläche zu beobachten. Diese könnte als Einlassung für eine marmorne Plinthe interpretiert werden.
– Statue: Der Inschrift zufolge standen auf der Basis mindestens drei Statuen.

Interpretation: Die Dedikation an Venus Erycinae von L. Apronius Caesianus ist in Vers und nicht wie üblich in Prosa verfasst. Die Inschrift war in vier nebeneinander liegenden Kolumnen angeordnet. Mit dem Monument dankt der Stifter nicht nur Venus für einen Sieg, sondern stiftete auch eine Statue des Tiberius sowie eine des L. Apronius, dem Vater des Stifters. Das Monument bezieht sich auf militärische Aktionen in Afrika der Jahre 18–20 n. Chr., die der Vater des Stifters, Empfänger einer der Ehrenstatuen, als Prokonsul leitete. Der Stifter des Monuments nahm ebenfalls daran teil. Beide wurden dafür zu *septemviri epulonum* ernannt. Auf der Oberseite der Basis wurden der Inschrift zufolge zusätzlich noch Waffen präsentiert. Während das Heiligtum der Venus in Eryx in hellenistischer Zeit zu großer Bedeutung gekommen war, wurde es von Tiberius und später unter Claudius restauriert[10]. In diesem Zuge bildet das vorliegende Monument, welches eine Mischung aus einer Weihung an die Göttin, verbunden mit der Hervorhebung der eigenen Familie und einer Ehrung des Kaisers darstellt, ein auf Sizilien einmaliges Monument.

---

10   Lomas 2000, 166.

KATALOG   259

Rekonstruiert werden können auf der Basis mindestens drei Statuen: Tiberius, L. Apronius, die Waffen und wahrscheinlich auch eine Statue des Stifters L. Apronius Caesianus. G. Manganaro zufolge war die Statue von Tiberius in der Mitte aufgestellt, gerahmt von Vater und Sohn, die wiederum von Waffen gerahmt waren.

Lit.: CIL X 7257; ISico537; Manganaro 1987; Manganaro 1988, 61, 66 f.; Wilson 1990, 284 Abb. 244; Fama 2009, 389 f. Nr. 1.

Eri3 (Abb. 72)
Fundort: zwischen Erice und Trapani
Aufbewahrungsort: Erice Museum Inv. 212
Maße: 0,94 × 0,54 × 0,12 m
Buchstabenh.: 0,045 m
Material: Kalkstein
Datierung: um 200 n. Chr. (Brugnone)
Identifikation: sicher
Inschrift:
[Γ(άιον) Ἀσίννιον] / [ʾΡο]ῦφον / Νεικόμαχο[ν] / Ἰουλιανόν / λαμπρότατον / ὕπατον / ἀνθύπατον / Ἀσίας / δικαιώτατον / Ἀσίννιος / Ἀμίαντος / ἐπίτροπος / τὸν δεσπότην.
Beschreibung:
– Fundament: —
– Basisfuß: —
– Schaft: Der rechteckige Block aus Kalkstein ist stark verwittert. Erkennbar ist eine griechische Inschrift, die die gesamte Vorderseite des Blocks einnimmt.
– Bekrönung/Oberseite: —
– Statue: Die Maße des Blocks lassen eine mindestens lebensgroße stehende Statue vermuten.
Interpretation: Die Ehrung in griechischer Sprache ist zu dieser Zeit in Sizilien sehr ungewöhnlich. Geehrt wurde ein Mitglied aus der senatorischen Familie der Asinii, die in severischer Zeit vor allem in Kleinasien bedeutend waren (Brugnone 1982–1983, 390 f.). In der vorliegenden Inschrift wird der Geehrte als Konsul und Statthalter Asiens bezeichnet. Stifter des Monuments ist ein ἐπίτροπος, was wohl mit Gutsverwalter oder Procurator wiedergegeben werden kann. Anzunehmen ist, dass der Stifter dem Landgut des Geehrten vorstand. Wo das Statuenmonument aufgestellt war, ist aufgrund des Fundortes zwischen Trapani und Erice nicht zu bestimmen. Gemeinsam mit dem vorliegenden Monument, wurde eine weitere Ehrung, allerdings von einem anderen Gutsverwalter, gefunden (Eri4).
Lit.: IG XIV 283; ISic1102; Brugnone 1982–1983, Taf. 8; Manganaro 1988, 30 Anm. 132.

Eri4

Fundort: zwischen Erice und Trapani
Aufbewahrungsort: verschollen
Maße: ?
Material: Stein
Datierung: 3. Jh. n. Chr. (Brugnone)
Identifikation: sicher
Inschrift:
[Γ(αίον) Ἀσίννιον] / [Ν]εικόμ[αχον] / [Ἰ]ουλιανὸ[ν] / ὕπατον / Εὐτυχίω[ν] / ἐπί-
τροπο[ς .
Beschreibung:
– Fundament: —
– Basisfuß: —
– Schaft: Die Inschrift ist heute verschollen.
– Bekrönung/Oberseite: —
– Statue: —

Interpretation: Die verschollene Inschrift wurde gemeinsam mit einer Statuenbasis gefunden (Eri3), die eine ähnliche Inschrift trägt. Auch diese Inschrift ist in griechischer Schrift verfasst und ehrt dasselbe Mitglied der Familie der Asinii. Der Stifter ist ebenfalls ein Gutsverwalter.
Lit.: IG XIV 284; ISic1103; Brugnone 1982–1983; Manganaro 1988, 30 Anm. 132.

San Fratello

Frat1 (Abb. 73–74)
Fundort: San Fratello, antikes Apollonia
Aufbewahrungsort: San Fratello, verbaut in die Außenmauer der Chiesa dei tre fratelli (Abb. 73, rechte Ecke des Gebäudes)
Maße: 0,73 × 0,69 × 0,50 m
Buchstabenhöhe: 0,03–0,035 m
Material: Kalkstein
Datierung: 2. / 1. Jh. v. Chr. (Prag)
Identifikation: sicher
Inschrift:
Ὁ δᾶμος / Ἄνδρωνα Θρασίου Λαβ. / εὐεργεσίας ἕνεκεν / Θεοῖς πᾶσι.
Beschreibung:
– Fundament: —
– Basisfuß: —
– Schaft: Der große rechteckige Block aus Kalkstein findet sich heute eingebaut in die Ecke eines Gebäudes im modernen San Fratello. Aus diesem Grund sind lediglich die Vorderseite mit der Inschrift und die linke Seite

KATALOG   261

des Blocks sichtbar. Die sichtbaren Kanten sind bestoßen. Während die linke untere Ecke abgebrochen ist, ist die obere linke Ecke abgestoßen. Die Oberfläche der Vorderseite ist zwar geglättet, doch stark verwittert und von Rissen durchzogen. Am unteren Ende des Blocks befindet sich zudem ein halbkreisförmiger Ausriss am Stein. Die griechische Inschrift zieht sich über vier Zeilen. Während die Buchstaben zwar meist regelmäßig groß sind und die Wörter ohne Leerzeichen geschrieben sind, sind die Zeilen doch uneinheitlich aufgeteilt. Sie beginnen weder an derselben Stelle noch sind sie mittig gesetzt. Lediglich die mittleren Zeilen nehmen die gesamte Breite des Blocks ein.

– Bekrönung/Oberseite: —
– Statue: —

Interpretation: Die Maße und die Inschrift sprechen für eine Statuenbasis, obgleich die Oberseite des Blocks nicht zugänglich ist. Die Breite und Tiefe der Basis lassen eine lebens- oder überlebensgroße stehende männliche Statue vermuten. Der Geehrte wurde vom Demos wegen seiner Wohltaten geehrt; die Ehrung ist allen Göttern geweiht. Das Formular der Inschrift entspricht den üblichen hellenistischen Ehrungen in Sizilien, die Buchstabenform weist auf die von J. Prag vorgeschlagene Datierung in den Übergang vom 2. zum 1. Jh. v. Chr. (ISic1181). Diese Statuenbasis stellt den einzigen Hinweis für die Ehrenpraxis im antiken Apollonia dar; aufgrund der modernen Überbauung der antiken Stadt sind weder eine Platzanlage noch andere öffentliche Gebäude bekannt.

Literatur: IG XIV 359; ISic1181; Manni Piraino 1971, 178 f., Taf. 52; Wilson 1990, 378 Anm. 19, 406 Anm. 2; Bonanno 2008, 14, Abb. 3. Zur neueren Forschung in San Fratello Bonanno 2008.

Halaesa
Hala1 (Abb. 78–79)
Fundort: Halaesa, S. Maria dei Palazzi, 1559
Aufbewahrungsort: Palermo Museo archeologico regionale Antonino Salinas Inv. 8786
Maße: 0,20 × 0,575 × 0,59 m
Buchstabenh.: 0,025–0,003 cm
Material: weißer Kalkstein
Datierung: 2. Jh. v. Chr. (Prag)
Identifikation: sicher
Inschrift:
[Θ]εοῖς πᾶσι / [ὁ] δᾶμος τῶν Ἀλαισίνων / [Δι]ογένην Διογένεος / Λαπίρωνα / [εὐ]εργεσίας ἕνεκεν.

262 KATALOG

Beschreibung:
- Fundament: —
- Basisfuß: —
- Schaft: Der flache Block aus weißem Kalkstein weist kein Profil auf. Seine Kanten sind leicht bestoßen. Die linke Ecke ist gebrochen, wodurch auch ein Teil der Inschrift nicht erhalten ist. Die fünfzeilige Inschrift in griechischen Buchstaben ist mittig auf dem Block angebracht und nicht besonders tief eingeritzt. Aufgrund der gebrochenen linken Ecke fehlt etwa ein Viertel der ersten Zeile, während von den Zeilen zwei, drei und fünf nur der Anfang fehlt (1–2 Buchstaben). Zeile drei ist nicht betroffen, da Λαπίρωνα weit weniger Platz in der Zeile einnimmt und die Zeile nicht an derselben Stelle wie die anderen beginnt.
- Bekrönung/Oberseite: Die fast quadratische geglättete Oberseite zeigt an zwei Ecken rechteckige Einlassungen.
- Statue: Aufgrund der Maße und der Einlassungen auf der Oberseite kann eine stehende Marmorstatue rekonstruiert werden.

Interpretation: Es handelt sich um eine Statuenbasis für Diogenes Lapiron, mit der er aufgrund seiner Euergesia vom Demos geehrt wurde. Aufgrund der Buchstabenform wurde die Inschrift von J. Prag in das 2. Jh. v. Chr. datiert. Der Name Lapiron taucht nicht nur in weiteren Inschriften in Halaesa auf, sondern wird auch von Cicero erwähnt (Hala2; Hala7;Hala19; Cic. Verr. 2,2,19). Die Einlassungen an der Oberseite sprechen für die Befestigung einer Plinthe, die eine lebensgroße Marmorstatue getragen haben könnte.

Lit.: IG XIV 353; ISic1175; Prestianni Giallombardo 1993, Taf. 1; Facella 2006, 230 Nr. 30; Prestianni Giallombardo 2012, 178; Prag 2017b, 80 f. Nr. 42.

Hala2 (Abb. 75; Abb. 80–83)
Fundort: Halaesa, Westportikus, auf den Stufen zwischen 3. und 4. Säule der Portikus von N aus (Exedra); Carettoni Ausgrabung 1956 (Inschriftenblock)
Aufbewahrungsort: in situ (Exedra); Halaesa Antiquarium Inv. ME 20220 (Inschriftenblock)
Maße: 0,48 × 1,95 × ca. 0,90 m (Unterbau, in situ erhalten) + 0,68 × 0,60 × 0,13–0,2 m; Buchstabenh.: 0,03 m (Inschriftenblock/Schaft) + Bekrönung 0,23 × 1,95 × ca. 0,6–0,9 m
Material: Kalkstein
Datierung: spätes 2. Jh. v.–1. Jh. v. Chr. (Burgio 2012, 155)
Identifikation: sicher
Inschrift:
Θεοῖς π[ᾶ]σι / [ὁ δᾶμ]ος τῶν Ἀλαισίνων / [---]Ἀπολλοδώρου Σαλ / Λαπίρωνα / [εὐνοίας] καὶ εὐεργεσίας ἕνεκ(εν) / τᾶς εἰς αὐτόν.

KATALOG   263

Beschreibung:

– Fundament: Das Fundament besteht aus mehreren Blöcken, die die zweite
  Stufe der Portikustreppe auf das Niveau der Portikus erhöht. Darauf befin-
  det sich der Unterbau aus zwei Blöcken grauen Kalksteins, die eine 27
  Grad Wölbung aufweisen. Hinter diesen Blöcken bilden mehrere Lagen
  Bruchstein einen Abschluss mit den Säulen, zwischen denen sich die gesamte
  Struktur befindet, um eine Fläche für das Aufgehende des Monuments zu
  formen.
– Basisfuß: ——
– Schaft: Der erhaltene Inschriftenblock stellt den rechten Teil des Schafts
  der Exedra A dar. Der rechteckige geglättete Block trägt eine griechische
  Inschrift in sechs Zeilen in dünnen und eng geschriebenen Buchstaben.
  Alle Zeilen fangen direkt an der linken Kante des Blocks an und enden an
  unterschiedlichen Stellen. Allerdings ist der Beginn von drei Zeilen nicht
  erhalten, die auf einem weiteren Block angebracht gewesen sein müssen.
  Die Kanten des Blocks sind wenig bestoßen, aber durch die ersten drei
  Zeilen der Inschrift zieht sich ein Riss. Der Block ist insgesamt leicht konkav
  gewölbt. An der Oberseite weisen drei Klammerspuren auf die Befestigung
  eines weiteren Blocks hin. Da ein Teil der hinteren linken Seite nicht erhalten ist, könnte sich hier eine weitere Klammerspur befunden haben.
– Bekrönung: Als Bekrönung fungierten drei Blöcke mit 27 Grad Neigungen
  nach innen an ihrer Vorder- bzw. Sichtseite. Am rechten Block befindet
  sich eine halbovale Auslassung für die Aufstellung an der Portikussäule.
  Der rechte Block ist als einziger vollständig erhalten. Die Oberseite weist
  sowohl eine tiefe oval-kegelförmige Einlassung auf dem rechten Block
  sowie am mittleren Block am Übergang zum rechten Block eine rechteckige
  Einlassung auf.
– Statue: Auf der Exedra können vermutlich mehrere stehende Statuen rekonstruiert werden (s.u.).

Interpretation: Der Inschriftenblock wurde von R. Burgio als rechter Teil des
Schafts der Exedra A gedeutet (Burgio 2012, 161–163). Die Exedra A ist eines
von zwei Monumenten der Agora, das rekonstruiert werden konnte. Mit dem
Monument ehrt der Demos [?]Lapiron, Sohn des Apollodoros. Ein Apollodoros
Lapiron ist durch Cicero bekannt (Cic. Verr. 2,2,19). Der vollständige Name des
hier geehrten Familienmitglieds ist nicht erhalten, muss aber aufgrund des verfügbaren Platzes kurz gewesen sein. Weitere Basen (Hala1, Hala7, Hala19), die
einen (Diogenes) Lapiron ehren, und die Erwähnung bei Cicero machen deutlich, dass mindestens drei Mitglieder der Familie auf der Agora von Halaesa
mit Statuen geehrt wurden. Da nur der rechte Teil des Schafts erhalten ist, ist
unbekannt, welche Person noch geehrt wurde. Dass eine der Exedren als

264 KATALOG

Monument für die Ehrung gewählt wurde, spricht ebenso wie die Lage und der Basentyp für die Bedeutung der geehrten Person. Die auf der Exedra aufgestellten Statuen sind nicht erhalten. Die Einlasssungen, die Maße und die Annahme, dass zwei der drei Schaftblöcke Inschriften trugen, sprechen für die Aufstellung von zwei Statuen auf der Exedra. Die Breite der Bekrönung lässt jeder Statue ungefähr 100 cm Platz. Die Einlassungen auf der Oberseite des rechten Blocks lassen leider keine genauere Rekonstruktion der Statue zu, da sie weder typisch für die Befestigung einer Plinthe noch einer Bronzestatue sind.

Lit.: zum Inschriftenblock AE 1973, 266; SEG 37.759; ISico800; Scibona 1971, 11; Scibona 2008, 26; Prestianni Giallombardo 2012, 177 f.; Prag 2017b, 37 f. Nr. 9; zur Exedra Burgio 2011. 2012.

Hala3 (Abb. 84)
Fundort: Halaesa, Agora, wiederverwendet in Mauer südlich der Westportikus, 1971
Aufbewahrungsort: Halaesa Antiquarium Inv. ME 20222
Maße: 0,31 × 0,37 × 0,11–0,12 m
Buchstabenh.: 0,025–0,035 m
Material: grauer Kalkstein
Datierung: 2. / 1. Jh. v. Chr. (Prag)
Identifikation: sicher
Inschrift:

ὁ δᾶμος [τῶν Ἀλαισίνων] / Μάρκον [--]..[---] / Ποπλίου υἱὸν .[---] / εὐνοίας ἕ[νεκεν καὶ] / εὐεργε[σίας τὰς] / ἐς α[ὐτον].

Beschreibung:
– Fundament: —
– Basisfuß: —
– Schaft: Erhalten ist ein rechteckiger Block aus grauem Kalkstein mit geglätteter Oberfläche. Die Kanten sind bestoßen. Sowohl die rechte Seite als auch der obere und untere Abschluss des Blocks fehlen. Die Bruchkante der rechten Seite reicht besonders weit in die vierte bis sechste Zeile hinein. Die Vorderseite ist teilweise stark bestoßen, vor allem die obere rechte Seite; dadurch fehlen die obere Hälfte des Beginns der ersten Zeile der Inschrift, Teile der ersten und zweiten Zeile und das Ende der übrigen Zeilen. Die Inschrift besteht noch aus sechs Zeilen; aber sowohl von der ersten als auch von der letzten Zeile sind nur wenige Buchstaben erhalten geblieben. Die Inschrift ist insgesamt in ordentlichen und regelmäßigen Buchstaben geschrieben, die regelmäßig auf dem Block angeordnet sind. Einige

KATALOG · 265

Buchstaben, wie bspw. M, A und O aus Μάρκον (Z. 2), sind im Vergleich zu den Buchstaben in anderen Wörtern unsauber geschrieben.
– Bekrönung/Oberseite: —
– Statue: —
Interpretation: Der Inschrift zufolge wurde ein Römer namens Marcus, Sohn des Publius, vom Demos geehrt. Da kein Amt erwähnt ist, wurde er wohl nicht als Amtsträger geehrt. Unklar ist seine Verbindung zu Halaesa. Die Wiederverwendung des Blocks hat zu einer starken Bestoßung und Beschneidung geführt, wodurch die die ursprüngliche Gestalt der Basis und mögliche Einlassungsspuren einer Statue nicht mehr rekonstruiert werden können. Die Erwähnung des Demos lässt eine Aufstellung im Bereich der Agora vermuten, wo der Block auch wiederverwendet wurde.
Lit.: ISic3351; Scibona 2008, 26; Prestianni Giallombardo 2012, 185 Abb. 162–164; Prag 2017b, 32 f. Nr. 5.

Hala4 (Abb. 75; Abb. 85–86)
Fundort: Halaesa, Westportikus, auf den Stufen der 4. und 5. Säule von N (Exedra); 9. Sept. 1970 ausgegraben, vor Raum 4 Westportikus (Inschriftenblock)
Aufbewahrungsort: Halaesa Antiquarium Inv. ME 20219 (Inschriftenblock); in situ (Exedra)
Maße: 0,33 × 2,36 × 0,30 m (Teil des Unterbaus erhalten, in situ) + 0,66 × 0,52 × 0,255 m Buchstabenh.: 0,025–0,03 m (Inschriftenblock)
Material: „marna argillosa locale" (Tonmergel)
Datierung: 2.–1. Jh. v. Chr. (Burgio, Prag)
Identifikation: sicher
Inschrift:
θεοῖς πᾶσι / [ο]ἱ στρατευσάμενοι / κατὰ ναῦν / Ἀλαισῖνοι / Καλακτῖνοι / Ἐρβιταῖοι / Ἀμηστρατῖνοι / [-?] Κανίνιον Νίγρον / εὐνοίας ἕνεκε[ν].
Beschreibung:
– Fundament: Überliefert ist der rückseitige Unterbau einer Exedra, die sich am Rand der Portikus zwischen den Säulen befindet. Er besteht aus drei Blöcken, von denen die beiden äußeren von den Säulen an den Ecken beschnitten sind.
– Basisfuß: —
– Schaft: Der ursprünglich rechteckige Block ist stark beschädigt. Während der obere Teil lediglich an der linken Seite bestoßen ist, fehlen vom unteren Abschnitt beide Ecken und der untere Abschluss. Die Inschrift ist in regelmäßigen griechischen Buchstaben mittig in neun Zeilen in den Block eingraviert.

266 KATALOG

– Bekrönung: —
– Statue: —
Interpretation: Der Inschriftenblock kann R. Burgio zufolge als Teil des Schafts der Exedra C interpretiert werden (Burgio 2011, 96. 105; Burgio 2012, 164). Hier muss die vorliegende Inschrift den mittleren Schaftblock des Monuments eingenommen haben, da der Block keine Wölbung aufweist. Es handelt sich um die in Sizilien einmalige Ehrung einer Vereinigung von Marinesoldaten verschiedener Städte (Halaesini, Kalaktini, Herbitaioi, Amestratini), die unter dem römischen Geehrten Caninius Niger dienten. Dieser führte demnach als Kommandeur eine Flotte mehrerer Poleis an. Ob dies unter der Führung von Halaesa geschah und Caninius Niger eine Beziehung zu Halaesa hatte, ist ungewiss. Der Name ist ansonsten nicht bekannt. Der Versuch, eine bestimmte militärische Aktion mit der Inschrift in Verbindung zu bringen, ist bisher nicht geglückt. Sowohl die Buchstabenform als auch die Errichtung der Exedra können an den Übergang vom 2. zum 1. Jh. v. Chr. gesetzt werden. Obgleich die Exedra C lediglich fragmentarisch erhalten ist, kann sie doch ähnlich wie die Exedren A und B rekonstruiert werden. Die mittig angelegte Inschrift lässt zwei Rekonstruktionsmöglichkeiten zu: Entweder war nur eine Person geehrt, die dementsprechend groß hätte dargestellt werden können, oder es waren drei Statuen auf der Bekrönung aufgestellt. Allerdings ist unklar, ob drei stehende Statuen Platz gefunden hätten; den Maßen der Exedra zufolge hätten diese Statuen sehr eng gestanden. Unabhängig davon stellt die Ehrung an dieser Stelle der Agora und in Form dieses Monumententyps eine besondere Art der Würdigung dar.
Lit.: AE 1973, 265; SEG 37 Nr. 760; ISico612; Scibona 1971, 5–11 Nr.1 Taf. 2; Manganaro 1996,137 Taf. 9; Facella 2006, 219–222; Scibona 2008, 26; Pinzone 2011; Prestianni Giallombardo 2012, 174–176, Abb. 151; Prag 2017b, 35–37 Nr. 8 (Inschriftenblock); Burgio 2011. 2012 (Exedra).

Hala5 (Abb. 87)
Fundort: Halaesa
Aufbewahrungsort: Halaesa Antiquarium Inv. ME 20218
Maße: 0,75 × 0,53 × 0,45 m
Buchstabenh.: ?
Material: Kalkstein
Datierung: 2.–1. Jh. v. Chr. (Prag)
Identifikation: sicher
Inschrift:
Θεοῖς πᾶσι / οἱ στρατ[ευσ]άμενοι / ἐν Ἔ[ρυκ]ι / [------] / [------] / [------] / Ἡράκλεον(?) Διοδώρου / Κα[----] / χιλιαρχήσαν[τα] ἐν Ἔρυκι / [εὐ]ν[οίας ἕν]εκεν.

KATALOG   267

Beschreibung:
- Fundament: —
- Basisfuß: —
- Schaft: Da der rechteckige Block aus Kalkstein stark bestoßen ist, sind die Kanten nicht erhalten. Ebenso fehlt die hintere rechte Ecke auf der Höhe des gesamten Blocks. Lediglich die Mitte der Vorderseite, auf der sich die Inschrift befindet, ist geglättet und zeigt die originale Oberfläche, aber auch hier ist die Oberfläche stark verwaschen und die Inschrift kaum zu erkennen. Die Inschrift erstreckt sich über 10 Zeilen, von denen drei unlesbar sind. Die erkennbaren griechischen Buchstaben sind wenig sorgfältig eng nebeneinander geschrieben.
- Bekrönung/Oberseite: Die Kanten der Oberseite sind stark bestoßen, weshalb unklar ist, ob die oberste, relativ glatte Fläche die originale Oberfläche darstellt. Ca. 10 cm von der Vorderseite entfernt liegt eine langrechteckige Einlassung parallel zur Vorderseite. Aufgrund der schlechten Erhaltung der Oberfläche muss die Einlassung relativ tief gewesen sein. Eine Entsprechung könnte sich an der schräg gegenüberliegenden Ecke befunden haben, die aber gebrochen ist.
- Statue: Auf der Basis kann aufgrund der Maße und der Einlassungen eine stehende, wahrscheinlich lebensgroße, Marmorstatue rekonstruiert werden.

Interpretation: Die Basis wurde von einer Gruppe Soldaten gestiftet, die gemeinsam in Eryx dienten, und ihren militärischen Kommandeur, Herakleios, Sohn des Diodoros, mit einer Statue ehrten. Die Inschrift und ihre Bedeutung kann nur aufgrund der frühen Zeichnungen von Reisenden rekonstruiert werden, da der Text heute kaum mehr lesbar ist. Interessant ist die Erwähnung der Amtsbezeichnung Chiliarch. Der griechische Begriff entspricht dem lateinischen Amt des Tribunus militum. Von Diodoros Siculus (Diod. Sic. 4, 83, 7) wissen wir, dass 200 Soldaten aus 17 sizilischen Städten das Heiligtum der Aphrodite in Eryx beschützen durften. Die Statuenbasis lässt den Schluss zu, dass Halaesa zu den 17 Städten gehörte; möglicherweise stammte auch Herakleios aus Halaesa, weshalb er auf der Agora seiner Heimatstadt geehrt wurde. Die Einlassung an der Oberseite könnte, mit entsprechender Wiederholung auf der – heute nicht mehr erhaltenen – schräg gegenüberliegenden Ecke, der Befestigung einer Marmorplinthe für eine stehende Statue gedient haben.

Lit.: IG XIV 355; ISic1177; Prestianni Giallombardo, 1993 Taf. 1; Facella 2006, 329. 335; Scibona 2008, 27; Prestianni Giallombardo 2012, 175, Abb.152; Prag 2017b, 34 f. Nr. 7.

Hala6
Fundort: Halaesa, gesehen von Augustin (1559), Gualtherus (1624) und Castelli (1753)
Aufbewahrungsort: verschollen
Maße: unbekannt (beschrieben als Basis oder Ara)
Material: „pietra con macchie rosse e bianche"
Datierung: nach 193 v. Chr. (Brennan, Prag)
Identifikation: wahrscheinlich
Inschrift:
Italicei / L. Cornelium Sc<ip>i<one>m / honoris caussa (sic)
Beschreibung:
- Fundament: —
- Basisfuß: —
- Schaft: Der Inschriftenträger ist als Basis oder Altar beschrieben worden. Die lateinische Inschrift erstreckt sich über drei Zeilen und war wohl damals bereits schlecht erhalten. Der Name ist nicht vollständig überliefert, wurde aber als Scipio ergänzt.
- Bekrönung/Oberseite: —
- Statue: —

Interpretation: Der Inschrift zufolge ehren die Italici Lucius Cornelius Scipio. Er war Prätor im Jahr 193 v. Chr. (Brennan 2000, 695), weshalb die Inschrift kurze Zeit später entstanden sein muss. Wenn es sich bei dem Geehrten wirklich um Scipio handelt, wäre es die älteste Ehreninschrift für einen römischen Amtsträger. Darüber hinaus ist es die frühste lateinische Ehreninschrift in Sizilien. Der Geehrte steht im Akkusativ und nicht wie üblich im Dativ, was aber J. Adams zufolge die vielschichtige Identität der Stifter widerspiegelt (Adams 2003, 660 f.).
Lit.: CIL X 7459; ISico583; Prestianni Giallombardo 1993, 182, Taf. 1; Brennan 2000, 695; Adam 2003, 660 f.; Facella 2006, 204–208; Prestianni Giallombardo 2012, 173 Nr. 28, Abb. 145–147; Prag 2017b, 82 f. Nr. 45.

Hala7 (Abb. 88)
Fundort: Halaesa, S. Maria dei Palazzi, von Gualtherus 1624 gesehen, 1970 wiedergefunden
Aufbewahrungsort: Halaesa Antiquarium Inv. ME 20221
Maße: 0,19 × 0,30 × 0,33 m
Buchstabenh.: 0,025–0,03 m
Material: Kalkstein
Datierung: 2.–1. Jh. v. Chr. (Prag)
Identifikation: sicher

KATALOG   269

Inschrift:
[-? τὸ κοι]νὸν τῶν ἱερέω[ν -?] / [-(name) Διογ]ένεος Λαπίρων[α -?] / [---εὐνοίας(?)
ἔνεκ]εν καὶ εὐεργεσία[ς -?] / [-------?].
Beschreibung:
– Fundament: —
– Basisfuß: —
– Schaft: Aufgrund der Wiederverwendung des Blocks als Bodenbelag (Sci-
  bona 2008, 20), ist der Block stark beschädigt: Sowohl der untere Abschluss
  als auch die linke und rechte Seite fehlen, von der Inschrift sind deshalb nur
  drei Zeilen erhalten, diese auch nur unvollständig. Der Beginn und das Ende
  jeder Zeile fehlen. Die Oberfläche der Vorderseite mit der Inschrift ist stark
  verwittert.
– Bekrönung/Oberseite: Die Oberseite des Blocks ist erhalten und zeigt
  Klammerspuren.
– Statue: —
Interpretation: Sowohl die Klammerspuren als auch die Tatsache, dass der
Beginn der Inschrift nicht erhalten ist, lassen vermuten, dass die Oberfläche
nicht die originale Oberseite des Blocks zeigt. Wegen der fragmentarischen
Erhaltung des Blocks ist es nicht möglich, das Monument genauer zu rekonstru-
ieren. Dem erhaltenen Teil der Inschrift zufolge ehrt das Koinon der Priester
einen Lapiron, Sohn des Diogenes. Mit dem Koinon der Priester werden die
Apollonpriester gemeint sein, die von dem Dekret zu Ehren des Nemenios
bekannt sind (Hala9). Der geehrte Lapiron könnte mit dem aus Hala1 bekannten Diogenes Lapiron, Sohn des Diogenes identisch sein, doch ist hier das
Patronym nicht erhalten. Es wird sich um eine Statuenehrung im Bereich der
Agora handeln. Dass das Koinon der Apollonpriester Statuen auf der Agora
bzw. in der Basilica aufstellen konnte, beweist das Dekret für Nemenios.
Lit.: IG XIV 354; ISic1176; Facella 2006, 230 Nr. 31; Scibona 2008, 26; Scibona
2009, 108; Prestianni Giallombardo 2012, 178, Abb. 160; Prag 2017b, 30 f. Nr. 3.

Hala8
Fundort: wohl Halaesa (Muratori 1740)
Aufbewahrungsort: verschollen
Maße: —
Material: Stein
Datierung: 69–66 v. Chr. (Broughton 1986, 218; Prag 2007, 307)
Identifikation: sicher
Inschrift:
Γάιον Οὐεργίλιον Γαίου υἱὸν Βάλβον / ἀντιταμίαν [ὁ] δᾶμος τῶν Ἀλαισίνων / εὐνοίας
ἔνεκεν.

270 KATALOG

Beschreibung:
– Fundament: —
– Basisfuß: —
– Schaft: Der Stein wurde im 18. Jahrhundert von Muratori gesehen, es sind weder Beschreibung noch Zeichnung überliefert.
– Bekrönung: —
– Statue: —

Interpretation: Der Demos von Halaesa ehrt den Proquästor Gaius Vergilius Balbus, Sohn des Gaius. Auffällig ist, dass hier zuerst der Geehrte und dann erst der Stifter genannt wird. Damit wird die Bedeutung des Geehrten besonders hervorgehoben. Wieso er eine besondere Bedeutung in Halaesa genoss, ist unklar. Der Geehrte ist bekannt als Prätor von 62 v. Chr. und praetorianischer Statthalter von 61–58 v. Chr (Brennan 2000, 493, 711). Das Amt des Proqästors muss er demzufolge zwischen 69 und 66 v. Chr. innegehabt haben.

Lit.: IG XIV 356; ISic1178; Facella 2006, 246–248; Prag 2007, 307; Prestianni Giallombardo 2012, 181; Prag 2017b, 82 Nr. 44.

Hala9

Fundort: Halaesa, Peristylhaus
Aufbewahrungsort: Halaesa Antiquarium Inv. ME 21924 und Inv. ME 21925
Material: Bronze
Datierung: 1. Jh. v. Chr. (Prag)
Identifikation: sicher
Beschreibung:
Literarische Überlieferung eines bronzenen Statuenmonuments für Nemenios Daphnis in einem späthellenistischen Dekret:
– Fundament: Das Monument wurde entweder im Apollonheiligtum oder in der Basilica, die der Portikus der Agora entspricht, errichtet.
– Basisfuß: —
– Schaft: Der Schaft des Statuenmonuments trägt dem Dekret zufolge folgende Inschrift:
τὸ κο[ι]νὸν τῶν ἱερέων τοῦ Ἀπόλλωνος Νεμήνιον Νεμηνίου Υσγ Δάφνιν τὸν εὐεργέταν ἀρετᾶς ἕνεκα καὶ εὐνοίας τᾶς εἰς αὐτὸν
– Statue: Es handelte sich um eine Bronzestatue. Aufgrund fehlender weiterer Informationen wird es sich wohl um eine einzelne stehende Statue gehandelt haben.

Lit.: SEG 59.1100, A.14–29; Prag 2015, 183; Prag 2017b; 64–73; Prag 2018b.

Hala10 (Abb. 75; Abb. 90)

Fundort: Halaesa, Agora, Ostportikus zwischen 1. und 2. Säule von N
Aufbewahrungsort: in situ

KATALOG   271

Maße: 0,40 × 2,05 × 0,95 m
Material: Kalkstein
Datierung: 2. / 1. Jh. v. Chr. (Burgio)
Identifikation: sicher
Beschreibung:
- Fundament: Vom Schaft des Monuments überlagert zeigen sich große rechteckige Blöcke, die die Sitzfläche bildeten. Diese lagern wiederum auf einer Art Podium auf, welches die Struktur auf ein Niveau bringt.
- Basisfuß: —
- Schaft: Erhalten ist nur der untere Teil des Schafts, der aus mehreren Teilstücken besteht. Klammerlöcher in Form von Schwalbenschwänzen lassen auf eine Verklammerung der Stücke schließen. Insgesamt handelt es sich um eine halbkreisförmige Struktur, die sich um die Säulen schließt. An der östlichen Seite ist diese durch ein byzantinisches Grab begrenzt.
- Bekrönung/Oberseite: —
- Statue: —
Interpretation: Die Struktur wurde von R. Burgio als Exedra B bezeichnet. Er vergleicht den Aufbau der Exedra mit Exedra A und C und datiert sie aus diesem Grund in dieselbe Zeit. Der Aufbau ist in dem Sinne gleich, dass die Exedra zwischen zwei Säulen auf den Stufen sitzt und mithilfe des Aufbaus eines „Podiums" einen Höhenausgleich schafft. Darauf sitzt dann der Unterbau aus grauem Kalkstein und die Sitzfläche, die hier noch zu erkennen ist. Nach Burgio ist die Sitzfläche eine Zutat der frühen Kaiserzeit. Da sowohl Inschriften, Bekrönung als auch Statuen verloren sind, können keine weiteren Angaben zum Monument gemacht werden. Lediglich der Aufbau und Maße des Monuments können in Analogie zu Exedra A rekonstruiert werden.
Lit.: Burgio 2011, 93–96. 120 Abb. 20; Burgio 2012, 157–159.

Hala11 (Abb. 75; Abb. 91)
Fundort: Halaesa, Portikus, Rückwand von Raum 7
Aufbewahrungsort: in situ
Maße: (Höhe unbekannt) × 1,70 × 0,70 m; in 1,27 m Höhe vom Paviment aus
Material: Ziegeln
Datierung: Ende des 2. Jhs. v. Chr. (Bau der Stoa)
Identifikation: mit Altar unsicher, ohne Altar wahrscheinlich
Beschreibung:
- Fundament: Die Nische befindet sich an der Rückwand des südlichsten Raums an der Portikusrückseite. Am Nischenboden befinden sich in vier Lagen aus Ziegeln, die die Nische heben.
- Basisfuß: —

- Schaft: —
- Bekrönung/Oberseite: —
- Statue: —

Interpretation: Die Nische an der Rückwand von Raum 7 gehörte zur geplanten Ausstattung der Portikus bei ihrer Errichtung am Ende des 2. Jhs. v. Chr. Mittig im Raum steht ein runder Altar. Da er aus Ziegeln zusammengesetzt ist, wurde er vermutlich erst in der Kaiserzeit aufgestellt, möglicherweise sogar erst zum Zeitpunkt der Aufstellung einer Statue der *Concordia augugustae* im 2. Jh. n. Chr. (zur Statuenbasis: ISic0768, zur Statue: Portale 2009, 82–84, 85–87). Über die zuvor in der Nische aufgestellte Statue ist nichts bekannt. Weder die Deckenhöhe des Raumes noch die der Nische sind erhalten. Womöglich gehört auch der Ziegelaufbau in der Nische zu einer späteren Umbauphase.
Lit.: Scibona 2008, 14; Scibona 2009, 35.

Hala12 (Abb. 75; Abb. 92)
Fundort: Halaesa, Portikus, Rückwand von Raum 6
Aufbewahrungsort: in situ
Maße: (Höhe unbekannt) × 1,70 × 0,70 m; in 1,15 m Höhe vom Paviment aus
Material: Ziegeln
Datierung: Ende des 2. Jhs. v. Chr. (Bau der Stoa)
Identifikation: mit Altar unsicher, ohne Altar wahrscheinlich
Beschreibung:
- Fundament: Die Nische an der Rückwand von Raum 6 ist mit drei Lagen Ziegeln auf die Höhe von 1,15 m vom Paviment gehoben. Die Wände der Nische waren ebenso verputzt wie die Wände des Raums bis mindestens zur Höhe der Nische (bis dahin erhalten).
- Basisfuß: —
- Schaft: —
- Bekrönung/Oberseite: —
- Statue: —

Interpretation: Die Nische gehört ebenso wie Hala11 zur ursprünglichen Ausstattungsphase der Portikus. Auch hier steht mittig im Raum ein Rundaltar aus gemauerten Ziegeln, bei dem unklar ist, ob er erst im Rahmen der Umgestaltung der Portikusräume aufgestellt wurde oder bereits bei der originalen Ausgestaltung der Portikus. Im 2. Jh. n. Chr. wurde in die Nische von einem Sevir ein Standbild von Ceres gestellt (Inschrift: ISic804, Statue: Portale 2009, 78–82).
Lit.: Scibona 2008, 14; Scibona 2009, 35.

KATALOG   273

Hala13 (Abb. 75; Abb. 93)
Fundort: Halaesa, Agora, innere Portikus im Norden, 3. Säule von Westen
Aufbewahrungsort: in situ
Maße: 0,38 × 0,70 × 0,70 m
Material: dunkelgrauer Kalkstein
Datierung: Ende des 2. Jhs. v. Chr. ? (Paviment als *terminus ante quem*)
Identifikation: wahrscheinlich
Beschreibung:
– Fundament: —
– Basisfuß: —
– Schaft: Der Schaft besteht aus dunkelgrauem Kalkstein, der mit Marmor-
  platten verkleidet war. Davon sind noch einige Fragmente erhalten.
  Zwischen dem bepickten Block und dem Marmor befinden sich eine dicke
  Putzschicht.
– Bekrönung/Oberseite: —
– Statue: —
Interpretation: Die Aussparung im Bodenbelag der Portikus weist darauf hin,
dass der Statuenschaft aus lokalem Stein mit seiner Marmorverkleidung zeit-
gleich mit Hala14 aufgestellt wurde, also mit der Verlegung des Paviments in
späthellenistischer Zeit. Durch die Errichtung direkt an der Säule wird der
verfügbare Platz in der Portikus nicht reduziert. Die Verwendung von Marmor
hebt die Basis hervor, da der kostbare Baustoff sonst erst mit der Kaiserzeit
in Halaesa auftritt. Doch da die Basis nicht auf dem Paviment steht, sondern
ausgespart wurde, stand die Basis bereits bevor der Bodenbelag verlegt wurde.
Anders als bei den später errichteten Statuenbasen vor Säulen, steht Hala13 als
Block nur vor der Säule, während die späteren Basen seitlich verlängert wurden, um die Säule regelrecht zu integrieren.
Lit.: Scibona 2009, 39 Anm. 152; Tigano 2012, Taf. 114 Nr. 25.

Hala14 (Abb. 75; Abb. 94)
Fundort: Halaesa, Agora, innere Portikus im Norden, 2. Säule von O
Aufbewahrungsort: in situ
Maße: 0,50 × 0,60 m (Auslassung)
Datierung: Ende des 2. Jh. v. Chr. (?)
Identifikation: wahrscheinlich
Beschreibung:
– Fundament: Eine Auslassung im Paviment vor einer der Säulen in der
  Portikus hat sich erhalten, die analog zu Hala13 auf eine Basis an dieser
  Stelle hinweist.

274 KATALOG

- Basisfuß: —
- Schaft: —
- Bekrönung/Oberseite: —
- Statue: —

Interpretation: Die vom Paviment ausgesparte Basis kann analog zu Hala13 rekonstruiert werden. Die Auslassung spricht dafür, dass das Paviment erst nach der Errichtung der Basis verlegt wurde und daher auf das Monument Rücksicht nimmt.

Lit.: Scibona 2009, 39 Anm. 151; auf Plan Tigano 2012, Taf. 114 Nr. 23.

Hala15 (Abb. 95)
Fundort: Halaesa, S. Maria die Palazzi, gesehen von Agustin (1559), Gualtherus (1624)
Aufbewahrungsort: verschollen
Maße: unbekannt, keine Beschreibung vorhanden
Material: unbekannt
Datierung: zwischen 12 v. und 14 n. Chr. (Prag, Amt des *pontifex maximus*)
Identifikation: sicher
Inschrift:
Imp(eratori) Caesarei / divi f(ilio) / augusto P(ontifici) M̲(aximi)[?] / municipium.
Beschreibung:
- Fundament: —
- Basisfuß: —
- Schaft: Die Zeichnung der Inschrift von Gualtherus erlaubt nicht, den Inschriftenträger detailliert zu rekonstruieren. Wiedergegeben ist lediglich ein unspezifischer rechteckiger „Block" mit Inschrift, bei der dreieckige Interpunktionen zwischen den Wörtern angegeben sind.
- Bekrönung/Oberseite: —
- Statue: —

Interpretation: Dieser Block stellt die frühste kaiserzeitliche Ehrung in Halaesa dar. Kaiser Augustus wird vom *municipium* Halaesa mit einer Statue geehrt. Neu ist die Bezeichnung Halaesas als *municipium*, womit aber der Status der Polis nach der Neuordnung in augusteischer Zeit geklärt ist. Möglicherweise wurde der Begriff *municipium* ausdrücklich verwendet, um den Dank für den neuen Status zum Ausdruck zu bringen.

Lit.: CIL X 7458; ISico582; Prestianni Giallombardo 1993, 531 Abb. 1; Facella 2006, 272; Prestianni Giallombardo 2012, 182 f., Abb. 168–170; Prag 2017b, 83 f. Nr. 46.

KATALOG

Hala16
Fundort: Halaesa, Ostportikus, 1956
Aufbewahrungsort: Halaesa
Maße: 0,8 × 0,12 × ? m
Buchstabenh.: 0,052 m
Material: Marmor
Datierung: augusteisch
Identifikation: unsicher
Inschrift:
[---]AVG[---].
Beschreibung:
– Fundament: —
– Basisfuß: —
– Schaft: Das Marmorfragment einer Inschriftenplatte ist stark fragmentiert. Lediglich AUG ist in relativ großen und regelmäßig geschriebenen Buchstaben erkennbar.
– Bekrönung: —
– Statue: —
Interpretation: Das Marmorfragment kann als Teil einer Verkleidungsplatte einer Statuenbasis interpretiert werden. Aufgrund der fragmentarischen Erhaltung kann nicht geklärt werden, ob es sich um eine Ehrung für Augustus oder für ein kaiserliches Familienmitglied handelt.
Lit.: ISic3679; Carettoni 1961, 311 Nr. 12 c; Facella 2006, 279.

Hala17 (Abb. 96)
Fundort: Halaesa, Agora, Raum 7, 1971
Aufbewahrungsort: Halaesa Antiquarium ME 30599
Maße: 0,342 × 0,346 × 0,018–0,027 m
Buchstabenh.: 0,053–0,073 m
Material: Marmor
Datierung: nach 14 n. Chr. (*terminus post quem* des Divus Augustus)
Identifikation: sicher
Inschrift:
[---] Divi Aug[(usti)---] / [---] Paccius Ṃ[(arci) F(ilius)---] / [-------] ++ [---].
Beschreibung:
– Fundament: —
– Basisfuß: —
– Schaft: Die Marmorplatte ist stark fragmentiert erhalten, sowohl der untere als auch der rechte und linke Rand sind gebrochen. Deshalb fehlen jeweils

276 KATALOG

der Anfang und das Ende jeder Zeile der Inschrift, von der zwei Zeilen teilweise erhalten sind. Die Buchstaben sind überwiegend regelmäßig geschrieben. Auf der Rückseite der Platte finden sich Stuckreste.
– Bekrönung/Oberseite: —
– Statue: —
Interpretation: Die Marmorplatte kann als Teil einer Verkleidung von einer Statuenbasis interpretiert werden. Der Stifter der Ehrung, Paccius, Sohn des Marcus, ist möglicherweise identisch mit einem Marcus Paccius Maximus, der als Duumvir und Flamen Augusti von der Beischrift einer augusteischen Münze aus Halaesa bekannt ist (Facella 2006, 208–210. 273 f.). Auf jeden Fall könnte es sich um einen Angehörigen dieser Person handeln. Die Erwähnung des vergöttlichten Augustus lässt einen *terminus post quem* von 14 n. Chr. zu, weshalb Tiberius oder ein Nachfolger geehrt worden sein könnte.
Lit.: ISic3572; Prag 2017b, 48 f. Nr. 20.

Hala18 (Abb. 75; Abb. 97–102)
Fundort: Halaesa, Bekrönungsblöcke an verschiedenen Stellen in der Westportikus (Block A zwischen Raum 5 und 6, Block B zwischen Raum 2 und 3, Burgio 2013); Schaft in situ vor der Rückwand der Westportikus auf der Höhe der Trennwand zwischen den Räumen 5 und 6
Aufbewahrungsort: Halaesa, ohne Inventarnummer (Bekrönungsblöcke); in situ (Schaft)
Maße: 0,67 × 1,62 × 0,65 m (Schaft) + 0,35 × 0,58–0,69 × 0,47–0,68 m (Block A); 0,35 × 0,42–0,53 × 0,47–0,68 m (Block B); rekonstruiertes Monument: 0,95 × 1,82 × 0,89 m
Buchstabenh.: 0,04–0,063 m (Inschrift auf der Bekrönung)
Material: lokaler dunkelgrauer Kalkstein (Schaft); nicht lokaler gelber Sandstein (Bekrönung)
Datierung: 1.–2. Jh. n. Chr. (Burgio)
Identifikation: wahrscheinlich
Inschrift:
Block A: Q(uintus) Caecilius Q(uinti) l(ibertus) Hime[raeus------]s ((mulieris)) l(ibertus); Block B: Sabinus (*vacat*) (*vac.*) seviri (*vac.*) [------] d(e) s(ua) p(ecunia) (*vacat*).
Beschreibung:
– Fundament: —
– Basisfuß: —
– Schaft: Vier unterschiedlich große Blöcke aus Kalkstein wurden in zwei Lagen direkt auf den Boden der Portikus gesetzt. Der untere linke Block

KATALOG 277

ist aufgrund von Bewegungen des Bodens gemeinsam mit dem Paviment abgesackt.

- Bekrönung/Oberseite: Block A: Der Block besteht aus einer Fläche von 17,5 cm, auf der sich eine zweizeilige Inschrift befindet und der darüber liegenden profilierten Bekrönung, welche 11 cm über den Schaft an der Vorder-, Rück- und linken Seite hinausragt. Nur die rechte Seite des Blocks weist einen geraden Abschluss auf. Die Inschrift ist auf eine Fläche von 17,5 × 58 cm in wenig ordentlichen und unterschiedlich hohen Buchstaben geschrieben, was möglicherweise mit der Qualität des Steins zu erklären ist. In der rückseitigen Ansicht des Blocks ist an der Unterseite eine langrechteckige Klammerspur zu erkennen. Der Block hat außerdem eine fast quadratische geglättete Oberfläche, auf der unterschiedliche Spuren sichtbar sind: In der unteren linken Ecke befindet sich eine kleine, rechteckige, flache Einlassung. Eine kleine quadratische befindet sich gegenüber an der rechten oberen Ecke, ebenso wie ein Pendant parallel dazu an der rechten unteren Ecke der Oberseite. Zwei oval-rundliche Spuren sind zu erkennen. Während sich die eine mittig ungefähr 10 cm von der hinteren Kante entfernt befindet, ist die andere neben der kleinen quadratischen Einlassung an der unteren rechten Ecke. Beide ovalen Einlassungen sind aufgeraut. Block B: Der Block ist wie Block A aufgebaut, also ein Inschriftenfeld unterhalb eines vorkragenden Profils. Hier befindet sich das Profil an allen Seiten außer der linken, die einen geraden Abschluss hat. Die Inschrift ist wiederum in zwei Zeilen erhalten und in ähnlich uneinheitlichen Buchstaben verfasst. Hier ist allerdings das Inschriftenfeld kleiner, nämlich 17,5 × 42 cm. Die rechteckige Oberfläche ist ebenfalls geglättet und zeigt unterschiedliche Spuren: Ungefähr mittig befindet sich eine rundliche Einlassung; wieder mittig, aber im unteren Teil des Blocks eine langrechteckige Einlassung. An der linken Seite befinden sich an beiden Ecken dieselben quadratischen kleinen Einlassungen wie bei Block A. Außerdem sind zwischen diesen quadratischen Einlassungen buchstabenförmige Gravuren erkennbar.
- Statue: Auf der Bekrönung des Monument können wohl zwei stehende lebensgroße Statuen ergänzt werden.

Interpretation: R. Burgio zufolge sind Block A und Block B der bekrönende Teil einer Statuenbasis, die vor der Trennmauer zwischen den Räumen 5 und 6 in der Portikus aufgestellt war (s.u.). Sie wurden von den zwei Freigelassenen und Seviri Sabinus und Himeraeus aus privaten Mitteln gestiftet. Der Name des Empfängers der Ehrung ist nicht erhalten; er kann in der Inschrift des mittleren Blocks ergänzt werden. Da die beiden erhaltenen Blöcke nicht aneinanderpassen, muss es einen dritten mittleren Block gegeben haben. Die quadratischen Spuren auf den Oberseiten stammen von der Verklammerung der Blöcke, während die anderen schwer zu interpretieren sind. Die rund-ovalen Spuren auf Block A taugen kaum für die Deutung als Einlassung für eine Bronzestatue, da sie dafür nicht tief oder groß genug sind. Die langrechteckige Einlassung auf Block A dagegen ließe sich als Befestigung einer Plinthe verstehen, die allerdings keine Entsprechung auf der erhaltenen Oberseiten findet. Eine Basis mit Statuen aus zwei unterschiedlichen Materialien (Block A: Bronze, Block B: Marmor) ist nicht überliefert und daher unwahrscheinlich. Die Anzahl der Statuen ist zwar nicht bekannt, doch die Breite der Basis von 1,82 m wäre ausreichend für die Aufstellung von zwei Statuen. Die vier Blöcke des Basisschafts hat R. Burgio mit den zwei erhaltenen Bekrönungsblöcken in Verbindung gebracht. Der mittlere fehlende Bekrönungsblock muss eine Breite von ungefähr 60 cm gehabt haben. Mehrere Dinge sind zur Rekonstruktion von R. Burgio anzumerken: Unklar ist das Aussehen des Basisschafts. Da die Inschrift auf dem oberen Teil des Schafts angebracht ist, kann zumindest dieser Teil weder verputzt noch verkleidet gewesen sein. Burgio rekonstruiert eine Verkleidung der Basis bis direkt unterhalb der Inschrift, abgetrennt oben und unten durch eine Leiste (Burgio 2013, 25 Abb. 11). Das Aussehen der erhaltenen Basisblöcke macht die Notwendigkeit einer Verkleidung deutlich. Eine abschnitthafte Verkleidung von Statuenbasen ist aber bisher weder archäologisch nachgewiesen noch macht sie Sinn gegeben der auf der Bekrönung angebrachten Inschrift. Auf die Bedeutung des Aufstellungsortes hat Burgio bereits hingewiesen (Burgio 2013, 41–43). Bei der Lage der Basis überrascht doch die Ausführung architektonischer und epigraphischer Art, sowie die Benutzung des Sandsteins. Der Stein ist nicht für das Anbringen von Inschriften geeignet, doch wurde trotzdem genutzt. Die Inschrift erinnert nicht an die anderen regelmäßig und sauber geschriebenen Inschriften der Kaiserzeit in Halaesa. Da die Beschaffenheit des Steins für die Anbringung von Inschriften nicht geeignet ist, ist die Verwendung desselben umso verwunderlicher. Außerdem überrascht es, dass die Inschrift nicht auf einer Verkleidungstafel, die nach Burgio ohnehin den Schaft verhüllte, angebracht war. Schließlich ist darauf hinzuweisen, dass trotz des hervorgehobenen Aufstellungsorts keine Zustimmung einer öffentlichen Institution für die Ehrung in der Inschrift erwähnt wird. Natürlich könnte diese Angabe auch auf dem mittleren Block gestanden haben, doch würde man diese Formulierung direkt nach der Angabe *de sua pecunia* vermuten.

Lit.: Inschrift: Block A: AE 1973, 270; ISic0803; Scibona 1971, Nr. 6, Taf. 4 Abb. 1; Facella 2006, 287 f.; Prestianni Giallombardo 2012, 183, Abb. 171; Prag 2017b, 77 f. Nr. 40; Block A und B: Burgio 2013; Monument: Burgio 2013. Graphische Rekonstruktion: Burgio 2013, 25 Abb. 11.

KATALOG 279

Hala19 (Abb. 103)
Fundort: Halaesa, Agora, Raum 7, 1971
Aufbewahrungsort: Halaesa Antiquarium Nr. 26/ME 30595
Maße: 0,692 × 0,44 × 0,016–0,02 m
Buchstabenh.: 0,036–0,055 m
Material: Marmor
Datierung: augusteisch bzw. julisch-claudisch (Prag)
Identifikation: sicher
Inschrift:
[---La]pironi / [---pr]aef(ecto) · fabr(um) · $\overline{\text{X}}$ / [--flamini(?) Aug]usti · Caesari /
[---perpet(?)]uo / [---pecu]nia · publica.
Beschreibung:
– Fundament: —
– Basisfuß: —
– Schaft: Die gesamte linke Hälfte der Marmorplatte fehlt, Teile der unteren rechten Hälfte sind gebrochen. Die lateinische Inschrift in fünf Zeilen selbst ist regelmäßig und sehr fein in den Marmor eingeritzt, lediglich die Buchstabenhöhe variiert.
– Bekrönung/Oberseite: —
– Statue: —
Interpretation: Die Inschriftenplatte kann als Verkleidung einer Basis interpretiert werden. Sie ehrt einen Lapiron, der zehnmal das Amt des Praefectus fabrum innehatte und lebenslang Priester im Kult des Augustus Caesar war. Mitglieder der Familien sind durch weitere Inschriften in Halaesa bekannt, doch ist es schwer zu entscheiden, ob es sich hier um die zweite Ehrung einer Person handelt oder um ein weiteres Familienmitglied. Zumindest zeigt die Inschrift, dass die Familie, die in spätrepublikanischer Zeit zur Elite Halaesa zählte, auch in der frühen Kaiserzeit wichtige Ämter politischer und sakraler Natur bekleidete. Der hier Geehrte muss eine der wichtigsten Personen der Elite gewesen sein und die Stadt geprägt haben, bekleidete er doch das Amt zehn Jahre lang. Die Erwähnung *pecunia publica* am Abschluss der Inschrift macht deutlich, dass es sich um eine öffentliche Ehrung handelt.
Lit.: ISic3571; Prag 2017b, 44 f. Nr. 16

Hala20 (Abb. 104)
Fundort: Halaesa, Agora, Raum 7, 1971
Aufbewahrungsort: Halaesa Antiquarium Nr. 19/ME 30600
Maße: 0,355 × 0,38 × 0,27 m
Buchstabenh.: 0,073–0,075 m
Material: Marmor

Datierung: nach 14 n. Chr. (*terminus post quem* des Divus Augustus)
Identifikation: wahrscheinlich
Inschrift:
[---]iulio +[---] / [---]Divi A[ugusti---] / - - -? - - -.
Beschreibung:
- Fundament: —
- Basisfuß: —
- Schaft: Die zwei aneinanderpassenden Fragmente einer Marmorplatte sind an der unteren rechten und linken Seite gebrochen. Die Oberfläche ist ordentlich geglättet und poliert. Der obere Teil der Platte trägt Reste von Stuck. Die Marmorplatte trägt an beiden Seiten eine Inschrift (s. Hala21). Die Vorderseite zeigt zwei Zeilen einer lateinischen Inschrift, die in regelmäßigen und feinen Buchstaben geschrieben wurde. Über der ersten Zeile ist viel Platz bis zur Kante der Platte, was bedeutet, dass es sich hier um die erste Zeile der Inschrift handelt. Die Buchstaben der zweiten Zeile sind nicht vollständig erhalten. Durch die Erhaltung der Platte ist vom Rest des Textes gar nichts erhalten. Die obere Kante der Platte stellt den einzigen originalen Abschluss dar.
- Bekrönung/Oberseite: —
- Statue: —
Interpretation: Die Marmorplatte diente wahrscheinlich als Verkleidung einer Statuenbasis. Die Erhaltung der Inschrift spricht für die Verdoppelung der Breite und Höhe der Platte. Die Inschrift auf der Rückseite und der Putzrest am oberen Teil der Platte sprechen für eine Wiederverwendung der Platte im 3. Jh. n. Chr. (Hala21). Somit kann dieses Monument nur von der frühen Kaiserzeit bis in das 3. Jh. n. Chr. aufgestellt gewesen sein. Vom Geehrten ist lediglich der Name Julius erhalten. Das *divi augusti* der zweiten Zeile bildet einerseits einen *terminus post quem* für die Inschrift, nämlich 14 n. Chr., aber könnte, J. Prag zufolge, auch Teil der Bezeichnung *flamen divi augusti* sein. Julius wäre dann Priester im Kaiserkult in Halaesa gewesen.
Lit.: ISic3589; Prag 2017b, 53 f. Nr. 25

Hala21 (Abb. 105)
Fundort: Halaesa, Agora, Raum 7, 1971
Aufbewahrungsort: Halaesa Antiquarium Nr. 19/ME 30600
Maße: 0,355 × 0,38 × 0,02–0,027 m
Buchstabenh.: 0,035–0,078 m, vor allem 0,077–0,078 m
Material: Marmor
Datierung: 251–253 n. Chr. (Prag)

KATALOG 281

Identifikation: sicher

Inschrift:

[Imp(eratori)] Ceas(ari) / [C(aio) Vibio] Afinio / [Gall]o Bel- / [duminiano Vol]/ [usiano---] / - - - - - - .

Beschreibung:

– Fundament: —
– Basisfuß: —
– Schaft: zur Beschreibung s. Hala20. Die jüngere Inschrift aus dem 3. Jh. n. Chr. weist ebenfalls eine lateinische Inschrift auf. Die Buchstaben sind schmal und hoch geschrieben.
– Bekrönung/Oberseite: —
– Statue: —

Interpretation: Die Marmorplatte wurde für eine Ehrung für Kaiser Volusianus in der Mitte des 3. Jhs. n. Chr. wiederverwendet. Interessant ist der Austausch von B und V, der in Sizilien bisher unbekannt war. Die Ausmaße der Inschrift und die Höhe des Monuments sind unbekannt. Die Reste des Stucks bzw. Mörtels an der Rückseite legen nahe, dass die Platte als Verkleidungsplatte einer Basis fungierte. Die Wiederverwendung der Marmorplatte eines frühkaiserzeitlichen Monuments wirft mehrere Fragen auf: Aus welchem Grund wurde das frühkaiserzeitliche Monument aufgegeben und sein Material wiederverwendet? Wurde das gesamte Monument wiederverwendet, d.h. die Inschriftenplatte umgedreht und auf demselben Schaft angebracht?

Lit.: ISic3588; Prag 2017b, 54 f. Nr. 26

Hala22 (Abb. 106)

Fundort: Halaesa, Agora, Raum 7, 1971

Aufbewahrungsort: Halaesa Antiquarium Nr. 14/ME 30598

Maße: 0,286 × 0,49–0,495 × 0,03 m

Buchstabenh.: 0,055–0,07 m

Material: „breccia-like pink stone"

Datierung: Ende 1./Anfang 2. Jh. n. Chr. (Prag)

Identifikation: sicher

Inschrift:

Heia Melponi / sacerdoti augustae / - - - - - - .

Beschreibung:

– Fundament: —
– Basisfuß: —
– Schaft: Das Inschriftenfragment aus Marmor zeigt zwei Zeilen einer lateinischen Inschrift. Auf der Rückseite sind Reste von Mörtel erhalten, die die Befestigung an einer Oberfläche vermuten lassen. Kleine Löcher an der

282 KATALOG

Oberseite und an der rechten Seite dienten möglicherweise der Befestigung weiterer Platten. Die Buchstaben der Inschrift sind hoch und unregelmäßig geschrieben.

– Bekrönung/Oberseite: —
– Statue: —

Interpretation: Es handelt sich bei dem Inschriftenfragment wohl um die Verkleidungsplatte einer Statuenbasis für Heia Melpo, eine Priesterin der Augusta. Der griechische Name ist abgesehen von diesem Monument unbekannt in Halaesa und Sizilien.

Lit.: ISic3578, Prag 2017b, 47 f. Nr. 19.

Hala23 (Abb. 107)
Fundort: Halaesa, Agora, Raum 4, 1970 und Raum 7, 1971
Aufbewahrungsort: Halaesa Antiquarium Nr. 16/ME 30597
Maße: 0,225 × 0,33 × 0,029–0,033 m
Buchstabenh.: 0,043–0,06 m
Material: Marmor
Datierung: 1. Jh. n. Chr. (Prag)
Identifikation: sicher
Inschrift:
Alfia[e --(*name*)--] / L. Aẹ[lii uxori] / [D(ecreto) D(ecurionum)]. (Ergänzung Prag)
Beschreibung:

– Fundament: —
– Basisfuß: —
– Schaft: Es liegen zwei aneinanderpassende Fragmente einer Marmorplatte vor. Sie ist an drei Seiten gebrochen, nur an der linken Seite ist der Originalabschluss vorhanden. Auf der Platte befindet sich eine fragmentierte lateinische Inschrift in zwei Zeilen. Bei beiden Zeilen ist nur noch der Beginn lesbar, der Rest ist gebrochen. Die erhaltenen Buchstaben zeigen eine sehr ordentliche und regelmäßige Inschrift mit dreieckigen Interpunktionen.
– Bekrönung/Oberseite: —
– Statue: —

Interpretation: Es handelt sich um eine Ehrung für Alfia, Ehefrau eines L. Aelius. P. Aelius ist aus einer anderen Inschrift aus Halaesa bekannt. Es könnte sich bei den beiden um Verwandte handeln. Alfia dagegen ist nicht weiter in Halaesa bezeugt, allerdings durchaus in Termini Imerese, Erice, Syrakus und Segesta (Prag 2017b, 47). Ein Grund für die Ehrung der Alfia wird in der Inschrift nicht genannt. Es könnte eine familiäre Verbindung mit einer weiteren Inschrift

KATALOG   283

vorliegen (Hala24). Nicht nur der Name der Ehemänner spricht dafür, sondern auch das verwendete Material, da derselbe Marmor für beide Inschriften verwendet wurde. Möglicherweise handelt es sich hier um eine Doppelehrung der beiden Frauen. Als Grund könnte entweder eine Familienehrung vermutet werden oder es handelt sich bei Alfia um eine Priesterin.
Lit.: ISic3574; Prag 2017b, 46 f. Nr. 18.

Hala24 (Abb. 108)
Fundort: Halaesa, Agora, Raum 7, 1972
Aufbewahrungsort: Halaesa Antiquarium Nr. 15/ME 30596
Maße: 0,58 × 0,44 × 0,025–0,03 m
Buchstabenh.: 0,065–0,092 m
Material: Marmor
Datierung: Ende 1. / Anfang 2. Jh. n. Chr. (Prag)
Identifikation: sicher
Inschrift:
Avianae · Av[---] / P · Aelii · ux[ori] / D(ecreto) (*vac.*) Ḍ(ecurionum).
Beschreibung:
– Fundament: —
– Basisfuß: —
– Schaft: Eine Marmorplatte, an deren Oberseite sich ein Loch zur Befestigung befindet, ebenso Mörtel an der Rückseite der Platte. Der rechte Teil der Platte fehlt. Drei Zeilen der lateinischen Inschrift sind erhalten, doch ist das Ende jeder Zeile weggebrochen. Die Buchstaben sind zwar regelmäßig geschrieben, doch sind teilweise etwas unregelmäßig: Interessant ist, dass die zweite Zeile deutlich größer geschrieben ist mit 9,2 cm (im Gegensatz zu 6,5–7 cm).
– Bekrönung/Oberseite: —
– Statue: —
Interpretation: Aviana, Ehefrau von P. Aelius, wird öffentlich mit einer Statue geehrt. Die zweite Zeile der Inschrift, in der P. Aelius als Ehemann erwähnt wird, weist deutlich größere Buchstaben auf. Zu vermuten ist, dass Aviana nur aufgrund ihrer Verbindung zu Publius Aelius geehrt wird und er ein wichtiges Mitglied der lokalen Elite darstellt. Es wurde derselbe Marmor verwendet, wie für die Ehrung der Alfia (Hala23), mit der sie in irgendeiner Weise verwandt gewesen sein könnte. Beim Ehemann von Alfia, L. Aelius, wird es sich um einen Verwandten (Bruder?) von P. Aelius handeln. Möglicherweise hielten beide Frauen ein Priesteramt inne.
Lit.: ISic3575; Prag 2017b, 45 f. Nr. 17.

284 KATALOG

Hala25 (Abb. 109)
Fundort: Halaesa, Portikus, Südseite Raum 6, 23. Sept. 1970
Aufbewahrungsort: Halaesa Antiquarium Inv. ME 20227
Maße: 0,175 × 0,56 × 0,15 m
Buchstabenh.: 0,043–0,065 m
Material: Marmor
Datierung: Ende 2. / Anfang 3. Jh. n. Chr. (Prag)
Identifikation: sicher
Inschrift: L(ucio) Na[ev]io L(uci) / f(ilio) Rom(ilia tribu) Firmi- / no
M[a]niliano / ++[------].
Beschreibung:
– Fundament: —
– Basisfuß: —
– Schaft: Es liegen vier anpassende Fragmente einer Marmorplatte vor, die
  eine vierzeilige lateinische Inschrift trägt. Der graue Marmor ist mit wei-
  ßen Narben durchzogen, geglättet und poliert. Der obere und untere Teil der
  Platte ist gebrochen. Somit sind nur der obere Abschnitt der letzten Zeile
  sowie der untere Teil der ersten Zeile erkennbar. Die Buchstabenhöhe vari-
  iert. Die Buchstaben sind ordentlich und regelmäßig geschrieben. Zwischen
  den Wörtern sind kleine dreieckige Interpunktionen gesetzt.
– Bekrönung/Oberseite: —
– Statue: —
Interpretation: Es handelt sich um eine Ehrung für Lucius Naevius Firminius
Manilianus, Sohn des Lucius, aus der Romilia *tribus*. Weder die Tribus noch der
Name Naevius ist ansonsten in Sizilien nachgewiesen. Aufgrund des Fehlens
der Inschrift nach der Nennung des Namens fehlen Angaben zum Stifter und
zu Amtsbezeichnungen. Der Fundort in der Portikus könnte für eine öffentliche Ehrung sprechen, die dann im Bereich der Agora aufgestellt gewesen sein
könnte.
Lit.: AE 1973, 272; ISic0769; Scibona 1971, 17–19 Nr. 8 Taf. 5 Abb. 2–3; Manganaro
1989, 190; Facella 2006, 212, 294; Scibona 2008, 27; Prestianni Giallombardo
2012, 184, Abb. 177; Prag 2017b, 49 f. Nr. 21.

Hala26 (Abb. 110)
Fundort: Halaesa, Agora
Aufbewahrungsort: Halaesa Antiquarium Nr. 8/ME 30602
Maße: 0,435 × 0,522 × 0,45–0,6 m
Buchstabenh.: 0,056–0,063 m
Material: Marmor
Datierung: 2. H. 2. Jh. n. Chr. (Prag)

KATALOG 285

Identifikation: sicher
Inschrift:
[- A]ἴλιον Ἀσί- / νιον Πέτει / τον ῥήτορα / ἐγ συνεισ- / φορᾶς ἡ π[όλις] / [τῶν Ἀλαισίνων (?)].
Beschreibung:
– Fundament: —
– Basisfuß: —
– Schaft: Die blaugraue Marmorplatte ist aus vier aneinanderpassenden Fragmenten zusammengesetzt. Der untere Teil der Marmorplatte fehlt, ebenso wie die obere linke Ecke. Auf der Vorderseite der Platte ist eine griechische Inschrift in sechs Zeilen erkennbar. Diese ist regelmäßig und einheitlich geschrieben. Zwischen den Wörtern wurden Interpunktionen benutzt. Ungewöhnlich ist die Schreibung ἐγ für ἐκ, ebenso die gesamte Phrase ἐγ συνεισφορᾶς (Prag).
– Bekrönung/Oberseite: —
– Statue: —
Interpretation: Es handelt sich um eine Ehrung der Stadt Halaesa für den Rhetor Aelius Asinius Petitus. Petitus kommt in griechischer Schreibweise sonst nicht vor, doch handelt es sich wohl um die direkte Entsprechung aus dem Lateinischen. Hier ist der Name durchaus bekannt (vor allem in Nordafrika, s. Prag). Auffällig ist zudem die Nutzung der griechischen Sprache, da die restlichen Inschriften aus der Kaiserzeit in Halaesa allesamt in Latein verfasst sind. Die Inschrift ist Prag zufolge von der sog. Zweiten Sophistik beeinflusst, wozu der Geehrte mit seiner Tätigkeit als Rhetor passt. Die Inschrift wurde mit der Statuenbasis aus *opus reticulatum* auf der Agorafreifläche (Hala40) sowie einer Togastatue (Hala52) in Zusammenhang gebracht (vgl. Scibona 2009, 39). Dafür gibt es allerdings keinerlei Anhaltspunkte, lediglich die Datierung in das 2. Jh. n. Chr. Für eine solch großformatige Statuenbasis würde man zudem eine flachere und breitere Inschriftenplatte oder mehrere nebeneinander angebrachte Platten erwarten.
Lit.: ISic3591; Prag 2017b, 56 f. Nr. 28.

Hala27 (Abb. 111)
Fundort: Halaesa, Agora
Aufbewahrungsort: Halaesa Antiquarium ME 30603
Maße: ?
Buchstabenh.: 0,04–0,05 m
Material: Marmor
Datierung: 202–205 n. Chr.
Identifikation: sicher

286 KATALOG

Inschrift:

[C(aio) F]ulvio Pla[u]tia- (*vac.*) / [no] C(larissimo) V(iro) / pr[aef(ecto)] pr<a>et[(orio)] / [n]ece[s]sario I[m]pp(eratorum) [Caess(arum)] / [L(uci)] Sept[imi Se]veri [Pii] / [(*v.*)]Pertin[acis Aug(usti) Arabici Adia-] / (*v.v.*) / beni[ci] Parthi[ci Max(imi) P(atris) P(atriae)] / (*v.v.*) et M(arci) Aure[li Antonini] / [--?--](*vac.*) / [(?) D(ecreto)] D(ecurionum) (*vac.*).

Beschreibung:

– Fundament: —
– Basisfuß: —
– Schaft: Die aus zwölf Fragmenten zusammengesetzte Marmorplatte trägt eine lateinische Inschrift in neun Zeilen. Es sind allerdings nicht alle Fragmente aneinanderpassend. Die Inschrift ist ab Zeile vier immer enger und kleiner geschrieben. Insgesamt sind die Buchstaben nicht sehr sorgfältig graviert. Zwischen den Wörtern wird eine Interpunktion in Form eines s genutzt.
– Bekrönung/Oberseite: —
– Statue: —

Interpretation: Es handelt sich um die einzige bekannte Ehrung des Plautian in Sizilien. Er war Prätorianerpräfekt von Kaiser Septimius Severus (zu Plautian DNP s.v. Fulvius Plautianus (W. Eck)). Diodor zufolge wurden ihm zahlreiche Statuen aufgestellt. Weitere sind in anderen Provinzen vorhanden, auf Grundlage derer die vorliegende Inschrift ergänzt wurde (Alföldy 1979). Für seine Tochter Fulvia Plautilla wurde in Solunt eine Statue aufgestellt (Sol18). Die Inschrift ist, ebenso wie die seiner Tochter in Solunt, nicht der *damnatio memoriae* anheimgefallen.

Lit.: ISic3584; Prag 2017b, 57–59 Nr. 29.

Hala28 (Abb. 112)

Fundort: Halaesa, Agora
Aufbewahrungsort: Halaesa Antiquarium ME 30601
Maße: 0,78 × 0,765 × 0,028 m
Buchstabenh.: 0,038–0,072 m
Material: Marmor
Datierung: 218–222 n. Chr. (Prag)
Identifikation: sicher
Inschrift:

Iuliae Soae- / midi Aug(ustae) / Matri Imp(eratoris) / Caes(aris) M(arci) Au- / reli Antoni- / ni Pii Fel(icis) Aug(usti) / D(ecreto) D(ecurionum) P(ecunia) P(ublica).

Beschreibung:

– Fundament: —
– Basisfuß: —

KATALOG 287

– Schaft: Die Marmorplatte ist in kleinen Fragmenten erhalten. Die lateinische Inschrift in sieben Zeilen ist nicht vollständig erhalten, aber trotzdem in der Restauration ergänzt. Die Buchstabenhöhe variiert stark.
– Bekrönung/Oberseite: —
– Statue: —
Interpretation: Es handelt sich um eine Ehrung für Iulia Soaemias, Mutter des Elagabal, die aus öffentlichen Mitteln beschlossen und bezahlt wurde. Ebenso wie weitere Inschriften in Halaesa ist auch dieses Statuenmonument keiner *damnatio memoriae* anheimgefallen. Aufgrund der Maße der Platte muss die Basis mind. ca. 86 cm hoch und ca. 80 cm breit gewesen sein. Damit kann eine leicht überlebensgroße Statue rekonstruiert werden.
Lit.: ISic3585; Prag 2017b, 55 f. Nr. 27.

Hala29 (Abb. 113)
Fundort: Halaesa, Agora
Aufbewahrungsort: Halaesa Antiquarium ME 30604
Maße: 0,615 × 0,51 × 0,035 m + 0,21 × 0,195 × 0,04 m
Buchstabenh.: 0,063–0,075 m
Material: Marmor
Datierung: zw. Aug. 244–Aug. 247 n. Chr. (Titel)
Identifikation: sicher
Inschrift:
M(arco) Iulio [Phi]lip- / [po] no[bi]lis- / simo Caes(ari) / Imp(eratoris) M(arci) Iuli / [Philipp]i Pii / - - - - - - / +++ [- - -] / (*vac.*) D(ecreto) [D(ecurionum)(?)--].
Beschreibung:
– Fundament: —
– Basisfuß: —
– Schaft: Elf aneinanderpassende und ein nicht anpassendes Fragment einer Marmorplatte, die eine lateinische Inschrift in acht Zeilen auf der Vorderseite zeigt. Davon sind sieben Zeilen erhalten. Der untere Teil der Platte ist abgesehen vom nicht anpassenden Fragment nicht erhalten; das Fragment kann an die untere linke Seite rekonstruiert werden. Die Ränder der Platte sind gepickt. Die Inschrift ist regelmäßig geschrieben, die Buchstaben sind groß und schmal.
– Bekrönung/Oberseite: —
– Statue: —
Interpretation: Der Sohn von Kaiser Philippus Arabs, Marcus Iulius Philippus der Jüngere (oder Philippus II.), wird in Halaesa von der Stadt geehrt. Eine Hypothese zu einer Verbindung nach Sizilien hat J. Prag aufgestellt: 245 bekleidete er gemeinsam mit Gaius Maesius Titianus das Amt des Konsul. Dieser stammte wohl aus Termini Imerese und ist dort gemeinsam mit seiner Familie mit Statuen geehrt worden (CIL X 7345, CIL X 7346). Es muss sich aufgrund der

288   KATALOG

Maße der Platten um eine hohe Statuenbasis gehandelt haben, da schon die erhaltenen Fragmente ohne Anpassung eine Höhe von über 80 cm verfügen. Wieviel von der Inschrift fehlt und ergänzt werden muss, ist allerdings unklar. Interessant ist, dass das Monument aufgestellt blieb, obgleich sowohl er als auch sein Vater im Jahr 249 n. Chr. ermordet wurden.

Lit.: ISic3586; Prag 2017b, 59 f. Nr. 30.

Hala30 (Abb. 114)
Fundort: Halaesa, Agora
Aufbewahrungsort: Halaesa Antiquarium ME 30606
Maße: 0,45 × 0,35 × 0,35 m
Buchstabenh.: 0,055–0,057 m
Material: Marmor
Datierung: 249–251 n. Chr. (Regierungszeit)
Identifikation: sicher
Inschrift:
Imp(eratori)(?)] / [Caio M]essio / Quin]to Traiano / [Deci]o Pio Felici / [(*v.*) Aug(usto)] Res P(ublica) Hal(aesinorum)[(*v.*)] / [Dev]ota [numini] / [m]aie[statiq(ue)] / [eius].
Beschreibung:
– Fundament: —
– Basisfuß: —
– Schaft: Vier aneinanderpassende Fragmente einer weißen Marmorplatte haben sich erhalten. Die gesamte linke Seite der Platte fehlt und damit auch die dort befindliche Inschrift. Auch der untere rechte Teil der Platte ist gebrochen. Sechs Zeilen der lateinischen Inschrift von den ursprünglich wohl acht Zeilen sind lesbar. Die Höhe der Buchstaben ist gleichmäßig hoch und schmal, obgleich ab Zeile 3 die Buchstaben enger geschrieben werden. Zwischen den Wörtern finden sich Interpunktionen, die allerdings keiner einheitlichen Form folgen.
– Bekrönung/Oberseite: —
– Statue: —
Interpretation: Es handelt sich um eine Ehrung für Kaiser Trajanus Decius von der *res publica*. Die Ergänzung der Inschrift gestaltet sich aufgrund der unbekannten Ausdehnung der Platte als schwierig. Ebenso wie dieses Monument wurden auch weitere Inschriften in Halaesa nicht im Rahmen der *damnatio memoriae* verschiedener Personen zerstört.

Lit.: ISic3587; Prag 2017b, 61 f. Nr. 32.

KATALOG   289

Hala31 (Abb. 115)
Fundort: Halaesa, Agora
Aufbewahrungsort: Halaesa Antiquarium
Maße: 0,625 × 0,475 × 0,02–0,03 m
Buchstabenh.: 0,035–0,043 m
Material: Marmor
Datierung: 3. Jh. n. Chr. (Prag)
Identifikation: sicher
Inschrift:
- - - - - - / aug(usto) / res p(ublica) Hal(aesinorum) / (*vac.*) D(ecreto)
D(ecurionum) (*vac.*) / (*vacat*).
Beschreibung:
– Fundament: —
– Basisfuß: —
– Schaft: Dreizehn anpassende Fragmente einer weißen Marmorplatte haben
  sich erhalten. Der obere Teil der Platte ist gebrochen, wodurch auch die
  Inschrift hier nicht erhalten ist. Dadurch ist der Name des Geehrten nicht
  erhalten. Die Buchstaben sind unregelmäßig in Form und Höhe. Zwischen
  den Wörtern befinden sich dreieckige Interpunktionen. Zudem haben sich
  Mörtelreste an der Vorderseite entlang der unteren und seitlichen Kante
  erhalten.
– Bekrönung/Oberseite: —
– Statue: —
Interpretation: Es liegt eine Ehrung der *res publica* Halaesas für einen unbekannten Kaiser des 3. Jhs. n. Chr. vor. Die Mörtelreste sprechen für eine Wiederverwendung der Platte und ihre Anbringung an einem Monument.
Lit.: ISic3590; Prag 2017b, 60 f. Nr. 31.

Hala32 (Abb. 116)
Fundort: Halaesa, Agora, Raum 2, 1970
Aufbewahrungsort: Halaesa Antiquarium Inv. ME 20228
Maße: 0,26 × 0,31 × 0,04–0,045 m
Buchstabenh.: 0,05 m
Material: Marmor
Datierung: 3.–4. Jh. n. Chr. (Buchstabenform und Erwähnung *c.v.*: Scibona)
Identifikation: sicher
Inschrift:
[---]idio[-] / [---]o proco(n)s(uli) c(larissimo) v(iro) / [---]++i optimo

290 KATALOG

Beschreibung:
- Fundament: —
- Basisfuß: —
- Schaft: Nur die rechte Seite der Marmorplatte ist erhalten. Eine dreizeilige lateinische Inschrift ist erhalten; es fehlt jedoch jeweils der Anfang der Zeile. Die Buchstaben sind sehr regelmäßig, hoch und schmal geschrieben.
- Bekrönung/Oberseite: —
- Statue: —

Interpretation: Es handelt sich um eine Ehrung für einen unbekannten Prokonsul. Möglicherweise handelt es sich um einen Bürger Halaesas, der das Amt erreichte, und dem aus diesem Grund in seiner Heimatstadt eine Statue errichtet wurde.

Lit.: AE 1973, 274; ISic0805; Scibona 1971, 20 Nr. 10 Abb. 3; Manganaro 1988, 88 Nr. 37 Anm. 490; Facella 2006, 294; Scibona 2008, 27; Prestianni Giallombardo 2012, 184 Abb. 178; Prag 2017b, 62 f. Nr. 33.

Hala33 (Abb. 75; Abb. 117)
Fundort: Halaesa, Portikus, Rückwand von Raum 3
Aufbewahrungsort: in situ
Maße: 1,05 × 0,70 × 0,50 m
Material: Ziegel, Marmor
Datierung: frühe Kaiserzeit?
Identifikation: unsicher
Beschreibung:
- Fundament: —
- Basisfuß: Die gemauerte Ziegelbasis wurde auf das Paviment gesetzt. Der Basisfuß ist etwa 0,14 m hoch und etwas breiter als der gemauerte Schaft. Er ist mit Platten aus grauem Marmor verkleidet.
- Schaft: Der rechteckige Schaft aus gemauerten Ziegeln ist nicht in kompletter Höhe erhalten, sondern bricht in 1,05 m Höhe ab. Am Schaft befinden sich noch Reste eines Verputzes, die auf eine Verkleidung des Schafts mit Marmorplatten hinweisen.
- Bekrönung/Oberseite: —
- Statue: —

Interpretation: Während R. Wilson und G. Tigano die Basis als Altar deuteten, interpretierte G. Scibona die Struktur als Statuenbasis (Scibona 2009). Raum 3 ist insgesamt prächtig mit unterschiedlichen Buntmarmorplatten ausgestattet: Nicht nur der Boden ist mit Marmor ausgelegt, auch an den Wänden befinden sich ringsum Profil- oder Sockelleisten aus grauem Marmor mit einer darüberliegenden Profilleiste aus weißem Marmor. Die Wand war entweder

KATALOG 291

mit weiteren Platten oder Wandmalerei ausgeschmückt. Die Ausstattung des Raumes und der vor dem Raum ausgelegte weiße Marmor heben ihn von den anderen Räumen der Portikus hervor. Mittig auf dem Boden vor der Basis befindet sich eine quadratische Markierung aus dunklem Marmor, die auf die Aufstellung eines Altars an dieser Stelle hinweisen könnte. Die genannte Ausstattung hat zu der Vermutung geführt, dass es sich bei dem Raum um ein Sacellum für den Kaiserkult handeln könnte. Dementsprechend kann auf der Basis die lebensgroße Statue eines Kaisers vermutet werden, die kultisch verehrt wurde. Aufgrund des Altars in der Mitte des Raumes ist ein Altar an der Rückwand des Raumes auszuschließen.

Lit.: Wilson 1990, 47 (Altar); Scibona 2009, 33 f., Abb. 60; Tigano 2012, Abb. 114 (Altar).

Hala34 (Abb. 75; 118)
Aufbewahrungsort: Halaesa, Portikus, Rückwand von Raum 4, mittig
Aufbewahrungsort: in situ
Maße: 1,08 m hoch
Material: Ziegel, verputzt
Datierung: kaiserzeitlich
Identifikation: wahrscheinlich
Beschreibung:
– Fundament: —
– Basisfuß: —
– Schaft: Mittig an der Rückwand von Exedra 4 steht eine rechteckige Basis aus gemauerten Ziegeln. Der Schaft weist noch Reste von Verputz auf.
– Bekrönung/Oberseite: —
– Statue: —
Interpretation: Ebenso wie die Rückwand von Raum 3, weist auch die Rückwand von Raum 4 eine mittig stehende Statuenbasis auf. Doch entgegen der prachtvollen Ausstattung von Raum 3, ist der Fußboden von Raum 4 lediglich mit *cocciopesto* ausgelegt. Die weite Öffnung des Raumes (2,20 m) machte die mittig aufgestellte Basis von der Portikus aus gut sichtbar.
Lit.: Scibona 2009, 35.

Hala35 (Abb. 75; Abb. 118)
Fundort: Halaesa, Portikus, Rückwand von Raum 4, südlich von Hala34
Aufbewahrungsort: in situ
Maße: 1,08 m hoch, insgesamt 2,10 m breit
Material: Sandstein ?
Datierung: kaiserzeitlich

Identifikation: wahrscheinlich
Beschreibung:
- Fundament: —
- Basisfuß: —
- Schaft: —
- Bekrönung/Oberseite: Das Oberlager bzw. die Oberseite der Nischenbasis zeigt eine profilierte Vorderseite. Ob sich auf der Oberfläche Einlassungsspuren für eine Statue befinden, konnte nicht in einer Autopsie überprüft werden.
- Statue: —

Interpretation: Um die Statuenbasis Hala34 zu erweitern, wurde die Rückwand nach vorne gesetzt und auf Höhe der Oberseite der Basis eine profilierte Nischenbasisplatte eingesetzt. Dennoch ragt die Basis in den Raum hinein, wohingegen die Nische weiter zurückreicht. Aus diesem Grund ist von der Aufstellung unterschiedlicher Statuen auszugehen und nicht von einer Erweiterung des Platzes für eine einzelne monumentale Statue. Anscheinend sollte die mittlere Statue hervorgehoben werden oder weiterhin die wichtigste Statue innerhalb des Raumes bleiben, weshalb die Nische nicht dieselbe Tiefe aufweist wie die mittlere Basis.

Lit.: Scibona 2009, 35.

Hala36 (Abb. 75; Abb. 118)
Fundort: Halaesa, Portikus, Rückwand von Raum 4, nördlich von Hala34
Aufbewahrungsort: in situ
Maße: 1,08 m hoch vom Boden, insgesamt 2,10 m breit
Material: Sandstein ?
Datierung: kaiserzeitlich
Identifikation: wahrscheinlich
Beschreibung:
- Fundament: —
- Basisfuß: —
- Schaft: —
- Bekrönung/Oberseite: Die Vorderseite der Nischenbasisplatte ist profiliert. Ob die Oberseite Einlassungen für Statuen aufweist, ist ohne eine Autopsie nicht zu beantworten.
- Statue: —

Interpretation: Wie bereits für Hala35 erläutert, wurde die Basis Hala34 seitlich erweitert bzw. jeweils eine Statuenbasis seitlich angesetzt. Die nördliche Erweiterung weist noch Reste einer angesetzten Profilierung auf.

Lit.: Scibona 2009, 35.

KATALOG 293

Hala37 (Abb. 75; Abb. 119)
Fundort: Halaesa, Portikus, Rückwand von Raum 5, mittig
Aufbewahrungsort: in situ
Maße: 0,85 × ? × ? m
Material: Ziegel
Datierung: kaiserzeitlich
Identifikation: wahrscheinlich
Beschreibung:
– Fundament: —
– Basisfuß: Auf den Fußboden aus schwarzen und weißen Marmorquadraten wurde eine rechteckige Basis gestellt. Der Basisfuß wurde durch die Verkleidung mit grauem Marmor hervorgehoben.
– Schaft: Der rechteckige Schaft aus gemauerten Ziegeln steht mittig an der Rückwand des Raumes. Am Schaft befinden sich Reste vom Verputz, die auf eine Verkleidung mit Marmorplatten hinweisen. Die Basis bricht unregelmäßig ab, weshalb ist die originale Oberfläche nicht erhalten ist.
– Bekrönung/Oberseite: —
– Statue: —
Interpretation: Ähnlich wie in einigen anderen Räumen der Portikus, befindet sich mittig an der Rückwand des Raumes eine Statuenbasis, die einen mit Marmor verkleideten Basisfuß und einen gemauerten Schaft aufweist.
Lit.: Scibona 2009, 35.

Hala38 (Abb. 75; Abb. 120)
Fundort: Halaesa, Nordportikus, östl. von Exedra B auf Treppenstufen
Aufbewahrungsort: in situ
Maße: ? × 0,70 × 0,70 m
Material: Ziegel
Datierung: kaiserzeitlich (?)
Identifikation: wahrscheinlich
Beschreibung:
– Fundament: Die erste Stufe der Portikus aus Ziegeln ist gleichzeitig Unterbau der Basis. Dabei ragt diese in zwei Lagen unterschiedlich weit über die Stufe hinaus, ähnlich einer Profilierung.
– Basisfuß: —
– Schaft: Ebenfalls aus Ziegeln besteht der erhaltene Teil des Basisschafts, der auf die Höhe der ersten Stufe folgt. Die Basis ist nicht nur Teil der Treppe, sie steht direkt vor der Außensäule der Portikus. Der hintere Teil der Basis ist bis kurz unterhalb des Säulenstumpfs erhalten.
– Bekrönung/Oberseite: —
– Statue: —

294 KATALOG

Interpretation: Die Statuenbasis ist mit der Treppe zur Portikus verbaut; die Treppe ist aufgrund der Basis an dieser Stelle unterbrochen. Trotzdem liegen Ziegeln der Treppe auf dem Unterbau der Basis auf. Allerdings ist unklar, ob dies an der Restaurierung der Treppe in den letzten Jahren liegt oder dem Originalzustand gleicht. Der Gebrauch von Ziegeln lässt eine Aufstellung der Basis in der Kaiserzeit vermuten. Weder eine dazugehörige Inschrift noch eine Statue sind erhalten.

Lit.: Scibona 2009, 39 Anm. 148; Tigano 2012, Abb. 114 Nr. 26.

Hala39 (Abb. 75; Abb. 121)
Fundort: Halaesa, Portikus, zwischen der Trennmauer zwischen den Räumen 3 und 4
Aufbewahrungsort: in situ
Maße: 0,15 × 0,90 × 0,90 m
Material: gemauerte Ziegeln mit weißer Marmorverkleidung
Datierung: frühe Kaiserzeit
Identifikation: wahrscheinlich
Beschreibung:
– Fundament: —
– Basisfuß: —
– Schaft: Die 15 cm hohe Struktur (Schaft?) aus Ziegeln ist mit Platten aus weißem Marmor verkleidet. Lediglich ein Teil der Platten fehlt heute im Norden, der Sichtseite. Westlich liegt die Struktur nicht an der Wand der Portikus an, ungefähr 10 cm wurden freigelassen. Östlich davon schließt die Marmorverkleidung direkt ian das Paviment derselben Marmorplatten an. An der Rückseite bzw. der südlichen Seite bildet die Verkleidung gleichzeitig die Verkleidung der eingezogenen Ziegelmauer zwischen Raum 3 und 4. Die Verkleidung der Ziegelmauer verläuft auf der gesamten Länge Richtung Süden auf derselben Höhe (15 cm).
– Bekrönung/Oberseite: Die Oberseite ist nicht mit Marmor verkleidet. Hier ist das Innere, nämlich die Ziegeln, sichtbar. Diese schließen gleichmäßig auf derselben Höhe wie die Marmorverkleidung der Seiten ab.
– Statue: Den Maßen der Basis nach zu schließen, stand auf der Basis eine stehende leicht bis überlebensgroße Statue.
Interpretation: Zweifelsohne handelt es sich um eine Statuenbasis besonderer Bedeutung. Dafür spricht nicht nur die Lage, sondern auch die Inkorporation in die Umgestaltung des Raums vor Raum 3 mit Marmor. Unklar ist, ob es sich um den Schaft einer Basis handelt oder lediglich um deren Basisfuß. Nicht auszuschließen ist natürlich, dass ein weiterer Basisschaft bzw. ein weiterer Aufbau auf die erhaltene Struktur aufgestellt wurde. Der saubere Abschluss

KATALOG   295

der Marmorverkleidung auf derselben Höhe wie das Innere der Basis spricht allerdings dafür, dass eine Plinthe aufsaß, die den kompletten verfügbaren Raum (90 × 90 cm) ausfüllte. Die Basis muss im Rahmen der Umgestaltung von Raum 3 und der Portikus davor aufgestellt worden sein und zur Planungsphase gehört haben; dafür spricht die Verkleidung der Basis mit dem Marmor, der auch für den Bodenbelag genutzt wurde. Ob hier dann aber ein Mitglied der kaiserlichen Familie dargestellt wurde, kann zwar nicht ausgeschlossen werden, aber scheint aber aufgrund der geringen Höhe eher unwahrscheinlich. Die Ehreninschrift befand sich entweder direkt auf der Plinthe der Statue oder, falls es sich bei der vorliegenden Struktur um den untersten Abschnitt der Basis handelt, auf dem fehlenden Abschnitt des Schafts.
Lit.: Scibona 2009, 34, Abb. 62.

Hala40 (Abb. 75; Abb. 122–123)
Fundort: Halaesa, Agora, Nordwestecke vor Treppen
Aufbewahrungsort: in situ
Maße: 0,90 × 4,40 × 4,40 m
Material: *opus reticulatum* und Ziegeln mit Marmorverkleidung
Datierung: 2. Jh. n. Chr. (*opus reticulatum*)
Identifikation: wahrscheinlich
Beschreibung:
– Fundament: —
– Basisfuß: Eine profilierte Leiste aus weißem Marmor von 14 cm Tiefe verkleidet als Basisfuß den gemauerten Schaft, der direkt auf dem Paviment aufliegt.
– Schaft: Die quadratische Struktur aus *opus reticulatum* und Ziegeln ist unterschiedlich gut erhalten. Der beste Zustand zeigt sich an der Westseite. Hier ist das Podium selbst am höchsten erhalten, außerdem finden sich hier Reste der marmornen Verkleidung: Eine Profilleiste aus weißem Marmor am Fuß, darüber hat sich das Fragment einer massiven Marmorplatte (6 cm) als Verkleidung des Podiums erhalten.
– Bekrönung/Oberseite: —
– Statue: s.u.
Interpretation: Das Podium wurde bereits in verschiedener Weise gedeutet:
– als Rednertribüne (Scibona 1976, 374),
– als Basis für eine Statue des sog. Claudius Pulchro bzw. des Rhetors Petitus (Tigano 2008, 82; Scibona 2009, 39: Hala26),
– als Basis für mehrere Statuen (Scibona 2009, 38 f.; Prestianni Giallombardo 2012, 172 Anm 189),
– als Reiterdenkmal (Portale 2005, 78).

Gegen eine Rednertribüne spricht allerdings das Fehlen von Stufen, die bei sizilianischen Vergleichsbeispielen immer vorhanden sind (Morgantina, Monte Iato). Ohne Stufen auf ein Monument zu gelangen, welches heute noch bis 90 cm Höhe erhalten ist, dürfte eher schwierig gewesen sein. Die Zuschreibung zu einer bestimmten Statue, nämlich der sog. Statue des Claudius Pulchro oder neuerdings des Petitus, ist rein spekulativ. Die ebenfalls rezente Zuschreibung der Ehreninschrift für Aelius Asinius Petitus als Bestandteil der Marmorverkleidung der Basis fußt auf der Verbindung eines Rhetors mit der Togastatue (Hala52, zur Statue und ihrer Identifikation, Scibona 2008, 13 f.). Diese Inschriftenplatte aus Marmor scheint aber mit seinen Maßen nicht geeignet für ein solch monumentales Monument. Die Maße der Basis passen vielmehr zu der Aufstellung einer Quadriga, wie Vergleiche mit quadratischen Basen ähnlicher Maße zeigen (u.a. Zimmer 1992, 304).
Lit.: Scibona 2008, 15. 19; Tigano 2008, 82; Scibona 2009, 38 f.

Hala41 (Abb. 75; Abb. 124)
Fundort: Halaesa, innere Portikus im Norden, Säule zw. den Räumen 2 und 3
Aufbewahrungsort: in situ
Maße: ?
Material: Ziegel
Datierung: nach der Pavimentierung der Portikus, früher als Hala42
Identifikation: wahrscheinlich
Beschreibung:
– Fundament: —
– Basisfuß: —
– Schaft: Der aus Ziegel und Mörtel zusammengesetzte Block ist schlecht erhalten. Einige Teile des Mörtels sind herausgebrochen. Die längliche Struktur integriert die Säule, indem sie die runde Form übernimmt und seitlich einfasst. Sie steht auf dem Paviment auf.
– Bekrönung/Oberseite: —
– Statue: —
Interpretation: Die Statuenbasis steht an einem prominenten Ort, zwischen der Exedra B und den Räumen 2 und 3. Personen, die zu Raum 3 gelangen wollten, konnten entweder von Süden oder von Norden durch die Portikus laufen. Kamen sie von Norden, mussten sie an einer Reihe von Monumenten vorbei, darunter der beschriebenen Basis. Die Datierung ist unklar; eindeutig ist, dass die Basis auf den gebrannten Ziegeln, die den Portikusboden bedecken, steht und somit nach deren Verlegung aufgestellt wurde.
Lit.: Tigano 2012, Taf. 114 Nr. 21.

KATALOG 297

Hala42 (Abb. 75; Abb. 125)
Fundort: Halaesa, innere Portikus im Norden, 1. Säule von Westen
Aufbewahrungsort: in situ
Maße: 0,32 × 0,80 × 0,50 m
Material: Ziegel und Kalkstein
Datierung: nach der Pavimentierung, später als Hala41
Identifikation: wahrscheinlich
Beschreibung:
– Fundament: —
– Basisfuß: —
– Schaft: Der flache Block aus Ziegel, Kalkstein und Mörtel integriert die
  Säule in das Monument hinein, indem sie sich seitlich um den Säulenschaft
  schließt. Die Basis steht auf dem Paviment auf. Außerdem orientiert die
  Basis sich nicht am Paviment, sondern steht schräg in südöstliche Richtung
  verschoben.
– Bekrönung/Oberseite: —
– Statue: —
Interpretation: Die Verschiebung aus der Orientierung am Pavimentverlauf
ist besonders im Vergleich zu Hala13, Hala14 und Hala41 auffällig. Hier sind
die Basen an die südliche Seite der Säule gesetzt. Die hier vorliegende Basis
dagegen nimmt anscheinend Rücksicht auf Hala41. Diese Basis steht nördlich
der Säule südlich der vorliegenden Basis. Wäre diese nun ebenfalls Richtung
Süden an die Säule gesetzt, wäre der Durchgangsraum versperrt gewesen.
Aus diesem Grund wurde die Basis hier verschoben in Südostrichtung an die
Säule gesetzt. Die Basis steht auf dem Paviment auf und wurde somit spä-
ter errichtet; jedoch ist unklar in welchem Zeitraum nach der Verlegung des
Paviments.
Lit.: Scibona 2009, 39 Anm. 150; Tigano 2012, Taf. 114 Nr. 22.

Hala43 (Abb. 75; Abb. 126)
Fundort: Halaesa, innere Portikus, zw. den Räumen 2 und 3
Aufbewahrungsort: in situ
Maße: 0,54 × 0,80 × 0,80 m
Material: dunkelgrauer Kalkstein
Datierung: nach der Pavimentierung der Portikus
Identifikation: wahrscheinlich
Beschreibung:
– Fundament: —
– Basisfuß: —

- Schaft: Der quadratische Block aus Kalkstein wurde auf das Paviment gesetzt, was nur noch unter der östlichen Seite des Blocks erhalten ist. Möglicherweise war der Block ursprünglich höher und/oder verkleidet.
- Bekrönung/Oberseite: —
- Statue: —

Interpretation: Der quadratische Block trug wohl eine Statue. Das Monument wurde nicht direkt an die Mauer zwischen Raum 2 und 3 gesetzt und steht somit mittig zwischen besagter Mauer und der Säule, an der sich bereits ein weiteres Statuenmonument befindet (Hala41). Wann das Statuenmonument allerdings aufgestellt wurde, ist nicht mehr nachzuvollziehen. Da es auf dem Paviment steht, muss es nach dessen Verlegung errichtet worden sein; wann genau, bleibt unklar.

Lit.: Scibona 2009, 39 Anm. 153; Tigano 2012, Taf. 114 Nr. 20.

Hala44 (Abb. 75; Abb. 127)
Fundort: Halaesa, Agora, südlich von Hala42
Aufbewahrungsort: in situ
Maße: 0,15–0,25 × 1,15 × 1,15 m
Material: Ziegel
Datierung: nach dem 2. Jh. n. Chr. (?)
Identifikation: unsicher
Beschreibung:
- Fundament: —
- Basisfuß: —
- Schaft: Erhalten ist eine aus Ziegeln und Mörteln bestehende Struktur. Während die Ränder der fast quadratischen Struktur ordentlich gesetzt sind, befindet sich im Inneren vor allem Mörtel. Die verwendeten Ziegeln sind unterschiedlich groß, aber insgesamt nie länger als 0,15 m.
- Bekrönung/Oberseite: —
- Statue: —

Interpretation: Die Basis aus Ziegeln ist zwar leicht verschoben, doch endet ungefähr auf einer Höhe mit dem Podium (Hala40). Diese Orientierung könnte auf eine ähnliche Datierung hinweisen bzw. darauf, dass das vorliegende Monument sich auf das Podium bezieht. Auf jeden Fall aber steht die Basis direkt auf dem Paviment und wurde somit erst später errichtet.

Lit.: Tigano 2012, Abb. 114 Nr. 5. 6.

Hala45 (Abb. 75; Abb. 128)
Fundort: Halaesa, Agora, südlich von Hala44
Aufbewahrungsort: in situ
Maße: ca. 0,05 × 0,60 × 0,60 m

KATALOG 299

Material: Ziegel
Datierung: kaiserzeitlich (?)
Identifikation: unsicher
Beschreibung:
– Fundament: —
– Basisfuß: —
– Schaft: Relativ ungeordnet liegen Ziegelfragmente in einem Radius von 60 × 60 cm.
– Bekrönung/Oberseite: —
– Statue: —
Interpretation: Es könnte sich bei der Ansammlung von Ziegeln, die zwar keine einheitliche Struktur bilden, aber doch miteinenader verbunden sind, um die Überreste einer Basis handeln (so zumindeste Tigano). Um die Struktur herum ist kein Paviment erhalten, welches für eine relativchronologische Datierung hätte genutzt werden können. Der Aufstellungsort – weder direkt vor den Stufen zur Portikus noch nah an einem anderen Monument – lässt entweder darauf schließen, dass sich weitere Monumente direkt am Rand der Platzanlage befanden, die nicht mehr existieren, oder dass die Basis sich auf die *eschara* in der Nähe bezieht. Ist letzteres der Fall, dann könnte es sich auf der Basis auch auch um die Darstellung einer Gottheit oder um eine Weihung und nicht um eine Ehrenstatue handeln.
Lit.: Tigano 2012, Abb. 114 Nr. 7.

Hala46 (Abb. 75; Abb. 129)
Fundort: Halaesa, Agora, in einer Achse mit Hala48 und Raum 6
Aufbewahrungsort: in situ
Maße: 0,40 × 0,70 × 0,20
Material: gelblicher Stein
Datierung: kaiserzeitlich (?)
Identifikation: unsicher
Beschreibung:
– Fundament: —
– Basisfuß: —
– Schaft: Der Block aus gelblichem Stein ist länglich und liegt auf dem Paviment auf. An der Oberseite befinden sich zwei quadratische Löcher, die den Block das Aussehen eines Architekturelements geben.
– Bekrönung/Oberseite: —
– Statue: —
Interpretation: Von G. Tigano als Statuenbasis gedeutet, doch sind die beiden Löcher an der Oberseite aufgrund ihrer seitlich in einer Linie befindlichen Lage untypisch für die Befestigung einer Plinthe oder eines weiteren Blocks.

Handelt es sich tatsächlich um eine Statuenbasis, dann bezieht sie sich dem Aufstellungsort entsprechend wohl auf Hala48 und wird wohl erst nach dessen Errichtung zu datieren sein.

Lit.: Tigano 2012, Abb. 114 Nr. 13.

Hala47 (Abb. 75; Abb. 130)

Fundort: Halaesa, Agora, östlich von Hala49 und in einer Achse mit der Trennmauer zw. den Räumen 6 und 7

Aufbewahrungsort: in situ

Maße: 0,28 × 0,60 × 0,40 m

Material: Ziegel

Datierung: kaiserzeitlich (?)

Identifikation: unsicher

Beschreibung:

- Fundament: —
- Basisfuß: —
- Schaft: Die Struktur besteht aus Ziegeln und Mörtel. Während die nördliche und westliche Seite eine klare Kante aufweist, nämlich einen großen zerbrochenen Ziegel, besteht der restliche Teil der Struktur aus kleineren Ziegelfragmenten.
- Bekrönung/Oberseite: —
- Statue: —

Interpretation: Die Struktur ist aufgrund der verwendeten Materialien interessant. Statt nur Ziegeln zu verwenden, wurde ein Steinblock an drei Seiten geglättet. Da er anscheinend zu klein war, wurde er durch Ziegeln ergänzt. Durch die vermutliche Verkleidung mit Marmor oder Putz war dies nicht sichtbar.

Lit.: vermutlich identisch mit Tigano 2012, Abb. 114 Nr. 14.

Hala48 (Abb. 75; Abb. 131)

Fundort: Halaesa, Agora, in einer Achse mit Raum 6

Aufbewahrungsort: in situ

Maße: ? × 2,80 × 1,20 m

Material: Ziegel

Datierung: kaiserzeitlich (?)

Identifikation: unsicher

Beschreibung:

- Fundament: —
- Basisfuß: —
- Schaft: Die rechteckige Struktur aus Ziegeln steht direkt auf dem Paviment der Platzanlage. Die Struktur besteht aus mehreren Lagen Ziegeln, diese

KATALOG　　　　　　　　　　　　　　　　　　　　　　　301

scheinen an der obersten erhaltenen Lage aber nicht miteinander verbunden zu sein.

– Bekrönung/Oberseite: —
– Statue: —

Interpretation: Während R. Wilson und G. Scibona die Struktur, ebenso wie Hala49 und Hala50, als Statuenbasen deuteten, hat G. Tigano kürzlich für eine Interpretation als Altäre plädiert. Ausschlaggebend dafür sind zwei Opferschächte, die neben bzw. vor den Strukturen liegen (Taf. 24.1). Jedoch würden die (vermeintlichen) Statuenmonumente Hala46 und Hala47 die Zugänge zu den Altären verstellen. Dementsprechend ist die Deutung als Statuenbasen wahrscheinlich, da diese durchaus in mehreren Reihen stehen konnten. Da Hala46 und Hala47 sehr viel kleinere Monumente als Hala48, Hala49 und Hala50 darstellen, hätten sie auch nicht die Sicht versperrt.

Lit.: Wilson 1990, 48; Scibona 2009, 39, Tigano 2012, Abb. 114 Nr. 10 (als Altar).

Hala49 (Abb. 75; Abb. 132)
Fundort: Halaesa, Agora, in einer Achse mit der Trennmauer von den Räumen 6 und 7
Aufbewahrungsort: in situ
Maße: ? × 2,80 × 1,20 m
Material: Ziegel
Darierung: kaiserzeitlich (?)
Identifikation: unsicher
Beschreibung:

– Fundament: —
– Basisfuß: —
– Schaft: Ebenso wie Hala48 handelt es sich um eine rechteckige Struktur, deren Ränder mit Ziegeln gerahmt sind, innen jedoch verfüllt war. Vor dieser Struktur befindet sich ein Opferschacht (Abb. 75; Abb. 132).
– Bekrönung/Oberseite: —
– Statue: —

Interpretation: Die Struktur wurde ebenso wie Hala48 in der Literatur als Statuenbasis (Wilson, Scibona) oder als Altar (Tigano) gedeutet. Bei der vorliegenden Struktur ist allerdings hervorzuheben, dass sich mittig davor auf der Platzanlage ein Opferschaft befindet (Abb. 75; Tigano 2012, Abb. 114 Nr. 9). Dennoch würde die Statuenbasis Hala47 den Zugang zum Opferschacht und Altar versperren. Würde es sich bei der vorliegenden Struktur tatsächlich um eine Statuenbasis handeln, könnte es sich bei Hala47 entweder um eine Stautenbasis für das Standbild einer Gottheit oder um einen kleinen Altar handeln.

Lit.: Wilson 1990, 48; Scibona 2009, 39; Tigano 2012, Abb. 114 Nr. 11 (Altar).

302 KATALOG

Hala50 (Abb. 75; Abb. 133)
Fundort: Halaesa, Agora, in einer Achse mit Raum 7
Aufbewahrungsort: in situ
Maße: 0,20 × 3,00 × 1,70 m
Material: Ziegel
Datierung: kaiserzeitlich (?)
Identifikation: unsicher
Beschreibung:
– Fundament: —
– Basisfuß: —
– Schaft: Die rechteckige Struktur ist genauso aufgebaut wie Hala48 und Hala49. Die Ränder bestehen aus Ziegeln, während das Innere verfüllt ist.
– Bekrönung/Oberseite: —
– Statue: —
Interpretation: Die Struktur wurde ebenso wie Hala48 in der Literatur als Statuenbasis (Wilson, Scibona) oder als Altar (Tigano) gedeutet. Vor der vorliegenden Struktur befindet sich weder eine den Zugang versperrende Statuenbasis noch ein Opferschacht. Dennoch kann eine Deutung nur in Zusammenschau mit den daneben liegenden Strukturen Hala48 und Hala49 erfolgen.
Lit.: Wilson 1990, 48; Scibona 2009, 39; Tigano 2012, Abb. 114 Nr. 12 (Altar).

Hala51 (Abb. 134)
Fundort: Tusa, in Hauswand eingemauert
Aufbewahrungsort: in situ
Maße: ?
Material: Marmor
Datierung: claudisch (Portale)
Identifikation: sicher
Beschreibung:
– Fundament: —
– Basisfuß: —
– Schaft: —
– Bekrönung/Oberseite: —
– Statue: Der Kopf aus Marmor ist in einer Hauswand eingemauert.
Interpretation: Obwohl der Kopf sehr schlecht erhalten und die Oberfläche verwaschen ist, kann festgehalten werden, dass es sich um ein Porträt des Kaiser Claudius handelt. E. C. Portale zufolge kann das Porträt direkt nach seinem Regierungsantritt datiert werden. Ob die Statue allerdings auf der Agora Halaesas aufgestellt war, kann nur vermutet werden.
Lit.: Portale 2009, 69 Abb. 4.

KATALOG 303

Hala52 (Abb. 135)
Fundort: Halaesa
Aufbewahrungsort: Halaesa Antiquarium
Maße: 1,81 m (Statue mit Plinthe); 1,725 (ohne Plinthe); 0,29 m (Kopf)
Material: Marmor
Datierung: Mitte 2. Jh. n. Chr. (Portale)
Identifikation: sicher
Beschreibung:
– Fundament: —
– Basisfuß: —
– Schaft: —
– Bekrönung/Oberseite: —
– Statue: Die männliche Statue ist fast komplett erhalten, lediglich der linke
  Unterarm und die Hand fehlen. Die Statue steht auf einer rundlichen
  ovalen Plinthe. Als Stütze an der rechten Seite fungieren Buchrollen. Der
  Dargestellte ist in Chiton und Himation gekleidet, den Bausch des Himations
  hält er in seiner rechten Hand. Das Porträt ist stark verwaschen, wodurch
  weder die Frisur noch das Gesicht genau zu erkennen sind. Deutlich sicht-
  bar ist aber, dass er einen Bart hat und lockig-welliges Haar trägt.
Interpretation: Die Statue wurde früh mit dem Prätor C. Claudius Pulchro in
Verbindung gebracht, der durch Ciceros Reden gegen Verres bekannt ist (Cic.
Verr. 2, 2, 122). Doch gibt es für diese Hypothese keinerlei Grundlage, ebenso
wenig wie für die zuletzt vorgeschlagene Zusammengehörigkeit mit einer
Ehrung für den Rhetor Petitus (Hala26).
Lit.: Bonacasa 1964, 95; Mastelloni 1998; Facella 2006; Scibona 2008, 13 f.;
Portale 2009, 90 f., Abb. 10 a–g.

Hala53+Hala54 (Abb. 136)
Fundort: Halaesa, Agora, bei Raum 7, 2003
Aufbewahrungsort: Halaesa Antiquarium Inv. 20-10-03/ME 21196
Maße: 0,322 m (Kopf); 0,22 m (Gesicht)
Material: Marmor
Datierung: ursprünglich frühkaiserzeitlich; 1. Umarbeitung Anfang 4. Jh. n.
Chr.; 2. Umarbeitung (*damnatio memoriae* ?) Mitte/Ende 4. Jh. n. Chr. (Portale
2009, 88–90)
Identifikation: sicher
Beschreibung:
– Fundament: —
– Basisfuß: —
– Schaft: —
– Bekrönung/Oberseite: —

304 KATALOG

- Statue: Der erhaltene Porträtkopf eines Mannes ist in einem schlechten Erhaltungszustand. Die Kalotte, sowie die Nase, Teile des Kinns und das linke Ohr fehlen. Die restliche Oberfläche ist bestoßen. Nur wenige Abschnitte zeigen die originale geglättete Oberfläche, bspw. die linke Wange und der Hals.

Interpretation: C. E. Portale zufolge handelte es sich ursprünglich um einen augusteischen Porträtkopf, der Anfang des 4. Jhs. umgearbeitet wurde. Sie vermutet außerdem, dass der Kopf in der Mitte oder am Ende des 4. Jhs. n. Chr. zerstört wurde; die Nase, Lippen, Augen und Teile der Ohren wurden dabei abgearbeitet. Hinweise für Umarbeitungen finden sich in den sehr großen, tiefgelegten Augen, dem überdimensionierten Ohr und dem dicken Hals.

Lit.: Scibona 2008, 31; Portale 2009, 88–90, Abb. 9 a–d.

Haluntium
Halu1 (Abb. 137–138)
Fundort: S. Marco d'Alunzio
Aufbewahrungsort: Palermo Museo archeologico regionale Antonino Salinas Inv. 8815
Maße: 0,525 × 0,48 × 0,485 m
Buchstabenh.: 0,025–0,03 m
Material: Breccia
Datierung: 1. Jh. v. Chr.
Identifikation: sicher
Inschrift:
ὁ δᾶμος / [.]ιωτον Τιμάνδρο[υ] / εὐνοίας ἕνεκεν.
Beschreibung:
- Fundament: —
- Basisfuß: —
- Schaft: Die Ehrung durch den Demos eines gewissen Timandros für seine eunoia ist auf der Vorderseite eines Blockes aus Sandstein erhalten. Die Oberfläche des rechteckigen Blockes ohne Profil ist geglättet. Die griechische Inschrift an der Vorderseite ist in drei Zeilen geteilt, zwischen denen gleichmäßig große Leerzeilen stehen. Sie ist in regelmäßig großen Buchstaben ohne Leerzeichen auf der gesamten Breite des Blocks verfasst. Damit nimmt die Inschrift nicht einmal die obere Hälfte ein; der untere Teil ist leer.
- Bekrönung/Oberseite: Die Oberseite der Basis ist nicht komplett erhalten und der obere Teil der Buchstaben der ersten Zeile beschnitten. Ebenso ist die Oberfläche an verschiedenen Stellen bestoßen und Risse erkennbar. An der unteren rechten Ecke ist der Stein ausgebrochen und modern aufgefüllt,

KATALOG 305

damit der Block steht. Die Oberseite ist nicht geglättet, hier sind noch Werkzeugspuren zu sehen, ebenso wie tiefe herausgebrochene Abschnitte.
- Statue: Die Maße des Blocks lassen eine lebensgroße Statue auf der Basis rekonstruieren.

Interpretation: Es handelt sich um eine Statuenbasis, deren Oberfläche allerdings kaum Rückschlüsse über das darauf stehende Standbild zulässt. Eine Marmorstatue darauf zu rekonstruieren erscheint allerdings am wahrscheinlichsten, da Einlassungen für eine Bronzestatue tiefer als die fehlende Oberfläche gewesen wäre und somit vermutlich noch sichtbar sein müssten. Die Breite und Tiefe der Basis lassen eine lebensgroße stehende Statue vermuten.
Literatur: IG XIV 366; ISic1189; Manni Piraino 1973, 67 f. Nr. 43, Taf. 26.

Halu2 (Abb. 139)
Fundort: S. Marco d'Alunzio
Aufbewahrungsort: Palermo Museo archeologico regionale Antonino Salinas Inv. 8814
Maße: 0,70 × 0,78 × 0,70 m; 0,39 × 0,64 × 0,65 m (nur Schaft ohne Profil)
Buchstabenh.: 0,03 m
Material: Breccia
Datierung: 43–36 v. Chr. (Wilson, Prag)
Identifikation: sicher
Inschrift:
τὸ μουνικίπιον τῶν / Ἀλοντίνων Γναῖον / Πολλιηνὸν Εὐμαρέα / υἱὸν εὐεργ[ε]τ[ῶν] / ἀπό- / γονον εὐνοία[ς] ἕνεκεν.
Beschreibung:
- Fundament: —
- Basisfuß: Die Basis hat einen breiten Basisfuß, der mit einem Kyma reversa-Profil in den schmaleren Schaft übergeht.
- Schaft: Der Schaft weist eine geglättete Oberfläche auf, die allerdings aufgrund der Erhaltung des Materials Risse aufweist, so dass die Inschrift kaum lesbar ist.
- Bekrönung/Oberseite: Die Oberseite ist aufgrund der Materialbeschaffenheit sehr schlecht erhalten, alle Ränder sind gebrochen, die Oberfläche weist zahlreiche Risse auf. Deutlich erkennbar sind aber zwei Einlassungen für eine in Ponderation stehende Bronzestatue. Allerdings weisen die Sohlen in die entgegengesetzte Richtung, weshalb die Statue der Inschrift den Rücken zukehren würde.
- Statue: Die Maße der Basis lassen eine leicht überlebensgroße stehende Statue rekonstruieren.

306 KATALOG

Interpretation: Die Einlassungen an der Oberseite lassen nur den Schluss zu, dass sie sich nicht auf die Inschrift an der Vorderseite beziehen, sondern auf die Rückseite (Halu3). Der Inschrift dieser Phase zufolge ehrt das Municipium von Haluntium einen gewissen Gnaius Pollienus. Damit stellt sie die einzige griechische Inschrift aus Haluntium dar. Die Erwähnung des Municipium spricht für eine Datierung in augusteische Zeit, zu dessen Beginn Haluntium zum Municipium erhoben wurde. Interessant ist, dass das lateinische Wort *municipium* mit griechischen Buchstaben geschrieben und kein griechisches Wort benutzt wird. M. Manni Piraino datiert die Inschrift dagegen später und weist die Einlassungen an der Oberseite der Inschrift zu (Manni Piraino 1973). Der Geehrte ist als Vater von Gn. Pollienus, Sohn von Gnaeus, in Termini Imerese bekannt und wurde dort, ebenfalls in augusteischer Zeit, mit zwei Statuen geehrt. Da die Einlassungen der Oberseite nicht zu der Inschrift gehören kann, ist unklar, welche Art von Statue dem Geehrten errichtet wurde. Die Maße der Basis sprechen für eine leicht überlebensgroße Statue.

Lit.: IG XIV 367; Manni Piraino 1973, 68 f. Nr. 44, Taf. 27; Manganaro 1988, 19; Wilson 1990, 42 Anm. 87; Prag 2008, 78 Anm. 81.

Halu3 (Abb. 140)
Fundort: S. Marco d'Alunzio
Aufbewahrungsort: Palermo Museo archeologico regionale Antonino Salinas Inv. 8814
Maße: 0,70 × 0,78 × 0,70 m; 0,39 × 0,64 × 0,65 m (ohne Profil)
Material: Breccia
Datierung: als *terminus post quem* agiert die frühaugusteische Inschrift auf der Rückseite (Halu2)
Identifikation: unsicher
Beschreibung:
– Fundament: —
– Basisfuß: s.o.
– Schaft: s. Halu2. Die Vorderseite der Basis war nicht für eine Autopsie zugänglich. Eine Inschrift, die zu den Einlassungsspuren an der Oberseite gehört, ist aber anzunehmen.
– Bekrönung/Oberseite: Die Oberseite ist aufgrund der Materialbeschaffenheit sehr schlecht erhalten, alle Ränder sind gebrochen, die Oberfläche weist zahlreiche Risse auf. Deutlich erkennbar sind aber zwei Einlassungen für eine stehende Bronzestatue. Die Einlassung für den rechten Fuß betragen 24,2 cm lang und 4,5 bzw. 10 cm breit und ca. 8,5 cm tief. Die des linken

KATALOG   307

Fußes ist 24,5 cm lang, 5 bzw. 10 cm breit und ca. 9 cm tief. Hinter dem linken Fuß befindet sich eine rechteckige Einlassung (4 × 1 cm, ca. 7 cm tief),
die nicht gedeutet werden kann.
– Statue: Die Maße und Einlassungen lassen eine leicht überlebensgroße stehende Bronzestatue vermuten.
Interpretation: Aufgrund der Ehreninschrift auf der Rückseite der Basis (Halu2)
und den Einlassungen an der Oberseite für eine lebensgroße Bronzestatue ist
eindeutig, dass die Basis wiederverwendet wurde. Die Einlassungen müssen
zur späteren Phase gehört haben, somit kann die Inschrift für Gn. Pollienus
als *terminus post quem* angesehen werden. Die Einlassungen lassen eine in
Ponderation stehende, mindestens lebensgroße Bronzestatue rekonstruieren.
Wieso und wann die Basis widerverwendet wurde, ist nicht bekannt. Ebenfalls
unklar ist, wer mit dem Bronzestandbild geehrt wurde.
Lit.: Manni Piraino 1973, 68 f. Nr. 44, Taf. 27.

Halu4
Fundort: S. Marco d'Alunzio
Aufbewahrungsort: ?
Maße: ?
Material: Marmor
Datierung: 12 v. Chr.–14 n. Chr.
Identifikation: sicher
Inschrift:
Augusto divi f(ilio) / pontif(ex) max(imus) / municipium.
Beschreibung:
– Fundament: —
– Basisfuß: —
– Schaft: Es liegt weder eine Abbildung der Inschrift vor noch ist ihr Auf-
  bewahrungsort bekannt.
– Bekrönung/Oberseite: —
– Statue: —
Interpretation: Der überlieferten Inschrift zufolge ehrte das Municipium
Augustus mit einer Statue. Ebenso wie eine weitere Statuenbasis aus Haluntium
(Halu2) ist diese Inschrift ein Zeugnis dafür, dass Haluntium im Rahmen der
augusteischen Neuordnung zum Municipium erhoben wurde. Die Datierung
beruht auf auf der Erwähnung des *pontifex maximus*-Amtes.
Lit.: CIL X 7463; ISic0587; Højte 2004, 240 Aug67.

Halu5 (Abb. 141)

Fundort: S. Marco d'Alunzio

Aufbewahrungsort: S. Marco d'Alunzio Museo della cultura e delle Arti figurativi bizantine e normanne

Maße: 0,15 × 0,32 × 0,20 m

Material: Breccia

Datierung: tiberisch (Tod Livias als *terminus post quem*)

Identifikation: wahrscheinlich

Inschrift:

[Liviae A]ugusti / [deae / municipium]

Beschreibung:

– Fundament: —

– Basisfuß: —

– Schaft: Der erhaltene Block ist nur fragmentarisch erhalten. Die lateinischen Buchstaben sind einheitlich und ordentlich geschrieben.

– Bekrönung/Oberseite: —

– Statue: —

Interpretation: In der Inschrift wird Livia als *dea* bezeichnet, weshalb die Statue erst nach ihrem Tod dediziert sein kann. Weitere Angaben zu den ursprünglichen Maßen der Basis und damit verbunden auch zur Statue, können aufgrund der fragmentarischen Erhaltung nicht gemacht werden.

Lit.: CIL 7464; AE 2001,1108; ISico588; Manganaro 1988, 48; Bonanno 1997–1998, 448 Taf. 107, 2; Prag 2008, 78 Anm. 80.

Halu6 (Abb. 142)

Fundort: S. Marco d'Alunzio

Aufbewahrungsort: S. Marco d'Alunzio Museo della cultura e delle Arti figurativi bizantine e normanne

Maße: 0,74 × 0,61 × 0,66 m; 0,41 m hoch (Schaft)

Material: gräulicher Kalkstein

Datierung: frühaugusteisch

Identifikation: unsicher

Beschreibung:

– Fundament: —

– Basisfuß: Die Statuenbasis trägt einen auskragenden Basisfuß.

– Schaft: Erhalten ist eine Statuenbasis aus Kalkstein. Auf dem quadratischen Schaft sind keine Spuren einer Inschrift sichtbar. Obwohl die Oberfläche des Steins verwittert ist, kann vermutet werden, dass die Inschrift entweder aufgemalt oder die Basis verstuckt bzw. verkleidet war.

KATALOG   309

- Bekrönung/Oberseite: Entsprechend parallel zum Basisfuß, ist die Bekrönung als auskragendes Profil erhalten. Die Oberseite der Basis zeigt zwei sohlenförmige Einlassungen für eine in leichter Ponderation stehende Bronzestatue mit folgenden Maßen 24 × 11 cm, 25 × 12 cm, beide sind 6 cm tief.
- Statue: Rekonstruiert werden kann aufgrund der Einlassungen eine mindestens lebensgroße, stehende Bronzestatue.

Interpretation: Die Einlassungsspuren auf der Oberseite der Basis weisen auf eine lebens- oder leicht überlebensgroße Bronzestatue hin. Ohne die entsprechende Inschrift bleiben die Hintergründe der Ehrung unbekannt. Das Profil der Basis ähnelt einer weiteren Basis aus Haluntium (Halu2 bzw. Halu3). Dieses Monument konnte in frühaugusteische Zeit datiert werden, weshalb hier für diese Basis ebenfalls eine frühkaiserzeitliche Datierung vorgeschlagen wird. Der leicht ponderierte Stand der Statue könnte auf eine männliche Gewandstatue hinweisen.
Lit.: —

Monte Iato (Abb. 143)
Iato1 (Abb. 144)
Fundort: Monte Iato, Agora
Aufbewahrungsort: San Cipirello Magazin S9
Material: Marmor
Maße: 0,18 m hoch
Datierung: hellenistisch
Identifikation: unsicher
Beschreibung:
- Fundament: —
- Basisfuß: —
- Schaft: —
- Bekrönung/Oberseite: —
- Statue: Das Marmorfragment war Teil einer stehenden Gewandstatue. Das erhaltene Fragment weist mehrere senkrecht verlaufende Falten auf. Die Falten sind abwechslungsreich und differenziert gebildet. Die Oberfläche bleibt unbewegt, die Bohrungen sind flach gehalten, obgleich die Falten teilweise übereinanderlagen, bevor sie brachen.

Interpretation: Es handelt sich um das Fragment einer Gewandstatue. Der Statuentyp kann nicht erschlossen werden. Da die Falten senkrecht verlaufen und eine Seite intakt ist und keine Bruchkante aufweist, könnte es sich um ein Fragment des Sinus, aber ebenso auch um ein Stück des Gewands der Beinpartie handeln.
Lit.: Bloesch – Isler 1977, 20 f. Abb. 20.

Iato2 (Abb. 145)
Fundort: Monte Iato, Agora
Aufbewahrungsort: San Cipirello Magazin S46
Material: Marmor
Maße: 0,192 m hoch erhalten
Datierung: hellenistisch
Identifikation: unsicher
Beschreibung:
– Fundament: —
– Basisfuß: —
– Schaft: —
– Bekrönung/Oberseite: —
– Statue: Erhalten ist das Fragment einer Gewandstatue. Die abgerundete Form und die oberflächlichen, an der Form orientierten Falten des Gewands sprechen für die Deutung als Schulterpartie.
Interpretation: Ebenso wie weitere Fragmente aus dem Bereich der Agora auf dem Monte Iato spricht auch dieses Fragment für die Aufstellung von Gewandstatuen in hellenistischer Zeit auf der Agora.
Lit.: Isler 1993, 17 Abb. 22.

Iato3 (Abb. 146)
Fundort: Monte Iato, Agora
Aufbewahrungsort: San Cipirello Magazin S47
Maße: ?
Material: Marmor
Datierung: späthellenistisch
Identifikation: wahrscheinlich
Beschreibung:
– Fundament: —
– Basisfuß: —
– Schaft: —
– Bekrönung/Oberseite: —
– Statue: Erhalten ist ein Fragment einer Gewandstatue, welches die linke Schulter einer männlichen Statue darstellt. Die Falten am Arm verlaufen in Richtung Körpermitte um den Arm herum, während über die Schulter ein Togaende gelegt wurde. Die Falten sind insgesamt wenig plastisch gebildet, die Oberfläche scheint wenig bewegt.
Interpretation: Es handelt sich um das Fragment eines Togatus. Eine Datierung in das 1. Jh. v. Chr. scheint aufgrund der Oberflächen- und Faltengestaltung

KATALOG 311

wahrscheinlich (vgl. die Schulterpartie einer Statue in Venafro, Post 2004, Kat. v.19).
Lit.: Isler 1993, 47 Abb. 23.

Iato4 (Abb. 147–148)
Fundort: Monte Iato, Agora, Oberflächenfund
Aufbewahrungsort: San Cipirello Magazin S48+S49
Material: Marmor
Maße: 0,12 m hoch
Datierung: hellenistisch (?)
Identifikation: unsicher
Beschreibung:
– Fundament: —
– Basisfuß: —
– Schaft: —
– Bekrönung/Oberseite: —
– Statue: Das erhaltene Fragment aus Marmor zeigt Gewandfalten, die im Schwalbenschwanzschema nach unten fallen. Daran anschließend befinden sich eng nebeneinander senkrecht nach unten verlaufende Falten. Die beiden Faltenschemata sind durch eine tiefe senkrechte Falte geradezu getrennt voneinander. Die Oberfläche ist flächig gebildet, die Falten sind nicht tief; vor allem das Schwalbenschwanzschema zeigt keinerlei räumliche Wirkung. Ein nicht anpassendes Fragment könnte zur selben Statue gehört haben, Oberfläche und Faltengestaltung sind sehr ähnlich.
Interpretation: Das Gewandfragment kann an der linken Seite einer Statue rekonstruiert werden, an der das Gewand vom Arm herunterfällt. Das Fragment S48 gehört zum untersten Zipfel dieser Gewandpartie; direkt daran schließen aus diesem Grund auch die senkrecht verlaufenden Falten des restlichen Gewands an. Das Fragment S49 dagegen kann aufgrund der senkrecht verlaufenden Falten an mehreren Stellen rekonstruiert werden. Die Entstehung der Statue ist aufgrund der oberflächlichen Faltenbearbeitung im frühen Hellenismus anzunehmen.
Lit.: —

Iato5 (Abb. 149)
Fundort: Monte Iato, Agora
Aufbewahrungsort: San Cipirello Magazin S20
Maße: ?
Datierung: hellenistisch (?)

312 KATALOG

Identifikation: unsicher
Beschreibung:
– Fundament: —
– Basisfuß: —
– Schaft: —
– Bekrönung/Oberseite: —
– Statue: Hierbei handelt es sich um ein Gewandfragment, welches das Ende eines Gewandzipfels darstellt. Eine tiefe senkrechte Falte trennt das fein gegliederte Gewand, welches sich am Ende einrollt. Der Soff weist eine feine Binnengliederung auf, die auf ein weibliches Untergewand hinweist.
Interpretation: Sowohl die relativ unbewegte Oberfläche als auch die Oberflächengestaltung lassen eine Datierung in späthellenistische Zeit vermuten.
Lit.: —

Iato6 (Abb. 150)
Fundort: Monte Iato, Streufund
Aufbewahrungsort: San Cipirello Magazin S41
Maße: 0,44 × 0,145 m
Material: Marmor
Datierung: Ende 1. Jh. n. Chr. (?)
Identifikation: wahrscheinlich
Beschreibung:
– Fundament: —
– Basisfuß: —
– Schaft: —
– Bekrönung/Oberseite: —
– Statue: Erhalten ist das Fragment einer männlichen Gewandstatue. Die Falten verlaufen gemeinsam von einem Punkt aus schräg nach unten und brechen dann ab. Im Verlauf von oben links nach unten rechts an der Statue öffnen sich die Falten weiter, während sie zu Beginn übereinanderlagen. Unterhalb des Bereiches, an dem der Schrägverlauf zunimmt und das Gewand nach rechts wegbiegt, treten Gewandfalten hervor, die weniger flächig und voluminös weiter nach unten fallen. Sichtbar sind außerdem kleine Löcher für Anstückungen an der Oberfläche. Die Falten des wegbiegenden Teils zeigt die Unterbohrung der Falten, die dadurch flächiger wirken.
Interpretation: Es fällt aufgrund der Fragmentiertheit schwer, das Fragment an einem bestimmten Ort am Gewand zu rekonstruieren. Es muss eine Stelle sein, an dem ein Teil des Gewands schräg zur anderen Seite des Körpers gezogen

KATALOG 313

wird. Denkbar ist entweder die Toga an der linken Schulter, die dort hinabfällt oder der Sinus, der schräg in Richtung des rechten Knies verläuft.
Lit.: —

Iato7 (Abb. 151)
Fundort: Monte Iato
Aufbewahrungsort: San Cipirello Magazin S15
Maße: ?
Material: Marmor
Datierung: kaiserzeitlich
Identifikation: unsicher
Beschreibung:
– Fundament: —
– Basisfuß: —
– Schaft: —
– Bekrönung/Oberseite: —
– Statue: Ein Fragment ionischen Gebälks hat sich erhalten, welches Gewandfalten aufweist. Die Falten sind allerdings flach und nicht plastisch ausgebildet. Somit ist es am wahrscheinlichsten, dass es sich um die Rückseite einer Statue handelt.
Interpretation: Das ionische Kyma kann mithilfe der Form des Eierstabs in das 2. Jh. n. Chr. datiert werden. Zu einem unbekannten Zeitpunkt danach muss der Block zu einer Statue umgenutzt worden sein. Unklar ist allerdings, ob die Statue aus mehreren Blöcken gearbeitet und dann zusammengesetzt wurde. Außerdem wurde bisher kein marmornes Gebälk auf dem Monte Iato gefunden, so dass nicht zu ermitteln ist, von welchem Gebäude der Block ursprünglich stammt.
Lit.: Isler 1979, 49 f., 55 Ab. 16.

Iato8 (Abb. 152–153)
Fundort: Monte Iato
Aufbewahrungsort: San Cipirello Magazin S38
Maße: 0,39 × 0,21 m
Material: Marmor
Datierung: kaiserzeitlich
Identifikation: unsicher
Beschreibung:
– Fundament: —
– Basisfuß: —
– Schaft: —

314 KATALOG

- Bekrönung/Oberseite: —
- Statue: Erhalten ist ein halbkreisförmiges Fragment einer Gewandstatue. Es handelt sich entweder um ein Fragment eines Beines oder Armes. Die Falten sind flach gebildet und verlaufen schräg nach unten. Das Fragment lässt sich aufgrund der Wölbung gut an der Außenseite eines Beins oder Arms ergänzen.

Interpretation: Eine Datierung ist wegen der nur flach gebildeten Falten kaum möglich, doch könnte die Gestaltung und Anordnung der Falten für eine frühkaiserzeitliche Datierung sprechen.

Lit.: unpubliziert.

Iato9 (Abb. 154)
Fundort: Monte Iato, Streufund
Aufbewahrungsort: San Cipirello Magazin S59
Maße: 0,145 × 0,27 m
Material: Marmor
Datierung: kaiserzeitlich
Identifikation: wahrscheinlich
Beschreibung:
- Fundament: —
- Basisfuß: —
- Schaft: —
- Bekrönung/Oberseite: —
- Statue: Erhalten ist das Fragment einer marmornen Gewandstatue. Sichtbar ist ein rechtes Knie, oberhalb dessen der Sinus der Toga endet. Neben dem Knie, welches sich durch den Stoff drückt, ist ein Teil des linken Beins zu erkennen. Zwischen beiden Beinen bildet der Stoff der Toga Falten.

Interpretation: Das Fragment kann als Teil einer Togastatue im Kontrapost ergänzt werden. Unklar ist einerseits die Datierung der Statue als auch der Aufstellungsort. Der Sinus, der auf das Knie fällt, könnte auf eine frühkaiserzeitliche Entstehung hindeuten.

Lit.: —

Iato10 (Abb. 155–156)
Fundort: Monte Iato, Agora
Aufbewahrungsort: San Cipirello Magazin S35
Maße: 0,13 × 0,095 m
Material: Marmor
Datierung: kaiserzeitlich
Identifikation: wahrscheinlich

KATALOG 315

Beschreibung:
– Fundament: —
– Basisfuß: —
– Schaft: —
– Bekrönung/Oberseite: —
– Statue: Das marmorne Fragment einer Gewandstatue weist tief gebohrte
Falten auf. Da sie schmal nebeneinanderliegen und auch eine der Seite
ebenfalls Falten aufweist, muss es sich um eine freiliegende Partie handeln.
Interpretation: Aufgrund der fragmentierten Erhaltung gestaltet sich sowohl
die Zuordnung zu einem Statuenteil als auch die Datierung schwierig.
Möglicherweise handelt es sich um das untere Ende der Lacinia zwischen
den Beinen. Die tiefen Bohrungen der Falten könnte für eine kaiserzeitliche
Datierung sprechen.
Lit.: —

Iato11 (Abb. 157)
Fundort: Monte Iato, Agora
Aufbewahrungsort: San Cipirello Magazin S24
Maße: 0,14 × 0,10 m
Material: Marmor
Datierung: kaiserzeitlich
Identifikation: wahrscheinlich
Beschreibung:
– Fundament: —
– Basisfuß: —
– Schaft: —
– Bekrönung/Oberseite: —
– Statue: Erhalten ist ein marmornes Fragment, welches parallel zueinander
liegenden Falten aufweist. Die Falten sind strikt senkrecht gebildet und wei-
sen keinerlei Bewegung auf.
Interpretation: Die parallel nebeneinander liegenden unbewegten Falten
könnten Teil einer Pteryges sein. Diese können Panzerstatuen zugeordnet wer-
den, die beispielsweise einen Kaiser darstellten.
Lit.: —

Iato12 (Abb. 158)
Fundort: Monte Iato, 1977
Aufbewahrungsort: San Cipirello Magazin S1
Maße: 0,17 × 0,07 m
Material: Marmor

Datierung: kaiserzeitlich
Identifikation: wahrscheinlich
Beschreibung:
- Fundament: —
- Basisfuß: —
- Schaft: —
- Bekrönung/Oberseite: —
- Statue: Ein längliches Fragment aus Marmor hat sich erhalten, welches an zwei Seiten unterschiedlich ausgeprägte Falten aufweist. Während an zwei Seiten Falten sichtbar sind, zeigen die anderen Seiten Bruchkanten. Die Oberfläche ist verwittert.

Interpretation: Aufgrund der Faltengestaltung und der Bruchkanten kann vermutet werden, dass das Fragment unterhalb des linken Armes eines Togatus rekonstruiert werden kann. Dort fiel das Gewand vom Arm herab und bildete ähnliche Enden wie auch am vorliegenden Fragment sichtbar sind.
Lit.: —

Iato13 (Abb. 159–160)
Fundort: Mone Iato, Agora
Aufbewahrungsort: San Cipirello Magazin S31
Maße: 0,084 × 0,105 m
Material: Marmor
Datierung: kaiserzeitlich
Identifikation: unsicher
Beschreibung:
- Fundament: —
- Basisfuß: —
- Schaft: —
- Bekrönung/Oberseite: —
- Statue: Überliefert ist ein marmornes Fragment, welches auf der Rückseite ein Dübelloch zeigt, auf der Vorderseite eine geglättete Fläche. Die Oberfläche ist verwittert und zeigt einige Bestoßungen auf. Die Oberfläche des Fragments ist gewölbt und unten befindet sich eine gerade Kante, die eine gepickte Oberfläche aufweist.

Interpretation: Das Fragment kann als Beinfragment gedeutet werden, welches zu einer nackten Statue oder Panzerstatue ergänzt werden kann. Das Fragment war zur Anstückung an ein Knie gearbeitet.
Lit.: —

KATALOG 317

Iato14 (Abb. 161–162)
Fundort: Monte Iato
Aufbewahrungsort: San Cipirello Magazin S21
Maße: 0,17 m lang
Material: Marmor
Datierung: kaiserzeitlich
Identifikation: unsicher
Beschreibung:
- Fundament: —
- Basisfuß: —
- Schaft: —
- Bekrönung/Oberseite: —
- Statue: Erhalten ist eine männliche linke Hand aus Marmor. Die Finger sind gebrochen, außerdem ist der Arm schräg oberhalb des Handgelenks abgebrochen. Die Hand ist geschlossen, die Adern sind deutlich sichtbar. An der Innenfläche der Hand befindet sich eine runde Aushöhlung.

Interpretation: Die marmorne Hand einer männlichen überlebensgroßen Statue gehörte vermutlich zu einer Statue, die in der linken Hand eine Lanze, Szepter oder ähnliches hielt. Die Bearbeitung des Marmors weist auf eine qualitative Arbeit hin. Vermutlich stammt die Hand von der Darstellung eines Gottes oder eines Kaisers.
Lit.: Isler 1985, 11, 12 Abb. 16.

Iato15 (Abb. 163)
Fundort: Monte Iato, in Verfüllschicht aus dem 3. V. 2. Jh. n. Chr.
Aufbewahrungsort: San Cipirello Magazin S64
Maße: 0,12 m breit überlebensgroß
Material: Marmor
Datierung: vor dem 2. Jh. n. Chr.
Identifikation: unsicher
Beschreibung:
- Fundament: —
- Basisfuß: —
- Schaft: —
- Bekrönung/Oberseite: —
- Statue: Erhalten ist eine weibliche Hand mit halbem Granatapfel. Gebrochen ist das Fragment vor dem Handgelenk, hier finden sich Reste eines Anstückungslochs.

Interpretation: Der Granatapfel als Attribut findet sich im Zusammenhang mit Frauen, Fruchtbarkeit und Ehe. Unklar ist, ob es sich zwangsläufig um die Darstellung einer Göttin handeln muss.
Lit.: Reusser 2014, 96 Taf. 12.

318   KATALOG

Iato16 (Abb. 164)
Fundort: Monte Iato, Agora
Aufbewahrungsort: San Cipirello Magazin S 57
Maße: 0,11 × 0,035 m
Material: Marmor
Datierung: kaiserzeitlich (?)
Identifikation: unsicher
Beschreibung:
- Fundament: —
- Basisfuß: —
- Schaft: —
- Bekrönung/Oberseite: —
- Statue: Überliefert ist ein längliches dünnes Fragment, welches aus stark geglättetem Marmor besteht und Falten aufweist.
Interpretation: Eine Zuordnung des Fragments gestaltet sich aufgrund der geringen Erhaltung schwer. Es handelt sich wohl um die Falte eines Gewandes.
Lit.: —

Iato17 (Abb. 165–166)
Fundort: Monte Iato
Aufbewahrungsort: San Cipirello Magazin S33
Maße: ?
Material: Marmor
Datierung: kaiserzeitlich (?)
Identifikation: unsicher
Beschreibung:
- Fundament: —
- Basisfuß: —
- Schaft: —
- Bekrönung/Oberseite: —
- Statue: Es liegt ein Gewandfragment aus Marmor vor.
Interpretation: Das Gewandfragment kann nicht genauer eingeordnet werden. Als Datierungsvorschlag kann die Kaiserzeit vermutet werden.
Lit.: —

Iato18 (Abb. 167)
Fundort: Monte Iato
Aufbewahrungsort: San Cipirello Magazin S39
Maße: ?

KATALOG

Material: Marmor
Datierung: kaiserzeitlich (?)
Identifikation: unsicher
Beschreibung:
– Fundament: —
– Basisfuß: —
– Schaft: —
– Bekrönung/Oberseite: —
– Statue: Erhalten ist das marmorne Fragment von zwei angewinkelten Fingern. Es könnte sich um Ring- und Mittelfinger handeln, da einer der Finger breiter und hervorgehobener gearbeitet wurde.

Interpretation: Es kann vermutet werden, dass in der Hand ein Gegenstand gehalten wurde, da die Finger deutlich angewinkelt sind. Die Hand kann zu einer lebensgroßen Statue ergänzt werden.
Lit.: —

Iato19 (Abb. 168)
Fundort: Monte Iato
Aufbewahrungsort: San Cipirello Magazin S44
Maße: 0,046 m lang, Dm. 0,02 m
Material: Marmor
Datierung: kaiserzeitlich (?)
Identifikation: unsicher
Beschreibung:
– Fundament: —
– Basisfuß: —
– Schaft: —
– Bekrönung/Oberseite: —
– Statue: Erhalten ist das marmorne Fragment eines Fingers. An dem Finger befindet sich eine Stütze bzw. ein puntello.

Interpretation: Die Stütze könnte auf Kontakt mit einem Attribut oder Gewand hinweisen. Der Finger kann wohl zu einer lebensgroßen Statue ergänzt werden.
Lit.: —

Iato20 (Abb. 169)
Fundort: Monte Iato
Aufbewahrungsort: San Cipirello Magazin S28
Maße: ?

Material: Marmor
Datierung: ?
Identifikation: unsicher
Beschreibung:
– Fundament: —
– Basisfuß: —
– Schaft: —
– Bekrönung/Oberseite: —
– Statue: Erhalten ist das kleine Fragment eines Fingers aus Marmor.
Interpretation: Das Fragment ist zu klein als das eine genaue Zuordnung möglich wäre.
Lit.: —

Iato21 (Abb. 170)
Fundort: Monte Iato
Aufbewahrungsort: San Cipirello Magazin S43
Maße: ?
Material: Marmor
Datierung: kaiserzeitlich (?)
Identifikation: unsicher
Beschreibung:
– Fundament: —
– Basisfuß: —
– Schaft: —
– Bekrönung/Oberseite: —
– Statue: Überliefert ist ein rechteckiges Fragment aus Marmor, welches Falten aufweist. Diese verlaufen nebeneinander und sind nur oberflächlich angegeben.
Interpretation: Die Erhaltung des Fragments lässt keine genaue Zuordnung zu, aufgrund der Gestaltung der Falten könnte es sich um die Rückseite einer Statue handeln.
Lit.: —

Iato22 (Abb. 171–172)
Fundort: Monte Iato
Aufbewahrungsort: San Cipirello Magazin S36
Maße: ?
Material: Marmor
Datierung: kaiserzeitlich (?)

KATALOG 321

Identifikation: unsicher
Beschreibung:
– Fundament: —
– Basisfuß: —
– Schaft: —
– Bekrönung/Oberseite: —
– Statue: Erhalten ist ein marmornes Fragment, welches an zwei Seiten Falten aufweist. Diese verlaufen in unterschiedliche Richtungen: Während die einen parallel zueinander liegen und dieselbe Tiefe und gerade Struktur aufweisen, verlaufen die Falten auf der anderen Seite alle von einem Punkt aus auseinander. Diese sind teilweise tief gearbeitet. Insgesamt wirken die Falten kantig gearbeitet, doch ist die Oberfläche verwittert und einige Falten sind abgebrochen.
Interpretation: Die Zuweisung des Fragments gestaltet sich schwierig, da die erhaltenen Falten in unterschiedliche Richtungen verlaufen. Vermutet werden kann, dass es sich um ein wiederverwendetes Fragment handelt, welches deshalb so unterschiedliche Gewandverläufe aufweist.
Lit.: —

Iato23 (Abb. 173)
Fundort: Monte Iato, Agora, Abhub im Norden
Aufbewahrungsort: San Cipirello Magazin S34
Maße: 0,10 × 0,08 m
Material: Marmor
Datierung: kaiserzeitlich (?)
Identifikation: unsicher
Beschreibung:
– Fundament: —
– Basisfuß: —
– Schaft: —
– Bekrönung/Oberseite: —
– Statue: Erhalten ist ein kleines marmornes Fragment einer Gewandstatue. Es ist ein Ausschnitt zu sehen, der parallel zueinander liegende Falten zeigt.
Interpretation: Aufgrund der Erhaltung ist eine Zuordnung schwierig; anzunehmen ist eine Verortung am Übergewand einer Statue, welches sich über den Körper zieht. Das Fragment ist dabei zu drehen, so dass die Falten horizontal verlaufen.
Lit.: —

Malta

Malta1 (Abb. 174–175)
Fundort: Mdina, Villegaignon Street
Aufbewahrungsort: in situ
Material: Kalkstein?
Maße: 3,00 m hoch
Datierung: hellenistisch (Bonanno)
Identifikation: wahrscheinlich
Beschreibung:
– Fundament: —
– Basisfuß: Der Basisfuß weist eine aufwendige Profilierung in Form eines ionischen Kymations auf.
– Schaft: Der Schaft besteht aus mehreren Blöcken geglätteten Steins.
– Oberseite/ Bekrönung: Die Bekrönung ist in Form eines Blocks erhalten, der allerding einen sehr viel schlechteren Erhaltungszustand aufweist als die anderen Blöcke. Das Profil ähnelt dem des Basisfußes.
– Statue: —
Interpretation: Das Monument ist zwar nicht vollständig ergraben, doch zeigt bereits das Erhaltene, dass es sich um eine großformatige Orthostatenbasis handelt. Sie trug wohl entweder eine Reiterstatue oder eine Statuengruppe. Publiziert sind nur eine Zeichnung und ein Foto der Basis, auf die sich die hier gemachten Beobachtungen stützen. Unklar ist, in welchem Kontext die Basis aufgestellt war.
Lit.: Bonanno 2005, 161. 217.

Malta2+Malta3 (Abb. 176)
Fundort: Malta, Victoria, Gualtherus zufolge als Teil des Fundaments eines Gebäudes verbaut
Aufbewahrungsort: Victoria Museum
Maße: 0,342 × 0,635 × 0,44 m
Material: Marmor
Datierung: nach 29 n. Chr. (Bonanno)
Identifikation: sicher
Inschrift:
Cereri Iuliae Augustae / Divi Augusti matri / Ti(beri) Caesaris Augusti / Lutatia C(ai) f(ilia) sacerdos Augustae / [[(Imp(eratoris) perpet(ui))]] uxor / M(arci) Livi M(arci) f(ili) Qui(rina) Optati flaminis G[a]ul(itanorum) / Iuliae Augusti [[(Imp(eratoris) perpet(ui))]] cum V / líberis s(ua) p(ecunia) consacravit.
Beschreibung:
– Fundament: —
– Basisfuß: —

KATALOG 323

- Schaft: Erhalten ist ein Block aus Marmor, an dessen Vorderseite sich eine achtzeilige lateinische Inschrift befindet. Das Inschriftenfeld ist durch eine Profilierung hervorgehoben. Die Oberfläche des Blocks ist verwittert, ferner ist der Block an der rechten Seite bestoßen, wodurch auch ein Teil der Inschrift beschädigt wurde. Zweimal in der Inschrift wird *imperatoris perpetui* erwähnt, an beiden Stellen findet sich eine Rasur.
- Bekrönung/Oberseite: An der Oberseite der Basis befindet sich eine Einlassung für eine Marmorplinthe.
- Statue: Der Basis wurde eine Gewandstatue im Cerestypus zugeordnet. Der Kopf sowie der rechte Arm und der linke Unterarm fehlen. Die weibliche Geehrte steht in Ponderation; das linke Bein ist durchgestreckt, während ihr rechtes, gebeugtes Knie sich durch das Gewand hindurchdrückt.

Interpretation: Die Zusammengehörigkeit von der Gewandstatue im Cerestypus und der Statuenbasis, mit der die verstorbene Livia geehrt wird, wurde von A. Bonanno vermutet (Bonanno 2005, 205). Der Cerestypus der Statue passt zu Livia, da die Göttin auch in der Inschrift erwähnt wird. Das Monument wurde *sua pecunia* von einer Priesterin (*sacerdos*) der Livia und ihrem Ehemann, einem *flamen*, geweiht. Beide Ämter weisen auf die Existenz des Kaiserkults in Gaulus hin.

Lit.: CIL X 7501; ISic3469; Bruno 2004, 20, 56 f.; Bonanno 2005, 173–175, 205; Bonanno – Militello 2008, 140. 149. 159. 164.

Malta4 (Abb. 177)
Fundort: Mdina, 1747 bei Benediktinerkloster
Aufbewahrungsort: Rabat Museum
Maße: 106,5 × 0,783 × ? m
Buchstabenh.: 0,05 m
Material: Marmor
Datierung: 2. Jh. n. Chr. (Pirino)
Identifikation: sicher
Inschrift:
[--- muni]cipi Mel(itensium) primus omni̧[um] / [---]it item aedem marmo[ribus exornavit et / statuam Apo]llinis consacravit item p[---] / [in p]ṛonao columnas IIII et para[statas] / [---] et podium et pavimentu[m ---] / [---]cavit in quod opus univer[sum erogavit / ex libera]litate sua ((sestertia)) C̄X̄DCCXCIIS ((centumdecem milia septingenta nonaginta duo et semis)). Q[uorum] [causa / secundum Me]litensium desiderium o[ptimo viro] / [statua ex ae]ris conlatione d(ecreto) d(ecurionum) [posita est].
Beschreibung:
- Fundament: —

324   KATALOG

- Basisfuß: Der Block weist ein *kyma recta* -Profil auf, das leicht über den Schaft hinausragt.
- Schaft: Auf der Vorderseite des Blocks befindet sich eine neunzeilige lateinische Inschrift. Während die originale Ober- und Unterseite erhalten sind, sind beide Seiten gebrochen. Darüber hinaus verläuft ein Riss über dem Beginn der erhaltenen zweiten Zeile schräg über die Inschrift bis oberhalb des Inschriftenfeldes. Dort sind das Profil und ein Teil der Bekrönung herausgeschnitten. Die Buchstaben der Inschrift sind gleichmäßig geschrieben; zwischen den Wörtern befinden sich Worttrenner. Während ab der dritten Zeile alle Buchstaben dieselbe Höhe und Breite aufweisen, nimmt die Größe der Buchstaben zwischen der ersten und dritten Zeile jeweils ab.
- Bekrönung/Oberseite: Das Kopfprofil ist parallel zum Fußprofil gebildet.
- Statue: Während die Inschrift das Material des Standbilds mit Bronze angibt, lassen die Maße der Basis eine überlebensgroße Statue vermuten.

Interpretation: Die Inschrift erwähnt die Aufstellung eines Standbildes für einen *optimo viro* durch den Dekurionenrat *Melitensium desiderium*. Als Grund für die Ehrung werden Geldspenden des Geehrten für die Ausstattung eines Apollontempels genannt. In der Inschrift wird zudem das Material der Statue mit Bronze (*ex aeris*) angegeben. Der Name des Geehrten is allerdings nicht erhalten.

Lit.: CIL X 7495; Bonanno 2005, 206 f.; Pirino 2005, 130–132 Nr. 1; Christol – Pirino 2010, 103–105, Abb. 4–4 a.

Malta5 (Abb. 178)
Fundort: Victoria, S. Maria delle Grazie, 1736
Aufbewahrungsort: Victoria Museum ?
Maße: 0,595 × 104,5 × 0,93 m
Buchstabenh.: 0,02–0,025 m
Material: lokaler Stein
Datierung: 161–199 n. Chr. (Bonanno)
Identifikation: sicher
Inschrift:
[Ca(io) Vallio ---] Quir(ina) Postum[o patro]no [mun]icipii / [flam(ini) divi H]adriani perpetuo [in] quinq(ue) decur(ias) iudi- / [cum inter] quadringenarios adlecto a divo Anto- / [nino Au]g(usto) Pio omnib(us) honorib(us) civitatis suae ho- / [nestissi]me functo item legatione gratuita apud / [Divum] Hadrianum et apud amplissimum ordinem de / [vectig]alib(us) redhibendis pleps Gaulitana ex aere con- / [lato o]b plura merita eius d(ecreto) d(ecurionum).
Beschreibung:
- Fundament: —

KATALOG 325

- Basisfuß: —
- Schaft: Der rechteckige Block zeigt mittig auf der Vorderseite acht Zeilen einer lateinischen Inschrift. Abgesehen vom Inschriftenfeld ist die Oberfläche des Steins leicht aufgeraut, während das Inschriftenfeld geglättet ist. Die Ränder des Blocks sind bestoßen, vor allem an der Oberseite und an der linken Seite, wodurch der Beginn der Inschriftenzeilen fehlt. Zwischen einigen Wörtern der Inschrift befinden sich Blätter als Worttrenner; besonders große finden sich in der letzten Zeile. Die Buchstaben sind regelmäßig geschrieben und ordentlich angeordnet.
- Bekrönung/Oberseite: —
- Statue: Das Standbild auf der Statuenbasis kann der Inschrift zufolge als Bronzestatue rekonstruiert werden.

Interpretation: Es handelt sich um eine Statuenbasis, die der Inschrift zufolge eine Statue des C. Vallius Postumus trug. Der Geehrte bekleidete das Amt des Flamen im Kult des Marc Aurel. Gestiftet wurde das Monument von der pleps (sic!) von Gaulus auf Beschluss des Dekurionenrates. Als Material der Statue wird in der Inschrift Bronze angegeben (*ex aere*).

Lit.: CIL X 7507; AE 2006,518; ISic3354; Bonanno 2005, 206–208; Christol – Pirino 2006, 2600–2610; Christol – Pirino 2010, 95–98, Abb. 1–1 a.

Malta6 (Abb. 179)
Fundort: Victoria, Zitadelle, gesehen 1534 von Jean Quitin d'Autun
Aufbewahrungsort: Gozo Museum ?
Maße: 0,69 × 0,69 × 1,70 m
Buchstabenh.: 0,03 m
Material: ?
Datierung: 161–200 n. Chr. (Bonanno)
Identifikation: sicher
Inschrift:
M(arco) Vallio C(ai) f(ilio) Quir(ina) Rufo equo pu- / blico exornato a Divo Antoni- / no Aug(usto) Pio plebs Gaulitana ex / aere conlato ob merita et in / solacium C(ai) Valli Postumi patroni municipii / patris eius / [C(aius) Vallius Postumus p]ater / [[---]--]
Beschreibung:
- Fundament: —
- Basisfuß: —
- Schaft: Erhalten ist ein rechteckiger Block, dessen Oberfläche stark verwittert ist. Nur die obere und die linke Seite könnten die originalen Kanten des Blocks darstellen, die anderen sind entweder bestoßen oder abgebrochen. Unterhalb der sechsten Zeile der Inschrift ist der Stein deutlich

326 KATALOG

gebrochen. Erkennbar sind noch Abschnitte von sieben Zeilen einer lateinischen Inschrift. Diese ist ordentlich geschrieben und regelmäßig auf der Oberfläche verteilt. Aufgrund der Erhaltung fehlt jeweils das Ende jeder Zeile und ab der sechsten Zeile sind nur noch einige Buchstaben zu erkennen.
– Bekrönung/Oberseite: —
– Statue: Inschrift und den Maßen der Basis zufolge kann ein Reiterstandbild aus Bronze vermutet werden.
Interpretation: Die lateinische Inschrift nennt Marcus Vallius Rufus als Geehrten des Statuenmonuments. Dieses erhielt er von seinem Vater und *ob merita*. Die Tiefe der Basis könnte für die Aufstellung eines Reiterstandbildes des Geehrten auf der Basis sprechen. Der Inschrift zufolge kann dieses in Bronze (*ex aere*) rekonstruiert werden. Damit stellt das vorliegende das einzige Reiterstandbild in Sizilien dar, dessen Material bekannt ist.
Lit.: CIL 7508; ISic3468; Bruno 2004, 20. 57; Bonanno 2005, 208; Christol – Pirino 2006, 2610–2614; Christol – Pirino 2010, 99 f. Abb. 2–2 a; Bonanno – Militello 2008, 141 f.

Malta7
Fundort: Victoria, bei S. George
Aufbewahrungsort: ?
Maße: ?
Material: Stein
Datierung: 195–196 n. Chr. (Bonanno)
Identifikation: sicher
Inschrift:
Iuliae Domnae Aug(ustae) / matris matri castrorum / Imp(eratoris) Caes(aris) L(uci) Septimi / Severi Pertinacis / Aug(usti) coniugi / municipium Gaul(itanorum) / p(ecunia) p(ublica) d(ecreto) / curant[e][---]SI / [---]NO
Beschreibung:
– Fundament: —
– Basisfuß: —
– Schaft: Überliefert ist nur der Wortlaut der lateinischen Inschrift.
– Bekrönung/Oberseite: —
– Statue: —
Interpretation: Von dem Statuenmonument ist nur die Inschrift überliefert. Ihr zufolge wurde Julia Domna als Ehefrau des Kaisers vom *municipium Gaulitanorum* aus öffentlichen Geldern geehrt. Das *curante* in der Inschrift weist darauf hin, dass Amsträger für die Ausführung zuständig waren. Das vorliegende Monument wurde am Anfang des 4. Jhs. n. Chr. wiederverwendet (Malta8).

KATALOG 327

Lit.: CIL X 7502; ISic3464; Bruno 2004, 20 f.; Bonanno 2005, 208 f.; Bonanno –
Militello 2008.

Malta8
Fundort: Gozzo, Kastell (von Lupi 1735 beim Treppenaufgang gesehen) oder
Victoria (Gualtherus zufolge in der Nähe von S. George gesehen)
Aufbewahrungsort: ?
Maße: ?
Material: ?
Datierung: 305–306 n. Chr. (Pirino)
Identifikation: sicher
Inschrift:
D(omino) n(ostro) C(aio) Aur(elio) Valerio / Constantio Aug(usto), / r(es)
p(ublica) Gaul(itanorum), cur(ante) / F(?) Pollione [et] Rufo / M(?) F[---]
IIIvirr(is) / [---]
Beschreibung:
– Fundament: —
– Basisfuß: —
– Schaft: Die Basis trägt auf der Vorderseite eine Inschrift, die in fünf Zeilen
  erhalten ist; der restliche Teil dagegen fehlt. Auf der Rückseite trägt die Basis
  außerdem noch eine ältere Inschrift (Malta7).
– Bekrönung/Oberseite: —
– Statue: —
Interpretation: Für die Ehrung von Konstantius 1., dem Vater von Konstantin
dem Großen, wurde eine Statuenbasis verwendet, die ursprünglich Ende des
2. Jh. n. Chr. als Monument für Julia Domna errichtet wurde (Malta7). Die
Ehreninschrift der wiederverwendeten Basis ist aus mehrerer Hinsicht besonders: Der Name des Geehrten ist falsch: statt Gaius Aurelius Constantius müsste es Flavius Valerius Constantius heißen. Ein weiterer Fehler besteht zudem
in der Angabe der *triviri*, die in Gaulus jedoch nur aus *duumviri* bestanden (s.
dazu Malta11). Die Ausführung der von der *res publica* beschlossenen Ehrung
durch Amtsträger findet sich in zwei weiteren Ehrung in Gaulus (Malta7,
Malta11)). Insgesamt jedoch tritt diese Konstellation in Sizilien nur selten auf
und wenn, dann nur im Hellenismus und der Kaiserzeit.
Lit.: CIL X 7504; LSA-2070; Pirino 2005, 172 f. Nr. 4; Soraci 2015, 78.

Malta9
Fundort: Malta, Victoria?
Aufbewahrungsort: ?
Maße: ?
Material: ?

Datierung: 198–211 n. Chr. (Pirino)
Identifikation: sicher
Inschrift:
[P. Sep]ti- / [mi Getae nobili]s[simo [Caes(ari)] / Imp(eratoris) M(arci) Aureli Antoṇi / ni Pii Aug(usti) [[fratri]] L(uci) Septi / mi Severi Pii Perti / nacis Aug(usti) Arab[ici] / Adiabenici Parth[i] / ci Maximi [[filio]] / ordo decurionu[m] / curante [---]PVP[---] / IMO.
Beschreibung:
– Fundament: —
– Basisfuß: —
– Schaft: Da nur der Wortlaut der Inschrift überliefert ist, können keine Aussagen zu den Maßen oder dem Aussehen des Monuments getroffen werden.
– Bekrönung/Oberseite: —
– Statue: —
Interpretation: Überliefert ist die Inschrift eines Monuments, mit dem Geta geehrt wurde. Sein Name ist vermutlich aufgrund seiner *damnatio memoriae* entfernt worden. Die Ehrung wurde vom Dekurionenrat beschlossen und von einem unbekannten Amtsträger (*curante*) ausgeführt.
Lit.: CIL X 7503; Pirino 2005, 170–172 Nr. 3.

Malta10 (Abb. 180)
Fundort: Victoria, Kastell
Aufbewahrungsort: Gozo Museum
Maße: 0,35 × 0,47 × 0,43 m
Buchstabenh.: 0,025 m
Material: lokaler Kalkstein
Datierung: 3. Jh. n. Chr. (Pirino)
Identifikation: sicher
Inschrift:
[L](ucio) Cestio L(uci) f(ilio) Pompt(ina) Gallo Va- / reniano Lutatio Natali Aem[i]- / liano patrono municipi / [T]i(berius) Marcius Marcianus amico optim[o] / et carissimo sibi honoris causa s(tatuam) p(osuit).
Beschreibung:
– Fundament:
– Basisprofil: Die Basis weist Reste eines Profils auf, welches zum größten Teil aber abgearbeitet worden ist.
– Schaft: Der rechteckige Block wurde wohl in nachantiker Zeit zum Becken umfunktioniert. Im Zuge dessen wurden die Profile abgeschlagen. Das Inschriftenfeld ist geglättet, aber nun an mehreren Stellen bestoßen. Die

KATALOG 329

Vorderseite ist vollständig mit einer lateinischen Inschrift bedeckt. Die fünf Zeilen sind eng geschrieben ohne die Worte voneinander zu trennen. Aufgrund der Erhaltung sind Anfang und Ende der Zeilen nicht vollständig erhalten.

– Bekrönung/Oberseite: Im Zuge der Umarbeitung wurde die Bekrönung entfernt und die Oberfläche mit einer beckenförmigen Einlassung versehen. Diese Bearbeitung lässt keine Rückschlüsse mehr auf die ursprüngliche Oberseite der Basis zu.

– Statue: —

Interpretation: Die Marmorbasis wurde von Tib. Marcus Marcianus für *amico optimo et karissimo* (sic!) Cestius Gallus Varenianus Lutatius Natalis Aemilianus gestiftet. Dieser fungierte der Inschrift zufolge als Patron des *municipium*. Aufgrund der Umnutzung der Basis kann die Oberseite keine Auskunft über die darauf befindliche Statue geben. Die Maße der Basis lassen allerdings ein lebensgroßes stehendes Standbild vermuten.

Lit.: CIL X 7506; ISic3465; Pirino 2005, 175–177 Nr. 6; Bonanno 2005, 210; Azzopardi 2008; Bonanno – Militello 2008, 159.

Malta11

Fundort: Gaulus
Aufbewahrungsort: ?
Material: ?
Maße: ?
Datierung: 305–306 n. Chr. (Pirino)
Identifikation: sicher
Inschrift:
D(omino) n(ostro) M(arco) Galerio / Valerio Maximiano / Aug(usto), / [r(es)] p(ublica) Gaul(itanorum), cur(ante?) LV[---] / D[--- P]ollion[e] et Ruf[---] / A[---]annii IIvirr(is).
Beschreibung:
– Fundament: —
– Basisfuß: —
– Schaft: Überliefert ist nur der Wortlaut der lateinischen Inschrift. Über das Aussehen oder die Maße des Monuments liegen keine weiteren Informationen vor.
– Bekrönung/Oberseite: —
– Statue: —

Interpretation: Das Statuenmonument ehrt Galerius als Augustus. Die Ehreninschrift ist sehr knapp gehalten: Galerius wird als *domino nostro* bezeichnet, darüber hinaus finden sich keine zusätzlichen Angaben zum Geehrten.

330   KATALOG

Gestiftet wurde das Standbild von der *res publica*, ausgeführt (*curante*) durch
die *duumviri* der Stadt. Diese waren auch für eine Ehrung Konstantius' verantwortlich (Malta8). Der Wortlaut der beiden Inschriften unterscheidet sich nur
im Namen des Geehrten und der fälschlichen Angabe von *trisviri* statt der ausführenden *duumviri*. Die Ähnlichkeit könnte für eine gemeinsame Aufstellung
der Statuenmonumenten sprechen.

Lit.: CIL X 7505; LSA-2071; Pirino 2005, 173 f. Nr. 5; Soraci 2015, 78.

Marsala
Mars1 (Abb. 181)
Fundort: Marsala, Capo Boeo
Aufbewahrungsort: Marsala Museo Baglio Anselmi Inv. 24361
Maße: 0,70 × 0,42 × 0,205 m
Buchstabenh.: 0,025 m
Material: Marmor
Datierung: 1. Jh. v. Chr. (Wilson, Manni Piraino)
Identifikation: sicher
Inschrift:
ὁ δᾶμος / τῶν Λιλυβαιιτᾶν / Διόγνητον / Δαματρίου Μήγα[ν] / εὐεργέταν.
Beschreibung:
– Fundament: —
– Basisfuß: —
– Schaft: Die leicht pyramidal zulaufende 20 cm tiefe Platte, trägt auf der
  Vorderseite eine griechische Inschrift. Diese ist in fünf Zeilen mittig zen-
  triert und gleichmäßig in dünnen Buchstaben auf die obere Hälfte in den
  Stein geschrieben. Die letzte Zeile der Inschrift ist rasiert und kaum mehr
  zu erkennen. Im Gegensatz zu den restlichen Seiten wirkt die Rückseite
  der Platte grob bearbeitet. Die Kanten sind leicht bestoßen, während die
  Oberfläche gut erhalten ist.
– Oberfläche/Bekrönung: Die Oberseite zeigt eine Glättung.
– Statue: Vermutlich hatte ursprünglich eine lebensgroße Statue Platz auf der
  Oberseite der Basis.
Interpretation: Der Inschrift zufolge ehrt der Demos einen gewissen Diognetos.
Die groben Abarbeitungsspuren an der Rückseite lassen vermuten, dass die
Platte ursprünglich tiefer war und eine Statuenbasis darstellte. Wieso die letzte
Zeile *euergetan* rasiert wurde, ist unklar. Wollte man die Person vergessen
machen, hätte man den Namen rasiert, wie es in der Kaiserzeit im Falle der
damnatio memoriae für kaiserliche Inschriften bekannt ist. Der erhaltene Teil
der Oberfläche scheint die Originaloberseite darzustellen, auf dem sich allerdings keinerlei Einlassungsspuren befinden. Obwohl der Block durch die leicht

KATALOG 331

pyramidale Form ungewöhnlich ist, spricht sie nicht gegen eine Statuenbasis. Die Breite der Platte lässt, bei Ergänzung der Tiefe, ein mindestens lebensgroßes Standbild des Geehrten rekonstruieren.

Lit.: SEG 34.951; ISic1660; Manni Piraino 1963, 159–162 Nr. 2, Taf. 52; Wilson 1990, 361 Anm. 107.

Mars2
Fundort: Mazara ?
Aufbewahrungsort: —
Maße: —
Buchstabenh.: —
Material: Stein
Datierung: augusteisch (Wilson)
Identifikation: sicher
Inschrift:
[— —]ΙΡες [Λ]ιλ[υβ]α [ἶτα][ι — —] / [Μ(ἀρχον)] Οὐαλέριον Δι[ογνή]- / [το]υ [Μ]η[γ]αν(— —) υἱὸν [Χόρ]- / [τ]ωνα ε[ὐ]ερ[γ]έταν.
Beschreibung:
- Fundament: —
- Basisfuß: —
- Schaft: Überliefert ist nur der Worlaut der griechischen Ehreninschrift.
- Bekrönung/Oberseite: —
- Statue: —
Interpretation: Es ist weder bekannt, wo sich die Inschrift derzeit befindet noch liegen Abbildung oder Beschreibung des Monuments vor. Die griechische Inschrift bezeugt eine Ehrung an Demetrios Megas, Sohn von Valerius Chorton (siehe Mars3) für Wohltaten. Unklar bleibt, wer der Geehrte war. Vermutet werden kann entweder ein Amtsträger oder ein Mitglied der lokalen Oberschicht, der beispielsweise ein Bauprojekt finanzierte. Weder über die Maße noch über das Aussehen des Monuments können weitere Angaben gemacht werden.
Lit.: IG XIV 273; SEG 34,951; ISic1096; Wilson 1990, 317 Anm. 15.

Mars3
Fundort: Marsala
Aufbewahrungsort: verschollen
Maße: —
Material: Stein
Datierung: augusteisch (Wilson)

332   KATALOG

Identifikation: sicher

Inschrift:

οἱ δεκορίωνες / Μ(ᾶρκον) Οὐαλέριον Διογνήτου / Μηγα(ν—) υἱὸν Χόρτωνα / εὐεργέταν / ordo et populus civit(atis) Lilybit(orum) / patrono perpetuo.

Beschreibung:

– Fundament: —
– Basisfuß: —
– Schaft: Überliefert ist der Worlaut der bilingualen Ehreninschrift.
– Bekrönung: —
– Statue: —

Interpretation: Die Inschrift ist weder durch eine Zeichnung noch durch eine
Beschreibung bekannt. Der derzeitige Aufbewahrungsort ist ebenfalls unklar.
Die Inschrift nennt einen Marcus Valerius Chorton, Sohn des Demestrios
Megas als Geehrten. Er wird als *patronus perpetuus* bezeichnet und wurde
vom *ordo et populus* aufgrund von Wohltaten geehrt. Die Statuenbasis stellt
aufgrund ihrer bilingualen Inschrift eine Besonderheit dar. Außerdem fällt der
Name des Geehrten auf, da er einen griechischen Namen als Cognomen, aber
römische Namen als Praenomen und Nomen gewählt hat. Dies ist vor allem
aus dem Osten des Reiches bekannt (Lomas 2000, 171).

Lit.: IG XIV 277; CIL X 7240; SEG 34,0951; ISic1097; Manganaro 1988, 19 Anm. 71;
Wilson 1990, 317 Anm. 15, 361 Anm. 107; Prag 2008, 78.

Mars4

Fundort: Marsala

Aufbewahrungsort: Kopenhagen, Bischofspalast ?

Maße: —

Material: Stein

Datierung: 18–19 n. Chr. (Højte)

Identifikation: wahrscheinlich

Inschrift:

Ti(berio) Caesari divi A[ug(usti) f(ilio)] / divi Iuli n(epoti) Augusto / pontif(ici)
max(imo) co(n)s(uli) III imp(eratori) VIII / trib(unicia) potest(ate) XX / [3]
aclio[

Beschreibung:

– Fundament: —
– Basisfuß: —
– Schaft: Überliefert ist in diesem Fall nur die lateinische Inschrift.
– Bekrönung/Oberseite: —
– Statue: —

KATALOG 333

Interpretation: Von der lateinischen Inschrift ist nur der Wortlaut publiziert. P. Kragelund zufolge befindet sich der Inschriftenträger im Bischofspalast in Kopenhagen. Die Nennung des Tiberius im Dativ ließ J. M. Højte vermuten, dass die Inschrift auf einer Statuenbasis angebracht wurde. Über das Monument selbst können aufgrund der Überlieferungslage keine weiteren Angaben gemacht werden.

Lit.: CIL X 7226; ISic0506; Manganaro 1988, 65; Højte 2005, 271 Tib47; Kragelund 2008, 120 f.

Mars5 (Abb. 182)
Fundort: Marsala
Aufbewahrungsort: Trapani Museo interdisciplinare regionale Agostino Pepoli Inv. 5304
Maße: 0,80 × 0,53 × 0,45 m
Buchstabenh.: ?
Material: Marmor
Datierung: 160–165 n. Chr. (Wilson)
Identifikation: sicher
Inschrift:
T(ito) Fulvio Aurelio / Antonino / Imp(eratoris) Caes(aris) M(arci) Aureli Antonini / Aug(usti) filio / L(ucius) Aponius Rufinus / ob honorem seviratus / pec(unia) sua.
Beschreibung:
– Fundament: —
– Basisfuß: —
– Schaft: Der rechteckige Block weist keinerlei Verzierungen auf. Die Ecken sind etwas bestoßen, insgesamt ist der Block aber sehr gut erhalten. 2/3 der Vorderseite sind von der lateinischen Ehreninschrift bedeckt. Die ersten beiden Zeilen, die den Namen des Geehrten und seines Vaters nennen sind besonders groß geschrieben. Allerdings weist die erste Zeile gegen Ende enger geschriebene Buchstaben auf, die direkt bis an den Rand des Blocks reichen. Vermutet werden kann hier, dass der Steinmetz sich bei der Länge der Zeile verschätzt hat. Die zweite Zeile dagegen ist sehr sorgfältig mittig auf dem Stein angebracht. Während der Name des Stifters wiederum größer geschrieben wurde, weisen die restlichen Zeilen kleinere und enger geschriebene Buchstaben auf. Auffallend sind die Anfangbuchstaben der Zeile drei und fünf, da sie größer geschrieben sind als die restlichen Buchstaben. Insgesamt sind die Buchstaben schmal und hoch, sehr sorgfältig und, abgesehen von dem Ende der ersten Zeile, gleichmäßig und

334 KATALOG

symmetrisch angeordnet. Auf der Rückseite befindet sich eine spätantike Inschrift (Mars6), die die Umnutzung des Monuments bezeugt.

- Bekrönung/Oberseite: Das Monument war nicht für eine Autopsie der Oberseite zugänglich, weshalb an dieser Stelle keine weiteren Angaben gemacht werden können.
- Statue: Die Maße des Blocks lassen ein lebensgroßes Standbild auf der Basis rekonstruieren.

Interpretation: Der Formulierung *sua pecunia* zufolge handelt es sich um die Privatstiftung eines gewissen Lucius Aponius Rufinus an einen der Söhne des Marc Aurel. Als Grund für die Stuftung wird sein Amt angegeben (*ob honorem seviratus*). In spätantiker Zeit wurde die Basis umgedreht und wiederverwendet (Mars6). Wieso gerade dieses Monument umgenutzt wurde, ist unklar, da weder Marc Aurel noch sein Sohn der *damnatio memoriae* anheim fiel. Die Maße des Blocks lassen eine lebensgroße Statue auf der Oberseite vermuten. Über ihr Material oder Standmotiv können aufgrund fehlender Informationen zur Oberseite keine Angaben gemacht werden.

Lit.: AE 1906, 0075a; ISico627; Manganaro 1988, 75; Wilson 1990, 296 Abb. 253; Fama 2009, 390 f.

Mars6 (Abb. 183)
Fundort: Marsala
Aufbewahrungsort: Trapani Museo interdisciplinare Agostino Pepoli Inv. 5304
Maße: 0,80 × 0,53 × 0,45 cm
Buchstabenh.: 0,045–0,05 m
Material: weißer lokaler Stein
Datierung: Ende 4. Jh.–Anfang 5. Jh. n. Chr. (Wilson)
Identifikation: sicher
Inschrift:
Pompeianis vita. / Ob insignem iustitiam / et merita litterarum et amore / quem non solum circa patriam / sed per omnem provincim (sic, für *provinciam*) conlocavit, / Iul(io) Cl(audio) Peristerio / Pompeiano v(iro) c(larissimo) excons(ulari) p(rovinciae) S(iciliae) / universa curia in coetu splendidu suo / patrono digno et praestantissimo / statuam conlocavit. / Amazoniis vita.
Beschreibung:
- Fundament: —
- Basisfuß: —
- Schaft: Der rechteckige Block mit geglätteter Oberfläche ist eine bereits im 2. Jh. n. Chr. verwendete Basis (Mars5). Sie wurde umgedreht und auf den Kopf gestellt. Der spätantiken lateinischen Inschrift zufolge wurde ein

KATALOG   335

ehemaliger Statthalter Siziliens, Iulius Claudius Peristerius Pompeianus, mit diesem Monument geehrt. *Pompeianis vita* und *Amazoniis vita* werden jeweils von Palmzweigen eingerahmt. Sowohl die Buchstaben, als auch die Anordnung der einzelnen Zeilen auf dem Block sind uneinheitlich. Einige Buchstaben weisen Serifen auf, allerdings auch nicht im gesamten Text (z.B. der Buchstabe A: In Zeile 2, 7, 10, 11 weisen die Buchstaben Serifen auf, in den Zeilen 1, 3, 4, 5, 8, 9, 10 (zweites A) nicht. Ebenfalls zeigen nur einige Zeilen den Einsatz von Worttrennern; dabei handelt es sich um die Zeilen, die weniger eng geschrieben sind (Z. 1, 6, 7). Obwohl der untere Teil des Blocks viel Platz aufweist, sind einige Zeilen in sehr engen und kleinen Buchstaben verfasst, so dass sie kaum lesbar sind (Z. 3, 4, 5, 8, 9). Dagegen wurde für einige Zeilen mehr Platz gelassen, unter anderem für den Namen des Geehrten (Z. 1, 6, 10, 11). Die Inschrift weist zudem einige Fehler auf, wie *provincim* statt *provinciam*, *splendidu* statt *splendido*, *prestantissimo* statt *praestantissimo*.

– Bekrönung/Oberseite: Die Oberseite der Basis ist nicht einsehbar.
– Statue: Aufgrund der Maße des Blocks kann eine lebensgroße Statue vermutet werden.

Interpretation: Bei dem vorliegenden Statuenmonument handelt es sich um die einzige Ehrung an einen ehemaligen Statthalter Siziliens. Gestiftet wurde die Statue von der *curia*, deren städtische Zugehörigkeit allerdings unerwähnt bleibt. Die Institution wird in der Inschrift nicht hervorgehoben, vielmehr ist das Wort *curia* kaum erkennbar, da es sich in einer extrem enggeschriebenen Zeile befindet (Z. 8). Ungewöhnlich sind sowohl die Erwähnung der Aufstellung der Statue (*statuam conlocavit*) als auch die beiden Ausrufe *Pompeianus vita* und *Amazoniis vita*. Während die Erwähnung der Familie der Pompeiani verständlich ist, weil der Geehrte aus dieser Familie stammt, ist unklar, inwieweit die Familie der Amazonii mit der Ehrung in Verbindung zu bringen ist. R. Wilson hat vorgeschlagen, es handle sich um ein *signum*, einen Beinamen des Geehrten (Wilson 1990, 180); da es im Plural genutzt wird, geht U. Gehn davon aus, dass mehrere Familienmitglieder dasselbe *signum* tragen (s. LSA-3227). Als Grund für die Ehrung werden sowohl das Patronat des Geehrten als auch die Eigenschaften als Statthalter angegeben. Besonders betont werden Gerechtigkeit und seine Bildung (*merita litterarum*). Beides findet sich häufig bei Ehrungen für Statthalter der Spätantike (siehe Horster 1998). Der Inschrift zufolge setzte der Geehrte sich sowohl für Sizilien als auch für seine Geburtsstadt (*patriam*) ein. Aufgrund der Auffindung in Marsala, kann wohl Lilybaeum als seine Geburtstadt angesprochen werden. Ebenfalls bleibt unklar, was mit *universa curia* gemeint ist; handelt es sich um den Senat

336 KATALOG

Lilybaeums oder um eine Versammlung der Provinzverwaltung? Der Geehrte
ist nicht aus anderen Inschriften bekannt. Aufgrund der Maße des Blocks lässt
sich das Standbild des Geehrten als lebensgroß rekonstruieren.
Lit.: AE 1906, 75ii; ISico626; LSA-2853; Wilson 1990, 179 f. Abb. 152; Fama 2009,
390 f. Nr. 3.

Mars7
Fundort: Marsala
Aufbewahrungsort: verschollen
Maße: —
Material: Stein
Datierung: 185–192 n. Chr. (Sartori)
Identifikation: sicher
Inschrift:
M(arco) Marcio M(arci) f(ilio) / Cla(udia) Bieti Glauco patri / senatoris equo
pu- / blico exornato pa- / trono ob merita eius / quae in cives suos / confert
c(larissimo) v(iro) adlecto / inter tribunicios / ab Imp(eratore) Caesare /
[[M(arco) Aur(elio) Commodo]] Anto/nino Pio Felice / Aug(usto) tribules
trib(us) / Iovis Aug(usti) pecunia / sua l(ocus) p(ublice) d(atus) d(ecreto)
d(ecurionum).
Beschreibung:
– Fundament: —
– Basisfuß: —
– Schaft: Überliefert ist nur der Worlaut der lateinischen Inschrift.
– Bekrönung/Oberseite: —
– Statue: —
Interpretation: Die Tribus Iovis Augusti stellt eine Statue für M. Marcius M.
f. Bietis Glaucus auf. Dieser war unter Commodus zum Senator aufgestiegen.
Der Name des Commodus wurde der *damnatio memoriae* entsprechend aus
der Inschrift entfernt. Die Errichtung des Monuments erfolgte auf Kosten
der Tribus, allerdings mit der Erlaubnis des Rates dieses öffentlich aufzustel-
len (*locus publice datus decreto decurionum*). Als Grund für die Ehrung wird
in der Inschrift sowohl das Patronat des Geehrten genannt als auch seine
Verdienste (*ob merita eius*). Über Format oder Aussehen des Monuments kann
auf Grundlage der verfügbaren Informationen keine Angabe gemacht werden.
Lit.: CIL X 7237; ISico517; Sartori 1957, 39 f.; Barbieri 1961, 51; Manganaro 1988, 75;
Prag 2008, 79 Anm. 90.

Mars8
Fundort: Marsala
Aufbewahrungsort: verschollen

KATALOG 337

Maße: ?
Material: Stein
Datierung: nach 193 n. Chr. (Prag)
Identifikation: sicher
Inschrift:
] / LAC[3]O [3] / quaest(ori) pr(o)pr(aetore) / prov(inciae) Sicil(iae) c(larissimo) v(iro) / ordo splendidis(simus) / col(oniae) Aug(ustae) Lilyb(itanorum) / pecunia sua / cur(avit) Veturio / Proculo Xprim(o) / IIV.
Beschreibung:
– Fundament: —
– Basisfuß: —
– Schaft: Bekannt ist nur der Worlaut der lateinischen Inschrift.
– Bekrönung/Oberseite: —
– Statue: —
Interpretation: Weder der Aufbewahrungsort der Inschrift noch die Maße des Inschriftenträgers sind bekannt. Der Inschrift zufolge wurde ein Qästor und Proprätor der Provinz Sizilien auf Beschluss des *ordo* der *colonia Lilybitanorum* geehrt. Ein Duumvir und Decemprimus überwachten die Errichtung der Statue nicht nur, sondern finanzierten sie der Inschrift zufolge auch (*pecunia sua*).
Lit.: CIL X 7236; ISico516; Manganaro 1988, 43; Haensch 1997, 479; Prag 2008, 74. 76.

Mars9 (Abb. 184)
Fundort: Marsala
Aufbewahrungsort: Marsala Museo civico
Maße: 1,02 × 0,56 × 0,275 m
Buchstabenh.: 0,068 m
Material: gräulich-gelber Stein
Datierung: spätes 2. bis frühes 3. Jh. n. Chr. (Sartori)
Identifikation: sicher
Inschrift:
C(aio) Bultio Geminio / Titiano proco(n)s(uli) / prov(inciae) Sicil(iae) co(n)s(uli) c(larissimo) v(iro) / ob insignem eius / benivolentiam / erga ordinem et / patriam XII trib(us) / patrono merenti.
Beschreibung:
– Fundament: —
– Basisfuß: —
– Schaft: Der schmale Block ist an einigen Stellen bestoßen. Die untere rechte Ecke ist abgebrochen, die obere rechte lediglich bestoßen. Die Oberfläche weist leichte Bearbeitungs- bzw. Glättungsspuren auf. Auf der Vorderseite befindet sich eine lateinische Inschrift, die aus acht Zeilen besteht und ist

338 KATALOG

in Serifen geschrieben. Zwischen den Wörtern finden sich Interpunktionen. Die Buchstaben sind sehr gleichmäßig und regelmäßig angeordnet, nur die letzten beiden Zeilen weichen etwas ab. Hier sind die Buchstaben etwas kleiner, sind nicht mehr regelmäßig geschrieben und die Zeilen fallen nach unten etwas ab.

- Bekrönung/Oberseite: Die Oberseite weist eine gepickte Oberfläche auf, Einlassungen sind allerdings nicht sichtbar.
- Statue: Wurde der Block tatsächlich nachträglich beschnitten, ist aufgrund der Breite eine mindestens lebensgroße Statue auf der Oberseite zu rekonstruieren.

Interpretation: Die zwölfte Tribus ehrt ihren Patron C. Bultius Geminius Titianus, der das Amt des Statthalters innehat, mit der Aufstellung einer Statue. In der Inschrift wird er als *vir clarissimus* bezeichnet. Auch der Grund der Ehrung wird in der Inschrift genannt: *ob insignem eius benivolentiam* (sic!) *erga ordinem et patriam.* Das Patronat gegenüber einer Stadt findet sich bei Provinzstatthaltern häufig wieder. Die Tribus stellte zur selben Zeit weitere Statuen in Marsala und Mazara auf (Mars 10, Maz 6). Die geringe Tiefe des Blocks und die Pickspuren auf der Oberfläche und den Seiten könnten auf eine Wiederverwendung des Blocks hinweisen, in dessen Zuge der Block beschnitten wurde. Die Breite des Blocks weist vielmehr auf die Aufstellung einer mindestens lebensgroßen Statue hin.

Lit.: CIL X 7233; ISic 0513; Sartori 1957; Manganaro 1988, 53 Anm. 262, Abb. 21; Wilson 1990, 179; Prag 2008, 79 Anm. 90.

Mars 10 (Abb. 185)
Fundort: Marsala, Straßenbelag beim Capo Boeo
Aufbewahrungsort: Marsala Museo Baglio Anselmi Inv. 4591
Material: Kalkstein
Maße: 0,93 × 0,54 × 0,15 m
Buchstabenh.: 0,05–0,055 m
Datierung: spätes 2. bis frühes 3. Jh. n. Chr. (Barbieri)
Identifikation: sicher
Inschrift:
C(aio) Mevio Q(uinti) f(ilio) Donato / Iuniano q(uaestori) propr(aetore) / provinc(iae) Siciliae / optimo et humaniss(imo) / XII trib(us) patron.
Beschreibung:
- Fundament: —
- Basisfuß: —

KATALOG 339

– Schaft: Der rechteckige Block ist an den Ecken und Rändern bestoßen, die rechte untere Ecke fehlt. Die Oberfläche ist aufgrund der Wiederverwendung als Paviment außergewöhnlich glatt. Die lateinische Inschrift erstreckt sich über fünf Zeilen, die sehr ordentlich und regelmäßig auf dem Stein angeordnet sind. Abgesehen von der ersten Zeile beginnen und enden alle Zeilen auf selber Höhe. Nur der erste Buchstabe des Namens des Geehrten in der ersten Zeile ist nach vorne gesetzt. Die Buchstaben sind in Serifen geschrieben. Obwohl diese gleich groß geschrieben wurden, unterscheiden sie sich in ihrer Breite. Die vierte Zeile wird gegen Ende immer enger geschrieben, die Buchstaben werden immer schmaler, damit die Zeile auf derselben Höhe endet wie die restlichen Zeilen. Die Inschrift bedeckt die obere Hälfte des Blocks.

– Bekrönung/Oberseite: An der Oberseite befindet sich mittig eine rechteckige Eintiefung von 8 × 7 cm und einer Tiefe von ca. 3 cm. Für die Wiederverwendung der Basis wurde der Block höchstwahrscheinlich beschnitten. Darauf weist die Rückseite hin, die aufgeraut und unregelmäßig ist. Da kein Abschluss der Eintiefung an der Oberseite vorhanden ist, muss der Block ursprünglich tiefer gewesen sein. Die Einlassung könnte ursprünglich für die Befestigung einer Statue genutzt worden sein.

– Statue: Vermutlich stand auf der Basis eine lebensgroße stehende Statue.

Interpretation: Der Inschrift zufolge ehrt die zwölfte Tribus seinen Patron, den Quästor Gaius Mevius. Da der Quästor seinen Amtssitz in Lilybaeum hatte, ist die Ehrung als Patron der Stadt nicht verwunderlich, erhoffte sich die jeweilige Stadt doch Vorteile von der Provinzverwaltung. Zur selben Zeit stiftete die Tribus auch Statuen in Marsala für einen Statthalter (Mars9) und in Mazara für einen gewissen C. Bultius Geminius (Maz6). Die Eintiefung an der Oberseite des Blocks ist schwer zu deuten, auch, weil sie nicht vollständig erhalten ist. Möglicherweise wurde sie zur Befestigung einer Statue genutzt. Die Breite der Inschriftenplatte lässt eine lebensgroße Statue vermuten. Die Tiefe der Basis müsste dementsprechend um etwa 35 cm erweitert werden.

Lit.: AE 1964, 183; ISic0625; Barbieri 1961, 45–51 Nr. 3, Taf. 3; Manganaro 1988, 42 Anm. 206; Wilson 1990, 174 Anm. 94, Abb. 147; Prag 2008, 79 Anm. 90.

Mars11 (Abb. 186–187)
Fundort: Marsala
Aufbewahrungsort: Marsala Museo civico
Maße: 0,64 × 0,46 × 0,27 m
Buchstabenh.: 0,025–0,04 m

Material: Kalkstein
Datierung: nach 193 n. Chr. (Marino)
Identifikation: sicher
Inschrift:
T(ito) Quarto / Masculo / T(iti) Quarti Cres- /centinii Q(ui)r(ina) / fil(io) dec(urioni) spl(endidissimae) / col(oniae) Aug(ustae) Lilib(itanorum) / q(uaestori) p(ecuniae) p(ublicae) cur(atori) f(rumenti) p(ublici) / [---]
Beschreibung:
– Fundament: —
– Basisfuß: —
– Schaft: Von der Statuenbasis hat sich nur der obere Teil erhalten. Der erhaltene rechteckige Block ist besonders an den Kanten bestoßen, von der Rückseite fehlt ein Stück und von der hinteren Unterseite ist ein großer Teil abgearbeitet. Die Oberfläche ist verwittert. Die Vorderseite trägt eine lateinische Inschrift, die gerahmt ist. Um die Rahmung herum befinden sich seitlich Blätterranken. Von der Inschrift sind die ersten sechs Zeilen erhalten. Alle beginnen auf derselben Höhe, enden aber unterschiedlich. Die Buchstaben variieren leicht in Größe und Form. Besonders klein und eng geschrieben ist die Erwähnung der Zugehörigkeit des Geehrten zur Tribus Quirina, die wie eine spätere Zutat zur Inschrift wirkt.
– Bekrönung/Oberseite: Die Bekrönung ist an der Vorderseite abgearbeitet worden, darauf weisen geglättete bzw. verwitterte Hackspuren oberhalb des Inschriftenfeldes hin. An den Seiten hat sich die Bekrönung in Form leicht überkragender Folge von Profilen dagegen erhalten. Die Oberseite der Basis zeigt Einlassungen für die Aufstellung einer stehenden Statue: Die jeweils etwas über 20 cm langen sohlenförmigen Einlassungen weisen im vorderen Teil seitlich jeweils zwei Löcher auf zur Befestigung der Füße der Statue. Dies lässt auf die Befestigung einer stehenden Bronzestatue schließen. Hinter dem linken Fuß befindet sich außerdem eine rechteckige schmale Einlassung, deren Funktion unklar ist.
– Statue: Aufgrund der erhaltenen Einlassungen kann ein lebensgroßes bronzenes Standbild auf der Oberseite rekonstruiert werden.
Interpretation: Es handelt sich um eine Statuenbasis für Titus Quartius Masculus Crescentinus der Tribus Quirina. Geehrt wird er als Sohn der *colonia* Lilybaeums. Der Name des Stifters ist nicht erhalten, doch kann vermutet werden, dass die *colonia* eine Rolle spielte. Der Geehrte war Quästor und *curator frumentum publicum*, demnach also für das Getreide zuständig. Die Vorderseite der Basis ist außergewöhnlich reich verziert. Auf der Basis lässt sich den Einlassungen entsprechend eine lebensgroße, leicht in Ponderation stehende Statue aus Bronze ergänzen.

KATALOG   341

Lit.: CIL X 7239; AE 1987,467; ISic0519; Marino 1978, 98–100; Manganaro 1988, 44. 53.

Mars12 (Abb. 188)
Fundort: Marsala, Straßenbelag des Decumanus maximus, 2010
Aufbewahrungsort: Marsala Museo Baglio Anselmi Inv. 9829 + 9830
Material: lokaler Kalkstein
Maße: 0,98 × 0,65 × 0,21 m
Buchstabenh.: 0,06–0,07 m
Datierung: spätes 2. Jh. bis frühes 3. Jh. n. Chr. / severisch (Silvestrini)
Identifikation: sicher
Inschrift:
[M.] Rubellino / P. f. Publ(ilia) Ces[tiano tribu]no / milit(um) leg(ionis) [x]x [Val(eriae) Vic(tricis) et leg(ionis) (?)] / [x]x[ii] (?) Prim[i]g(eniae) [---] / p[atr]o[no (?) flam(ini) divor(um) Augg(ustorum) per]p(etuo) / IIvir(o) q[u]i[nq(ennali) ite]ru[m (?)] / c[ol(onia) Aug(usta) Lilybitan(orum) (?)].
Beschreibung:
– Fundament: —
– Basisfuß: —
– Schaft: Die rechteckige Platte aus leicht rosafarbendem Kalkstein ist an der Oberseite und an den Rändern gebrochen. Die Oberfläche ist stark durch die Nutzung als Bodenbelag geglättet worden. Dadurch ist die Inschrift an der Vorderseite kaum mehr lesbar. Fragmente von sieben Zeilen einer lateinischen Inschrift sind erkennbar.
– Bekrönung/Oberseite: —
– Statue: —
Interpretation: Der Geehrte Rubellinus ist über dieses Monument hinaus von einer Ehreninschrift in Mazara bekannt (Maz5). Dort wird er als Flamen bezeichnet. Die vorliegende Inschrift ist ausführlicher und bezeugt darüber hinaus noch das Amt des Tribunus militum und das eines Duumvir. Als Stifter tritt die *colonia Lilybitanorum* auf, was auf seine Bedeutung für die Stadt hinweist. Die Inschriftenplatte in Marsala wurde in der Spätantike als Bodenbelag des cardo maximus genutzt. Somit ist wahrscheinlich, dass die Tiefe des Blocks deutlich zu ergänzen ist. Die Breite der Platte lässt zumindest eine mindestens lebensgroße Statue des Geehrten rekonstruieren.
Lit.: ISic3460; Silvestrini 2014, 209 Abb. 4; Silvestrini 2020, 294–300, Abb. 1–3.

Mars13 (Abb. 189)
Fundort: Marsala, wiederverwendet in spätantikem Grab bei Insula 3, 2008
Aufbewahrungsort: Marsala Museo Baglio Anselmi Inv. 8054

342 KATALOG

Maße: 0,37 × 0,55 × 0,025 m
Buchstabenh.: 0,06–0,065 m
Material: Marmor
Datierung: 193–197 n. Chr. (Silvestrini)
Identifikation: wahrscheinlich
Inschrift:
[--- patrono] / col(oniae) Septimiae / Aug(ustae) / Agrigentinor(um).
Beschreibung:
– Fundament: —
– Basisfuß: —
– Schaft: Erhalten ist eine rechteckige Platte, die an den Rändern bestoßen
  ist. Unterhalb der ersten Zeile der Inschrift verläuft ein Riss durch die Platte
  schräg nach unten. Die Oberfläche ist verwittert und von einer Patina
  bedeckt. Drei Zeilen einer lateinischen Inschrift nehmen die gesamte
  Fläche der Platte ein. Insgesamt ist die Inschrift sorgfältig angelegt wie die
  mittige Platzierung von AUG (Z. 2) zeigt. Die Buchstaben sind in Serifen
  geschrieben und weisen ungefähr dieselbe Größe auf. Allerdings sind die
  Buchstaben einer Zeile nicht auf genau derselben Linie geschrieben. Die
  dritte Zeile bewegt sich gegen Ende immer weiter nach oben.
– Bekrönung/Oberseite:
– Statue: Die Breite der erhaltenen Platte könnte für eine lebensgroße Statue
  auf der von der Platte verkleideten Basis sprechen.
Interpretation: Von M. Silvestrini wird die vorliegende Marmorplatte als Teil
einer Statuenbasis interpretiert (Silvestrini 2011). Da sich der Beginn der ersten
und dritten Zeile der Inschrift direkt am Rand der Platte befindet und dadurch
leicht beschnitten wird, ist zu vermuten, dass die Platte ursprünglich breiter
war. Für eine Beschneidung der Platte spricht auch, dass mindestens eine vor-
gesetzte Zeile der Inschrift fehlt und die obere Kante schräg verläuft. Durch
die vorliegende Inschrift steht eindeutig der Status Agrigents als *colonia* fest.
Lit.: AE 2011,436; ISic3349; Silvestrini 2011.

Mars14 (Abb. 190–191)
Fundort: Marsala
Aufbewahrungsort: Marsala Museo civico
Maße: 0,72 × 0,60 × 0,22–0,31 m
Buchstabenh.: 0,06 m
Material: Kalkstein
Datierung: 213 n. Chr. (Marino)
Identifikation: sicher

KATALOG   343

Inschrift:

[I]mp(eratori) Caes(ari) M(arco) Aurelio / [A]ntonino Pio / [fel]ici invicto Aug(usto) / [tr]ib(unicia) potest(ate) XVII / [co(n)]s(uli) [IIII] proco(n)s(uli) / p(atri) p(atriae) / col(onia) Hel(via) Augusta / [L]ilybitanorum / [devota] numini m[a] / [iestatique eius].

Beschreibung:

– Fundament: —
– Basisfuß: —
– Schaft: Der rechteckige Schaft ist in einem schlechten Zustand erhalten. Die Oberfläche des Steins ist verwittert und trägt Rußspuren. Die Kanten sind bestoßen und teilweise gebrochen. Von der lateinische Inschrift an der Vorderseite sind neun Zeilen in unterschiedlicher Weise erhalten. Während die ersten beiden Zeilen gut lesbar sind, sind von der fünften und sechsten Zeile nur einige Buchstaben erkennbar. Der Beginn der Zeilen sind von der dritten Zeile an nicht erhalten, da der Stein hier gebrochen ist. Ebenso ist der untere Abschluss des Blocks gebrochen, so dass die wohl letzte Zeile der Inschrift unbekannt bleiben muss. Die letzten beiden lesbaren Zeilen weisen sehr eng geschriebene Buchstaben auf.
– Bekrönung/Oberseite: Die Oberseite weist Bearbeitungsspuren auf, die von einer Wiederverwendung stammen könnten. Zu vermuten ist, dass die Basis einst tiefer war als nun erhalten.
– Statue: Die Breite der Basis lässt eine lebensgroße Statue vermuten.

Interpretation: Der Inschrift zufolge wurde Kaiser Caracalla von der *colonia* Lilybaeum mit einer Statue geehrt. Die Angabe seiner Ämter lässt die Ehrung in das Jahr 213 n. Chr. datieren (Marino 1978, 78–81). Da die Basis vermutlich einst tiefer war, kann eine leicht überlebensgroße stehende Statue auf der Oberseite vermutet werden. Unklar bleibt außerdem, wo das Monument aufgestellt war.

Lit.: CIL X 7228; AE 2009,670; ISico508; Marino 1978, 77–97; Manganaro 1988, 19. 77.

Mars15 (Abb. 192)
Fundort: Marsala
Aufbewahrungsort: Marsala Museo civico
Maße: 1,20 × 0,48 × 0,54 m
Buchstabenh.: ?
Material: Kalkstein
Datierung: 3. Jh. n. Chr. (aufgrund der genutzten Schlussformel)
Identifikation: wahrscheinlich

344 KATALOG

Inschrift:
[num]ini eius / [m]a[i]estatique / devotus
Beschreibung:
– Fundament: —
– Basisfuß: Der Fuß der hohen Basis ist profiliert.
– Schaft: Die hohe und schlanke Statuenbasis ist nicht vollständig erhalten; der komplette obere Teil ist schräg gebrochen. Die Inschrift auf der Vorderseite ist auf der gesamten Ausdehnung des Schafts gerahmt. Die Oberfläche ist bestoßen und ausgewaschen. Zwischen den Zeilen 8–10 einer lateinischen Inschrift aus dem 4. Jh. n. Chr. (Mars16) finden sich drei Zeilen einer früheren, ebenfalls lateinischen Inschrift. Dem Wortlaut zufolge muss es sich um die Schlussformel einer Ehreninschrift handeln.
– Bekrönung/Oberseite: —
– Statue: —
Interpretation: Erhalten ist eine Statuenbasis, die in der Literatur als Ehrung Kaiser Valentinian's Erwähnung findet (Mars16). Jedoch bezeugen Reste einer älteren Inschrift zwischen den Zeilen 8–10 der spätantiken Ehreninschrift, dass eine ältere Statuenbasis wiederverwendet wird. Die erhaltene Schlussformel ist ab dem 3. Jh. n. Chr. in Ehreninschriften bekannt. Eine Datierung in die frühere Kaiserzeit, die U. Gehn und C. Machado vorschlagen, ist somit ausgeschlossen (s. LSA-2063). Weitere Angaben können aufgrund der fragmentierten Erhaltung der Inschrift nicht über die Art der Ehrung gemacht werden. Allerdings können die Maße der Statuenbasis diese als Träger einer lebensgroßen Statue interpretieren lassen.
Lit.: CIL X 7229; LSA-2063.

Mars16 (Abb. 192)
Fundort: Marsala
Aufbewahrungsort: Marsala Museo civico
Maße: 1,20 × 0,48 × 0,54 m
Buchstabenh.: 0,03–0,04 m
Material: Kalkstein ?
Datierung: 364–378 n. Chr. (Marino)
Identifikation: sicher
Inschrift:
[Imp(eratori) Caesari] / d(omino) n(ostro) F[l(avio) Valentini]/ano, pio, [felici], / semper Aug[usto], / M(arcus) Valerius / Quintianus, / v(ir) c(larissimus), cons(ularis) p(rovinciae) S(iciliae), / clementiae / pietatique eius / semper dicatis-/simus.
Beschreibung:
– Fundament: —
– Basisfuß: —

KATALOG   345

– Schaft: Die hoche und schlanke Statuenbasis ist nicht vollständig erhalten. Der gesamte obere Abschnitt der Basis ist schräg gebrochen. Darüber
  hinaus ist die gesamte Oberfläche des Steins ausgewaschen und teilweise
  bestoßen. Von einer lateinische Inschrift auf der Vorderseite sind zehn
  der wohl ursprünglich elf Zeilen zum größten Teil erhalten. Die gesamte
  Inschrift ist von einer Rahmung umgeben, die sich über die gesamte erhaltene Vorderseite des Schafts streckt.
– Bekrönung/Oberseite: —
– Statue: Die Maße der Basis lassen eine lebensgroße Statue rekonstruieren.
Interpretation: Die hohe und schmale Basis ehrt der Inschrift auf der Vorderseite zufolge Kaiser Valentinian. Allerdings wurde dafür eine Basis aus der
hohen Kaiserzeit wiederverwendet (Mars15). Dafür wurde die ältere Inschrift
teilweise ausradiert; die Schlussformel ist allerdings noch zwischen den
Zeilen 8–10 lesbar und lässt sich somit in das 3. Jh. n. Chr. datieren. Als Stifter
der spätantiken Ehrung fungierte der Statthalter Marcus Valerius Quintinianus.
Er stiftete eine weitere Statue an den Bruder von Kaiser Valentinian (Mars18).
Die Inschriften gleichen sich bis auf den Namen des Geehrten. Da sich auch
die Form und Maße der Statuenbasen gleichen, kann vermutet werden, dass
beide gemeinsam aufgestellt waren. Die Maße der Basis lassen eine lebensgroße Statue des Geehrten vermuten.
Lit.: CIL X 7229; ISico509; LSA-2063; Marino 1978, 106–110 Nr. 4, Taf. 8.

Mars17 (Abb. 193–194)
Fundort: Marsala
Aufbewahrungsort: Marsala Museo civico
Maße: 1,55 × 0,65 × 0,55 m
Buchstabenh.: 0,045 m
Datierung: 314 n. Chr. (Barbieri)
Identifikation: sicher
Material: weißer Kalkstein ?
Inschrift:
[Rec]tori orbis [ter]ra[e], / [fun]datori publicae / [s]ecuritatis, / [d(omino)
n(ostro) Fl(avio)] Val(erio) Constantino, / [---Domit]-/[iu]s Latronianus, /
[v(ir) c(larissimus), cor]r(ector) prov(inciae) Siciliae, / [dev]otus numini
maie-/[stat]ique eius.
Beschreibung:
– Fundament: —
– Basisfuß: Der Basisfuß ist auskragend und entspricht damit dem Kopfprofil.
– Schaft: Die monolithe Statuenbasis ist hoch und schmal; sie weist auskra-
  gende, hohe Profile auf. Die gesamte Basis zeigt eine schlecht erhaltene,
  ausgewaschene Oberfläche auf, darüber hinaus ist sie bestoßen. Die Kante
  der rechten Seite fehlt, die Basis war ungefähr mittig gebrochen und wurde

346   KATALOG

wieder zusammengefügt und verklebt. Die Inschrift auf der Vorderseite ist durch die Oberflächenerhaltung kaum mehr lesbar. Die Buchstaben, die zu lesen sind, sind hoch und schmal. Die Inschrift weist eine Rahmung auf.

– Bekrönung/Oberseite: Das auskragende Kopfprofil ist stark bestoßen. Die Oberseite der Statuenbasis ist gepickt und weist Einlassungen für eine Bronzestatue auf. Die Statue stand in leichter Ponderation; der linke Fuß war nach vorne gesetzt und ist etwa 24 cm lang. Die Einlassung des rechten Fußes ist nicht komplett erhalten, da die Ecke der Basis dort ausgebrochen ist.

– Statue: Den Einlassungen zufolge kann ein bronzenes und leicht überlebensgroßes Standbild in Ponderation rekonstruiert werden.

Interpretation: Das Statuenmonument für Konstantin I. wurde vom Statthalter Domitius Latronianus errichtet. Dieser hat weitere Statuen errichtet (Pal28). Anders als die meisten der anderen Ehrungen, gleicht die vorliegende Inschrift bereits dem üblichen Aufbau von spätantiken Ehreninschriften. Der Geehrte wird einerseits als *domino nostro* und *rectori orbis terrae, fundatori publicae, securitatis* gepriesen, während Domitius Latronianus' Rang und Amt genannt wird. Abgeschlossen wird die Inschrift mit der üblichen Schlussformel. Damit gleicht sie der Ehreninschrift einer Statuenbasis für Licinius in Palermo, die ebenfalls von Domitius Latronianus gestiftet wurde (Pal28); die Ehrung unterscheidet sich lediglich im Namen des Geehrten und einer ausführlicheren Beschreibung des Geehrten als *pius, felix* und *invictus*. Die Statue des vorliegenden Monuments kann aufgrund der Einlassungen an der Oberseite als in Ponderation stehende Bronzestatue rekonstruiert werden.

Lit.: AE 1966, 166; ISico810; LSA-2055; Barbieri 1963, 225–232 Nr. 1, Taf. 69 Abb. 2; Soraci 2015, 79.

Mars18 (Abb. 195–196)
Fundort: Marsala
Aufbewahrungsort: Marsala Museo civico
Maße: 1,60 × 0,48 × 0,54 m
Buchstabenh.: 0,03–0,04 m
Material: Kalkstein
Datierung: 364–378 n. Chr. (Marino)
Identifikation: sicher
Inschrift:
[I]mp(eratori) Caesari / d(omino) n(ostro) Fl(avio) Valenti, / pio, felici, semper / Augusto, / M(arcus) Valerius / Quintianus, / v(ir) c(larissimus), cons(ularis) p(rovinciae) S(iciliae), / clementiae / pietatique eius / semper dicatis / simus.

KATALOG 347

Beschreibung:
- Fundament: —
- Basisfuß: Die Basis weist einen hohen doppelt profilierten und auskragenden Basisfuß auf.
- Schaft: Die hohe und schmale monolithe Basis weist sowohl einen hohen Basisfuß als auch eine hohe Bekrönung auf. Die Oberfläche ist bestoßen und verwaschen; einige Ränder sind gebrochen, Risse ziehen sich über die Vorderseite. Die lateinische Inschrift ist doppelt gerahmt und in elf Zeilen vollständig erhalten. Damit nutzt sie nicht die gesamte Rahmung aus, der untere Abschnitt der Basis, der zwar noch in Resten die Rahmung aufweist, zeigt keine Inschrift, die Oberfläche ist hier stark verwittert. Die Inschrift selbst ist relativ regelmäßig verfasst, die Größe der Buchstaben variiert leicht und die Zeilen verlaufen teilweise leicht schräg.
- Bekrönung/Oberseite: Die hohe Bekrönung ist parallel zum Basisfuß auskragend gebildet. Die Ränder sind bestoßen, eine der Ecken ist gebrochen. Dennoch sind Einlassungen für eine Bronzestatue auf der Oberseite deutlich erkennbar. Der linke Fuß des Dargestellten war leicht ausgedreht nach vorne gesetzt, wohingegen der rechte Fuß leicht nach hinten gesetzt war. Beide Einlassungen sind ovalförmig und zwischen 23 bis 25 cm lang. Die äußeren Abgrenzungen der Einlassungen sind allerdings nicht vollständig erhalten.
- Statue: Rekonstruiert werden kann eine leicht überlebensgroße, in Ponderation stehende Bronzestatue.
Interpretation: Mit der vorliegenden Basis wurde Valens vom Statthalter Marcus Valerius Quintianus, *v.c.*, geehrt. Sowohl die Inschrift als auch das Aussehen der Statuenbasis gleichen einem weiteren Monument aus Lilybaeum (Mars16). Da dieses dem Bruder von Kaiser Valens gestiftet wurde, kann davon ausgegangen werden, dass diese gemeinsam aufgestellt waren. Aufgrund der Einlassungen der Oberseite der Basis kann eine leicht in Ponderation stehende Bronzestatue auf der Basis rekonstruiert werden.
Lit.: CIL X 7230; ISic0510; LSA- 2064; Marino 1978, 110 f. Nr. 5, Taf. 9.

Mars19 (Abb. 197–198)
Fundort: Marsala
Aufbewahrungsort: Marsala Museo civico
Maße: 0,65 × 0,58 × 0,28 m
Buchstabenh.: 0,045–0,055 m
Material: weißer Kalkstein
Datierung: nach 300 n. Chr. (ISic, LSA)

Identifikation: sicher
Inschrift:
Cureti vivas. / Pro meritis eximiae laenitatis / et benignae administrationis, / [s]treṇuo [a]c pṛaedicabili iudici, / Domitio Zenofilo, / v(iro) c(larissimo), [cor]r(ectori) prov(inciae) Siciliae, / [......]
Beschreibung:
- Fundament: —
- Basisfuß: —
- Schaft: Der monolithe rechteckige Block aus weißem Kalkstein ist nicht vollständig erhalten: Der untere Teil der Basis ist gebrochen, weshalb unklar ist, wie hoch die Basis ursprünglich war. Zusätzlich ist das untere Drittel der erhaltenen Basis bearbeitet, so dass die Oberfläche mit der Inschrift dort zurückgearbeitet wurde. Insgesamt ist die Oberfläche der Basis stark ausgewaschen und bestoßen. Von der lateinischen Inschrift auf der Vorderseite sind sechs Zeilen noch lesbar. Wie viele weitere Zeilen folgten, ist unklar. Die Inschrift selbst ist in engen Buchstaben geschrieben. Vor allem die Buchstaben in den längeren Zeilen werden gegen Ende immer gedrängter. Dagegen sind die Buchstaben der ersten Zeile weitaus luftiger angeordnet als der Rest der Inschrift.
- Bekrönung/Oberseite: Die Oberseite der Basis weist eine stark ausgewaschene Oberfläche auf. Auffallend sind zwei nebeneinander befindliche kreisförmige, aber flache Vertiefungen. Gegen eine Funktion als Einlassung spricht die geringe Tiefe und die konkave Form, die wahrscheinlich durch Wasseransammlungen über einen langen Zeitraum zustande gekommen ist. Die Tiefe der Oberseite ist zudem zu schmal für die Aufstellung einer Statue. Der Gesamtzustand der Oberseite lässt vermuten, dass die Oberseite nicht mehr dem Originalzustand entspricht, sondern tiefer zu rekonstruieren ist.
- Statue: Die Breite des Basisblocks könnte für eine lebensgroße Statue sprechen.
Interpretation: Mit der Basis wird der Inschrift zufolge ein Statthalter der Provinz Sizilien geehrt, ein gewisser Domitius Zenophilus. Der Name des Stifters ist nicht erhalten. Zur Größe und zum Aussehen der Statue des Geehrten können keine Angaben gemacht werden. Lediglich die Breite des Blocks könnte für die Aufstellung einer lebensgroßen Statue sprechen. Sowohl die geringe Tiefe als auch die Bearbeitung der unteren Hälfte der Basis weisen auf eine Nachnutzung hin. Die Inschrift folgt dem Formular einer üblichen spätantiken Ehreninschrift für einen Statthalter: Seine tugendhafte Ausführung des Amtes, vor allem die der Rechtsprechung, wird erwähnt, ebenso sein Rang als *vir clarissimus*. Zenophilus war außerdem Statthalter Numidiens und der

KATALOG   349

Provinz Afrika Proconsularis. Die Inschrift beginnt mit einer Akklamation, wie
auch weitere Ehreninschriften in Marsala (Mars21). Während Einigkeit über
den *terminus post quem* der Ehrung in Form des Statthalteramtes nach 300 n.
Chr. besteht, präferiert J. Prag eine Datierung zwischen dem 4. und dem 5. Jh.
n. Chr., U. Gehn und C. Machado im Eintrag in Last Statues of Antiquity dagegen eine Datierung zu Beginn des 4. Jh. n. Chr. aufgrund der chronologischen
Einordnung seines Amtes als Statthalter in Numidia um 320 n. Chr.
Lit.: CIL X 7234; ISico514; LSA-2065; Barbieri 1963, 234; Marino 1978, 101–106
Nr. 3, Taf. 7; Soraci 2015, 82–84.

Mars20
Fundort: ?
Aufbewahrungsort: unbekannt
Maße: ?
Material: Stein
Datierung: Spätes 3.–Anfang 4. Jh. n. Chr.
Identifikation: sicher
Inschrift:
C(aium) Val(erium) Apollinarem, / v(irum) p(erfectissimum), corr(ectorem)
prov(inciae) Sic(iliae), / exemplum unicum / abstinentiae, inte / gritatis,
innocen / tiae, iudicem sine ul / la gratia lancis / aequae. / C(aius) Val(erius)
Pompeianus, v(ir) p(erfectissimus), / cur(ator) r(ei) p(ublicae) Lilyb(itanorum),
patro / num semper suum. / Pancrati, dii te / servent.
Beschreibung:
– Fundament: —
– Basisfuß: —
– Schaft: Von dem Statuenmonument ist nur die lateinische Ehreninschrift
  überliefert.
– Bekrönung/Oberseite: —
– Statue: —
Interpretation: Geehrt wird Gaius Valerius Apollinaris, Statthalter von Sizilien
und *vir perfectissimus*. Obwohl es sich um eine lateinische Inschrift handelt,
ist sein Name im Akkusativ wiedergegeben. Dies entspricht der griechischen
Formel von Ehreninschriften, nicht aber der lateinischen, die den Geehrten
im Dativ angibt. Möglicherweise war der Steinmetz bzw. derjenige, der die
Inschrift verfasst hatte auf griechische Inschriften spezialisiert. Gestiftet wurde
das Monument von Gaius Valerius Pompeianus, einem *vir perfectissimus*, der
das Amt eines *curator rei publicae* in Lilybaeum innehatte. Er bezeichnet den
Geehrten als seinen Patron (*patronum semper suum*), wodurch diese Ehrung
als persönlich motiviert interpretiert werden kann. Die Inschrift gleicht in

350 KATALOG

Inhalt und Formular anderer spätantiken Ehrungen von Statthaltern: Der Geehrte wird, nachdem sein Rang und Amt genannt ist, mit spätantiken Tugenden gepriesen (*abstinentiae, integritatis, innocentiae, iudicem sine ulla gratia lancis aequae*). Er wird sogar als *exemplum unicum* bezeichnet. Die aufgezählten Eigenschaften beziehen sich besonders auf die Fähigkeit des Richters, die in spätantiken Ehrungen von Statthaltern besonders häufig betont wird. Die Datierung des Monuments ist U. Gehn und C. Machado in ihrem Eintrag in Last Statues of Antiquities zufolge aufgrund der Bezeichnung für die Statthalterschaft als *corrector* zwischen dem Ende des 3. Jhs. und dem Beginn des 4. Jhs. n. Chr. anzusetzen.

Lit.: EphEph 696; ISic3441; LSA-2066; Di Stefano 1984, 146; Soraci 2015, 75.

Mars21 (Abb. 199–200)
Fundort: Marsala
Aufbewahrungsort: Marsala Museo civico
Maße: 1,60 × 0,63 × 0,57 m
Buchstabenh.: ?
Material: Kalkstein ?
Datierung: nach 334 n. Chr. (LSA-3226)
Identifikation: sicher
Inschrift:
Eumeni / vivas. / Ἀλπείνον Μάγνον / τὸν λαμπρότατον ὑπατ(ικὸν) / καὶ ἁγνότατον δικαστὴν / βουλὴ καὶ δῆμος / Λιλυβαειτῶν διὰ τὰς / περὶ τὴν πατρίδα / εὐεργεσίας τὸν / πάτρωνα ἡμίψατο.
Beschreibung:
– Fundament: —
– Basisfuß: Der Basisfuß besteht aus einem auskragend, doppelt profilierten Fuß.
– Schaft: Erhalten ist eine hohe und schmale Basis aus gräulichem Stein, der zahlreiche weiße Einschlüsse aufweist. Die Oberfläche zeigt Bestoßungen und Spuren von Verwitterung. Während sich auf dem Kopfprofil eine lateinische Akklamation befindet, zeigt die Vorderseite eine gerahmte achtzeilige griechische Inschrift.
– Bekrönung/Oberseite: Das hohe auskragende Kopfprofil weist an der Vorderseite Brandspuren auf. Außerdem befindet sich auf der Vorderseite eine lateinische Akklamation, die das Signum des Geehrten nennt. Die Oberseite zeigt einen unregelmäßig rundlichen Gußkanal, der die gesamte Fläche einnimmt. Von ihm ausgehend lassen sich zwei dreieckige Einlassungen derselben Tiefe feststellen.

KATALOG   351

– Statue: Aufgrund der Einlassungen an der Oberseite kann eine lebensgroße
  Bronzestatue rekonstruiert werden, die leicht nach rechts gewandt ist.

Interpretation: Mit dem vorliegenden Statuenmonument wurde der
Statthalter Alpinus Magnus von Boule und Demos Lilybaeums geehrt. Als
Grund für die Ehrung werden einerseits Wohltaten gegenüber der Heimatstadt
(πατρίδα) und andererseits seine Tätigkeit als Richter und sein Amt als
Statthalter genannt. Zudem wird er als Patron bezeichnet, was bei spätantiken Ehrungen von Statthaltern gerne betont wird. Die Erwähnung πατρίδα
lässt die Vermutung zu, Alpinus stamme aus Lilybaeum. Alpius Magnus
ist außerdem von einer Gebäudeinschrift aus Korsika bekannt, in der er als
Statthalter Korsikas bezeichnet wird (AE 1962, 144d) und als Stifter einer Statue
an Helena in Salerno; in der zugehörigen Ehreninschrift wird zudem sein Amt
als Statthalter Lucaniens und Bruttiens erwähnt (CIL X 517; LSA- 1847). Das
vorliegende Monument wird von J. Prag in die 320er Jahre datiert, während
U. Gehn eine etwas spätere Einordnung präferiert. Er bezieht sich dabei auf die
bereits erwähnten anderen Ämter vom Geehrten, die chronologisch vor seine
Statthalterschaft in Sizilien gesetzt werden können (demnach nach 324 n. Chr.).
Der Gußkanal auf der Oberseite findet Vergleiche unter anderem in Ostia und
in Didyma. Beide Vergleiche werden mit der Aufstellung von Bronzestatuen in
Verbindung gebracht[11]. Die Oberseite der vorliegenden Basis lässt daher eine
lebensgroße Bronzestatue vermuten, die in ein Gewand gekleidet ist, welches
bis zum Boden reicht und unter dem die Schuhspitzen hervorschauen. Die
Einlassungen für die Füße der Statue zeigen, dass die gesamte Statue etwas
nach rechts ausgedreht stand.

Lit.: AE 1966,167; ISic0812; LSA-2852; Barbieri 1963, 232–242 Nr. 2, Taf. 68.

Mazara
Maz1 (Abb. 201)
Fundort: Mazara del Vallo, Via Santa Teresa
Aufbewahrungsort: Mazara del Vallo ?
Maße: 0,70 × 0,50 × 0,20 m
Buchstabenh.: ?
Material: Marmor ?
Datierung: 1.–2. Jh. n. Chr. (ISic)
Identifikation: sicher

---

11   Basis in Ostia für die Aufstellung einer Bronzestatue der Julia Domna, Fejfer 2008, 27
     Abb. 10; zur Basis einer weiblichen Ehrenstatue in Didyma, Filges 2007, 144 f. Nr. 134
     Abb. 15, Taf. 35,4.

Inschrift:

Μ(άρκον) Ἰούν(ιον) Φήλι[κα] / βουλευτ(ὴν) Λιλυ[βα]- / ειτῶν φιλοτει[μη]- / σάμε-νον περὶ τὴ[ν] / πατρίδα τὸ κοινὸ[ν] / Κινακων ἐκ τῶν / ἰδίων πάτρω[νι] / ἀξίῳ / δ.δ.β.

Beschreibung:
- Fundament: —
- Basisfuß: —
- Schaft: Erhalten ist ein rechteckiger Block, auf dessen Vorderseite sich eine neunzeilige griechische Inschrift befindet. Die Oberfläche ist verwittert, so dass die Buchstaben nur schwer lesbar sind. Sowohl am unteren Ende als auch an der linken Seite des Blocks ist der Stein gebrochen. Dadurch sind einige Teile der Inschrift nicht erhalten. Ansonsten bedeckt die Inschrift die gesamte Vorderseite. Die Wörter sind nicht getrennt geschrieben. Besonders interessant ist die achte Zeile, da sich dort die Zeichnung eines Kranzes befindet.
- Bekrönung/Oberseite: —
- Statue: Da über die Oberseite keine Angaben existieren, können allein mit-hilfe der Maße des Blocks Vermutungen über das Aussehen der Statue ange-stellt werden. Es ist unklar, ob die Tiefe des Blocks nicht ursprünglich größer war, denn im derzeitigen Zustand scheint sie zu gering für die Aufstellung einer Statue. Die Breite würde dagegen die Aufstellung einer lebensgroße Statue zulassen.

Interpretation: Es handelt sich um eine besonders interessante Ehreninschrift, da sie einen Römer in griechischer Sprache nennt. Marcus Iulius Felix, Bouleut in Lilybaeum wird von einem Koinon mit einer Statue und einem Kranz geehrt. Die Abkürzung der zwei Delta und dem Beta kann mit δ(όγ-ματι) δ(εκουριώνων) β(ουλῆς) ergänzt werden, was dem *decreto decurionum* im lateinischen entspricht. Das Koinon, welches hier als Stifter auftritt, ist anson-sten unbekannt. G. Manganaro vermutet einen punischen Bezug aufgrund des Namens Kinakes. Der Kranz, der dem Geehrten zusätzlich zur öffentli-chen Statuenaufstellung zugesprochen wird, ist in der achten Zeile bildlich dargestellt.

Lit.: AE 1935, 123=AE 2010, 613; ISic2988; Manni Piraino 1969, Taf. 50; Manganaro 1988, 19 Anm. 71; Wilson 1990, 159; Brugnone 2003, 80 Anm. 1; Prag 2008, 76; Di Mauro 2013, 443 f. (Ehrung mit einem Kranz); Prag 2018b, 112.

Maz2
Fundort: Mazara
Aufbewahrungsort: Mazara ?
Maße: ?
Buchstabenh.: ?

KATALOG 353

Material: ?
Datierung: 119 n. Chr. (Højte)
Identifikation: sicher
Inschrift:
[Imp(eratori) Caes(ari) divi Traiani] / [Parth]ici f(ilio) Traiano
Ha[dri]- / [an]o Aug(usto) pontif(ici) max(imo) trib(unicia) /
pot(estate) III co(n)s(uli) III / l(ocus) d(atus) d(ecreto) d(ecurionum).
Beschreibung:
– Fundament: ⸺
– Basisfuß: ⸺
– Schaft: Überliefert ist lediglich der Worlaut der Inschrift.
– Bekrönung/Oberseite: ⸺
– Statue: ⸺
Interpretation: In Mazara wurde der Ehreninschrift zufolge eine Statue für
Kaiser Hadrian aufgestellt. Es ist kein Stifter erwähnt, nur die Formulierung
locus datus decreto decurionum. Diese weist auf eine Aufstellung auf öffentli-
chem Grund hin. Weder ist bekannt, wo das Monument genau aufgestellt war
noch wie es aussah.
Lit.: CIL X 7202; ISic0482; Manganaro 1988, 74; Højte 2004, 414 Hadr74.

Maz3
Fundort: Mazara
Aufbewahrungsort: ?
Maße: ?
Material: ?
Datierung: kaiserzeitlich (Prag)
Identifikation: sicher
Inschrift:
L(ucio) Acilio L(uci) f(ilio) / Rufo I[Iviro] / co[.] Ter[---]
Beschreibung:
– Fundament: ⸺
– Basisfuß: ⸺
– Schaft: Überliefert ist nur der Worlaut der lateinischen Inschrift.
– Bekrönung/Oberseite: ⸺
– Statue: ⸺
Interpretation: Die Inschrift ist verschollen und es existiert weder eine
Zeichnung noch eine Fotographie. Geehrt wird der Inschrift zufolge ein
Duumvir. Der Stifter der Ehrung ist nicht vollständig erhalten. Es könnte sich
um die *colonia* Termini Imereses handeln.
Lit.: CIL X 7210; ISic0490; Prag 2008, 79 Anm. 91.

354 KATALOG

Maz4

Fundort: Mazara del Vallo
Aufbewahrungsort: ?
Maße: ?
Material: Stein
Datierung: Ende 2. / Anfang 3. Jh. n. Chr. (Prag)
Identifikation: sicher
Inschrift:
[L(ucio) Amatio L(uci) f(ilio) Fab(ia tribu)] / [Maximo Memoriano] / [q(uaestori) p(ro)p(raetore) aedili IIviro praef(ecto)] / [imp(eratoris) Antonini IIviri] / [[.]ycetanai[.]m[.]] / [I[.]prinaxoinae[.]x fr[.]] / [populus Lilybitanus] / [bono civi] / [l(ocus) p(ublice) d(atus) d(ecreto) d(ecurionum)].
Beschreibung:
– Fundament: —
– Basisprofil: —
– Schaft: Mommsen zufolge war der Stein bereits zu seiner Zeit so verwittert, dass die Inschrift kaum noch lesbar war (CIL X 7211).
– Bekrönung/Oberseite: —
– Statue: —
Interpretation: Es handelt sich um ein Statuenmonument zu Ehren von L. Amatius Maximus Memorianus, der sowohl Praefectus unter Antoninus Pius als auch Duumvir war. Die Statue wurde durch den *populus Lilybitanus* auf Beschluss des Rates auf öffentlichem Grund errichtet (*locus publice*). Das Amt unter Antoninus Pius macht eine Datierung an das Ende des 2. oder den Beginn des 3. Jhs. n. Chr. wahrscheinlich.
Lit.: CIL X 7211; ISico491; Manganaro 1988, 43, 74; Prag 2008, 78.

Maz5 (Abb. 202)

Fundort: Mazara
Aufbewahrungsort: Mazara del Vallo Palazzo Vescovile
Maße: ?
Material: Kalkstein
Datierung: 2.–3. Jh. n. Chr. (severisch) (Silvestrini)
Identifikation: sicher
Inschrift:
M(arco) Rubellino / P(ubli) f(ilio) Publ(io) Cestiano Cras- / siciano flam(ini) divor(um) Augg(ustorum) / perp(etuo) trib(uno) [.] [x[---] / ap[---] / [---] / [---] / [---] / [---] / [---] / qv[---]]
Beschreibung:
– Fundament: —

KATALOG   355

– Basisfuß: —
– Schaft: Nur der obere Teil des Schafts ist erhalten, während der
  Aufenthaltsort des unteren Teils unbekannt ist. Der erhaltene Abschnitt des
  Block ist nun am Boden im Hof des Palazzo Vescovile befestigt. Die Ränder
  sind bestoßen oder sogar abgearbeitet. Darauf weist eine Linie an der linken
  Kante des Blocks hin, in dessen Höhe der darunter liegende Teil des Blocks
  bestoßen ist. Die Oberfläche ist verwittert, weist Risse und eine Patina auf.
  Auf der Vorderseite befinden sich vier Zeilen einer lateinischen Inschrift,
  die aufgrund der Verwitterung allerdings schlecht lesbar sind. Besonders
  der untere Abschnitt der Inschrift ist kaum erkennbar (Z. 4), da sich hier
  besonders viele Risse befinden. Die erste Zeile, die den Namen des Geehrte
  nennt, weist die größten und sorgfältigsten Buchstaben auf. Die anderen
  Zeilen sind zwar ebenfalls ordentlich angeordnet, die Buchstaben sind aber
  kleiner, schmaler und enger geschrieben. Alle Zeilen fangen auf derselben
  Höhe an.
– Bekrönung/Oberseite: Die jetzige Aufstellung des Blocks in Mazara zeigt
  eine profilierte Marmorbekrönung auf dem Inschriftenblock. Diese ist in
  mindestens drei Teile gebrochen oder geteilt worden. Ob die Bekrönung
  zum Schaft dazu gehört, muss aufgrund des unterschiedlichen Materials
  und der Maße bezweifelt werden.
– Statue: —
Interpretation: Einem gewissen Marcus Rubellinus wurde eine Statue in
Mazara errichtet. Er wird in der Inschrift als Flamen bezeichnet. Aufgrund
fehlender weiterer Informationen zu den Maßen des Blocks, können keine
Angaben zur Größe der Statue gemacht werden. Die publizierte Abbildung
der Inschrift in Manganaros Publikation von 1988 lässt nicht erkennen, ob die
Marmorbekrönung für die Publikation digital entfernt wurde oder sich zu dem
Zeitpunkt garnicht auf der Basis befand. Vermutlich gehört die Bekrönung, die
sich nun auf dem Basisblock befindet, ursprünglich nicht dazu. Ein weiteres
Statuenmonument wurde dem Geehrten in Marsala errichtet (Mars12).
Lit.: CIL X 7212; ISic0492; Manganaro 1988, 46, 53, Taf. 17; Prag 2010, 309;
Silvestrini 2020, 294. 296–298 Abb. 4–5.

Maz6
Fundort: Mazara
Aufbewahrungsort: ?
Maße: ?
Material: Stein
Datierung: Ende 2. / Anfang 3. Jh. n. Chr. (Sartori, Barbieri)
Identifikation: sicher

Inschrift:

C(aio) Bultio Geminio / Marcello c(larissimo) i(uveni) / in honorem / Gemini Titiani / patris XII trib(us) / patrono merenti.

Beschreibung:

- Fundament: —
- Basisfuß: —
- Schaft: —
- Bekrönung/Oberseite: —
- Statue: —

Interpretation: Die Inschrift ist weder durch eine Zeichnung noch durch eine Fotografie überliefert. Der Geehrte senatorischer Abstammung wurde am Übergang vom 2. Jh. n. Chr. zum 3. Jh. n. Chr. mit einer Statue von der zwölften Tribus geehrt. Auch seinem Vater, einem Provinzstatthalter Siziliens, errichtete diese Tribus eine Statue (Mars9). Dieses Monument wurde allerdings in Marsala errichtet und nicht in Mazara. Mommsen vermutete, dass das Monument des Sohnes ursprünglich ebenfalls in Marsala aufgestellt war, aber zu einem unbekannten Zeitpunkt nach Mazara gebracht wurde (CIL X 7206). Der Vater des Geehrten wird nämlich in der Inschrift als Grund für die Ehrung des Sohnes genannt (*in honorem Gemini Titiani patris*). R. Wilson lehnte diese Vermutung ab; er verwies auf den Versuch Mazaras mithilfe von Ehrungen von Amtsträgern im nahe gelegenen Marsala Einfluss zu erhalten, beispielsweise in Form eines eigenen Stadtstatus (Wilson 1990, 159).

Lit.: CIL X 7206; ISico486; Sartori 1957, 39; Barbieri 1961, 51; Manganaro 1988, 45; Wilson 1990, 159; Haensch 1997, 478.

Maz7 (Abb. 203–204)

Fundort: Mazara, 1891

Aufbewahrungsort: Mazara Mirabilia Urbis

Maße: 1,17 × 0,56 × 0,15 m

Buchstabenh.: 0,06 m

Material: Kalkstein

Datierung: 3. Jh. n. Chr. (Bivona)

Identifikation: sicher

Inschrift:

L(ucio) Cassio Manili- / ano c(larissimo) v(iro) curioni / minori q(uaestori) p(rovinciae) S(iciliae) curat(ori) / rei p(ublicae) Lilyb(itanorum) ob insigne(m) / eius abstinentiam pa- / tientiam praestanti- / am erga patriam su[am] / ordo splend[idi]ss(imus) col(oniae) Lily(bitanorum) / decreto publico facto / [e]t aliam in patria eius / p(ecunia) p(ublica) posuit.

KATALOG 357

Beschreibung:
- Fundament: —
- Basisfuß: —
- Schaft: Die hohe rechteckige Steinplatte ist aus drei zusammenpassenden Fragmenten zusammengesetzt. Die Restaurierung wurde nicht sorgfältig ausgeführt, denn an den Kanten war auf der von R. Wilson publizierten Abbildung viel Füllmaterial zu sehen. Heute findet sich nur das obere Fragment in Mazara öffentlich ausgestellt. Die Oberfläche ist stark verwittert und die Ränder betoßen. Auf der Vorderseite befinden sich sieben Zeilen einer lateinischen Inschrift. Diese wurde sorgfältig und gleichmäßig auf der Platte angebracht, alle Zeilen beginnen auf derselben Höhe. Die Buchstaben tragen Serifen und sind schmal und hoch. Zwischen den Wörtern sind Punkte als Interpunktion angegeben, während gleichzeitig nicht mehr Abstand als zwischen Buchstaben desselben Wortes besteht.
- Bekrönung/Oberseite: —
- Statue: Die Breite der Platte lässt eine lebensgroße Statue vermuten.
Interpretation: L. Cassius Manilianus, ein *clarissimus vir* in den Ämtern eines Quästors sowie eines *curator rei publicae*, wurde vom Rat Lilybaeums auf öffentlichen Beschluss mit öffentlichen Geldern eine Statue errichtet (*decreto publico facto, pecunia publica*). Als Aufstellungsort wurde der Herkunftsort gewählt, welcher demnach Mazara sein muss. Erwähnt wird in der Inschrift zudem ein *curio minori*, was möglicherweise den Vorsteher des Rats meint. Demnach stammt Manilianus aus senatorischer Abstammung und gehörte in Lilybaeum zu den wichtigsten lokalen Amtsträgern. Er war sowohl Statthalter Siziliens als auch *curator rei publicae*, ein Amtsträger, der direkt vom Kaiser ernannt wird. Es wurde vorgeschlagen, dass der Geehrte aus der Gens Cassia im Rahmen der Sulfur Produktion um Agrigent herum beteiligt und demnach überregional tätig war[12]. Auffällig sind zwei Fehler in der Inschrift (*statiam* statt *statuam* und *abstinintiam* statt *abstinentiam*). Sowohl die Buchstabenform als auch die erwähnten Ämter weisen auf eine Datierung an den Beginn des 3. Jhs. n. Chr. hin (zuletzt Jacques und Wilson). Die Marmorplatte kleidete entweder eine Statuenbasis oder war ursprünglich tiefer. Die Breite der Platte lässt eine lebensgroße Statue ergänzen.
Lit.: AE 1990,438; ISico630; Manganaro 1988, 53, 78 Taf. 22; Wilson 1990, 326 Abb. 278.

---

12   Bivona 1987, 16; Di Mauro 2013, 444 f.

358 KATALOG

Maz8
Fundort: Mazara del Vallo
Aufbewahrungsort: Mazara?
Maße: ?
Material: Stein
Datierung: 238–244 n. Chr.
Identifikation: sicher
Inschrift:
Furiae Sa- / bin[i]ae Tran- / quillinae / Aug(ustae) coniugi / [I]mp(eratoris) M(arci) A[ntoni] / [Gordiani].
Beschreibung:
– Fundament: —
– Basisfuß: —
– Schaft: Überliefert ist nur der Worlaut der lateinischen Ehreninschrift.
– Bekrönung/Oberseite: —
– Statue: —
Interpretation: Der Inschrift zufolge wurde Furia Sabinia Tranquilla in Mazara geehrt, die Ehefrau Kaiser Gordian III. Über das Monument sind keine weiteren Informationen überliefert.
Lit.: CIL X 7203; ISic0483; Manganaro 1988, 79.

Maz9
Fundort: Mazara
Aufbewahrungsort: ?
Maße: ?
Material: ?
Datierung: 2. Jh. / 3. Jh. n. Chr. (Prag)
Identifikation: sicher
Inschrift:
[---] Pio] / [F]el(ici) Aug(usto) / res p(ublica) co[l(onia)] Hel[v(ia)] / Aug(usta) Lilybit(anorum) / devota numini / eorum.
Beschreibung:
– Fundament: —
– Basisfuß: —
– Schaft: —
– Bekrönung/Oberseite: —
– Statue: —
Interpretation: Diese Ehrung eines unbekannten Kaisers wurde von der *res publica* der *colonia* Lilybaeums gestiftet. Wieso diese sich dann in Mazara befand, ist unklar. Über das Monument sind keine weiteren Informationen bekannt. Aufgrund der Schlussformel kann die Inschrift an das Ende des

KATALOG 359

2. bzw. an den Beginn des 3. Jhs. n. Chr. datiert werden. Als *terminus post quem* kann zudem die Erwähnung der *colonia* genutzt werden (nach 193 n. Chr.).

Lit.: CIL X 7205; ISic0485; Manganaro 1988, 19.

Maz10
Fundort: Mazara, vermutlich aus Marsala
Aufbewahrungsort: ?
Maße: ?
Material: Stein
Datierung: 312–324 n. Chr. (U. Gehn)
Identifikation: sicher
Inschrift:
Clementissimo et / victoriosissimo, / d(omino) n(ostro) Flavio Valerio / Constantino, maximo, / pio, felici, invicto Aug(usto), / Betitius Perpetuus, / v(ir) c(larissimus), corr(ector) prov(inciae) Sicil(iae), / devotus numini
maies / tatique eius / semper dicatus.
Beschreibung:
– Fundament: —
– Basisfuß: —
– Schaft: Es ist lediglich die Inschrift überliefert; weder über den Inschriftenträger noch über den Aufbewahrungsort ist etwas bekannt. Die Ehrung wurde für Konstantin I. errichtet. Der Wortlaut der Inschrift gleicht anderen tetrarchisch-spätantiken Ehreninschriften: Als Titulatur wird *domino nostro* genutzt; Konstantin I. wird als *clementissimo et victoriosissimo* gepriesen und als *pius, felix* und *invictus* bezeichnet.
– Bekrönung/Oberseite: —
– Statue: —
Interpretation: Das Statuenmonument wurde für Konstantin I. als Augustus errichtet, gestiftet von einem Statthalter namens Betitius Perpetuus. Möglicherweise stimmt der Stifter mit dem Perpetuus überein, der in Rom als Patron der Insel geehrt wird (IG XIV 1078a, dazu Soraci 2015, 80 f.) und mit einem Statthalter desselben Namens der Region Tuscaniae et Umbriae (CIL VI 1702, dazu Soraci 2015, 81 Anm. 44). Die Inschrift wird von der seit dem 3. Jh. n. Chr. üblichen Schlussformel abgeschlossen. Damit steht die Inschrift nicht mehr in der Tradition kaiserzeitlicher Ehrungen, doch enthält im Vergleich mit anderen Ehreninschriften relativ wenig Lobpreisungen. Aufgrund der Erwähnung von Konstantin als Augustus und der Titel *invictus* lässt sich das Monument zwischen 312 und 324 n. Chr. datieren.
Lit.: CIL X 7204; ISic0484; LSA- 2059; Wilson 1990, 298. 412 Anm. 94; Soraci 2015, 80.

Maz 11

Fundort: Mazara?
Aufbewahrungsort: ?
Material: Stein
Maße: ?
Datierung: 300–380 n. Chr. (LSA); 4.–5. Jh. n. Chr. (ISic)
Identifikation: wahrscheinlich
Inschrift:
] viro clarissimo sacrarum [---] / [---] curatori consulari [---] / [---]MARI PRO[.
Beschreibung:
- Fundament: —
- Basisfuß: —
- Schaft: Lediglich ein kleiner Teil der lateinischen Inschrift des Monuments ist überliefert.
- Bekrönung/Oberseite: —
- Statue: —

Interpretation: Der Geehrte ist den Inschriftenfragmenten zufolge als *vir clarissimus* und Statthalter zu rekonstruieren. Weitere Angaben sind zum Monument nicht möglich. Die Datierung gestaltet sich aufgrund der geringen Erhaltung schwierig. Die Erwähnung des *vir clarissimus* kann als Anhaltspunkt genutzt werden.
Lit.: CIL X 7209; ISic0489; LSA-2062.

Megara Hyblaea (Abb. 205)

MegH1 (Abb. 206, Abb. 207–208)
Fundort: Megara Hyblaea, Agora, nördlich vor dem öffentlichen griechischen Bad
Aufbewahrungsort: in situ
Material: lokaler Tuffstein
Maße: 0,40 × 1,40 × 2,50 m
Datierung: frühstens 3. Jh. v. Chr. (Keramikfragment als *terminus post quem*, Treziny 2018, 257)
Identifikation: unsicher
Beschreibung:
- Fundament: Große Platten aus Kalkstein befinden sich ausgerichtet in NS-Orientierung. Teilweise sind sie heute unter Erde verdeckt, doch Fotos von Ausgrabungen zeigen die vollständig freigelegte Struktur.
- Basisfuß: Auf dem Fundament liegt ein echteckiger Basisfuß mit einem Kyma reversa-Profil. Der Basisfuß besteht aus neun Quaderblöcken. Auf der obersten Lage befinden sich Einlassungsspuren für eine weitere Lage. Auf

KATALOG   361

dem Fundament befinden sich außerdem weitere drei Strukturen, die von
Tréziny als 4C, 4D und 4E bezeichnet wurden.

– Schaft: —
– Bekrönung/Oberseite: —

Interpretation: Eine Interpretation der Struktur als Statuenbasis ist umstritten.
Während die Struktur in Megara Hyblaea 3 (Vallett u.a. 1983) als Statuenbasis 32,4
publiziert wurde, als Ehrenbasis für ein Königspaar, favorisiert H. Tréziny neuerdings eine Deutung als Altar für Zeus Agoraios. Auch F. Mège bezeichnet
die Struktur noch 2014 als Statuenbasis (Mège 2014, 165 Abb. 2). Für beide
Interpretationen gibt es Argumente. Für einen Altar sprechen die folgenden
Punkte:

– Andere Agorai des 3. Jh. v. Chr. zeigen keine Statuenbildnisse von
  Königspaaren. Generell finden sich diese vor allem in Heiligtümern (vgl.
  Kotsidu 2000, 511–527). In Sizilien sind lediglich aus Syrakus Standbilder
  von Hieron II. und seinem Sohn überliefert. Megara als unbedeutende Stadt
  mit relativ kleiner Agora wäre die einzige Stadt im hieronischen Gebiet mit
  Statuen der königlichen Familie.
– Die Platte 4D wird von Tréziny als Stufe interpretiert, 4C und 4E als Sockel
  für Votive oder für jeweils eine Arula.
– Aus den angeführten Gründen vermutet Tréziny einen Altar. Mit Verweis
  auf den Kult des Zeus Agoraios auf der Agora von Morgantina identifiziert
  er den verehrten Gott als Zeus Agoraios (zu Morgantina Bell 2015).

Für eine Statuenbasis und gegen einen Altar sprechen dagegen:

– Im Gegensatz zum von Tréziny angeführten Altar in Morgantina ist der
  Altar dort mit einem Naiskos verbunden. In Megara Hyblaea dagegen wäre
  eine Altar neben einem öffentlichen Bad, nicht in der Nähe eines Tempels,
  stark isoliert.
– Die Struktur liegt in einer Achse mit einer (weiteren) Statuenbasis (MegH2).
  Ein Bezug dieser beiden Blöcke liegt darüber hinaus mit zwei weiteren
  Statuenmonumenten vor (MegH3, MegH5), welche in einer Achse zu diesen angeordnet sind. Durch die Beziehungen bildet sich ein Rechteck aus,
  an dessen Ecken sich jeweils Statuenbasen befinden (Abb. 205).
– Die Ränder einer Agora bilden generell den bevorzugten Ort für die
  Aufstellung von Statuen, da auf diese Weise die Freifläche der Platzanlage
  nutzbar bleibt. In Megara Hyblaea finden die Statuenmonumente vor dem
  sog. Heroon, der nördlichen Stoa und möglicherweise auch vor einer öffentlichen Badeanlage.

Die sichere Unterscheidung von Altären und Statuenbasen ist vor allem bei
dem Erhaltungszustand der Fundamentlage schwierig, in einigen Fällen fast
unmöglich. In solchen Fällen kann der Architekturbefund alleine nicht zu

362 KATALOG

einem eindeutigen Ergebnis führen, sondern nur der Kontext kann Hinweise für eine Interpretation geben. In dem vorliegenden Fall wird eine Deutung als Statuenbasis aufgrund der axialen Bezüge zu weiteren sicher identifizierten Statuenbasen auf der Agora und der nicht eindeutigen Kontextualisierungen als Altar präferiert. Diese Auslegung zufolge hätte es sich um eine Statuenbasis für ein Reitermonument oder ein Gruppenmonument zweier stehenden Personen gehandelt. Es wurde vorgeschlafen, Bildnisse von Hieron II. mit seiner Ehefrau Philistis oder von Gelon mit seiner Ehefrau Nereis zu rekonstruieren (Vallett u.a. 1983). Jedoch spricht die NS-Orientierung für ein Reitermonument, welches Richtung Norden blickt. Ein Gruppenmonument hätte bei dieser Orientierung den Nachteil, dass von der Hälfte der Agora die Statuen nur von hinten gesehen worden wären und von der Platzmitte wäre nur die Seite einer der Statuen sichtbar gewesen. Darüber hinaus ist die Datierung der Struktur nicht geklärt; das Fragment der Amphore gibt lediglich einen *terminus post quem* für die Errichtung an. Da weitere chronologische Hinweise fehlen, kann vermutet werden, dass die Basis erst später errichtet wurde. Das Fehlen von eindeutig identifizierten Ehrenstatuen in Sizilien vor dem 2. Jh. v. Chr. lässt vermuten, dass es sich in Megara entweder um Standbilder von Göttern handelt oder, dass die Basis erst im 2. Jh. v. Chr. errichtet wurde. Eine bereits ausgeprägte Ehrenpraxis im 3. Jh. v. Chr. in Megara scheint im Vergleich mit anderen Städten Siziliens eher auszuschließen aufgrund der geringen Bedeutung Megaras in hellenistischer Zeit.

Lit.: Vallet u.a. 1983, 49, 50 Abb. 36, 58 f. Abb. 43; Tréziny 2017, 184. 185 Abb. 6; Tréziny 2018, 255–260.

MegH2 (Abb. 206, Abb. 209–210)
Fundort: Megara Hyblaea, Agora, südlich der hellenistischen Portikus
Aufbewahrungsort: in situ
Material: weißer Kalkstein
Maße: 0,30 × 1,04 × 0,95 m (Basisfuß); 0,60 × 2,08 × 1,53 m (Fundament)
Datierung: vor dem 1. Jh. v. Chr. (die Struktur wird im 1. Jh. v. Chr. geschnitten, Tréziny 2018, 260 f. Abb. 385)
Identifikation: unsicher
Beschreibung:
– Fundament: —
– Basisfuß: Das Fußprofil ist nur noch teilweise zu erkennen, da die Oberfläche stark verwaschen ist. Es handelt sich beim Profil um eine Kombination aus Kyma reversa und recta (Tréziny 2018, 259 Abb. 382).
– Basisfuß: Lediglich ungefähr die Hälfte der langrechteckigen Basis aus weißem Kalkstein ist erhalten, deren Oberfläche stark angegriffen ist. Der

KATALOG   363

Kalksteinblock liegt schräg auf drei massiven Blöcken anderen Materials auf (0,60 × 2,08 × 1,53 m). Die Zusammengehörigkeit muss aufgrund der Größenunterschiede bezweifelt werden (so auch Tréziny 2018, 259: „sans doute en remploi"). Viel eher könnte eine zerbrochene Platte aus weißem Kalkstein zugehörig sein (0,26 × 0,97 × 1,90 m). Sie liegt in geringem Abstand ohne Orientierung daneben. Die Struktur befindet sich in einerseits in einer Achse mit einer weiteren Basis (MegH1) und der nördlichen Ecke des Heroons und damit mit MegH8
– Schaft: —
– Bekrönung/Oberseite: —
– Statue: —
Interpretation: Obgleich sich hier ähnliche Fragen wie bei MegH1 stellen, wird in diesem Fall die Interpretation als Statuenbasis in der Forschung nicht grundsätzlich abgelehnt („Ce ourrait être un autel, comme 32,4, mais son orientation Est-Ouest ourrait convenir aussi à un socle pour des statues", Tréziny 2018, 260). Wieso die Orientierung ausschlaggebend für ihn ist, bleibt jedoch unklar. In Megara 3 als 32, 5 benannte Statuenbasis kann als ein Reitermonument oder ein Gruppenmonument von zwei stehenden Personen gedeutet werden. Die Orientierung spricht allerdings in diesem Fall für zwei stehende Personen, da ein Reiterbildnis Richtung Platzmitte blicken sollte. Dementsprechend hätte man eine NS-Orientierung erwartet. Zwei stehende Personen oder eine weit überlebensgroße Statue dagegen wären mit der OW-Orientierung zur Platzmitte orientiert und wären von dort sichtbar. Auch hier ist unklar, wann die Statuenbasis errichtet wurde; vergleicht man Statuenaufstellungen in Sizilien, dann scheint eine Errichtung von Ehrenstatuen erst im 2. Jh. v. Chr. sinnvoll, früher dagegen eher von Götterstandbildern.
Lit.: Tréziny 2017, 184; Tréziny 2018, 259 f. Abb. 382–283.

MegH3 (Abb. 206, Abb. 211)
Fundort: Megara Hyblaea, Agora, westlich von MegH1, südlicher Block
Aufbewahrungsort: in situ
Material: lokaler Tuffstein
Maße: 0,03 × 0,99 × 1,00 m (Fundament), 0,24 × 0,79 × 0,84 m (Basisfuß); bestehend aus zwei Blöcken 0,405 m/0,38 m × 0,84 m
Datierung: nach der Errichtung von MegH1
Identifikation: unsicher
Beschreibung:
– Fundament: Das rechteckige Fundament besteht aus einem Block, der teilweise auf dem Fundament von MegH1 aufliegt und an dieser Stelle beschnitten werden musste (Tréziny 2018, 256 Abb. 377). Deshalb kann

364 KATALOG

das Monument trotz eigenen Fundaments direkt westlich an MegH1 anschließen.

- Basisfuß oder unterste Lage eines Schafts: Auf dem Fundament liegen zwei Blöcke, die die Mitte des Fundamentblocks füllen und an allen Rändern genauso viel Platz lassen. Spuren am östlichen Block (zweimal parallel nebeneinander 5 × 4 cm, 4 cm tief) lassen die Befestigung eines weiteren Blocks vermuten.
- Bekrönung/Oberseite: —
- Statue: —

Interpretation: Von Treziny als Struktur 4C bezeichnet und der Deutung von MegH1 als Altar entsprechend als Altar oder Sockel für Weihgeschenke gedeutet (Tréziny 2018, 257). Aufgrund der hier bevorzugten Interpretation als Statuenbasis, erscheint die vorliegende Struktur als sekundär an Basis MegH1 angesetzte Statuenbasis für eine stehende Person. Auf den erhaltenen Blöcken werden weitere Blöcke (oder auch nur ein Block) zu rekonstruieren sein. Die Maße der erhaltenen Blöcke lassen eine lebensgroße oder überlebensgroße Statue vermuten.

Lit.: Tréziny 2017, 184. 185 Abb. 6; Treziny 2018, 256 Abb. 377. 257.

MegH4 (Abb. 206, Abb. 212)
Fundort: Megara Hyblaea, Agora, südlich von MegH1, mittlerer Block
Aufbewahrungsort: in situ
Material: lokaler Tuffstein
Maße: 0,11 × 1,12 × 0,605 m
Datierung: nach der Errichtung von MegH1
Identifikation: unsicher
Beschreibung:

- Fundament: siehe dazu MegH1
- Basisfuß: —
- Schaft: Der geglättete langrechteckige Steinquader liegt zwischen zwei anderen Strukturen, die als Statuenbasen gedeutet wurden, in NS-Orientierung. Vor allem aber befindet sich der Block wenige Zentimeter westlich parallel von MegH1. Der Stein ist gut erhalten, lediglich die nordöstliche Ecke ist gebrochen. Er besitzt kein eigenes Fundament und liegt teilweise auf dem Fundament von MegH1.
- Bekrönung/Oberseite: —
- Statue: —

Interpretation: Von Treziny als Stufe 4D benannt (Tréziny 2018, 257); wird hier aufgrund der geringen Höhe der Platte (0,11 m) eine Deutung als unterste Lage einer Statuenbasis bevorzugt. Dass nur ein kleiner Teil des Blocks auf dem

KATALOG   365

Fundament von MegH1 aufliegt, lässt vermuten, dass beide Strukturen weder gemeinsam geplant noch gemeinsam errichtet wurden. Die Maße lassen eine mindestens lebensgroße stehende Statue vermuten.
Literatur: Tréziny 2017, 184. 185 Abb. 6; Treziny 2018, 256 Abb. 377, 257.

MegH5 (Abb. 206, Abb. 213)
Fundort: Megara Hyblaea, Agora, südlich von MegH1, nördlicher Block
Aufbewahrungsort: in situ
Material: lokaler Tuffstein
Maße: 0,35 × 0,77 × 0,87 m
Datierung: nach der Errichtung von MegH1
Identifikation: unsicher
Beschreibung:
- Fundament: Auch hier liegt der östliche Teil der Struktur auf dem Fundament von MegH1.
- Basisfuß: —
- Unterste Lage des Schafts: Der rechteckige Block liegt leicht verschoben direkt an der Westseite von MegH1, nördlich von MegH4. Er ist sauber geschnitten und geglättet. Nur die südöstliche Ecke des Blocks ist schräg gebrochen. Linienartige Spuren an der Oberfläche lassen eine weitere Lage von Blöcken vermuten, die geringere Maße aufweist.
- Bekrönung/Oberseite: —
- Statue: —
Interpretation: Die von Tréziny als 4E bezeichnete Struktur, wird ebenso wie die danebenliegenden Strukturen als Altar oder Weihgeschenksockel gedeutet (Tréziny 2018, 257). Entsprechend der zu präferierenden Deutung als Stauenbasen, wird auch diese Struktur als solche interpretiert. Der auf der vorliegenden Struktur liegende Block wird nicht über 55 cm breit bzw. tief gewesen sein, was die Rekonstruktion einer lebens- oder leicht überlebensgroßen Statue darauf möglich macht.
Literatur: Tréziny 2017, 184. 185 Abb. 6; Treziny 2018, 256 Abb. 377, 257.

MegH6 (Abb. 206, Abb. 214–215)
Fundort: Megara Hyblaea, Agora, östliche Mauer des sog. Heroon, südlichste Struktur
Aufbewahrungsort: in situ
Material: gelblicher Sandstein
Maße: 0,26 × 1,00 × 0,55 m
Datierung: späthellenistisch
Identifikation: unsicher

Beschreibung:
- Fundament: —
- Schaft: Die Oberfläche des rechteckigen Blocks ist verwittert. Am südwestlichen Ende des Blocks wurde eine zylinderförmige Einlassung (11 × 7 cm) herausgearbeitet, welche bis zum Laufniveau der Platzanlage reicht. Ein Teil der Einarbeitung geht über den Stein hinaus. Östlich davon befindet sich eine weitere weitaus kleinere, uneinheitlich gearbeitete Einarbeitung. Die zylinderförmige Ausarbeitung allerdings könnte entweder mit der Einlassung eines Wasserleitungsrohrs oder einem Pfeiler aus Holz als Absperrung in Verbindung gebracht werden. Eine ähnliche Bearbeitung findet sich auch bei MegH1. Der südliche Teil des Blocks dagegen wurde um mehr als die Hälfte der Höhe des Blockes schräg beschnitten. An der Vorderseite des Steins befinden sich zudem am Boden symmetrisch rechteckige Einlassungen, wie bei schweren Architekturteilen, die transportiert werden. Möglicherweise handelt es sich bei dem Block also ursprünglich um einen Architekturblock, der wiederverwendet wurde.
- Bekrönung/Oberseite: —
- Statue: —
Interpretation: Von Tréziny als 23, 114c benannt. Die Breite und Tiefe des Blocks lässt die Aufstellung einer stehenden Person vermuten. Die zylinderförmige Einarbeitung wird aus einer früheren Phase stammen, eine denkbare Nutzung des Lochs für eine Absperrung würde eine weitere ähnliche Einlassung benötigen, um Holzpfähle in den Löchern zu befestigen. Die ähnlich gebildete Einlassung an der Südseite von MegH1 wird nicht dazugehören, eine Absperrung in diese Richtung würde wenig Sinn ergeben. Putzreste oder eine ähnliche Verkleidung der Basis sind nicht erhalten, können aber vorausgesetzt werden.
Lit.: Tréziny 2017, 187 f. Abb. 8.

MegH7 (Abb. 206, Abb. 214, 216)
Fundort: Megara Hyblaea, Agora, östliche Mauer des sog. Heroon, mittige Struktur
Aufbewahrungsort: in situ
Material: lokaler Tuffstein
Maße: 0,32 × 0,90 × 0,65 m
Datierung: späthellenistisch
Identifikation: unsicher
Beschreibung:
- Fundament: —

KATALOG   367

- Schaft: Der rechteckige Block ist stark verwittert, die originale Oberfläche kaum erhalten. Vor allem an den Rändern ist der Block so zerstört, dass eine Glättung lediglich noch an einem Stück der Oberfläche des Blocks sichtbar ist. Es finden sich am Block weder Spuren von Verklammerung noch von einer Putzverkleidung.
- Bekrönung/Oberseite: —
- Statue: —

Interpretation: Von Tréziny 23, 114b genannt. Aufgrund der Breite und Tiefe des Blocks und seiner Position zwischen zwei weiteren Statuenbasen (MegH6, MegH8) kann dieser Block ebenfalls als Statuenbasis interpretiert werden. Da sich keine Spuren erhalten haben, die auf die Befestigung weitere Blöcke auf der Oberseite der Basis hinweisen, muss die Frage nach der Gestalt der Basis in die Höhe offen bleiben. Sowohl eine flache Basis mit einer Höhe von 32 cm ist denkbar als auch die Erweiterung durch weitere Blöcke. Auffallend ist das Material des Blocks, der Tuffstein. Die beiden umgebenden Basen sind nämlich aus Sandstein, aus dem auch die hinter ihnen liegende Gebäudemauer ist. Aus diesem Grund stellt sich hier die Frage, ob das vorliegende Monument erst nach den beiden anderen Basen aufgestellt wurde.
Lit.: Tréziny 2017, 187 f. Abb. 8.

MegH8 (Abb. 206, Abb. 214, 217)
Fundort: Megara Hyblaea, Agora, östliche Mauer des sog. Heroon, nördlichste Struktur
Aufbewahrungsort: in situ
Material: gelblicher Sandstein
Maße: 0,28 × 0,98 × 0,72 m
Datierung: späthellenistisch
Identifikation: unsicher
Beschreibung:
- Fundament: —
- Schaft: Der rechteckige Block liegt in Verlängerung der nördlichen Mauer des sog. Heroon, welche aus demselben Material besteht. Er ist an allen Seiten geglättet, während die südwestliche Ecke nicht komplett erhalten ist; die Oberfläche ist verwittert. Spuren am südlichen Teil der Oberfläche des Blocks sprechen für die Befestigung eines weiteren Blocks. Zudem kann man davon ausgehen, dass dieser verputzt war, wovon sich aufgrund der Oberflächenverwitterung aber keine Reste erhalten haben.
- Bekrönung/Oberseite: —
- Statue: —

Interpretation: Von Tréziny als 23, 114a bezeichnet. Es handelt sich aufgrund der Breite und Tiefe des Blocks wahrscheinlich um eine Statuenbasis für eine einzelne stehende Person. Auf der Basis wäre allerdings Platz genug für eine weitere kleinere Figur oder ein Attribut. Die Breite der Basis würde auch eine überlebensgroße Statue erlauben. Ohne die Oberfläche des Abschlussblocks oder eine Inschrift können darüber keine Angaben gemacht werden.
Lit.: Tréziny 2017, 187 f. Abb. 8.

Messina
Mess1 (Abb. 218–220)
Fundort: Messina, Grabung am Fundament des Municipium
Aufbewahrungsort: Messina Museo regionale Inv. A238
Maße: 1,00 × 0,66 × 0,58 m
Buchstabenh.: 0,045–0,065 m
Material: Kalkstein
Datierung: 1.–2. Jh. n. Chr. (Bitto)
Identifikation: sicher
Inschrift:
Cerriniae / L(uci) f(iliae) Cottiae / Cottia Euphrosyne / filiae piissimae / s(ua) p(ecunia) p(osuit) l(oco) d(ato) d(ecreto) d(ecurionum) / [et ob] dedicationem earum / [den]arios divisit.
Beschreibung:
– Fundament: —
– Basisfuß: Dem rechteckigen massiven Block fehlt am Basisfuß die linke untere Ecke.
– Schaft: Alle Ränder sind bestoßen, die Oberfläche ist verwittert. Jede Seite weist ein gerahmtes Feld auf, welches sich über die gesamte Fläche des Steins zieht. Auf der Vorderseite befindet sich in dem Feld eine achtzeilige lateinische Inschrift. Sie erstreckt sich über das gesamte Inschriftenfeld (46,4 × 69,3 cm) und ist dort mittig angeordnet. Die ersten zwei Zeilen zeigen weitaus größere Buchstaben als die restlichen Zeilen, deren Buchstaben immer kleiner werden. Innerhalb jeder Zeile sind sie allerdings sehr ordentlich und regelmäßig geschrieben. Einige Buchstaben sind zusammengezogen, wie das y in Euphrosyne, welches mit dem n verbunden wurde und das p mit dem h (Z. 3). Zwischen den Wörtern wurden Punkte als Worttrenner genutzt. Oberhalb des Inschriftenfeldes beginnt eine profilierte auskragende Bekrönung.
– Bekrönung/Oberseite: Die auskragende Bekrönung ist zum großen Teil abgebrochen, dort wo die Profilierung endet. Außerdem ist die rechte Ecke schräg gebrochen gemeinsam mit einem großen Teil der Bekrönung. Trotz

KATALOG 369

der fragmentarischen Erhaltung sind Löcher erhalten: Ein Einlassungsloch an der Oberseite (4,2 × 4,5 cm, ca. 4,8 cm tief) mit 12,3 cm bzw. 4,2 cm Entfernung zum Rand. Auf der Rückseite befinden sich außerdem unterhalb der obersten Platte der Bekrönung zwei Löcher:
rechts: 3,8 × 4,6 cm, links: 3,7 × 5,3 cm. Zwischen den beiden Löchern liegen 11,5 cm, während zum Rand 8,3 cm bzw. 31,5 cm Abstand liegen.
– Statue: Die Maße der Basis sprechen für eine lebens- oder überlebensgroße Statue.

Interpretation: Cottia Euphrosyne stiftete privat mit öffentlicher Erlaubnis Statuen (earum?) ihrer verstorbenen Tochter Cerrinia. Als Gegenleistung verteilte sie Geldspenden (*ob dedicationem earum denarios divisit*). Ihr Name wurde aufgrund der Buchstabengröße besonders betont. Bei der Mutter handelte es sich aufgrund ihres Namens wohl um eine Freigelassene: Ihr Cognomen ist griechischer, ihr Nomen lateinischer Herkunft. Die Einlassungen an der Ober- und Rückseite sprechen für die Befestigung einer Plinthe, weshalb eine Marmorstatue der Tochter zu vermuten ist. Die Maße der Bekrönung, die noch etwas breiter und tiefer gewesen sein muss, lassen eine lebens- oder leicht überlebensgroße Statue vermuten.

Lit.: AE 1989,337; Manganaro 1989, 162 Nr. 1; Bitto 2001, 101–103 Nr. 36; Prag 2008, 77; Hemelrijk 2015, 497.

Mess2 (Abb. 221)
Fundort: Messina?
Aufbewahrungsort: Messina Museo regionale Inv. A 230
Maße: 0,395 m, 0,265 m (Kopf)
Material: Marmor
Datierung: hadrianisch (Fittschen – Zanker)
Identifikation: sicher
Beschreibung:
– Fundament: —
– Basisfuß: —
– Schaft: —
– Bekrönung/Oberseite: —
– Statue: Der erhaltenen Marmorkopf zeigt eine verwitterte Oberfläche. Der männliche Dargestellte trägt einen Bart und lockige Haare. Diese sind in lockigen Strähnen von der Kalotte in die Stirn gelegt. Der Kopf ist nach links gewendet. Die Lippen, Nase, Augen und Ohren sind bestoßen. Während das Stirnhaar verwittert ist, ist im Nacken und hinter den Ohren das Haar sehr gut erhalten und zeigt qualitätsvoll gearbeitete Locken.

Interpretation: Während N. Bonacasa eine Deutung als Antoninus Pius vorschlug, Mastelloni eine Darstellung des Publius Aelius Hadrianus sehen wollte, haben K. Fittschen und P. Zanker dargelegt, dass es sich um Hadrian im Typus Baiae handelt.

Lit.: Bonacasa 1964, 93 Nr. 117, Taf. 54, 1–2 (Antoninus Pius); Manganaro 1988, 74; Mastelloni 2008, 126–129 Nr. 10 (Publius Aelius Hadrianus); Fittschen – Zanker 1985, 52 f. Nr. 50 Replik Nr. 5.

Mess3 (Abb. 222)
Fundort: Messina oder Tyndaris?
Aufbewahrungsort: Messina Museo regionale Inv. A 244
Maße: 0,23 m
Material: Marmor
Datierung: severisch (Mastelloni)
Identifikation: sicher
Beschreibung:
- Fundament: —
- Basisfuß: —
- Schaft: —
- Bekrönung/Oberseite: —
- Statue: Erhalten ist ein Porträtkopf, der direkt unter dem Kinn gebrochen ist. Das Kinn, die Nase und die Brauen sind bestoßen. Dargestellt ist eine junge Frau mit rundlichem Gesicht. Die Haare sind mittig gescheitelt und in leichten Wellen locker in den Nacken geführt. Am Hinterkopf sind die Haare in ein aufwendiges Haarnetz gebunden.

Interpretation. M. Mastelloni zufolge handelt es sich um eine Darstellung der Julia Maesia, der Mutter Julia Mamaeas. N. Bonacasa hatte den Kopf noch als Darstellung Julia Domnas gedeutet.

Lit.: Bonacasa 1964, 116 f. Nr. 151, Taf. 69,3–4; Mastelloni 2008, 129–131 Nr. 11.

Mess4 (Abb. 223)
Fundort: Messina, Reginella
Aufbewahrungsort: Messina Museo regionale
Maße: 0,28 m
Material: Marmor
Datierung: trajanisch (Mastelloni)
Identifikation: sicher
Beschreibung:
- Fundament: —
- Basisfuß: —
- Schaft: —

KATALOG   371

– Bekrönung/Oberseite: —
– Statue: Die Oberfläche des Marmorkopfes ist verwittert. Die Nase und das
  linke Ohr sind gebrochen. Das Kinn, die Lippen und das rechte Ohr sind
  bestoßen. Das Gesicht zeigt ausgeprägte Nasolabialfalten. Die welligen
  Haare wurden dicht am Kopf anliegend nach vorne über die Stirn gestri-
  chen. Über der Stirn sind die Haare in Sichellocken in Richtung der linken
  Schläfe gestrichen. Dort und an der rechten Schläfe weisen die Haare jeweils
  einen Richtungswechsel auf.
Interpretation: M. Mastelloni deutete den Porträtkopf als Darstellung des
Trajan im Opfertypus. Der Kopf kann zu einer leicht überlebensgroßen Statue
ergänzt werden.
Lit.: Mastelloni 2008, 123–126 Nr. 9.

Mess5 (Abb. 224)
Fundort: Messina
Aufbewahrungsort: Messina Museo regionale Inv. A 235
Maße: 0,20 m
Material: Marmor
Datierung: 150–180 n. Chr. (Mastelloni)
Identifikation: sicher
Beschreibung:
– Fundament: —
– Basisfuß: —
– Schaft: —
– Bekrönung/Oberseite: —
– Statue: Erhalten ist ein marmorner Porträtkopf. Die Nase fehlt, die Pupillen
  sind gebohrt. Dargestellt ist eine junge Frau mit rundlichem Gesicht. Die
  Haare sind mittig gescheitelt und in lockigen Wellen in den Nacken geführt.
  Dort sind sie in einem Nackenknoten zusammengenommen. Hinter dem
  rechten Ohr schaut eine Strähne aus der Frisur heraus. Auf dem Kopf trägt
  die Dargestellte ein Diadem.
Interpretation: M. Mastelloni zufolge handelt es sich trotz des Diadems um ein
Privatporträt, welches an Darstellungen Faustina Minors orientiert ist.
Lit.: Bonacasa 1964, 99 Nr. 127, Taf. 58, 1–2; Mastelloni 2008, 131–134 Nr. 12.

Modica
Mo1 (Abb. 225–226)
Fundort: Modica, laut Inventarbuch in Syrakus angekauft
Aufbewahrungsort: Syrakus Museo archeologico regionale Paolo Orsi Inv. 30041
Maße: 0,26 m

Material: Marmor
Datierung: frühaugusteisch (Bonacasa)
Identifikation: sicher
Beschreibung:
- Fundament: —
- Basisfuß: —
- Schaft: —
- Bekrönung/Oberseite: —
- Statue: Dargestellt ist ein junger Mann. Das Gesicht ist verwittert, Nase, Lippen, Augenbrauen und Ohren sind verwittert. Die Stirnfrisur liegt auf der Stirn wie aufgesetzt, da eine klare Kante zwischen Gesicht und Haaren vorhanden ist. Die Haare sind in Wellen von der Kalotte in die Stirn gestrichen. Der Kopf ist energisch nach links gedreht.

Interpretation: N. Bonacasa zufolge stellt der Porträtkopf L. Caesar dar. Der Kopf kann zu einer leicht überlebensgroßen Statue ergänzt werden.

Lit.: Bonacasa 1964, 119 f. Nr. 49, Taf. 22, 3–4.

Morgantina (Abb. 227)
Morga1 (Abb. 228–230)
Fundort: Morgantina, südl. Ende der Oststoa
Aufbewahrungsort: in situ
Maße: 0,455 × 0,615 × 0,62 m
Datierung: nach 230 v. Chr. (Bell)
Identifikation: unsicher
Beschreibung:
- Fundament: —
- Basisfuß: —
- Schaft: Der Schaft der Basis befindet sich vor der südlichsten Säule der Stoa. Er besteht aus mehreren bearbeiteten Steinblöcken aus lokalem Stein, die sauber zu einem rechteckigen Block zusammengesetzt wurden. Die Verkleidung, die die Machart aus verschiedenen Blöcken verdecken sollte, fehlt. Diese wird vermutlich aus Steinplatten, z.B. Marmor, oder, was wahrscheinlicher ist, aus Stuck bestanden haben. Die Säule ist mit Stuck verkleidet, auch an der Seite, vor die die Basis gesetzt wurde.
- Bekrönung/Oberseite: —
- Statue: Möglicherweise ist Morga2 zugehörig.

Interpretation: Die Statuenbasis aus lokalem Stein befindet sich an der südlichsten Säule der Oststoa auf der Agora von Morgantina. Sie gehört allerdings nicht zur Planungsphase der Stoa, sondern wurde erst nach umfassenden Baumaßnahmen, in Folge derer die Öffnung der Stoa im Süden geschlossen

KATALOG 373

wurde, hinzugefügt. Auf diese späte Errichtung der Basis vor der südlichen Säule weist die Stuckierung der Säule auch an ihrer nördlichen Seite hin, an der die Basis nachträglich angesetzt wurde. Die Zusetzung des südlichen Stoaendes erfolgte im Rahmen der Errichtung eines Peristylhauses, welches einen Teil der Stoa inkorporierte. Die Baumaßnahme kann um 230 v. Chr. datiert werden (Allen 1970, 364 f.; Bell 1993, 332; Bell 2004, bes. 136) und ist demnach ein *terminus post quem* für die Aufstellung des Statuenmonuments. Von M. Bell wurde die Oststoa als Schenkung von Hieron II. gedeutet, woraufhin die These aufgestellt wurde, die in der Nähe aufgefundene Statue (Morga2) sei eine Darstellung seiner Ehefrau Philistis und hätte auf Morga1 gestanden (Bell 1993, 332; siehe dazu Morga2).

Lit.: Stillwell – Sjöqvist 1957, 159, Taf. 60, Abb. 32; Bell 1982, 47, Taf. 147, Abb. 16; Bell 1993, 322 Anm. 29, 334 Abb. 10; Bell 1999, 269, Taf. 1 b; Bell 2012, Abb. 45.

Morga2 (Abb. 231)
Fundort: Morgantina, Stufen vor der Oststoa
Aufbewahrungsort: Aidone Museo archeologico Inv. 56.1749
Maße: 1,38 m (Statue); 0,10 × 0,62 × 0,40 m (Plinthe)
Datierung: 200–150 v. Chr. (Vergleiche); nach 230 v. Chr. (Bell)
Identifikation: unsicher
Beschreibung:
– Fundament: —
– Basisfuß: —
– Schaft: Möglicherweise stand das Standbild ursprünglich auf der Basis Morga1.
– Bekrönung/Oberseite: —
– Statue: Es handelt sich um eine lebensgroße weibliche Gewandstatue aus Kalkstein, die gemeinsam mit ihrer Plinthe gearbeitet wurde. Sie trägt ein Chiton und darüber ein Himation, welches in einem Bausch zusammengefasst über die Hüfte verläuft. Es fehlen der Kopf und die Arme der Statue; während der Hals, der Bereich des Schlüsselbeins und der rechten Schulter gebrochen sind, ist der Ansatz vom linken Arm erhalten. Unter dem Ende des Gewands ist mittig in geglätteter Oberfläche ein Dübelloch sichtbar, was auf eine Anstückung hinweist.
Interpretation: Die Nähe des Fundorts der Statue in der Nähe der Statuenbasis Morga1 führte zu einer Rekonstruktion des Standbilds auf der Basis. Als Dargestellte wurde Philistis, die Frau Hieron's II., vermutet, was verbunden mit der Interpretation der Oststoa als königliche Stiftung passend schien. Gegen diese Deutung sind allerdings mehrere Einwände vorzubringen: Die Statuenbasis Morga1 wurde erst in einer späteren Phase errichtet und gehört

374 KATALOG

nicht zur ursprünglichen Planung der Stoa, was bei einer königlichen Stiftung ungewöhnlich wäre. Man würde erwarten, dass Statuen von Philistis (und Hieron II.) in oder vor der Stoa bereits zur Planung gehörten. Generell wäre die alleinige Errichtung einer weiblichen Ehrenstatue, unabhängig davon, ob es sich um eine Königin handelte[13], einzigartig. Frauen wurden in hellenistischer Zeit in Kleinasien und Griechenland als Teil von Familiengruppen bzw. mit ihren Ehemännern gemeinsam dargestellt[14]. Eine weitere Basis, auf der Hieron II. dargestellt worden hätte können, ist nicht erhalten. Aussschlaggebend ist allerdings die chronologische Einordnung der Statue: Mithilfe von Vergleichen ist sie vielmehr in die erste Hälfte des 2. Jhs. v. Chr. zu datieren und nicht wie vorgeschlagen in die zweite Hälfte des 3. Jhs. v. Chr. (vgl. Eule 2001, 178 Nr. 38 und Nr. 39). Somit ist eine Deutung als Philistis nicht mehr haltbar. Aber auch die Identifikation als Ehrenstatue ist fraglich, wurde auch noch zu Beginn des 2. Jhs. v. Chr. Frauen nur äußerst selten allein geehrt. In Sizilien erscheint eine solche Aufstellung, vor allem in diesem Zeitrahmen, höchst unwahrscheinlich. Vorgeschlagen werden kann daher die Darstellung einer Göttin. Dies würde zu den übrigen Skulpturfragmenten passen, die in Morgantina gefunden wurden. Lit.: Stillwell – Sjöqvist 1957, 159, Taf. 60, Abb. 32; Bell 1993, 322 Anm. 29, 334 Abb. 10 Bonanno 2013.

Morga3 (Abb. 228, Abb. 232–234)
Fundort: Morgantina, Bouleuterion, mittig an der Rückwand
Aufbewahrungsort: in situ
Maße: 1,36 × 1,30 × 1,44 m
Material: lokaler Kalkstein, restauriert
Datierung: wohl vor 211 v. Chr. (Bell 2012, 112 Anm. 18)
Identifikation: unsicher
Beschreibung:
- Fundament: —
- Basisfuß: —
- Schaft: Es befindet sich eine großformatige Struktur an der Rückwand des Bouleuterions, die direkt auf dem Boden steht. Auf acht rezenten Ziegelreihen wurde ein Block aus lokalem Kalkstein gesetzt, auf diesen

---

13 S. Smith 1988. Nur wenige Königinnen wurden im 3. Jh. v. Chr. Statuen alleine in Heiligtümern errichtet, u.a. Kotsidu 2000, 242 Nr. 160 (Ehrung der Arsinoe III. auf Kos) oder 261 f. Nr. 178 (Standbild der Berenike in Samos).

14 Dazu u.a. Gauthier 1985, 74 f.; van Bremen 1996, 96. 170–190; Eule 2001; Dillon 2012. Ausnahmen stellten Weihungen von Priesterinnen in Heiligtümern da, die bereits vorher alleine dargestellt wurden, dazu u.a. Dillon 2010, 57 f.

KATALOG 375

wiederum zwei einzelne Blöcke desselben Materials (0,42 × 0,47 × 0,42 m; 0,38 × 0,48 × 0,38 m). Da die zwei Blöcke sich nicht berühren, muss der Zwischenraum (0,19 cm) verfüllt gewesen sein, um eine glatte Standfläche zu erzeugen. Der Block auf den Ziegeln weist Restaurierungsspuren mit Zement auf.

– Bekrönung/Oberseite: —
– Statue: —

Interpretation: M. Bell plädiert dafür, die erhaltene Struktur als Statuenbasis zu deuten (Bell 2012, 112). Die Struktur ist kaum publiziert und eine Autopsie vor Ort konnte ebenfalls keine klareres Bild bieten. Aufgrund der Position in einer Linie mit dem Eingang des Bouleuterions wurde eine Statuenbasis vermutet werden. Über Statuenmonumente im Bouleuterion von Syrakus berichtet Cicero (Cic. Verr. 4, 61–63, 137–140), doch haben sich keine archäologischen Befunde erhalten. Vergleiche mit Ehrenstatuen in Bouleuteria außerhalb Siziliens zeigen, dass der Ort der Aufstellung an der Rückwand des Gebäudes untypisch ist; Ehrenstauen befanden sich an den *analemmata* Mauern oder sogar außerhalb des Gebäudes (u.a. Gneisz 1990, 206 f., 211–213; Korkut – Grösche 2007, 5). Falls es sich um eine Statuenbasis handelt, dann gehört sie zumindest nicht zur Originalausstattung des Gebäudes, wie der Wandverputz hinter der Struktur beweist. Vermutet werden kann aber, dass die Struktur vor 211 v. Chr. errichtet wurde, zu einem Zeitpunkt, in dem das Gebäude noch als Bouleuterion genutzt wurde. Die Funktion des Gebäudes nach 211 v. Chr., ist dagegen unklar. Die Aufstellung einer Ehrenstatue auf der beschriebenen Struktur scheint wenig wahrscheinlich, da es sich um die Einzige aus dem 3. Jh. v. Chr. in Morgantina handeln würde. Vielmehr kann die Darstellung einer Gottheit vorgeschlagen werden, die auch oft in Bouleuterien nachgewiesen wurden (u.a. Gneisz 1990, 206 f., 211–213).

Lit.: Sjöqvist 1964, 140 f., Taf. 43, 8; Bell 2012, 112, Abb. 42

Morga4 (Abb. 228, Abb. 232–234)
Fundort: Morgantina, Bouleuterion, Rückwand, nördliche Struktur
Aufbewahrungsort: in situ
Maße: 1,40 (max.) × 1,84 × 0,90 m
Material: lokaler Kalkstein
Datierung: vor 211 v. Chr. (siehe Morga3)
Identifikation: unsicher
Beschreibung:
– Fundament: —
– Basisfuß: —

376 KATALOG

- Schaft: Der Schaft des Monuments ist ähnlich der danebenstehenden Struktur errichtet worden (Morga3). Auf acht Reihen von Ziegeln folgt ein teilweise restaurierter Block aus Kalkstein. Darauf wurden in diesem Fall drei Reihen von unregelmäßigen und unterschiedlich großen Kalksteinblöcken gestapelt. Diese stoßen direkt an die danebenliegende Struktur an. Auf der anderen Seite in Richtung Norden befindet sich eine weitere Struktur, auf die sich teilweise die Steinreihen stützen. Demnach müsste die nördlichere Struktur früher errichtet worden sein. Doch ist unklar, um welche Art von Struktur es sich handelt, und ob es sich allgemein hier nicht um eine Restaurierung handelt, im Rahmen dessen die Steine aufeinandergestapelt wurden. Sjöqvist zufolge handelt es sich bei der nördlichsten Struktur um eine Stütze; auch die hier als Statuenbasen identifizierten Strukturen gehören ihm zufolge zu einer stützenden Plattform.
- Oberseite/Bekrönung: —
- Statue: —

Interpretation: Eine Interpretation als Statuenbasis durch M. Bell (Bell 2012, 112) ist nicht gesichert aufgrund der Erhaltung und des Fehlens von Hinweisen wie einer Inschrift oder Skulpturfragmenten. Sollte es sich tatsächlich um eine Statuenbasis handeln, dann ist die Rekonstruktion einer Ehrenstatue unwahrscheinlich, da einerseits der Ort für Ehrenstatuen in Versammlungsbauten ungewöhnlich wäre und andererseits keine weiteren Ehrenstatuen zu diesem Zeitpunkt in Sizilien nachweisbar sind (abgesehen von königlichen Statuen in Syrakus). Vielmehr kann die Aufstellung eines Götterstandbildes vermutet werden, welches nicht nur in literarischen Quellen (u.a. Paus. 1, 3, 5), sondern auch archäologisch in anderen Regionen nachweisbar ist (Gneisz 1990, 206 f., 211–213).

Lit.: Sjöqvist 1964, 140 f., Taf. 43, 8; Bell 2012, 112 Abb. 42.

Morga5 (Abb. 228, Abb. 235)
Fundort: Morgantina, Agora, südwestlich anschließend an den Stufenbau
Aufbewahrungsort: in situ
Material: lokaler Stein
Maße: 1,52 (max.) × 1,28 × 3,04 m
Datierung: 1. Jh. v. Chr. (Bell, Stone)
Identifikation: wahrscheinlich
Beschreibung:
- Fundament: —
- Basisfuß: —
- Schaft: Die erhaltene rechteckige Struktur besteht aus unregelmäßigen Blöcken aus Kalkstein, demselben Material wie die Stufen und andere Bauteile und Statuenbasen in Morgantina. Die Struktur ist in der Mitte

KATALOG 377

verfüllt; in der Füllung haben sich zwei Münzen gefunden, mithilfe derer die Statuenbasis datiert werden konnte. Weder die Bekrönung noch die Verkleidung hat sich erhalten. Vermutlich war die Basis mit einer Stuckverkleidung überzogen.
– Oberseite/Bekrönung: —
– Statue: —
Interpretation: M. Bell zufolge waren die ersten Stufen des Ekklesiasterion/der Stufenanlage (Bell 1993, 329) nach 211 v. Chr. von der Erde verdeckt, was erklärt, wieso die Statuenbasis an der siebten und achten Stufe errichtet wurde. Nicht nur durch die Positionierung an der Stufenanlage, sondern mithilfe von Münz- und Keramikfunden konnte die Basis durch M. Bell und S. Stone nach 100 v. Chr. datiert werden (Bell 2007, 132 Anm. 58; Stone 2015, 68 f., PR I 152, PR II, 161). Es wurde zudem vermutet eine Darstellung von Verres, parallel zu den von Cicero überlieferten Reiterstandbildern in Tyndaris und Syrakus, zu rekonstruieren (Bell 2007, 132 f.). Wegen fehlender weiterer Informationen wird man davon ausgehen können, dass ein Mitglied der lokalen Elite oder ein Amtsträger dargestellt war.
Lit.: Bell 2007, 131–134 Abb. 10–12; Stone 2015, 9, 15 f., 68 f.

Morga6 (Abb. 228, Abb. 237–238)
Fundort: Morgantina, Agora, an der Treppe vor der Nordstoa
Maße: 0,15 × 1,87 × 1,43/1,85 m
Aufbewahrungsort: in situ
Material: lokaler Kalkstein
Datierung: 2. Jh. v. Chr. oder später (Bell)
Identifikation: unsicher
Beschreibung:
– Fundament: Ein rechteckiges Fundament aus unregelmäßigen, ehemals geglätteten Kalksteinblöcken befindet sich direkt neben den Treppenstufen, die die Agora mit der Plateia A verbinden. Das Fundament liegt erhöht auf einer Art Terrassierung.
– Basisfuß: —
– Schaft: —
– Oberseite/Bekrönung: —
– Statue: —
Interpretation: Von M. Bell wurde das Fundament als Bema gedeutet; jedoch deutet die östliche davon liegende Exedra aufgrund ihrer Orientierung nicht auf eine solche Funktion hin (Morga7): Sie öffnet sich nach Osten und ist somit vom Geschehen der vermeintlichen Rednertribüne weggedreht. Aus diesem Grund ist hier eher von einem Statuenmonument auszugehen.
Lit.: —

378   KATALOG

Morga7 (Abb. 228, Abb. 237–238)
Fundort: Morgantina, Agora, östlich von Morga6
Aufbewahrungsort: in situ
Material: Kalkstein
Maße: 0,10 × 2,45 × 0,95 m
Datierung: 2. Jh. v. Chr., später als Morga6 (Bell)
Identifikation: unsicher
Beschreibung:
– Fundament: Erhalten ist eine aus sieben unregelmäßigen und schlecht erhaltenen Steinblöcken gelegte halbkreisförmige Struktur. Sie ergibt keinen vollständigen Halbkreis, weshalb vermutet werden kann, dass einige Steinblöcke der Struktur fehlen.
– Basisfuß: —
– Schaft: —
– Bekrönung/Oberseite: —
– Statue: —
Interpretation: Von M. Bell wurde die Struktur als Exedra gedeutet. Die zu rekonstruierende Sitzbank ist nach Osten geöffnet gewesen. Die Lage der Aufstellung ist sehr prominent einerseits neben einer Treppe, die zur Plateia A führt, andererseits direkt vor einer rechteckigen Struktur. Diese wurde von M. Bell als Bema, hier als Statuenbasis gedeutet (Morga6). Die Maße sprechen für eine Exedra geringer Größe, weshalb Statuen auf der Wandung zwar denkbar, aber nicht nachzuweisen sind.
Lit.: Stillwell – Sjövquist 1957, 154.

Morga8 (Abb. 228, Abb. 239)
Fundort: Morgantina, Agora, Nordstoa, vor Raum 9/10
Aufbewahrungsort: in situ
Material: Kalkstein und Ziegel
Maße: ? × 3,00 × 2,02 m
Datierung: 2. / 1. Jh. v. Chr. (?)
Identifikation: unsicher
Beschreibung:
– Fundament: Das Monument besteht aus Steinblöcken, die die äußeren Ränder markieren, aber in der Mitte verfüllt waren. Im Osten des Monuments wurden Ziegeln genutzt.
– Basisfuß: —
– Schaft: —
– Bekrönung/Oberseite: —
– Statue: —

KATALOG 379

Interpretation: Den Maßen zufolge könnte es sich um eine Reiterbasis handeln. Sie liegt auf der untersten Stufe der Nordstoa relativ mittig vor der Anlage. Damit überblickt das Monument den oberen Teil der Agora, was auf die Wichtigkeit der geehrten Person hindeutet. Eine weitere Statuenbasis derselben Zeit befindet sich am Ekklesiasterion / der Stufenanlage (Morga5).
Lit.: —

Morga9 (Abb. 228, Abb. 240)
Fundort: Morgantina, Agora, nördliches Ende der Oststoa
Aufbewahrungsort: in situ
Maße: ? × 0,60 × 0,50 m
Material: lokaler Kalkstein
Datierung: 2. Jh. v. Chr. (?)
Identifikation: unsicher
Beschreibung:
– Fundament: Ein aus vier rechteckigen und wohl geglätteten Blöcken gelegtes Fundament hat sich erhalten.
– Basisfuß: —
– Schaft: —
– Bekrönung/Oberseite: —
– Statue: —
Interpretation: Bei der rechteckigen Fundamentierung vor der Oststoa könnte es sich um das Fundament einer Statuenbasis handeln.
Lit.: —

Morga10 (Abb. 228)
Fundort: Morgantina, Agora, nördlich vor dem Macellum
Aufbewahrungsort: in situ
Maße: ? × 1,70 × 1,40 m
Material: lokaler Kalkstein
Datierung: nach 175 v. Chr. (Sharp)
Identifikation: unsicher
Beschreibung:
– Fundament: Nördlich vor dem Macellum liegt ein aus Steinblöcken zusammengesetztes Fundament.
– Basisfuß: —
– Schaft: —
– Bekrönung/Oberseite: —
– Statue: —

380 KATALOG

Interpretation: H. Sharp zufolge handelt es sich um das Fundament eines Ehrenmonuments, mit dem möglicherweise der Bauherr des Macellums geehrt wurde. Da das Macellum um 175 v. Chr. erbaut wurde, kann eine ähnliche chronologische Datierung auch für das Statuenmonument vermutet werden. Allerdings überrascht die Platzierung des Monuments, da sich dort kein Eingang oder anderer Orientierungspunkt befindet. Somit ist unklar, ob es sich tatsächlich um das Fundament eines Statuenmonuments handelt.
Lit.: Sharp 2015, 177.

Palermo
Pal1 (Abb. 241)
Fundort: Palermo
Aufbewahrungsort: Palermo Museo archeologico regionale Antonino Salinas Inv. 5644
Maße: 1,80 m
Material: Marmor
Datierung: frühaugusteisch (Goette)
Identifikation: wahrscheinlich
Beschreibung:
– Fundament: —
– Basisfuß: —
– Schaft: —
– Bekrönung/Oberseite: —
– Statue: Überliefert ist ein Fragment einer überlebensgroßen männlichen Togastatue. Der Kopf, die Füße und Arme sowie ein Teil der rechten Seite des Körpers fehlen. Das linke Bein fungiert als Standbein und ist durch das flächige Gewand nicht zu erkennen, während sich über dem rechten, leicht angewinkeltem Bein die Toga spannt. Auffällig ist der diagonal geführte massive Balteus. Neben dem linken Bein steht ein Behältnis für Schriftrollen.
Interpretation: Der Togatus kann den Maßen zufolge als überlebensgroße Statue rekonstruiert werden. Eine Identifizierung der dargestellten Person ist nicht möglich. Die Größe sowie die Gewandung lassen die Darstellung von Augustus oder einem Familienmitglied sowie die eines Wohltäters oder Amtsträgers vermuten.
Lit.: Bonacasa 1964, 134 Nr. 180, Taf. 80, 1; Goette 1964, 22 f., 107 Aa18.

Pal2 (Abb. 242)
Fundort: Palermo, bereits in der Sammlung Salnitriano
Aufbewahrungsort: Palermo Museo archeologico regionale Antonino Salinas Inv. 721

KATALOG 381

Maße: 0,28 m
Material: Marmor
Datierung: 11–6 v. Chr. (Fittschen – Zanker, Hertel)
Identifikation: sicher
Beschreibung:
– Fundament: —
– Basisfuß: —
– Schaft: —
– Bekrönung/Oberseite: —
– Statue: Der männliche Porträtkopf weist Reparaturen an Nase und Kinn auf und zeigt eine anpassende Naht am Hals auf der Höhe des Kehlkopfes. Das Gesicht ist nicht frontal ausgerichtet, der Kopf ist nach links gewendet. Es ist ein junger Mann mit einem beruhigt wirkendem Gesicht dargestellt. Die Frisur besteht aus sichelfömigen gelegten Haarsträhnen, die dicht an der Kalotte anliegen und über der Stirn mehrere Gabel-Zangen Motive aufweisen. Die Ohren stehen leicht vom Kopf ab. Die Büste gehört nicht zum Kopf.
Interpretation: Es handelt sich um ein mittel- oder spätaugusteisches Tiberiusporträt im 1. Typus.
Lit.: Bonacasa 1964, 39 f. Nr. 44, Taf. 20, 1–2; Fittschen – Zanker 1985, 10–12 Nr. 10 Replik 3; Hertel 2013, 154 f. Nr. 38, Taf. 27, 1–2.

Pal3 (Abb. 243)
Fundort: Palermo, bereits im Museo S. Martino delle Scale
Aufbewahrungsort: Palermo Museo archeologico regionale Antonino Salinas Inv. 951
Maße: 0,25 m (Kopf)
Material: weiß-gräulicher Marmor
Datierung: frühaugusteisch (Fittschen – Zanker)
Identifikation: sicher
Beschreibung:
– Fundament: —
– Basisfuß: —
– Schaft: —
– Bekrönung/Oberseite: —
– Statue: Der Porträtkopf stellt einen Mann mit markanten Gesichtszügen dar. Der Kopf ist energisch nach recht gewendet. Bestoßungen finden sich am Kinn, Lippen, der Nase, der Stirn und am linken Halsausschnitt. Das schwere Kinn, die stark ausgeprägten Nasolabialfalten und hervogehobenen Wangenknochen und eingefallenen Wangen weisen den Dargestellten

als älteren Mann aus. Die Haare sind über der Stirn stark zurückgegangen und nicht plastisch ausgebildet.

Interpretation: Von N. Bonacasa wurde der Kopf als Porträt Caesars gedeutet. Von K. Fittschen und P. Zanker wurde diese Interpretation abgelehnt und ein frühaugusteisches Privatporträt vorgeschlagen.

Lit.: Bonacasa 1964, 29 Nr. 32, Taf. 14, 3–4; Fittschen – Zanker 2010, 43–45 Nr. 32 Anm. 12.

Pal4 (Abb. 244)
Fundort: ?
Aufbewahrungsort: Palermo Museo archeologico regionale Antonino Salinas
Maße: 1,61 m
Material: Marmor
Datierung: julisch-claudisch (Bonacasa)
Identifikation: wahrscheinlich
Beschreibung:
– Fundament: —
– Basisfuß: —
– Schaft: —
– Bekrönung/Oberseite: —
– Statue: Die Statue ist mit einer Toga bekleidet. Der Kopf, Teile der linken Schulter, des Armes sowie die linke eingesetzte Hand sind nicht erhalten. Das rechte Bein fungiert als Standbein, während das linke leicht angewinkelt seitlich nach hinten gesetzt ist. Beide Beine sind durch das Gewand hindurch sichtbar. Die Lacnia fällt zwischen den Füßen auf den Boden herab. Der Umbo ist U-förmig gebildet, der Sinus fällt bis knapp unterhalb des rechten Knies hinab. Der Togatus greift außerdem mit der rechten am Körper anliegenden Hand in das Gewand. Neben dem rechten Bein befindet sich ein Behältnis. Insgesamt ist das Gewand sehr stoffreich gebildet, jedoch wirken die Proportionen des Gewandes zum Körper nicht richtig, besonders das rechte Bein und der darüber liegende Abschnitt.

Interpretation: N. Bonacasa vermutete die Darstellung eines Priesters, jedoch ist ein *capite velato* anhand der Erhaltung nicht mehr festzustellen. Den Maßen zufolge ist mit der Ergänzuung eines Porträtkopfes eine lebensgroße Statue zu rekonstruieren. Damit könnte sowohl ein Priester, Amtsträger, Wohltäter oder sogar Mitglied der kaiserlichen Familie dargestellt worden sein

Lit.: Bonacasa 1964, 137 Nr. 186, Taf. 81, 3.

Pal5 (Abb. 245–246)
Fundort: Partinicio in der Umgebung von Palermo

KATALOG 383

Aufbewahrungsort: Palermo Museo archeologico regionale Antonino Salinas
Inv. 1532
Maße: 0,305 m
Material: Marmor
Datierung: späthadrianisch (Bonacasa, Fittschen – Zanker)
Identifikation: sicher
Beschreibung:
– Fundament: —
– Basisfuß: —
– Schaft: —
– Bekrönung/Oberseite: —
– Statue: Der marmorne Porträtkopf stellt einen älteren bärtigen Mann dar.
  Der Hinterkopf sowie der Hals fehlen. Im Gesicht ist die Nasenspitze besto-
  ßen. Der Dargestellte weist eingefallene Wangen, stark hervortretende
  Wangenknochen, Nasolabial- und Stirnfalten sowie zusammengezogene
  Augenbrauen auf, die auf sein fortgeschriettenens Alter hinweisen. Der
  gepflegte kurze Bart ist an den Wangen voller. Das Haupthaar dagegen
  zeigt von der Kalotte ausgehende wellige Strähnen, die in die Stirn gelegt
  sind. Dort sind sie allerdings nicht mehr voll, sondern reichen nur vereinzelt in Sichellocken in die Stirn, während die meisten Haare bereits davor
  enden. Die seitliche Ansicht zeigt das volle Haar des Dargestellten, in der
  Vorderansicht dagegen wirkt die Frisur eher ungepflegt und wenig voll.
Interpretation: Das hadrianische Privatporträt zeigt einen älteren Mann,
der wahrscheinlich mit einer Togastatue rekonstruiert werden kann.
Möglicherweise wurde er als Wohltäter oder Amtsträger in Palermo mit einer
Statue geehrt.
Lit.: Bonacasa 1964, 85 f. Nr. 109, Taf. 50, 1–2; Fittschen – Zanker 2010, 99 Nr. 94
Anm. 3 a.

Pal6 (Abb. 247–248)
Fundort: Palermo, bereits im Museo Astuto
Aufbewahrungsort: Palermo Museo archeologico regionale Antonino Salinas
Inv. 738
Maße: 0,28 m
Material: Marmor
Datierung: antoninisch (Fittschen – Zanker)
Identifikation: sicher
Beschreibung:
– Fundament: —
– Basisfuß: —

384 KATALOG

- Schaft: —
- Bekrönung/Oberseite: —
- Statue: Der weibliche Porträtkopf wurde auf eine antike, aber nicht zugehörige Büste montiert. Das Gescht weist einige Bestoßungen auf, wie an den Lippen, den Wangen und dem Kinn. Die Augen weisen eine Ritzung der Pupillen auf, die Augenbrauen sind in der üblichen antoninischen Monobraue dargestellt. Die Haare reichen weit in die Stirn herab, sind mittig gescheitelt und auf dem Kopf türmt sich ein geflochtener Haarturm in über neun Lagen auf. Vor den Ohren sollten wohl nach der Darstellung der Kaiserinnen Strähnen vor das Ohr fallen, hier wirkt es eher als ob es sich um Koteletten handelt. Das Gesicht weist ruhige Züge auf, die dicklichen Wangen lassen vermuten, dass ein Mädchen dargestellt wurde.

Interpretation: Erhalten ist ein weibliches antoninisches Privatbildnis, welches an den Porträts von Faustina maior orientiert ist. Welches Gewand die Geehrte trug und in welchem Kontext die Statue aufgestellt war lässt sich nicht ermitteln.

Lit.: Bonacasa 1964, 100 f. Nr. 129, Taf. 59, 1–2; Fittschen – Zanker 1983, 76 f. Nr. 100 Anm. 1 e.

Pal7 (Abb. 249–250)
Fundort: Palermo ?
Aufbewahrungsort: Palermo Museo archeologico regionale Antonino Salinas Inv. 955
Maße: 0,318 m
Material: Marmor
Datierung: nach 136 n. Chr. (Fittschen)
Identifikation: sicher
Beschreibung:
- Fundament: —
- Basisfuß: —
- Schaft: —
- Bekrönung/Oberseite: —
- Statue: Erhalten ist das Porträt eines bärtigen alten Mannes. Die Nase, Ohren, Haare, Bart und Lippen sind bestoßen. Die Haarkalotte, die separat gearbeitet war, fehlt. Der Hals wurde schräg unter dem Kinn abgetrennt. Das längliche Gesicht zeigt einen ernst wirkenden Mann, der einen lockigen Bart trägt. Die markante Nase ist gebrochen und die Augenbrauen verlaufen seitlich markant in Richtung der Schläfen. Die Stirnhaare bestehen ebenfalls aus Locken, die weit in in die Stirn reichen. Sie sind bestoßen und abgebrochen.

KATALOG   385

Interpretation: K. Fittschen zufolge handelt sich um einen Porträtkopf des Aelius Verus, der 136 n. Chr. von Hadrian als Nachfolger adoptiert wurde. Bereits 138 n. Chr. starb dieser. Das Porträt wird also in dieser Zeit entstanden sein. In welchem Kontext es aufgestellt wurde, ist allerdings nicht mehr zu erschließen.

Lit.: Bonacasa 1964, 86 f. Nr. 110, Taf. 50, 3–4; Fittschen 1999, 72 Nr. 4.

Pal8 (Abb. 251–252)
Fundort: Palermo
Aufbewahrungsort: Palermo Museo archeologico regionale Antonino Salinas Inv. 3511
Maße: 0,94 × 0,59 × 0,10 m
Buchstabenh.: 0,04–0,075 m
Material: Kalkstein
Datierung: 10.12.162–9.12.163 n. Chr. (Bivona)
Identifikation: sicher
Inschrift:
[Imp(eratori)] Caes(ari) M(arco) / [A]ụrelio Anto- / [n]ino Aug(usto) divi / [A]ntonini f(ilio) divi Hadri ⟨ani⟩ / [n]ep(oti) divi Traiani Parth(ici) / [pr]onepoti, divi Nervae / [a]bnep(oti) pont(ifici) max(imo) trib(unicia) p(otestate) XVII / [co(n)]s(uli) III r(es) p(ublica) Panhormit(anorum).
Beschreibung:
– Fundament: —
– Basisfuß: —
– Schaft: Überliefert ist eine rechteckige Platte, auf deren Vorderseite sich eine achtzeilige lateinische Inschrift befindet. Diese ist umgeben von einer Rahmung. Der linke Rand der Platte ist gebrochen und damit auch der Anfang aller Zeilen. Darüber hinaus ist von der linken oberen Ecke ein großer Teil abgebrochen; über die gesamte Platte ziehen sich außerdem zwei parallele Risse. Die Oberfläche zeigt einige Bestoßungen auf. Die ersten zwei Zeilen der Inschrift sind in deutlich größeren Buchstaben geschrieben als der Rest der Inschrift. Die anderen Zeilen weisen kleine, hohe und eng geschriebene Buchstaben auf. Zwischen den Wörtern befinden sich Worttrenner.
– Bekrönung/Oberseite: —
– Statue: Die Maße der Platte lassen eine lebensgroße Statue vermuten.
Interpretation: Die *res publica* von Panhormus stellte ein Statuenmonument für Kaiser Marc Aurel auf. Der Name des Geehrten wurde in der Inschrift besonders hervorgehoben. Ursprünglich handelte es sich bei der Platte um die Vorderseite einer Statuenbasis, die aber im 18. Jh. voneinander

386 KATALOG

entfernt wurden. Die Angabe der Ligaturen und der fehlenden Buchstaben der Zeilenanfänge in der Zeichnung von Torremuzza weist auf die Genauigkeit der Wiedergabe hin. Allerdings ist die Rahmung der Inschrift nicht wiedergegeben. Aus diesem Grund ist fraglich, ob es Torremuzza um die Wiedergabe des Monuments oder nur um die Inschrift ging. Diese Frage ist ausschlaggebend für die Rekonstruktion der Basis; unklar ist nämlich, ob Fuß- und Kopfprofile ergänzt werden müssen ähnlich den sog. base tripartite in Nordafrika (vgl. Bigi 2010, 223) oder die Basen aus einem Block bestehen wie Basen des 2. Jh. n. Chr. in Spanien (vgl. Alföldy 1979, 185).

Lit.: CIL X 7270; ISic0011; Torremuzza 1762, 30; Bivona 1970, 30 f. Nr. 11, Taf. 7; Manganaro 1988, 75; Højte 2004, MarcA 63.

Pal9 (Abb. 253)
Fundort: Palermo
Aufbewahrungsort: Palermo Museo archeologico regionale Antonino Salinas Inv. 3513
Maße: 0,845 × 0,725 × 0,05 m
Buchstabenh.: 0,025–0,08 m
Material: Kalkstein
Datierung: 195 n. Chr. (Bivona)
Identifikation: sicher
Inschrift:
Iuliae Aug(ustae) / Imp(eratoris) Caes(aris) L(uci) Septi/mi Severi Pertina- / cis Aug(usti) Pii Parthi- / ci Arabici et Par- / thici Adiabeni- / ci p(ontificis) m(aximi) tr(ibunicia) pot(estate) III / imp(eratoris) V co(n)sulis II p(atris) p(atriae) / res publ(ica) Panhormi- / tanorum.
Beschreibung:
– Fundament: —
– Basisfuß: —
– Schaft: Die rechteckige bzw. fast quadratische Platte zeigt auf der Vorderseite eine zehnzeilige lateinische Inschrift. Die Ränder der Platte weisen eine Rahmung auf; die Inschrift nutzt den gesamten Platz innerhalb der Rahmung. Während die erste Zeile, der Name der Geehrten, in größeren Buchstaben geschrieben wurde, weisen die restlichen Zeilen kleinere, eng geschriebene Serifenbuchstaben auf. Zwischen den Wörtern werden Punkte als Worttrenner benutzt. Vor allem die letzten Zeilen sind so klein und eng geschrieben, dass vermutet werden kann, dass die Handwerker am Ende der Inschrift ein Platzproblem bekamen.
– Bekrönung/Oberseite: —

KATALOG   387

– Statue: Die Maße der Platte lassen eine überlebensgroße Statue vermuten.
Interpretation: Die *res publica* von Panhormus ehrte Julia Domna als Augusta
mit einer Statue. Ihr Name ist deutlich hervorgehoben. Über das Aussehen des
Monuments sind keine weiteren Angaben bekannt.
Lit.: CIL X 7272; ISic0013; Torremuzza 1762, 32 Nr. 17; Bivona 1970, 32 f. Nr. 13,
Taf. 9; Wilson 1988, Taf. 18, 2.

Pal10 (Abb. 254–255)
Fundort: Palermo, Contrada Luparello 1956
Aufbewahrungsort: Palermo Museo archeologico regionale Antonino Salinas
Inv. 3514
Maße: 0,78 × 0,57 × 0,46 m
Buchstabenh.: 0,06–0,095 m
Material: Kalkstein
Datierung: 198–199 n. Chr. bzw. 195 – 211 n. Chr. (Bivona)
Identifikation: sicher
Inschrift:
Iuliae Au[g](ustae) / matri castro[r](um) / imp(eratoris) L(uci) Septimi Severi
P[ii] / Pertinacis Aug(usti) Arabic[i] / [Adiabenici Parth]i[ci Maximi—-]
Beschreibung:
– Fundament: —
– Basisfuß: —
– Schaft: Nur der obere Teil der Basis ist erhalten. Der Schaft ist rechteckig, die
  Ränder sind bestoßen. Die Vorderseite trägt fünf Zeilen einer lateinischen
  Inschrift. Die Buchstaben sind schmal, hoch und sehr gleichmäßig verfasst.
  Von Zeile zu Zeile werden die Buchstaben kleiner; der Name der Geehrten
  in der ersten Zeile ist am größten geschrieben.
– Bekrönung/Oberseite: Die Bekrönung geht vom Schaft mit einem Profil in
  die leicht überkragende Bekrönung über. Die Oberseite war aufgrund der
  Lagerung der Basis für eine Neuaufstellung im Museum nicht zugänglich,
  allerdings findet sich seitlich an der Bekrönung ein Loch, welches wohl als
  Befestigung für eine Plinthe dienen könnte, da von ihm aus eine Vertiefung
  in der Oberfläche an der Bekrönung zur Oberseite entlang reicht.
– Statue: Die Maße der Oberseite lassen eine lebens- oder leicht überlebensgroße Statue der Julia Domna vermuten.
Interpretation: Das Monument ist als monolithe Basis mit einer Höhe von über
einem Meter Höhe zu ergänzen. Die Maße weisen auf die Errichtung einer
lebens- oder leicht überlebensgroße Statue hin. Die Spuren an der Seite weisen auf eine Marmorstatue hin, jedoch kann nur eine Autopsie der Oberseite

388   KATALOG

diese Frage sicher beantworten. Julia Domna wird in der Inschrift als Mutter des Kaisers und *mater castrorum* geehrt.

Lit.: AE 1968, 200; ISic0014; Bivona 1967; Bivona 1970, 33 Nr. 14, Taf. 10.

Pal11 (Abb. 256)
Fundort: Palermo
Aufbewahrungsort: Palermo Museo archeologico regionale Antonino Salinas Inv. 3512
Maße: 0,65 × 0,665 × 0,05 m
Buchstabenh.: 0,05–0,065 m
Material: Kalkstein
Datierung: 195–199 n. Chr. bzw. 195–211 n. Chr. (Bivona)
Identifikation: sicher
Inschrift:
[Imp(eratori) Caes(ari) L(ucio) Septimio Severo] / [divi M(arci) Aureli Commodi] / [Anto]ṇ,ị,ṇ,ị fratri divi M(arci) Aureli / Antonini Pii fil(io) divi Pii nepoti di- / vi Hadriani pronepoti divi Traia- / ni abnepoti divi Nervae adnepoti / res p(ublica) Panhormitanorum.
Beschreibung:
– Fundament: —
– Basisfuß: —
– Schaft: Erhalten sind drei Seiten einer rechteckigen Platte. Die obere Seite ist schräg gebrochen. Die erhaltenen Ränder der Platte weisen eine sorgfältig gearbeitete Rahmung auf, die allerdings an den äußeren Kanten teilweise bestoßen ist. Gerahmt wird eine lateinische Inschrift, von der fünf Zeilen erhalten sind. Die ersten zwei Zeilen sind dem Bruch der Platte zum Opfer gefallen. Die erhaltenen Zeilen sind regelmäßig angeordnet, die Buchstaben sind schmal und hoch. Die Wörter sind sehr eng geschrieben und ohne Trennpunkte o.ä. geschrieben. Die letzte Zeile ist kürzer als die anderen. Unter ihr ist das geglättete Inschriftenfeld nicht vollständig ausgefüllt.
– Bekrönung/Oberseite: —
– Statue: Die Breite der Platte lässt eine lebens- bis leicht lebensgroße Statue des Kaisers vermuten.
Interpretation: Die *res publica* von Panhormus ehrte Kaiser Septimius Severus mit einer Statue. Zwei Zeilen der Inschrift fehlen sowie die Rahmung, so dass die Höhe mindestens um 15 cm ergänzt werden muss. Die Breite der Platte lässt die Aufstellung einer lebensgroßen bis leicht überlebensgroßen Statue des Kaisers rekonstruieren.
Lit.: CIL X 7271; ISic0012; Torremuza 1762, 9 Nr. 17; Bivona 1970, 31 f. Nr. 12, Taf. 8.

KATALOG 389

Pal12 (Abb. 257)
Fundort: Panhormus
Aufbewahrungsort: Palermo Museo archeologico regionale Antonino Salinas
Inv. 3516
Maße: 0,825 × 0,73 × 0,04 m
Buchstabenh.: 0,03–0,045 m
Material: Kalkstein
Datierung: 198 n. Chr. (Bivona)
Identifikation: sicher
Inschrift:
Imp(eratori) Ca[es(ari) L(ucio)] Septimio Severo / Pio P[ertinaci A]ug(usto)
Arab(ico) Adiabe(nico) / [Pa]rth(ico) [max(imo) pont(ifici)] m]ax(imo)
tr(ibunicia) pot(estate) VI imp(eratori) / XI co(n)s(uli) II p(atri) p(atriae)
pro[co](n)s(uli) imp(eratoris) Caes(aris) divi / M(arci) Antonini Pii G[e]-
rm(anici) Sarmatic(i) f(ilio) / divi Commodi fratri divi Antoni- / ni Pii nepoti
divi Hadriani prone- / [p]oti divi Traiani Parthici ab[n](epoti) / [d]ivi Nervae
adnepoti indulgen- / [tis]simo et clementissimo principi / [dom]ino nostro res
p(ublica) Panhorm(itanorum) / [IIv]ir(orum) P(ubli) Satyri Donati et M(arci)
Maeci / [R]ufini d(ecreto) d(ecurionum).
Beschreibung:
– Fundament: —
– Basisfuß: —
– Schaft: Die rechteckige Platte weist auf der Vorderseite eine lateinische
  Inschrift auf. Die dreizehn Zeilen sind in kleinen Buchstaben sehr eng
  geschrieben. Die Inschrift nimmt den gesamten Raum der Vorderseite ein,
  die Buchstaben reichen bis an die Rahmung der Inschrift heran. Während
  die erste Zeile direkt unterhalb der Rahmung beginnt, sind die Buchstaben
  der letzten Zeile mittig (*d d*) ein wenig größer geschrieben und unterhalb
  der Zeile befindet sich sogar noch Platz. Allerdings beginnt die letzte Zeile
  mit dem Ende des Namens einer der beiden ausführenden Duumviri der
  Stiftung. Anscheinend passte nicht der gesamte Name in die bereits sehr
  eng geschriebene Zeile. Da sich unterhalb der letzten Zeile noch Platz befindet, ist unklar, wieso einige Zeilen nicht weniger eng geschrieben wurden
  und das d(ecreto) d(ecurionum) nicht in eine einzelne Zeile geschrieben
  wurde.
– Bekrönung/Oberseite: —
– Statue: Mithilfe der Maße der Platte kann eine lebens- bis leicht überlebensgroße Statue des Kaisers rekonstruiert werden.
Interpretation: Die *res publica* von Panhormus ehrte Kaiser Septimius Severus
auf öffentlichen Beschluss mit einer Statue. Ausgeführt wurde diese von den

Duumviri Publius Satyri Donatus und Marcus Maecus Rufinus, die auch eine weitere Statue in Palermo errichteten (Pal13). Die Breite der Platte lässt eine lebens- bis leicht überlebensgroße Statue des Kaisers vermuten.

Lit.: CIL X 7274; ISic0016; Torremuzza 1762, 8 Nr. 16; Bivona 1970, 34 f. Nr. 16, Taf. 12; Manganaro 1988, 43; Prag 2008, 74.

Pal13 (Abb. 258)

Fundort: Palermo

Aufbewahrungsort: Palermo Museo archeologico regionale Antonino Salinas Inv. 3517

Maße: 0,73 × 0,615 × 0,065–0,085 m

Buchstabenh.: 0,033–0,04 m

Material: Kalkstein

Datierung: 198–199 n. Chr. (Bivona)

Identifikation: sicher

Inschrift:

[[L(ucio) Septimio Getae nobiliss(imo) Caes(ari)]] / imp(eratoris) Caes(aris) L(uci) Septimi Sev[eri] / Pii Pertinacis Aug(usti) Arab(ici) [Adi]- / aben(ici) Parth(ici) max(imi), pontif(icis) m[ax(imi)] / trib(unicia) pot(estate) VII, imp(eratoris) XI co(n)s(ulis) II [p(atris) p(atriae)] /[[fil(io)]] et imp(eratoris) Caes(aris) M(arci) Aureli An- / tonini Aug(usti) trib(unicia) pot(estate) [[fratri]] / domino indulgentissimo res publ(ica) Panhormitan(orum) / IIvir(orum) P(ubli) Satyri Donati / et M(arci) Maeci Rufini d(ecreto) d(ecurionum).

Beschreibung:

– Fundament: —

– Basisfuß: —

– Schaft: Die Kalksteinplatte ist aus mehreren anpassenden Fragmenten zusammengesetzt. Während der untere Rand schräg gebrochen ist, sind die anderen Ränder nur bestoßen. Die Oberfläche ist aufgrund der vielen Risse der Platte schlecht erhalten. Fast die gesamte Vorderseite ist mit einer lateinischen Inschrift bedeckt. Diese ist von einer profilierten Rahmung umgeben. Die Inschrift besteht aus elf Zeilen, die alle sehr eng geschrieben wurden. Alle Zeilen beginnen direkt an der Rahmung, enden aber auf unterschiedlicher Höhe. Die Zeilen sind zwar regelmäßig angeodnet auf der Platte, aber in kleinen und eng geschriebenen Buchstaben geschrieben. Unterhalb der letzten Zeile befindet sich noch Platz bevor die untere, nicht mehr erhaltene, Rahmung beginnt. Die erste Zeile, die den Namen des Geehrten, erwähnt ist vollständig radiert worden.

– Bekrönung/Oberseite: —

– Statue: Die Maße der Platte lassen eine lebens- bis leicht überlebensgroße Statue vermuten.

KATALOG   391

Interpretation: Die *res publica* ehrte Geta auf öffentlichen Beschluss mit
einer Statue. Ausgeführt wurde die Ehrung durch die Duumviri Publius Satyrus
Donatus und Marcus Maecus Rufinus. Der Name von Geta wurde aufgrund der
über ihn verhängten *damnatio memoriae* entfernt. Die Maße der Platte sprechen für eine lebens- bis leicht überlebensgroße Statue auf der Basis.
Lit.: CIL X 7275; ISic0017; Bivona 1970, 35 f. Nr. 17, Taf. 13; Manganaro 1988, 43;
Prag 2008, 74.

Pal14 (Abb. 259)
Fundort: Palermo
Aufbewahrungsort: Palermo Museo archeologico regionale Antonino Salinas
Inv. 3315
Maße: 0,88 × 0,67 × 0,05 m
Buchstabenh.: 0,06–0,08 m
Material: Kalkstein
Datierung: 195–197 n. Chr. (Bivona)
Identifikation: sicher
Inschrift:
M(arco) Aurelio / Antonino Caes(ari) / Imp(eratoris) L(uci) Septimi Se- /
veri Pii Arabici Adi- / abenici p(atris) p(atriae) Aug(usti) filio / res p(ublica)
Panhor(mitanorum) d(ecreto) d(ecurionum).
Beschreibung:
– Fundament: —
– Basisfuß: —
– Schaft: Die rechteckige Platte besteht aus sieben anpassenden Fragmenten.
  Die gesamte Oberfläche ist verwittert und weist vor allem an den Rändern
  Bestoßungen auf. Die sechs Zeilen der lateinischen Inschrift sind lesbar.
  Zunächst ordentlich angeordnet, werden die Zeilen immer schräger und die
  Buchstaben immer kleiner und enger geschrieben.
– Bekrönung/Oberseite: —
– Statue: Vermutlich stand eine lebensgroße Statue auf der Basis.
Interpretation: Die Statuenbasis wurde von der *res publica* auf Beschluss des
Dekurionenrates für Caracalla errichtet. Die Breite der Platte lässt eine lebens-
große Statue des Geehrten vermuten.
Lit.: CIL X 7273; ISic0015; Torremuzza 1762, 10 Nr. 19; Bivona 1970, 33 f. Nr. 15,
Taf. 11.

Pal15 (Abb. 260)
Fundort: Palermo
Aufbewahrungsort: Palermo Museo archeologico regionale Antonino Salinas
Inv. 3518

Maße: 0,82 × 0,60 × 0,05 m
Buchstabenh.: 0,02–0,065 m
Material: Kalkstein
Datierung: 198 n. Chr. (Bivona)
Identifikation: sicher
Inschrift:
Imp(eratori) Caesari / M(arco) Aurelio Anto- / nino Aug(usto) trib(unicia) pot(estate) / [p]ro[c]o(n)s(uli) imperatoris / [Caesar]is L(uci) Septimi Severi Pii / Per[tina]cis Aug(usti) Arabici / [A]di[aben]ici Parthici maxi- / mi [fili]o, divi M(arci) Antonini / Pii [G]e[r]manici Sarmatici / n[ep]o[ti] divi Antonini Pii pro- / n[epoti] divi Hadriani abnepo- / [ti divi] Traiani Parthici et di- / [vi Ner]vae adnepoti indul- / [genti]ssimo et clementissi- / mo [pr]incipi domino n(ostro) / Maesia Fabia Titiana / c(larissima) f(emina) et / Maesius Fabius Titianus / c(larissimus) p(uer).
Beschreibung:
– Fundament: —
– Basisfuß: —
– Schaft: Die rechteckige Platte weist eine stark verwitterte Oberfläche und unterschiedliche Bestoßungen auf. Die 19 Zeilen der lateinischen Inschrift sind trotzdem relativ gut lesbar. Die Inschrift nimmt den gesamten Raum der Platte ein und ist sehr eng beschrieben. Nur die ersten und letzten Zeilen weisen größere und breitere Buchstaben auf, da hier die Namen des Geehrten und der Stifter genannt werden. Die restlichen Zeilen sind in engen und kleinen Buchstaben beschrieben, aber diese sind sehr regelmäßig angeordnet.
– Bekrönung/Oberseite: —
– Statue: Die Maße der Platten lassen eine lebens- bis leicht überlebensgroße Statue auf der Basis ergänzen.
Interpretation: Kaiser Caracalla wurde von Maesaia Fabia Titiana und ihrem Bruder Maesius Fabius Titianus geehrt. Beide stammen aus einer senatorischen Familie wie die Zusätze *clarissima femina* und *clarissimus puer* deutlich machen. Damit handelt es sich um eine private Statuenstiftung. Es ist keine Zustimmung oder Erlaubnis einer öffentlichen Institution in der Inschrift erwähnt. Die Breite der Platte spricht für eine lebensgroße bis leicht überlebensgroße Statue des Geehrten. Die saubere Anordnung der Inschrift zeigt mehr Können als zeitgleiche Ehrungen für Kaiser, die von öffentlichen Institutionen dediziert wurden. Ein weiteres Statuenmonument stifteten die Geschwister in Termini Imerese (Term22).
Lit.: CIL X 7276; ISic0018; Barbierei 1961, 41–45; Bivona 1970, 36 f. Nr. 18, Taf. 14.

KATALOG 393

Pal16 (Abb. 261)
Fundort: Palermo
Aufbewahrungsort: Palermo Museo archeologico regionale Antonino Salinas
Inv. 3528
Maße: 0,73 × 0,52 × 0,035 m
Buchstabenh.: 0,055–0,095 m
Material: Kalkstein
Datierung: um 203 n. Chr. (Bivona)
Identifikation: sicher
Inschrift:
Ti(berio)· Claudio · Herodi- / ano ·c(larissimo)·v(iro)·leg(ato)·prov(inciae)·Sicil(iae)· iudici · rarissi- / mo · patrono ·col(oniae) / Panhormit(anorum)· princi- / pales · viri · ex · aere col- / lato d(ono)· d(ederunt).
Beschreibung:
– Fundament: —
– Basisfuß: —
– Schaft: Die rechteckige Kalksteinplatte zeigt eine verwitterte Oberfläche, die Ränder sind bestoßen, ein Riss zieht sich von oben nach unten über die Platte. Die Ränder weisen Reste einer Rahmung auf, die weggearbeitet wurde. Der untere Rand der Platte fehlt vollständig. Auf der Vorderseite befindet sich eine siebenzeilige lateinische Inschrift. Die Buchstaben sind schmal, hoch und eng geschrieben und meist regelmäßig angeordnet. Die Zeilen enden auf unterschiedlicher Höhe; ein weiteres Zeichen für eine unregelmäßige Anordnung ist die letzte Zeile: Während mittig *d(ono)* *d(edit)* angeordnet ist, befindet sich am Anfang noch das Ende der vorherigen Zeile (*-lato*).
– Bekrönung/Oberseite: —
– Statue: Mithilfe der Maße der Platte lässt sich eine lebensgroße Statue ergänzen.
Interpretation: Die Platte war Teil einer Statuenbasis, der einerseits die Rahmung um die Inschrift als auch der Schaft entfernt wurde. Geehrt wurde der Senator und provinzielle Legat Tiberius Claudius Herodianus als Patron und Richter der *colonia*. Gestiftet wurde das Monument von *viri principales* und bezahlt aus öffentlich gesammelten Geldern. Wer die *viri principales* sind, ist nicht weiter erwähnt; diese tauchen auch sonst nicht in Inschriften Siziliens auf. Möglicherweise handelte es sich um die höchsten lokalen Amtsträger Palermos. Die Breite kann aufgrund der Entfernung der Rahmung ergänzt werden, jedoch weisen auch dann die Maße auf eine lebensgoße Statue des Geehrten hin.

Lit.: CIL X 7286; ISic0028; Bivona 1970, 45 f. Nr. 28, Taf. 22; Manganaro 1988, 43; Erkelenz 2003, 279 Nr. 800; Prag 2008, 77.

Pal17 (Abb. 262)
Fundort: Palermo
Aufbewahrungsort: Palermo Museo archeologico regionale Antonino Salinas Inv. 3519
Maße: 0,22 × 0,48 × 0,06–0,075 m
Buchstabenh.: 0,105 m
Material: weißer Kalkstein
Datierung: 218–222 n. Chr. (Bivona)
Identifikation: wahrscheinlich
Inschrift:
Imp(eratori) Caes(ari) M(arco) Aur(elio) / [...
Beschreibung:
– Fundament: —
– Basisfuß: —
– Schaft: Erhalten ist ein grob rechteckiger Block aus Kalkstein. Nur oben weist er einen geraden Abschluss auf, an den anderen Seiten ist der Stein gebrochen. Die Vorderseite zeigt eine Zeile einer lateinischen Inschrift in hohen schmalen, ordentlich geschriebenen Buchstaben.
– Bekrönung/Oberseite: Die Oberseite ist geglättet und weist zwei Löcher auf. Diese könnten allerding auch von einer modernen Befestigung stammen.
– Statue: —
Interpretation: Der Abschnitt der Inschrift lässt eine Ehrung für Elagabal vermuten. Die Deutung als Statuenbasis beruht auf einer Zeichnung von G. Torremuzza. Der heutige Zustand lässt keine weiteren Angaben zum Aussehen und den Ausmaßen des Monuments zu.
Lit.: CIL X 7277; ISic0019; Torremuzza 1762, 13 Nr. 24; Bivona 1970, 37 f. Nr. 19, Taf. 15.

Pal18 (Abb. 263)
Fundort: Palermo
Aufbewahrungsort: Palermo Museo archeologico regionale Antonino Salinas Inv. 3520
Maße: 0,35 × 0,52 × 0,05 m
Buchstabenh.: 0,06–0,07 m
Material: Kalkstein
Datierung: 3. Jh. n. Chr. (Bivona)
Identifikation: wahrscheinlich

KATALOG   395

Inschrift:

Imp(eratori) Caes(ari) / divi Severi Pii / [[nep(oti)]] divi magni / [---]

Beschreibung:

– Fundament: —
– Basisfuß: —
– Schaft: Von der rechteckigen Kalksteinplatte ist nur der obere Teil erhalten.
  Der untere Rand ist abgebrochen. Die gesamte Platte ist bestoßen. Die drei
  originalen Ränder weisen eine Rahmung auf, darüber hinaus findet sich
  eine halbkreisförmige Rahmung innerhalb des äußeren Rahmens. Darunter
  stehen drei Zeilen einer lateinischen Inschrift. Die Buchstaben sind schmal,
  hoch und eng geschrieben.
– Bekrönung/Oberseite: —
– Statue: —

Interpretation: Die Form der Rahmungen ist sehr ungewöhnlich und findet
keinen Vergleich. Eine Zeichnung G. Torremuzzas lässt trotzdem die Deutung
als Statuenbasis zu. Geehrt ist entweder Elagabal oder Severus Alexander. Die
Identifikation lässt sich anhand der fragmentierten Inschrift nicht genauer
bestimmen.

Lit.: CIL X 7278; ISic0020; Torremuzza 1762, 10 Nr. 20; Bivona 1970, 38 Nr. 20
Taf. 15.

Pal19 (Abb. 264)

Fundort: Palermo

Aufbewahrungsort: Palermo Museo archeologico regionale Antonino Salinas
Inv. 3521

Maße: 0,80 × 0,41 × 0,045 m

Buchstabenh.: 0,045–0,065 m

Material: Kalkstein

Datierung: 10.12.222–9.12.223 n. Chr. (Bivona)

Identifikation: sicher

Inschrift:

Imp(eratori) Caes(ari) divi / Magni Antoni / ni f(ilio) divi Septimi / Severi
n(epoti) M(arco) Aure- / lio Severo A- / lexandro Pio Fel(ici) / Aug(usto)
pont(ifici) max(imo) tri(bunicia) / pot(estate) ⟦+2+⟧ co(n)s(uli) p(atri) p(atriae)
co[l](onia) / Aug(usta) Panh[or]ṃ(itanorum) / d(ecreto) d(ecurionum).

Beschreibung:

– Fundament: —
– Basisfuß: —
– Schaft: Die langrechteckige Platte aus Kalkstein hat eine verwitterte
  Oberfläche, die Ränder sind bestoßen. Es finden sich Spuren von einer

396 KATALOG

abgearbeiteten Rahmung des Randes. Den gesamten Platz an der Vorderseite nimmt eine zehnzeilige lateinische Inschrift ein. Diese weist einerseits an mehreren Stellen Radierungen auf, andererseits ist die Inschrift aufgrund der Oberflächenerhaltung schlecht zu erkennen. Die Buchstaben sind teilweise unregelmäßig geschrieben, aber die Zeilen zeigen eine regelmäßige Anordnung auf dem Stein auf.

– Bekrönung/Oberseite: —
– Statue: Die Maße der Platte lassen eine lebensgroße Statue vermuten.

Interpretation: Die Inschrift überliefert eine Ehrung für Severus Alexander, die von der *colonia Panhormitanorum* auf öffentlichen Beschluss hin gestiftet wurde. Nachträglich wurden einige Stellen der Inschrift entfernt. Die Breite kann wohl aufgrund der Entfernung der Rahmung erweitert werden, was dann auf die Aufstellung einer lebensgroßen Statue hinweist.

Lit.: CIL X 7279; ISic0021; Torremuzza 1762, 13 Nr. 23; Bivona 1970, 38 f. Nr. 21, Taf. 16; Wilson 1990, 358 Anm 40.

Pal20 (Abb. 265)
Fundort: Palermo, Terrassini
Aufbewahrungsort: Palermo ?
Maße: 0,41 × 0,40 × 0,13 m
Buchstabenh.: 0,08–0,10 m
Material: Kalkstein
Datierung: 222–235 n. Chr. (Bivona) oder 235–238 n. Chr. (Manganaro)
Identifikation: wahrscheinlich
Inschrift:
Imp(eratori) C[aes(ari) M(arco) Aurelio Se-] / vero [Alexandro] / Pio F[el(ici)] / Augusto
Beschreibung:
– Fundament: —
– Basisfuß: —
– Schaft: Die Inschrift war nicht für eine Autopsie zugänglich, so dass allein eine Abbildung in der Publikation von L. Bivona für die Beschreibung genutzt werden kann. Erkennbar ist ein Teil einer lateinischen Inschrift auf einem Stein. Das Inschriftenfeld ist abgesetzt von dem umgebenden Block.
– Bekrönung/Oberseite: —
– Statue: —

Interpretation: Aufgrund der geringen Erhaltung der Inschrift ist der Empfänger des Monuments nicht eindeutig zu bestimmen. L. Bivona plädierte für eine Ehrung des Severus Alexander (Bivona 1974), während G. Manganaro

KATALOG   397

eine Ehreninschrift für Maximinus sehen wollte und dementsprechend eine
Datierung 235–238 n. Chr. (Manganaro 1989).
Lit.: AE 1989, 345d; ISico765; Bivona 1974, 210 f., Taf. 31; Manganaro 1989, 188
Nr. 78.

Pal21 (Abb. 266)
Fundort: Palermo
Aufbewahrungsort: Palermo Museo archeologico regionale Antonino Salinas
Inv. 3523
Maße: 0,89 × 0,685 × 0,04 m
Buchstabenh.: 0,08–0,011 m
Material: Kalkstein
Datierung: nach 270 n. Chr. (Bivona)
Identifikation: sicher
Inschrift:
Divo Claudio / res p(ublica) panhormit(anorum).
Beschreibung:
– Fundament: —
– Basisfuß: —
– Schaft: Der rechteckige Stein ist bestoßen und an einigen Stellen gebro-
  chen. Im oberen Teil befinden sich zwei Zeilen einer lateinischen Inschrift.
  Die Buchstaben sind sehr unregelmäßig geschrieben. Die zweite Zeile ist
  sehr eng geschrieben, doch am Ende der Zeile rutscht die Inschrift nach
  unten. Die Unregelmäßigkeit weist darauf hin, dass der Steinmetz keine
  Anordnung der Inschrift vornahm.
– Bekrönung/Oberseite: —
– Statue: —
Interpretation: Die Basis wurde für Claudius Gothicus als Divus errichtet.
Ungewöhnlich ist, dass soviel Platz auf der Basis freigelassen wurde und die
angebrachte Inschrift nicht in größeren Buchstaben oder mehr Zeilen verteilt
wurde.
Lit.: CIL X 7281; ISico023; Torremuzza 1762, 5 Nr. 10; Bivona 1970, 40 f. Nr. 23,
Taf. 18; Manganaro 1988, 81.

Pal22 (Abb. 267)
Fundort: ?
Aufbewahrungsort: Palermo Museo archeologico regionale Antonino Salinas
Inv. 739
Maße: 0,16 m

Material: Marmor
Datierung: um 240 n. Chr. (Fittschen – Zanker)
Identifikation: sicher
Beschreibung:
– Fundament: —
– Basisfuß: —
– Schaft: —
– Bekrönung/Oberseite: —
– Statue: Der marmorne Kopf wurde auf eine moderne Büste gesetzt. Die Nase und die Ohrmuscheln sind teilweise ergänzt, die Lippen sind bestoßen. Es ist ein sehr junger Mann dargestellt, der einen Wangen- und Oberlippenbart trägt. Die Augenbrauen sind fast zusammengewachsen. Die Pupillen sind gebohrt. Die Frisur weist sehr kurze Haare auf, die in Strähnen gelegt wurden.
Interpretation: Es handelt sich um einen Porträtkopf des jungen Gordian III. im Typ 2.
Lit.: Bonacasa 1964, 110 f. Nr. 143, Taf. 65, 3–4; Wegner 1979, 25; Fittschen – Zanker 1985, 129 f. Nr. 109 Anm. 6 a.

Pal23 (Abb. 268)
Fundort: angekauft?
Aufbewahrungsort: Palermo Museo archeologico regionale Antonino Salinas Inv. 1518
Maße: 0,30 m
Material: Marmor
Datierung: 260–270 n. Chr. (Fittschen u.a.)
Identifikation: sicher
Beschreibung:
– Fundament: —
– Basisfuß: —
– Schaft: —
– Bekrönung/Oberseite: —
– Statue: Der männliche Porträtkopf zeigt einen jungen bärtigen Mann. Die Nase, die Augenbrauen, Kinn, Wangen sowie der Hals weisen Bestoßungen auf. Der Dargestellte trägt einen Backenbart, der aus kurzen Löckchen besteht. Er geht über in das Haupthaar, welches von der Kalotte aus verteilt wurde. Über den Ohren und im Nacken wellen sich die Haare deutlich. In der Stirn sind die Haare auf Höhe zwischen dem linken Auge und der Schläfe gescheitelt und der größte Teil der Haare nach rechts über die Stirn

KATALOG   399

geführt. Die Augen sind gebohrt und die Wangenknochen treten vor dem Hintergrund des sonst weich gebildeten Gesichts hervor.

Interpretation: Fittschen und Zanker zufolge liegt das spätgallienisches Privatporträt eines jungen Mannes vor. Der Kopf bestätigt, dass in der Zeit der Soldatenkaiser nicht nur Statuen von Kaisern errichtet wurden, sondern auch weiterhin von Privatleuten. Ob es sich beim Darsgestellten um einen Amsträger handelt ist unbekannt, ebenso wie der Aufstellungsort und das Aussehen der dazugehörigen Statue.

Lit.: Bonacasa 1964, 113 f. Nr. 147, Taf. 67, 3–4; Fittschen – Zanker – Cain 2010, 170 Nr. 167 Anm. 1 b.

Pal24

Fundort: Palermo
Aufbewahrungsort: Palermo Museo archeologico regionale Antonino Salinas Inv. 3531
Maße: 0,69 × 0,92 × 0,07 m
Buchstabenh.: 0,025–0,05 m
Material: Marmor
Datierung: 2. Jh. n. Chr. (Bivona, Wilson)
Identifikation: sicher
Inschrift:

---][curatori kalendarii][---]iani · quod · mera · fide · admi [nistravit · eodemque · tempore]·cur(ator)· portensis ·kal(endarii)· quod · singulari [diligentia tractavit][---][l]audabili · munerario · qui · indulgentia [sacra cum munus] [---][ex]hibuit ·illud· meruit · optando · quod · voluit [et universis civibus][---] [e]ditionem · gratissimam · reddidit · quod · die[bus][---][populum per multa]s · horas · theatri · voluptas · tenuit · et · hilaris [totus in harenam][---][inde a m] eridie · transiit · in · qua · miratus · honestissimum [apparatum instructum][---] [omni] genere · herbariarum · et · numerosas · orientales [bestias versatusque] [---][inde a] meridie · in · utriusque · caveis ·varisvariis· missionibus [delectatus est, idemque ex indulg]entia · sacra · specialiter · meruit · at · cultum [epulum instructumque][---][a]mplissimo · apparatu · cives · suos · universos [ut vocaret cui cum populus propter] voluptates · honeste · exhibitas · ad · augendam [optimi viri honorificentiam frequ]entissimis · vocibus · bigas · centuriatim [postulasset motus] [---] [verec]undia · quod · esset · duabus · bigiis · et ·equestri(bus) [statuis tribus contentus][---]

Die Inschrift gehört nicht zu einer Statuenbasis, aber in der Ehrung werden Statuenaufstellungen zu Ehren eines in der Inschrift Geehrten erwähnt: Zu Ehren eines *curator portensis kalendarii* und *munerarius* wurden Bigen und

400 KATALOG

Reiterstandbilder errichtet als Dank für die Organisation von Spiele, mit denen das Volk so gut unterhalten wurde, dass ihnen die Statuen aufgestellt werden sollten.

Lit.: CIL X 7295; ISic0031; Bivona 1970, 47–50 Nr. 31, Taf. 23; Bivona 1987, 264; Manganaro 1988, 59; Wilson 1988, 157 f., Taf. 18, 1; Prag 2008, 75; zu den *curatores kalendarii* Eck 1979, 228–230.

Pal25 (Abb. 269)
Fundort: Palermo, Via Celso
Aufbewahrungsort: Palermo Museo archeologico regionale Antonino Salinas Inv. 3524
Maße: 0,55 × 0,56 × 0,04 m
Buchstabenh.: 0,04–0,07 m
Datierung: 285 n. Chr. (Bivona)
Identifikation: sicher
Inschrift:
[I]mp(eratori) Caes(ari) G(aio) Valerio / [D]iocletiano, pio, fel(ici) / [in]v(icto) Aug(usto), pontif(ici) max(imo) / [tr]ib(unicia) pot(estate), co(n)s(uli) II p(atri) p(atriae) proco(n)s(uli) / res p(ublica) Panhorm(itanorum) d(evota) n(umini) m(aiestati)q(ue) / eius d(ecreto) d(ecurionum).
Beschreibung:
– Fundament: —
– Basisfuß: —
– Schaft: Die fast quadratische Platte aus Kalkstein zeigt in sechs Zeilen eine lateinische Inschrift; die hohen und schmalen Buchstaben sind gleichmäßig in eng geschriebenen Zeilen angeordnet. Der linke Teil der Inschrift ist sehr schlecht lesbar, da die Oberfläche hier schlecht erhalten ist. Insgesamt weist die Oberfläche Bestoßungen, Risse und Abarbeitungen auf. Die Ränder der Platte zeigen an drei Seiten eine abgearbeitete Rahmung der Inschrift.
– Bekrönung/Oberseite: —
– Statue: —
Interpretation: Die Inschrift zeigt sowohl Elemente kaiserzeitlicher als auch spätantiker Ehreninschriften. Sie beginnt mit Imperator, dem Namen des Kaisers sowie einer Auflistung der Ämter. Dies entspricht einer kaiserzeitlichen Ehreninschrift. Allerdings weisen die lobenden Erwähnungen charakterlicher Eigenschaften (*pius, felix, invictus*), ebenso wie die Formel *devota numini maiestatique eius* dagegen auf eine spätere Inschriftenkultur hin. Das Monument kann daher als Übergang von kaiserzeitlichen zu spätantiken Ehreninschriften gesehen werden. Gestiftet wurde es von der *res publica* Palermos und vom Dekurionenrat genehmigt (*decreto decurionum*). Über das weitere Aussehen des Monuments oder des Standbilds Diokletians können

KATALOG   401

keine Angaben gemacht werden, da die Inschrift wie bei allen Inschriften im
palermitanischen Museum von der Basis abgetrennt wurde.
Lit.: CIL X 7282; ISic0024; LSA 2067; Bivona 1970, 41 Nr. 24, Taf. 18; Manganaro
1988, 85; Soraci 2015, 71.

Pal26 (Abb. 270)
Fundort: Palermo, genauerer Fundort unbekannt
Aufbewahrungsort: Palermo Museo archeologico regionale Antonino Salinas
Inv. 8704
Maße: 0,74 × 0,59 × 0,05 m
Buchstabenh.: 0,04–0,045 m
Material: Kalkstein
Datierung: 313–315 n. Chr. (Manni Piraino)
Identifikation: sicher
Inschrift:
[Τ]ῆς πρὸς πάντας ἀνθρώπ[ους] / [ε]ὐνοίας πειραθέντες / [κα]ὶ τῆς ἀνυπερβ[λή]
του χρη[στό-] / [τητος] μετασχόντες / [Δ]ομιτίου Λατρωνιανοῦ / τοῦ λαμπρ(οτάτου)
ἐπανο[ρθωτοῦ] (corrector) / [ἡ] βουλὴ καὶ ὁ δῆμος / εὐνοίας [---] / [--- χ]άρι[ν].
Beschreibung:
– Fundament: —
– Basisfuß: —
– Schaft: Die Oberfläche des rechteckigen Steins, der die neunzeilige griechi-
  sche Inschrift trägt, ist verwaschen und bestoßen. Aus diesem Grund ist
  besonders der mittlere Teil der Inschrift gut lesbar, während Beginn und
  Ende der Zeilen zumeist weniger gut, wenn überhaupt, erhalten sind. Es
  hat sich nur die dünne Platte erhalten, da im 18. Jh. die Inschrift von der
  Basis abgetrennt wurde, um diese an der Wand befestigen zu können. („(…)
  onde perché conservate si fossero le iscrizioni, al duro partito e con molta
  sua pena appigliossi il senato di orinare, che in tavole si fossero ridotte (le
  basi), e così incastrar di dovessero nell'una e nell'altra parte delle muraglie
  del sopradetto Cortile (…)" Torremuzza in: Manni Piraino 1973, 191). Weitere
  Angaben zum Aussehen der Basis können nicht gemacht werden. Keine der
  vier Seiten der Platte kann eindeutig als Originalabschluss gedeutet werden, vielmehr scheint es, dass ausschließlich die Inschrift und weder die
  ursprüngliche Breite noch Höhe erhalten wurde.
– Bekrönung/Oberseite: —
– Statue: Den Maßen zufolge kann vermutlich eine leicht überlebensgroße
  Statue ergänzt werden.
Interpretation: Die öffentliche Ehrung des Domitius Latronianus folgt dem
bekannten Muster einer spätantiken Ehreninschrift: Bevor der Name des
Geehrten genannt wird, werden ausführlich die Eigenschaften des Geehrten

402   KATALOG

lobend aufgezählt. Nach seinem Namen folgt dann sein Rang und Amt, bevor die Boule und Demos von Palermo als Stifter und der Grund für die Ehrung, nämlich εὐνοίας genannt werden. Die Nennung von Boule und Demos als Stifter überrascht in Sizilien, vergleicht man die Stifter von Ehrenmonumenten in Sizilien vor der Spätantike. Im Hellenismus liegt keine einzige Ehrung von Boule und Demos in Sizilien vor; es wurde stets ausschließlich der Demos als Stifter genannt. In der Spätantike gibt es noch ein weiteres Statuenmonumente, welches gemeinsam von Demos und Boule gestiftet wurden (Mars21). Der Geehrte Domitius Latronianus ist sowohl als Geehrter als auch als Stifter anderer Statuenmonumente bekannt (Barbieri 1963, 226–230): In Palermo für Licinius (Pal28), in Marsala für Konstantin (Mars17) und außerhalb Siziliens als Stifter einer Statue für Konstantin I. in Karthago (LSA-1842). Den Inschriften zufolge war er zunächst Statthalter Siziliens, danach erhielt er das Amt für die Provinz Africa Proconsularis.

Lit.: IG XIV 296; ISico811; LSA-1514; Manni Piraino 1973, 190–192 Nr. 149, Taf. 86; Barbieri 1963, 227; Soraci 2015, 79 Anm. 39.

Pal27 (Abb. 271)
Fundort: Palermo
Aufbewahrungsort: Palermo Museo archeologico regionale Antonino Salinas Inv. 3525
Maße: 0,80 × 0,61 × 0,85 m
Buchstabenh.: 0,07–0,095 m
Datierung: 305–307 n. Chr. (Bivona)
Identifikation: sicher
Inschrift:
D(omino) n(ostro) Galerio Val(erio) / Maximino nobi/lissimo Caes(ari) / res p(ublica) Panhorm(itanorum) / d(evota) n(umini) m(aiestati)q(ue) eius.
Beschreibung:
– Fundament: —
– Basisfuß: —
– Schaft: Die rechteckige Platte aus Kalkstein weist eine geglättete Oberfläche auf; die Ränder zeigen eine herausragende, aber beschnittene Rahmung auf. Auf der geglätteten Oberfläche befindet sich eine fünfzeilige lateinische Inschrift. Die Buchstaben sind schmal, hoch und eng geschrieben, während die Zeilen unregelmäßig und unsauber angeordnet sind: Gegen Ende der Zeilen wird die Inschrift enger geschrieben und die Zeilen verlaufen nach unten. Außerdem ist vor Beginn der Zeilen jeweils viel Platz gelassen, obwohl am Ende der Zeilen enger geschrieben werden muss und die Inschrift bis an die Rahmung stößt. Die Buchstaben sind mit roter Farbe nachgezeichnet worden.

KATALOG 403

– Bekrönung/Oberseite: —
– Statue: Breite und Höhe der Basis lassen eine lebensgroße Statue des Geehrten vermuten.

Interpretation: Sowohl die Ehreninschrift für Maximinus Daia als auch die Maße der Platte weisen darauf hin, dass es sich um die Inschriftenplatte eines Statuenmonuments handelt. Darauf weist auch die Zeichnung von Torremuzza hin, die eine Statuenbasis zeigt. Die Inschrift weist mit *domino nostro*, der Schlussformel und dem Verzicht auf die Angabe von Ämtern deutlich das Formular spätantiker Ehrungen auf. Lobpreisungen fehlen allerdings ähnlich wie bei weiteren Ehrungen derselben Zeit Anfang des 4. Jhs. n. Chr. Das Statuenmonument wurde von der *res publica* gestiftet, ebenso wie ein Statuenmonument für Diokletian (Pal25). Die unsaubere und wenig durchdachte Anbringung der Inschrift verwundert bei einer öffentlichen kaiserlichen Ehrung. Durch die massive Beschneidung der Basis und der Rahmung sind keine weiteren Angaben zum Monument möglich.

Lit.: CIL X 7283; ISic0025; LSA- 2068; Torremuzza 1762, 14 Nr. 26; Bivona 1970, 41 f. Nr. 25, Taf. 19; Soraci 2015, 79.

Pal28 (Abb. 272)
Fundort: Palermo
Aufbewahrungsort: Palermo Museo archeologico regionale Antonino Salinas Inv. 3526
Maße: 0,80 × 0,53 × 0,08 m
Buchstabenh.: 0,035–0,06 m
Material: Kalkstein
Datierung: 312–324 n. Chr. (Bivona)
Identifikation: sicher
Inschrift:
[Res]t[i]tutori liber/tatis [et] fundatori / publi[cae se]curitati[s], / d(omino) n(ostro) L[icin]iano Licin[io] / pio, felici, invicto Au[g(usto)] / Domitius Latronianus v(ir) [c(larissimus)] / corr(ector) p(rovinciae) [S(iciliae) d]evotus n(umini) m(aiestati)qu[e] / eius.
Beschreibung:
– Fundament: —
– Basisfuß: —
– Schaft: Neun aneinanderpassende Fragmente bilden die Inschriftenplatte einer Statuenbasis, die von der Basis getrennt wurde. Die rechteckige Platte ist durch das nichtfachgemäße Zusammenkleben der Fragmente in schlechtem Zustand, die darauf befindliche Inschrift ist schlecht lesbar, da die Zwischenräume zwischen den Fragmenten zu weit auseinander liegen. Die Buchstaben sind farbig in Rot gefasst. Die lateinische Inschrift umfasst

acht Zeilen und füllt, abgesehen von einem schmalen abgesetzten Rand, die gesamte Platte aus.

- Bekrönung/Oberseite: —
- Statue: Vermutlich kann eine lebensgroße oder leicht überlebensgroße Statue ergänzt werden.

Interpretation: Das Statuenmonument ehrt Licinius, der in der Ehreninschrift als *restitutor libertatis* und *fundator publicae securitatis* gepriesen wird. Ebenso wird er als *pius, felix* und *invictus Augustus* bezeichnet. Gestiftet wurde das Monument von Domitius Latronianus, einem Statthalter, der sowohl als Stifter als auch Empfänger von Standbildern bekannt ist (Barbieri 1963; Mars17). Sein Rang als *vir clarissimus* wird genannt und die Inschrift endet mit der üblichen Schlussformel von Ehreninschriften nach dem 3. Jh. n. Chr. Weitere Angaben zum Aussehen des Monuments oder der Statue können nicht gemacht werden, da die Inschrift von der restlichen Basis abgetrennt wurde.

Lit.: CIL X 7284; Sic0026; LSA- 2069; Bivona 1970, 42–44 Nr. 26, Taf. 20; Barbieri 1963, 227 f.; Soraci 2015, 86.

Pantelleria
Pante1 (Abb. 273–274)
Fundort: Pantelleria, Forum, östliche Basis
Aufbewahrungsort: in situ
Maße: 0,16 × 0,99 × 2,50 m
Material: importierter Kalkstein
Datierung: 1. Jh. v. Chr. (Stratigraphie)
Identifikation: sicher
Beschreibung:

- Fundament: —
- Basisfuß: Direkt auf dem Gußmörtelboden der Platzanlage liegt eine langrechteckige Struktur aus Kalkstein. Sie besteht aus mehreren Blöcken, die Zwischenräume dazwischen wurden mit Erde und Kieselsteinchen verfüllt. Der 8–10 cm Rand der Struktur ist abgeschrägt und ersetzt damit eine Profilierung. An einigen Stellen finden sich Putzspuren, die womöglich die Verkleidung des Steins darstellte.
- Schaft: —
- Bekrönung/Oberseite: —
- Statue: —

Interpretation: Es handelt sich um den Basisfuß eines Reiterstandbildes. Auf der erhaltenen Struktur befand sich der Schaft des Statuenmonuments mit den Maßen 2,46 × 0,80 m. Das Monument wurde am Rand der Platzanlage errichtet und an den Beginn der Säulenhalle angeschoben. Dass Platzanlage

KATALOG 405

und Portikus bereits errichtet waren, bevor das Monument aufgestellt wurde, zeigen die Lage auf dem Paviment und die Verkleidung der Portikus zwischen Fundament und Portikusmauer. Wann genau nach der Fertigstellung der Gebäude das Statuenmonument errichtet wurde, ist unklar. 1,76 m weiter westlich befindet sich parallel eine weitere Struktur (Pante2). Die Platzanlage wird in das 1. Jh. v. Chr. datiert (zu den chronologischen Phasen Schäfer u.a. 2015b, 147 Tab. 1)
Lit.: Schäfer 2009, 315 Abb. 6.

Pante2 (Abb. 273–274)
Fundort: Pantelleria, Forum, westlich
Aufbewahrungsort: in situ
Maße: 0,16 × 0,90 × 0,96/1,35 m
Material: importierter Kalkstein
Datierung: 1. Jh. v. Chr. (Stratigraphie)
Identifikation: sicher
Beschreibung:
– Fundament: —
– Basisfuß: Auf dem Gußmörtelboden der Platzanlage liegt ein langrechteckiger Basisfuß aus Kalkstein. Es stellt eine flache Struktur aus vier Blöcken dar, die am acht Zentimeter Rand angeschrägt sind. Die Zwischenräume zwischen den unregelmäßigen Blöcken sind mit Erde und Kieselsteinchen verfüllt. Die Struktur ist nicht vollständig erhalten; während der westlichere Teil 1,35 m erhalten ist, sind vom östlichen Teil nur 0,97 m erhalten. Ergänzt werden kann mindestens ein fehlender Block, ob aber die Struktur ebenso lang wie die danebenliegende Statuenbasis ist, kann nicht mehr festgestellt werden, da das Paviment hier durch Pflanzenwurzeln zerstört ist. An einigen Stellen finden sich noch Putzspuren an den Rändern der Blöcke.
– Schaft: —
– Bekrönung/Oberseite: —
– Statue: —
Interpretation: Es handelt sich um das Fundament eines Reiterstandbildes, auf dem ein Schaft mit den Maßen 0,79 × mind. 1,35 m aufgestellt war. Das Monument wurde am Rand der Platzanlage errichtet und an den Beginn der Säulenhalle angeschoben. Östlich dieses Statuenmonuments wurde ein weiteres Statuenmonument errichtet (Pante1). Dass Platzanlage und Portikus bereits errichtet waren, bevor das Monument aufgestellt wurde, zeigen die Lage auf dem Paviment und die Verkleidung der Portikus zwischen Fundament und Portikusmauer. Wann genau nach der Fertigstellung der Gebäude das Statuenmonument errichtet wurde, ist unklar.
Lit.: Schäfer 2009, 315 Abb. 6.

Pante3 (Abb. 273, Abb. 275–276)
Fundort: Pantelleria, Tempelpodium
Aufbewahrungsort: in situ
Maße: (2,70 m über der Platzanlage) × 1,00 × 1,15 m
Material: verputzter lokaler Stein
Datierung: Mitte des 1. Jhs. n. Chr. (Datierung der Verfüllung unter dem Tempelpodium)
Identifikation: unsicher
Beschreibung:
– Fundament:
– Basisfuß:
– Schaft: Der Schaft weist eine rechteckige Grundfläche auf und ist in die Stufen integriert, die von der Platzanlage auf das Tempelpodium führten. Dadurch befindet sich die Oberseite der Basis und damit die Standfläche der Statue auf Höhe des Paviments vom Podium.
– Bekrönung/Oberseite:
– Statue: Die Maße der Basis lassen eine mindestens leicht überlebensgroße Statue vermuten.
Interpretation: Es handelt sich um eine Statuenbasis, die in die Treppe von der Platzanlage auf das Tempelpodium integriert ist. Welche Art von Statue aufgestellt wurde, ist unbekannt. Aufgrund der Lage ist eine Gottheit, Kaiser oder, eher unwahrscheinlich, ein Mitglied der lokalen Oberschicht denkbar. Die Treppenanlage kann in die Mitte des 1. Jhs. n. Chr. gesetzt werden, da das Tempelpodium gemeinsam mit der Treppenanlage verputzt wurde. Das Tempelpodium wiederum kann mithilfe der Verfüllung unterhalb des Podiums sowie eines Mosaiks in die Mitte des 1. Jhs. n. Chr. datiert werden.
Lit.: —

Pante4 (Abb. 273)
Fundort: Pantelleria, Tempelpodium
Aufbewahrungsort: ergänzt
Maße: 1,00 × 1,15 m
Material: verputzter Stein
Datierung: Mitte des 1. Jhs. n. Chr. (Datierung der Verfüllung unter dem Tempelpodium)
Identifikation: unsicher
Beschreibung:
– Fundament: —
– Basisfuß: —

KATALOG 407

- Schaft: Da nur die südliche Hälfte der Stufenanlage erhalten ist, Pante3 aber seitlich angeordnet ist, ist zu vermuten, dass sich symmetrisch auf der anderen Seite der Stufenanlage eine weitere Basis befand. Dies würde zum Tempel passen, der zwei Eingänge aufweist. Die Basen ständen jeweils ungefähr auf der Höhe der Türschwelle. Die Struktur kann Pante3 entsprechend ergänzt werden.
- Bekrönung/Oberseite:
- Statue: —

Interpretation: Parallel zu der südlich in die Treppe von der Platzanlage zum Tempelpodium integrierte Basis kann eine weitere Statuenbasis nördlich ergänzt werden. Die Teppenanlage ist an dieser Stelle nicht mehr erhalten. Aufgrund des Verhätnisses von den Stufen zum Tempel, kann nördlich des Tempel im selben Abstand wie zwischen Tempel und südlicher Basis, eine Basis derselben Maße rekonstruiert werden.
Lit.: —

Pante5 (Abb. 277)
Fundort: Pantelleria, Akropolis, Zisterne 10
Aufbewahrungsort: Pantelleria Kastell Inv. 4643
Maße: 0,28 m (Gesicht), 0,42 m (insgesamt)
Material: Carraramarmor
Datierung: spättiberisch-claudisch (Schäfer)
Identifikation: sicher
Beschreibung:
- Fundament: —
- Basisfuß: —
- Schaft: —
- Bekrönung/Oberseite: —
- Statue: Erhalten ist ein qualitativ hochwertiger Einsatzkopf, der Caesar in einer kaiserzeitlichen Version des Typus Tusculum dargestellt. Der Kopf weist Farbreste in den Haaren und den Augen auf.

Interpretation: Der Porträtkopf wurde von T. Schäfer überzeugend als Darstellung des Caesar gedeutet. Der Kopf kann mit einer überlebensgroßen Statue ergänzt werden, die möglicherweise in einer Kaisergalerie aufgestellt war, in der Caesar gewissermaßen als Ahnherr von Augustus fungierte. Von T. Schäfer wird die Kaisergallerie in einer Portikus am Rand der Akropolis vermutet.
Lit.: Schäfer 2015, 717–721 Kat. 1, Abb. 1 a–f.

Pante6 (Abb. 278)
Fundort: Pantelleria, Akropolis, Zisterne 10
Aufbewahrungsort: Pantelleria Kastell Inv. 4644
Maße: 0,275 m Kopf, 0,425 m insgesamt
Material: Paros- und Carraramarmor
Datierung: claudisch (Schäfer)
Identifikation: sicher
Beschreibung:
– Fundament: —
– Basisfuß: —
– Schaft: —
– Bekrönung/Oberseite: —
– Statue: Erhalten ist ein marmorner Einsatzkopf. Am Hinterkopf war ein Teil aus anderem Marmor angestückt. Die Haare sind mittig über der Stirn gescheitelt und sind in Wellen in den Nacken genommen. Dort fallen einige Strähnen in gedrehten Locken auf die Schultern. Die Dargestellte trägt ein Diadem und die *infula*. In den Haaren finden sich noch Farbreste der Bemalung.
Interpretation: Es handelt sich um einen postumen Porträtkopf der Antonia minor, der aus zwei unterschiedlichen Marmorsorten zusammengesetzt wurde (Pante12). Der Kopf lässt sich zu einer überlebensgroßen Statue ergänzen.
Lit.: Schäfer 2015, 721–727 Kat. 3 Abb. 2 a–e.

Pante7 (Abb. 279)
Fundort: Pantelleria, Akropolis, Zisterne 12
Aufbewahrungsort: Pantelleria Kastell Inv. 5857
Maße: 0,30 m Gesicht, 0,45 m insgesamt
Material: Parischer Marmor
Datierung: um 79 n. Chr. (Schäfer)
Identifikation: sicher
Beschreibung:
– Fundament: —
– Basisfuß: —
– Schaft: —
– Bekrönung/Oberseite: —
– Statue: Erhalten ist der Porträtkopf eines Mannes. Dieser ist mit einem vollen, kantigen Gesicht dargestellt. Das Gesicht ist zur Seite gewendet. Die Stirn weist einige Falten auf. Die Frisur zeigt kurze Sichellocken, die über der Stirn in unterschiedlichen Motiven angeordnet sind.

KATALOG 409

Interpretation: Es handelt sich der Frisur und dem Gesicht zufolge um eine Darstellung des Titus. Der Kopf gehörte zu einer überlebensgroßen Statue, die möglicherweise in einer Kaisergalerie aufgestellt war.
Lit.: Schäfer 2015, 727–730 Kat. 4 Abb. 4 a–f.

Pante8 (Abb. 280)
Fundort: Pantelleria, Akropolis
Aufbewahrungsort: Pantelleria Kastell Inv. 6373
Maße: 0,60 × 0,40 × 0,012–0,019 m
Buchstabenh.: 0,035–0,057 m
Material: *greco scritto*
Datierung: nach 19. n. Chr. (Schäfer – Alföldy)
Identifikation: sicher
Inschrift:
[Germanico] / Ca[esari Tib(erii) Aug(usti) f(ilio)] / [Divi Augusti n(epoti)] / [Divi Iuli pronep(oti)] / augur[i] / [fl]amini Au[gustali] / c[os I]I i[mp(eratori) II] / mun[icip]es Co[ssurae] / ex d(ecreto) [d(ecurionum)].
Beschreibung:
– Fundament: —
– Basisfuß: —
– Schaft: Aus mehreren Fragmenten aus Greco scritto-Marmor wurde eine Platte zusammengesetzt, die eine lateinische Inschrift trägt. Von sechs Zeilen sind Abschnitte erhalten. Die erhaltenen Buchstaben sind sehr ordentlich und gleichmäßig in Serifen geschrieben worden.
– Bekrönung/Oberseite: —
– Statue: Die Maße der Inschriftenplatte nach der Ergänzung der Inschrift lassen eine mindestens lebensgroße Statue vermuten. Möglicherweise handelt es sich um eine Panzerstatue (Pante13)?
Interpretation: Germanicus wurde postum vom *municipium* Cossyra auf Beschluss des Rates eine Statue errichtet. T. Schäfer vermutet, dass weitere kaiserliche Statuen in einer Portikus auf der Akropolis eine Kaisergalerie bildeten. Schäfer und Alföldy zufolge erweitert sich durch die Ergänzungen die Breite der Platte auf 0,65 m, so dass von einer mindestens lebensgroßen Statue ausgegangen werden kann. Möglicherweise kann das überlebensgroße Armfragment einer Panzerstatue mit der Ehreninschrift für Germanicus in Verbindung gebracht werden (Pante13).
Lit.: Schäfer – Alföldy 2015, 777–781 Kat. 1 Abb. 1–6.

Pante9 (Abb. 281)

Fundort: Pantelleria, Akropolis US 6 und U 42

Aufbewahrungsort: Pantelleria Kastell Inv. 18315, 18316, 814, 18317, 18318

Maße: 0,34 × 0,54 × 0,012–0,018 m

Buchstabenh.: 0,016–0,025 m

Material: lunensischer Marmor

Datierung: um 117 n. Chr. (Schäfer – Alföldy)

Identifikation: sicher

Inschrift:

[M(arco) Appuleio M(arci) (?) f(ilio) Quir(ina)---] + [---/--- adl]ecto in V /
[decurias ab Imp(eratore) Traiano Optimo Aug(usto), praef(ecto)] coh(ortis)
[I / Ul]p(iae) Tr[aian(ae) Cugern(orum) c(ivium) R(omanorum) donis donato
ab Imp(eratore) Traiano / Opt]imo Aug(usto) [bello Dacico hasta pura et
corona ---] / trib(uno) mil(itum) leg(ionis) [II Traia]n(ae) fort(is), pr[aef(ecto)
alae --- proc(uratori)] / Aug(usti) ab ann[on(a) ad Pu]teolos, praef(ecto)
cla[ssis Alexandrinae] / L(ucius) Appuleius M(arci) f(ilius) Q[uir(ina) In]sula-
nus piissimo p]atri faciund(um) curavit].

Beschreibung:

– Fundament: —
– Basisfuß: —
– Schaft: Die Rückseite der Fragmente ist geglättet und weist Putzspuren
  auf, die Vorderseite ist verwittert. Aus mehreren Fragmenten kann eine
  Verkleidungsplatte aus Marmor rekonstruiert werden. Teilweise sind die
  Fragmente anpassend, in einigen Fällen aber nicht. An der Vorderseite
  der Platte befindet sich dementsprechend fragmentiert eine lateinische
  Inschrift. Diese wurde in *capitalis actuaria* geschrieben, also in schmalen
  und hohen Buchstaben. Zwischen den Wörtern wurden in den meisten
  Fällen Interpunktionspunkte gesetzt. Die Zeilen weisen unterschiedliche
  Abstände untereinander auf (s. die unteren drei Zeilen) sowie auch unter-
  schiedliche Abstände zwischen den Buchstaben. Vor allem die letzten bei-
  den Zeilen sind einerseits sehr eng aneineinander gesetzt, andererseits sind
  die Buchstaben in diesen Zeilen sehr eng geschrieben.
– Bekrönung/Oberseite: —
– Statue: Die Maße der ergänzten Inschriftenplatte lassen eine lebensgroße
  Statue vermuten.

Interpretation: Marcus Appuleius wurde in Cossyra postum mit einer Statue
geehrt. G. Alföldy vermutete, dass er aus Cossyra stammte und ihm deshalb
dort wohl von seinem Sohn Lucius Appuleius eine Statue errichtet wurde.
Der Geehrte durchlief die Laufbahn eines Ritters: in den Dakerkriegen

KATALOG 411

unter Trajan als Präfekt, als *procurator augusti ab annona ad puteolos* für die Getreidelieferungen nach Rom zuständig und zuletzt als Flottenpräfekt. Er gehörte zur Tribus der Quirina, die auch in Sizilien bekannt ist. Die Familie der Appulei gehörte auch zufolge weiterer Inschriften zu einer der führenden Familien der Insel.
Lit.: AE 2005, 678; Alföldy 2005, 193–213; Schäfer – Alföldy 2015, 785–789 Kat. 3 Abb. 32–38.

Pante10 (Abb. 282)
Fundort: Pantelleria, Füllschicht unter Podiumstempel
Aufbewahrungsort: Pantelleria Magazin
Maße: ?
Material: Marmor
Datierung: vor der Mitte des 1. Jhs. n. Chr. (Datierung der Verfüllung)
Identifikation: unsicher
Beschreibung:
– Fundament: —
– Basisfuß: —
– Schaft: —
– Bekrönung/Oberseite: —
– Statue: Der Unterschenkel einer überlebensgroßen männlichen Statue hat sich in einer Verfüllschicht gefunden. Weder der Knöchel noch das Knie sind erhalten. Die Muskeln sind stark ausgeprägt.
Interpretation: Möglicherweise gehörte der Unterschenkel zu einer Panzerstatue, die einen militärischen Amsträger oder einen Kaiser darstellte. Wieso der Unterschenkel allerdings bereits in der Mitte des 1. Jh. n. Chr. für eine Verfüllung genutzt wurde und die Statue demnach zerstört war, ist unklar.
Lit.: —

Pante11 (Abb. 283)
Fundort: Pantelleria, Akropolis, Zisterne 9
Aufbewahrungsort: Pantelleria Kastell Inv. 14532
Maße: 0,14 × 0,21 m
Datierung: claudisch (Schäfer)
Identifikation: wahrscheinlich
Beschreibung:
– Fundament: —
– Basisfuß: —
– Schaft: —

412 KATALOG

- Bekrönung/Oberseite: —
- Statue: Erhalten ist der untere Teil eines weiblichen, marmornen Einsatzkopfes. Er ist schräg am Hals gebrochen. Anhand der Halsmuskeln ist eine Drehung nach rechts zu rekonstruieren. Erkennbar sind außerdem Lockensträhnen sowie die Reste eines Nackenzopfes

Interpretation: T. Schäfer zufolge könnte das Halsfragment zu einem Porträtkopf der Agrippina maior gehört haben. Diese könnte ebenfalls in der Kaisergalerie auf der Akropolis aufgestellt gewesen sein.

Lit.: Schäfer 2015, 730 f. Kat. 5, Abb. 5 a–c.

Pante12
Fundort: Pantelleria, Akropolis
Aufbewahrungsort: Pantelleria Kastell Inv. 10201
Maße: 0,09 × 0,11 × 0,034 m
Material: Paros Marmor
Datierung: claudisch (Schäfer)
Identifikation: wahrscheinlich
Beschreibung:
- Fundament: —
- Basisfuß: —
- Schaft: —
- Bekrönung/Oberseite: —
- Statue: Das marmorne Fragment kann an einem Hinterkopf verortet werden. Die Oberfläche ist verwittert. Erkennbar ist der Teil eines linken Ohres, welches aber zum großen Teil von flachen, nicht ausgearbeiteten Haarsträhnen verdeckt wird. Am unteren Ende des Fragments befindet sich zudem noch eine Haarsträhne, die T. Schäfer zufolge entweder zu einem Nackenzopf oder einer einzelnen Haarlocke zu ergänzen ist.

Interpretation: Das Fragment kann eindeutig einem weiblichen Porträtkopf zugewiesen werden. Schäfer schlägt sogar vor, dass dieses Fragment möglicherweise zu dem Halsfragment der Agrippina minor gehören könnte (Pante4).

Lit.: Schäfer 2015, 731 Nr. 7 Abb. 7.

Pante13 (Abb. 284)
Fundort: Pantelleria, Akropolis, Zisterne 4
Aufbewahrungsort: Pantelleria Kastell Inv. 898
Maße: 0,57 m lang
Material: pentelischer Marmor
Datierung: frühkaiserzeitlich (Schäfer)

KATALOG 413

Identifikation: sicher
Beschreibung:
- Fundament: —
- Basisfuß: —
- Schaft: —
- Bekrönung/Oberseite: —
- Statue: Erhalten ist der rechte erhobene Arm einer männlichen Statue. Sichtbar sind die Reste einer Tunika am Oberarm. Der Oberarm ist sehr muskulöse, die Muskeln sind angespannt. Die Hand ist nicht komplett erhalten, die Finger sind teilweise gebrochen. Auch der Arm war oberhalb des Handgelenks gebrochen, wurde aber wieder angefügt. Die Hand ist leicht geöffnet und hielt etwas in der Hand. Ein Dübelloch weist außerdem darauf hin, dass der Arm angestückt war.
Interpretation: Erhalten hat sich ein ausgestreckter Arm einer überlebensgroßen Marmorstatue. Möglicherweise handelte es sich um eine Panzerstatue, die eine Lanze o. ä. in der Hand hielt. T. Schäfer schlug eine Verbindung mit der Ehrung des Germanicus vor (Pante6).
Lit.: Schäfer 2015, 737 f. Kat. 19 Abb. 19 a–e.

Pante14
Identifikation: unsicher
Interpretation: Es handelt sich um den rechten Teil eines Hinterkopfes. Aufgrund der unausgearbeiteten Frisur kann der Hinterkopf nicht sichtbar gewesen sein oder wurde durch Kleidung o.ä. verdeckt.
Lit.: Schäfer 2015, 732 Nr. 8, Abb. 8 a–d.

Pante15
Identifikation: unsicher
Interpretation: Erhalten ist das Fragment einer Nase. Die zwei Nasenlöcher sind erhalten. Die seitliche Ansicht des Fragments zeigt, dass die Nasenspitze leicht nach oben zeigte.
Lit.: Schäfer 2015, 733 Nr. 9, Abb. 9 a–b.

Pante16
Identifikation: unsicher
Interpretation: Erhalten ist das Knie einer Statue aus Pentelikonmarmor. Da es kein Gewand aufweist, wird es zu einer Panzerstatue oder einer nackten Statue gehört haben.
Lit.: Schäfer 2015, 733 Nr. 10, Abb. 10 a–c.

Pante17

Identifikation: unsicher

Interpretation: Es handelt sich um das Spielbein einer männlichen Statue. Der Oberschenkel ist nackt und kann entweder zu einer Panzerstatue oder einer nackten Statue/Hüftmantelstatue ergänzt werden.

Lit.: Schäfer 2015, 733 Nr. 11, Abb. 11 a–e.

Pante18

Identifikation: unsicher

Interpretation: Erhalten ist ein Fragment des rechten Oberschenkels oberhalb des Knies einer männlichen Statue.

Lit.: Schäfer 2015, 734 Nr. 12, Abb. 12 a–d.

Pante19

Identifikation: unsicher

Interpretation: Erhalten ist ein nackter Unterschenkel einer männlichen Statue.

Lit.: Schäfer 2015, 734 Nr. 13, Abb. 13 a–c.

Pante20

Identifikation: unsicher

Interpretation: Erhalten ist der vordere Teil eines männlichen Fußes.

Lit.: Schäfer 2015, 734 Nr. 14, Abb. 14 a–c.

Pante21

Identifikation: unsicher

Interpretation: Erhalten ist der rechte abgebrochenen Fuß einer Frau in Sandalen, auf die ein Gewand fällt.

Lit.: Schäfer 2015, 735 Nr. 15 Abb. 15 a–c.

Pante22

Identifikation: unsicher

Interpretation: Vorderer Teil eines rechten, nackten Fußes, der zu einer männlichen Statue gehört.

Lit.: Schäfer 2015, 735 Nr. 16 Abb. 16 a–b.

Pante23

Identifikation: unsicher

Interpretation: Erhalten ist der linke Vorderfuß eines Mannes.

Lit.: Schäfer 2015, 736 Nr. 17 Abb. 17 a–d.

KATALOG

Pante24
Identifikation: unsicher
Interpretation: Erhalten ist das Fragment eines linken Unterarmes, der vor dem Handgelenk gebrochen ist bzw. am Ansatz des Oberarmes oberhalb der Ellenbeuge abgeschnitten ist. Dort ist die Oberfläche gespitzt und weist ein Dübelloch auf die Anstückung des Oberarmes hin. Die Ellenbeuge verrät, dass der Unterarm nur leicht angewinkelt war, also womöglich nach vorne gestreckt war. Der linke Arm wurde gewöhnlich nicht für eine adlocutio-Geste oder ähnliches erhoben, doch könnte der Arm nach vorne gestreckt gewesen sein, beispielsweise um eine Patera in der Hand zu halten.
Lit.: Schäfer 2015, 738 Nr. 19 Abb. 19 a–e.

Pante25
Identifikation: unsicher
Interpretation: Marmornes Zehfragment.
Lit.: Schäfer 2015, 736 Nr. 18 Abb. 18 a–b.

Pante26
Identifikation: unsicher
Interpretation: Erhalten ist ein Ellbogen aus Carraramarmor, der Arm lag am Körper an.
Lit.: Schäfer 2015, 739 Nr. 21 Abb. 21 a–b.

Pante27
Fundort: Pantelleria, Akropolis
Identifikation: unsicher
Interpretation: Erhalten ist der Ellbogen eines fast rechtwinklig angewinkelten Armes aus pentelischem Marmor.
Lit.: Schäfer 2015, 739 Nr. 22 Abb. 22 a–b.

Pante28
Identifikation: unsicher
Interpretation: Erhalten ist das Fragment einer linken Handfläche mit Handgelenk aus parischem Marmor.
Lit.: Schäfer 2015, 739 Nr. 23 Abb. 23 a–c.

Pante29
Identifikation: unsicher
Interpretation: Erhalten ist das Fragment eines Handgelenks mit Ansatz der Hand aus Carraramarmor mit Dübelloch zur Anstückung des Armes.
Lit.: Schäfer 2015, 740 Nr. 24 Abb. 24 a–c.

Pante30

Identifikation: unsicher

Interpretation: Erhalten ist das Fragment einer rechten Hand.

Lit.: Schäfer 2015, 740 Nr. 25 Abb. 25.

Pante31

Identifikation: unsicher

Interpretation: Erhalten ist das Fragment einer linken Hand.

Lit.: Schäfer 2015, 740 Nr. 26 Abb. 26.

Pante32

Identifikation: unsicher

Interpretation: Erhalten ist das Fragment einer rechten Hand aus parischem Marmor mit ausgetrecktem Zeigefinger.

Lit.: Schäfer 2015, 740 Nr. 27 Abb. 27 a–b.

Pante33

Identifikation: unsicher

Interpretation: drei zusammengesetzte Fragmente einer rechten Hand ohne Finger

Lit.: Schäfer 2015, 741 Nr. 28 Abb. 28 a–b.

Pante34

Identifikation: unsicher

Interpretation: Erhalten ist das Fragment eines Armes oder Beines aus Carraramarmor mit einem Dübelloch.

Lit.: Schäfer 2015, 741 Nr. 29 Abb. 29 a–b.

Pante35

Identifikation: unsicher

Interpretation: Erhalten ist das Fragment eines Armes oder Beines mit Dübelloch.

Lit.: Schäfer 2015, 741 Nr. 30 Abb. 30 a–c.

Pante36

Identifikation: unsicher

Interpretation: Erhalten ist das Fragment eines Armes aus Carraramarmor.

Lit.: Schäfer 2015, 741 Nr. 31 Abb. 31 a–b.

KATALOG

Pante37
Identifikation: unsicher
Interpretation: Erhalten ist das Fragment eines Armes oder Beines aus Carraramarmor.
Lit.: Schäfer 2015, 741 Nr. 32 Abb. 32.

Pante38
Identifikation: unsicher
Interpretation: Erhalten ist das Fragment eines Beins oder Arms.
Lit.: Schäfer 2015, 742 Nr. 33Abb. 33.

Pante39
Identifikation: unsicher
Interpretation: Erhalten ist ein marmornes Fragment mit Dübel.
Lit.: Schäfer 2015, 742 Nr. 34 Abb. 34.

Pante40
Identifikation: unsicher
Interpretation: Erhalten ist das Fragment eines Arms oder Beins.
Lit.: Schäfer 2015, 742 Nr. 35 Abb. 35.

Pante41
Identifikation: unsicher
Interpretation: Erhalten ist Fragment eines Arms oder Beins mit Dübelloch.
Lit.: Schäfer 2015, 742 Nr. 36 Abb. 36 a–b.

Pante42
Identifikation: unsicher
Interpretation: Erhalten ist das Fragment eines Arms oder Beins.
Lit.: Schäfer 2015, 742 Nr. 37 Abb. 37.

Pante43
Identifikation: unsicher
Interpretation: Erhalten ist ein Marmorfragment, das vllt. zu einem Hals gehört.
Lit.: Schäfer 2015, 742 Nr. 38 Abb. 38.

Pante44
Identifikation: unsicher

Interpretation: Erhalten ist das Fragment von Zeige- und Mittelfinger einer rechten Hand.
Lit.: Schäfer 2015, 743 Nr. 39 Abb. 39 a–b.

Pante45
Identifikation: unsicher
Interpretation: Erhalten ist das Fragment zweier Finger.
Lit.: Schäfer 2015, 743 Nr. 40 Abb. 40 a–b.

Pante46
Identifikation: unsicher
Interpretation: Erhalten ist das Fragment von zwei Fingern.
Lit.: Schäfer 2015, 743 Nr. 41 Abb. 41 a–b.

Pante47
Identifikation: unsicher
Interpretation: Erhalten ist das Fragment eines Fingers.
Lit.: Schäfer 2015, 743 Nr. 42 Abb. 42 a–b.

Pante48
Identifikation: unsicher
Interpretation: Erhalten ist das Fragment eines Fingers.
Lit.: Schäfer 2015, 743 Nr. 43 Abb. 43 a–c.

Pante49
Identifikation: unsicher
Interpretation: Erhalten ist das Fragment eines Fingers.
Lit.: Schäfer 2015, 744 Nr. 44 Abb. 44 a–c.

Pante50
Identifikation: unsicher
Interpretation: Erhalten ist das Fragment eines Fingers.
Lit.: Schäfer 2015, 744 Nr. 45 Abb. 45 a–c.

Pante51
Identifikation: unsicher
Interpretation: Erhalten ist das Fragment eines Fingers.
Lit.: Schäfer 2015, 744 Nr. 46 Abb. 46 a–c.

KATALOG 419

Pante52
Identifikation: unsicher
Interpretation: Erhalten ist das Fragment eines kleinen Fingers einer rechten Hand.
Lit.: Schäfer 2015, 744 Nr. 47 Abb. 47 a–c.

Pante53
Identifikation: unsicher
Interpretation: Erhalten ist das Fragment eines Fingers.
Lit.: Schäfer 2015, 744 Nr. 48 Abb. 48.

Pante54
Identifikation: unsicher
Interpretation: Erhalten ist das Fragment eines Fingers.
Lit.: Schäfer 2015, 745 Nr. 49 Abb. 49.

Pante55
Identifikation: unsicher
Interpretation: Erhalten ist Fragment eines Fingers.
Lit.: Schäfer 2015, 745 Nr. 50 Abb. 50 a–b.

Pante56
Identifikation: unsicher
Interpretation: Erhalten ist das Fragment eines Fingers.
Lit.: Schäfer 2015, 745 Nr. 51 Abb. 51.

Pante57
Identifikation: unsicher
Interpretation: Erhalten ist das Fragment eines Fingers.
Lit.: Schäfer 2015, 745 Nr. 52 Abb. 52 a–b.

Pante58
Identifikation: unsicher
Interpretation: Erhalten ist das Fragment eines Fingers.
Lit.: Schäfer 2015, 745 Nr. 53 Abb. 53.

Pante59
Identifikation: unsicher
Interpretation: Erhalten ist das Fragment eines Fingers.
Lit.: Schäfer 2015, 745 Nr. 54 Abb. 54.

Pante60
Identifikation: unsicher
Interpretation: Erhalten ist das Fragment eines Fingers.
Lit.: Schäfer 2015, 746 Nr. 55 Abb. 55.

Pante61
Identifikation: unsicher
Interpretation: Erhalten ist das Fragment eines Daumens.
Lit.: Schäfer 2015, 746 Nr. 56 Abb. 56 a–b.

Pante62
Identifikation: unsicher
Interpretation: Erhalten ist das Fragment eines kleinen Fingers der linken Hand.
Lit.: Schäfer 2015, 746 Nr. 57 Abb. 57 a–b.

Pante63
Identifikation: unsicher
Interpretation: Erhalten ist Fragment eines Zeigefingers einer linken Hand.
Lit.: Schäfer 2015, 746 Nr. 58 Abb. 58 a–b.

Pante64
Identifikation: unsicher
Interpretation: Erhalten ist ein Fingerfragment.
Lit.: Schäfer 2015, 746 Nr. 59 Abb. 59.

Pante65
Identifikation: unsicher
Interpretation: Erhalten ist ein Fingerfragment.
Lit.: Schäfer 2015, 746 Nr. 60 Abb. 60.

Pante66
Identifikation: unsicher
Interpretation: Erhalten ist ein Fingerfragment.
Lit.: Schäfer 2015, 747 Nr. 61 Abb. 61

Pante67
Identifikation: unsicher
Interpretation: Erhalten ist ein Fingerfragment.
Lit.: Schäfer 2015, 747 Nr. 62 Abb. 62.

KATALOG

Pante68
Identifikation: unsicher
Interpretation: Erhalten ist ein Fingerfragment.
Lit.: Schäfer 2015, 747 Nr. 63 Abb. 63 a–b.

Pante69
Identifikation: unsicher
Interpretation: Erhalten ist das Fragment eines kleinen Fingers der rechten Hand.
Lit.: Schäfer 2015, 747 Nr. 64 Abb. 64.

Pante70
Identifikation: unsicher
Interpretation: Erhalten ist ein Fingerfragment.
Lit.: Schäfer 2015, 747 Nr. 65 Abb. 65.

Pante71
Identifikation: unsicher
Interpretation: Erhalten ist ein Fingerfragment.
Lit.: Schäfer 2015, 747 Nr. 66 Abb. 66.

Pante72
Identifikation: unsicher
Interpretation: Erhalten ist ein Fingerfragment.
Lit.: Schäfer 2015, 748 Nr. 67 Abb. 67.

Pante73
Identifikation: unsicher
Interpretation: Erhalten ist ein Fingerfragment.
Lit.: Schäfer 2015, 748 Nr. 68 Abb. 68.

Pante74
Identifikation: unsicher
Interpretation: Erhalten ist ein Fingerfragment.
Lit.: Schäfer 2015, 748 Nr. 69 Abb. 69.

Pante75
Identifikation: unsicher
Interpretation: Erhalten ist ein Fingerfragment.
Lit.: Schäfer 2015, 748 Nr. 70 Abb. 70 a–b.

422 KATALOG

Pante76
Identifikation: unsicher
Interpretation: Erhalten ist das Fragment zweier Finger.
Lit.: Schäfer 2015, 748 Nr. 71 Abb. 71.

Pante77
Identifikation: unsicher
Interpretation: Erhalten ist ein Fingerfragment.
Lit.: Schäfer 2015, 748 Nr. 72 Abb. 72.

Pante78
Identifikation: unsicher
Interpretation: Erhalten ist ein Fingerfragment.
Lit.: Schäfer 2015, 749 Nr. 73 Abb. 73.

Pante79
Identifikation: unsicher
Interpretation: Erhalten ist ein Fingerfragment.
Lit.: Schäfer 2015, 749 Nr. 74 Abb. 74.

Segesta
Seg1 (Abb. 287–288, Abb. 291)
Fundort: Segesta, Theater
Aufbewahrungsort: Palermo Museo archeologico regionale Antonino Salinas
Inv. 8797
Maße: 0,245 × 0,98 × 0,40 m
Buchstabenh.: 0,035–0,04 m
Material: Sandstein
Datierung: 2. H. des 2. Jhs. v. Chr. (D'Andria, Ampolo); Ende 3. Jh. v. Chr. (Manni
Piraino, Bulle)
Identifikation: sicher
Inschrift:
ὁ δᾶμος τῶν Ἐγεσταίων Φάλα[κρον] / [Δ]ιοδώρου Ἐρύσσιον ἀρετᾶς ἔνε[κα].
Beschreibung:
– Fundament: —
– Basisfuß: —
– Schaft: Die zwei aneinanderpassenden, aber auseinandergebrochenen
  Blöcke aus Sandstein tragen mittig an der Vorderseite eine zweizeilige
  Inschrift. Die Oberfläche des Steins ist abgerieben und Teile der Profile sind

KATALOG

bestoßen. Von der linken Seite des linken Blocks ist der untere Teil gebrochen, während die Bruchstelle der beiden Blöcke ausgefranzt gebrochen ist. Die Inschrift ist in zwei Zeilen sehr gleichmäßig und in regelmäßigem Abstand in den Stein eingeritzt.

– Bekrönung/Oberseite: Statuenfragmente wurden nicht gefunden, doch lassen die Spuren an der Oberfläche des Blocks die Befestigung einer Plinthe vermuten. In der linken Ecke befindet sich ein Loch mit den Maßen 2 × 2 × 6,5 cm.

– Statue: —

Interpretation: Der Inschrift zufolge ehrte der Demos Phalakros aufgrund seiner ἀρετη. Gefunden wurde der Block in der Nähe des Theaters und schon von H. Bulle 1928 als Unterlager für eine Statue in der *scaenae frons* des Theaters in Segesta gedeutet (Abb. 291). Die Oberseite des Basisblocks zeigt ein Stemmloch, welches auf die Befestigung einer Plinthe hinweist. Somit ist zu vermuten, dass eine Marmorstatue mitsamt der Plinthe befestigt wurde. In den letzten Jahren wurde die paläographische Datierung an den Übergang vom 3. zum 2. Jh. v. Chr. angezweifelt. Grund dafür war eine neue Untersuchung des Theatergebäudes, welche neue stratigraphische Daten präsentierte, die zeigen, dass die *scaenae frons* erst in der zweiten Hälfte des 2. Jhs. v. Chr. errichtet wurde (D'Andria 1997. 2005; weitere Angaben zur Datierung, Marconi 2012; Ampolo – Erdas 2019). Auch Untersuchungen der architektonischen Dekoration durch L. Campagna führten zu einer chronologischen Einordnung in das 2. Jh. v. Chr. (Campagna 2006).

Lit.: IG XIV 288.1; ISic1107; Bulle 1928, 123 J1, 130 f., Rekonstruktion Taf. 23; Manni Piraino 1973, 70–73 Nr. 46 f., Taf. 28; De Bernardi 2000; Ampolo – Erdas 2019, 55 f. ISegesta G7a.

Seg2 (Abb. 289–291)
Fundort: Segesta, Theater
Aufbewahrungsort: Palermo Museo archeologico regionale Antonino Salinas Inv. 8807
Maße: 148,5 m: links (57 × 24 × 45,5), rechts (89 × 24,5 × 49); unterschiedliche Spuren, allerdings alle relativ oberflächlich, am ehesten auf dem rechten Block Richtung Inschrift (17 × 11, mit Loch, ca. 4 cm Dm. 4 cm tief); mittig auf dem rechte Block im oberen Teil (8 × 4 × 1 cm tief); auf dem linken Block (17 × 8 × 2 cm tief)
Material: Sandstein
Datierung: Beginn des 2. Jhs. v. Chr. (Manni Piraino); 2. H. des 2. Jh. v. Chr. (D'Andria; Ampolo – Erdas)

Identifikation: sicher

Inschrift:

Σώπολις Φαλάκ[ρου τ]ὰν αὐτοῦτα ματέρα / [— — — — —]αν Φαλ[ακρ]ίαν εὐνοίας ἔνεκα.

Beschreibung:

- Fundament: —
- Basisfuß: —
- Schaft: Der längliche Block ist in zwei Teile zerbrochen, der Stein ist an der Bruchstelle verwittert. Nur eine kleine Ansatzfläche beider Blöcke ist erhalten. Der linke Block ist stark bestoßen, kaum eine Kante ist erhalten. Die Oberfläche ist dadurch schlecht erhalten, wodurch die Inschrift dementsprechend kaum lesbar ist. Der rechte Block ist zwar bestoßen, vor allem an den Profilen und der linken Seite des Blocks, doch ist die Oberfläche insgesamt besser erhalten als die des anderen Blocks. Durch die Bestoßungen fehlt der Beginn der Inschrift auf dem linken Teil des rechten Blocks vollständig. Die zweizeilige Inschrift befindet sich mittig auf beiden Blöcken. Sie ist in regelmäßigen, eng geschriebenen Buchstaben eingeritzt. Direkt ober- bzw. unterhalb der Inschrift befindet sich ein dreiteiliges Profil.
- Bekrönung/Oberseite: Wie die Statue ausgesehen hat, ist unklar, weder Statuenfragmente noch Einlassungen an der Oberfläche geben Hinweise auf das Aussehen. Jedoch kann aufgrund der Oberflächenbearbeitung davon ausgegangen werden, dass eine Plinthe befestigt wurde aufgrund eines rechteckigen Dübellochs.
- Statue: —

Interpretation: Der Inschrift zufolge handelt es sich um eine privat initiierte Statuenstiftung: Sopolis, Sohn des Phalakros, ehrte seine Mutter Phalakria wegen ihrer εὐνοία mit einer Statue. Diese war wohl ebenso wie ein Standbild ihres Mannes Phalakros (Seg1) in der *scaenae frons* des Theaters aufgestellt. Auch hier kann aufgrund der Oberflächenbehandlung von der Befestigung einer Plinthe ausgegangen werden. Dagegen sehen C. Ampolo und D. Erdas an der Oberseite des Inschriftenblocks ovalförmige Einlassungen; diese Beobachtung kann nicht geteilt werden. Aufgrund von paläographischen Überlegungen war von Manni Piraino vermutet wurden, dass diese Statue kurz nach der Errichtung des Standbilds ihres Ehemannes (Seg1) aufgestellt wurde (d.h. zu Beginn des 2. Jhs. v. Chr.; Manni Piraino 1973). C. Ampolo und D. Erdas weisen jedoch darauf hin, dass nicht zwischen den Buchstabenformen der beiden Inschriften unterschieden werden kann (Ampolo – Erdas 2019). Da die *scaenae frons* neuen stratigraphischen Daten zufolge erst in der 2. Hälfte des 2. Jhs. v. Chr. erbaut wurde, wurden wohl beide Statuen in dieser Periode aufgestellt (D'Andria 1997. 2005).

KATALOG 425

Lit.: IG XIV 288.2; ISic1108; Bulle 1928, 123 J2, J3; 130 f., Taf. 22, Rekonstruktion Taf. 23; Manni Piraino 1973, 70–73 Nr. 46–47, Taf. 28; De Bernardi 2000; Ampolo – Erdas 2019, 57 ISegesta G7b.

Seg3 (Abb. 292)
Fundort: Segesta, Nähe des Theaters
Aufbewahrungsort: Segesta Antiquarium SG 2024
Maße: 0,18 × 0,58 × 0,412 m
Buchstabenh.: 0,016–0,02 m
Datierung: 2. Jh. v. Chr. (Ampolo – Erdas); 4. / 3. Jh. v. Chr. (Nenci)
Identifikation: sicher
Material: Kalkstein
Inschrift:
[Ἀρτε]μιδώρα Νύμφωνος τὸν αὐτᾶστα πατέρα / [Ἀρτέ]μωνα Ἀλείδα γυμνασιαρχή-σαντα / [ἀνέθ]ηκε κατὰ διαθήκαν. vacat
Beschreibung:
– Fundament: —
– Basisfuß: —
– Schaft: Der längliche Block ist nicht vollständig erhalten, worauf die nicht vollständig erhaltene Inschrift auf ihm hinweist. Teile der Ober- und Vorderseite der linken Seite des Blocks sind gebrochen. Insgesamt ist die Oberfläche des Steins ausgewaschen und weist Risse auf. Mittig auf dem Block befindet sich eine Inschrift in drei regelmäßig angeordneten Zeilen. Die Inschrift ist in ordentlichen und gleichgroßen Buchstaben geschrieben. Direkt ober- und unterhalb der Inschrift läuft ein dreiteiliges Profil über die gesamte Länge des Blocks.
– Oberseite/Bekrönung: —
– Statue: —
Interpretation: G. Nenci zufolge handelt es sich um einen Architravblock, wogegen J. Ma erstmals vorschlug, dass es sich um eine Statuenbasis handeln könnte (Ma 2015, 177 Anm. 116). Die Datierung von G. Nenci in das 4. oder 3. Jh. v. Chr. muss aufgrund der Buchstabenform revidiert werden; die Buchstabenform legt vielmehr eine Datierung in das 2. Jh. v. Chr. nahe. Der Inschrift zufolge stellt das auf der Basis aufgestellte Standbild den Gymnasiarchen Artemon dar, das von seiner Tochter Artemidora gestiftet wurde (κατὰ διαθήκαν). Damit handelt es sich um eine privat initiierte Stiftung, die Vergleiche in Segesta findet (Seg2). Interessant ist vor allem, dass es sich um eine weibliche Stifterin handelt, die in Sizilien in der hellenistischen Zeit sonst nicht auftreten. Da keine Angaben über die Oberseite des Blocks bekannt sind, kann lediglich aufgrund der erhaltenen Maße von einer mindestens lebensgroßen, stehenden Statue

426 KATALOG

ausgegangen werden. Wo das Monument aufgestellt war, ist nicht bekannt. Gleichwohl ähnelt die längliche und flache Form sowie die Profilierung sowohl den Statuenbasen im Theater von Segesta (Seg1+Seg2) als auch den Basen der Exedra 9 in Solunt (Sol3+4).

Lit.: SEG 41.287; ISic2940; Nenci 1991, 926 f. Nr. 2, Taf. 299, 2; Manganaro 1999; Manganaro 2000, 748; Ampolo – Erdas 2019, 48 f. ISegesta G2.

Seg4 (Abb. 293)
Fundort: Segesta, Umgebung des Tempels
Aufbewahrungsort: Calatafimi Biblioteca communale
Maße: 0,215 × 0,75 × 0,53 m
Buchstabenh.: 0,03 m
Material: Kalkstein
Datierung: 2. Jh. v. Chr. (Ampolo – Erdas)
Identifikation: sicher
Inschrift:
Διόδωρος Τιττέλου Ἀππειραῖος / τὰν ἀδελφὰν αὐτοῦτα / Μινύραν Ἀρτέμωνος ἱερατεύουσαν / Ἀφροδίται Οὐρανίαι
Beschreibung:
– Fundament: —
– Basisfuß: —
– Schaft: Es liegt ein flacher, rechteckiger Block aus Kalkstein vor. Die Oberfläche ist relativ gut erhalten, jedoch zeigt der gesamte Block Bestoßungen. Diese betreffen auch die vierzeilige griechische Inschrift, die sich an der Vorderseite befindet. Die Buchstaben sind regelmäßig angeordnet und ohne Leerzeichen zwischen den Wörtern geschrieben. Die Zeilen sind versetzt und beginnen jeweils auf gleicher Höhe. Jedoch schließen sie unterschiedlich ab, was besonders in Zeile 3 deutlich wird. Dort ist der letzte Buchstabe (ν) nur noch halb erhalten, da er so nah an die Kante herangerückt ist.
– Oberseite/Bekrönung: In der neuesten Publikation (Ampolo – Erdas 2019) werden keine weiteren Angaben zur Oberseite gemacht. Eine Abbildung der Vorderseite des Blocks lässt allerdings auch eine Sicht auf die Oberseite zu. Dem Foto zufolge zeigt der Block zumindest keine deutlichen Einlassungsspuren für eine Bronzestatue; weitere Schlussfolgerungen können nicht erfolgen.
– Statue: Die Breite der Basis weist auf eine mindestens lebensgroße Statue hin.
Interpretation: Es handelt sich hierbei um eine Privatstiftung eines Diodoros Appeiraios, der seiner Schwester, einer Priesterin, eine Statue aufstellt. Diese

KATALOG 427

ist Aphrodite Urania geweiht. Der Fundort der Basis lässt eine Aufstellung im Umkreis des Tempels vermuten; ob dort jedoch Aphrodite Urania verehrt wurde ist unklar. Das berühmteste Aphrodite Heiligtum in Sizilien befindet sich in Erice. Ein Zusammenhang zwischen der Inschrift und dem dortigen Heiligtum konnte bisher nicht bestätigt werden. Ebenfalls ist nicht zu bestimmen, ob die Geehrte Priesterin dieser Göttin oder einer anderen Göttin war. Da keine Angaben über die Oberseite vorliegen, kann aufgrund der Maße lediglich eine mindestens lebensgroße Statue der Priesterin vermutet werden. Die Datierung in das 2. Jh. v. Chr. erfolgte durch paläographische Vergleiche (Ampolo – Erdas 2019).
Lit.: IG XIV 287; SEG 45.1313; ISic1106; Ampolo – Erdas 2019, 45–47 ISegesta G1.

Seg5 (Abb. 294)
Fundort: Segesta, Umkreis des Bouleuterions
Aufbewahrungsort: Segesta Parco archeologico Inv. SG 7585
Maße: 0,21 × 0,59 × 0,49 m
Buchstabenh.: 0,025–0,035 m
Material: Kalkstein
Datierung: 2. Jh. v. Chr. (Ampolo – Erdas)
Identifikation: sicher
Inschrift:
Διὶ. ὁ δᾶμ[ος τῶν Ἐγεσταίων] / Ἡράκλειον Νύμφωνος Πε[- - -] / ἀρετᾶς ἕνεκα.
Beschreibung:
– Fundament: —
– Basisfuß: —
– Schaft: Erhalten ist ein rechteckiger Block, der stark beschädigt ist. Die Vorderseite weist Reste von drei Zeilen einer griechischen Inschrift auf. Darum herum ist der Stein stark beschädigt; möglicherweise wurden an der Ober- und Unterseite Profile abgeschlagen. Doch auch an den beiden Seiten ist keine Originaloberfläche erhalten. Die Inschrift ist auf einer geglätteten Oberfläche angebracht und in regelmäßig angeordneten, aber nicht sehr gleichmäßigen Buchstaben geschrieben.
– Oberseite/Bekrönung: Ebenso wie die Vorderseite des Blocks ist die Oberseite beschädigt. Jedoch sind ovale Einlassungen (linker Fuß: 28,5 cm, rechter Fuß: erhalten 4–5 cm) für die Füße einer stehenden Bronzestatue zu erkennen. Zudem befindet sich in der Mitte der Oberseite ein rundes Loch (6–6,5 cm Dm.).
– Statue: Die Breite der Basis lässt eine lebensgroße Statue vermuten.
Interpretation: Ein gewisser Herakleios wird aufgrund seiner *aretas* vom Demos mit einer Statue geehrt. Das Monument ist zudem Zeus geweiht.

428   KATALOG

Weihungen von Ehrenstatuen an Götter ist auch im hellenistischen Sizilien üblich. Ob eine Verbindung des Geehrten mit Zeus, wie ein Priesteramt, vorliegt, ist nicht bekannt. Entstanden ist das Statuenmonument aus paläographischer Sicht im 2. Jh. v. Chr. (Ampolo – Erdas 2019). C. Ampolo und D. Erdas vermuten darüber hinaus eine architektonisch gefasste Aufstellung der Basis, vergleichbar mit einigen Basen der Stoa und in Solunt (Sol3+4). Ob das Monument im Bouleuterion oder angrenzenden Gebäuden aufgestellt war, kann nicht mehr festgestellt werden.

Lit.: Ampolo 2010, 523; Ampolo – Erdas 2019, 50 f. ISegesta G3

Seg6 (Abb. 295)
Fundort: Segesta, Umgebung der Agora
Aufbewahrungsort: Parco archeologico di Segesta Inv. SG 7583
Maße: 0,317 × 0,64 × 0,54 m
Buchstabenh.: 0,027–0,031 m
Material: Kalkstein
Datierung: 2. Jh. v. Chr. (Ampolo – Erdas)
Identifikation: sicher
Inschrift:
ὁ δᾶμος τῶν Ἐγεσταίων / Φάωνα Νύμφωνος Σωπολιανόν/ ἀρετᾶς ἕνεκα.
Beschreibung:
– Fundament: —
– Basisfuß: —
– Schaft: Erhalten ist ein flacher rechteckiger Block aus Kalkstein. Die Oberfläche ist bestoßen und teilweise verwittert. Auf der Vorderseite befindet sich eine dreizeilige griechische Inschrift. Aufgrund der publizierten Daten ist nicht zu bestimmen, ob die Seiten des Blocks noch die Originaloberfläche darstellen. Obgleich die Inschrift vollständig erhalten geblieben ist, ist besonders deutlich auf der Oberseite zu erkennen, dass auch die Seiten des Blocks gebrochen sind. Ober- und unterhalb der Inschrift befand sich ein Profil, welches zum großen Teil nicht mehr erhalten ist.
– Oberseite/Bekrönung: Die Oberseite des Blocks weist eine gepickte und verwitterte Oberfläche auf. Zudem sind zwei Einlassungen für eine stehende Bronzestatue erkennbar, welche wegen der Bestoßungen der Blockseiten nicht vollständig erhalten sind. Die Maße der Einlassungen sind nicht überliefert und waren auch nicht für eine Autopsie zugänglich.
– Statue: Die Maße der Basis lassen eine lebensgroße Statue vermuten.
Interpretation: Der Inschrift zufolge wurde ein Phaon Sopolianos vom Demos wegen seiner *aretas* mit einem Statuenmonument geehrt. Demselben Geehrten wurde ein weiteres Standbild in Segesta errichtet (Seg8); in der dazugehörigen Inschrift wird er als Wohltäter bezeichnet. Da die Basis in

KATALOG 429

der Stoa architektonisch eingefasst wurde, muss das Monument zeitgleich mit der Errichtung der Stoa datiert werden. Aus diesem Grund können beide Stauenmonumente des Geehrten in die 2. H. des 2. Jhs. v. Chr. datiert werden.Während die Maße des Blocks eine mindestens lebensgroße Statue rekonstruieren lassen, können die fehlenden Angaben zu den Einlassungen für das stehende Bronzestandbild keine über das Material hinausgehenden Informationen geben.

Lit.: Ampolo – Erdas 2019, 52 ISegesta G4.

Seg7 (Abb. 296)

Fundort: Segesta, westlich der Stoa in mittelalterlicher Schicht

Aufbewahrungsort: Parco archeologico di Segesta Inv. SG 13969

Maße: 0,155 × 0,255 × 0,145 m

Buchstabenh.: ?

Material: Kalkstein

Datierung: 2. Jh. v. Chr. (Ampolo – Erdas)

Identifikation: sicher

Inschrift:

[ὁ δᾶμος] τῶν Ἐγεστα[ίων] / [- - - Ἀ]ρτέμωνος Ν[- - -] / [πρεσ]βύτερον ἀρετᾶ[ς ἕνεκα].

Beschreibung:

– Fundament: —

– Basisfuß: —

– Schaft: Erhalten ist ein stark fragmentierter Kalksteinblock, auf dem Reste von drei Zeilen einer griechischen Ehreninschrift zu erkennen sind. Der Block ist an allen Seiten gebrochen, lediglich unterhalb der dritten Zeile sind Spuren von einem profilierten Abschluss erhalten. Die Buchstaben sind regelmäßig ohne Leerstellen zwischen den Wörtern angeordnet.

– Oberseite/Bekrönung:

– Statue: —

Interpretation: Der Name des Geehrten ist nicht erhalten, lediglich der Name des Vaters Artemon ist bekannt. Als Grund für die Ehrung wird seine *aretas* genannt, so wie auch bei weiteren Statuenmonumenten in Segesta. Die Buchstabenform führt aufgrund von Vergleichen mit weiteren Ehreninschriften aus Segesta C. Ampolo und D. Erdas zufolge zu einer Datierung in das 2. Jh. v. Chr. Der Fundort des Blocks westlich der Stoa könnte auf eine ursprüngliche Aufstellung auf der Agora oder in der Stoa hinweisen. Die zu rekonstruierende Form der Basis als relativ flach kann mit weiteren Statuenbasen in Segesta in Zusammenhang gebracht werden. Möglicherweise war auch diese in einer Nische verbaut.

Lit.: Ampolo – Erdas 2019, 53 ISegesta G5.

430 KATALOG

Seg8 (Abb. 297)

Fundort: Segesta, genauer Fundort unbekannt, wiederverwendet als Schwelle (Fragm. A), Nordstoa, wiederverwendet in mittelalterlicher Mauer (Fragm. B)

Aufbewahrungsort: Segesta Biblioteca communale ohne Inventarnummer (Fragm. A), Parco archeologico Casa Barbaro Inv. 13385 (Fragm. B)

Maße: 0,435 × 1,07 × 0,258 m

Buchstabenh.: 0,029–0,04 m

Material: Kalkstein

Datierung: 2. Jh. v. Chr. (Ampolo – Erdas)

Identifikation: sicher

Inschrift:

[ἱερ]οθυτέοντος Φάωνος / [τοῦ Νύμ]φωνος Σωπολιανοῦ, / [ἀγορα]νομέοντος Ξενάρχου / [τοῦ Δι]οδώρου καὶ τὰν ἐπιμέλειαν / [ποι][η]σαμένου τῶν ἔργων vacat / [τοῦ ξυσ]τοῦ ἃ κατεσκευάσθη. vacat

Beschreibung:

– Fundament: —

– Basisfuß: —

– Schaft: Der Block aus Kalkstein in Form einer Tabula ansata besteht aus zwei Fragmenten. Während Fragment B sehr gut erhalten ist, ist die Oberfläche von Fragment A, dem größeren Teil des Blocks, stark ausgewaschen und die Ränder kaum mehr original erhalten. An der Vorderseite befindet sich eine sechszeilige Inschrift, die aufgrund der verwitterten Oberfläche von Fragment A teilweise nicht erhalten oder schlecht lesbar ist. Die sichtbaren Buchstaben sind ordentlich und regelmäßig geschrieben und angeordnet. Auffällig ist das Omikron, welches durchgehend kleiner verfasst ist als die restlichen Buchstaben der Inschrift. Ungefähr mittig befindet sich ein rundes Loch im Block, welches sekundär durch die Inschrift hindurch gearbeitet wurde.

– Bekrönung/Oberseite: —

– Statue: Die Maße der Basis lassen eine mindestens lebensgroße Statue vermuten.

Interpretation: C. Ampolo und M. C. Parra zufolge fungierte der Inschriftenblock als Unterlager einer Nische, die eine Statue des Geehrten trug. Bei dem Geehrten handelte es sich der Inschrift zufolge um einen Wohltäter, der Arbeiten ausführen ließ und bezahlte. Statuenbasen in Form einer Tabula ansata sind generell wenig bekannt (vgl. Ampolo – Erdas 2019, 241 Abb. 30 (Kamiros); Krumeich – Witschel 2009, 214 f. Abb. 1/ IG II/III2 3881 (Athen)), in Segesta jedoch sind gleich mehrere für die Aufstellung von Ehrenstatuen bekannt (Seg9, Seg10, Seg11). Für eine Wiederverwendung des Blocks spricht nicht nur die getrennte Auffindung der zwei Fragmente, sondern auch der

KATALOG   431

Erhaltungszustand des Fragmentes A, insbesondere das nachträglich angebrachte Loch. Auch wenn keines der Fragmente in situ aufgefunden wurde,
weist eine sich noch in situ befindliche Statuenbasis derselben Form (Seg14)
auf eine architektonische Einfassung als Unterlager einer Nische in der Stoa
oder einem angrenzenden Gebäude hin. Aufgrund der Einfassung des Blocks in
der Architektur kann von einer Datierung des Statuenmonuments in der Mitte
des 2. Jhs. v. Chr. ausgegangen werden (Ampolo – Parra, Ampolo – Erdas), auch
wenn die Buchstabenform eine frühere Datierung zuließe (Ampolo – Erdas).
Lit.: IG XIV 290; ISic1111 (Fragm. A); De Vido 1991, 972 f.; Nenci 1991, 923 Anm. 16
f., Taf. 297; Ampolo – Parra 2012, 278 f.; Ampolo – Erdas 2019, 64–66 ISegesta
G10.

Seg9 (Abb. 298)
Fundort: Segesta, um 1810
Aufbewahrungsort: Segesta Biblioteca communale
Material: Kalkstein
Maße: 0,39 × 0,74 × 0,27 m
Buchstabenh.: 0,003–0,0035 m
Datierung: 2. Jh. v. Chr. (Ampolo – Erdas)
Identifikation: sicher
Inschrift:
ἱερομναμονέων / Τίττελος Ἀρτεμιδώρο[υ] / τὰν ἐπιμέλειαν ἐποίησα [το] / τῶν ἔργων
τοῦ ἀνδρεῶνο [ς] / [κ]αὶ τὰς προέδρας μετὰ τ[ῶν] / ἱεροφυλάκων.
Beschreibung:
– Fundament: —
– Basisfuß: —
– Schaft: Erhalten ist ein Kalksteinblock, der auf seiner Vorderseite eine grie-
   chische Inschrift trägt. An der linken Seite des Blocks wird in Kombination
   mit der Anordnung der Inschrift deutlich, dass er nicht eckig, sondern abge-
   rundete Seitenabschlüsse aufweist. Sechs Zeilen der Inschrift sind zum gro-
   ßen Teil lesbar. Die Buchstaben sind regelmäßig und ordentlich geschrieben
   und der Form des Blocks folgend angeordnet.
– Bekrönung/Oberseite: —
– Statue: Vermutlich stand auf der Basis eine lebensgroße Statue.
Interpretation: C. Ampolo und M.C. Parra zufolge gehört die Inschrift zu einer
Gruppe von Ehrenmonumenten für Personen, die in Segesta Bautätigkeiten
ausführen ließen. Bei der vorliegenden Statuenbasis handelt es sich um den
Geehrten Tittelos, Sohn des Artemidoros, der die Aufsicht über Arbeiten
während seiner Amtszeit als ἱερομναμον innehatte. Der Block kann in Form
einer Tabula ansata rekonstruiert werden und diente als Unterlager für die

432 KATALOG

Aufstellung einer Statue, vergleichbar mit der Exedra 9 in Solunt (Sol3+4) oder Seg14. Auch wenn die Buchstabenform auf eine chronologische Einordnung zwischen dem 3. und dem 2. Jh. v. Chr. hinweisen könnte, ist mit der architektonischen Eingliederung des Blocks eine Datierung in die Mitte des 2. Jhs. v. Chr. sicher (Ampolo – Erdas).

Lit.: IG XIV 291; ISic1112; Nenci 1991, 923, Taf. 298; Ampolo – Parra 2012, 278; Ampolo – Erdas 2019, 67 f. ISegesta G11.

Seg10 (Abb. 299)
Fundort: Segesta
Aufbewahrungsort: Segesta Antiquarium Inv. SG 2007
Maße: 0,36 × 1,01 × 0,31 m
Buchstabenh.: 0,02–0,042 m
Material: Kalkstein
Datierung: 2. Jh. v. Chr. (Ampolo – Erdas)
Identifikation: wahrscheinlich
Inschrift:
------ / [---]σδι[---] / [--- πυλῶ]νες καὶ οἱ ἀνδρ[εώνες] / [--- κατεσ]κευάσθεν.
Beschreibung:
– Fundament: —
– Basisfuß: —
– Schaft: Erhalten ist ein länglicher Block aus Kalkstein, der stark bestoßen ist. Auf dem Foto in der Publikation von G. Nenci 1991 ist nur die rechte Seite des Blocks zu sehen. Sie zeigt eine ovale Bearbeitung des Steins, der nach C. Ampolo und M. Parra als Gestaltung des Blocks als Tabula ansata zu rekonstruieren ist. Die gesamte obere Seite ist abgebrochen, von der griechischen Inschrift sind nur Teile der zweiten und dritten Zeile erhalten geblieben. Die Buchstaben wurden gleichmäßig auf den Stein geschrieben.
– Bekrönung/Oberseite: —
– Statue: —
Interpretation: Während G. Nenci den Inschriftenträger noch als Architrav deutete, gehört der Block neueren Überlegungen nach zu einer Gruppe von Ehreninschriften, die als Unterlager für die Aufstellung von Statuen in der Stoa von Segesta genutzt wurden. Ähnliche wie auch bei weiteren dieser Basen, spricht die Buchstabenform für eine Datierung ab dem 3. Jh. v. Chr. Davon ausgehend, dass die Basen in Nischen als Unterlager in der Stoa oder angrenzenden Gebäuden verbaut waren, können diese erst Ende des 2. Jhs. v. Chr. errichtet worden sein (Ampolo – Erdas).
Lit.: SEG 41.0826; ISic2938; Nenci 1991, 921 f. Nr. 1, Taf. 296; Ampolo – Parra 2012, 278 f.; Ampolo – Erdas 2019, 72 f. ISegesta G13.

KATALOG 433

Seg11 (Abb. 300)
Fundort: Segesta, zwischen Agora und Theater ?
Aufbewahrungsort: Segesta Parco archeologico a Casa Barbaro Inv. SG 2004
Material: Kalkstein
Maße: 0,38 × 1,09 × 0,22 m
Buchstabenh.: 0,029–0,05 m
Datierung: 2. Jh. v. Chr. (Ampolo – Erdas)
Identifikation: sicher
Inschrift:
[ἐ]πὶ ἰε[ρ]θύ[τ]α Δ[ι]ονυσί[ου] Σωπάτ[ρου] / [ἱ]ερομναμονέοντος / ['Α]ρτεμιδώρου Δόσσιος Γραδαναίου / τὸ δίπυλον, οἱ ἀνδρεώνες, / ἁ προέδρα ἐστεγάσθεν ἐθυ[ρ..] / [---]σδισ[---].
Beschreibung:
- Fundament: —
- Basisfuß: —
- Schaft: Der Block aus Kalkstein trägt auf der Vorderseite eine griechische Inschrift, von der vier Zeilen erhalten sind. Alle Seiten des Blocks sind bestoßen und stellen nicht die originalen Abschlüsse des Blocks dar. Die jetzige Form der Vorderseite ist leicht länglich-oval, doch ob diese Form der ursprünglichen Form des Blocks entspricht, ist unklar. Die Buchstaben der erhaltenen Inschrift sind regelmäßig angeordnet, doch nicht gleich groß und breit.
- Bekrönung/Oberseite: —
- Statue: —
Interpretation: C. Ampolo, M. C. Parra und D. Erdas zufolge kann auch dieser Block als Unterlager einer Statuennische in der Stoa rekonstruiert werden. Geehrt wurde Artemidoros, Sohn von Dossis, für Arbeiten (wahrscheinlich an der Stoa), während er das Amt des *hieromnamos* inne hatte. Aufgrund der architektonischen Eingliederung in die Stoa oder ein umliegendes Gebäude muss von einer Datierung in das 2. Jh. v. Chr. gerechnet werden, auch wenn die Buchstabenform auch eine frühere chronologische Einordnung möglich machen würde (Ampolo – Erdas).
Lit.: ISic2939; Nenci 1991, 923 f. Taf. 299, 1; Ampolo – Parra 2012, 278; Ampolo – Erdas 2019, 69–71 ISegesta G12.

Seg12
Fundort: Segesta, ‚zona Badia‘ in der Nähe der Agora
Aufbewahrungsort: Segesta Parco archeologico Casa Barbaro Inv. IG 2683
Material: Kalkstein
Maße:1,20 × 0,78 × 0,59 m

Buchstabenh.: 0,04–0,044 m
Datierung: 1. Jh. v.–1. Jh. n. Chr. (Ampolo – Erdas)
Identifikation: unsicher
Inschrift:

- - -OI- - -IMI- - - / - - - - - - - - - - - / οὗτος [- - -] / ΤΩΝ[- - -] / ΓΑ κο[- - -] / ΑΠΟΛ[-
- -] / [- - -]ΕΘ[- - -].

Beschreibung:
- Fundament: —
- Basisfuß: Die Statuenbasis trägt ein Fußprofil, welches zum größten Teil abgebrochen ist.
- Schaft: Erhalten ist eine hohe Statuenbasis aus Kalkstein. Die Oberfläche ist stark verwittert, wodurch die griechische Inschrift auf der Vorderseite nur noch teilweise zu erkennen ist.
- Bekrönung/Oberseite: Parallel zum Fußprofil findet sich auch ein auskragendes Profil an der Oberseite der Basis. Darüber befindet sich eine hohe Bekrönung. Auf den publizierten Abbildungen ist nicht zu erkennen, ob sich auf der Oberseite Einlassungen für eine Statue befinden.
- Statue: —

Interpretation: Obgleich es nicht möglich ist, die Inschrift eindeutig als Ehreninschrift zu rekonstruieren, spricht die mit Profilen ausgestattete Basis für die Aufstellung einer Statue. Der Fundort könnte für eine Aufstellung auf der Agora oder in angrenzenden Gebäuden sprechen, was das Standbild als Ehrenstatue wahrscheinlich macht. Aufgrund der schlechten Erhaltung der Inschrift ist weder bekannt, wer mit dem Monument geehrt wurde noch wer das Monument errichtete. Den Maßen und der Form der Basis nach zu urteilen, kann nur eine einzelne stehende Person rekonstruiert werden. Die Aufstellung des Monuments erfolgte C. Ampolo und D. Erdas zufolge wahrscheinlich zwischen dem 1. Jh. v. und dem 1. Jh. n. Chr. Aussschlaggebend für die Datierung ist einerseits der Vergleich eines Wortes in der Inschrift mit einer kaiserzeitlichen Inschrift und andererseits die Höhe und Form der Statuenbasis, die sich so nur ab der zweiten Hälfte des 1. Jhs. v. Chr. in Sizilien findet (vgl. Termini Imerese).
Lit.: Ampolo – Erdas 2019, 54 ISegesta G6.

Seg13 (Abb. 301)
Fundort: Segesta, zwischen antiker Siedlung und Tempel
Aufbewahrungsort: Segesta Antiquarium SG 2018
Maße: 0,78 × 0,55 × 0,485 m
Buchstabenh.: 0,045–0,05 m
Material: Kalkstein

KATALOG 435

Datierung: Ende 1. Jh. v.–Beginn 1. Jh. n. Chr. (Ampolo – Erdas); augusteisch (Wilson); 1. Jh. n. Chr. (Ferrua)
Identifikation: sicher
Inschrift (n. Ampolo – Erdas):
C(aio) Iulio C(aii) f(ilio) Lon[go] / duumviro / municipium h(onoris) c(ausa).
Beschreibung:
- Fundament: —
- Basisfuß: —
- Schaft: Erhalten ist ein rechteckiger Block aus Kalkstein, auf dessen Vorderseite sich eine dreizeilige lateinische Inschrift befindet. Besonders die Oberfläche des oberen Abschnitts ist verwittert. Teile der rechten oberen und der rechten unteren Ecke des Blocks fehlen. Sowohl durch den Bruch als auch durch die Verwitterung des Steins sind einige Buchstaben der Inschrift nicht mehr erhalten (Z. 1) oder schlecht lesbar. Insgesamt sind die drei Zeilen symmetrisch auf der Vorderseite aufgebracht. Zwischen den Wörtern befinden sich Worttrenner. Während die Buchstaben in allen Zeilen dieselbe Höhe und Breite aufweisen, sind die in der letzten Zeile enger geschrieben.
- Bekrönung/Oberseite: Obwohl keine Abbildung der Oberseite verfügbar ist, befinden sich dort C. Ampolo und D. Erdas zufolge keine Spuren von Einlassungen für ein Standbild.
- Statue: —
Interpretation: Der Inschrift zufolge wurde ein Duumvir namens C. Iulius C. f. Longo vom Municipium mit einer Statue geehrt. Kürzlich vermutete H. Isler einen Bezug der Inschrift zum Theater und damit verbunden eine Involvierung des Geehrten in eine Restaurierung des Theaters. Möglich ist, dass er wegen dieser Bautätigkeit mit einer Statue geehrt wurde, denn die Maße weisen auf jeden Fall auf eine Statuenbasis hin. C. Ampolo und D. Erdas weisen dem geehrten Duumvir eine Münze zu, die 36 v. Chr. datiert wird. Dementsprechend schlagen sie die Aufstellung des Standbildes nach der zweiten Hälfte des 1. Jhs. v. Chr. vor.
Lit.: AE 1945.64; ISic0622; Ferrua 1941, 264; Managanaro 1988, 21 Anm. 81, 44; Wilson 1990, 41 Anm. 79; De Vido 1991, 979; Prag 2008, 78 Anm. 80; Isler 2017, 692; Ampolo – Erdas 2019, 116 ISegesta L2.

Seg14 (Abb. 302)
Fundort: Segesta, Agora, Nordportikus
Aufbewahrungsort: in situ
Maße: ?

Material: Kalkstein
Datierung: Ende 2. Jh. v. Chr.
Identifikation: wahrscheinlich
Beschreibung:
- Fundament: —
- Basisfuß: —
- Schaft: Der Schaft besteht aus zwei flachen und länglichen Blöcken, die an der Vorderseite die Form einer Tabula ansata aufweisen. Sie sind architektonisch in eine Wand eingefasst und bilden das Unterlager einer erhöhten Nische. Auf der Vorderseite war einst eine Inschrift angebracht, die nicht mehr vorhanden ist. Da nur die eine Seite der Tabula ansata sichtbar ist, muss ein weiterer Block ergänzt werden, der den Abschluss an der anderen Seite ergibt.
- Bekrönung/Oberseite: —
- Statue: —
Interpretation: Die als Boden einer erhöhten Nische in der Wand fungierende Basis ahmt die Form einer Tabula ansata nach. Weder die Inschrift an der Vorderseite ist erhalten noch ist eine Abbildung der Oberseite publiziert. Die vorliegende unbeschriftete Nischenbasis führte zur Deutung einiger nicht in situ befindlichen Ehreninschriften, die C. Ampolo und M. C. Parra ebenfalls in der Portikus rekonstruierten (Seg8–11).
Lit.: Ampolo – Parra 2012, Abb. 322.

Seg15 (Abb. 285, Abb. 303)
Fundort: Segesta, Agora, Westportikus (US 4568–4569)
Aufbewahrungsort: in situ
Material: Travertin ?
Maße: ? × 1,20 × 2,20 m
Datierung: Ende 2. Jh. v. Chr. (nach Seg16)
Identifikation: wahrscheinlich
Beschreibung:
- Fundament: Auf dem Paviment der Platzanlage befindet sich an die unterste Stufe gesetzt das Fundament einer langrechteckigen Statuenbasis. Erhalten sind drei geglättete Blöcke, der Zwischenraum wurde verfüllt. Es ist nicht die gesamte Länge der Struktur erhalten, doch wird der längste Block auf der südlichen Seite den Endpunkt der Basis markieren, denn damit würde die Basis auf derselben Höhe enden wie die danebenliegende Basis.
- Basisfuß: —
- Schaft: —

KATALOG 437

– Bekrönung/Oberseite: —
– Statue: —
Interpretation: Aufgrund der Maße des Fundaments, kann von einem Reitermonument ausgegangen wurden. Wie hoch die eigentliche Basis war, kann nicht mehr ermittelt werden. Der Orientierung des Fundaments zufolge wird das Standbild in die Platzmitte orientiert gewesen sein, ebenso wie die Ehreninschrift dementsprechend an der platzseitigen Kurzseite angebracht gewesen sein muss. Für eine Errichtung des Monuments nach der Plasterung der Agora und damit wohl nach der Fertigstellung der Stoa, spricht die Überdeckung eines Kanals durch die Basis. Denkbar wäre allerdings auch eine nachträgliche Erweiterung der Basis, die sich aber nicht im Befund nachweisen lässt.
Lit.: Parra 2006, 117; Angeletti 2012, 431 Abb. 430.

Seg16 (Abb. 285, Abb. 304)
Fundort: Segesta, Agora, Westportikus (US 40024–40027)
Aufbewahrungsort: in situ
Material: Travertin?
Maße: ? × 2,80 bzw. 1,00 × 2,50 m
Datierung: Ende 2. Jh. v. Chr. (früher als Seg15)
Identifikation: wahrscheinlich
Beschreibung:
– Fundament: Erhalten ist ein L-förmiges Fundament, welches gegen die erste Stufe der Portikus gesetzt wurde. Es besteht aus geglätteten Blöcken, die die Außenkanten darstellen, während der Zwischenraum verfüllt wurde. Es fehlen einige Blöcke des Fundaments an der südlichen Seite; darunter fehlt auch das Paviment der Platzanlage.
– Basisfuß: —
– Schaft: Auf dem Fundament befindet sich eine weitere Lage, die den Basisfuß darstellt. Zwei Blöcke sind erhalten; sie liegen sowohl auf der ersten Stufe als auch auf dem Fundament auf, was die Statuenbasis verlängert. Der Basisfuß weist ein einfaches Profil auf und ungefähr 10 cm der Basis.
– Bekrönung/Oberseite: —
– Statue: —
Interpretation: Es handelt sich um eine L-förmige Basis, von der das Fundament und ein Teil des Basisfußes mit der Profilierung erhalten geblieben sind. Unklar ist, welche Art von Statue auf dieser Basisform aufgestellt war, da sich weder eine zugehörige Inschrift noch Skulpturfragmente erhalten haben. L-förmige Basen sind auch außerhalb Siziliens bekannt (am bekanntesten, weil das gesamte Monument rekonstruiert werden konnte, s. Smith – Hallett 2015),

438 KATALOG

gehören allerdings sicherlich nicht zu den üblichen Statuenbasenformen. Anders als bei Seg15 scheint die vorliegende Basis zeitgleich mit dem Paviment der Agora datieren zu müssen, zumindest ist deutlich, dass das Monument geplant war. Darauf weist der Kanal hin, der, anders als bei Seg15, auf die Form der Basis Rücksicht nimmt und um das Monument herum verläuft.
Lit.: Parra 2006, 117; Angeletti 2012, 321 Abb. 431.

Seg17 (Abb. 285, Abb. 305)
Fundort: Segesta, Agora, Nordportikus
Aufbewahrungsort: in situ
Material: „marmo rosso di Segesta"
Maße: ? × 4,80 × 2,20 m
Datierung: Ende 2. Jh. v. Chr. oder später
Identifikation: wahrscheinlich
Beschreibung:
- Fundament: Erhalten sind neun Blöcke eines plattformartigen Fundaments. Darauf sind noch Linien sichtbar, die eine halbkreisförmige Exedrastruktur aufzeigen.
- Basisfuß: —
- Schaft: Drei Blöcke der ersten Lage haben sich erhalten, einer davon befindet sich eingemauert in eine mittelalterliche Mauer.
- Bekrönung/Oberseite:
- Statue:
Interpretation: Die halbkreisförmige Struktur spricht für die Rekonstruktion als Exedra. Es haben sich keine Hinweise für eine Bekrönung mit Statuen gefunden, doch spricht die Lage und Orientierung der Exedra zur Platzmitte für eine solche Repräsentation. Die Datierung der Exedra ist nicht eindeutig zu bestimmen, da die umgebende Pflasterung sich vom Paviment vor der Westportikus und der Platzmitte unterscheidet. Während es sich südlich vom Fundament um regelmäßige rechteckige Platten handelt, wurden seitlich der Exedra jeweils kleinere schräg zueinander angeordnete Platten verwendet. Zudem befinden sich vor der Westportikus jeweils eine Lage größerer Platten, die direkt vor der ersten Stufe zur Portikus liegen. Diese Platten fehlen um die vorliegende Exedra herum. Entweder die Exedra wurde später hinzugefügt oder sie gehört zur Erstausstattung der Agora, während das Paviment zu einem späteren Zeitpunkt hinzugefügt bzw. erneuert wurde.
Lit.: Angeletti 2012, 321 f.

Seg18 (Abb. 285, Abb. 306)
Fundort: Segesta, Agora, Nordportikus (US 40701)

KATALOG 439

Aufbewahrungsort: in situ
Material: Sandstein?
Maße: ? × 3,00 × 1,10/2,20 m
Datierung: Ende 2. Jh. v. Chr. oder später
Identifikation: wahrscheinlich
Beschreibung:
– Fundament: Erhalten ist ein L-förmiges Fundament, das an die erste Stufe der Portikus angesetzt wurde. Es besteht aus neun teils großformatigen, geglätteten Steinblöcken, die den Rand des Fundaments bilden. Der Zwischenraum ist verfüllt.
– Basisfuß: —
– Schaft: —
– Bekrönung/Oberseite: —
– Statue: —
Interpretation: Das Fundament einer L-förmigen Basis kann aufgrund der erhaltenen ersten Lage der Basis einer weiteren L-förmigen Basis (Seg16) rekonstruiert werden. Auch hier fehlen Inschrift und Skulptur, um Rückschlüsse auf die darauf errichteten Statuen ziehen zu können. Eine Datierung des Monuments ist nicht eindeutig zu ermitteln. Möglich ist eine geplante Aufstellung der Basis zum Zeitpunkt der Pflasterung des Paviments. Wie auch bei Seg17 ist die Pflasterung der Platzanlage um die Basis herum erneuert bzw. renoviert worden. Besonders auffällig ist, dass durch die Lage des Monuments der Kanal, der von Osten vor den Stufen der Portikus verläuft, vor der vorliegenden Basis nicht mehr vorhanden ist. Ob jedoch auch das Fundament des Monuments erst zu einer späteren Phase gehört, ist nicht zu bestimmen.
Lit.: Angeletti 2012, 322 Abb. 433.

Seg19 (Abb. 285)
Fundort: Segesta, Agora, Nordportikus, Auslassung
Aufbewahrungsort: Negativbefund
Maße: ? × 1,80 × 2,80–3,00 m
Material: —
Datierung: Ende 2. Jh. v. Chr., wahrscheinlich später
Identifikation: wahrscheinlich
Beschreibung:
– Fundament: Erhalten ist die Auslassung des Paviments in Form einer langrechteckigen Struktur. Sie weist dieselben Maße und Form auf wie ein weiteres erhaltenes Fundament (Seg15) und eine weitere Aussparung im Paviment (Seg20).
– Basisfuß: —

– Schaft: —
– Bekrönung/Oberseite: —
– Statue: —

Interpretation: In Analogie zu Seg15 handelt es sich vermutlich um den Negativbefund einer Reiterbasis. Das Verhältnis zum Paviment der Agora ist unklar. Während sich kein Paviment am Ort der Auslassung befindet, was für eine Rücksichtnahme zum Zeitpunkt der Verlegung der Pflasterung spricht, endet der von Osten vor der Treppe der Portikus entlang laufende Kanal an der Aussparung ohne einen erkennbaren Abschluss. Das wiederum spricht für eine spätere Errichtung des Monuments, zu einem Zeitpunkt, in der der Kanal nicht mehr in Funktion war.

Lit.: Angeletti 2012, Abb. 429.

Seg20 (Abb. 285)
Fundort: Segesta, Agora, Nordportikus, Auslassung
Aufbewahrungsort: Negativbefund
Maße: ? × 1,80 × 2,80–3,00 m
Material: —
Datierung: Ende 2. Jh. v. Chr., wahrscheinlich später
Identifikation: wahrscheinlich
Beschreibung:
– Fundament: Erhalten ist die Auslassung des Paviments in Form einer langrechteckigen Struktur. Sie weist dieselben Maße und Form auf wie ein weiteres erhaltenes Fundament (Seg15) und eine weitere Aussparung im Paviment (Seg19).
– Basisfuß: —
– Schaft: —
– Bekrönung/Oberseite: —
– Statue: —

Interpretation: In Analogie zu Seg15 handelt es sich vermutlich um den Negativbefund einer Reiterbasis, die ebenfalls an die erste Stufe der Portikus heranreicht. Das Verhältnis zum Paviment der Agora ist unklar. Während sich kein Paviment am Ort der Auslassung befindet, was für eine Rücksichtnahme zum Zeitpunkt der Verlegung der Pflasterung spricht, wird der von Osten vor der Treppe der Portikus entlang laufende Kanal an der Aussparung unterbrochen. Das wiederum spricht für eine spätere Errichtung des Monuments zu einem Zeitpunkt, in der der Kanal nicht mehr in Funktion war.

Lit.: Angeletti 2012, Abb. 429.

KATALOG   441

Solunt (Abb. 307)
Solı (Abb. 310)
Fundort: Solunt, sog. Ginnasio, 1865
Aufbewahrungsort: Palermo Museo archeologico regionale Antonino Salinas
Inv. 8809
Material: Marmor
Maße: 0,145 × 0,675 × 0,75 m
Buchstabenhöhe: 0,04–0,045 m
Datierung: 1. Jh. v. Chr. (Wilson, Prag, Portale); 1. Jh. n. Chr. (Manni Piraino,
Mistretta)
Identifikation: sicher
Inschrift:
πεζῶν τάξιες τρεῖς αἱ / στρατευσάμεναι ἐπὶ Ἀ- / πολλωνίου Ἀπολλωνίου καὶ / οἱ
αὐτοῦ ἔφηβοι Ἄνταλλον Ἀν- / τάλλου τοῦ Ἀντάλλου Ὀρνι- / χᾶν γυμνασιαρχήσαντα
/ εὐνοίας ἕνεκα.
Beschreibung:
– Fundament: —
– Basisfuß: —
– Schaft: Es handelt sich um eine marmorne Inschriftenplatte. Die linke Ecke
  fehlt, die Ränder der Platte sind bestoßen. Die siebenzeilige Inschrift nimmt
  die gesamte Fläche ein, die Buchstaben sind regelmäßig und, abgesehen
  von der letzten Zeile (εὐνοίας ἕνεκα), ohne Worttrennung geschrieben. Die
  Platte scheint an allen Rändern beschnitten worden zu sein, da die Inschrift
  direkt bis an die Ränder reicht und rechts sogar ein Buchstaben beschnit-
  ten wurde. An der unteren Kante befinden sich moderne rechteckige
  Einlassungen für die Befestigung der Platte an einer Wand. Diese beschneiden das ε von εὐνοίας.
– Bekrönung/Oberseite: —
– Statue: —
Interpretation: Es handelt sich um die Verkleidungsplatte einer Statuenbasis.
Drei Abteilungen von Soldaten ehrten den Gymnasiarchen Antallos Ornichas
wegen seiner εὐνοία. Die erhaltenen Maße der Platte lassen eine mindestens lebensgroße Statue vermuten, jedoch ist unklar, welche Ausmaße die
Statuenbasis ursprünglich hatte. Die Familie ist aus einer weiteren Inschrift
bekannt, die direkt vor einem reich ausgestatteten Peristylhaus in die Via
dell'Agora (sog. Ginnasio) eingelassen wurde. In diesem Haus wurde auch
die Inschrift gefunden. In der Literatur wurde mehrfach vorgeschlagen, dass
die Statue des Antallos an ihrem Fundort, d.h. in dem privaten Peristylhaus

442   KATALOG

aufgestellt war (Portale 2006; Mistretta 2013). Gegen diese These spricht aber die sekundäre Zurichtung der Platte und das Fehlen einer Statuenbasis im Persitylhaus, an der die Platte befestigt war. Darüber hinaus zeigt das Formular der Inschrift große Ähnlichkeiten mit Inschriften von Ehrenstatuen, die auf der Agora von Halaesa aufgestellt waren.

Literatur: IG XIV 311; ISic1130; Manni Piraino 1973, 144–147 Nr. 114, Taf. 67; Wilson 1988, 191; Wilson 1990, 43 Abb. 33, 360 Anm. 92; Cordiano 1997, 70–72; Portale 2006, 87–98; Prag 2007, 86; Mistretta 2013, 106 f.; Dimartino 2019, 210–212; Henzel 2019, 185 Anm. 15, 189 f.

Sol2 (Abb. 311)
Fundort: Solunt, wiederverwendet im Gebäude mit den „tre batyloi", gefunden 2006/2007
Aufbewahrungsort: Solunt Antiquarium
Material: Kalkstein
Maße: 0,39 × 0,89 × 0,33 m
Buchstabenh.: 0,035–0,04 m
Datierung: 84–75 v. Chr. (Calascibetta – Di Leonardo)
Identifikation: sicher
Inschrift:
Τὸ κοιν[ὸν ---] / Σέξστον Πεδο[υκαῖον] / ἀντιστρά̣[τηγον] / τὸν αὐτῶν [πάτρωνα] / εὐνοίας ἕ[νεκα].
Beschreibung:
– Fundament: —
– Basisfuß: —
– Schaft: Der rechteckige Kalksteinblock weist eine verwitterte Oberfläche auf, die an den Rändern beschnitten wurde.
– Bekrönung/Oberseite: —
– Statue: —
Interpretation: Ein gewisser Sextus Peducaeus wurde von einem nicht näher bestimmbaren Koinon mit einer Statue geehrt. Der Geehrte ist aus Ciceros Reden bekannt als Proprätor der Jahre 76–75 v. Chr. Da er in der Inschrift als Quästor bezeichnet wird, hat J. Prag eine frühere Datierung des Monuments vorgeschlagen (Prag 2018b). Wo das Monument errichtet war, lässt sich nicht mehr ermitteln, doch ist eine Aufstellung auf der Agora durchaus möglich. Koina als Stifter sind im hellenistischen Sizilien sonst nur aus Halaesa bekannt. Die Breite des Blocks lässt die Rekonstruktion einer mindestens lebensgroßen Statue zu, doch ist aufgrund der geringen Tiefe des Blocks zu vermuten, dass dieser im Rahmen der Wiederverwendung im Gebäude „tre batyloi" beschnitten wurde.

KATALOG　443

Literatur: ISic3419; Calascibetta - Di Leonardo 2012; Prag 2018b, 114; Henzel 2019, 190 f.

Sol3 + Sol4 (Abb. 308, Abb. 312–313)
Fundort: Solunt, Stoa, Exedra 9
Aufbewahrungsort: in situ
Maße: 0,34–0,35 × 2,45 × 0,70–0,75 m (drei Quader)
Buchstabenhöhe 0,02–0,03 m
Material: Sandstein
Datierung: um 150 v. Chr. (Giannobile, Wolf); Ende 3. /Anfang 2. Jh. v. Chr. (Tusa)
Identifikation: sicher
Inschrift:

a)   ἐπὶ ἱεροθύτα Φίλωνος Ἀπ[ολλωνίου] / Ἀρίστω[ν] Ἀ[πολλωνίο]υ τὸν π[ατέρα] / Ἀπολλώνιον Ἀ[ρίστωνος / ἀμ]φιπ[ολή]σα[ντα] / Διὶ Ὀλυμπίωι καὶ θεοῖς πᾶσι

b)   ἐπὶ ἱεροθύτα Φίλωνος Ἀρίστωνος / Ἀπολλώνιος καὶ Φίλων καὶ Ἀρίστων Ἀρίστωνος / τὸν πατέρα Ἀρίστωνα Ἀπολλωνίου / ἀμφιπολήσαντα Διὶ Ὀλυμπίωι καὶ θεοῖς πᾶσι

Beschreibung:[15]
– Fundament: —
– Basisfuß: —
– Schaft: In der rückwärtigen Wand der Exedra 9 befindet sich in 1,71 m Höhe über dem Boden eine Nische mit 2,45 m Breite und 70–75 cm Tiefe. Der Boden der Nische wird aus drei 34–35 cm hohen Sandsteinblöcken mit Fuß- und Kopfprofil gebildet. Auf der Vorderseite befinden sich zwei vierzeilige griechische Inschriften.
– Bekrönung/Oberseite: Auf der Oberseite der Kalksteinblöcke sind vier Einlassungen (20–25 cm) für die Füße von Bronzestatuen sichtbar (Abb. 313; Tusa 1963, Wolf 2013).
– Statue: —
Interpretation: Die Nische beherbergte zwei lebensgroße, ponderiert stehende männliche Bronzestatuen, die wohl mit einem Himation bekleidet waren. Geehrt wurden Apollonios, Sohn des Ariston und sein Sohn Ariston, Sohn des Apollonios, während Philon, Sohn des Apollonios, und Philon, Sohn des Ariston Priester waren. Als Stifter treten jeweils die Söhne auf, Ariston, Sohn des Apollonios, sowie Apollonios, Philon und Ariston, Söhne des Ariston. Die Familie ist somit in vier Genererationen bekannt. Bei dem in einer weiteren

---

15   Die Maße stammen von Tusa 1963, 185 f. und Wolf 2013, 18.

Inschrift (Solı) erwähnten Apollonios, Sohn des Apollonios, könnte es sich um ein weiteres Mitglied der Familie handeln. Während V. Tusa die Inschriften paläographisch an den Übergang vom 3. zum 2. Jh. v. Chr. setzte, datiert S. Giannobile die Inschriften in die Mitte des 2. Jh. v. Chr. Den Untersuchungen von M. Wolf zufolge wurde die Stoa, in der sich die Statuen befanden, erst um die Mitte des 2. Jh. v. Chr. errichtet, weshalb eine frühere Entstehung der beiden Inschriften unmöglich sein dürfte.

Literatur: SEG 46.1242; ISic1413; zu den Inschriften: Tusa 1963, 185–194; Giannobile 2003, 118; Dimartino 2019, 207–209; Henzel 2019, 183 f., 188, 191–192; zur Architektur, Wolf 2013, 18. 43 f.

Sol5 (Abb. 308, Abb. 314)

Fundort: Solunt, Agora, vor den Stufen zwischen Exedra 7 und 8

Aufbewahrungsort: in situ

Maße: 0,41–0,44 × 4,17 (NS) × 2,23–2,47 m (OW)

Material: Sandstein

Datierung: 150–100 v. Chr.

Identifikation: wahrscheinlich

Beschreibung:

- Fundament: Vor den Stufen auf der Höhe der Exedren 7 und 8 befindet sich eine U-förmige Struktur. Der westliche Teil der Struktur fehlt. Die Schmalseiten sind unterschiedliche lang erhalten, 2,23 m im Nordern, 2,47 m im Süden. Auf dieser Struktur liegen drei profilierte Blöcke mit jeweils mittig platzierten Stemmlöchern, die der Befestigung weiterer Blocklagen dienten.
- Basisfuß: —
- Schaft: —
- Bekrönung/Oberseite: —
- Statue: —

Interpretation: Aufgrund der Stemmlöcher auf der Oberfläche der aufgehenden Steinlage kann eine weitere Lage von Blöcken ergänzt werden. M. Wolf rekonstruierte, ohne nähere Erläuterung, die ursprüngliche Höhe der Basis mit 1–1,20 m. Wegen seiner Größe von 4,17 × mindestens 2,47 m ist dies eines der größten Statuenmonumente Siziliens. Die rechteckige Form lässt eine Statuengruppe, eine Biga oder mehrere lebensgroße Reiterstandbilder vermuten; die Statuen müssen nach Osten, Richtung Platzmitte und Via dell'Agora orientiert gewesen sein. Das Monument kann aufgrund fehlender Stratigraphie und zugehöriger Inschriften nur relativchronologisch eingeordnet werden. Die Errichtung der Statue muss zwischen dem Bau der Stoa um 150 v. Chr. und der

KATALOG

Pavimentverlegung auf der Agora zwischen 150 und 100 v. Chr. datiert werden (d.h. in Phase 4; s. dazu Abb. 308).
Lit.: Wolf 2013, 22. 33, Taf. 13, 1; Henzel 2019, 192.

Sol6 (Abb. 308, Abb. 315)
Fundort: Solunt, Agora, ein Meter nördlich von Sol5 vor Exedra 8
Aufbewahrungsort: in situ
Maße: 0,27–0,30 × 0,30 (NS) × 2,47 m (OW)
Material: Kalkstein
Datierung: nach Sol5
Identifikation: wahrscheinlich
Beschreibung:
– Fundament: Erhalten sind vier Blöcke, die einen Meter nördlich parallel zur nördlichen Kurzseite der Basis Sol5 liegen. Sie weisen dieselbe Länge wie die südliche Kurzseite von Sol5 auf. Auf den Blöcken befindet sich eine weitere Lage von Blöcken mit bearbeiteter (profilierter?) Kante.
– Basisfuß: —
– Schaft: —
– Bekrönung/Oberseite: —
– Statue: —
Interpretation: M. Wolf vermutet aufgrund der Lage der Blöcke, dass es sich um eine Erweiterung der Basis Sol5 handelt. Die erweiterte Basis wäre insgesamt 5,17 m breit und damit breiter als alle anderen Statuenbasen in Sizilien gewesen. Eine solche Basis muss ein Gruppenmonument getragen haben, wobei die Erweiterung Platz für eine stehende Statue oder eine Reiterstatue bot. Denkbar ist aber auch eine komplett neue Gestaltung des Monuments. Unklar ist außerdem, wann die Erweiterung von Sol5 stattfand; das Verhältnis zum Paviment ist nicht erhalten. Die Erweiterung hätte demnach entweder zu einem späteren Zeitpunkt vor der Verlegung des Paviments stattfinden können (Phase 4; Abb. 308) oder danach.
Literatur: Wolf 2013, 22. 33, Taf. 13, 1; Henzel 2019, 192.

Sol7 (Abb. 308, Abb. 316)
Fundort: Solunt, Agora, vor Treppen vor Exedra 8
Aufbewahrungsort: in situ
Maße: 0,26 × 0,635 (NS) × 0,495 m (OW)
Material: Sandstein?
Datierung: 150–100 v. Chr.
Identifikation: wahrscheinlich

446 KATALOG

Beschreibung:
- Fundament: —
- Basisfuß: Erhalten sind zwei profilierte Blöcke einer rechteckigen Basis.
- Schaft: —
- Bekrönung/Oberseite: —
- Statue: —

Interpretation: Die Maße von 63 × 49 cm sind üblich und ausreichend für eine einzelne lebensgroße stehende Statue, die hier bevorzugt mit Orientierung nach Osten zu ergänzen ist. M. Wolf sprach sich aufgrund der Maße gegen eine Deutung als Statuenbasis aus und schlug dagegen eine Pfeilerbasis vor. Da mehrere Blöcke des Paviments gegen das Fundament der Basis anlaufen, muss das Sattuenmonument zwischen der Errichtung der Stoa und der Verlegung des Paviment entstanden sein (Phase 4; Abb. 308).

Literatur: Wolf 2013, 22. 33, Taf. 13, 2 44 r; Henzel 2019, 193.

Sol8 (Abb. 308, Abb. 317)
Fundort: Solunt, Agora, auf Höhe der Trennmauer von Exedra 8 und 9 vor den Stufen der Nordportikus
Aufbewahrungsort: in situ
Maße: 0,33 × 1,80–1,90 (NS) × 1,75 m (OW)
Material: Sandstein?
Datierung: 150–100 v. Chr.
Identifikation: wahrscheinlich
Beschreibung:
- Fundament: Erhalten ist eine U-förmige Setzung von Blöcken unterschiedlicher Größe. Auf den Blöcken der untersten Lage finden sich Ritzlinien, die auf die Existenz einer weiteren Blocklage hinweisen.
- Basisfuß: Auf den Fundamentblöcken der östlichen Langseite liegen drei Blöcke des Basisfußes, die sich nach oben deutlich verjüngen.
- Schaft: —
- Bekrönung/Oberseite: —
- Statue: —

Interpretation: M. Wolf rekonstruiert die aufgehende Basis anhand der Ritzlinien mit einer Größe von 1,00 (OW) × 1,40 m (NS). Da eine auskragende Bekrönung zu erwarten ist, war die Oberseite sicher größer. Form und Maße lassen ein lebensgroßes Reiterstandbild rekonstruieren, das nach Süden zur Platzmitte blickte. Da das Paviment der Platzanlage, welches am Ende des 2. Jhs. v. Chr. verlegt wurde, nicht unter dem Fundament zu finden ist, sondern im Gegenteil gegen das Fundament läuft, muss das Statuenmonument zwischen

KATALOG 447

der Errichtung der Stoa um 150 v. Chr. und der Verlegung des Paviments aufgestellt worden sein (Phase 4; Abb. 308).
Literatur: Wolf 2013, 22. 34, Taf. 13. 4, 45 l; Henzel 2019, 193.

Sol9 (Abb. 308, Abb. 318)
Aufstellungsort: Solunt, Agora, an Nordportikus auf Höhe der Trennmauer zwischen Exedra 8 und 9
Maße: 0,45–0,48 × 1,70 (NS) × 1,10 m (OW)
Material: Sandstein?
Datierung: 150–100 v. Chr.
Identifikation: wahrscheinlich
Beschreibung:
– Fundament: Erhalten ist eine L-förmige Setzung von 6–7 Blöcken. Die ursprüngliche Größe des Fundaments kann nicht eindeutig rekonstruiert werden. Die Basis kann aber, ebenso wie die benachbarte Basis Sol8 nicht viel weiter nach Norden gereicht haben, da sich dort die Stufen der Nordportikus befanden.
– Basisfuß: —
– Schaft: —
– Bekrönung/Oberseite: —
– Statue: —
Interpretation: Das Fundament ist in Form und Ausmaßen ähnlich zu rekonstruieren wie die benachbarte Basis Sol8. Auch hier ist ein nach Süden gerichtetes Reiterstandbild zu ergänzen. Die chronologische Einordnung des Monuments kann zwischen dem Bau der Stoa um 150 v. Chr. und der Verlegung des Paviments auf der Platzanlage am Ende des 2. Jhs. v. Chr. gesetzt werden, da ein Stück des Bodenbelags gegen das Fundament stößt (Phase 4; Abb. 308).
Literatur: Wolf 2013, 22. 34, Taf. 13, 3; Henzel 2019, 193.

Sol10 (Abb. 319)
Fundort: Solunt, Agora?
Aufbewahrungsort: Solunt Antiquarium
Maße: 0,195 × 0,38 × 0,07 m
Buchstabenh.: 0,035–0,04 m
Material: Kalkstein
Datierung: 1. Jh. v. Chr. (Giannobile)
Identifikation: wahrscheinlich
Inschrift:
[---Ἀ]ρτέμωνα[---] / [---]υἱὸν θεοῖ[ς πᾶσι---]

448 KATALOG

Beschreibung:
- Fundament: —
- Basisfuß: —
- Schaft: Das Fragment einer Kalksteinplatte weist Reste von zwei Zeilen einer griechischen Inschrift auf. Diese ist regelmäßig angeordnet, die Buchstaben sind gleich groß, doch ungleichmäßig geschrieben.
- Bekrönung/Oberseite: —
- Statue: —

Interpretation: Die Platte könnte zur Basis einer Statue gehört haben, mit der ein Artemon geehrt wurde. Die Weihung der Statue an alle Götter findet sich häufig bei Ehreninschriften im hellenistischen Sizilien. S. Giannobile datierte die Inschrift paläographisch in das 1. Jh. v. Chr.

Lit.: SEG 58.1055.4; ISic3396; Giannobile 2003, 119 Nr. 4; Wolf 2013, 43; Henzel 2019, 194.

Sol11 (Abb. 308, Abb. 320–321)
Fundort: Solunt, Portikus, vor Säule vor Exedra 1, S von Sol12
Aufbewahrungsort: in situ
Maße: 1,64 × 0,59 × 0,61 m
Material: Kalk- und Sandstein
Datierung: frühe Kaiserzeit ? (Wolf)
Identifikation: unsicher
Beschreibung:
- Fundament: Ein rechteckiger Block wurde direkt auf das Paviment der Portikus gestellt.
- Basisfuß: Auf dem Fundamentblock befindet sich ein Basisfuß aus Kalkstein, der sich stark nach oben verjüngt.
- Schaft: Auf den Basisfuß folgt ein Schaft aus drei Sandsteinblöcken; zwei nebeneinanderliegende rechteckige Blöcke bilden den unteren Teil, während ein monolither Block folgt.
- Bekrönung/Oberseite: —
- Statue: —

Interpretation: Die Basis wird eine Statue mit mindestens lebensgroßen Ausmaßen getragen haben. Da die Bekrönung fehlt, können die Maße der Oberfläche nicht bestimmt werden, doch kann parallel zum Basisfuß eine auskragende Bekrönung vermutet werden, wodurch eine größere Fläche zur Verfügung gestanden hätte. Die Basis wurde nachträglich an eine der Säulen vor der Exedra auf das Paviment der Stoa gesetzt. Auch wenn der Zeitpunkt der Aufstellung nicht mehr zu ermitteln ist, könnte die Zusammenstellung

KATALOG

der Basis aus unterschiedlichen Steinsorten für eine kaiserzeitliche Datierung sprechen.
Literatur: Wolf 2013, 16. 41. 42; Portale 2017b, 52 Anm. 68.

Sol12 (Abb. 308, Abb. 322–323)
Fundort: Solunt, Portikus, vor Exedra 1, N von Sol11
Aufbewahrungsort: in situ
Maße: 1,38 × 0,68 × 0,485 m
Material: Kalk- und Sandstein
Datierung: frühe Kaiserzeit ? (Wolf)
Identifikation: unsicher
Beschreibung:
– Fundament: Eine rechteckige Platte aus Kalkstein mit verwitterter Oberfläche steht direkt auf dem Paviment.
– Basisfuß: —
– Schaft: Auf dem Fundament befinden sich zwei Sandsteinblöcke, die weniger breit sind als das Fundament, und den Schaft des Monuments bilden.
– Bekrönung/Oberseite: —
– Statue: —
Interpretation: Da die Oberfläche der Basis nicht erhalten ist, können weder die genaue Höhe noch die Maße der Standfläche für die Statue berechnet werden. Auch hier kann eine Bekrönung vorausgesetzt werden, weshalb eine mindestens lebensgroße Statue rekonstruiert werden kann. Wie bei Sol11 ist unklar, wann genau die Basis errichtet wurde. Sicher ist eine nachträgliche Aufstellung. Darauf weist die Errichtung vor der Halbsäule nördlich von Sol11 an, wodurch die Basis deutlich in westliche Richtung kippt, und die Zusammensetzung von Blöcken unterschiedlicher Steinsorten hin. Beides könnte für eine Datierung in die Kaiserzeit sprechen.
Literatur: Wolf 2013, 16. 41. 42; Portale 2017b, 52 Anm. 68.

Sol13+Sol14+Sol15 (Abb. 324–326)
Fundort: Solunt, südlich der Agora in vier Fragmenten (Portale 2017, 35)
Aufbewahrungsort: Solunt Antiquarium Inv. G.E. 1481 (Oberkörper); GE 1482 (Unterkörper)
Maße: 0,165 m (Kopffragment Kalotte bis Ohr); 0,41 m (Hinterkopf); 0,715 m (Oberkörper bis Hüfte); 1,37 m (Unterkörper)
Material: Marmor
Datierung: julisch-claudisch (Porträtkopf: Portale); severisch (Körper: Alexandridis); 3.–4. Jh. n. Chr. (zusammengesetzt: Portale)

Identifikation: wahrscheinlich

Beschreibung:

- Fundament: —
- Schaft: —
- Bekrönung/Oberseite: —
- Statue: Die Statue, die im Antiquarium als „Agrippina" ausgestellt wird, besteht aus vier Fragmenten, die im Folgenden einzeln beschrieben werden: Der Porträtkopf ist aus zwei anpassenden Fragmenten zusammengesetzt. Das Gesicht ist sehr schlecht erhalten, die Oberfläche ist stark beschädigt, weshalb Nase, Lippen und Augen kaum erkennbar sind. Die Frisur weist eine doppelte Reihe an Buckellocken über der Stirn auf sowie herabfallende Korkenzieherlocken hinter den Ohren. Sie wurde von N. Bonacasa mit Porträtköpfen Agrippina maiors in Verbindung gebracht. Die Statue wird im Antiquarium in Solunt als solche angesprochen. Der Torso der weiblichen Gewandstatue ist im Schulterbauschtypus Knossos mit Himation und Chiton bekleidet. Die Statue weist ein eingetieftes Halsrund auf, in das der Porträtkopf eingesetzt war. An der rechten Seite der Statue reicht eine Bruchstelle in diagonalem Verlauf von der Schulter bis zum Bauch.

Interpretation: Ob der Porträtkopf wirklich Agrippina maior darstellt, wie Bonacasa vorschlug, ist aufgrund der Erhaltung schwer zu klären. Es könnte sich auch um ein Portät der Claudia Octavia handeln. Die divergierenden Datierungen von Statue und Porträtkopf sind schwer zu erklären. Am wahrscheinlichsten ist die Annahme, dass der Statuenkörper des frühkaiserzeitlichen Porträtkopfes auf irgendeine Weise zu Schaden kam und in severischer Zeit mit einem neuen Statuenkörper zusammengebracht wurde. Möglicherweise war die Statue mit dem ursprünglichen Statuenkörper auf einer der vor Exedra 1 in situ befindlichen Statuenbasen der frühen Kaiserzeit aufgestellt. C. E. Portale zufolge handelt es sich bei der Statue um eine spätantike Zusammenstellung von mindestens drei Statuen; den aus zwei Fragmenten zusammengesetzte Porträtkopf setzt sie in julisch-claudische Zeit; sieht allerdings zwei unterschiedliche Porträts. Auch wenn eine Zusammensetzen unterschiedlicher Statuenfragmente aus der Spätantike bekannt ist, liegen in Solunt weder Informationen zur spätantiken Nutzung der Agora vor noch wurden die Basen (Hala11, Hala12), mit denen Portale die Statue in Verbindung bringt, in der Spätantike errichtet.

Lit.: Bonacasa 1964, 159 Nr. 227, Taf. 93, 2; Filges 1997, 267 Kat.-Nr. 119; Alexandridis 2004, 268 Anhang 2.2.24 D8 (Oberkörper); zusammengesetzt aus: Bonacasa 1964, 128 Nr. 170, Taf. 77, 3 (Kopffragment); 128 Nr. 171, Taf. 77, 4 (Hinterkopf); 159 Nr. 227, Taf. 93, 2 (Oberkörper bis Hüfte); 159 Nr. 228, Taf. 93, 3 (Unterkörper); Portale 2017b.

KATALOG 451

Sol16 (Abb. 327)
Fundort: Solunt, Agora, Portikus, Bereich Exedra 1
Aufbewahrungsort: Solunt Antiquarium
Maße: 1,02 m erhalten
Material: Marmor
Datierung: frühe Kaiserzeit
Identifikation: wahrscheinlich
Beschreibung:
– Fundament: —
– Basisfuß: —
– Schaft: —
– Bekrönung/Oberseite: —
– Statue: Nur der untere Teil des Togatus ist erhalten geblieben. Zwischen
  Knie und Hüfte ist die männliche Statue gebrochen. Die Bruchfläche ist
  relativ glatt und verläuft angeschrägt in Richtung des linken Beins. Beide
  Füße fehlen, vom rechten Unterschenkel fehlt ein Stück, welches parallel
  schräg zur oberen Bruchkante verläuft. Neben dem linken Bein, welches das
  Standbein darstellt, befindet sich eine Kiste. Der Unterschenkel des rechten
  Beins, des Spielbeins, ist zurückgesetzt. Durch das Gewand hindurch ist das
  Knie sehr gut erkennbar, da der Sinus, welcher schräg nach rechts verläuft,
  knapp über dem Knie entlang verläuft. Reste einer horizontalen Lacinia sind
  zwischen den Füßen zu erkennen, allerdings bricht die Statue hier ab ohne,
  dass die Länge erkennbar ist. Daneben, wohl oberhalb des nicht erhaltenen
  linken Fußes, befindet sich ein bauschig fallender Gewandsaum[16].
Interpretation: Die Größe der erhaltenen Statue lässt vermuten, dass es sich
ursprünglich um einen überlebensgroßen Togatus handelte. Das Attribut
der Kiste neben dem linken Bein wird üblicherweise mit einem Amtsträger
in Verbindung gebracht. Aufgrund der Fundstelle kann man davon ausgehen,
dass der Togatus in unmittelbarer Umgebung aufgestellt war. Anbieten würde
sich eine der beiden Statuenbasen, die in der Kaiserzeit vor der Exedra 1 angefügt wurden. Trotz des Fehlens einer zuordenbaren Inschrift, kann vermutet
werden, dass es sich hier um die Ehrenstatue eines Amtsträgers der soluntiner
Elite der frühen Kaiserzeit handelt, dessen Statue in der Portikus vor Exedra 1
aufgestellt war.
Bonacasa 1964, 150 Nr. 211, Taf. 88, 2; Wolf 2013, 41. 43, Taf. 38, 3.

---

16   Der untere Teil der Gewanddrapierung hat am meisten Ähnlichkeiten mit frühkaiserzeit-
     lichen Togati, Goette 1990, Taf. 4, 3–5.

452 KATALOG

Sol17 (Abb. 328)
Fundort: Solunt, Agora, Portikus, Exedra 5
Aufbewahrungsort: ?
Maße: H. 0,34 m erhalten
Material: Marmor
Datierung: kaiserzeitlich
Identifikation: wahrscheinlich
Beschreibung:
– Fundament: —
– Basisfuß: —
– Schaft: —
– Bekrönung/Oberseite: —
– Statue: Erhalten ist der unterer Teil einer weiblichen Gewandstatue. Die marmorne Statue ist mit einer Plinthe in einem Stück gearbeitet, von der nur der rechte Abschnitt mit der Fußspitze des rechten Fußes der Statue fehlt. Die Schuhe laufen nach vorne spitz zu. Die Füße schauen unter Chiton und Himation hervor, die Gewänder fallen auf die Plinthe hinab und wirken damit eher wie eine Toga. Oberhalb von ungefähr zehn Zentimetern bricht die Statue ab.

Interpretation: Die stark fragmentierte weibliche Marmorstatue kann auf der Agora oder in der Portikus aufgestellt gewesen sein. Darauf weist der Fundort des erhaltenen Fragments bei Exedra 5 hin. Eine konkrete Aufstellung kann aber mit keiner dortigen Basis in Verbindung gebracht werden. Der Verlauf des Gewands ähnelt einer Gewandstatue aus dem 1. Jh. n. Chr. aus Catania, welche ebenfalls einen togaähnlichen Verlauf vom Gewand aufweist (Cat5).
Lit.: Bonacasa 1964, 160 Nr. 231, Taf. 94, 2.

Sol18 (Abb. 329)
Fundort: Solunt, 1857
Aufbewahrungsort: Palermo Museo archeologico regionale Antonino Salinas Inv. 3548
Maße: 0,26 × 0,54 × 0,07 m
Buchstabenh.: 0,05–0,06 m
Material: Marmor
Datierung: 202–205 n. Chr. (Bivona)
Identifikation: sicher
Inschrift:
Fulviae Plautillae Aug(ustae) / Antonini Aug(usti) / res p(ublica) Soluntinor(um) / d(ecreto) d(ecurionum).
Beschreibung:
– Fundament: —

KATALOG   453

– Basisfuß: —
– Schaft: Die rechteckige Platte aus weißem Marmor wurde in Fragmenten
  gefunden und restauriert. Es handelt sich um eine längliche flache Platte, auf
  der eine dreizeilige lateinische Inschrift aufgetragen wurde. Die Buchstaben
  sind schmal und hoch, die Wörter durch Worttrenner getrennt. Die Inschrift
  ist sehr sauber, ordentlich und gleichmäßig geschrieben. Alle Buchstaben
  zeigen dieselbe Höhe und Breite; zudem sind die erste und dritte Zeile
  gleich lang, während nur die mittlere Zeile kürzer ist und mittig angeordnet
  wurde. Somit ergibt sich ein sehr organisiertes ordentliches Bild.
– Oberseite/Bekrönung: —
– Statue: —
Interpretation: Die marmorne Verkleidungsplatte einer Basis trägt die einzige
lateinische Inschrift, die in Solunt gefunden wurde. Ihr zufolge wurde eine
Statue der Fulviae Plautilla, der Ehefrau Caracallas, öffentlich aufgestellt. Wie
lange das Ehrenmonument aufgestellt blieb ist unbekannt. Nachdem ihr Vater,
der Prätorianerpräfekt Plautian ermordet wurde, wurde sie nach Lipari verbannt. Ihr Name ist zumindest nicht von der Inschrift entfernt worden; ebenso
ist in Halaesa die Ehreninschrift eines Statuenmonuments für Plautian erhalten geblieben, welches ebenfalls scheinbar der *damnatio memoriae* entgangen
war (Hala27).
Lit.: CIL X 7336; ISic 0047; Bivona 1970, 63 f. Nr. 48, Taf. 31; Manni Piraino 1973,
147; Prag 2008, 77 f.

Syrakus (Abb. 330)
Syr1 (Abb. 331–332)
Fundort: Syrakus, Akradina (?), 1734
Aufbewahrungsort: Syrakus Museo archeologico regionale Paolo Orsi Inv. 6489
Maße: 0,49 × 1,00 × 0,84 m (Autopsie); 0,49 × 0,99 × 0,45 m (Inventarbuch)
Material: Kalkstein aus Taormina
Datierung: 265–215 v. Chr.
Identifikation: sicher
Inschrift:
Βασιλεος αγε[μονος] / Ιερονος Ιεροκλεος / Συρακοσιοι θεοις πασι.
Beschreibung:
– Fundament: —
– Basisfuß: —
– Schaft: Erhalten ist ein großformatig flacher und rechteckiger Quader ohne
  Profilierungen. Der Stein stammt aus Taormina. An beiden Seiten des Blocks
  finden sich Spuren von weißer und roter Farbe. Die Vorderseite zeigt eine
  dreizeilige griechische Inschrift, die ordentlich und regelmäßig angeordnet
  ist.

454 KATALOG

- Bekrönung/Oberseite: Die Oberfläche ist relativ schlecht erhalten: die linke vordere und die rechte hintere Ecke ist herausgebrochen. Vor bzw. hinter diesen Fehlstellen befinden sich Dübellöcher für die Befestigung einer Statue (Taf. 107.2). Eine sohlenförmige Einlassung (15 cm lang × 5 cm breit × 4,5 cm tief) für den linken Fuß der Statue lääst diesen als nach vorne gesetzt rekonstruieren, während der stark zurückgesetzte rechte Fuß als ein einzelnes rundes Dübelloch gebildet ist (8 × 8 cm, 7 cm tief). Somit kann die Statue als eine im Ausfallschritt stehende Person, die das Gewicht auf dem linken Bein lasten lässt und den rechte Fuß nur mit dem Fußballen auftritt, rekonstruiert werden.
- Statue: Zu rekonstruieren ist eine unterlebensgroße (?) Bronzestatue in weitem Ausfallschritt.

Interpretation: Von A. Dimartino wurde der Block als Votivbasis gedeutet, die Spuren an der Oberfläche interpretiert sie dementsprechend als Einlassungen für einen Dreifuß (Dimartino 2006). Ausschlaggebend für ihre Deutung war wohl die Inschrift, die bezeugt, dass die Syrakusaner eine Statue des Hieron an alle Götter weihen. Der Name des Geehrten steht unüblicherweise im Genetiv. Allerdings weihen die Syrakusaner der Inschrift zufolge eine Statue des Hieron an alle Götter; die Erwähnung von Göttern in Ehreninschriften ist besonders in frühhellenistischer Zeit noch weit verbreitet. Der Genetiv betont zwar eine sakrale Komponente des Monuments, aber vielmehr im Sinne der Göttlichkeit Hieron II., deren Zugehörigkeit des Monuments im Genetiv betont wird (s. dazu Ma 2015). Sowohl die Inschrift als auch die Einlassspuren auf der Oberseite lassen eine bronzene Statue des Hieron II. im Ausfallschritt rekonstruieren. Die bronzene Statue war vermutlich größer als die errechneten 90 cm, die sich aus den Maßen der Einlassungen berechnen lassen, da die Schrittstellung bei einer unterlebensgroßen Statue ungewöhnlich weit wäre. Die weite Schrittstellung und der damit verbundene aktive Stand der Statue findet sich häufig bei der Darstellung hellenistischer Herrscher, die entweder nackt, im Hüftmantel oder mit der Chlamys bekleidet sind.

Lit.: IG XIV 2; ISic0823; Dimartino 2006, 703 Nr. 1,1; Ma 2015, 20 Anm. 27; Prag 2017a, 121. 122 Abb. 5

Syr2 (Abb. 333)
Fundort: Syrakus, Ortygia, Palazzi Italia
Aufbewahrungsort: Syrakus Museo archeologico regionale Paolo Orsi Inv. 16109
Maße: 0,24 × 0,96 × 0,64 m
Material: Marmor (Dimartino); Kalkstein aus Taormina (Orsi)
Datierung: 241–216 v. Chr.
Identifikation: sicher

KATALOG 455

Inschrift:
ὁ δᾶμος τῶν Συρακοσίων / βασιλέα Γέλωνα βασιλέος Ἱέρωνος / Διὶ Ἑλλανίωι.
Beschreibung:
– Fundament: —
– Schaft: Der große Kalksteinblock trägt eine dreizeilige griechische Inschrift
  auf der Vorderseite. Sowohl an der Ober- als auch an der Unterseite wurde
  der Stein beschnitten und wiederverwendet. Dadurch sind die Ausmaße des
  Blocks nicht mehr zu ermitteln.
– Bekrönung/Oberseite: Die Oberseite des Blocks stimmt aufgrund der
  Umarbeitung nicht mit der originalen Oberfläche überein.
– Statue: Aufgrund der Breite des Blocks kann von einer mindestens lebens-
  großen Statue ausgegangen werden.
Interpretation: Der Inschrift zufolge ehrt der Demos der Syrakusaner (eine
Statue von) König Gelon, Sohn von Hieron II., an Zeus Hellenios. Es muss
sich aufgrund der Größe der Basis in Verbindung mit der Ehreninschrift um
eine Statuenbasis für eine mindestens lebensgroße Statue gehandelt haben.
Aufgrund der Wiederverwendung und Beschneidung des Blocks können weder
Rückschlüsse auf das verwendete Material noch auf den Statuentyp gezogen
werden.
Lit.: SEG 56.1103.1.4; ISic3331; Orsi 1895, 22 f.; Dimartino 2006, 705 Nr. 1.4; Prag
2017a, 121.122 Abb. 6

Syr3 (Abb. 335–336, Abb. 339)
Fundort: Syrakus, sog. Ginnasio romano, östl. Portikus, erste Struktur von N aus
Aufbewahrungsort: in situ
Maße: 0,70 × 0,63 × 0,40 m
Material: Kalkstein
Datierung: späthellenistisch (?) (Bau der Portikus)
Identifikation: unsicher
Beschreibung:
– Fundament: —
– Basisfuß: —
– Schaft: Die Struktur aus weiß-gräulichem Kalkstein ist stark verwittert und
  fragmentiert erhalten. Der Stein weist eine schräge Oberseite auf, die wohl
  abgearbeitet oder gebrochen ist.
– Bekrönung/Oberseite: —
– Statue: —
Interpretation: Den publizierten Plänen der Anlage zufolge befanden sich
vier Statuenbasen in der östlichen Portikus. Bei der beschriebenen Struktur
handelt es sich um die nördlichste der dort eingezeichneten Statuenbasen.

Der Erhaltungszustand erlaubt keine weiterführende Rekonstruktion, doch wird wohl eine lebensgroße Statue auf der Basis gestanden haben. Die chronologische Einordnung gestaltet sich aufgrund fehlender Inschriften und der frühen Ausgrabung als schwierig. Lediglich der Bau der Quadriportikus kann als *terminus post quem* genutzt werden. Die Quadriportikus wurde M. Trojani zufolge bereits in späthellenistischer Zeit errichtet (Trojani 2005). Für eine frühe Aufstellung von Statuen in dem Komplex sprechen frühkaiserzeitliche Statuen, die wohl Amtsträger darstellen (Syr6, Syr7, Syr8). Ob diese und später zu datierende Ehrenstatuen (Syr9, Syr10, Syr11, Syr12, Syr13, Syr14) in der Portikus standen und mit der vorliegenden Statuenbasis in Verbindung stehen, ist unklar.

Lit.: Schubring 1866, 364. 373 Taf. 1; Lupus 1887, 304; Wilson 1990, 106 Abb. 96; Trümper 2018b, 48; zur Datierung der Portikus Trojani 2005.

Syr4 (Abb. 335, Abb. 337, Abb. 339)
Fundort: Syrakus, sog. Ginnasio romano, östl. Portikus, mittlere Struktur
Aufbewahrungsort: in situ
Maße: 0,41 × 1,00 × 0,59 m
Material: Kalkstein
Datierung: späthellenistisch (?) (Bau der Portikus)
Identifikation: unsicher
Beschreibung:
– Fundament: —
– Basisfuß: —
– Schaft: Der langrechteckige Block aus weiß-gräulichem Kalkstein ist relativ flach. Die Oberfläche ist sehr verwittert.
– Bekrönung/Oberseite: —
– Statue: —
Interpretation: Der Block kann als mittlere der in den Plänen des Heiligtumkomplexes eingezeichneten Statuenbasen in der Ostportikus gedeutet werden. Aufgrund der Verwitterung der Oberfläche sind mögliche Einlassungen zur Befestigung eines weiteren Blocks nicht erkennbar. Die Maße der Basis spricht für die Rekonstruktion einer lebens- bis überlebensgroßen stehenden Statue. Ob eine der Statuen, die im Komplex gefunden wurden, mit der Basis in Verbindung gebracht werden kann, kann nicht beantwortet werden. Der Bau der Portikus kann als *terminus post quem* für die Aufstellung des Monuments angeführt werden.
Lit.: Schubring 1866, 364. 373 Taf. 1; Cavalarri 1883, 398; Wilson 1990, 106 Abb. 96.

KATALOG 457

Syr5 (Abb. 335, Abb. 338–339)
Fundort: Syrakus, sog. Ginnasio romano, östl. Portikus, 3. Struktur von N aus
Aufbewahrungsort: in situ
Maße: 0,49 × 0,85 × 0,57 m (unterer Block), 0,42 × 0,85 × 0,58 m (oberer Block)
Material: Kalkstein
Datierung: späthellenistisch (?) (Bau der Portikus)
Identifikation: unsicher
Beschreibung:
– Fundament: —
– Basisfuß: —
– Schaft: Überliefert sind zwei aufeinander liegende Blöcke aus gräulich-
  weißem Kalkstein. Die Blöcke waren nicht miteinander verklammert
  und befinden sich heute untereinander verschoben an ihrem Platz. Die
  Oberflächen sind verwittert, doch weist der untere Block eine deutlich bes-
  sere Erhaltung und eine glattere Oberfläche auf. Ferner befindet sich an der
  Vorderseite des unteren Steins an beiden Seite mittig jeweils ein Loch, an
  dem möglicherweise eine Verkleidung befestigt war.
– Bekrönung/Oberseite: —
– Statue: —
Interpretation: Die beiden Blöcke können als Statuenbasis interpretiert werden. Die übereinstimmenden Breiten und Tiefen der Blöcke weisen auf eine
Zusammengehörigkeit hin. Die Maße lassen eine lebens- bis überlebensgroße Statue auf der Basis rekonstruieren. Die Basis stellt die südlichste der
drei Statuenbasen der Ostportikus dar, eine vierte Basis, wie von Schubring
publiziert, konnte bei der Autopsie nicht bestätigt werden. Für die chronologische Einordnung kann lediglich der Bau der Portikus als *terminus post quem*
angeführt werden. Obgleich keine der im Komplex gefundenen Statuen (Syr6–
Syr14), die von der frühen Kaiserzeit bis in die Spätantike datiert werden,
mit der Basis in Verbindung gebracht werden können, ist die Aufstellung des
Monuments in der frühen Kaiserzeit oder bereits früher nicht ausgeschlossen.
Lit.: Schubring 1866, 364. 373 Taf. 1; Cavalarri 1883, 398; Wilson 1990, 106 Abb. 96.

Syr6 (Abb. 340)
Fundort: Syrakus, sog. Ginnasio romano
Aufbewahrungsort: Syrakus Museo archeologico regionale Paolo Orsi Inv. 12245
Maße: 1,21 m
Material: Marmor
Datierung: augusteisch bis flavisch (Goette)
Identifikation: sicher

Beschreibung:
- Fundament: —
- Basisfuß: —
- Schaft: —
- Bekrönung/Oberseite: —
- Statue: Von der Togastatue ist nur der Unterkörper erhalten. Es handelt sich dabei um eine Sonderform der Togadrapierung, der sog. Laena. Dabei wird das Gewand nicht unter der Achsel hindurch gelegt, sondern verhüllt beide Arme und die gesamte Vorderseite. Dementsprechend ist der Unterkörper bis zu den Knien bedeckt, das Gewand fällt zudem seitlich von den Armen hinunter, die nicht mehr erhalten sind. Während das rechte Bein unter den parallel verlaufenden Falten nicht sichtbar ist, ist das linke Bein nach vorne gesetzt, das Knie leicht gebeugt. Die Füße sind nicht erhalten. Neben dem linken Bein ist noch der obere Teil einer Cista erkennbar.

Interpretation: Die Laena stellt gemeinsam mit der Apex-Kopfbedeckung ein Abzeichen der Flamines dar (Goette 1990, 7). Bonacasa dagegen deutet die Person aufgrund der Cista als Magistrat. Da diese Behältnisse allerdings fast jedem Togatus als Attribut beigefügt wurde, ist fraglich, ob damit immer auf ein Amt verwiesen wurde. Mit der Laena wird der Geehrte deutlich hervorgehoben. Stimmt die Interpretation des Gewandes, dann muss es sich um einen Priester handeln. Diese Darstellung verwundert bei einer Aufstellung in einem Heiligtum nicht. Die erhaltene Höhe der Statue muss deutlich ergänzt werden und lässt die Rekonstruktion einer (leicht) überlebensgroßen Statue vermuten.

Lit.: Bonacasa 1964, 148 Nr. 208, Taf. 87, 3; Goette 1990, 7 cg.

Syr7 (Abb. 341)
Fundort: Syrakus, sog. Ginnasio romano
Aufbewahrungsort: Syrakus Museo archeologico regionale Paolo Orsi Inv. 701
Maße: 1,62 m
Material: Marmor
Datierung: spätclaudisch-neronisch (Goette)
Identifikation: wahrscheinlich
Beschreibung:
- Fundament: —
- Basisfuß: —
- Schaft: —
- Bekrönung/Oberseite: —
- Statue: Der Togadarstellung fehlt der Porträtkopf, die Füße mit Plinthe und die vom Gewand nicht bedeckten Teile der Arme. Das rechte Bein ist durchgestreckt, das linke Knie ist gebeugt. Der Umbo ist U-förmig gebildet, der

KATALOG 459

Sinus fällt auf die Partie unterhalb des rechten Knies. Zwischen den Beinen sind die Lacinia-Falten zu sehen.

Interpretation: Der qualitativ gearbeitete lebensgroße bis leicht überlebensgroße Togatus weist keine Attribute auf. Deshalb ist eine Benennung der Statue nicht möglich. Die Aufstellung in einem Heiligtum könnte für den Geehrten als Mitglied der lokalen Oberschicht bzw. als Wohltäter sprechen. Ebenfalls denkbar ist die Darstellung eines Mitglieds der kaiserlichen Familie.

Lit.: Bonacasa 1964, 141 Nr. 194, Taf. 83,3; Goette 1990, 127 Nr. 294 Ba294.

Syr8 (Abb. 342)
Fundort: Syrakus, sog. Ginnasio romano
Aufbewahrungsort: Syrakus Museo archeologico regionale Paolo Orsi Inv. 702
Maße: 1,95 m
Material: Marmor
Datierung: 60–70 n. Chr. (Bonacasa)
Identifikation: wahrscheinlich
Beschreibung:
– Fundament: —
– Basisfuß: —
– Schaft: —
– Bekrönung/Oberseite: —
– Statue: Der Dargestellte trägt eine Toga, die ursprünglich auch den Hinterkopf verhüllte. Der Porträtkopf fehlt ebeso wie die Unterarme bzw. Hände und die linke Schulter. Balteus und Umbo sitzen sehr tief, der Umbo ist sehr aufgebauscht. Der Sinus fällt auf das rechte gebeugte Knie herab. Der rechte Fuß ist nach hinten gesetzt und ausgedreht und steht nur auf den Zehen. Das linke Bein ist als Standbein durchgestreckt. Der rechte Unterarm ist angewinkelt nach vorne gestreckt zu rekonstruieren, der linke Arm seitlich ebenfalls leicht angewinkelt. Neben dem linken Bein befindet sich eine Cista. Der Körper wirkt stark überlenkt.

Interpretation: Die Toga *capite velato* weist auf die Opfertätigkeit des Dargestellten hin. Er trug wohl in einer der Hände, wohl in der Rechten, eine Opferschale. Die überlebensgroße Statue könnte einen Priester darstellen oder sogar einen Kaiser. Aufgrund des Fundortes innerhalb eines Heiligtums ist eine Priesterdarstellung nicht ungewöhnlich.

Lit.: Bonacasa 143 Nr. 198, Taf. 84, 3.

Syr9 (Abb. 343)
Fundort: Syrakus, sog. Ginnasio romano
Aufbewahrungsort: Syrakus Museo archeologico regionale Paolo Orsi Inv. 699

Maße: 1,83 m
Material: Marmor
Datierung: 100–120 n. Chr. (Goette)
Identifikation: wahrscheinlich
Beschreibung:
- Fundament: —
- Basisfuß: —
- Schaft: —
- Bekrönung/Oberseite: —
- Statue: Der Dargestellte trägt eine Toga. Von der linken Schulter fällt viel Stoff in einen U-förmigen Umbo. Der Sinus fällt unterhalb des Knies hinab in gefächerten Falten. Der Kopf, die Unterarme und die Füße fehlen. Die Statue ist auf Hüfthohe geteilt, der vordere Teil der Füße abgeschnitten. Die Dübellöcher sprechen für das Ansetzen der Unterarme. Das linke Bein fungiert als Standbein, das rechte Bein ist leicht ausgedreht nach hinten gesetzt, das Knie gebeugt. Zwischen den Füßen sind Laciniafalten sichtbar. Insgesamt ist der Körper, besonders der Oberkörper, gestreckt, das Gewand sehr voluminös. Neben dem linken Bein steht eine blockartige Cista.
Interpretation: Die Cista als Attribut ist wenig hilfreich für die Benennung des Dargestellten, da sie fast jedem Togatus neben ein Bein gestellt wird. Vermutet werden kann ein Amsträger als Mitglied der lokalen Oberschicht oder sogar ein Mitglied der kaiserlichen Familie.
Lit.: Goethert 1939, 211 f. Anm 4 b; Bonacasa 1964, 143 Nr. 197, Taf. 84, 2; Goette 1990, 131 Nr. 31 Bb 31.

Syr10 (Abb. 344)
Fundort: Syrakus, sog. Ginnasio romano, östl. Portikus, 1864
Aufbewahrungsort: Syrakus Museo archeologico regionale Paolo Orsi Inv. 697
Maße: 1,97 m
Material: Marmor
Datierung: frühtrajanisch (Kruse, Alexandridis; flavische Datierung: Bonacasa)
Identifikation: sicher
Beschreibung:
- Fundament: —
- Basisfuß: —
- Schaft: Möglicherweise kann die Statue mit einem der Basen in der Portikus in Verbindung gebracht werden (Syr3-Syr5).
- Bekrönung/Oberseite: —
- Statue: Die überlebensgroße Marmorstatue ist aus einem Stück mit einer runden Plinthe gearbeitet. Die dargestellte Frau trägt Tunika, Palla und

KATALOG   461

Schuhe. Sie ist im Typ der Großen Herkulanerin dargestellt. Während der linke Fuß leicht nach vorne gesetzt ist und das Knie leicht gebeugt durch das Gewand scheint, steht das rechte Bein fest auf. Der linke Arm befindet sich neben dem Körper und die Hand greift ins Gewand, der rechte Arm ist angewinkelt und mit der rechten Hand wird ebenfalls Gewand gehalten. Der nicht zum selben Zeitpunkt aufgefundene Porträtkopf ist anpassend und leicht nach links gedreht. Die Frisur besteht aus einem hohen Lockentoupet, der Hinterkopf weist ein Zopfnest auf (zur trajanischen Haarmode, vgl. Fittschen – Zanker 1983, Nr. 68, Taf. 85). Das kantige Gesicht weist einige tiefe Falten auf und angedeutete Tränensäcke unter den Augen auf. Insgesamt zeigt die gesamte Statue eine kantige Oberfläche, die besonders beim Gewand und den Schuhen hervortritt.

Interpretation: Dargestellt ist eine ältere Frau in einer der beliebtesten Statuentypen der Kaiserzeit. Die Statue stand vermutlich auf einem der Statuenbasen in der Portikus, vor denen die Statue gefunden wurde (so auch Trimble 2011). In welcher Funktion die Dargestellte geehrt wurde ist aufgrund der fehlenden Inschrift und fehlender Attribute unbekannt. Vermutet werden kann eine Wohltäterin des Heiligtums. Der Statuentyp der Großen Herkulanerin steht zumeist für den tugendhaften Charakter einer verheirateten Frau (vgl. Alexandridis 2004, 60).

Lit.: Bonacasa 1964, 72 Nr. 92, Taf. 42; Kruse 1975, 270 f. Nr. B4; Wilson 1990, 106–111; Alexandridis 2004, 242 Nr. 2.2.12 A145; Trimble 2011, 395 f. Nr. 72; Murer 2017, 188 Nr. 20, 189 Taf. 20 a–b (hier unter dem Aufstellungsort „Theater" zu finden, was nicht korrekt ist).

Syr11 (Abb. 345)
Fundort: Syrakus, sog. Ginnasaio romano
Aufbewahrungsort: Syrakus Museo archeologico regionale Paolo Orsi Inv. 698
Maße: 2,21 m; Kopf 0,35 m/0,285 m; 0,11 m (Plinthenhöhe)
Material: Marmor
Datierung: hadrianisch-frühantoninisch (Goette)
Identifikation: sicher
Beschreibung:
– Fundament: —
– Basisfuß: —
– Schaft: —
– Bekrönung/Oberseite: —
– Statue: Erhalten ist ein Togatus. Der U-förmiger Umbo befindet sich auf Höhe der Hüfte. Neben dem linken Bein befindet sich ein viereckiges Behältnis. Das linke Bein fungiert als Standbein, während das rechte Bein

462   KATALOG

leicht nach außen gedreht nach hinten gesetzt ist. Der Kopf weist deutlich Züge eine Umarbeitung auf (Syr12).

Interpretation: Aufgrund der Umarbeitung des Porträts (Syr12), dem Fehlen einer Inschrift und von speziellen Attributen ist eine Benennung des Togatus nicht möglich. Dadurch ist nicht zu klären, wieso die Statue umgearbeitet wurde. Dargestellt war möglicherweise ein Amtsträger oder ein Mitglied der lokalen Oberschicht.

Lit.: Bonacasa 1964, 85 Nr. 108, Taf. 49,3, 87, 1; Niemeyer 1968, 86 Nr. 21, Taf. 8, 1; Fittschen 1970, 547; Goette 1988, 462 Anm. 279; Goette 1990, 133 Nr. 57 Bb 57; Ambrogi 2009–2010.

Syr12 (Abb. 345–347)
Fundort: Syrakus, sog. Ginnasio romano 1864
Aufbewahrungsort: Syrakus Museo archeologico regionale Paolo Orsi Inv. 698
Maße: 2,10 m ohne Plinthe; 0,285 m (Porträtkopf); 0,11 × 0,87–0,91 × 0,54–0,55 m (Plinthe)
Material: Marmor
Datierung: Anfang 4. Jh. n. Chr. (Ambrogi)
Identifikation: sicher
Beschreibung:
- Fundament: —
- Basisfuß: —
- Schaft: —
- Bekrönung/Oberseite: —
- Statue: Der Togatus wurde gemeinsam mit seiner Plinthe aus einem Marmorblock gearbeitet. Der mit Tunika und Toga bekleidete Mann steht aufrecht, als Standbein fungiert das linke Bein, während der rechte Fuß in *calcei* leicht schräg nach hinten gesetzt ist. Neben dem linken Bein steht ein runder Behälter für Schriftrollen. Die Arme sind nicht erhalten, die Einlassungen zeigen aber, dass sie angesetzt waren. Der rechte Arm war oberhalb des Ellenbogens angesetzt, der linke am Handgelenk. Die Rückseite der Statue ist kaum ausgearbeitet, die Gewandfalten sind kaum plastisch gearbeitet. Die Vorderseite ist dagegen sehr sorgfältig und auf hohem Niveau rundplastisch gestaltet. Am Gewand sind an einigen Stellen Reste von bräunlich-gelblicher Farbe erhalten. Der Porträtkopf zeigt einen bärtigen Mann; sowohl der Bart als auch das Kopfhaar sind in der Vorderansicht in lockigen Strähnen gelegt. Sie sind nicht rundplastisch gebildet, sondern nah an den Kopf gelegt. Seitlich zeigt sich allerdings, dass sowohl das Bart- als auch das Haupthaar nur eingeritzt sind. Die Haare am Hinterkopf ab

KATALOG   463

der Höhe des rechten Ohres sind nicht ausgearbeitet; hier ist deutlich sichtbar, dass der Kopf umgearbeitet wurde. Hinter dem Ohr befindet sich eine
deutliche Kante zwischen den lockigen Haaren und einer Kante zum abgearbeiteten Rest des Kopfes; der Hinterkopf zeigt Abarbeitungsspuren und
keinerlei Haarstruktur. Diese Kante ist darüber hinaus an mehreren Stellen
sichtbar: am Übergang von Bart zu den Wangenknochen und am Übergang
vom Schläfenhaar zum Auge. Die Nase ist gebrochen, die Lippe ist bestoßen. Die Augen liegen tief in den Höhlen und sind rund und weit geöffnet.
Sowohl die Augenbrauen als auch die Nasenwurzel sind scharf modelliert.
Interpretation: A. Ambrogi zufolge handelt es sich ursprünglich um eine hadrianische Statue (Syr11), welche zu Beginn des 4. Jhs. n. Chr. umgearbeitet wurde.
Die Stirnfrisur gehört ebenso wie die ausgearbeiteten Strähnen an der linken
Seite des Kopfes zu der hadrianischen Phase. Wer mit der Statue geehrt wurde,
ist nicht bekannt; es könnte sich um einen lokalen Wohltäter oder einen
Amtsträger gehandelt haben.
Lit.: Niemeyer 1968, 34. 43. 47. 86–87 Nr. 21, Taf. 8, 1 (Maximian); Fittschen 1970,
547 (hadrianisch); Goette 1990, 133 Nr. 57, Taf. 19, 4; Ambrogi 2009–2010.

Syr13 (Abb. 348)
Fundort: Syrakus, sog. Ginnasio romano
Aufbewahrungsort: Syrakus Museo archeologico regionale Paolo Orsi Inv. 6187
Maße: 1,67 m
Material: Marmor
Datierung: 2. Jh. n. Chr. (Bonacasa)
Identifikation: wahrscheinlich
Beschreibung:
– Fundament: —
– Basisfuß: —
– Schaft: —
– Bekrönung/Oberseite: —
– Statue: Der Togatus ist gut erhalten, doch ist der Kopf am Hals gebrochen, die
  Füße fehlen ebenso wie die nicht vom Gewand bedeckten Teile der Arme.
  Der Umbo ist U-förmig gebildet und reicht weit auf die rechte Körperseite
  des Geehrten hinüber. Der Sinus reicht bis unter das rechte Knie, welches
  gebeugt ist. Dementsprechend ist der rechte Fuß nach hinten gesetzt. Das
  linke Bein ist als Standbein vom Gewand verhüllt. Die Hüfte ist weit gedreht.
  Der linke Arm ist rechtwinklig nach vorne angewinkelt, der rechte Arm lag
  am Gewand wie Spuren am Gewand zeigen.

Interpretation: Die Interpretation des Togatus fällt aufgrund eines Porträt-kopfes oder Attribute schwer. Es kann ein Amtsträger oder ein Mitglied der Oberschicht vermutet werden, doch auch ein Kaiser ist nicht auszuschließen.
Lit.: Bonacasa 1964, 142 Nr. 195, Taf. 83, 4.

Syr14 (Abb. 349)
Fundort: Syrakus, sog. Ginnasio romano
Aufbewahrungsort: Syrakus Museo archeologico regionale Paolo Orsi Inv. 12244
Maße: 1,58 m
Material: Marmor
Datierung: 2.–3. Jh. n. Chr. (Bonacasa)
Identifikation: wahrscheinlich
Beschreibung:
– Fundament: —
– Basisfuß: —
– Schaft: —
– Bekrönung/Oberseite: —
– Statue: Der Geehrte ist in einer Toga dargestellt. Der Sinus fällt bis unter das rechte Knie hinab, welches gebeugt nach hinten gesetzt ist. Der Umbo ist sehr stoffreich und fällt U-förmig. Die Füße sind nicht erhalten, neben dem linken Bein steht eine Cista. Der linke Arm ist rechteckig angewinkelt nach vorne gestreckt, während die rechte wohl ebenfalls nach vorne ausge-streckt war. Insgesamt sind die Falten sehr tief gebohrt und sehr stoffreich, die Oberfläche ist sehr bewegt.
Interpretation: Ebenso wie für andere Togati ohne Porträtköpfe fällt eine Deutung der Statue schwer. Es könnte sich um einen Wohltäter, einen Amtsträger oder sogar um einen Kaiser handeln.
Lit.: Bonacasa 1964, 144 Nr. 199, Taf. 84, 4.

Syr15 (Abb. 350)
Fundort: Syrakus, Akradina Forum, 1925
Aufbewahrungsort: Syrakus Museo archeologico regionale Paolo Orsi Inv. 6383
Maße: 0,25 m (Kopf), 0,33 m (insg.)
Material: Marmor
Datierung: um 38 n. Chr. (Boschung)
Identifikation: sicher
Beschreibung:
– Fundament: —
– Basisfuß: —
– Schaft: —
– Bekrönung/Oberseite: —

KATALOG 465

– Statue: Erhalten ist nur ein Fragment des Porträtkopfes. Er stellt einen Jungen dar, der einen Eichenkranz auf dem Kopf trägt. Das Stirnhaar, die Augen, Nase und Mund sind erhalten, an beiden Seiten ist der Kopf gebrochen. Die Gesichtszüge sind sehr weich dargestellt und weisen auf einen Jugendlichen hin. Die Stirnfrisur zeigt feine, dünne Sichelsträhnen, die in die Stirn gestrichen sind. Sie teilen sich oberhalb des linken Auges bzw. der Nasenwurzel.

Interpretation: Von N. Bonacasa wurde der Kopf mit einer Darstellung des Caligula in Verbindung gebracht. D. Boschung dagegen interpretiert das Fragment als Porträt des kindlichen Nero mit einem Eichenkranz. Der Eichenkranz weist auf die Regierungsgewalt des Dargestellten hin.

Lit.: Bonacasa 1964, 45 f. Nr. 52, Taf. 24,1–2; Boschung 1989, 123 Kat. 80; Fittschen 1999, 21 Anm. 152; Boschung 2002, 141 Nr. 74, 1.

Syr16 (Abb. 351)
Fundort: Syrakus, Forum
Aufbewahrungsort: Syrakus Museo archeologico regionale Paolo Orsi Inv. 703
Maße: 1,37 m
Material: Marmor
Datierung: augusteisch-frühtiberisch (Filges)
Identifikation: wahrscheinlich
Beschreibung:
– Fundament: —
– Basisfuß: —
– Schaft: —
– Bekrönung/Oberseite: —
– Statue: Erhalten ist eine weibliche Gewandstatue im Typus Ancona/Rom. A. Filges wies allerdings auf die Variation der Führung einer seitlichen Stoffpartie hin, die einem anderen Gewandtypus zuzuordnen ist (Filges 1997, 33). Der Kopf mit Hals und der Unterkörper fehlen. Der Hals weist ein eingetieftes Halsrund für einen Einsatzkopf auf, die Arme Dübellöcher für das Ansetzen der Gliedmaße.

Interpretation: Der Gewandtyp geht A. Filges zufolge auf ein griechisches Original zurück, das zunächst in späthellenistischer Zeit als Typus Ancona/Rom überliefert ist und dann in einer kaiserzeitlichen Nachbildung noch einmal verwendet wurde. Die erhaltenen Maße lassen eine lebensgroße Statue rekonstruieren. Aufgrund des fehlenden Porträtkopfes ist eine Benennung der Dargestellten nicht möglich.

Lit.: Libertini 1929, 142; Bonacasa 1964, 152 f. Nr. 215, Taf. 89, 2; Filges 1997, 252 Kat.-Nr. 50; Boschung 2002, 142 Nr. 74, 3.

466   KATALOG

Syr17 (Abb. 352)
Fundort: Syrakus, Akradina, in Zisterne, 1916
Aufbewahrungsort: Syrakus Museo archeologico regionale Paolo Orsi Inv. 37100
Maße: 0,37 m (mit Büste)
Material: Marmor
Datierung: 96–98 n. Chr. (Bonacasa)
Identifikation: sicher
Beschreibung:
- Fundament: —
- Basisfuß: —
- Schaft: —
- Bekrönung/Oberseite: —
- Statue: Der männliche Porträtkopf aus Marmor befindet sich auf einer Büste.
  Das schmale, fast magere Gesicht zeigt Alterszüge und die Gesichtknochen
  drücken sich durch die Haut. Die Wangen sind stark eingefallen. Die Haare
  sind in Strähnen gelegt. Sowohl die Ohren als auch die Kopfform lassen eine
  Umarbeitung des Kopfes vermuten.
Interpretation: Überliefert ist ein Nervaporträt. Der dazugehörige
Statuenkörper ist nicht erhalten. M. Bergmann und P. Zanker zufolge wurden
nur wenige der Nervaporträts eigens für ihn hergestellt, die meisten enstan-
den aus älteren Porträtköpfen (vgl. Bergmann – Zanker 1981). Möglicherweise
handelt es sich auch bei der vorliegenden Darstellung um ein umgearbeitetes
Porträt.
Lit.: Bonacasa 1964, 74 Nr. 93, Taf. 42, 3–4; Manganaro 1988, 73; zu Umarbeitungen
von Nervaporträts Bergmann – Zanker 1981.

Syr18 (Abb. 353)
Fundort: Syrakus, Akradina Forum, 1925
Aufbewahrungsort: Syrakus Museo archeologico regionale Paolo Orsi Inv. 44154
Maße: 0,33 m
Material: Marmor
Datierung: julisch-claudisch (Boschung)
Identifikation: sicher
Beschreibung:
- Fundament: —
- Basisfuß: —
- Schaft: —
- Bekrönung/Oberseite: —

KATALOG 467

– Statue: Überliefert ist ein weiblicher Einsatzkopf aus Marmor. Die Oberfläche des Gesichts ist so stark bestoßen und verwittert, dass nur die Augen im Originalzustand erhalten sind, die Nase, Lippen, Kinn und Wangen nicht. Bestoßen sind außerdem die Stirn, das rechte Auge, die Augenbrauen und die Stirnfrisur. Der Ausschnitt des Einsatzkopfes ist so groß, dass ein Teil des Gewandes erkennbar ist. Die Haare sind seitlich zusammengenommen und werden in jeweils einem Wulst über den Ohren in den Nacken geführt. Dort werden alle Haare zusammengenommen; hinter den Ohren fällt an beiden Seiten jeweils eine lockige Haarsträhne heraus.

Interpretation: Der weibliche Porträtkopf kann aufgrund der Frisur mit einer Statue von Agrippina minor in Verbindung gebracht werden. Der Fundort lässt die Aufstellung auf dem Forum von Syrakus vermuten, kann aber aufgrund fehlender Fundortangaben nicht genauer bestimmt werden.

Lit.: Bonacasa 1964, 56 Nr. 68, Taf. 31, 3–4; Boschung 2002, 141 Nr. 74, 2.

Syr19 (Abb. 354)
Fundort: Syrakus, Akradina, 1972
Aufbewahrungsort: Syrakus Museo archeologico regionale Paolo Orsi
Inv. 72969
Maße: 0,277 m
Material: Marmor
Datierung: späthadrianisch (Alexandridis)
Identifikation: sicher
Beschreibung:
– Fundament: —
– Basisfuß: —
– Schaft: —
– Bekrönung/Oberseite: —
– Statue: Der Porträtkopf befindet sich auf einer Büste mit großem Ausschnitt. Die linke Hälfte der Büste ist fast ganz weggebrochen, der Kopf war am Hals gebrochen, ist aber wieder angesetzt worden. Kinn, Nase, rechte Wange, Augenbrauen, Stirn und das rechte Ohr weisen Betoßungen auf. Auf dem Kopf befindet sich ein Diadem. Die Haare sind mittig gescheitelt und werden locker im Nacken zusammengenommen.

Interpretation: Der Porträtkopf wurde von mehreren Forschern als Darstellung der Sabina, der Ehefrau Hadrians, gedeutet. Die Maße des Kopfes lassen eine leicht überlebensgroße Statue der Geehrten rekonstruieren. Der Fundort weist auf die Aufstellung auf dem Forum von Syrakus hin, eine zugehörige Basis oder Inschrift wurde jedoch nicht gefunden.

Lit.: Bonacasa Carra 1977, 18–21 Nr. 3, Taf. 7–8; Fittschen – Zanker 1983, 10 f. Nr. 10 Replik B18; Alexandridis 2004, 183 f. Kat.-Nr. 181, Taf. 38, 2.

Syr20 (Abb. 355)
Fundort: Syrakus, Akradina Forum
Aufbewahrungsort: Syrakus Museo archeologico regionale Paolo Orsi Inv. 704
Maße: 0,97 m
Material: Marmor
Datierung: augusteisch (Boschung)
Identifikation: wahrscheinlich
Beschreibung:
– Fundament: —
– Basisfuß: —
– Schaft: —
– Bekrönung/Oberseite: —
– Statue: Erhalten ist der Torso einer männlichen Gewandstatue. Der Körper ist oberhalb der Beine gebrochen; ebenso ist der Kopf am Hals gebrochen und beide Arme fehlen. Die Arme waren angestückt. Das Gewand fällt über den linken Arm, während der Balteus schräg über den Oberkörper unter dem rechten erhobenen Arm entlang geführt wird. Untypisch ist die Ansetzung des Armes direkt an der Schulter sowie der stark erhobene rechte Arm.
Interpretation: Während N. Bonacasa die Statue als Darstellung einer Frau deutete, sprechen die fehlenden Brüste und der stark erhobene Arm eindeutig für die Darstellung einer männlichen Person. Das Standbild ist leicht überlebensgroß zu ergänzen. Da der Porträtkopf sowie Attribute fehlen, kann der Dargestellte nicht benannt werden. Der Fundort lässt aber die Aufstellung auf dem Forum gemeinsam mit weiteren dort gefundenen Statue vermuten. Der weit erhobene rechte Arm ist ungewöhnlich.
Lit.: Bonacasa 1964, 152 f. Nr. 216, Taf. 89, 3; Boschung 2002, 142 Nr. 74, 4.

Syr21 (Abb. 356)
Fundort: Syrakus
Aufbewahrungsort: Syrakus Museo archeologico regionale Paolo Orsi Inv. 700
Maße: 1,80 m
Material: Marmor
Datierung: hadrianisch-frühantoninisch (Goette)
Identifikation: wahrscheinlich
Beschreibung:
– Fundament: —

KATALOG 469

- Basisfuß: —
- Schaft: —
- Bekrönung/Oberseite: —
- Statue: Die männliche Statue trägt eine Toga. Der Kopf ist am Hals gebrochen, ebenso fehlen die Arme und Füße. Der U-förmige Umbo fällt von der linken Schulter, der Sinus fällt bis unter das Knie hinab. Das Gewand fällt bis auf den Grund, weshalb die Füße nicht zu sehen sind. Neben dem linken Standbein steht eine Cista. Das rechte Bein ist angewinkelt und der Fuß nach hinten gestellt. Der linke Arm ist angewinkelt nach vorne gestreckt, während der rechte Arm am Körper entlang zu rekonstruieren ist.

Interpretation: Der Togatus kann als leicht überlebensgroß rekonstruiert werden. Da sowohl der Porträtkopf als auch spezielle Attribute fehlen, kann der Dargestellte nicht benannt werden. Ebenso ist eine Kontextualisierung innerhalb von Syrakus wegen fehlender Fundortangaben nicht möglich.

Lit.: Bonacasa 1964, 142 Nr. 196, Taf. 84, 1; Goette 1990, 134 Nr. 66 Bb 66.

Syr22 (Abb. 357)
Fundort: Syrakus
Aufbewahrungsort: Syrakus Museo archeologico regionale Paolo Orsi Inv. 33617
Maße: ?
Buchstabenh.: ?
Material: Marmor
Datierung: 116 n. Chr. (Højte)
Identifikation: wahrscheinlich
Inschrift:
Imp(eratori) Caes(ari) [Divi Nervae f(ilio) Nervae Traiano][--] / Germa[nico---]
/ proco(n)[s(uli)--]
Beschreibung:
- Fundament: —
- Basisfuß: —
- Schaft: Erhalten ist das Fragment einer marmornen Inschriftenplatte, und zwar die linke obere Ecke. Die Anfänge von drei Zeilen einer lateinischen Inschrift befinden sich auf diesem Fragment. Die Buchstaben sind relativ eng, aber sehr regelmäßig geschrieben. Allerdings beginnen die Zeilen nicht auf derselben Höhe: die zweite und dritte Zeile fangen auf einer Höhe an, die erste nicht.
- Bekrönung/Oberseite: —
- Statue: —

Interpretation: Es handelt sich bei der Inschriftenplatte um eine Ehrung an Kaiser Trajan. Vermutlich verkleidete die Platte einer Statuenbasis. Unklar ist

470   KATALOG

allerdings, an welchem Ort in Syrakus und von wem das Monument errichtet
wurde.

Lit.: AE 1989,342d; ISico726; Manganaro 1989, 181 Nr. 59 Abb. 63; Højte 2004, 378
Traj 41.

Syr23 (Abb. 358)
Fundort: Syrakus
Aufbewahrungsort: Syrakus Museo archeologico regionale Paolo Orsi
Inv. 50696
Maße: 0,225 m
Material: Marmor
Datierung: 3. V. des 2. Jhs. n. Chr. (Fittschen – Zanker)
Identifikation: sicher
Beschreibung:
– Fundament: —
– Basisfuß: —
– Schaft: —
– Bekrönung/Oberseite: —
– Statue: Der weibliche marmorne Porträtkopf ist fragmentiert erhalten.
  Unterhalb der Nase ist der gesamte Kopf schräg gebrochen. Außerdem
  fehlen die Nase und der Unterkiefer. Bestoßungen finden sich darüber
  hinaus an den Ohren, den Wangen und der Frisur. Das Gesicht weist hohe
  Wangenknochen auf, große Augen mit Bohrungen und eine breite, abgebro-
  chenen Nase. Die welligen Haare sind mittig über der Stirn gescheitelt und
  symmetrisch in Wellen zur Seite geführt. Die Ohren werden nicht von den
  Strähnen verdeckt, aber vor den Ohren reichen die Strähnen weit hinab. Im
  Haar befinden sich mehrere Haarbänder, die mit in die Frisur eingewoben
  sind. Was mit den Haaren am Hinterkopf passiert ist aufgrund der Erhaltung
  nicht zu erkennen. Lediglich die sehr viel tiefere und bewegtere Gestaltung
  der Wellen der Strähnen sind sichtbar und lassen vermuten, dass die Haare
  am Hinterkopf zusammengenommen wurden.
Interpretation: N. Bonacasa identifizierte den Porträtkopf als Darstellung der
Faustina minor, während es sich K. Fittschen und P. Zanker zufolge um ein weibliches Privatporträt handelt. Unklar ist aufgrund fehlender Fundortangaben,
wo die Statue in Syrakus aufgestellt war.
Lit.: Bonacasa 1964, 102 f. Nr. 132, Taf. 60, 3–4; Fittschen – Zanker 1983, 90 f.
Nr. 128 Anm. 2 b.

KATALOG 471

Syr24 (Abb. 359)
Fundort: Syrakus, unbekannt
Aufbewahrungsort: Syrakus Museo archeologico regionale Paolo Orsi Inv. 743
Maße: 0,49 m
Material: Marmor
Datierung: mittel-/ spätantoninisch (Alexandridis)
Identifikation: sicher
Beschreibung:
- Fundament: —
- Basisfuß: —
- Schaft: —
- Bekrönung/Oberseite: —
- Statue: Der qualitativ hochwertige weibliche Porträtkopf ist dicht unter dem
  Kinn bis in den Nacken weggebrochen. Außerdem fehlen ein Großteil des
  Diadems und der Nase, während Kinn, Lippen und Augen bestoßen sind.
  Das Porträt zeigt eine junge Frau mit rundlichem Gesicht. Das Gesicht ist
  zwar schlecht erhalten, zeigt doch aber an der Bearbeitung der Augen und
  Lippen die hohe Qualität des Porträts. Die Haare sind mittig gescheitelt und
  sind locker in den Nacken genommen. Dabei sind sie mit einer Brennschere
  in Wellen gelegt und bedecken die Ohren. Auf dem Kopf trägt die Geehrte
  ein Diadem.
Interpretation: Dargestellt ist Faustina minor im 8. Bildnistyp. Die dazugehörige Statue kann lebens- bis leicht überlebensgroß rekonstruiert werden.
Aufgrund fehlender Fundortangaben ist unklar, wo die Statue in Syrakus aufgestellt war.
Lit.: Libertini 1929, 148 Nr. 743; Bonacasa 1964, 103 Nr. 133, Taf. 61, 1–2; Alexandridis
2004, 196 Kat.-Nr. 208, Taf. 43, 3.

Syr25 (Abb. 360–361)
Fundort: Syrakus, Ortygia, 1792
Aufbewahrungsort: Syrakus Museo archeologico regionale Paolo Orsi Inv. 8
Maße: 1,05 × 0,64 × 0,63 m
Buchstabenh.: ?
Material: Kalkstein
Datierung: Mitte 4. Jh. n. Chr.
Identifikation: sicher
Inschrift:
Perpenna(e) Roman(o) / v(iro) c(larissimo) cons(ulari) p(opulus)
Syrac(usanus).

[Ῥ]ωμανοῦ πραπίδεσσι / [Συ]ρηκοσίων τόδε ἄστυ / ἐκ καμάτων ἀνέπνευσε / καὶ ἔ[δρα]κεν ἴαρος ὥρην· / τοὔνεκα λαϊνέην μὲν / ἀνεστήσανθ᾽ οἱ ἄριστοι / εἰκόνα, τῆς σοφίης δὲ /καὶ ἐν στήθεσσιν ἔχου / σειν.

Beschreibung:
- Fundament: —
- Basisfuß: Die monolithe Basis weist hohe und auskragende Fuß- und Bekrönungsprofile auf.
- Schaft: Aufgrund des Verhältnisses von Höhe und Breite scheint die Basis gedrungen. Während die Vorderseite eine Inschrift aufweist, ist auf einer Seite eine Kanne im Relief dargestellt. Die bilinguale Inschrift auf der Vorderseite der Basis ist wie die gesamte Basis stark verwaschen und deshalb kaum lesbar. Nur die letzten Zeilen sind heute noch gut erkennbar. Die lateinische Inschrift ist zweizeilig, die griechische Inschrift neunzeilig. Darüber hinaus wurde die griechische Inschrift in Versform verfasst.
- Bekrönung/Oberseite: Die Oberseite der Basis zeigt weder Einlassungsspuren für eine Bronzestatue noch für die Befestigung einer Plinthe. Die Oberseite zeigt eine glatte, aber verwaschene Oberfläche, weshalb die Statue auf einem separat gefertigten Block aufgestellt gewesen sein muss. Befestigungen wie Verklammerungen sind nicht immer an Statuenbasen zu finden. Plinthen konnten auch ohne eine Fixierung auf Statuenbasen gestellt werden. Das Profil und der darüber befindliche Teil der Basis betragen 19,5 cm, wovon größtenteils der Abschnitt oberhalb des Profils eingenommen wird. Das Anfügen eines Blocks für die Aufstellung der Statue würde dies noch vergrößern, weshalb von einem möglichst flachen Block ausgegangen werden kann.
- Statue: Der Inschrift zufolge stand auf der Basis eine marmorne Statue. Den Maßen zufolge kann eine lebens- oder leicht überlebensgroße Statue rekonstruiert werden.

Interpretation: Die profilierte Statuenbasis bietet mit der bilingualen Inschrift die einzige griechische Inschrift im kaiserzeitlichen Syrakus, die zudem in Versform verfasst ist. In der Inschrift wird erwähnt, dass es sich auf der Oberseite um eine steinerne Darstellung des Geehrten handelt. Da die Oberseite der Basis weder eindeutig auf eine Bronze noch auf eine Marmorstatue hinweist, ist davon auszugehen, dass das in der Inschrift erwähnte Material der Statue zutreffend ist. Über den Geehrten ist abgesehen von dieses Statuenmonument nichts bekannt.

Lit.: CIL X 7125; IG XIV 14; ISico406; LSA-1515; Manganaro 1958–1959, 17–19, Taf. 2, 4; Wilson 1990, 316 Anm. 11.

KATALOG 473

Taormina (Abb. 362)
Taorm1 (Abb. 362, Abb. 363)
Fundort: Taormina, bei Erweiterung des Klosters S. Maria di Valverde, 1770
Aufbewahrungsort: Taormina Theater Antiquarium Inv. 1
Maße: 0,695 × 0,66 × 0,28–29 m
Buchstabenh.: 0,025 m
Material: Kalkstein bzw. *pietra rossa* aus Taormina
Datierung: späthellenistisch (Muscolino)
Identifikation: sicher
Inschrift:
ὁ δᾶμος τῶν Ταυρομενιτᾶν / Ὄλυμπιν Ὀλύμπιος Μεστὸν / νικάσαντα Πύθια κέλητι / τελείωι.
Beschreibung:
– Fundament: —
– Schaft: Die flache quadratische Basis aus geglättetem Stein ist an der gesamten Oberfläche bestoßen. Der Stein weist Narben auf, die teilweise aufgerissen sind. Die Unterseite des Blocks weist keine glatte Standfläche auf, sondern stark abgerundete Formen, die womöglich von einer Wiederverwendung stammen könnte. An der linken Seite der Basis findet sich der Abdruck einer Verklammerung. An der Vorderseite befindet sich eine vierzeilige griechische Inschrift auf, die die gesamte Breite des Blocks einnimmt. Sie beginnt direkt an der oberen Kante des Blocks, obwohl der untere Teil dagegen nicht komplett genutzt wurde. Die Buchstaben sind sehr regelmäßig geschrieben. Lediglich in der dritten Zeile wurde zwischen dem ersten und zweiten Wort viel Platz gelassen, während das einzige Wort der vierten Zeile wohl ohne den Freiraum auch noch in die dritte Zeile gepasst hätte. Das letzte Wort der Inschrift in der vierten Zeile ist nicht mittig aufgebracht, sondern nach links versetzt.
– Oberseite/Bekrönung: Die Oberfläche ist geglättet und zeigt lediglich einige Bestoßungen. Mittig befinden sich zwei Einlassungen einer Bronzestatue. Beide Füße der Statue standen fest auf der Basis, der linke Fuß war allerdings leicht vorgesetzt und ausgedreht. Die Maße der Einlassungen (re. Fuß/Standbein 26 cm, l. Fuß 21 cm) lassen eine Statue von ca. 1,50 m vermuten. Neben dem linken Fuß der Statue befinden sich am Rand des Blocks Spuren einer Verklammerung.
– Statue: —
Interpretation: Es handelt sich der Inschrift zufolge um ein Ehrenmonument vom Demos Taorminas für Olympis, Sohn des Olympis, als Gewinner des Pferderennens der pythischen Spiele. Die Oberfläche deutet darauf hin, dass er

474 KATALOG

in Form einer knapp lebensgroßen stehenden Bronzestatue, die in Ponderation stand, geehrt wurde. Der Block war entweder mit einem weiteren Block oder aber, wie Muscolino vermutet, mit Architektur verklammert, ähnlich wie die Nische in Exedra 9 in Solunt (Muscolino 2009–2010, 411). Vermutlich wird es sich eher um miteinander verklammerte Basen handeln, da die Spuren der Klammer auf ein Objekt derselben Höhe weisen. Der Fundort wird mit der Agora der Stadt in Verbindung gebracht.

Lit.: IG XIV 434; ISic1259; Muscolino 2009–2010, 411–415, Abb. 1–6; zu Ehrungen von Athleten: Ma 2015, 23.

Taorm2 (Abb. 362, Abb. 364)
Fundort: Taormina, 1770 bei Erweiterung des Klosters S. Maria di Valverde
Aufbewahrungsort: Taormina Theater Antiquarium Inv. 2
Maße: 0,33 × 0,925 × 0,74–0,78 m
Buchstabenh.: 0,03–0,035 m
Material: *pietra rossa*
Datierung: 79 n. Chr. (Muscolino)
Identifikation: sicher
Inschrift:
Γάιος Κλαύδιος / Μαάρκου υἱὸς Μαάρκελλος / Γ.
Beschreibung:
– Fundament: —
– Schaft: Der rechteckige Block ist nicht komplett erhalten, die Rückseite ist beschnitten. Allerdings ist unklar, welche Maße der Block im Originalzustand hatte. Es handelt sich um eine wiederverwendete Basis, die gedreht wurde, wie Einlassungen auf der Unterseite des Blocks zeigen (Taorm3). Die Oberfläche der Basis ist geglättet, aber aufgrund der Beschaffenheit des rötlichen Steins ziehen sich zahlreiche Adern und Risse über ihn. Die Kanten sind bestoßen. Der Stein selbst ist durchzogen von weißen Adern und farblichen Kontrasten, die es schwer machen, die griechische Inschrift auf der Vorderseite zu lesen. Die zweizeilige Inschrift ist ungewöhnlich geschrieben: Während die Buchstaben sehr regelmäßig groß geschrieben wurden, wurde nur ein Bruchteil der vorhandenen Fläche der Vorderseite genutzt. In der ersten Zeile befindet sich Γάιος Κλαύδιος; vor dem Beginn der Zeile wurde Platz gelassen, ebenso wie dahinter noch knapp die Hälfte der Breite des Blocks freiblieb. Die zweite Zeile dagegen beginnt noch weiter eingerückt, während hier die Zeile den Rest des Namens aufweist und fast bis an den Rand des Blocks stößt. Dabei zeigen die Namen hier jeweils ein Alpha zu viel, ein Phänomen, welches sich öfter bei Übertragungen von

KATALOG   475

lateinischen Namen in die griechische Schrift finden lässt[17]. Unterhalb des
Sigma der zweiten Zeile findet sich ein Gamma, welches unterschiedlich
gedeutet wurde[18]. Am wahrscheinlichsten ist das Gamma als Zählzeichen
zu deuten[19], um mehrere Basen nebeneinander anordnen zu können.

– Bekrönung/Oberseite: Die Oberseite ist lediglich durch eine Zeichnung
bekannt, die von Muscolino publiziert wurde. Heute steht eine weitere
Statuenbasis auf der Oberseite der Basis und lässt eine Autopsie nicht zu.
Das, was heute noch zu sehen ist, zeigt aber, dass die Zeichnung ungenau ist:
An beiden Seiten sind Klammerspuren zu erkennen, die den Schluss zulassen, dass der Block verklammert wurde. Die von Muscolino eingezeichnete
mittige Einlassung befindet sich realiter weiter seitlich.

– Statue: —

Interpretation: Der Inschrift zufolge wurde C. Claudius Marcellus mit einer
Statue geehrt. Er kann als Prokonsul des Jahres 79 n. Chr. identifiziert werden,
womit er zu einer der bekanntesten Familien in Sizilien zählt (Cic. Verr. 2.4.86).
Die Oberseite weist keine eindeutig zu interpretierenden Spuren auf, die ein
Reiterstandbild rekonstruieren lassen. Unklar ist nämlich einerseits wie tief
die Basis ursprünglich war, andererseits ist die in der Publikation gezeichnete
mittige Einlassung weitaus größer und seitlich versetzt. Wäre sie, wie von
Muscolino gezeichnet, mittig, dann könnte die Einlassung für die Befestigung
einer Stütze gedient haben und ein Pferd in Levade rekonstruiert werden (vgl.
dazu Muscolino 2009–2010, 428 f.; Bergemann 1990, Taf. 85 P63). Dafür müsste
die Basis aber doppelt so tief rekonstruiert werden. Ebenso wie der Fundort
von Taorm1 wird der der vorliegenden Basis mit der Agora von Taormina
verbunden.

Lit.: IG XIV 435; ISic1260; Muscolino 2009–2010, 416–424, 428 f., 427 Abb. 15.

Taorm 3 (Abb. 362, Abb. 365)
Datierung: später als Taorm2 ?
Identifikation: wahrscheinlich
Beschreibung:

– Fundament: —
– Schaft: Der rechteckige Block ist nicht vollständig erhalten; eine der vier
Seiten zeigt eine unregelmäßig abgearbeitete Oberfläche. Möglicherweise
war dies die Vorderseite des Monuments. Zumindest ist keine zugehörige

---

17   Manganaro 2009–2010, 423.
18   Dazu Muscolino 2009–2010, 423.
19   Manganaro 1979, 443.

Inschrift erhalten und die Vorderseite von Taorm2 zeigt keine Zeichen einer Rasur. Unklar ist, wieviel vom Block fehlt.

– Oberfläche/Bekrönung: Dass die Zeichnung von Muscolino den Befund nicht korrekt wiedergibt, zeigt das ebenfalls von ihm publizierte Foto der Oberfläche. Zwei tiefe Einlassungen befinden sich links oben und rechts unten auf der Oberfläche der Basis. Die Einlassung links oben ist an der Vorderseite beschnitten. Die Einlassungen sind der Fotografie zufolge länglich oval und von einer zylinderförmigen höherliegenden Ausarbeitung umgeben.

– Statue: —

Interpretation: Die Einlassungen an beiden Seiten und die Inschrift an der Vorderseite zeigen die Wiederverwendung eines Statuenmonuments. Unklar ist, wie die chronologische Abfolge war: Taorm 2, also die andere Seite der besprochenen Oberfläche, weist eine zugehörige Inschrift auf. Von der vorliegenden Phase des Monuments ist keine zugehörige Inschrift erhalten. Möglicherweise befand sich diese an der nun beschnittenen Seite. Muscolino zufolge sprechen die tiefen und großen Einlassungen an der Oberseite für die Rekonstruktion eines Reiterstandbildes und damit einer langrechteckigen Basis. Die Oberseite der Basis zeigt zwar zwei tiefe Einlassungen, doch ist eine Interpretation schwierig: Einlassungen für bronzene Pferdedarstellungen sind üblicherweise nicht länglich, sondern rund. Zudem zeigt die Fotografie nicht, was auf der Zeichnung abgebildet ist. Eine Autopsie ist nicht möglich, da die Basis mit der Inschrift Taorm 2 an der Front im Museum aufbewahrt wird. Der Fotografie nach zu urteilen, sind die Dübellöcher für die Befestigung der Bronzestatue zwar tief, doch spricht die Form für die Darstellung einer stehenden Person im Ausfallschritt. Dementsprechend wäre die dazugehörige Ehreninschrift an der nicht mehr erhaltenen Seite der Basis zu rekonstruieren.

Lit.: Muscolino 2009–2010, 424–428, Abb. 11–14.

Taorm4 (Abb. 366–367, Abb. 370–371)
Fundort: Taormina, in situ bei Grabung 1878 im sog. Bouleuterion gefunden
Aufbewahrungsort: Syrakus Museo archeologico regionale Paolo Orsi
Inv. 82534
Maße: 0,25 × 0,595 × 0,645 m
Buchstabenh.: 0,025 m
Material: *pietra rossa*
Datierung: spätes 2. Jh. v. Chr. (Bacci)
Identifikation: sicher

KATALOG 477

Inschrift:
ὁ δᾶμος τῶν Ταυρομενιτᾶν / Νυμφόδωρον Εὐκλείδα Αρεθ. / εὐνοίας ἕνεκεν.
Beschreibung:
- Fundament: Die Basis wurde in situ gefunden, jedoch nach der Ausgrabung nach Syrakus ins Museum gebracht.
- Basisfuß: —
- Schaft: Die flache Quaderbasis aus lokalem Kalkstein zeigt geglättete Seiten und an allen vier Seiten Putzreste. Auf der Vorderseite befindet sich eine griechische Inschrift in drei Zeilen. Diese ist regelmäßig in ordentlich gearbeiteten Buchstaben in den Stein graviert. Der untere Teil der Vorderseite ist fast vollständig freigelassen.
- Bekrönung/Oberseite: Die Oberseite zeigt Einlassungen für eine Bronzestatue. Sie bestehen aus jeweils zwei kreisförmigen Dübellöchern je Fuß. Der linke Fuß (vorne: 7 × 7 cm, 6 cm tief; hinten: 8 × 7,5 cm, 7 cm tief) ist nach vorne, der rechte nach hinten versetzt (vorne: 6 × 6 cm, 6 cm tief; hinten: 8,5 × 7 cm, 6 cm tief). Der rechte Fuß ist zudem leicht nach außen gedreht. Um die Dübellöcher herum ist der Stein relativ großzügig konkav abgearbeitet, was vom Herausschlagen der Statue stammen könnte, wie einzelne Meißelspuren vermuten lassen.
- Statue: —
Interpretation: Der Demos ehrte einen gewissen Nymphodoros des Eukleides mit einer Bronzestatue. Die Statue ist zwar nicht erhalten, jedoch kann aufgrund der Dübellöcher an der Oberseite eine in leichter Ponderation stehende Bronzestatue rekonstruiert werden (der linke Fuß ist mind. 27 cm lang, der rechte Fuß 37 cm), die zwischen 1,60 und 2,20 m groß war, also lebensgroß bzw. bis überlebensgroß. Als Grund wird lediglich εὐνοίας angegeben. Die Basis war gemeinsam mit einer weiteren Basis für einen Nymphodoros (Taorm5) aufgestellt. Gefunden wurden beide in situ, allerdings nicht direkt nebeneinander, sondern nur in einer Flucht in einem gewissen Abstand voneinander (dazu Bacci 1980–1981, Taf. 169; Muscolino 2009–2010, 429–440). Das Gebäude wurde als Bouleuterion der Stadt gedeutet. Auch wenn es sich nicht darum handeln sollte, handelt es sich auf jeden Fall um ein öffentliches Gebäude bzw. einen öffentlichen Ort an der Agora Taorminas.
Lit.: SEG 32.937; ISic3124; Bacci 1980–1981, 739 f.; Muscolino 2009–2010, 436 f.

Taorm5 (Abb. 368–369, Abb. 370–371)
Fundort: Taormina, in situ bei Grabung 1878 im sog. Bouleuterion gefunden
Aufbewahrungsort: Syrakus Museo archeologico regionale Paolo Orsi
Inv. 82535

Maße: 0,25 × 0,66 × 0,66 m
Material: Kalkstein
Datierung: spätes 2. Jh. v. Chr. (Bacci)
Identifikation: sicher
Inschrift:
ὁ δᾶμος τῶν Ταυρομενιτᾶν / Νυμφόδωρον Φιλιστίωνος Σπαρ. / εὐνοίας καὶ εὐεργε-
σίας ἔνεκεν / τᾶς εἰς αὐτὸν θεοῖς πᾶσι.
Beschreibung:
- Fundament: —
- Basisfuß: —
- Schaft: Der rechteckige Block aus Kalkstein weist Glättungen an allen Seiten
  auf, allerdings auch Bestoßungen. An der Rückseite der Basis sind verfüllte
  Einlassungen/Löcher von links 3 × 4 cm und rechts 3 × 3 cm sichtbar. An
  allen Seiten befindet sich außerdem Putz, der sich vor allem in den unteren 3–4 cm häuft. An der rechten Seiten ist im Putz der Abdruck eines
  Schwalbenschwanzes zu beobachten. An der Vorderseite befindet sich eine
  vierzeilige griechische Inschrift. Die Buchstaben sind regelmäßig und sauber geschrieben.
- Oberseite/Bekrönung: An der Oberfläche sind mehrere Einlassungen: Zwei
  ovale Aussparungen für Füße befinden sich leicht in der vorderen Hälfte
  der Basis nach außen gedreht. Die rechte Einlassung ist oval bananenför-
  mig, sehr schmal und stark nach außen gedreht, während darum herum
  großzügig Stein abgearbeitet wurde, wahrscheinlich zum gewaltsamen
  Heraustrennen der Statue (18 × 6 cm, 7 cm tief). Die linke Einlassung (7 × 7 cm,
  4 cm tief) dagegen zeigt zwar auch eine ovale Aussparung, allerdings ober-
  flächlicher, dafür ein rundes Dübelloch in der Mitte. Direkt anschließend
  (andere Phase? Fehler?) befindet sich eine weitere kleine ovale Einlassung
  derselben Tiefe. Die ovale Abarbeitung darum herum hat Ähnlichkeiten mit
  Meißelspuren zum Entfernen einer Bronzestatue, doch unterscheiden sich
  die Spuren von denen des rechten Fußes, in dem sie viel gröber sind. Zudem
  existiert eine weitere fast runde Einlassung ca. 5 cm vom vorderen Rand der
  Basis entfernt vor der rechten Fußeinlassung (6 × 4 cm, 3 cm tief). Um das
  Loch herum sind ebenso Bearbeitungsspuren sichtbar, allerdings lediglich
  direkt am Rand. Da sich um die Einlassung herum keine anderen Spuren in
  Form eines Fußes o.ä. finden lassen, könnte es sich hier um eine Einlassung
  für ein Attribut handeln. Hinter dem rechten Fuß könnte sich eine weitere
  runde Einlassung befinden, die jedoch zugeschmiert wurde. Ob die beiden
  kleinen runden Einlassungen zusammengehören ist unklar. Auf jeden Fall
  befinden sich auch um diese herum keine weiteren Auflagespuren eines
  Statuenfußes.

KATALOG 479

– Statue: —
Interpretation: Es handelt sich um ein Statuenmonument für Nymphodoros, Sohn des Philistos. In Form, Maßen und Inschriftenformular ähnelt es dem ebenfalls im sog. Bouleuterion gefundenen Monument (Taorm4). Auch die vorliegende Basis weist Einlassungen für eine Bronzestatue auf: Für den linken Fuß ist das Zapfloch rund (Dm. 9 cm), für den rechten Fuß oval-sohlenförmig (18 cm). Beide liegen auf einer Höhe, während der rechte Fuß ausgedreht ist. Vor der Einlassung befindet sich ein weiteres aber kleineres Loch. Möglicherweise handelt es sich um die Befestigung eines Attributs. Eine ähnliche Anordnung zeigt eine Basis in Pergamon, bei der das kleinere Loch bei der Deutung aber keine Rolle spielt (vgl. Mathys 2014, 133 Gy43). Die Maße der Einlassungen lassen eine lebensgroße Bronzestatue rekonstruieren. Da die Füße nebeneinander stehen und sich vor dem rechten Fuß eine Einlassung befindet, kann vermutet werden, dass als Attribut eine Art Stock gehalten wurde.
Lit.: SEG 32.936; ISic3125; Bacci 1980–1981, 739 f.

Taorm 6 (Abb. 362, Abb. 372)
Fundort: Taormina, südöstlich vor sog. Naumachia
Aufbewahrungsort: in situ
Material: Ziegel
Datierung: hellenistisch (Campagna)
Identifikation: unsicher
Beschreibung:
– Fundament: Sichtbar ist eine rechteckige Aussparung im Paviment vor der sog. Naumachia. Diese wurde mit länglichen Ziegeln ausgelegt und unterscheidet sich damit von der übrigen Pflasterung mit großen Kalksteinen.
– Basisfuß: —
– Schaft: —
– Bekrönung/Oberseite: —
– Statue: —
Interpretation: L. Campagna deutet die mit Ziegeln gefüllte Aussparung in der Pflasterung als Ort einer Statuenaufstellung. Die Struktur der sog. Naumachia stellt ihm zufolge den kaiserzeitlichen Umbau einer hellenistischen Stoa dar, dem zufolge die Statuenaufstellung vor den Stufen auf einer Platzanlage stand. Die chronologische Einordnung kann demnach lediglich an den Bau der hellenistischen Stoa, auf die sich das Statuenmonument bezieht, gekoppelt werden.
Lit.: Campagna 2009, 209. 223 Abb. 5.

480 KATALOG

Taorm7 (Abb. 373–374)
Fundort: Taormina, Theater
Aufbewahrungsort: Palermo Palazzo dei Principi Alliata di Villafranca
Maße: 0,51 m mit Büste, 0,26 m (Kopf)
Material: Marmor
Datierung: frühe Kaiserzeit (Boschung)
Identifikation: sicher
Beschreibung:
– Fundament: —
– Basisfuß: —
– Schaft: —
– Bekrönung/Oberseite: —
– Statue: Der Porträtkopf befindet sich auf eine Büste montiert. Der Kopf ist
  stark überarbeitet worden: Nase, Lippen, Kinn sind ergänzt, die Frisur und
  das Gesicht wurden modern bearbeitet. Das Gesicht ist bestoßen.
Interpretation: Es handelt sich um ein Porträt des Augustus im Typ Louvre MA
1280, das modern stark bearbeitet wurde. Der Fundort des Kopfes lässt eine
Aufstellung im Theater von Taormina vermuten, die Maße eine überlebens-
große Statue des Kaisers.
Lit.: Bonacasa 1964, 38 Nr. 42, Taf. 19, 1–2; Boschung 1993, 128 f. Kat.-Nr. 43,
Taf. 47, 3–4.

Taorm8 (Abb. 375)
Fundort: Taormina, Thermen am Forum
Aufbewahrungsort: ?
Maße: 0,48 × 0,32 × 0,03 m
Buchstabenh.: 0,09 m
Material: Marmor
Datierung: 70–81/96 n. Chr. (Manganaro)
Identifikation: wahrscheinlich
Inschrift:
[D]omiti[ae Cn. f.] / Imp. Do[mititani] / Cae[sari (uxori)]
Beschreibung:
– Fundament: —
– Basisfuß: —
– Schaft: Überliefert sind sieben Fragmente einer Marmorplatte, die zusam-
  mengesetzt wurden. Erkennbar sind darauf die Reste einer lateinischen
  Inschrift. Da sich auch auf der Rückseite eine weitere Inschrift befindet,
  wurden die Platte wohl wiederverwendet (Taorm9).
– Bekrönung/Oberseite: —
– Statue: —

KATALOG 481

Interpretation: Die marmorne Platte diente wohl als Verkleidung einer Statuenbasis. Jedoch wurde sie zu einem unbestimmten Zeitpunkt umgedreht, spätestens aber im 2. Jh. n. Chr., und wiederverwendet (Taorm9). Geehrt wurde die Ehefrau Domitians, weshalb die Statue möglicherweise in Folge seiner *damnatio memoriae* abgebaut wurde. Jedoch fragt sich, was mit der Platte bis zur Wiederverwendung passierte. Ergänzt man die Breite der Platte um die Anzahl der fehlenden Buchstaben der Inschrift, kann von einer mindestens lebensgroßen Statue ausgegangen werden.
Lit.: ISic4371; Manganaro 1964, 41 Nr. 4, Taf. 16, 2.

Taorm9 (Abb. 376)
Fundort: Taormina, Thermen am Forum
Aufbewahrungsort: ?
Maße: 0,48 × 0,32 × 0,03 m
Buchstabenh.: 0,09 m
Material: Marmor
Datierung: nach 182 n. Chr. (Manganaro)
Identifikation: wahrscheinlich
Inschrift:
[Divae A]ug(ustae) [-- / [Lucil]lae / [Tauromeni]tani
Beschreibung:
– Fundament: —
– Basisfuß: —
– Schaft: Erhalten ist der rechte obere Rand einer Inschriftenplatte (zur Platte s. Taorm8). Reste von drei Zeilen einer lateinschen Inschrift befinden sich auf der Platte. Die Buchstaben der ersten Zeile sind weitaus breiter geschrieben als die der restlichen Zeilen, die enger verfasst wurden und leichte Unregelmäßigkeiten aufweisen.
– Bekrönung/Oberseite: —
– Statue: —
Interpretation: Vermutlich wurde Lucilla, Tochter Marc Aurels, postum mit einer Statue in Taormina geehrt. Darüber hinaus sind keine weiteren Angaben zur Darstellung der Geehrten bekannt.
Lit.: Pelagatti 1964, 26. 36 f., Manganaro 1964, 42, Taf. 16, 1.

Taorm10 (Abb. 377)
Fundort: Taormina, Theater, 1841
Aufbewahrungsort: ?
Maße: 0,18 × 0,215 × 0,03 m
Buchstabenh.: 0,048–0,058 m
Material: Marmor

Datierung: 182–192 n. Chr. (Manganaro)
Identifikation: wahrscheinlich
Inschrift:
[Imp(eratori) Caesari M(arco) Aur]elio / [Commodo Antonino Aug(usto)] Pio / [---
Beschreibung:
- Fundament: —
- Basisfuß: —
- Schaft: Erhalten ist die rechte obere Ecke einer marmornen Inschriften-platte, die Reste einer lateinischen Inschrift aufweist.
- Bekrönung/Oberseite: —
- Statue: —
Interpretation: Sowohl G. Manganaro als auch J. M. Højte interpretieren die fragmentierte Inschrift als Teil einer Statuenehrung für Kaiser Commodus. Die geringe Erhaltung der Inschriftenplatte lässt keine weiteren Aussagen zum Statuenmonument, an dem die Platte befestigt war, zu. Aufgrund der starken Fragmentierung ist nicht zu beantworten, wie groß die Platte ursprünglich war.
Lit.: CIL X 6993; AE 1989,339a; ISic0281; Manganaro 1988, 75; Manganaro 1989, 165 Nr. 23 Abb. 23; Højte 2004, 572 f. Comm15.

Taorm11
Fundort: Taormina, 1867
Aufbewahrungsort: Taormina ?
Maße: ?
Material: Stein
Datierung: 210–217 n. Chr. (ISic)
Identifikation: sicher
Inschrift:
Imp(eratori) Caes(ari) div[i Septimi Severi Pii] / Arab(ici) Adia[benici Parthici max(imi)] / Br[i]ttanici Britannici [maximi f(ilio) divi M(arci)] / Antonini G̣[erman(ici)] [Sarm(atici) nep(oti)] / divi Antoṇ[ini Pii pronepoti] / divi Ḥ[adriani abnepoti divi Traiani] / [et divi Nervae adnepoti] / [M(arco) Aurelio Antonino Pio Fel(ici) Aug(usto)]
Beschreibung:
- Fundament: —
- Basisfuß: —
- Schaft: Überliefert ist nur der Wortlaut der lateinischen Inschrift.
- Bekrönung/Oberseite: —
- Statue: —

KATALOG 483

Interpretation: Die Inschrift stellt eine Ehrung für Kaiser Caracalla dar. Sie verkleidete wohl den Schaft einer Statuenbasis, jedoch sind keine Aufzeichnungen der Inschrift oder ihres Trägers überliefert. Aufgrund der erwähnten Namen bzw. Beinamen kann die Inschrift chronologisch eingeordnet werden.

Lit.: CIL X 6991; ISic0279; Manganaro 1988, 77.

Taorm12 (Abb. 378)

Fundort: Taormina, San Pancrazio, 19. Jh.

Aufbewahrungsort: Palermo Museo archeologico regionale Antonino Salinas Inv. 704/1515

Maße: 1,36 m (Statue), 0,087 × 0,46 × 0,32 m (Plinthe)

Material: Marmor

Datierung: antoninisch (Bonacasa, Fittschen – Zanker, Lenaghan; severisch: Eingartner)

Identifikation: sicher

Beschreibung:

– Fundament: —
– Basisfuß: —
– Schaft: —
– Bekrönung/Oberseite: Die Plinthe ist an der Rückseite unregelmäßig gebildet oder beschnitten. Vor dem linken Fuß ist ein ca. 5 cm tiefer Teil bis zum Rand der Plinthe hinausgetrennt.
– Statue: Die marmorne Statue wurde gemeinsam mit der Plinthe aus einem Stück gearbeitet. Sie trägt einen kurzärmligen Chiton, eine Knotenpalla mit fransigem Saum und ein gefranstes Tuch, welches über die Schultern gelegt ist. Das rechte Bein ist angewinkelt etwas seitlich aufgestellt, während der linke Fuß komplett aufsteht. An den Füßen befinden sich Sandalen. Das Untergewand fällt über die Füße hinab. Der rechte Arm ist nach vorne angewinkelt, vor dem Handgelenk aber gebrochen. Der linke Arm ist nach unten gestreckt, in der Hand hält sie eine Situla. Zwischen dem Arm und dem Körper befinden sich Marmorstützen. Der Porträtkopf ist leicht verwittert, die Haare sind gescheitelt und hinten zu einem Knoten gefasst. Augen und Ohren sind relativ groß, das Gesicht weich geformt. Sie trägt zudem eine Binde auf dem Kopf. Die Statue trug Ohrringe, wie die Ohrlöcher der Ohrläppchen zeigen. Der Hinterkopf unterhalb der Binde wurde separat gearbeitet.

Interpretation: Dem Gewand und der Situla zufolge ist eine Isispriesterin dargestellt. Die Frisur führte zu der antoninischen Datierung. Die Statue war wohl im Isis Heiligtum aufgestellt, welches sich ursprünglich unter San Pancrazio befand. Eine Basis, die in der Forschung öfter mit der Statue in Verbindung gebracht wurde (Taorm13), kann aufgrund des Größenunterschieds zwischen Plinthe und Basis nicht zur Statue gehören.

Lit.: Bonacasa 1964, 100 Nr. 128, Taf. 58, 3–4; Sfameni-Gasparro 1973, 223–226 Nr. 195; Fittschen – Zanker 1983, 86 Nr. 118 Anm. 4 a; Eingartner 1991, 171 f. Nr. 150; Murer 2017, 200 Nr. 25, 201 Taf. 25 a–b.

Taorm13 (Abb. 379)
Fundort: Palermo, San Pancrazio
Aufbewahrungsort: Palermo Museo archeologico regionale Antonino Salinas Inv. 3549
Maße: 0,11 × 0,235 × 0,27 m
Material: Marmor
Datierung: 1.–2. Jh. n. Chr. (Bivona)
Identifikation: unsicher
Inschrift:
Serapi Isi sacrum / C(aius) Ennius Secundus / votum a(nimo) p(io).
Beschreibung:
– Fundament: —
– Basisfuß: —
– Schaft: —
– Oberseite: Da die Basis im Rahmen der Umstrukturierung des Museums 2017 nicht für eine Autopsie zur Verfügung stand, konnte die Oberseite nicht begutachtet werden. Die Beschreibung von Einlassungen an der Oberseite von R. Schöne von 1867 lassen eine Statuenbasis vermuten.
– Statue: —
Interpretation: Die Basis einer Isis Priesterin wurde von einem G. Ennius Secundus gestiftet. Über den Stifter sind keine weiteren Informationen bekannt. In der Forschung wurde bisher angenommen, dass die Statue (Taorm12) mit der Basis zusammengehört, doch kann dies aufgrund der Maße von Basis und Plinthe nicht stimmen. Ob auf der Basis tatsächlich eine Priesterin dargestellt war, ist nicht zu klären, es könnte auch eine Darstellung der Göttin rekonstruiert werden. Auch wo das Monument im Heiligtum aufgestellt war ist nicht bekannt, die flache Basis lässt aber eine erhöhte Aufstellung vermuten.
Lit.: CIL X 6989; ISic0048; Schöne 1867, 172 f.; Manganaro 1961, 177 Anm. 11; Bivona 1970, 64 f. Nr. 49, Taf. 32; Sfameni-Gasparro 1973, 76. 224 Nr. 193; Wilson 1990, 299 Abb. 256; Kunz 2006, 176.

KATALOG

Termini Imerese

Term1 (Abb. 380)

Fundort: Thermae Himerae, 1878 aufgefunden, eingemauert

Aufbewahrungsort: Termini Imerese Museo civico Inv. 138

Maße: 0,42 × 0,55 × 0,535 m

Buchstabenh.: 0,022–0,023 m

Material: Stein

Datierung: 2. Jh. v. Chr. (Dimartino)

Identifikation: sicher

Inschrift:

- - - - - / [ἐ]πὶ τὸ ἀλειπ[τήριον ἐκ τοῦ] / [ἰ]δίου ποιήσαντα / [κ]αὶ τὰς διώρυγας καὶ τ[ὰν] / [σ]τρῶσιν τὰς πλατείας τὰ[ν] / [ἀ]πὸ τοῦ λίθου τοῦ / θηγανείτα ἀπὸ τὰς / [π] ὕλας τὰς παρὰ / θάλασσαν ἐκ τοῦ ἰδίο[υ] / [π]οιήσαντα v. εὐνοίας / [ἕνεκα].

Beschreibung:

- Fundament: —
- Basisfuß: —
- Schaft: Der quaderförmige, fast quadratische Block trägt auf der Vorderseite eine Inschrift, die aufgrund der Erhaltung des Blocks an den Rändern unvollständig ist. Zehn Zeilen der Inschrift sind erkennbar. Abgesehen von den Abstoßungen an allen Seiten, ist die erhaltene originale Oberfläche stark verwaschen, so dass besonders der untere Teil der Inschrift schwer zu lesen ist. Zudem verläuft durch die Inschrift ein vertikaler und horizontaler Riss.
- Oberseite/Bekrönung: Das Fehlen der ersten Zeile der Inschrift weist darauf hin, dass die originale Oberseite nicht mehr erhalten ist.
- Statue: Die Maße des Blocks sprechen für eine lebensgroße Statue.

Interpretation: Der Inschrift zufolge handelt es sich um die Ehrung eines Wohltäters, der mehrere Bauvorhaben durchführte und aus diesem Grund mit einer Statue geehrt wurde. In der ersten Zeile kann vermutliche der Stifter (der Demos?) ergänzt werden. Die Verlegung von Paviment durch ein Mitglied der lokalen Oberschicht, ist beispielsweise auch in Solunt (ISic3067) oder Segesta (ISic3505) zu finden. Andere Statuenehrungen, in denen privat finanzierte Baumaßnahmen genannt werden, sind zudem aus Segesta bekannt. Aufgrund der Maße des Blocks handelte es sich vermutlich um eine lebensgroße Statue. Wegen der fehlenden Oberseite können keine genaueren Angaben gemacht werden.

Lit.: IG XIV 317; ISic1136; Brugnone 1974, 221–223 Nr. 2, Taf. 32, 2; Dubois 1989, 202; Ampolo 2012, 274; Belvedere 2012, 211; Dimartino 2019, 213 f.

Term2 (Abb. 381)

Fundort: Termini Imerese, Treppe der Portikus

Aufbewahrungsort: nur auf Zeichnung von G. Gallegra von 1878

Maße: —

Material: —

Datierung: hellenistisch?

Identifikation: unsicher

Beschreibung:

– Fundament: Auf der Zeichnung ist eine rechteckige Struktur zu erkennen, die die erste Stufe der Portikus nutzt, aber weit darüber hinausreicht. Stimmen die Größenverhältnisse auf der Zeichnung, was der Maßstab suggeriert, dann handelte es sich um eine monumentale Struktur.

– Basisfuß: —

– Schaft: —

– Bekrönung/Oberseite: —

– Statue: —

Interpretation: Handelt es sich um eine Statuenbasis, wie auch O. Belvedere vermutete, dann war entweder eine Statuengruppe, eine Quadriga oder eine kolossale Statue dargestellt. Im Umfeld der Portikus wurden zwar Inschriften und Statuen gefunden, doch gibt es keine weiteren Informationen zu dem gezeichneten Statuenträger. Auch wenn aufgrund der Zeichnung nicht zu entscheiden ist, ob die Struktur zur späthellenistischen Phase der Portikus gehörte, ist es aber auch nicht auszuschließen, weil sie als inkorporiert in die Treppe gezeichnet wurde.

Lit.: Belvedere 1993, 28; Belvedere 2012, 211, Abb. 205. Zur Identifikation des Forums, u.a. Belvedere 1993, 26–28.

Term3 (Abb. 382–383)

Fundort: Termini Imerese, in der Nähe des Kastells, Gebiet des Forums, 1877

Aufbewahrungsort: Termini Imerese Museo civico Inv. 121

Maße: 1,30 × 0,84 × 0,84 m

Buchstabenh.: 0,042–0,055 m

Material: Breccia

Datierung: spätes 1. Jh. v. Chr. (Bivona, Wilson)

Identifikation: sicher

Inschrift:

Cn(aeo) Pollieno Cn(aei) f(ilio) / tr(ibuno) mil(itum) / legio(nis) XII.

Beschreibung:

– Fundament: —

– Basisfuß: Die Basis ist aus einem Stück gearbeitet: Der Basisfuß besteht aus einer Standpplatte, auf der ein doppeltes Kyma zum schmaleren Schaft der

KATALOG 487

Basis führt. Die Profilierung ist sehr ordentlich gearbeitet, die Oberfläche stark geglättet. Insgesamt ist der Basisfuß stark auskragend, aber flach gehalten.

– Schaft: Erhalten ist ein hoher und schmaler Schaft. Die Oberfläche ist stark geglättet. Auf der Vorderseite befindet sich eine dreizeilige lateinische Inschrift. Sie ist im oberen Teil des Schafts angebracht in regelmäßigen und ordentlich geschriebenen Buchstaben. Die Inschrift hätte in größeren Buchstaben geschrieben oder mit mehr Abstand geschrieben werden können, da die Inschrift nur einen kleinen Abschnitt der Vorderseite einnimmt. Die erste Zeile, die den vollständigen Namen des Geehrten zeigt, ist sehr eng geschrieben, das f am Ende der Zeile berührt den Rand des Schafts. Die anderen beiden Zeilen sind mittig angelegt und sind weniger eng geschrieben. Die erste Zeile weist zudem die größten Buchstaben auf.

– Bekrönung/Oberseite: Die Bekrönung weist eine mehrfache Profilierung auf, die zu einer auskragenden Standfläche führt. Nur die Vorderseite der Bekrönung ist erhalten, die Ränder sind unterschiedlich stark abgebrochen. Auf der Oberseite befinden sich zwei Einlassungen für eine stehende Bronzestatue. Die Einlassung für den rechten Fuß ist schmal sohlenförmig und teilweise ausgebrochen (mind. 20 cm), da der Rand der Standfläche abgebrochen ist. Die Einlassung des linken Fußes besteht aus einem Loch (6 cm Dm.). Der rechte Fuß ist nach vorne gesetzt und umfasst die fest aufstehende Sohle, während der linke Fuß nach hinten gesetzt ist und nur den Fußballen aufweist.

– Statue: Vermutlich stand auf der Basis eine lebensgroße Bronzestatue des Geehrten.

Interpretation: Ein Gnaeus Pollienus wurde als Tribunus militum der 12. Legion mit einer Statue in Termini Imerese geehrt. Der Stifter ist nicht genannt; da die Statue wohl auf dem Forum der Stadt aufgestellt war, muss eine öffentliche Institution ihre Zustimmung gegeben haben. Die Einlassungen lassen eine lebensgroße Bronzestatue rekonstruieren, die in aktiver Schrittstellung dargestellt war; das rechte Bein stellte das Standbein dar, während der linke Fuß nach hinten gestellt war, das Knie gebeugt und nur die Ballen des Fußes aufgestellt. Möglicherweise war Pollienus mit einem Panzer bekleidet, wie seine Ehrung als militärischer Amtsträger vermuten lässt. Der Vater des Geehrten ist aus Haluntium bekannt; er wurde dort mit einer Statue geehrt. In Termini Imerese war eine weitere Statue von Gnaeus Pollienus errichtet (Term4). Welche Rolle er in Termini spielte, ob er beispielsweise aus Termini stammte, ist unbekannt, doch weisen die zwei Statuenehrungen auf seine Bedeutung für die Stadt in augusteischer Zeit hin.

Literatur: CIL X 7349; ISic0095; Bivona 1994, 125 f. Nr. 13, Taf. 9; Manganaro 1988, 42, Taf. 11; Wilson 1988, 97; Wilson 1990, 38 f. Anm. 57, Abb. 31.

488 KATALOG

Term4 (Abb. 384–385)
Fundort: Termini Imerese, 1877 in der Nähe des Kastells
Aufbewahrungsort: Termini Imerese Museo civico Inv. 123
Maße: 1,28 × 0,51 × 0,57 m
Buchstabenh.: 0,45–0,058 m
Material: gelblich-orange-roter Breccia[20]
Datierung: spätes 1. Jh. v. Chr. (Bivona, Wilson)
Identifikation: sicher
Inschrift:
[Cn(aeo) P]ollieno / [t]r(ibuno) mil(itum) / [c(ives) r(omani) et A]thenienses.
Beschreibung:
– Fundament: —
– Basisfuß: Die Basis ist in einem sehr schlechten Zustand und als eine Art
  Stumpf erhalten. Vom Basisfuß hat sich lediglich ein ca. 12 × 8 cm großer Teil
  des Fußprofils der Vorderseite, aber ein größerer Teil an der rechten Seite
  erhalten. Erkennbar ist nur, dass es eine leichte Abstufung von Basisfuß
  zum Schaft gab. Ob dieser aber wesentlich breiter war als der Schaft ist nicht
  mehr zu erkennen.
– Schaft: Der Schaft des Monuments ist sehr schlecht erhalten: Nur ein kleiner
  Abschnitt der Vorderseite und große Teile der rechten und linken Seiten zeigen die originale Oberfläche, während der Rest abgebrochen bzw. abgearbeitet wurde, so dass nur noch eine Art Stumpf übrig ist. Auf der Vorderseite
  sind die Reste einer lateinischen Inschrift vor einer geglätteten Oberfläche
  zu sehen. Die Inschrift weist die Mitte von drei Zeilen auf.
– Bekrönung/Oberseite: Die Oberseite zeigt einen kleinen Ausschnitt der vermutlich originalen Oberfläche. Diese ist gepickt und weist keine Anzeichen
  von Befestigungslöchern für eine Statue auf.
– Statue: Den Maßen der Basis zufolge kann eine lebensgroße Statue des
  Geehrten rekonstruiert werden.
Interpretation: Der Inschrift zufolge ehrten die römischen Bürger in Athen
und Athener Gnaeus Pollienus mit einer Statue aufgrund seines Amtes
als Tribunus militum. Unklar ist die Verbindung von Athen und Pollienus.
Weder ist eine Vebindung von der zwölften Legion zu Athen oder dort ange-
siedelten Veteranen bekannt noch eine Verbindung von Termini mit Athen.
Wilson schlug vor, dass Pollienus in Griechenland diente, doch hat zumindest
die zwölfte Legion dort keine Rolle gespielt. Der Vater des Geehrten ist aus

---

20   Anders Bivona 1994, 126. Dem Inventarbuch und dem Eintrag von L. Bivona zufolge handelt es sich um Kalkstein.

KATALOG 489

Haluntium bekannt; er wurde dort mit einer Statue geehrt. In Termini Imerese war eine weitere Statue von Gnaeus Pollienus errichtet (Term3). Welche Rolle er in Termini spielte, ob er beispielsweise aus Termini stammte, ist unbekannt, doch weisen die zwei Statuenehrungen auf seine Bedeutung für die Stadt in augusteischer Zeit hin.

Literatur: CIL X 7350; ISic0096; Wilson 1990, 38 Abb. 31; Bivona 1994, 126 f. Nr. 14, Taf. 9.

Term5 (Abb. 386)

Aufbewahrungsort: Termini Imerese Museo civico

Fundort: Termini Imerese, in Fragmenten gefunden, 1783 und 1829.

Maße: 0,43 × 0,58 × 0,045 m

Buchstabenh.: 0,03–0,045 m

Material: *Breccia rossa*

Datierung: zwischen 27 und 22 v. Chr. (Bivona, Prag)

Identifikation: sicher

Inschrift:

[---]io Sex[---] / [equo public]o praef(ecto) fabr(um) [trib(uno) milit(um)] / [le]g(ionis) XII [Ful]minatae pro[legato] / Caesari[s] Cypri praef(ecto) coh[ort(is) ---] / equitatae et Iulia[e] / [---]M(arcus) Livius Macedonic[us] / [---]l(ocus) [d(atus)] d(ecreto) d(ecurionum)].

Beschreibung:

– Fundament: —

– Basisfuß: —

– Schaft: Erhalten sind vier Fragmente einer Verkleidungsplatte aus Breccia. An der linken Seite ist ein Teil der originalen Kante erhalten, möglicherweise auch unten; die restlichen Ränder sind gebrochen. Die geglättete Vorderseite weist eine fragmentierte lateinische Inschrift auf. Sieben Zeilen sind in unterschiedlicher Erhaltung erhalten. Die erste Zeile in der der Name des Geehrten genannt ist, weist die größten Buchstaben auf, während die anderen Zeilen ungefähr gleich groß sind. Der Name des Stifter (Z. 6) ist sehr eng geschrieben und beginnt früher als die anderen Zeilen. Zwischen den Wörtern befinden sich Punkte als Worttrenner.

– Bekrönung/Oberseite: —

– Statue: —

Interpretation: Es handelt sich um eine Privatstiftung von Marcus Livius Macedonicus, der eine Statue für [---]ius Sex[---] mit der Erlaubnis der öffentlichen Institutionen (*locus datus decreto decurionum*) stiftete. Der Geehrte vom Rang eines Ritters hatte verschiedene hohe militärische Ämter inne.

490 KATALOG

Das Material der Verkleidungsplatte eines Statuenmonuments aus Breccia spricht für eine hohe Bedeutung des Monuments. Auch hier ist die Verbindung zwischen Geehrtem bzw. Stifter und Termini Imerese unklar. Allerdings ist die Erwähnung der 12. Legion auffällig, da sie bereits in einer anderen Ehreninschrift in Termini Imerese erscheint (Term3). Dadurch, dass die Platte oben und vor allem rechts ergänzt werden muss, spricht die Breite für eine mindestens lebensgroße Statue.

Literatur: CIL X 7351; ISico098; Manganaro 1988, 42; Bivona 1994, 130 f. Nr. 16, Taf. 10; Wilson 1990, 38 Anm. 55; Prag 2008, 76.

Term6 (Abb. 387)
Aufbewahrungsort: Termini Imerese Museo civico
Fundort: Termini Imerese, unbekannt
Maße: 0,36 × 0,48 m; 0,048 m (Höhe der Schuhsohle)
Material: Marmor
Datierung: augusteisch (Verzierung des Schuhs)
Identifikation: unsicher
Beschreibung:
– Fundament: —
– Basisfuß: —
– Schaft: —
– Bekrönung/Oberseite: —
– Statue: Erhalten ist ein kolossaler aufwendig mit floralen Ranken verzierter Fuß einer Marmorstatue.

Interpretation: Der Fuß wird zu einer kolossalen Statue gehören, wahrscheinlich zur Statue eines Kaisers oder eines Mitglieds der kaiserlichen Familie. Darauf weist einerseits die Größe andererseits die aufwendige Verzierung des Schuhwerks hin. Die Verzierung lässt an die symmetrischen Ranken des Hildesheimer Silberbechers oder an die Ara Pacis denken. Dementsprechend wurde eine augusteische Datierung vorgeschlagen (u.a. Belvedere). Die Größe der Statue muss dem polykletischen Verhältnis von Fuß zur Statuenhöhe zufolge über 3 m betragen haben.

Literatur: Bonacasa 1960, 17 f. Nr. 15, Taf. 8, 1; Belvedere 2012.

Term7 (Abb. 388)
Fundort: ?
Aufbewahrungsort: Termini Imerese Museo civico Inv. 135
Maße: H. 1,14 m erhalten
Material: Marmor

KATALOG   491

Datierung: augusteisch (Bonacasa)
Identifikation: wahrscheinlich
Beschreibung:
- Fundament: —
- Basisfuß: —
- Schaft: —
- Bekrönung/Oberseite: —
- Statue: Nur der Unterkörper des Togatus ist erhalten. Oberhalb der Hüfte
  ist der Oberkörper, oberhalb der Knöchel die Füße gebrochen. Der linke
  nach vorne angewinkelte Arm ist teilweise erhalten, der angestückte freie
  Unterarm fehlt. Der erhaltene Teil des Unterkörpers zeigt eine voluminöse
  Toga, die tiefe Falten aufweist. Der Sinus fällt bis zum Knie herab, ein kleiner
  Teil der Lacinia ist zwischen den Unterschenkeln sichtbar. Die linke Seite
  der Hüfte ist sichtbar und scheint durch die Ponderation verschoben.
Interpretation: Die in augusteische Zeit gesetzte Togastatue kann ergänzt werden und erreicht dann eine leicht überlebensgroße Höhe. Ohne Porträtkopf
oder Inschrift kann keine Interpretation der Statue erfolgen, es könnte sich
sowohl um eine kaiserliche Darstellung als auch um die Darstellung eines
Euergeten handeln.
Literatur: Bonacasa 1960, 14 Nr. 10, Taf. 7, 1 b; Bonacasa 1964, 138 f. Nr. 189, Taf. 82,
2.

Term8 (Abb. 389–390)
Fundort: Termini Imerese
Aufbewahrungsort: Termini Imerese Museo civico Inv. 129
Maße: H. 0,39 m; 0,25 m (Kopf)
Material: Marmor
Datierung: tiberisch-claudisch (Massner, Hertel)
Identifikation: sicher
Beschreibung:
- Fundament: —
- Basisfuß: —
- Schaft: —
- Bekrönung/Oberseite: —
- Statue: Der marmorne Einsatzkopf stellt einen jungen Mann dar. Das
  Gesicht ist dem Betrachter frontal zugewandt. Die Nase ist abgebrochen,
  Augenbrauen, Ohren, Stirn, Gesicht und Haare sind bestoßen. Sowohl das
  Gesicht als auch der Hals sind breit ausgebildet. Die Haare verlaufen in
  wenig plastischen Sichellocken flach am Schädel, am Hinterkopf sind sie

492 KATALOG

aber kaum ausgearbeitet. Die Sichellocken sind über der Stirn plastischer ausgebildet und liegen dort parallel zueinander. Über dem rechten Augen sind die Haare aber kaum erhalten.

Interpretation: Für eine Interpretation als Porträt von Kaiser Tiberius sprechen sich zahlreiche Forscher aus (u.a. Daltrop, Massner, Hertel), die N. Bonacasas Deutung als Domititan vorzuziehen ist. Die Statue kann als lebensgroß rekonstruiert werden. Zu welcher Art von Statue der Porträtkopf gehörte, ist unklar.

Literatur: Bonacasa 1960, 7 f. Nr. 3, Taf. 2,2; Bonacasa 1964, 67 Nr. 84, Taf. 38, 1–2; Daltrop u.a. 1966, 108; Massner 1982; Hertel 2013, 192 f. Kat. 112, Taf. 105, 3–4.

Term9 (Abb. 391)
Fundort: Termini Imerese
Aufbewahrungsort: verschollen
Material: Stein
Datierung: 1. Jh. n. Chr. (Bivona)
Identifikation: sicher
Inschrift:
M(arco) Cestio P(ubli) f(ilio) Cla(udia) / primo pilo praef(ecto) / fabrum trib(uno) mil(itum) / $\overline{\text{II}}$vir(o) duoviro ex d(ecreto) d(ecurionum).
Beschreibung:
– Fundament: —
– Basisfuß: —
– Schaft: Publiziert ist nur eine skizzenhafte Zeichnung, die einen rechteckigen Kasten zeigt, in dem die Inschrift steht.
– Bekrönung/Oberseite: —
– Statue: —
Interpretation: Marcus Cestius aus der Tribus Claudia wurde aufgrund seiner militärischen Laufbahn (Tribunus militum, Praefectus fabrum, Primo Pilaris) und seines Amtes als Duumvir auf öffentlichen Beschluss hin mit einer Statue geehrt. Damit gehörte er zu den ersten Amtsträgern der augusteischen Kolonie. Die Familie der Cestii ist darüber hinaus auch durch mehrere Grabinschriften aus Termini Imerese bekannt (Bivona 1994, 170–173 Nr. 62–67).
Literatur: CIL X 7348; ISic0094; Manganaro 1988, 42; Bivona 1994, 124 f. Nr. 12, Taf. 9; Wilson 1990, 39 Anm. 58; Prag 2008, 76.

Term10 (Abb. 392)
Fundort: Termini Imerese, Fundament eines Thermenbaus
Aufbewahrungsort: Termini Imerese Museo civico Inv. 126
Maße: 0,225 m

KATALOG 493

Material: Marmor
Datierung: claudisch (Bonacasa)
Identifikation: sicher
Beschreibung:
– Fundament: —
– Basisfuß: —
– Schaft: —
– Bekrönung/Oberseite: —
– Statue: Erhalten ist ein weiblicher Porträtkopf. Die Nase ist gebrochen,
 Lippen, Kinn, Augen- und Augenbrauen sind bestoßen. Die Oberfläche ist
 stark verwittert. Auch die Haare sind bestoßen, während der Hinterkopf
 sehr stark verwittert und die Frisur hier nicht vollständig erhalten ist. Das
 Gesicht ist rundlich, die Augen sind groß und erinnern an frühkaiserzeitli-
 che Porträts. Die Haare sind mittig gescheitelt, die Haarsträhnen fallen in
 Wellen über die Ohren. Die Ohren sind dadurch fast vollständig verdeckt.
Interpretation: Es handelt sich bei dem Kopf um das Privatporträt einer Frau
claudischer Zeit. Rekonstruiert werden kann die Statue als lebensgroß.
Lit.: Bonacasa 1964, 59 Nr. 72, Taf. 33, 3–4.

Term11 (Abb. 393)
Fundort: Termini Imerese
Aufbewahrungsort: Palermo Museo archeologico regionale Antonino Salinas
Inv. 3553
Maße: 0,785 × 0,48 × 0,045 m
Buchstabengröße: 0,05–0,065 m
Material: Kalkstein
Datierung: spätdomitianisch (Bivona, Manganaro)
Identifikation: sicher
Inschrift:
L(ucio) Acilio L(uci) f(ilio) Qui(rina) / Rufo / q(uaestori) pro pr(aetore)
provinc(iae) / Sicil(iae) tr(ibuno) pl(ebis) pr(aetori) / praef(ecto) frum(enti)
dand(i) / ex s(enatus) c(onsulto) / Hispellates public(e) / d(ecurionum)
d(ecreto) patrono.
Beschreibung:
– Fundament: —
– Basisfuß: —
– Schaft: Erhalten ist eine Kalksteinplatte, auf deren Vorderseite die Inschrift
 in regelmäßigen Abständen zentriert eingeschrieben wurde. Die Inschrift
 nimmt den gesamten Platz auf der Platte ein. Die Oberfläche der Platte ist

494 KATALOG

verwittert, so dass die Inschrift an einigen Stellen kaum zu erkennen ist. Am linken Rand könnte es sich um Reste einer Rahmung der Inschrift handeln.
– Bekrönung/Oberseite: —
– Statue: —
Interpretation: Lucius Acilius Rufus, der verschiedene Ämter bekleidete, wurde von den *Hispellates* auf öffentlichen Beschluss hin für seine Eigenschaft als Patron geehrt. Vorgeschlagen wurde, dass er möglicherweise aus Thermae Himerae stammte und er deshalb in seiner Heimatstadt geehrt wurde (Bivona 1994, 119). Eine andere These beschäftigt sich mit der Verbindung von den Hispellates zu weiteren Städten Siziliens (Bivona 1981, 39 f.). Die Familie der Acilier sind noch durch weitere Inschriften über Sizilien verteilt bezeugt (Halaesa und Mazara: Scibona 1971, 15. 19; CIL X 7210).
Literatur: CIL X 7344; ISic 0052; Bivona 1970, Nr. 53; Bivona 1994, 118–120 Nr. 8, Taf. 5; Manganaro 1988, 53, Taf. 19; Prag 2008, 77.

Term12 (Abb. 394)
Fundort: 1883 Gebiet des Forums, Portikus (Belvedere 1993, 30)
Aufbewahrungsort: Termini Imerese Museo civico Inv. 132
Maße: 1,22 m erhalten
Material: Marmor
Datierung: julisch-claudisch (Alexandridis, Bonacasa)
Identifikation: wahrscheinlich
Beschreibung:
– Fundament: —
– Basisfuß: —
– Schaft: —
– Bekrönung/Oberseite: —
– Statue: Von der weiblichen Statue ist nur der Teil unterhalb der Hüfte erhalten. An der vorderen rechten Seite ist geradezu ein Rechteck ausgeschnitten, welches bis zur Mitte des Oberschenkels hinunterreicht. Der linke Fuß ist nicht mehr erhalten. Das rechte Bein ist das Spielbein, es ist leicht seitlich nach hinten gesetzt, während das Standbein unter dem voluminösen Gewand nur zu erahnen ist. Die Falten sind sehr tief gebildet. Die Dargestellte trägt Schuhe.
Interpretation: Erhalten ist der Unterkörper einer weiblichen Gewandstatue im Schulterbauschtypus. Aufgrund der erhaltenen Maße wird es sich um eine überlebensgroße Statue gehandelt haben. Da sowohl Inschrift als auch Porträtkopf fehlen, kann keine Angabe über die Dargestellte gemacht werden. Der Fundort weist auf eine Aufstellung auf dem Forum hin, weshalb die Ehrenstatue einer Bürgerin oder aber die Darstellung eines kaiserlichen Familienmitglieds denkbar wäre.

KATALOG 495

Literatur: Bonacasa 1960, 15 f. Nr. 12, Taf. 6, 1; Bonacasa 1964, 153 Nr. 217, Taf. 89, 4; Alexandridis 2004, 256 2.2.14 E 12, 269 2.2.24 H2.

Term13 (Abb. 395)
Fundort: Termini Imerese, „Casa di Stenio", mit Term14 und Term15 (Belvedere 1993, 26–1), 1612
Aufbewahrungsort: Termini Imerese Museo civico Inv. 144
Maße: 0,47 m
Material: lunensischer Marmor, Bemalung der Augen
Datierung: caiguläisch (Alexandridis)
Identifikation: sicher
Beschreibung:
– Fundament: —
– Basisfuß: —
– Schaft: —
– Oberseite/Bekrönung: —
– Statue: Überliefert ist ein weiblicher Einsatzkopf, der aus sechs Fragmenten zusammengesetzt wurde. Die Dargestellte ist im Caere-München 316 Typus dargestellt, das Gewand ist *capite coperto* gebildet und im Haar befindet sich eine Wollbinde. Der Kopf ist leicht nach links gedreht. Die welligen Haare sind mittig gescheitelt und bilden am Haaransatz Schneckenlocken, die in einer Reihe angeordnet sind. Es handelt sich um einen Einsatzkopf, der in eine Statue eingesetzt war. Nase und Teil des Gewands sind ergänzt, Bestoßungen finden sich an den Haaren, Wangen und an der Unterlippe. Die Augen weisen noch Spuren von farblicher Bemalung auf, wodurch das Porträt sehr ausdrucksstark wirkt.
Interpretation: A. Alexandridis zufolge handelt es sich um den Einsatzkopf einer Statue, die Drusilla darstellt und aus caiguläischer Zeit stammt. In der Forschung wurden zuvor zwei Benennungen vorgeschlagen: Agrippina maior (Bonacasa, Belvedere) und Messalina (Polaschek). Vermutlich war die Statue der Drusilla auf dem Forum der Stadt aufgestellt, in dessen Umgebung der Fundort liegt, möglicherweise als Teil einer julisch-claudischen Kaisergruppe.
Lit.: Bonacasa 1960, 5 f. Nr. 2, Taf. 1,1–2; Bonacasa 1964, 57 Nr. 69, Taf. 32, 1–2; Polaschek 1973, 27 Taf. 11, 2, 14. 2, 16. 2; Belvedere 1993, 30 f. Abb. 20; Alexandridis 2004, 153 Kat.-Nr. 89, Taf. 17, 4.

Term14 (Abb. 396)
Fundort: Termini Imerese, „Casa di Stenio", gemeinsam mit Term13 und Term15 (Belvedere 1993, 26–31)
Aufbewahrungsort: Termini Imerese Museo civico
Maße: 1,78 m erhalten

Datierung: spätclaudisch-neronisch (Goette)
Identifikation: wahrscheinlich
Beschreibung:
- Fundament: —
- Basisfuß: —
- Schaft: —
- Bekrönung/Oberseite: —
- Statue: Die männliche Gewandstatue ist mit einer Toga bekleidet. Die Plinthe und Füße fehlen, ebenso der Einsatzkopf, die rechte Schulter, die linke Hand und Unterarm. Der rechte Fuß ist ausgedreht nach hinten gesetzt, das Knie gebeugt. Das linke Bein steht fest auf, verschwindet aber hinter dem massigen Gewand. Die Hüfte ist stark ausgedreht. Der rechte Arm ist vor dem Oberkörper angewinkelt und greift in den Umbo, der U-förmig von der Schulter herabfällt. Neben dem linken Fuß ist eine Cista sichtbar.

Interpretation: Ergänzt man den Einsatzkopf dann handelt es sich um einen leicht überlebensgroße Togatus. N. Bonacasa schlug eine Deutung als Magistrat aufgrund der Cista vor, doch wurde dieses Attribut fast jeder Togastatue beigefügt. Der gemeinsame Fundort mit einem Porträtkopf der Drusilla lässt vermuten, dass es sich um eine kaiserliche Statue handeln könnte. Doch kann dies ohne zugehöriges Porträt oder Inschrift nicht verifiziert werden.

Literatur: Bonacasa 1960, 12 f. Nr. 8, Taf. 6, 2; Bonacasa 1964, 139 f. Nr. 191, Taf. 82,4; Goette 1990, 127 Ba 295; Belvedere 1993, 30, 32 Abb. 21.

Term15 (Abb. 397)
Fundort: Termini Imerese, „Casa di Stenio", gemeinsam mit Term13 und Term14 (Belvedere 1993, 30)
Aufbewahrungsort: Termini Imerese Museo civico Inv. 134
Maße: 0,86 m erhalten
Material: Marmor
Datierung: Ende 1. Jh. n. Chr. (Bonacasa)
Identifikation: wahrscheinlich
Beschreibung:
- Fundament: —
- Basisfuß: —
- Schaft:
- Bekrönung/Oberseite:
- Statue: Überliefert ist der Unterkörper einer weiblichen Person, die mit Chiton und Himation bekleidet ist. Erhalten ist fast nur ein Stück der

KATALOG   497

Rückseite der Statue, die wenig ausgearbeitet ist, die Falten sind kaum plastisch ausgebildet. Zudem fehlen die Füße. Von der Vorderseite bzw. der rechten Seite sind einige tiefe parallel liegende Gewandfalten erhalten.
Interpretation: N. Bonacasa vermutete aufgrund von Fransen am Himation die Darstellung einer Isispriesterin (Bonacasa 1964, 161). Das publizierte Foto in Bonacasa zeigt allerdings nur die Rückseite der Statue. Aufgrund der fragmentierten Erhaltung ist eine Deutung nicht möglich, außer, dass es sich um eine weibliche Gewandstatue handelt, die wohl auf dem Forum bzw. in der Portikus, d.h. in er Umgebung des Fundorts, aufgestellt war.
Literatur: Bonacasa 1960, 17 Nr. 14, Taf. 7, 1 a; Bonacasa 1964, 161 Nr. 233, Taf. 94, 4; Belvedere 1993, 30.

Term16 (Abb. 398)
Fundort: Termini Imerese
Aufbewahrungsort: Termini Imerese Museo civico Inv. 133
Maße: 1,70 m erhalten
Material: Marmor
Datierung: spätclaudisch-neronisch (Goette)
Identifikation: wahrscheinlich
Beschreibung:
– Fundament: —
– Basisfuß: —
– Schaft: —
– Bekrönung/Oberseite: —
– Statue: Der männliche Dargestellte trägt eine Toga. Sowohl der Kopf als auch die Unterarme fehlen. Die Arme waren angesetzt, wie Einsatzlöcher der vom Gewand unbekleideten Stellen zeigen. Unterhalb des rechten gebeugten Knies ist die Statue gebrochen, so dass die Unterschenkel und Füße fehlen. Der Umbo ist sehr voluminös gebildet, insgesamt weist die Toga tiefe Falten auf. Das linke Bein fungiert als Standbein, es tritt deutlich aufgrund der stark ausgedrehten Hüfte durch das Gewand hervor. Das Spielbein ist leicht nach hinten gesetzt und ebenfalls durch die voluminösen Faltenwürfe hindurch sichtbar.
Interpretation: Ergänzt handelt es sich bei dem Togatus um eine leicht überlebensgroße Statue. Ohne Porträtkopf oder zugehörige Inschrift ist eine Benennung allerdings nicht möglich. Es könnte sich sowohl um eine kaiserliche Statue als auch um einen Euergeten oder Amtsträger handeln.
Literatur: Bonacasa 1960, 13 f. Nr. 9, Taf. 6, 3; Bonacasa 1964, 144 Nr. 200, Taf. 85, 1; Goette 1990, 127 Ba 296.

Term17 (Abb. 399–400)
Fundort: Termini Imerese, Gebiet des Forums oder Portikus (Belvedere 1993, 30)
Aufbewahrungsort: Termini Imerese Museo civico Inv. 127
Maße: 0,41 m; 0,19 m (Kopf)
Material: Marmor
Datierung: trajanisch (Richter, Belvedere)
Identifikation: sicher
Beschreibung:
- Fundament: —
- Basisfuß: —
- Schaft: —
- Bekrönung/Oberseite: —
- Statue: Erhalten ist ein weiblicher Porträtkopf mit dem gesamten Halsausschnitt, der bis kurz über die Brust reicht. Nur die Nasenspitze ist nicht vollständig erhalten. Das Porträt zeigt eine junge Frau mit markanten Gesichtszügen, die Wangenknochen treten deutlich hervor, das Kinn und die Nase sind relativ spitz, der Hals lang. Die Frisur zeigt eine mit der Brennschere gelegte trajanische Modefrisur. Dabei werden in mehreren Lagen Haarsträhnen, teilweise geflochten, um den Kopf gelegt und im Nacken in einen Zopf zusammengeführt. Hinter den Ohren sind die Haare nicht ausgearbeitet. Trotzdem handelt es sich um eine hoch qualitative Arbeit.

Interpretation: Von Richter wurde der Porträtkopf als Darstellung der Plotina gedeutet[21]. Unabhängig von seiner Benennung zeigt das trajanische Porträt O. Belvedere zufolge, dass die Portikus mindestens bis in trajanische Zeit genutzt worden sein muss.

Literatur: Richter 1948, Abb. 67. 63; Bonacasa 1960, 8–10 Nr. 4, Taf. 3–4; Bonacasa 1964, 79 f. Nr. 100, Taf. 46, 1–2; Belvedere 1993, 30.

Term18 (Abb. 401–402)
Fundort: Termini Imerese, Kastell, Umkreis des Forums, 1768
Aufbewahrungsort: Termini Imerese Museo civico Inv. 120
Maße: 1,39 × 0,65 × 0,78 m
Buchstabenh.: 0,055 m
Material: Kalkstein
Datierung: 2. Jh. n. Chr. (Bivona)
Identifikation: sicher

---

21   Richter 1948, Abb. 67.63.

KATALOG   499

Inschrift:

Antiae M(arci) f(iliae) Cleo / patrae sacerdoti / ex voluntate pop(uli) / d(ecreto) d(ecurionum) inpensa pub(lico) / remissa cuius d[e]- / dicatione ple[beis] / singuli decu[ri]- / onum filis b[ini] / decurioni[bus] / quini den[arii] / dati sunt.

Beschreibung:

- Fundament: —
- Basisfuß: Der hohe Basisfuß geht in einem Kyma reversa-Profil in den Schaft über.
- Schaft: Der Schaft weist eine geglättete Oberfläche auf. Die Oberfläche ist verwittert, die Kanten sind bestoßen. An der linken Seite des massiven Blocks befinden sich drei große Fehler im Stein. Die rechte Seite ist nicht vollständig erhalten. Die hintere Ecke ist ebenso abgebrochen wie die gesamte untere Hälfte der Basis. Auf der Vorderseite befindet sich eine lateinische Inschrift, die sich über die gesamte Vorderseite erstreckt. Aufgrund des Bruchs der Seite ist ab der zweiten Zeile das Ende der Zeilen abgebrochen. Der Bruch zieht schräg über die Inschrift, wodurch mit jeder Zeile weniger erhalten ist, und auch der Basisfuß ist bis über die Hälfte der Vorderseite abgebrochen. Die Inschrift ist ordentlich angeordnet, die Zeilen beginnen jeweils exakt auf derselben Höhe. Die Buchstaben sind regelmäßig angeordnet ohne Leerstellen oder Abstand zwischen den Wörtern.
- Bekrönung/Oberseite: Parallel zum Basisfuß wird der Schaft mit der Standfläche durch ein Kyma recta-Profil verbunden. Darüber befindet sich eine ca. 17 cm hohe Fläche, auf deren Oberseite die Statue befestigt war. Aufgrund des Bruchs der hinteren Ecke ist auch die Oberseite teilweise gebrochen und ein Riss zieht sich über die gesamte Oberseite von der hinteren Ecke bis zur Mitte der Vorderseite. Die Oberfläche ist stark verwittert, aber weniger porös als die Seiten der Basis. Es sind einige kleinere Löcher sichtbar, unklar ist allerdings, ob sie mit der Befestigung einer Plinthe zu tun haben.
- Statue: Die Maße der Basis lassen eine lebens- oder leicht überlebensgroße Statue vermuten.

Interpretation: Mit einer Statue geehrt wurde eine Priesterin namens Antia Cleopatra. Sie wurde vom Volk als Gegenleistung für Geldspenden auf öffentlichen Beschluss hin gestiftet. Die Familie der Antii ist aus zahlreichen anderen Quellen bekannt, die L. Bivona zusammengetragen hat. Für welche Gottheit Antia Cleopatra das Priesteramt innehatte ist in der Inschrift nicht erwähnt. Auch über die Statue der Basis kann wenig gesagt werden: Die Oberseite weist keine Spuren von Einlassungen für eine Bronzestatue auf, aufgrund der bereits sehr hohen Bekrönung ist nicht zu erwarten, dass tiefe Einlassungen jemals

500 KATALOG

angebracht waren. Wahrscheinlicher ist die Befestigung einer flachen Plinthe für eine Marmorstatue. Die Maße der Oberseite lassen eine lebens- oder überlebensgroße Statue vermuten.

Literatur: CIL X 7352; ISico100; Manganaro 1988, 46, Taf. 16; Bivona 1994, 133–135 Nr. 18, Taf. 13; Prag 2008, 78; Hemelrijk 2015, 376

Term19 (Abb. 403)
Fundort: Termini Imerese, Piazza dell'Duomo, Gebiet des Forum, 1982
Aufbewahrungsort: Termini Imerese Museo Civico
Maße: 1,16 × 0,68 × 0,56 m
Buchstabengröße 0,04–0,05 cm
Material: Kalkstein
Datierung: 2. Jh. n. Chr. (Bivona)
Identifikation: sicher
Inschrift:
[.] / [---]yrim[---pa] -/ [tr]ono [optimo or-] / [d]o dec[urion]- / [u]m pecun[ia pub(lica) ob] / multa meri̧[ta er-] / ga rem public[am f(ecit)] / ex d(ecreto) d(ecurionum).
Beschreibung:
– Fundament: —
– Basisfuß:
– Schaft: Der einst hohe rechteckige Schaft aus Kalkstein ist an allen Kanten stark bestoßen und die Oberfläche verwittert. Von der lateinischen auf der Vorderseite hat sich jeweils unterschiedlich viel von der Mitte der sieben Zeilen erhalten. Die Zeilen sind sehr regelmäßig angebracht, die Buchstaben allerdings unterscheiden sich in der Breite.
– Bekrönung/Oberseite: —
– Statue: Vermutliche stand auf der Basis eine lebens- oder leicht überlebensgroße Statue.
Interpretation: Der Name der geehrten Person ist nicht erhalten, doch handelte es sich wohl um einen Patron der Stadt. Gestiftet wurde die Statue vom *ordo* der Stadt auf öffentlichen Beschluss hin und öffentlichen Geldern aufgrund von Verdiensten um die *res publica*. Ob damit beispielsweise eine Bautätigkeit gemeint ist, lässt sich aus der Inschrift nicht erschließen. Der Zustand der Oberseite und die Lagerung im Garten des Museums haben bei einer Autopsie kein Ergebnis zur Befestigung der Statue gebracht. Die Maße lassen eine lebens- oder überlebensgroße Statue vermuten.
Literatur: AE 1994,773; ISico108; Belvedere 1982, 37; Bivona 1994, 141 f. Nr. 26, Taf. 16.

KATALOG 501

Term20
Fundort: Termini Imerese
Aufbewahrungsort: verschollen
Maße: ?
Material: Stein
Datierung: 161 n. Chr. (Bivona)
Identifikation: sicher
Inschrift:
Divo / Antonino / Augusto.
Beschreibung:
– Fundament: —
– Basisfuß: —
– Schaft: Überliefert ist nur eine schematische Zeichnung der Statuenbasis.
– Bekrönung/Oberseite: —
– Statue: —
Interpretation: Überliefert ist eine Statuenbasis an den vergöttlichten Antoninus Pius, die vermutlich auf dem Forum oder in der Portikus aufgestellt war.
Lit.: CIL X 7341; ISic0089; Manganaro 1988, 74; Bivona 1994, 115 f. Nr. 5, Taf. 2; Højte 2004, 474 f. AntP 64.

Term21 (Abb. 404–405)
Fundort: Termini Imerese, "Casa di Stenio", Gebiet des Forums
Aufbewahrungsort: Termini Imerese Museo civico Inv. 122
Maße: 1,52 × 0,60 × 0,54 m
Buchstabenh.: 0,05–0,09 m
Material: Kalkstein
Datierung: nach 195 n. Chr. (Bivona, Wilson)
Identifikation: sicher
Inschrift:
Divo / Commodo / Aug(usto) / d(ecreto) d(ecurionum) / p(ecunia) p(ublica).
Beschreibung:
– Fundament: —
– Schaft: Die Basis aus Kalkstein zeigt eine geglättete Vorderseite, auf deren Mittefeld die Inschrift in unterschiedlich großen Buchstaben aufgetragen ist. Die erste Zeile (DIVO) ist sehr viel größer geschrieben, als der Name darunter (Commodo). Zudem verläuft die zweite Zeile der Inschrift (Commodo) nach schräg rechts oben. Da das untere Drittel des Mittefeldes leer geblieben ist, verwundert es, dass die ersten drei Zeilen relativ eng

502 KATALOG

untereinander geschrieben wurden. Weiterhin befindet sich oberhalb und unterhalb der Inschrift ein Profil. Dadurch kommt ein massiver Basisfuß und Basiskopf zustande. Interessanterweise sind die beiden Seiten der Basis abgearbeitet, hier ist das Profil nicht mehr vorhanden und die Oberfläche ist nicht geglättet. Ob das nachträglich abgeschlagen wurde oder aber die Basis schon ursprünglich an den Seiten nicht sichtbar war, ist unklar. Die unterschiedlichen Bearbeitungsspuren an den Seiten sprechen eher für eine nachträgliche Abarbeitung.

– Bekrönung: Die Oberseite der Basis zeigt eine ungeglättete Oberfläche, die auf der gesamten Fläche Meißelspuren aufweist. Zudem sind die hintere und die rechte Seite nicht vollständig erhalten. Trotzdem sind die Umrisse von Fußsohlen für die Befestigung einer Bronzestatue erkennbar. Der rechte Fuß war nach vorne gesetzt und endet kurz vor dem Abschluss der Basis, der linke ein wenig nach hinten gesetzt. Die Einlassung für den rechten Fuß ist 25 cm lang.

– Statue: Vermutlich stand auf der Basis eine lebens- bzw. leicht überlebensgroße Statue.

Interpretation: Die Basis für den vergöttlichten Commodus ist deshalb besonders interessant, da Commodus der *damnatio memoriae* anheim fiel und er nach seinem Tod nicht zum Divus erhoben wurde. Allerdings ließ Septimius Severus die *damnatio memoriae* aufheben, weil er zur Legitimation seiner Herrschaft eine fiktive Adoption durch Commodus erfand. Der Ahnherr seiner dynastischen Herrschaft musste natürlich ein vergöttlichter Kaiser sein. Somit muss die Statuenbasis aus der Regierungszeit Septimius Severus stammen. Gestiftet wurde sie auf öffentlichen Beschluss des Rates und aus öffentlichen Geldern. Die Maße der Einlassung für die Bronzestatue lässt eine leicht überlebensgroße Darstellung des vergöttlichten Kaisers rekonstruieren.

Lit.: CIL X 7342; ISic 0090; Bivona 1994, 116 f. Nr. 6, Taf. 3; Manganaro 1988, 76; Wilson 1990, 298; Belvedere 1993, 26 Nr. 7; Højte 2005, 573 Comm16; Prag 2008, 76.

Term22 (Abb. 406)
Fundort: Termini Imerese ?
Aufbewahrungsort: Termini Imerese Museo civico Inv. 108
Maße: 0,91 × 0,54 × 0,39 m
Buchstabenh.: 0,025–0,03 m
Material: Kalkstein
Datierung: 10.12.196–9.12.197 (Bivona)
Identifikation: sicher

KATALOG   **503**

Inschrift:

[Imp(eratori) Caes(ari) L(ucio) Septi]miọ / [Severo Pertin]ạci Aug(usto) / [Arabico Adiabe]nico pon / [tif(ici)max(imo)]ṭrib(unicia)potest(ate) v imp(eratori)] / [VIII c]o(n)s(uli) / II [p(atri)p(atriae)imp(eratoris)] Caesaris / [di]vi M(arci) Aṇ[t]onini Germ(anici) / [Sarm(atici) fi]l(io) divi Commodi / [frati] divi Antonini Pii / [nepoti d]i[v]i Ḥadriani pro / [pr]onepoti divi Traiani / [P]arthici abnepoti divi / Ṇervae adnepoti in- / dulgentissimo et cle / mentissimo principi / Maesia Fabia Titiana / c(larissima) f(emina) et / Maesius Fabius Titia- / nus c(larissimus) p(uer).

Beschreibung:

- Fundament: —
- Basisfuß: —
- Schaft: Die rechteckige Basis ist bestoßen, der obere Teil fehlt vollständig. Die Oberfläche ist verwittert. Die auf der Vorderseite der Basis angebrachte Inschrift weist eine Rahmung auf. Die kleinen Buchstaben sind eng geschrieben, aber ordentlich und gleichmäßig angeordnet. Aufgrund der schlechten Erhaltung fehlt der Anfang der Inschrift sowie die Zeilenanfänge fast aller Zeilen.
- Bekrönung/Oberseite: —
- Statue: Vermutlich kann auf der Basis eine lebensgroße Statue des Geehrten rekonstruiert werden.

Interpretation: Die Basis befindet sich liegend im Garten des Museums zwischen Sträuchern, so dass die Oberseite nicht einsehbar ist. Erhalten ist eine Ehrung an Septimius Severus gestiftet von Maesia Fabia Titia und ihrem Bruder Maesius Fabius Titianus aus einer senatorischen Familie. Das Geschwisterpaar stiftete ein weiteres kaiserliches Statuenmonument in Palermo (Pal15).

Lit.: CIL X 7343; ISic0091; Bivona 1980, Taf. 2, 2; Bivona 1994, 117 f. Nr. 7, Taf. 4.

Term23 (Abb. 407)

Fundort: Termini Imerese

Aufbewahrungsort: Termini Imerese Museo civico Inv. 159

Maße: 0,154 × 0,61 × 0,11 m

Buchstabenh.: 0,015–0,018 m

Material: Marmor

Datierung: 2.–3. Jh. n. Chr. (Brugnone, anders Manganaro)

Identifikation: sicher

Inschrift:

Ἀριστόδαμος Νεμηνίδα Πέρσιος ποιητὰς / τοὺς γονέας καὶ τὸν εὐεργέταν αὐτῶντα / Ἀριστόδαμον Σιμία καὶ τὰν γυναῖκα αὐτοῦ / καὶ τὰν ἰδίαν ἀνέστασε.

504 KATALOG

Beschreibung:
– Es handelt sich vermutlich nicht um eine Statuenbasis, aber um eine Inschrift, in der es um die Aufstellung von Ehrenstatuen geht.

Interpretation: Ein Aristodamos stellte Statuen seiner Eltern und seiner Ehefrau auf. Unklar ist, als welche Art von Objekt der Inschriftenträger zu deuten ist. Die Maße sprechen gegen eine Statuenbasis.

Lit.: IG XIV 316; ISic1135; Brugnone 1974, 229–231 Nr. 5, Taf. 33, 5; Manganaro 1964, 431 Nr. 96.

Term24 (Abb. 408)
Fundort: Termini Imerese
Aufbewahrungsort: Termini Imerese Museo civico Inv. 116
Maße: 0,69 × 1,10 × 0,12 m
Buchstabenh.: 0,045–0,09 m
Material: Kalkstein
Datierung: Mitte des 3. Jhs. n. Chr. (Bivona)
Identifikation: sicher
Inschrift:
C(aio) Maesio Aquillio / Fabio Titiano c(larissimo) v(iro) co(n)s(uli) / optimo civi ac patrono beneme- / renti ordo et populus splen- / [d]idissimae col(oniae) Aug(ustae) Himereorum / [The]rmit(anorum) pecunia sua posuit.
Beschreibung:
– Fundament: —
– Basisfuß: —
– Schaft: Erhalten ist eine Platte, deren rechte und linke Ecke abgebrochen ist, auf der sich sechs Zeilen einer lateinischen Inschrift befindet.
– Bekrönung/Oberseite: —
– Statue: —
Interpretation: Der Konsul Gaius Maesius Fabius Titianus, der das Amt im Jahr 245 bekleidete, wurde in Termini Imerese als Patron mit einer Statue geehrt. *Ordo* und *populus* der Stadt erlaubten die Aufstellung der Statue, bezahlt wurde sie allerdings von ihm selbst (*pecunia sua*). Die Familie ist in Termini Imerese von einer Statuenstiftung an Kaiser Septimius Severus bekannt (Term22). Die Maße der Inschriftenplatte ist untypisch sowohl für eine einzelne stehende Statue als auch für ein Reiterstandbild.
Literatur: CIL X 7345; ISic0092; Bivona 1980, 233, Taf. 1, 1; Bivona 1994, 120 f. Nr. 9, Taf. 6; Prag 2008, 78; Pfuntner 2016, 452.

Term25 (Abb. 409)
Fundort: Termini Imerese
Aufbewahrungsort: Termini Imerese Museo civico Inv. 109
Maße: 0,77 × 0,47 × 0,31 m

KATALOG   505

Buchstabenh.: 0,02–0,095 m
Material: Kalkstein
Datierung: 3. Jh. n. Chr. (Bivona)
Identifikation: sicher
Inschrift:
Titiano c(larissimo) f(ilio) C(ai) Maesi(i) / Titiani et Fonteiae / Frontinae
consu- / larium filio / patricio ob hono- / rem togae virilis / Clodius Rufus eques
romanus / amico suo incomparabili.
Beschreibung:
– Fundament:
– Basisfuß: —
– Schaft: Der rechteckige Schaft des Monuments weist auf der Vorderseite
  eine lateinische Inschrift auf. Sie erstreckt sich mit acht Zeilen über die
  gesamte Fläche. Die letzten zwei Zeilen, in die der Stifter genannt wird, sind
  weitaus kleiner geschrieben als die Zeilen, in denen der Geehrte und seine
  Eltern genannt werden.
– Bekrönung/Oberseite: Die aufgeraute Oberseite weist keine Einlas-
  sungen auf.
– Statue: Die Maße sprechen für die Rekonstruktion einer lebensgroßen
  Statue.
Interpretation: Titianus, Sohn in einer senatorischen Familie, wurde mit einer
Statue geehrt, da er die Toga virilis erhielt. Ein Clodius Rufus stiftete die Statue,
womöglich aufgrund einer persönlichen Beziehung zu den Eltern (*amico suo
incomparabili*).
Literatur: CIL X 7346; ISic0093; Bivona 1994, 121–123 Nr. 10, Taf. 7; Barbieri 1961,
42 Nr. 1; Bivona 1980, 233, Taf. 2, 3; Manganaro 1988, Taf. 20.

Tyndaris (Abb. 410)
Tynd1 (Abb. 411–412)
Fundort: „area fortificazione sud-orientale", wiederverwendet
Aufbewahrungsort: Tyndaris Antiquarium Inv. 488
Maße: 0,56 × 0,50 × 0,67 m
Buchstabenh.: 0,035 m
Material: Sandstein?
Datierung: 2. Jh. v. Chr. (Dimartino)
Identifikation: sicher
Inschrift:
ὁ δᾶμος / Ἀντίμαχον / Φίλωνος / [ε]ὐεργέταν.
Beschreibung:
– Fundament: —
– Basisfuß: —

506 KATALOG

- Schaft: Der rechteckige Steinquader trägt an der Vorderseite eine griechi-sche Inschrift in vier Zeilen. Diese ist ordentlich und regelmäßig auf den Stein geschrieben, jedoch ist die untere Hälfte der Vorderseite frei geblie-ben. Der Stein ist stark beschädigt an den Seiten. Von der linken Seite fehlt die gesamte vordere Kante und ein Teil der Vorderseite, an der rechten Seite sind Hackspuren (?) erkennbar, wohl im selben Verlauf wurden Teile des Steins abgeschlagen. Die Vorderseite zeigt außerdem Kratzspuren.
- Bekrönung/Oberfläche: Die Oberfläche zeigt eine geglättete, aber auch aus-gewaschene Oberfläche. Es finden sich keine Spuren für Einlassungen oder Verklammerungen.
- Statue: Die Maße des Blocks sprechen für eine lebensgroße Statue des Geehrten.

Interpretation: Die Statuenbasis ehrte der Inschrift zufolge Antimachos als Euergeten. Die erhaltene Oberfläche lässt keine Rückschlüsse auf das Material der Statue des Geehrten zu. Da die Dübellöcher einer Bronzestatue tief sind, ist die Befestigung einer Marmorplinthe möglicherweise wahrscheinlicher. Die Maße der Oberfläche sprechen für eine lebensgroße Statue.

Lit.: BE 1953, 277; ISic3348; Manganaro 1965, 203, Taf. 72, 4; Fasolo 2013, 58 Nr. 3 Abb. 21; Dimartino 2019, 204 f.

Tynd2 (Abb. 413)
Fundort: Tyndaris, 1950
Aufbewahrungsort: Tyndaris Antiquarium Inv. 391
Maße: 1,15 m
Material: Marmor
Datierung: augusteisch (Goette)
Identifikation: sicher
Beschreibung:
- Fundament: —
- Basisfuß: —
- Schaft: —
- Bekrönung/Oberseite: —
- Statue: Dargestellt wird ein Junge in einer Toga. Balteus und Sinus verlaufen schräg über den langen Körper. Der Einsatzkopf ist nicht erhalten, ebenso wie Füße und Plinthe und linke Hand und der rechte Arm ab dem Ellbogen. Hand und Arm waren, wie Dübellöcher zeigen, angesetzt. Das rechte Bein ist gebeugt und der Fuß leicht nach hinten gesetzt zu ergänzen. Vor der Brust befindet sich auf der Toga ein Bullenkopf als Anhänger.

Interpretation: Der Bulle spricht für die Darstellung eines Jungen in der Toga praetexta. Sobald Jungen die Toga virilis erhielten, wurde diese Kette abgenommen.

KATALOG 507

Lit.: Bonacasa 1964, 135 f. Nr. 183, Taf. 80,4; Goette 1990, 113 Ad 2, Taf. 4, 4; Portale 2005, 83. Zu Toga und Bulla: Goette 1990, 4 f. mit weiterer Literatur.

Tynd3 (Abb. 414)
Fundort: Tyndaris, bei sog. Basilika
Aufbewahrungsort: Tyndaris Antiquarium Inv. 392
Maße: 1,54 m
Material: Marmor
Datierung: mittel- bis spätaugusteisch (Goette)
Identifikation: wahrscheinlich
Beschreibung:
– Fundament: —
– Basisfuß: —
– Schaft: —
– Bekrönung/Oberseite: —
– Statue: Der Geehrte trägt eine Toga im Armschlingen Typus. Der Einsatzkopf, die linke Hand, die Füße und Plinthe sind nicht erhalten. Der Sinus reicht bis zum rechten Knie hinab. Der rechte Arm ist angewinkelt am Oberkörper und mit Gewand bedeckt, geradezu wie eine Armschlinge, die Hand schaut aus dem Gewand hervor und greift in den Umbo. Die Hand wirkt überdimensioniert und unorganisch gearbeitet. Der linke Arm ist nach vorne angewinkelt, hier fehlt die Hand, ein Dübelloch weist auf eine Ansetzung hin. Während das linke Standbein unter dem vollen Gewand nicht zu erkennen ist, ist das rechte Bein gebeugt und deutlich unter dem gespannten Gewand sichtbar. Das rechte Bein stand unüblicherweise wohl sogar vor dem Standbein auf. Neben dem linken Bein steht eine Cista, auf die das Gewand hinabfällt.
Interpretation: Aufgrund der Toga und der Cista könnte es sich um einen Amtsträger gehandelt haben oder aber um einen Wohltäter der Stadt. Die überdimensionierte Hand ist schwer zu erklären, da die Statue insgesamt qualitativ gut gearbeitet wurde. Ergänzt mit Porträtkopf und Plinthe kann eine lebensgroße bis leicht überlebensgroße Statue rekonstruiert werden.
Lit.: Bonacasa 1964, 133 Nr. 177, Taf. 79, 2; Goette 1990, 112 Ac 11; Portale 2005, 83.

Tynd4 (Abb. 415)
Fundort: Tyndaris, in der Umgebung der sog. Basilika, 1950
Aufbewahrungsort: Tyndaris Antiquarium Inv. 394
Maße: 0,51 m
Material: Marmor
Datierung: spätaugusteisch (Boschung)
Identifikation: sicher

Beschreibung:
- Fundament: —
- Basisfuß: —
- Schaft: —
- Bekrönung/Oberseite: —
- Statue: Die linke Seite des Hinterkopfes und Teil des Ohres sind bestoßen, die Nase und der Rand des rechten Ohres fehlen. Der Kopf ist unterhalb des Kinns abgebrochen. Das Stirnhaar teilt sich über dem linken Auge und wiederholt damit den Alcudia Typ.

Interpretation: Es handelt sich bei dem kolossalen Kopf um ein Augustusporträt im Typus Alcudia. Allerdings weist D. Boschung darauf hin, dass unter anderem das Schläfenhaar an Porträts der Augustusenkel erinnert und das Gesicht dem Prima-Porta-Typus ähnelt.

Lit.: Bonacasa 1964, 36 Nr. 36 Nr. 38, Taf. 17, 3–4; Kreikenbom 1992, 165 Kat. 3, 17; Boschung 1993, 121 Kat.-Nr. 28, Taf. 21

Tynd5 (Abb. 416)
Fundort: Tyndaris
Aufbewahrungsort: Palermo Museo archeologico regionale Antonino Salinas Inv. 695
Maße: 1,62 m
Material: Marmor
Datierung: spätaugusteisch-frühtiberisch (Goette)
Identifikation: wahrscheinlich
Beschreibung:
- Fundament: —
- Basisfuß: —
- Schaft: —
- Bekrönung/Oberseite: —
- Statue: Es liegt eine Togastatue vor der Füße, der Porträtkopf und die vom Gewand unbedeckten Arme fehlen. Diese waren den Dübellöchern zufolge angesetzt. Das linke Standbein verschwindet vollständig hinter einem schematisch wirkenden Sinus. Das rechte Spielbein ist leicht gebeugt, aber sichtbar unter dem gespannten Gewand. Der Umbo ist flach gebildet, der Sinus reicht bis zum rechten Knie. Zwischen den Unterschenkeln zeigt sich die Lacinia. Neben dem linken Bein steht eine Cista.

Interpretation: Es kann ein leicht überlebensgroßer Togatus rekonstruiert werden. Wer dargestellt wird ist ohne Inschrift und Porträtkopf nicht zu klären. Es könnte sich um die Darstellung eines Magistrats oder Wohltäters handeln.

Lit.: Bonacasa 1964, 134 Nr. 179, Taf. 79, 4; Goette 1990, 116 Ba 53.

KATALOG   509

Tynd6 (Abb. 417)
Fundort: Tyndaris
Aufbewahrungsort: Palermo Museo archeologico regionale Antonino Salinas
Inv. 700
Maße: 1,90 m
Material: Marmor
Datierung: tiberisch-claudisch (Goette)
Identifikation: wahrscheinlich
Beschreibung:
– Fundament: —
– Basisfuß: —
– Schaft: —
– Bekrönung/Oberseite: —
– Statue: Der Togatus wurde neuzeitlich stark ergänzt: Der Kopf, die
  Kopfbedeckung, der rechte Arm und Hand sind nicht original. Das rechte
  Bein steht fest auf der Plinthe auf, während das linke Bein leicht ange-
  winkelt ist und der Fuß leicht nach außen gesetzt wurde und nur auf den
  Ballen aufsteht. Die Lacinia fällt zwischen den Füßen auf die Oberfläche
  der Plinthe. Die Toga weist einen kurzen U-förmigen Umbo auf, der von der
  Kopfverhüllung herabreicht. Der Sinus reicht auf den rechten Oberschenkel.
  Die Gewandung am Unterkörper wirkt im Gegensatz zum restlichen füllige-
  rem Faltenverlauf eng um die Beine gewickelt. Der linke Arm ist angewinkelt nach vorne gestreckt, während der rechte Arm ergänzt wurde; unklar
  ist, ob das Halten einer Patera korrekt ergänzt wurde.
Interpretation: Die Verhüllung des nicht erhaltenen Porträtkopfes und die
leichte Üerlebensgröße der Statue weist auf die Darstellung eines kaiserlichen
Familienmitglieds oder die eines kultischen Amtsträgers hin. Im Museum in
Palermo wurde die Statue bereits um 1820 von Valerio Villareale mit einem
modernen Porträtkopf des Marc Aurel kombiniert.
Lit.: Bonacasa 1964, 136 Nr. 184, Taf. 81, 1; Goette 1990, 120 Ba 130.

Tynd7 (Abb. 418)
Fundort: Tyndaris
Aufbewahrungsort: Palermo Museo archeologico regionale Antonino Salinas
Inv. 697
Maße: 1,32 m
Material: Marmor
Datierung: spätclaudisch-neronisch (Goette)
Identifikation: wahrscheinlich

510 KATALOG

Beschreibung:
- Fundament: —
- Basisfuß: —
- Schaft: —
- Bekrönung/Oberseite: —
- Statue: Der Togatus weist eine bewegte Oberfläche des Gewands auf, die Falten sind scharfkantig gebildet. Der Kopf fehlt, ebenso wie der rechte Arm und die linke Hand und der Unterarm und einige Gewandfalten. Der U-förmige Umbo fällt von der linken Schulter hinab, der Sinus fällt über das rechte Knie hinaus hinab. Der Balteus ist in zwei Wulsten gebildet. Das rechte Bein fungiert als Standbein, während das linke Bein leicht gebeugt ist und der Fuß leicht nach außen und hinten gesetzt ist. Der rechte Arm ist nicht erhalten, der linke ist nach vorne angewinkelt, die Hand war angesetzt. Hinter dem rechten Bein steht eine Cista. Schuhe sind nicht deutlich erkenbar, die Zehen sind zumindest deutlich sichtbar.

Interpretation: Rekonstruiert werden kann ein lebensgroßer Togatus. Aufgrund des fehlenden Porträtkopfes und der Inschrift ist eine Benennung nicht möglich.

Lit.: Bonacasa 1964, 145 Nr. 202, Taf. 85, 3; Goette 1990, 127 Ba 282.

Tynd8 (Abb. 419)
Fundort: Tyndaris
Aufbewahrungsort: Palermo Museo archeologico regionale Antonino Salinas Inv. 706
Maße: 0,36 m
Material: Marmor
Datierung: julisch-claudisch (Bonacasa)
Identifikation: sicher
Beschreibung:
- Fundament: —
- Basisfuß: —
- Schaft: —
- Bekrönung/Oberseite: —
- Statue: Der Einsatzkopf eines jungen Mannes ist an den Ohren, den Haaren und im Gesicht bestoßen. Der Kopf ist leicht nach rechts geneigt. Die Ohren sind groß und stehen leicht vom Kopf ab. Nur die Stirnfrisur und die Schläfenhaare sind sorgfältig ausgearbeitet. Die Stirnfrisur zeigt doppelte Sichellocken, die sich über dem linken Auge teilen.

KATALOG   511

Interpretation: N. Bonacasa zufolge handelt es sich bei dem Porträtkopf um einen julisch-claudischen Prinzen. Die Frisur erinnert an die Stirnfrisur des Typus Kopenhagen der Tiberiusporträts oder eines Caligulaporträts.
Lit.: Bonacasa 1964, 40 Nr. 45, Taf. 20, 3–4.

Tynd9 (Abb. 420–421)
Fundort: Tyndaris
Aufbewahrungsort: Palermo Museo archeologico regionale Antonino Salinas Inv. 705
Maße: 0,38 m
Material: Marmor
Datierung: julisch-claudisch (Bonacasa, Polaschek)
Identifikation: sicher
Beschreibung:
– Fundament: —
– Basisfuß: —
– Schaft: —
– Bekrönung/Oberseite: —
– Statue: Der Einsatzkopf zeigt ein rundliches weibliches Gesicht. Die Nase und Stirn wurden ergänzt. Die gesamte Kalotte war gebrochen und wurde wieder mit dem Kopf zusammengefügt. Die Ohren sind teilweise gebrochen. Die welligen Haare sind mittig gescheitelt und am Hinterkopf eingerollt und zusammengenommen. Die Stirn säumen kleine Löckchen. Vor den Ohren ist jeweils eine Strähne von Locken aus dem Zopf hinausgenommen.
Interpretation: Von N. Boncasa als Porträt der Antonia minor gedeutet, handelt es sich wohl eher um eine julisch-claudische Prinzessin.
Bonacasa 1964, 60 f. Nr. 74 Taf. 34, 3–4, Polaschek 1973, 42 Anm. 72.

Tynd10 (Abb. 422–423)
Fundort: Tyndaris
Aufbewahrungsort: Palermo Museo archeologico regionale Antonino Salinas Inv. 698
Maße: 2,10 m; 0,37 m (Kopf)
Material: Marmor
Datierung: caliguläisch-frühclaudisch (Alexandridis)
Identifikation: sicher
Beschreibung:
– Fundament: —

512 KATALOG

- Basisfuß: —
- Schaft: —
- Bekrönung/Oberseite: —
- Statue: Erhalten ist eine weibliche Gewandstatue. Ergänzt wurde die Unterlippe, das Kinn, die Nase, die Schulterlocken auf der rechten Seite und der Hals. Der Zopf im Nacken ist gebrochen. Auf dem Kopf trägt die Dargestellte ein Diadem und eine Wollbinde. Das Gewand ist im Typus Kos/Sofia mit mehreren Abweichungen (Filges 1997, 36–39) gebildet. Unter dem rechten Ellenbogen befindet sich die Mantelschlinge, der Kopf ist zur Spielbeinseite gewendet, der Chiton ist halbärmlig.

Interpretation: Während K. Fittschen und P. Zanker für ein Privatporträt plädierten, N. Bonacasa die Statue für eine Darstellung von Agrippina maior hielt, interpretierte A. Alexandridis den Porträtkopf als Darstellung von Agrippina minor. Die Statue ist überlebensgroß und passt damit gut zu einer kaiserlichen Darstellung.

Lit.: Bonacasa 1964, 58 Nr. 70, Taf. 32,3–4, 89,1; Fittschen – Zanker 1983, 5 f. Nr. 4 Anm. 3; Filges 1997, 253 Kat.-Nr. 56; Alexandridis 2004, Kat. 113, Taf. 25, 5.

Tynd11 (Abb. 424)
Fundort: Tyndaris
Aufbewahrungsort: Palermo Museo archeologico regionale Antonino Salinas Inv. 702
Maße: 0,52 m
Material: Marmor
Datierung: claudisch (Kreikenbom)
Identifikation: sicher
Beschreibung:
- Fundament: —
- Basisfuß: —
- Schaft: —
- Bekrönung/Oberseite: —
- Statue: Erhalten ist eine Sitzstatue im Jupiter Typus mit erhaltenem Porträtkopf. Die gesamte Statue wurde stark ergänzt nach dem Vorbild der Sitzstatue in Catania (Cat3). Der Mantel fällt über die linke Schulter, der linke Arm ist weit nach oben gehoben und hielt ein Szepter oder einen Speer.

Interpretation: Der Porträtkopf stellt ein Porträt von Kaiser Claudius dar. Ergänzt ist die Statue mit 2,13 m überlebensgroß.

Lit.: Bonacasa 1964, 47 Nr. 54, Taf. 25, 1–2, 79, 1; Kreikenbom 1993, 201 Kat. 3, 66.

KATALOG

513

Tynd12 (Abb. 425)
Fundort: Tyndaris, insula IV
Aufbewahrungsort: Tyndaris Antiquarium
Maße: 0,25 × 0,165 × 0,035 m
Buchstabenh.: 0,035 m
Material: Marmor
Datierung: 41–54 n. Chr. (Manganaro, Fasolo)
Identifikation: wahrscheinlich
Inschrift:
[Antoniae Augustae] / [C]laudi [Neronis uxori] / matr[i Ti(beri) Claudi
Caes(aris) Aug(usti) ---]
Beschreibung:
– Fundament: —
– Basisfuß: —
– Schaft: Es sind zwei aneinanderpassende kleine Fragmente einer lateini-
  schen Inschriftenplatte erhalten.
– Bekrönung/Oberseite: —
– Statue: —
Interpretation: Es handelt sich der Inschrift zufolge um eine Ehrung für
Antonia minor, der Mutter von Kaiser Claudius, die wohl eine Statuenbasis
verkleidete.
Lit.: AE 1989, 338b; ISic0672; Manganaro 1989, 162 Nr. 3 Abb. 3; Fasolo 2013, 70
Nr. 1.

Tynd13 (Abb. 426–427)
Fundort: Tyndaris
Aufbewahrungsort: Palermo Museo archeologico regionale Antonino Salinas
Inv. 1526
Maße: 0,24 m
Material: Marmor
Datierung: flavisch (Bonacasa)
Identifikation: sicher
Beschreibung:
– Fundament: —
– Basisfuß: —
– Schaft: —
– Bekrönung/Oberseite: —
– Statue: Auf einer modernen Büste wurde ein weiblicher nicht zugehöri-
  ger Porträtkopf montiert. Das Gesicht ist dicklich, das Kinn ist schwer. Die
  Frisur bildet ein flavisches Lockentoupet.

Interpretation: Von N. Boncasa wurde eine Darstellung von Domitia, der Ehefrau Domitians vermutet, doch zeigen sowohl die Frisur als auch das Gesicht, dass es sich vielmehr um ein flavisches Privatporträt handelt.
Lit.: Bonacasa 1964, 70 f. Nr. 89, Taf. 40, 3–4.

Tynd14 (Abb. 428)
Fundort: Tyndaris
Aufbewahrungsort: Palermo Museo archeologico regionale Antonino Salinas Inv. 682
Maße: 0,53 m
Material: Marmor
Datierung: 1. Jh. n. Chr. (Bonacasa)
Identifikation: wahrscheinlich
Beschreibung:
– Fundament: —
– Basisfuß: —
– Schaft: —
– Bekrönung/Oberseite: —
– Statue: Erhalten ist der Oberkörper einer Togastatue. Sowohl der Einsatzkopf als auch die angewinkelten eingesetzten Arme fehlen. Die Faltenränder sind betoßen. Die Falten sind insgesamt bewegt, aber hart und teilweise eckig gebildet.
Interpretation: Der Togatus kann leicht überlebensgroß ergänzt werden. Wer dargestellt ist, ist ebenso unbekannt wie der Aufstellungsort in Tyndaris.
Lit.: Bonacasa 1964, 149 Nr. 210, Taf. 88, 1.

Tynd15 (Abb. 429)
Fundort: Tyndaris
Aufbewahrungsort: Palermo Museo archeologico regionale Antonino Salinas Inv. 694
Maße: 1,70 m
Material: Marmor
Datierung: Ende 1. Jh. n. Chr. (Bonacasa)
Identifikation: wahrscheinlich
Beschreibung:
– Fundament: —
– Basisfuß: —
– Schaft: —
– Bekrönung/Oberseite: —
– Statue: Erhalten ist ein marmorner Togatus. Sowohl der Einsatzkopf als auch die angesetzten Arme fehlen. Die Füße und die Plinthe sind oberhalb

KATALOG 515

der Knöchel abgebrochen. Die Oberfläche ist verwittert und aufgrund von Bestoßungen an der gesamten Skulptur ist sie schlecht erhalten. Die Toga weist tiefe und bewegte Falten auf, die besonders am Unterkörper auffallen. Das rechte Bein ist leicht angewinkelt und nach hinten gesetzt, das linke Bein steht auf und ist durch das Gewand hindurch nicht sichtbar.

Interpretation: Ergänzt man den fehlenden Porträtkopf, dann liegt eine leicht überlebensgroße Togatstatue vor. Ohne die zugehörige Inschrift und den Porträtkopf kann keine Benennung der dargestellten Person erfolgen. Ebenso wenig ist bekannt, wo die Ehrenstatue in Tyndaris aufgestellt war.

Lit.: Bonacasa 1964, 146 Nr. 204, Taf. 86, 1.

Tynd16 (Abb. 430)
Fundort: Tyndaris, sog. Basilika
Aufbewahrungsort: Tyndaris Antiquarium Inv. 393
Maße: 1,87 m
Material: Marmor
Datierung: Ende 1. Jh. n. Chr. (Bonacasa)
Identifikation: wahrscheinlich
Beschreibung:
– Fundament: —
– Basisfuß: —
– Schaft: —
– Bekrönung/Oberseite: —
– Statue: Der marmorne Togatus ist nicht vollständig erhalten: der Einsatzkopf, die Arme und Füße fehlen. Auf Hüfthöhe war die Statue gebrochen, wurde jedoch wieder zusammengesetzt. Auch oberhalb der Füße befindet sich ein Riss. Die Oberfläche ist bestoßen und teilweise verwittert. Der Sinus fällt bis auf das Knie des rechten leicht angewinkelten Beines. Während der rechte Fuß komplett fehlt, ist der linke Fuß noch verwittert teilweise erhalten ebenso wie der Zipfel der Lacinia, der auf den Boden fällt. Neben dem linken Fuß steht ein rundliches Behältnis für Schriftrollen.

Interpretation: Mit Füßen und einem Porträtkopf ergänzt ist eine leicht überlebensgroße Statue überliefert. Ohne den Kopf oder eine Inschrift ist keine Benennung des Dargestellten möglich.

Lit.: Bonacasa 1964, 136 f. Nr. 185, Taf. 81, 2.

Tynd17 (Abb. 431)
Fundort: Tyndaris
Aufbewahrungsort: Palermo Museo archeologico regionale Antonino Salinas Inv. 681
Maße: 0,58 m

516 KATALOG

Material: Marmor
Datierung: 1.–2. Jh. n. Chr. (Bonacasa)
Identifikation: wahrscheinlich
Beschreibung:
- Fundament: —
- Basisfuß: —
- Schaft: —
- Bekrönung/Oberseite: —
- Statue: Erhalten hat sich der untere Teil einer weiblichen Gewandstatue in Chiton und Himation. An den Füßen befinden sich zudem Sandalen. Während der linke Fuß leicht ausgedreht fest auf dem Boden aufsteht, berührt der rechte Fuß nur auf Höhe der Zehen den Boden. Das rechte Bein fungiert demnach als Spielbein und ist leicht angewinkelt und nach hinten gesetzt zu rekonstruieren.

Interpretation: Die weibliche Ehrenstatue war an einem unbekannten Ort in Tyndaris aufgestellt. Wer und in welchem Statuentypus, kann nicht mehr bestimmt werden.
Lit.: Bonacasa 1964, 160 Nr. 230, Taf. 94, 1.

Tynd18+Tynd19 (Abb. 432–433)

Fundort: Tyndaris, Theater, 1808
Aufbewahrungsort: Palermo Museo archeologico regionale Antonino Salinas Inv. 3564 (Inschrift), Inv. 5604/684 (Statue)
Maße: 0,64 × 1,345 × 0,04 m (Inschrift); 1,15 m (Statue)
Buchstabenh.: ?
Material: Kalkstein (Inschrift), Marmor (Statue)
Datierung: 102–103 n. Chr. (Bivona)
Identifikation: sicher
Inschrift:
Imp(erator) Caesar divi Nervae / f(ilius) Nerva Traianus Aug(ustus) / Germanicus Dacicus / pontifex maximus / tr(ibunicia) pot(estate) VII imp(erator) IIII / co(n)s(ul) V p(ater) p(atriae).
Beschreibung:
- Fundament: —
- Basisfuß: —
- Schaft: Erhalten ist eine längliche rechteckige Marmorplatte, auf der sich eine lateinische Inschrift befindet. Die sechs Zeilen sind insgesamt unregelmäßig angeordnet: Sie sind zwar mittig angeordnet, doch beginnen und enden sie nicht gemeinsam, sondern uneinheitlich. Besonders deutlich

KATALOG 517

wird die unüberlegte Anordnung des Textes an der letzten Zeile, die bereits bei der Hälfte des verfügbaren Platzes endet. Zwischen den Wörtern befinden sich Blätter als Worttrenner.

– Bekrönung/Oberseite: —
– Statue: Gemeinsam mit der Inschrift wurde eine Panzerstatue gefunden. Der Porträtkopf fehlt jedoch, wodurch eine Zugehörigkeit nicht eindeutig festzustellen ist.

Interpretation: Die Zuschreibung der Inschriftenplatte zu einer Statuenbasis ist nicht unproblematisch. Gegen die Zugehörigkeit zu einer Statuenbasis sprechen, dass:

– der Geehrte im Nominativ genannt wird und
– der Inschriftenträger breiter als hoch ist,
– kein Dedikant genannt wird.

Die Nennung einer Person im Nominativ in Verbindung mit Form und Maßen der Platte spricht in der Regel für die Identifikation als Bauinschrift. In diesem Fall spricht gegen eine solche Deutung aber die Abwesenheit eines Verbes, welches üblicherweise auf das Stiften Bezug nimmt wie z.B. fecit. Für ein Verb findet sich aber trotz der fehlenden, rechten unteren Ecke kein Hinweis. Außerdem wurde die Platte gemeinsam mit einer Statue aufgefunden, aufgrund dessen eine Zusammengehörigkeit vermutet wurde. Die Maße und Form der zu rekonstruierenden Othostatenbasis könnte am ehesten mit einem Reiterstanbild in Verbindung gebracht werden; solche Basen tragen die Inschrift jedoch meist auf der Kurzseite, während diese Platte an der Langseite angebracht gewesen sein muss. Dass aber auch längliche Orthostatenbasen für die Aufstellung einer einzelnen Statue genutzt werden konnten, beweist die Statue des Billienus in Delos. Eine solche Aufstellung würde zumindest die Verkleidungsplatte an der Langseite der Basis erklären. Aus diesen Gründen wird die überlebensgroße Panzerstatue Trajan dargestellt haben, der auf einer länglichen Orthostatenbasis aufgestellt war. Der Nominativ lässt sich mit dem sog. Great Man Nominative erklären ebenso wie die Nennung des Dedikanten öfter weggelassen wird (Zur Nutzung des Nominativs und zum Fehlen des Stifters: Højte 2004, 23 f.; Ma 2015, 21–23). Handelt es sich um die Aufstellung des Monuments im öffentlichen Raum musste womöglich die Stadt oder der Rat nicht eigens genannt werden (so auch Alföldy 1979, 203).

Lit.: CIL X 7472; ISic0063; Gross 1940; Bivona 1970, 75 f. Nr. 64, Taf. 40. 64; Horster 2001, 343 f. Nr. 12, 3; Fasolo 2013, 71 Nr. 2 Fig. 32; Bonacasa 1964, 131 Nr. 174, Taf. 78, 2.

518 KATALOG

Tynd20 (Abb. 434)
Fundort: Tyndaris, Theater
Aufbewahrungsort: Palermo Museo archeologico regionale Antonino Salinas
Inv. 3565
Maße: 0,82 × 0,74 × 0,06 m
Buchstabenh.: 0,065 m
Material: Marmor
Datierung: 140–144 n. Chr. (Højte)
Identifikation: sicher
Inschrift:
M(arco) Aurelio / Vero Caesare Caesari co(n)s(uli) / Imp(eratori) / T(iti) Aeli Hadriani / Antonini Aug(usti) / Pii filio / p(ecunia) p(ublica) d(ecreto) d(ecurionum).
Beschreibung:
– Fundament: —
– Basisfuß: —
– Schaft: Die rechteckige Marmorplatte wurde aus mehreren Fragmenten zusammengesetzt. Es fehlen die rechte obere Ecke sowie die untere rechte Ecke und ein Teil der unteren Kante. Sieben Zeilen einer lateinischen Inschrift in roten Buchstaben befindet sich auf der Vorderseite. Nur das Ende der ersten Zeile fehlt. Die Inschrift ist mittig angeordnet, die Buchstaben regelmäßig und ordentlich geschrieben.
– Bekrönung/Oberseite: —
– Statue: Vermutlich kann eine lebens- oder leicht überlebensgroße Statue ergänzt werden.
Interpretation: Auf Beschluss des Dekurionenrats wurde Kaiser Marc Aurel mit einer Statue aus öffentlichen Geldern geehrt. Dem Fundort zufolge könnte das Statuenmonument im Theater aufgestellt gewesen sein. Den Maßen der Verkleidungsplatte nach zu urteilen, ist die Statue als lebens- oder leicht überlebensgroß zu rekonstruieren.
Lit.: CIL X 7473; ISic0064; Bivon 1970, 76 f. Nr. 65, Taf. 40; Højte 2004, 539 f. MarcA 64; Prag 2008, 77; Fasolo 2013, 71 Nr. 3 Abb. 33.

Tynd21 (Abb. 435)
Fundort: Tyndaris
Aufbewahrungsort: Palermo Museo archeologico regionale Antonino Salinas
Inv. 3566
Maße: 0,82 × 0,605 × 0,06 m
Buchstabenh.: 0,06–0,065 m
Material: Marmor

KATALOG   519

Datierung: 160–161 n. Chr. (Bivona)
Identifikation: sicher
Inschrift:
Imp(eratori) Ca[esari divi Antoni]ni / f(ilio) d[ivi Hadriani ne]- / poti d[ivi Traiani Parthi]-/ ci pr[onepoti divi Ner]- / va[e abnepoti M(arco) Aurelio / Antonino Aug(usto) p(ontifici) m(aximo) trib(unicia) p(otestate)] xv / c[o](n)s(uli) [III p(atri) p(atriae)] / col(onia) Aug(usta) Tynda[rit(anorum)] / curante M(arco) V[ale] / rio Vitale cura[t(ore) r(ei) p(ublicae)].
Beschreibung:
– Fundament: —
– Basisfuß: —
– Schaft: Von der Marmorplatte ist ungefähr die Hälfte erhalten; der gesamte rechte Rand fehlt sowie der obere rechte und mittlere Teil der Platte. Erhalten sind zusammengesetzte Fragmente mit Resten von zehn Zeilen einer lateinischen Inschrift. Die Serifenbuchstaben sind ordentlich und regelmäßig geschrieben, die Breite der Buchstaben variiert teilweise. Zwischen den eng geschriebenen Wörtern befinden sich Interpunktionen, die allerdings kaum sichtbar sind, da zwischen den Wörtern nur wenig Platz gelassen wurde.
– Bekrönung/Oberseite: —
– Statue: —
Interpretation: Es handelt sich um eine Ehrung an Kaiser Marc Aurel von der *colonia* Tyndaris. Ausgeführt wurde sie *curator rei publicae* Marcus Valerius Vitale, der bereits eine Statue in Tyndaris für Lucius Verus aufgestellt hatte, ebenfalls auf Beschluss der *colonia*. Da der *curator rei publicae* vom Kaiser eingesetzt wurde, sind die Ehrungen an die beiden Kaiser möglicherweise als Dank für seine Ernennung zu verstehen. Die Ehrung für Marc Aurel weist allerdings keine Erwähnung eines öffentlichen Beschlusses auf, sondern nur die *colonia* als Stifter. Zugehörig zur Platte ist ein weiteres Fragment (Tynd22).
Lit.: CIL X 7474; ISic0065; Bivona 1970, 77 f. Nr. 66, Taf. 41; Højte 2004, 540 MarcA 65; Fasolo 2013, 72 Nr. 4 Abb. 34.

Tynd22
Fundort: Tyndaris
Aufbewahrungsort: Palermo Museo archeologico regionale Antonino Salinas Inv. 3566
Maße: 0,18 × 0,18 × 0,035 m
Buchstabenh.: 0,06 m
Datierung: 161 n. Chr. (Manganaro)
Identifikation: wahrscheinlich

520   KATALOG

Inschrift:

[--- Traiani P]arthi- / [ci---divi] Ner- / va[e---] Au- / [relio---]

Beschreibung:

– Fundament: —

– Basisfuß: —

– Schaft: Ein kleines Fragment einer Marmorplatte mit Resten einer lateinischen Inschrift wurde in Tyndaris aufgefunden.

– Bekrönung/Oberseite: —

– Statue: —

Interpretation: G. Manganaro vermutete schon 1989 eine Zusammengehörigkeit dieses Fragments mit einer fragmentierten Verkleidungsplatte einer Statuenbasis zu Ehren von Marc Aurel. Sowohl das Schriftbild als auch die Schriftgröße sprechen nicht gegen eine Zusammengehörigkeit. Die Dicke der Platte unterscheidet sich zwar, doch variiert die Tiefe von Inschriftenplatte meistens stark, weshalb die Maße kein Grund gegen eine Zuschreibung sind.

Lit.: AE 1989,338c; Manganaro 1989, 162 Nr. 4, Abb. 4; Fasolo 2013, 73 Nr. 5 Abb. 35.

Tynd23 (Abb. 436)

Fundort: Tyndaris, Theater

Aufbewahrungsort: Palermo Museo archeologico regionale Antonino Salinas Inv. 3567

Maße: 0,915 × 0,805 × 0,06 m

Buchstabenh.: 0,065 m

Material: Marmor

Datierung: 160–161 n. Chr. (Bivona)

Identifikation: sicher

Inschrift:

Imp(eratori) Caesari divi Antoni / ni f(ilio) divi Hadriani ne- / poti divi Traiani Parthi- / ci pronepoti divi Nervae / abnepoti L(ucio) Aurelio / [Vero] Aug(usto) p(ontifici) m(aximo) trib(unicia) pot(estate) / [---] co(n)s(uli) II p(atri) p(atriae) / [col(onia) A]ug(usta) Tyndarit(anorum) d(ecreto) d(ecurionum) / [cura]nte M(arco) Vale- / [rio Vita]le curatore / r(ei) p(ublicae).

Beschreibung:

– Fundament: —

– Basisfuß: —

– Schaft: Die Platte ist aus mehreren anpassenden Fragmenten zusammengesetzt worden. Am oberen Rand fehlt ein Stück oberhalb der Inschrift, unten links fehlt die Ecke und ungefähr 1/3 der Platte der linken Seite, rechts unten fehlt ebenfalls die Ecke und einige kleine Stücke der Inschrift, die jedoch ergänzt werden konnten. Die lateinische Inschrift erstreckt sich in elf Zeilen

KATALOG　　　　　　　　　　　　　　　　　　　　　　　　　521

und damit über die gesamte Platte. Die Buchstaben sind in Serifen geschrieben und ordentlich und gleichmäßig. Zwischen den Wörtern befinden sich Interpunktionen.
– Bekrönung/Oberseite: —
– Statue: —
Interpretation: Lucius Verus wurde eine Statue in Tyndaris, dem Fundort zufolge im Theater, errichtet von der *colonia* Tyndaris auf öffentlichen Beschluss. Ausgeführt wurde dieser Beschluss von einem Marcus Vitale (*curante*), der das Amt des *curator rei publicae* innehatte. Dieser wurde vom Kaiser ernannt, weshalb vermutet werden darf, dass Marcus Vitale von Lucius Verus eingesetzt worden war und ihm so seine Dankbarkeit ausdrückte.
Lit.: Lit.: CIL X 7475; ISic0066; AE 2007,682; Bivona 1970, 78 f. Nr. 67 Taf. 41; Højte 2004, 514 Luc37; Fasolo 2013, 73 f. Nr. 6 Abb. 36; Zambito 2007.

Tynd24 (Abb. 437)
Fundort: Tyndaris
Aufbewahrungsort: Tyndaris Antiquarium
Maße: 0,29 × 0,16 × 0,02 m
Buchstabenh.: 0,035 m
Material: Marmor
Datierung: 176–217 n. Chr. (Manganaro)
Identifikation: wahrscheinlich
Inschrift:
[- - -] di[vi M(arci) Aur(eli)] / [Anton]ini Pii Germ(anici) [Sarm(atici)] / [fil(ii) divi A]ntonini P[ii nep(otis) - - -]
Beschreibung:
– Fundament: —
– Basisfuß: —
– Schaft: Ein kleines Fragment einer marmornen Platte aus Tyndaris ist erhalten. Es weist an allen Seiten Bruchkanten auf. Erkennbar sind Reste von drei Zeilen einer lateinischen Inschrift, deren Buchstaben gleichmäßig und ordentlich geschrieben sind.
– Bekrönung/Oberseite: —
– Statue: —
Interpretation: Es handelt sich bei der Inschriftenplatte um eine Ehrung an Kaiser Commodus. Die Höhe der Platte ist mindestens doppelt so hoch zu ergänzen, die Breite mit mindestens 45 cm. Damit handelt es sich vermutlich um die Verkleidungsplatte einer Statuenbasis. Wo die Statue des Commodus in Tyndaris errichtet worden war, ist nicht bekannt.
Lit.: AE 1989,338e; ISic0678; Manganaro 1989, 163 Nr. 9 Abb. 9; Fasolo 2013, 74 Nr. 7 Abb. 37.

522 KATALOG

Tynd25 (Abb. 438)
Fundort: Tyndaris
Aufbewahrungsort: Tyndaris Antiquarium
Maße: 0,24 × 0,20 × 0,003 m
Buchstabenh.: 0,045 m
Material: Marmor
Datierung: 198–211/212 n. Chr. (Manganaro, Fasolo)
Identifikation: sicher
Inschrift:
[Pro salute Impp. Caess. L(uci) Septimi Sev]e[ri - - - et M(arci) Aureli Antonini
e]t P(ubli) Septimii G[etae - - -] / [- - -] r(es) p(ublica) col(oniae) Aug(ustae)
Ty[ndarit(anorum) / [p(ecunia) p(ublica)] d(ecreto) d(ecurionum).
Beschreibung:
– Fundament: —
– Basisfuß: —
– Schaft: Erhalten ist der untere Teil einer marmornen Inschriftenplatte. Die
  untere Kante stellt den originalen Rand der Platte dar, während alle ande-
  ren drei Seiten Bruchkanten aufweisen. Abschnitte von drei Zeilen einer
  lateinischen Inschrift sind sichtbar, von einer weiteren darüber liegenden
  Zeile ist nur das Unterste der Buchstaben erhalten. Die Buchstaben sind
  schmal, hoch und regelmäßig auf der Platte angeordnet. Die Buchstaben
  e, t, l sind geschnörkelt geschrieben. Zwischen den Wörtern befinden sich
  Interpunktionen. Die letzte Zeile (d d) weist kleinere Buchstaben auf, wes-
  halb diese wie später hinzugefügt wirken.
– Bekrönung/Oberseite: —
– Statue: —
Interpretation: Es handelt sich bei der Marmorplatte um die Verkleidung einer
Statuenbasis zu Ehren von Septimius Severus, Geta und Caracalla. Der Name
Getas ist nicht entfernt worden, was entweder darauf schließen lässt, dass die
Inschrift vom Statuenmonument entfernt wurde oder, dass sie trotz dessen
damnatio memoriae weiterhin öffentlich aufgestellt blieb. Die Zeichnung von
Torremuzza aus dem 18. Jh. zeigt eine Rasur des Namens.
Lit.: AE 1989,338f; ISico679; Torremuzza 1762, 12 Nr. 22; Manganaro 1989, 163
Nr. 10, Abb. 10; Prag 2008, 77 f. Anm. 74; Fasolo 2013, 74 Nr. 8 Abb. 38.

Tynd26 (Abb. 439)
Fundort: Tyndaris
Aufbewahrungsort: Tyndaris Antiquarium
Maße: 0,15 × 0,23 × 0,016 m
Buchstabenh.: 0,06 m

KATALOG 523

Material: Marmor
Datierung: Ende 2. /Anfang 3. Jh. n. Chr. ? (Manganaro)
Identifikation: sicher
Inschrift:
[--] quaest(ori) / -- pat(rono) Aug(ustalium) / [l(ocus) d(atus)] d(ecreto) d(ecurionum).
Beschreibung:
– Fundament: —
– Basisfuß: —
– Schaft: Erhalten ist das Fragment einer marmornen Verkleidungsplatte. Die rechte Kante des Fragments stellt den originalen Abschluss der Platte dar. Sie zeigt eine Abtrennung zwischen Inschriftenfeld und Rand. Auf der Vorderseite der Platte sind Reste von drei Zeilen einer lateinischen Inschrift erkennbar. Die Buchstaben sind schmal, hoch und eng geschrieben. Zwischen den Wörtern befinden sich Interpunktionen.
– Bekrönung/Oberseite: —
– Statue: —
Interpretation: Es handelt sich um die Ehrung eines Quästors, die auf Beschluss des Dekurionenrates auf öffentlichem Grund errichtet werden durfte. Weder wie groß die Verkleidungsplatte noch wo der Ort der Aufstellung zu rekonstruieren ist, lässt sich auf Grundlage der vorhandenen Informationen klären.
Lit.: AE 1989,338i; Manganaro 1989, 164 Nr. 13, Taf. 13; Prag 2008, 77.

Tynd27 (Abb. 440)
Fundort: Tyndaris, Theater
Aufbewahrungsort: Palermo Museo archeologico regionale Antonino Salinas Inv. 3569
Maße: 0,65 × 0,54 × 0,03 m
Buchstabenh.: 0,035–0,085 m
Material: Marmor
Datierung: 223–235 n. Chr. (Bivona)
Identifikation: sicher
Inschrift:
Iulia Mamaea Aug(usta) / matris [sic!] imp(eratoris) caes(aris) / M(arci) Aureli Severi / Alexandri Pii Fel(icis) / Augusti et castro[r](um) / res p(ublica) col(onia) Aug(usta) Tyndar(itanorum) devota numi[ni].
Beschreibung:
– Fundament: —
– Basisfuß: —

524 KATALOG

- Schaft: Die Marmorplatte ist in unvollständigem Zustand überliefert; sie war in Fragmente unterschiedlicher Größe gebrochen, die zum Teil wieder zusammengesetzt wurden, wohingegen einige fehlen. Die Ränder der Platte sind zudem bestoßen. Auf der Vorderseite der Platte befindet sich eine lateinische Inschrift, von der sechs Zeilen fast vollständig erhalten sind. Von der dritten und vierten Zeile fehlen jeweils die Anfänge und von der vierten bis sechsten Zeilen das Ende. Die Buchstaben sind hoch, schmal und eng geschrieben, so dass kein Übergang zwischen unterschiedlichen Wörtern erkennbar ist. Die Buchstaben der ersten fünf Zeilen weisen alle ungefähr dieselbe Höhe auf, doch sind sie doch unregelmäßig breit geschrieben. Zwischen der fünften und sechsten Zeile befindet sich eine Lücke, worauf der letzte Abschnitt der Inschrift fogt, der in viel kleineren und unordentlichen Buchstaben geschrieben wurde. Alle Buchstaben wurden mit roter Farbe nachgezeichnet.
- Bekrönung/Oberseite: —
- Statue: Vermutlich kann aufgrund der Maße eine lebensgroße Statue der Geehrten rekonstruiert werden.

Interpretation: Der Mutter von Severus Alexander, Julia Mamaea, wurde in Tyndaris eine Statue von der *res publica* von Tyndaris errichtet. Der Fundort weist auf die Aufstellung des Statuenmonuments im Theater von Tyndaris hin. Die Inschriftenplatte kann als Verkleidung einer Statuenbasis rekonstruiert werden, die den Maßen der Platte zufolge wohl eine lebensgroße Statue trug.

Lit.: CIL X 7478; ISic0068; Bivona 1970, 80 Nr. 69 Taf. 43; Fasolo 2013, 76 f. Nr. 11, Abb. 40.

Tynd28
Fundort: Tyndaris
Aufbewahrungsort: ?
Maße: ?
Material: Stein
Datierung: Ende 2.–Anfang 3. Jh. n. Chr. (Fasolo)
Identifikation: sicher
Inschrift:
Divi Antonin[i Pii pro]nepoti) / [divi Hadriani] abnepo[ti] / [divi Traiani Parthic]i et divi [Ner] / [vae adnepoti]
Beschreibung:
- Fundament: —
- Basisfuß: —
- Schaft: Erhalten hat sich lediglich der Wortlaut der Inschrift.

KATALOG   525

– Bekrönung/Oberseite: —
– Statue: —
Interpretation: Der heute verschollenen Inschrift zufolge wurde einem männlichen Mitglied der severischen Dynastie ein Statuenmonument gestiftet. Da
weitere Informationen u.a. zu Maßen, Fundort und Gestalt der Inschrift fehlen, ist eine Einordung der Inschrift schwierig.
Lit.: CIL X 7477; ISic0595; Fasolo 2013, 76 Nr. 10.

Tynd29 (Abb. 441)
Fundort: Tyndaris, 1880
Aufbewahrungsort: Palermo Museo archeologico regionale Antonino Salinas
Inv. 3568
Maße: 0,35 × 0,45 × 0,04 m
Buchstabenh.: 0,03–0,09 m
Material: Marmor
Datierung: 1. H. 3. Jh. n. Chr. (Bivona)
Identifikation: sicher
Inschrift:
Severo [---] / Pio Fel(ici) Au[g(usto)] [---] / col(onia) Aug(usta)
Tyn[darit(anorum)] / numini eius [devota].
Beschreibung:
– Fundament: —
– Basisfuß: —
– Schaft: Erhalten ist das Fragment der unteren Ecke einer Verkleidungsplatte
  aus Marmor. Auf dem Fragment ist der Beginn von vier Zeilen einer latei-
  nischen Inschrift erhalten. Die ersten drei weisen Serifenbuchstaben auf,
  die sehr ordentlich und gleichmäßig geschrieben wurden. Allerdings zeigen
  in der zweiten Zeile sowohl das o und das g unregelmäßige Züge auf. Die
  vierte Zeile ist in sehr viel kleineren Buchstaben geschrieben, die sich direkt
  oberhalb der unteren Kante der Platte befinden. Aus diesem Grund wirkt
  die Zeile (*numini eius devota*) wie nachträglich hinzugefügt.
– Bekrönung/Oberseite: —
– Statue: Vermutlich kann eine lebensgroße Statue auf der Basis rekonstruiert
  werden.
Interpretation: Es handelt sich wahrscheinlich um eine Ehrung für Severus
Alexander, die an einer Statuenbasis befestigt war.
Lit.: CIL X 7476; ISic0067; Bivona 1970, 79 Nr. 68, Taf. 42; Fasolo 2013, 75 Nr. 9,
Abb. 39.

526   KATALOG

Tynd30 (Abb. 442)
Fundort: Tyndaris, Schenkung von Baron Sciacca della Scala an Palermo, 1880
Aufbewahrungsort: Palermo Museo archeologico regionale Antonino Salinas
Inv. 3570
Maße: 0,37 × 0,20 × 0,04 m
Buchstabenh.: 0,07–0,072 m
Material: Marmor
Datierung: 258–268 n. Chr. (Bivona)
Identifikation: sicher
Inschrift:
[Divo Caesari] / [P(ublio) Cornelio Licinio Valeriano] / [filio Imp(eratoris)
Cae]s(aris) P(ubli) [Licini Egnati] / [Galli]eni Pịi F[elic(is) Aug(usti)] / [frat]ri
P(ubli) Lici[ni Salo] / [ni]ni no[bilissimi] [Caes(aris)][–
Beschreibung:
– Fundament: —
– Basisfuß: —
– Schaft: Nur das Fragment einer Marmorplatte, auf der sich Reste von vier
  Zeilen einer lateinischen Inschrift befinden, ist erhalten. Es handelt sich um
  ein Mittelstück, da alle Ränder Bruchkanten aufweisen und die Inschrift
  dementsprechend fragmentiert vorliegt. Die erhaltenen Buchstaben weisen
  Serifen auf und haben alle dieselbe Größe. Zwischen den Wörtern befinden
  sich Interpunktionen.
– Bekrönung/Oberseite: —
– Statue: Den Maßen der ergänzten Platte kann womöglich eine lebensgroße
  Statue rekonstruiert werden.
Interpretation: Ergänzt werden konnte die fragmentierte Inschrift zu einer
Ehrung an Valerian, den Sohn von Kaiser Gallienus. Aufgrund der ergänzten
Inschrift kann auch die Platte dementsprechend ergänzt werden. Die Breite
muss mindestens 50 cm, die Höhe mindestens 65 cm betragen haben. Die
Platte wird an einer Statuenbasis angebracht worden sein, die den Maßen ent-
sprechend eine lebensgroße Statue getragen haben könnte.
Lit.: CIL X 7479; ISic0069; Bivona 1970, 80 f. Nr. 70, Taf. 42; Manganaro 1988, 81;
Fasolo 2013, 77 Nr. 12, Abb. 41.

Tynd31 (Abb. 443)
Fundort: Tyndaris
Aufbewahrungsort: Palermo Museo archeologico regionale Antonino Salinas
Inv. 3571
Maße: 0,33 × 0,30 × 0,04 m

KATALOG 527

Buchstabenh.: 0,07–0,075 m
Material: Marmor
Datierung: 3. Jh. n. Chr. ? (Bivona, Fasolo)
Identifikation: wahrscheinlich
Inschrift:
[---][col(onia)] Aug(usta) / [Tyndarit(anorum) d]evota / [numini ei]us.
Beschreibung:
– Fundament: —
– Basisfuß: —
– Schaft: —
– Bekrönung/Oberseite: —
– Schaft: Zwei Fragmente aus Marmor haben sich erhalten, wovon ein Teil den
  rechten originalen Rand der Platte darstellt. Darauf haben sich Reste einer
  lateinischen Inschrift erhalten, die in dünnen ordentlichen und schmalen
  Serifen geschrieben wurde.
Interpretation: Die Endung (*devota numini eius*) der von der *colonia* getätig-
ten Ehrung, lässt eine Datierung ab dem 3. Jh. n. Chr. zu. Es handelt sich wohl
um eine öffentlich aufgestellte Ehrung, vermutlich um den unteren Teil der
Verkleidungsplatte einer Statuenbasis.
Lit.: CIL X 7480; ISic0070; Bivona 1970, 81 Nr. 71, Taf. 42; Fasolo 2013, 79 f. Nr. 19,
Abb. 49–50.

Abbildungen

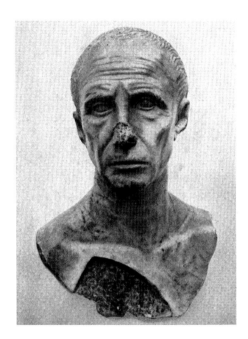

ABB. 1
Aci1, Frontalansicht

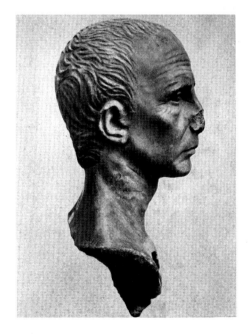

ABB. 2
Aci1, Profilansicht

ABBILDUNGEN 1–3

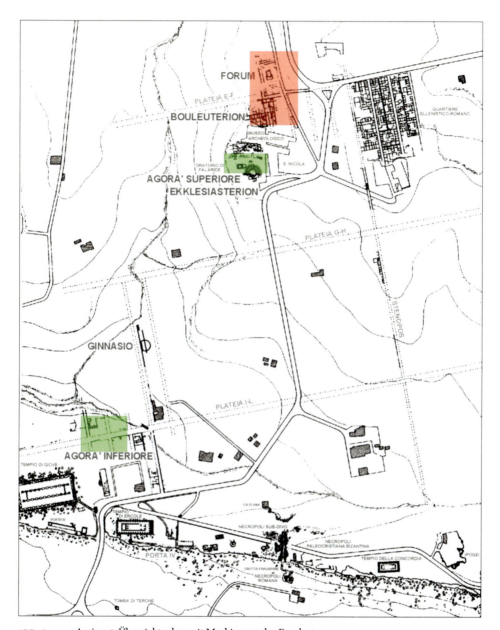

ABB. 3   Agrigent, Übersichtsplan mit Markierung der Fundorte

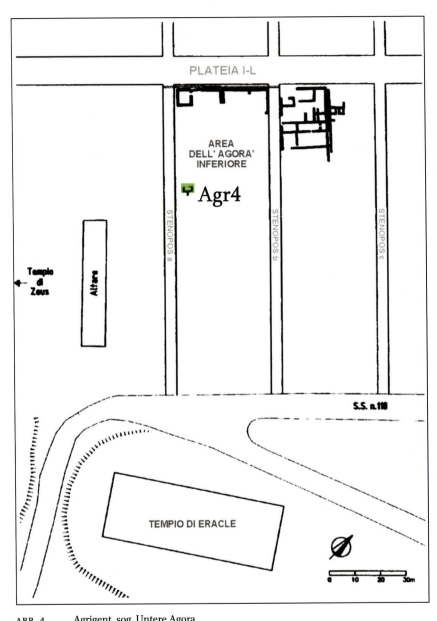

ABB. 4   Agrigent, sog. Untere Agora

ABBILDUNGEN 4–6

ABB. 5   Agrigent, sog. Oratorium des Phalaridis, Steinplan

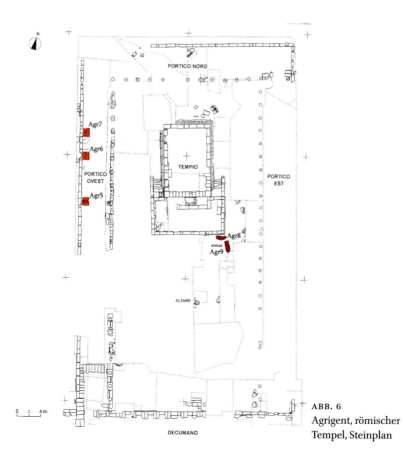

ABB. 6
Agrigent, römischer
Tempel, Steinplan

ABB. 7
Agr4

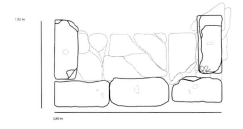

ABB. 8
Agr4, Zeichnung

ABB. 9
Agr5

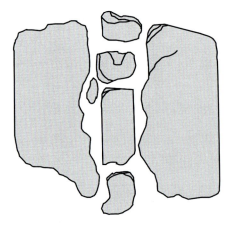

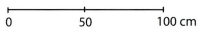

ABB. 10
Agr5, Zeichnung

ABB. 11
Agr6

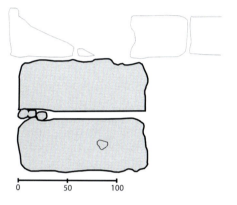

ABB. 12
Agr6, Zeichnung

ABB. 13
Agr7

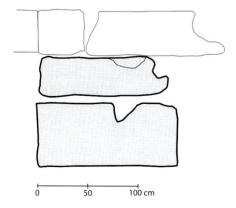

ABB. 14
Agr7, Zeichnung

ABB. 15   Agr8

ABB. 16
Agr9

ABBILDUNGEN 15–18

ABB. 17   Agr10

ABB. 18   Agr11

ABB. 19
Agr12

ABB. 20
Agr13, Frontalansicht

ABB. 21   Cat1

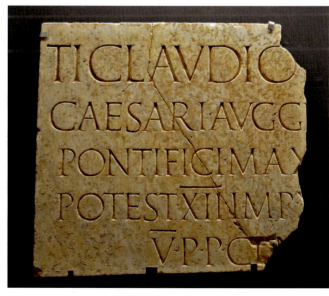

ABB. 22   Cat2

ABB. 23
Cat3

ABB. 24   Cat4, Frontalansicht

ABB. 25   Cat4, Profilansicht

ABB. 26　Cat5

ABB. 27

Cat6–8

ABB. 28   Cat9

ABB. 29   Cat9, Oberseite

ABBILDUNGEN 28–33

ABB. 30   Cat10, Frontalansicht

ABB. 31   Cat10, Profilansicht

ABB. 32   Cat11, Frontalansicht

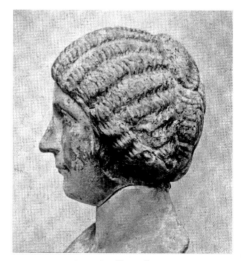

ABB. 33   Cat11, Profilansicht

ABB. 34
Cat12, Frontalansicht

ABB. 35
Cat12, Profilansicht

ABBILDUNGEN 34–39

ABB. 36   Cat13, Frontalansicht

ABB. 37   Cat13, Profilansicht

ABB. 38   Cat14

ABB. 39   Cat15

ABB. 40
Cat18

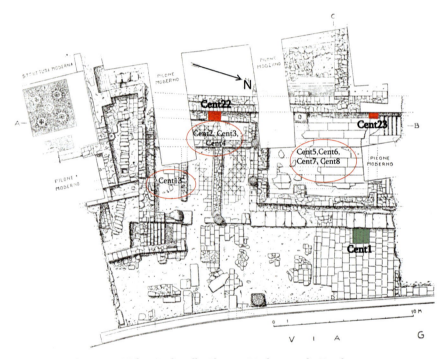

ABB. 41   Centuripe, Mulino Barbagallo, Plan mit Markierung der Fundorte

ABBILDUNGEN 40–43

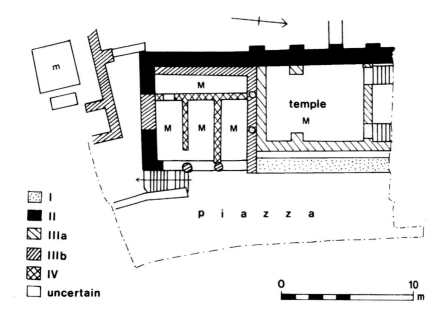

- ⋯ I
- ■ II
- ◨ IIIa
- ▨ IIIb
- ⊠ IV
- ☐ uncertain

ABB. 42 Centuripe, Phasenplan

ABB. 43 Centı

ABB. 44   Cent2

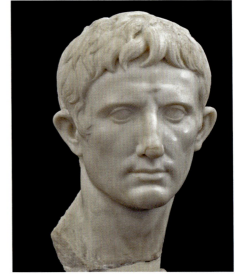

ABB. 45   Cent3

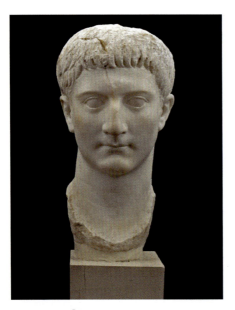

ABB. 46   Cent4

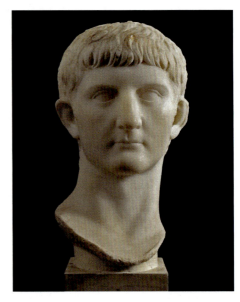

ABB. 47   Cent5

ABB. 48
Cent6

ABB. 49
Cent7

ABB. 50   Cent8

ABB. 51   Cent9

ABB. 52
Cent10

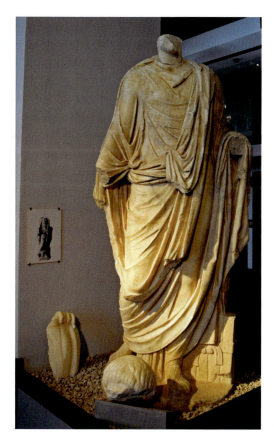

ABB. 53
Cent11

ABB. 54   Cent12

ABB. 55   Cent13

ABB. 56
Cent14

ABB. 57
Cent15

ABB. 58   Cent16, Frontalansicht

ABB. 59   Cent16, Profilansicht

ABB. 60   Cent17

ABB. 61   Cent18

ABBILDUNGEN 58–64

ABB. 62   Cent19

ABB. 63   Cent20

ABB. 64   Cent21, eingemauerte Basis

ABB. 65 Cent22

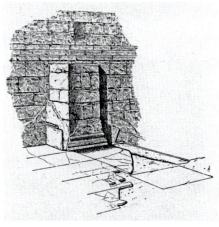

ABB. 66
Cent22, Zeichnung nach der
Ausgrabung

ABB. 67
Cent22, Foto nach der
Ausgrabung

ABB. 68
En1

Abb. 5. ▷

Abb. 6. ▽

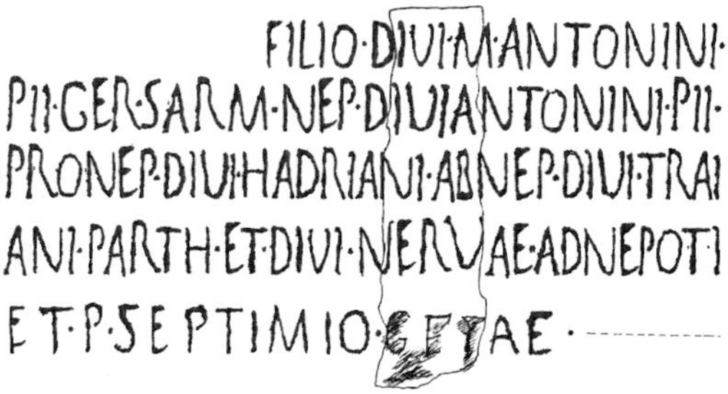

FILIO·DIVI·M·ANTONINI·
PII·GER·SARM·NEP·DIVI·ANTONINI·PII·
PRONEP·DIVI·HADRIANI·ABNEP·DIVI·TRAI
ANI·PARTH·ET·DIVI·NERVAE·ADNEPOTI
ET·P·SEPTIMIO·GETAE·

ABB. 69
En2

556   KATALOG

ABB. 70   Eri1

ABB. 71   Eri2

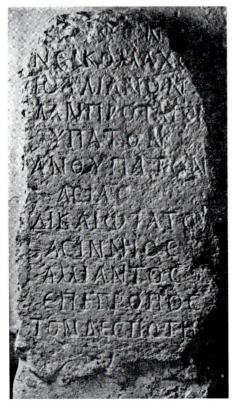

ABB. 72   Eri3

ABB. 73   Frat1, als Baumaterial in Kirche verbaut

ABB. 74   Frat1

ABBILDUNGEN 70–75

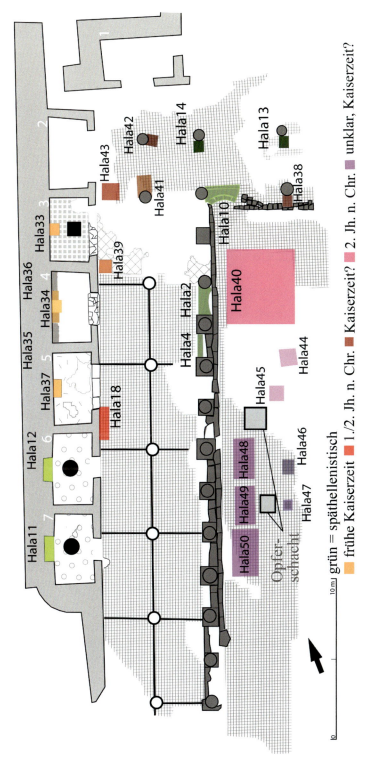

ABB. 75   Halaesa, Plan der Agora

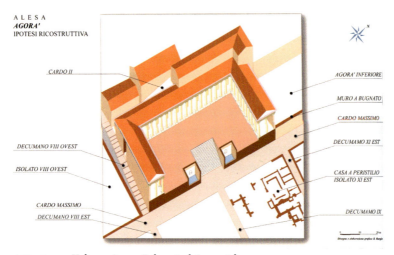

ABB. 76   Halaesa, Agora, Rekonstruktionszeichnung

ABB. 77
Halaesa, Agora, Ansicht von NO

ABB. 78   Hala1

ABB. 79   Hala1, Oberseite

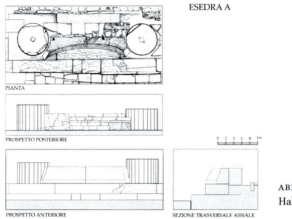

ABB. 80
Hala2, Exedra A

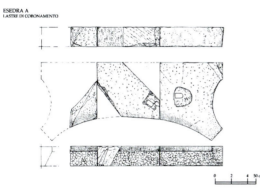

ABB. 81
Hala2, Zeichnung der Bekrönung

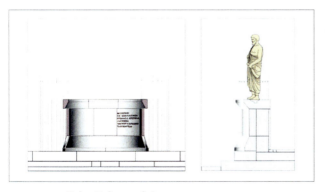

ABB. 82   Hala2, Rekonstruktion

ABB. 83
Hala2, Inschriftenblock

ABB. 84
Hala3

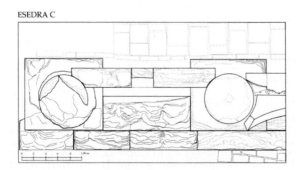

ABB. 85   Hala4, Exedra C

ABBILDUNGEN 83–88

ABB. 86
Hala4, Inschriftenblock

ABB. 87
Hala5, Oberseite

ABB. 88
Hala7

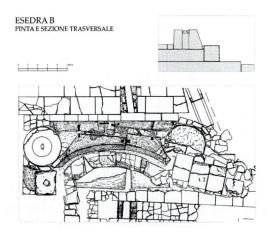

ABB. 89
Hala10, Exedra B, Zeichnung

ABB. 90
Hala10

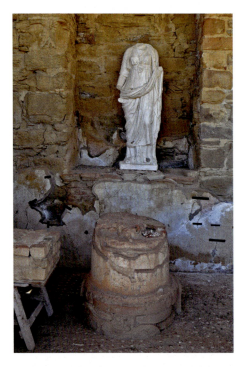

ABB. 91
Hala11

ABBILDUNGEN 89–94

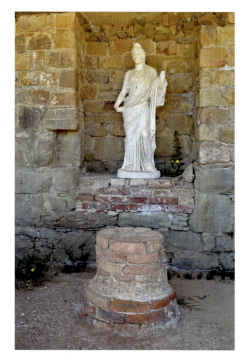

ABB. 92
Hala12

ABB. 93
Hala13

ABB. 94
Hala14

ABB. 95
Hala15, Wiedergabe von G. Walter (1624)

ABB. 96
Hala17

ABB. 97
Hala18, Fotomontage des Monuments

ABBILDUNGEN 95–101

ABB. 98   Hala18, Schaft in situ

ABB. 99   Hala18, Block A, Inschrift

ABB. 100   Hala18, Block A, Oberseite

ABB. 101   Hala18, Block B, Oberseite

ABB. 102   Hala18, Rekonstruktion

ABB. 103   Hala19

ABB. 104
Hala20

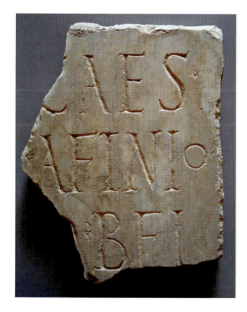

ABB. 105
Hala21

ABB. 106
Hala22

ABB. 107
Hala23

ABB. 108
Hala24

ABBILDUNGEN 106–111

ABB. 109   Hala25

ABB. 110
Hala26

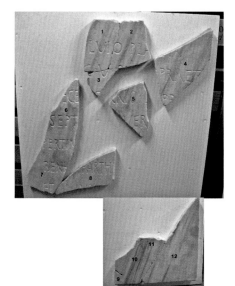

ABB. 111
Hala27

ABB. 112
Hala28

ABB. 113
Hala29

ABB. 114
Hala30

ABB. 115
Hala31

ABB. 116
Hala32

ABB. 117
Hala33

ABB. 118
Hala34–36

ABB. 119
Hala37

ABB. 120
Hala38

ABB. 121
Hala39

ABB. 122
Hala40, Ansicht von SO

ABB. 123
Hala40, Ansicht von SW

ABB. 124
Hala41

ABB. 125
Hala42

ABB. 126
Hala43

ABB. 127
Hala44

ABB. 128
Hala45

ABB. 129
Hala46

ABB. 130
Hala47

ABB. 131
Hala48

ABB. 132
Hala49

ABB. 133
Hala50

ABB. 134
Hala51

ABB. 135
Hala52

ABB. 136
Hala53, Hala54

ABB. 137
Halu1

ABB. 138
Halu1, Oberseite

ABB. 139
Halu2

ABBILDUNGEN 137–142

ABB. 140
Halu3, Oberseite

ABB. 141
Halu5

ABB. 142
Halu6

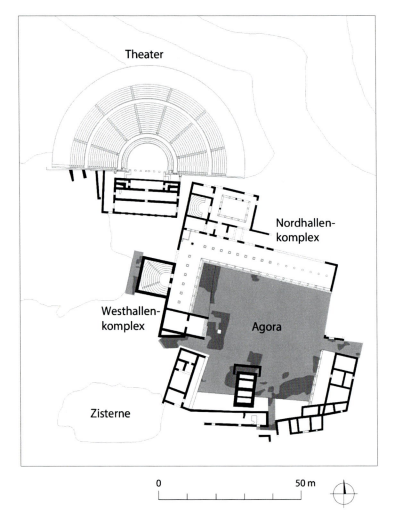

ABB. 143   Monte Iato, schematischer Plan der Agora, Baubestand der frühen Kaiserzeit

ABB. 144
Iato1

ABB. 145   Iato2

ABB. 146   Iato3

ABB. 147   Iato4

ABB. 148   Iato4

ABB. 149 Iato5

ABB. 150 Iato6

ABB. 151 Iato7

ABBILDUNGEN 149–156

ABB. 152   Iato8

ABB. 153   Iato8

ABB. 154   Iato9

ABB. 155   Iato10

ABB. 156   Iato10

ABB. 157 Iato11

ABB. 158 Iato12

ABB. 159 Iato13

ABB. 160 Iato13

ABB. 161   Iato14

ABB. 162   Iato14

ABB. 163   Iato15

ABB. 164 Iato16

ABB. 165 Iato17

ABB. 166 Iato17

ABB. 167 Iato18

ABB. 168 Iato19

ABB. 169   Iato20

ABB. 170   Iato21

ABB. 171   Iato22

ABB. 172   Iato22

ABB. 173
Iato23

ABB. 174
Malta1

ABBILDUNGEN 173–176

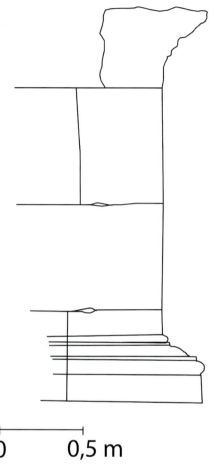

ABB. 175   Maltaı, Zeichnung

ABB. 176   Malta2–3

ABB. 177　　Malta4

ABB. 178　　Malta5

ABB. 179　　Malta6

ABB. 180　　Malta10

ABBILDUNGEN 177–184

ABB. 181   Mars1

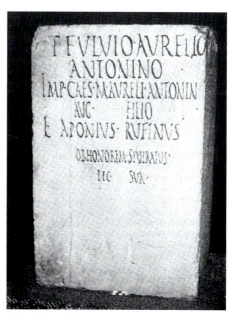

ABB. 182   Mars5

ABB. 183   Mars6

ABB. 184   Mars9

ABB. 185   Mars10

ABB. 186   Mars11

ABB. 187
Mars11, Oberseite

ABBILDUNGEN 185–191

ABB. 188   Mars12

ABB. 189   Mars13

ABB. 190   Mars14

ABB. 191   Mars14, Oberseite

ABB. 193   Mars17

ABB. 192   Mars15–16

ABB. 194   Mars17, Oberseite

ABB. 196 Mars18, Oberseite

ABB. 195
Mars18

ABB. 198 Mars19, Oberseite

ABB. 197 Mars19

ABB. 200   Mars21, Oberseite

ABB. 199
Mars21

ABB. 202   Maz5

ABB. 201
Maz1

ABB. 203
Maz7, derzeitiger Zustand

ABB. 204
Maz7, restaurierter Zustand

ABB. 205   Megara Hyblaea, Ausschnitt

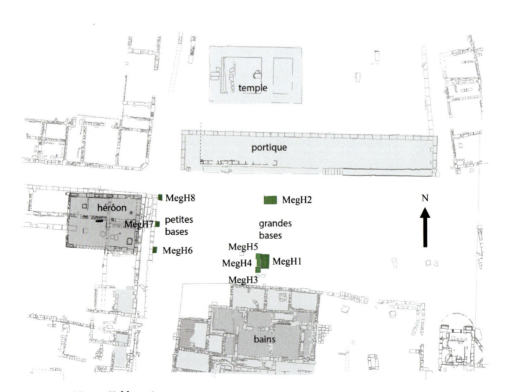

ABB. 206   Megara Hyblaea, Agora

ABBILDUNGEN 205–208

ABB. 207
MegH1

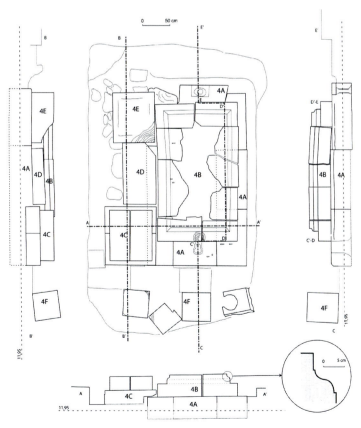

ABB. 208   MegH1, Querschnitt

ABB. 209   MegH2

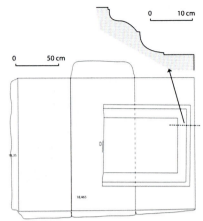

ABB. 210   MegH2, Querschnitt

ABB. 211   MegH3

ABB. 212   MegH4

ABB. 213
MegH5

ABB. 214   MegH6–8

ABB. 215   MegH6

ABB. 216   MegH7

ABB. 217
MegH8

ABB. 218
Messi

ABB. 219
Messi, Ansicht der Seite

ABBILDUNGEN 218–222

ABB. 220
Mess1, Oberseite

ABB. 221   Mess2

ABB. 222   Mess3

ABB. 223
Mess4

ABB. 224
Mess5

ABB. 225
M01, Frontalansicht

ABB. 226
M01, Profilansicht

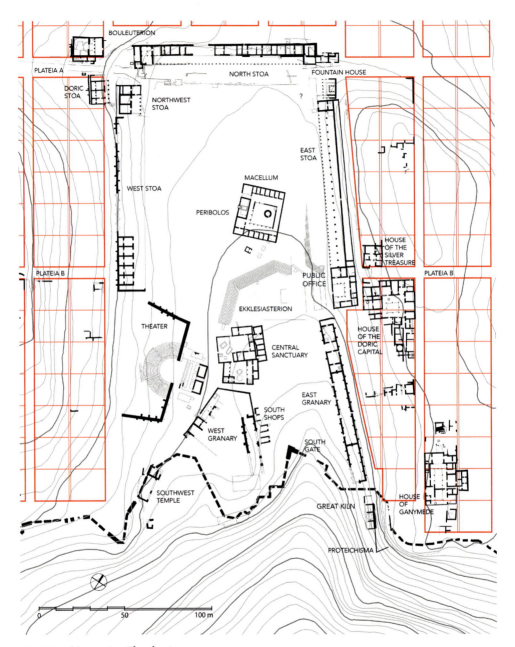

ABB. 227   Morgantina, Plan der Agora

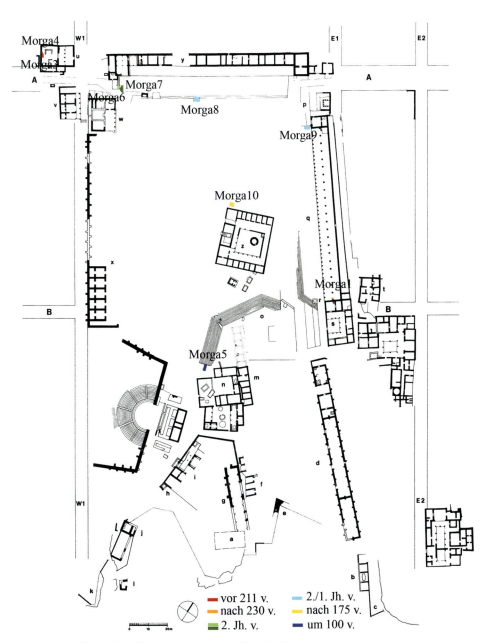

ABB. 228 Morgantina, Plan der Agora mit Angaben der Monumente

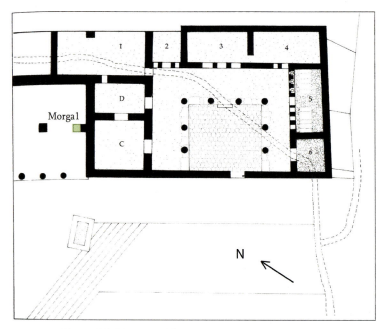

ABB. 229   Morga1, Markierung im Plan

ABB. 230   Morga1

ABB. 231
Morga2

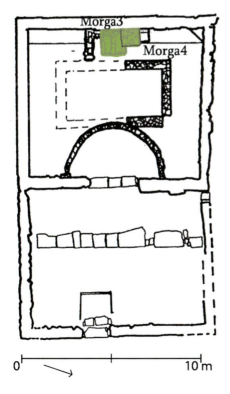

ABB. 232
Morga3–4, Steinplan

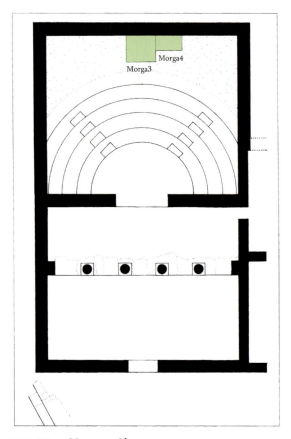

ABB. 233   Morga3–4, Plan

ABB. 234   Morga3–4

ABB. 235   Morga5

ABB. 236   Morga5 von N

ABB. 237   Treppe mit Morga6–7 im Hintergrund

ABB. 238   Morga6–7 von S

ABB. 239   Morga8

ABB. 240   Morga9

ABB. 241   Pal1

ABB. 242   Pal2

ABB. 243   Pal3

ABB. 244   Pal4

ABB. 245   Pal5, Frontalansicht

ABB. 246   Pal5, Profilalansicht

ABB. 247   Pal6, Frontalansicht

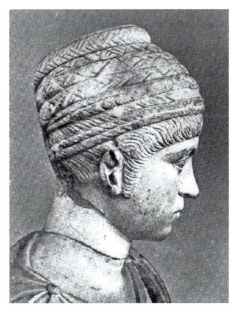

ABB. 248   Pal6, Profilansicht

614 KATALOG

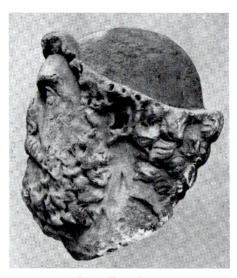

ABB. 250   Pal7, Profilansicht

ABB. 249   Pal7, Frontalansicht

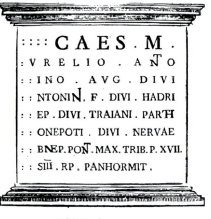

ABB. 252   Pal8, Zeichnung von
            Torremuzza

ABB. 251   Pal8

ABB. 253   Pal9

ABB. 254   Pal10

ABB. 255   Pal10, Seite der Basis

ABB. 256   Pal11

ABB. 257   Pal12

ABB. 258   Pal13

ABB. 259   Pal14

ABB. 260   Pal15

ABBILDUNGEN 257–264 617

ABB. 261   Pal16

ABB. 262   Pal17

ABB. 263   Pal18

ABB. 264   Pal19

618 KATALOG

ABB. 265   Pal20

ABB. 266   Pal21

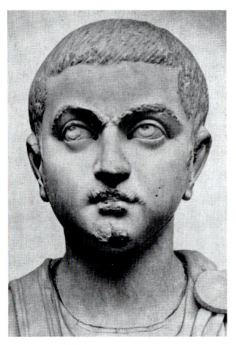

ABB. 267   Pal22

ABB. 268   Pal23

ABBILDUNGEN 265–272

ABB. 269   Pal25

ABB. 270   Pal26

ABB. 271   Pal27

ABB. 272   Pal28

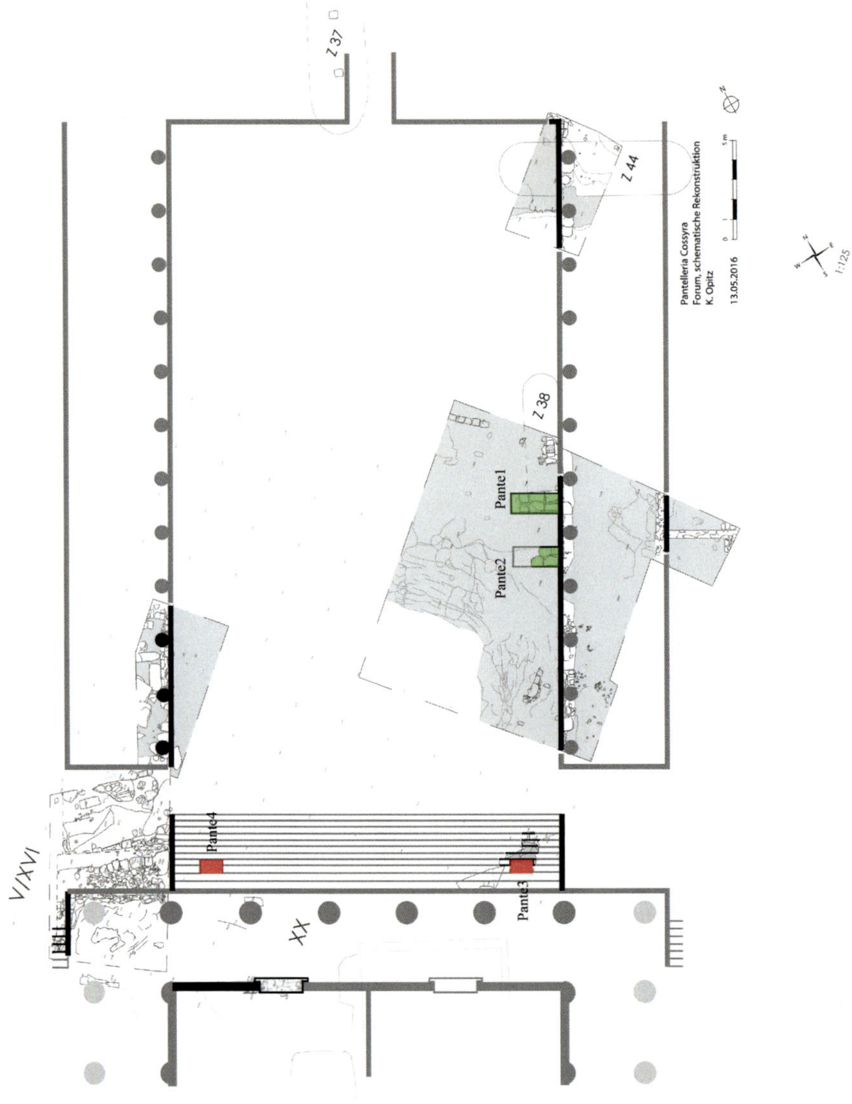

620 KATALOG

ABB. 273 Pantelleria, Platzanlage

ABBILDUNGEN 273–278

ABB. 274   Pante1–2

ABB. 275   Pante3

ABB. 276   Pante3, Stufenanlage mit integrierter Statuenbasis

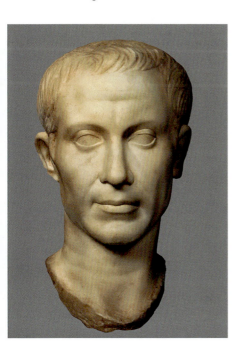

ABB. 277   Pante5

ABB. 278   Pante6

ABB. 279 Pante7

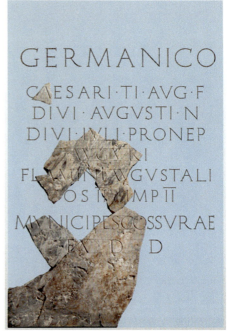

ABB. 280 Pante8

ABB. 281 Pante9

ABB. 282
Pante10

ABB. 283
Pante11

ABB. 284
Pante13

ABB. 285   Segesta, Agora

ABBILDUNGEN 285–291

ABB. 286
Segesta, Agora, 3D Rekonstruktion

ABB. 287
Seg1

ABB. 288
Seg1, Oberseite

ABB. 289
Seg2

ABB. 290
Seg2, Oberseite

ABB. 291
Segesta, Theater, Rekonstruktion

ABB. 292
Seg3

ABB. 293
Seg4

ABB. 294
Seg5

ABB. 296   Seg7

ABB. 295
Seg6

ABB. 297
Seg8

ABB. 298   Seg9

ABB. 299   Seg10

ABB. 300   Seg11

ABB. 301
Seg13

ABB. 302
Seg14

ABB. 303   Seg15

ABB. 304   Seg16

ABB. 305   Seg17

ABB. 306   Seg18

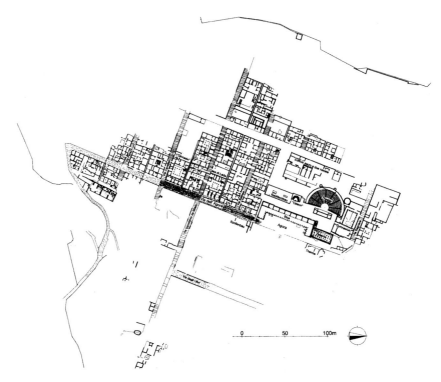

ABB. 307   Solunt, Übersichtsplan

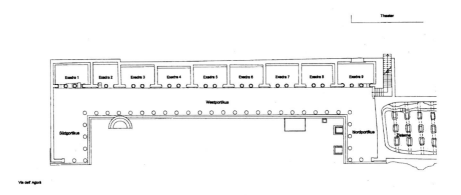

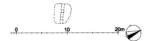

ABB. 309   Solunt, Agora, Rekonstruktionszeichnung

ABBILDUNGEN 307–309

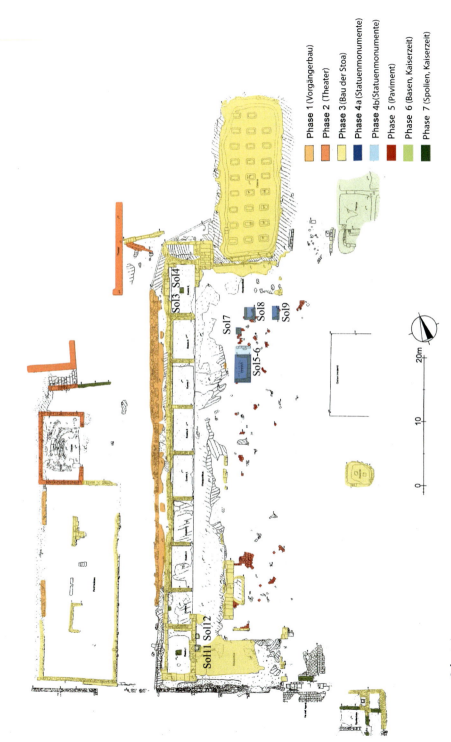

ABB. 308   Solunt, Agora

ABB. 310　Sol1

ABB. 311　Sol2

ABB. 312　Sol3–4

ABB. 313　Sol3–4, Oberseite

ABB. 315　Sol6, Erweiterung

ABB. 314　Sol5

ABB. 316
Sol7

ABB. 317
Sol8, Ansicht von S

ABB. 318
Sol9 von O mit Sol8 im Hintergrund

ABB. 319
Sol10

ABB. 320   Sol11, Ansicht von N

ABB. 321   Sol11, Ansicht von S

ABB. 322   Sol12, Ansicht von S

ABB. 323   Sol12

ABBILDUNGEN 320–326

ABB. 324   Sol13, Sol14, Sol15

ABB. 325   Sol13, Sol14, Sol15: Kopffragment

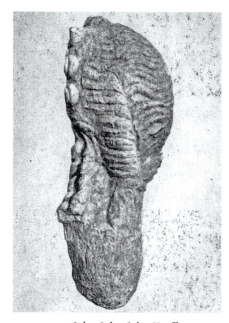

ABB. 326   Sol13, Sol14, Sol15: Kopffragment

ABB. 327
Sol16

ABB. 328
Sol17

ABB. 329
Sol18

ABBILDUNGEN 327–332

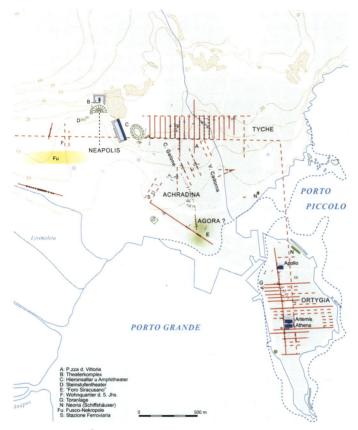

ABB. 330   Syrakus, Karte

ABB. 331   Syr1

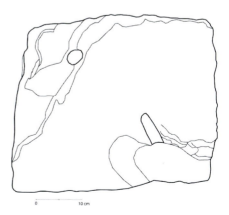

ABB. 332   Syr1, Zeichnung der Oberseite

ABB. 333
Syr2

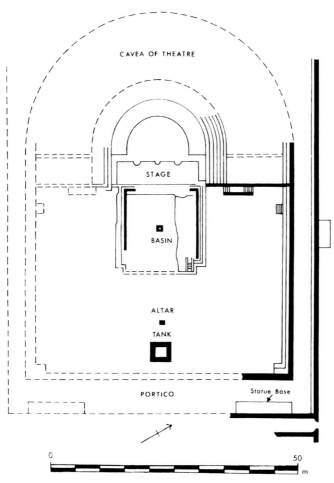

ABB. 334 Syrakus, sog. ginnasio

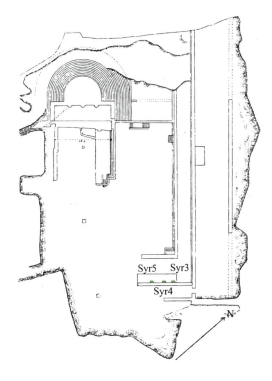

ABB. 335
Syrakus, sog. ginnasio mit Markierung der Monumente

ABB. 336
Syr3

ABB. 337
Syr4

ABB. 338
Syr5

ABB. 339
Syr3–5

ABB. 340   Syr6

ABB. 341   Syr7

ABB. 342   Syr8

ABB. 343   Syr9

ABBILDUNGEN 342–345 643

ABB. 344   Syr10

ABB. 345   Syr11–12

ABB. 346
Syr12, Kopf

ABB. 347
Syr12, Seitenansicht

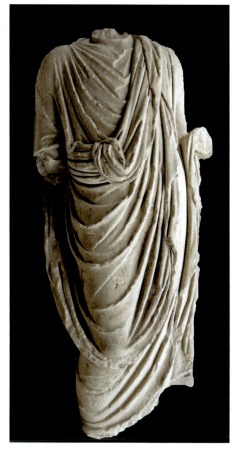

ABB. 348   Syr13

ABB. 349   Syr14

ABB. 350   Syr15

ABB. 351   Syr16

ABBILDUNGEN 350–355

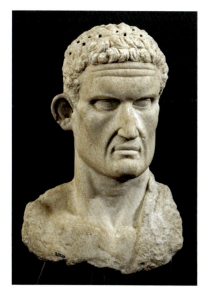

ABB. 352   Syr17

ABB. 353   Syr18

ABB. 354   Syr19

ABB. 355   Syr20

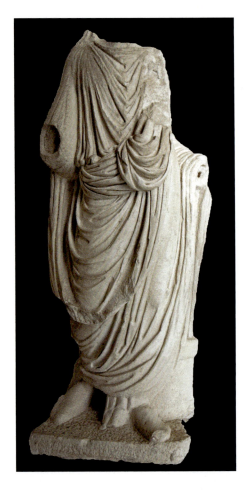

ABB. 356
Syr21

ABB. 357
Syr22

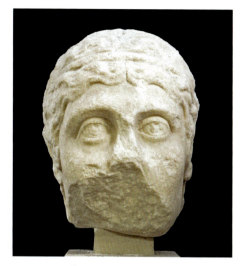

ABB. 358   Syr23

ABB. 359   Syr24

ABB. 360   Syr25

ABB. 361   Syr25, Oberseite

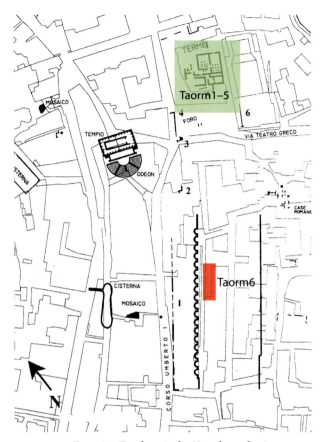

ABB. 362   Taormina, Fundorte in der Umgebung der Agora

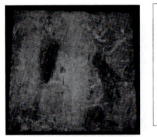 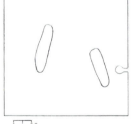

ABB. 363   Taorm1, Oberseite

ABBILDUNGEN 362–367   651

ABB. 364   Taorm2

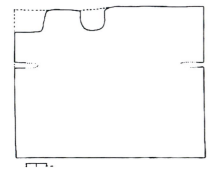

ABB. 365
Taorm3, Oberseite

ABB. 366   Taorm4

ABB. 367   Taorm4, Oberseite

ABB. 368   Taorm5

ABB. 369   Taorm5, Oberseite

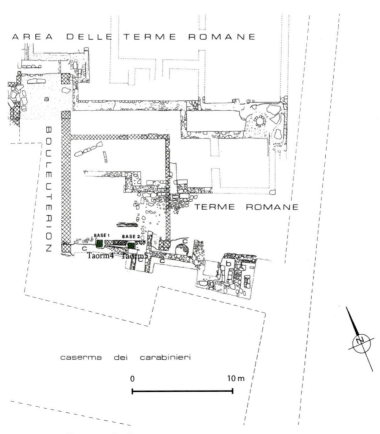

ABB. 370   Taorm4–5 in situ

ABB. 371   Taorm4-5 in situ

ABB. 372   Taorm6

ABB. 374   Taorm7, Profilansicht

ABB. 373   Taorm7, Frontalansicht

ABB. 375   Taorm8

ABB. 376   Taorm9

ABB. 377
Taorm10

ABB. 378
Taorm 12

ABB. 379
Taorm 13

ABB. 380
Term 1

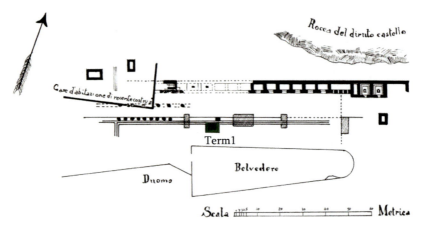

ABB. 381   Term2

ABB. 383   Term3, Oberseite

ABB. 382   Term3

ABB. 384   Term4

ABB. 385   Term4, Oberseite

ABB. 386   Term5

ABB. 387
Term6

ABB. 388
Term7

ABB. 389 Term8, Frontalansicht

ABB. 390 Term8, Profilansicht

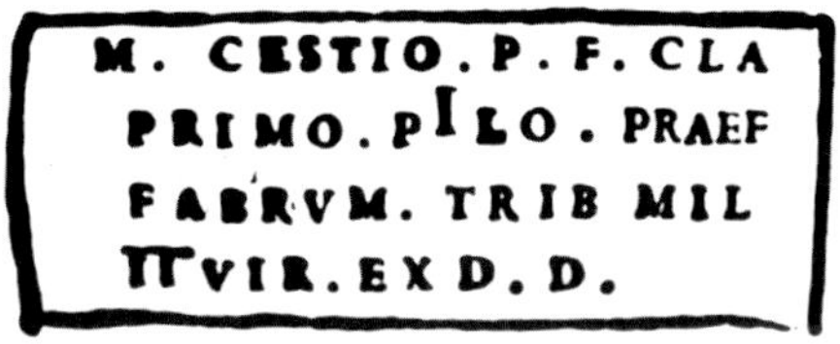

ABBILDUNGEN 388–393

ABB. 391 Term9, Zeichnung

ABB. 392 Term10

ABB. 393
Term11

ABB. 394
Term12

ABB. 395
Term13

ABB. 396   Term14

ABB. 397   Term15

ABB. 398
Term16

ABB. 399   Term17, Frontalansicht

ABB. 400   Term17, Profilansicht

ABB. 401   Term18

ABB. 402   Term18, Oberseite

ABB. 403
Term19

ABB. 404
Term21

ABB. 405
Term21, Oberseite

ABBILDUNGEN 404–409

ABB. 407   Term23

ABB. 406   Term22

ABB. 408   Term24

ABB. 409   Term25

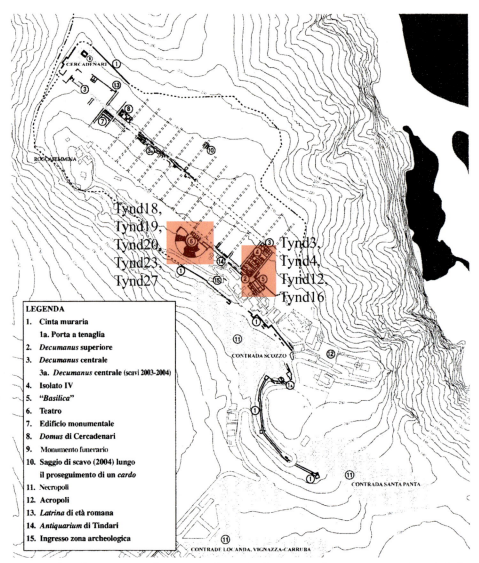

Fig. 1. Tindari. Planimetria generale aggiornata al 2004. (Realizzazione: architetto Cristina Tindara Sidoti. Elaborazione informatica: Nino Ragusi).

ABB. 410   Tyndaris, Karte mit Markierung der Fundorte

ABB. 411   Tynd1

ABB. 412   Tynd1, Oberseite

ABB. 413   Tynd2

ABB. 414   Tynd3

ABB. 415   Tynd4

ABB. 416   Tynd5

ABB. 417   Tynd6

ABB. 418   Tynd7

ABB. 419
Tynd8

ABB. 420   Tynd9, Frontalansicht

ABB. 421   Tynd9, Profilansicht

ABBILDUNGEN 419–424 671

ABB. 422   Tynd10

ABB. 423   Tynd10, Porträtkopf

ABB. 424   Tynd11

ABB. 425   Tynd12

ABB. 426   Tynd13

ABB. 427   Tynd13, Profilansicht

ABB. 428
Tynd14

ABB. 429
Tynd15

ABB. 430
Tynd16

ABB. 431
Tynd17

ABB. 432   Tynd18

ABB. 433
Tynd19

ABB. 434
Tynd20

ABB. 435
Tynd21

ABBILDUNGEN 434–437

ABB. 436 Tynd23

ABB. 437   Tynd24

678   KATALOG

ABB. 438
Tynd25

ABB. 439
Tynd26

ABB. 440
Tynd27

ABBILDUNGEN 438–443 679

ABB. 441   Tynd29

ABB. 442   Tynd30

ABB. 443   Tynd31

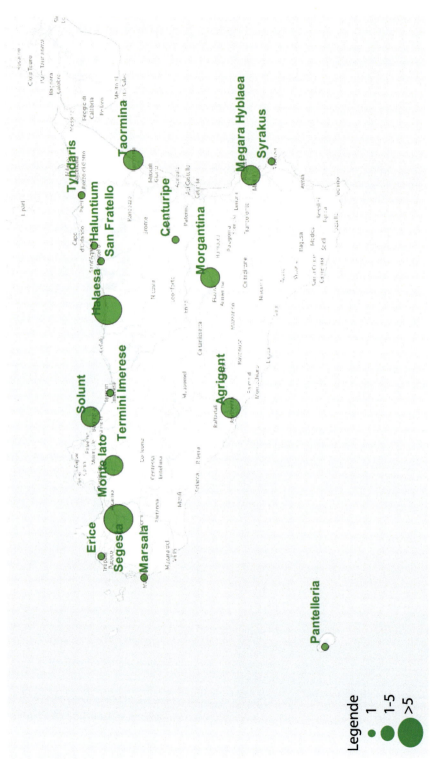

ABB. 444   Geographische Verteilung der Statuenmonumente in der hellenistischen Zeit

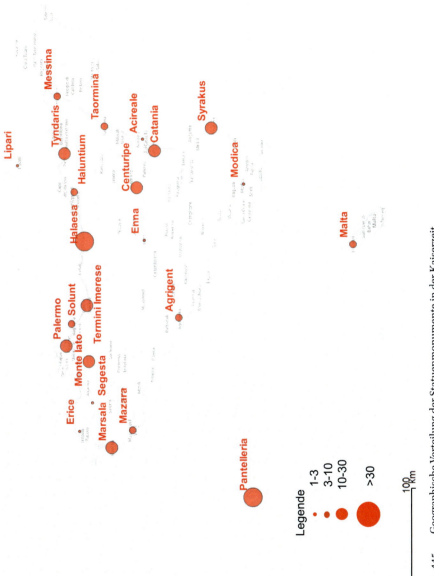

ABB. 445   Geographische Verteilung der Statuenmonumente in der Kaiserzeit

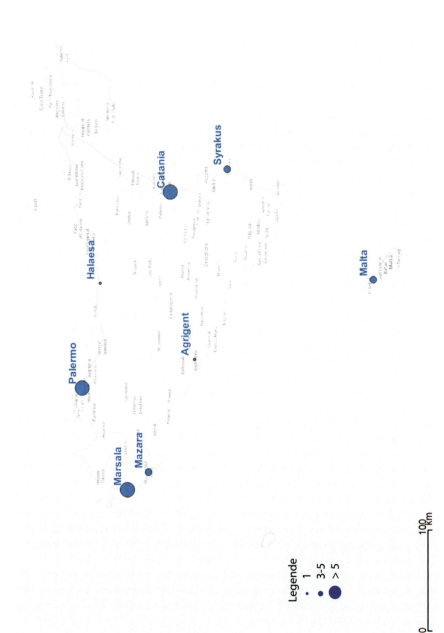

ABB. 446   Geographische Verteilung der Statuenmonumente in der Spätantike

ABBILDUNGEN 446–448

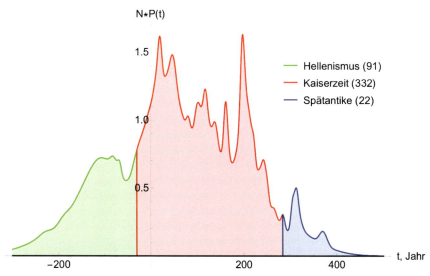

ABB. 447   Zeitliche Verteilung aller Statuenmonumente. Jedem Objekt wird eine normierte Normalverteilung zugeordnet, deren Standardabweichung durch die Unsicherheit in der Datierung bestimmt wird. Die Kurve ist die Summe dieser Verteilungen und zeigt die warscheinlichste Verteilung von Objekten nach Jahr.

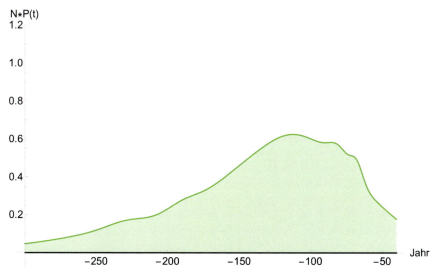

ABB. 448   Zeitliche Verteilung der hellenistischen Statuenmonumente

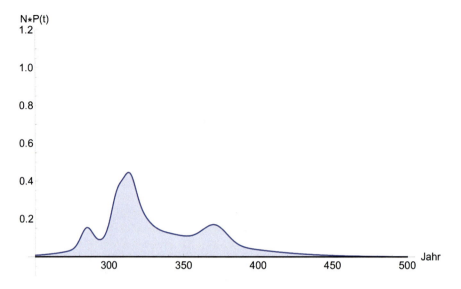

ABB. 449   Zeitliche Verteilung der spätantiken Statuenmonumente

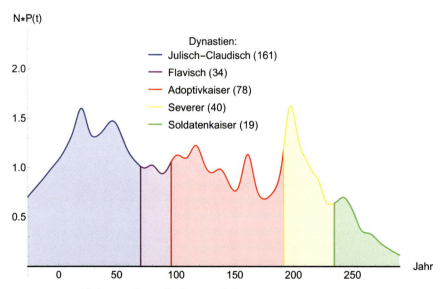

ABB. 450   Zeitliche Verteilung aller kaiserzeitlichen Statuenmonumente

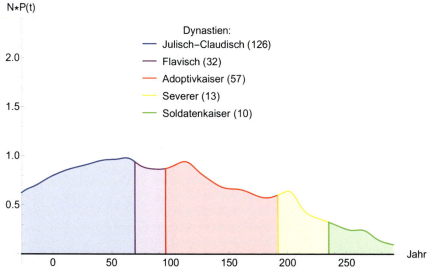

ABB. 451 Zeitliche Verteilung nicht-kaiserlicher Statuenmonumente

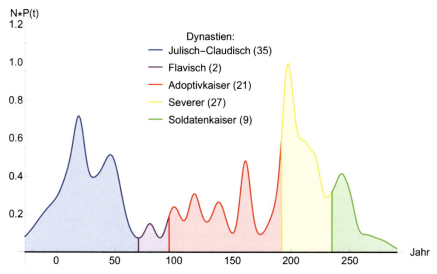

ABB. 452 Zeitliche Verteilung der kaiserlichen Statuenmonumente

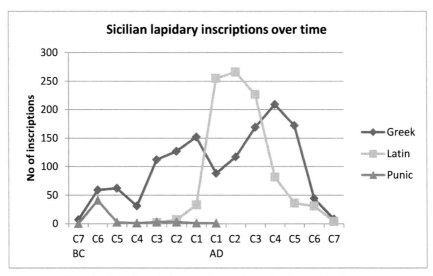

ABB. 453 Zeitliche Verteilung der lateinischen und griechischen Inschriften

Literatur

Abramenko 1993: A. Abramenko, Die munizipale Mittelschicht im kaiserzeitlichen Italien. Zu einem neuen Verständnis von Sevirat und Augustalität (Frankfurt a.M. 1993).

Adams 2003: J. N. Adams, Bilingualism and the Latin Language (Cambridge 2003).

Alexandridis 2004: A. Alexandridis, Die Frauen des römischen Kaiserhauses. Eine Untersuchung ihrer bildlichen Darstellungen von Livia bis Iulia Domna (Mainz 2004).

Alföldy 1982: G. Alföldy, Individualität und Kollektivnorm in der Epigrahik des römischen Senatorenstandes, in: S. Panciera (Hrsg.), Epigrafia e ordine senatorio. Atti del colloquio internazionale AIEGL, Roma, 14–20 maggio 1981 (Rom 1982) 37–53.

Alföldy 1984: G. Alföldy, Römische Statuen in Venetia et Histria: epigraphische Quellen (Heidelberg 1984).

Alföldy 1997: G. Alföldy, Euergetismus und Epigraphik in der augusteischen Zeit, in: M. Christol – O. Masson (Hrsg.), Actes du Xe congrès international d'epigraphie grecque et latine, Nimes, 4–9 octobre 1992 (Paris 1997) 293–304.

Alföldy 2005: G. Alföldy, Ein römischer Ritter aus Cossura (Pantelleria), ZPE 151, 2005, 193–213.

Allen 1970: H. L. Allen, Excavations at Morgantina (Serra Orlando) 1967–1969. Preliminary Report X, AJA 74, 1970, 359–383.

Ambrogi 2010: A. Ambrogi, Una statua togata dal "Ginnasio Romano" di Siracusa: un caso di riempiego nella Sicilia tardoantica, Atti della Pontificia Accademia Romana di Archeologia. Rendiconti 82, 2009–2010, 293–371.

Ampolo 2011: C. Ampolo (Hrsg.), Siracusa. Immagine e storia di una città. Per lo studio delle fonti letterarie, epigrafiche e numismatiche e della storia della ricerca archeologia (Pisa 2011).

Ampolo 2012a: C. Ampolo (Hrsg.) Agorai greca e agorai di Sicilia (Pisa 2012).

Ampolo 2012b: C. Ampolo (Hrsg.) Sicilia occidentale. Studi, rassegne, ricerche. Atti delle settime giornate internazionali di studi sull'area elima e la Sicilia occidentale nel contesto mediterraneo Erice, 12–15 ottobre 2009 (Pisa 2012).

Ampolo – Erdas 2019: C. Ampolo – D. Erdas, Inscriptiones Segestanae. Le iscrizioni greche e latine di Segesta (Pisa 2019).

Ampolo – Parra 2012: C. Ampolo – M. C. Parra, L'agora di Segesta: uno sguardo d'assieme tra iscrizioni e monumenti, in: C. Ampolo (Hrsg.), Agorai greca e agorai di Sicilia (Pisa 2012) 271–289.

Angeletti 2012: V. Angeletti, Nell'agora di Segesta: un contributo sui monumenti minori, in: C. Ampolo (Hrsg.), Agora greca e Agorai di Sicilia (Pisa 2012) 321–326.

Ardeleanu 2018: S. Ardeleanu, Giallo antico in context. Distribution, Use and Commercial Actors according to new Stratigraphic Data from the Western Mediterranean (2nd. C. BC–Late 1st c. AD), in: D. Matetic Poljak – K. Marasovic (Hrsg.) ASMOSIA XI. Interdisciplinary Studies of Ancient Stone. Proceedings of the Eleventh International Conference of ASMOSIA, Split, 18–22 May 2015 (Split) 155–165.

Azzopardi 2008: G. Azzopardi, A Re-reading of C.I.L. X 7506, Melita Historica 15, 1, 2008, 19–30.

Bacci 1980–1981: G. M. Bacci, Ricerche a Taormina negli anni 1977–1980, Kokalos 26–27, 1980–1981, 737–748.

Bacci 1997–1998: G. M. Bacci, Taormina. Interventi nell'area urbana, Kokalos 43–44, 1997–1998, 357–369.

Balty 1966: J. Balty, Problèmes d'iconographie romaine impériale en Sicile. En marge d'un ouvrage récent, L'antique classique 35, 1966, 529–547.

Barbera 2015: D. Barbera, Un ritratto di Ierone II a Siracusa?, BdA 100, 2015, 1–26.

Barbieri 1961: G. Barbieri, Nuove iscrizioni di Marsala, Kokalos 7, 1961, 15–52.

Barbieri 1963: G. Barbieri, Due cippi di Marsala del IV sec. d. C., Kokalos 9, 1963, 225–252.

Barbieri 1968–1969: G. Barbieri, Rassegna di epigrafia latina sui governatori della Sicilia in eté imperiale e sugli ultimi rinvenimenti epigrafici, Kokalos 14–15, 1968–1969, 186–194.

Barresi 2016: P. Barresi, Testimonianze di scultura romana a Catania, Catania antica. Nuove prospettive di ricerca, 2016, 591–608.

Basile 2012: B. Basile, L'Urbanistica di Siracusa greca: Nuovi dati, vecchi problemi, Archivio storico siracusano 4, 4, 2012, 177–124.

Bauer 1996: F. A. Bauer, Stadt, Platz und Denkmal in der Spätantike. Untersuchungen zur Ausstattung des öffentlichen Raums in den spätantiken Städten Rom, Konstantinopel und Ephesos (Mainz 1996).

Bauer – Witschel 2007: F. A. Bauer – C. Witschel (Hrsg.), Statuen in der Spätantike (Wiesbaden 2007).

Beck (unpubliziert): D. M. Beck, *Marmor Numidicum*. Gewinnung, Verarbeitung und Distribution eines antiken Buntmarmors vom 2. Jh. v. Chr. bis ins 7. Jh. n. Chr. (unpublizierte Dissertation FU Berlin, 2018).

Bell 1993: M. Bell, Observations on Western Greek Stoas, in: R. T. Scott – A. R. Scott (Hrsg.), Eius virtutis studiosi: Classical and Postclassical Studies in Memory of F. E. Brown (Washington 1993) 327–341.

Bell 1999: M. Bell, Centro e periferia nel regno siracusano di Ierone II, in: Rome, École Francaise de Rome (Hrsg.), La colonisation grecque en méditerranée occidentale. Actes de la rencontre scientifique en hommage à Gerorges Vallett. Rome-Naples, 15–18 novembre 1995 (Rome 1999) 257–277.

LITERATUR   689

Bell 2004: M. Bell, Una banca pubblica sull'agora di Morgantina?, in: M. Caccamo
  Caltabiano – L. Campagna – A. Pinzone (Hrsg.), Nuove prospettive della ricerca
  sulla Sicilia del III sec. a.C. Archeologia, Numismatica, Storia. Atti dell'Incontro di
  Studio (Messina 4–5 luglio 2002) (Messina 2004) 135–142.

Bell 2007: M. Bell, Apronius in the Agora: Sicilian civil architecture and the lex
  Hieronica, in: J. P. W. Prag (Hrsg.) Sicilia Nutrix Plebis Romanae. Rhetoric, Law, and
  Taxation in Cicero's Verrines, (London 2007) 117–134.

Bell 2012: M. Bell, Spazio e istituzioni nell'agora greca di Morgantina, in: C. Ampolo
  (Hrsg.), Agora greca e agorai di Sicilia (Pisa 2012) 111–118.

Bell 2015: M. Bell, Gli dei dell'agora in: L. Maniscalco (Hrsg.), Morgantina duemillaquindici. La ricerca archeologica a sessant'anni dall'avvio degli scavi (Palermo 2015)
  68–81.

Belli Pasqua 2017: R. Belli Pasqua, Statue di togati dall'area del Tempio Romano: ipotesi
  di restituzione dell'arredo statuario, in: L. M. Caliò – M. Caminneci – M. Livadiotti –
  M. C. Parello – M. S. Rizzo (Hrsg.), Agrigento. Nuove ricerche sull'area pubblica centrale (Rom 2017) 119–122.

Belvedere 1988: O. Belvedere, Opere pubbliche ed edifici per lo spettacolo nella Sicilia
  di età imperiale, ANRW II.11.1, 1988.

Belvedere 1982: O. Belvedere, Termini Imerese. Saggi di scavo in Piazza Vittorio
  Emanuele, Sicilia Archeologia 48, 1982, 37–44.

Belvedere 1982–1983: O. Belvedere, Osservazioni sulla topografia storica di Thermae
  Himerenses, Kokalos 28–29, 1982–1983, 71–86.

Belvedere 1993: O. Belvedere, Elementi per la forma urbana, in: O. Belvedere (Hrsg.),
  Termini Imerese. Ricerche di topografia e di Archeologia urbana (Palermo 1993)
  17–209.

Belvedere 1997: O. Belvedere, Politica urbanistica e ideologia nella Sicilia della prima
  età imperiale, Architettura e pianificazione urbana nell'Italia antica (Rom 1997)
  17–24.

Belvedere 2012: O. Belvedere, Thermae Himerae. Dall'agora ellenistica al foro romano.
  Riflessioni sulla romanizzazione della Sicilia, in: C. Ampolo (Hrsg.), Agora greca e
  agorai di Sicilia (Pisa 2012) 211–221.

Bergemann 1990: J. Bergemann, Römische Reiterstatuen. Ehrendenkmäler im öffentlichen Bereich (Mainz 1990).

Bergemann 2017: J. Bergemann, Ein Survey zwischen 30 und 1500 m ÜNN: Die Monti
  Sicani im Vergleich zu den Ebenen Gelas, in: J. Bergemann – O. Belvedere (Hrsg.),
  Survey-Archäologie: naturwissenschaftlich-technische und historische Methode in
  Italien und Deutschland. Villa Vigoni Gespräch, Loveno die Menaggio, 30. März bis
  2. April 2015 (Rahden/Westf. 2017) 81–98.

Berger 1990: E. Berger, Zum Kanon des Polyklet, in: H. Beck – P. C. Bol – M. Bückling
  (Hrsg.), Polyklet. Der Bildhauer der griechischen Plastik. Ausstellung im Liebieghaus
  Museum alter Plastik. Frankfurt a.M. (Mainz 1990) 156–184.

Bergmann – Zanker 1981: M. Bergmann – P. Zanker, 'Damnatio memmoriae'. Umgearbeitete Nero- und Domitiansporträts. Zur Ikonographie der flavischen Kaiser und des Nerva, JdI 96, 1981, 317–412.

Bernabò Brea 1947: B. Bernabò Brea, Ginnasio Romano – Danni per incursioni aeree, NSc, 1947, 197–198.

Berndt 2007: G. M. Berndt, Konflikt und Anpassung. Studien zur Migration und Ethnogenese der Vandalen (Husum 2007).

Berndt – Steinacher 2008: G. M. Berndt – R. Steinacher, Das Reich der Vandalen und seine (Vor-)Geschichten (Wien 2008).

Biard 2017: G. Biard, La représentation honorifique dans les cités grecques aux époques classique et hellénistique (Athen 2017).

Bichler 1983: R. Bichler, 'Hellenismus'. Geschichte und Problematik eines Epochenbegriffs (Darmstadt 1983).

Bier 2011: L. H. Bier, The Bouleuterion at Ephesos (Wien 2011).

Bielfeldt 2003: R. Bielfeldt, Orest im Medusengrab. Ein Versuch zum Betrachter RM 110, 2003, 117–150.

Bielfeldt 2012: R. Bielfeldt, Polis Made Manifest: The Physiognomy of the Public in the Hellenistic City with a Case Study on the Agora in Priene, in: C: Kuhn (Hrsg.), Politische Kommunikation und öffentliche Meinung in der antiken Welt, (Stuttgart 2012) 87–122.

Bigi 2010: F. Bigi, I supporti epigrafici: tipi, decorazione, cronologie, in: I. Tantillo – F. Bigi (Hrsg.), Leptis Magna. Una città e le sue iscrizioni in epoca tardoromana (Cassino 2010) 219–252.

Bitto 2001: I. Bitto, Le iscrizioni greche e latine di Messina (Messina 2001).

Bitto 2002: I. Bitto, Testimonianze epigrafiche di Messina romana: iscrizione in onore di Asklepio e di Hygeia, in: B. Gentili – A. Pinzone (Hrsg.), Messina e Reggio nell'antichità: storia, società, cultura. Atti del Convegno della S.I.S.A.C. Messina-Reggio Calabria, 24–26 maggio 1999 (Messina 2002) 127–139.

Bivona 1967: L. Bivona, Una nuova dedica a Giulia Domna, Kokalos, 1967, 205–215.

Bivona 1970: L. Bivona, Iscrizioni latine lapidarie del Museo di Palermo (Palermo 1970).

Bivona 1974: L. Bivona, Rinvenimenti sottomarini nelle aque di Terrasini (Palermo), Kokalos 20, 1974, 201–212.

Bivona 1980: L. Bivona, Note sulla Gens Maesia nella Sicilia Occidentale, Philias Charin. Miscellanea di studi classici in onore di Eugenio Manni (Rom 1980) 233–242.

Bivon 1987: L. Bivona, Panormo romano in età imperiale. La documentazione epigrafica, Kokalos 33, 1987, 257–274.

Bivona 1992–1993: L. Bivona, Considerazioni su euergetismo ed euergeti della Sicilia romana, ScAnt 6–7, 1992–1993, 105–110.

Bivona 1994: L. Bivona, Iscrizioni latine lapidarie del museo civico di Termini Imerese (Rom 1994).

Bivon 1997–1998: L. Bivona, Epigrafia latina, Kokalos 43–44, 1997–1998, 613–624.

LITERATUR

Bloesch – Isler: H.-I. Bloesch – H. P. Isler, Monte Iato. La settesima campagna di scavo, SicA 35, 1977, 7–28.

Bol 1978: P. C. Bol, Grossplastik aus Bronze in Olympia (Berlin 1978).

Bol 1985: P. C. Bol, Antike Bronzetechnik: Kunst und Handwerk antiker Erzbildner (München 1985).

Bolle u.a. 1998: K. Bolle – C. Machado – C. Witschel (Hrsg.), The Epigraphic Cultures of Late Antiquity (Stuttgart 2017).

Bollmann 1998: B. Bollmann, Römische Vereinshäuser (Mainz a. R. 1998).

Bonacasa Carra 1977: R. M. Bonacasa Carra, Nuovi ritratti romani della Sicilia (Palermo 1977).

Bonacasa 1960: N. Boncasa, Sculture romane inedite. Museo civico di Termini Imerese (1960).

Bonacasa 1964: N. Bonacasa, Ritratti greci e romani della Sicilia (Palermo 1964).

Boncasa 1988: N. Bonacasa, Le arte figurative nella Sicilia romana imperiale, ANRW II.11.1, 1988, 306–345.

Bonanno 1997–1998: A. Bonanno, Scavi e indagini nel territorio di Caronia e San Marco d'Alunzio, Kokalos 43–44, 1997–1998, 423–451.

Bonanno 2005: A. Bonanno, Malta. Phoenician, punic and roman (Florenz 2005).

Bonanno 2008: A. Bonanno, Appolonia. Indagini archeologiche sul monte di San Fratello-Messina 2003–2005 (Roma 2008).

Bonanno 2013: A. Bonanno, Gli edifici pubblici: i materiali, in: C. Bonanno (Hrsg.), Il museo archeologico di Morgantina. Catalogo (Messina 2013) 93–100.

Borg – Witschel 2001: B. Borg – C. Witschel, Veränderungen im Repräsentationsverhalten der römischen Eliten während des 3. Jhs. n. Chr., in: G. Alföldy – S. Panciera (Hrsg.), Inschriftliche Denkmäler als Medien der Selbstdarstellung in der römischen Welt (Stuttgart 2001) 47–120.

Bochung 1989: D. Boschung, Die Bildnisse des Caligula (Berlin 1989).

Boschung 1993: D. Boschung, Das römische Herrscherbild I. 2. Die Bildnisse des Augustus (Berlin 1993).

Boschung 2002: D. Boschung, Gens Augusta. Untersuchungen zu Aufstellung, Wirkung und Bedeutung der Statuengruppen des julisch-claudischen Kaiserhauses (Mainz 2002).

Branciforti 2007: M. G. Branciforti, Il Teatro romano di Catania, in: D. La Manna – E. Lentini (Hrsg.), Teatri antichi nell'area del Mediterraneo. Conservazione programmata e fruizione sostenibile: Contributi analitici alla carta del rischio. Atti del II convegno internazionale di Studi: La materia e i segni della storia, Siracusa 13–17 ottobre 2004 (Palermo 2007) 145–154.

Branciforti 2008a: M. G. Branciforti, Il percorso museale, in: M. G. Branciforti – G. Pagnano (Hrsg.), Il complesso archeologico del Teatro e dell'Odeon di Catania (Palermo 2008) 133–209.

690 LITERATUR

Branciforti 2008b: M. G. Branciforti, Il complesso archeologico del Teatro e dell'Odeon di Catania, in: M. Branciforti – G. Pagnano (Hrsg.), Il complesso archeologico del Teatro e dell'Odeon di Catania, (Palermo 2008) 17–81.

Branciforti 2010: M. Branciforti, Da Katane a Catina, in: M. Branciforti – Vincenzo la Rosa (Hrsg.), Tra lava e mare. Contributi all'Archaiologhia di Catania, Atti del convegno, 22–23 novembre 2007 (Catania 2010) 135–258.

Brannon 2000: T. Corey Brannon, The Praetorship in the Roman Republic. Vol. 1 und Vol. 2 (Oxford 2000).

Brugnone 1974: A. Brugnone, Iscrizioni greche del Museo Civico di Termini Imerese, Kokalos 20, 1974, 218–264.

Brugnone 1982–1983: A. Brugnone, A proposito di IG XIV 283–284, Kokalos 28–29, 1982–1983, 388–394.

Bruno 2004: B. Bruno, L'Arcipelago maltese in età romana e bizantina. Attività economiche e scambi al centro del Mediterraneo (Bari 2004).

Bulle 1928: H. Bulle, Untersuchungen an griechischen Theatern (München 1928).

Burgio 2011: R. Burgio, Architettura onoraria dell'agora di Alesa. Il monumento dei Seviri Augustales: analisi e proposta ricostruttiva, Quaderni dell'Università di Messina 3, 2013, 11–23.

Burgio 2012: R. Burgio, Appendice. Monumenti minori dell'agora di Alesa: le esedre curve. Analisi e ricostruzione, in: C. Ampolo (Hrsg.), Agora greca e agorai di Sicilia (Pisa 2012) 155–169.

Burgio 2017a: A. Burgio, Archaeological Survey Projects in Sicily: Issues and Best Practices from Eighties to Present Time, in: J. Bergemann – O. Belvedere (Hrsg.), Survey-Archäologie: naturwissenschaftlich-technische und historische Methode in Italien und Deutschland. Villa Vigoni Gespräch, Loveno di Menaggio, 30. März bis 2. April 2015 (Rahden/Westf. 2017) 101–111.

Burgio 2017b: R. Burgio, Alesa Arconidea: Gli elementi in bronzo del portone della casa di Nemenios o casa dei Dolia, in: G. Mellusi – R. Moscheo (Hrsg.), KTHMA ES AIEI. Studi e ricordi in memoria di Giacomo Scibona (Messina 2017) 119–155.

Buscemi 2012: F. Buscemi, Architettura e romanizzazione della Sicilia di età imperiale: gli edifici per spettacoli (Palermo 2012).

Cagiano De Azevedo 1969: M. Cagiano De Azevedo, Frammento di una iscrizione latina dal Fanum Iunonis melitense, Rendiconti dell'academia nazionale dei lincei 8, 24, 1969, 155–159.

Calascibetta – Di Leonardo 2012: A. M. G. Calascibetta – L. Di Leonardo, Un nuovo documento epigrafico da Solunto, in: C. Ampolo (Hrsg.), Sicilia occidentale. Studi, rassegne, ricerche. Atti delle settime giornate internazionali di studi sull'area elima e la Sicilia occidentale nel contesto mediterraneo. Erice, 1 –15 ottobre 2009 (Pisa 2012) 37–47.

LITERATUR   693

Caliò u. a. 2017: L. M. Caliò – M. Caminneci – M. Livadiotti – M. C. Parello – M. S. Rizzo, Agrigento. Nuove ricerche sull'area pubblica centrale (Rom 2017).

Campagna 2004: L. Campagna, Architettura e ideologia della basileia a Siracusa nell'et'a di Ierone II, in: M. Caccamo Caltabiano – L. Campagna – A. Pinzone (Hrsg.), Nuove prospettive della ricerca sulla Sicilia del III sec. a.C. Archeologia, Numismatica, Storia. Atti dell'Incontro di Studio (Messina 4–5 luglio 2002) (Messina 2004) 151–185.

Campagna 2006: L. Campagna, L'architettura di età ellenitica in Sicilia: per una riletura del quadro generale, in: Osanna – M. Torelli (Hrsg.), Sicilia ellenistica, consuetudo italica. Alle origini dell'architettura ellenistica d'Occidente. Complesso mounemtale di S. Nicolo, 5–7 novembre 2004 (Rom 2006) 15–34.

Campagna 2007: L. Campagna, Architettura pubblica ed euergetismo nella Sicilia di età repubblicana, in: C. Miccichè – S. Modeo (Hrsg.), La Sicilia romana tra Reppublica e Alto Impero (Caltanisetta 2007) 110–134.

Campagna 2008: L. Campagna – G. F. La Torre, Ricerche sui monumenti e sulla topografia di Tauromenion: una stoà ellenistica nell'area della Naumachia, Sicilia antiqua 5, 2008, 115–146.

Campagna 2009: L. Campagna, Urbanistica dei centri siciliani d'altura in età ellenistica: il caso di Tauromenion, in: M. Congiu – C. Miccichè – S. Modeo (Hrsg.), Eis Akra. Insediamenti d'altura in Sicilia dalla Preistoria al III sec. a.C. (Caltanisetta 2009) 205–226.

Campagna 2011: L. Campagna, The ancient agora of Tauromenion (Taormina, Sicily): New data from recent research, in: A. Giannikoure (Hrsg.), Η Αγορά στη Μεσόγειο από τους ομηρικούς έως τους ρωμαϊκούς χρόνους. The Agora in the Mediterranean from Homeric to Roman times. International conference Kos, 14–17 April 2011 (Athen 2011) 71–87.

Carretoni 1961: G. Carettoni, Tusa (Messina). Scavi di Halaesa (seconda relazione), NSc 13, 1961, 293–349.

Castellana 1979: G. Castellana, Su alcune sculture femminilie panneggiate di ispirazione tardo-ellenistica del Museo reginale archeologico di Siracusa, Rivista di archeologia 3, 1979, 65–71.

Chastagnol 1982: A. Chastagnol, L'evolution politique, sociale et économique du monde romain de Dioclétian à Julien: la mise en place du régime du Bas-Empire (284–263) (Paris 1982).

Clauss 1999: M. Clauss, Kaiser und Gott. Herrscherkult im römischen Reich (Berlin 1999).

Clemente 1979: G. Clemente, La Sicilia nell'età imperiale, Storia della Sicilia 2, 1979, 465–480.

Coarelli – Torelli 1984: F. Coarelli – M. Torelli, Sicilia. Guide archeologiche Laterza (Rom 1984).

Coarelli 1979: F. Coarelli, La cultura figurativa in Sicilia. Dalla conquista romana e Bizanzio, Storia della Sicilia 2, 1979, 373–392.

Concetta Parello – Rizzo 2014: M. Concetta Parello – M. S. Rizzo, Agrigentum ed il suo territorio in età tardo antica, Centre and periphery in the ancient world. The transformation of the town and countryside in Late Antiquity. XVIII CIAC (Merida 2014) 1823–1826.

Cordano 2012: F. Cordano, Eponimi ufficiali nella Sicilia di età ellenistica, in: C. Ampolo (Hrsg.), Agora greca e agorai di Sicilia (Pisa 2012) 77–80.

Cordiano 1997: G. Cordiano, La ginnarsiarchia nelle "poleis" dell'occidente mediterraneo antico (Pisa 1997).

Ruggini 1982–1983: L. Cracco Ruggini, Sicilia, III/IV secolo: Il volto della non-città, Kokalos 28–29, 1982–1983, 477–515.

Dally 2012: O. Dally, Bild, Raum, Handlung: Die Faustinathermen in Milet, in: H. Ziemssen – S. Moraw – O. Dally (Hrsg.), Bild. Raum. Handlung. Prespektiven der Archäologie (Berlin 2012) 215–241.

Daltrop u.a. 1966: G. Daltrop – U. Hausmann – M. Wegner, Die Flavier. Vespasian, Titus, Domitian, Nerva, Juia Titi, Domitilla, Domitia (Berlin 1966).

De Bruyne – Machado 2016: G. De Bruyne – C. Machado, North Africa, in: R. R. R. Smith – B. Ward-Perkins (Hrsg.), The Last Statues of Antiquity (Oxford 2016) 56–68.

De Miro – Calì 2007: E. De Miro – V. Calì, Agrigento 3. I santuari urbani. Il settore occidentale della collina dei templi: il terrazzo dei Donari (Palermo 2007).

De Miro 1996: E. De Miro, Greek Sculpture in Sicily in the Classical Period, in: G. P. Carratelli (Hrsg.), The Western Greeks. Classical Civilization in the Western Mediterranean (London 1996) 413–420.

De Miro 2006: E. De Miro, Agrigento in età ellenistica. Aspetti di architettura, in: M. Osanna – M. Torelli (Hrsg.), Sicilia ellenistica, consuetudo italica. Alle origini dell'architettura ellenistica d'occidente (Rom 2006) 69–81.

De Miro 2010: E. De Miro – G. Fiorentini, Agrigento VI. Agrigento romana: Gli edifici pubblici civili (Pisa 2010).

De Miro 2012: E. De Miro, Agorai e forum in Agrigento, in: C. Ampolo (Hrsg.), Agora greca e agorai di Sicilia, (Pisa 2012) 101–110.

De Sensi Sestito 1977: G. De Sensi Sestito, Gerone II. Un monarca ellenistico in Sicilia (Palermo 1977).

De Vido 1991: S. De Vido, Appendice B. Fonti Epigrafiche, Annali della Scuola normale superiore di Pisa. Classe di Lettere e Filosofia 21, 3–4, 1991, 971–980.

De Vincenzo 2013: S. De Vincenzo, Tra Cartagine e Roma. I centri urbani dell'eparchia punica di Sicilia tra VI e I sec. A.C. (Berlin 2013).

Deppmeyer 2008: K. Deppmeyer, Kaisergruppen von Vespasian bis Konstantin. Eine Untersuchung zu Aufstellungskontexten und Intention der statuarischen Präsentation kaiserlicher Familien (Hamburg 2008).

LITERATUR 695

Di Stefano 1984: C. Di Stefano, Lilibeo. Testimonianze archeologiche dal IV sec. a.C. al V sec. d.C. (Palermo 1984).

Dickenson 2013: C. Dickenson, Kings, Cities and Marketplaces. Negotiating Power Through Public Space in the Hellenistic World, in: O. van Nijf – C. Dickenson (Hrsg.), Public Space in the Post-Classical City. Proceedings of a One Day Colloquium held at Fransum, 23rd July 2007 (Leuven 2013) 37–75.

Dickenson 2017: C. Dickenson, On the Agora. The Evolution of a Public Space in Hellenistic and Roman Greece (c. 323 BC–267 AD) (Leiden 2017).

Dillon 2012: S. Dillon, Female Portraiture in the Hellenistic Period, in: S. James – S. Dillon (Hrsg.), A Companion to Women in the Ancient Mediterranean (Oxford 2012) 263–277.

Dillon 2010: S. Dillon, The Female Portrait Statue in the Greek World (Cambridge 2010).

Dillon – Baltes 2013: S. Dillon – E. P. Baltes, Honorific Practices and the Politics of Space in Hellenistic Delos. Portrait Statue Monuments along the Dromos, AJA 117, 2013, 207–246.

Dimartino 2006: A. Dimartino, Per una revisione dei documenti epigrafici siracusani pertinenti al regno di Ierone II, in: C. Ampolo (Hrsg.), Guerra e pace in Sicilia e nel Mediterraneo antico (VIII–III sec. a.C.). Arte, prassi e teoria della pace e della guerra. Atti delle quinte giornate di internazionali di studi sull'area elima e la Sicilia occidentale nel contesto mediterraneo, Erice, 12–15 ottobre 2003. Vol. 2 (Pisa 2006) 703–717.

Dimartino 2019: A. Dimartino, Epigrafia greca e pratiche onorarie in Sicilia durante l'età ellenistica e romana, in: M. Trümper – G. Adornato – T. Lappi (Hrsg.), Cityscapes of Hellenistic Sicily. Proceedings of a conference of the excellence cluster TOPOI. The Formation and Transformation of Space and Knowledge in Ancient Civilizations held at Berlin, 15–18 June 2017. Analysis Archaeologica 4 (Rom 2019) 197–217.

Dobson 1978: B. Dobson, Die Primipilares. Entwicklung und Bedeutung, Laufbahnen und Persönlichkeiten eines römischen Offiziersranges (Köln 1978).

Doepner 2002: D. Doepner, Steine und Pfeiler für die Götter. Weihgeschenkgattungen in westgriechischen Stadtheiligtümern (Wiesbaden 2002).

Dreher 2008: M. Dreher, Das antike Sizilien (München 2008).

Dubois 1989: L. Dubois, Inscriptions grecques dialectales de Sicile (Rom 1989).

Duthoy 1987: R. Duthoy, 'Les Augustales', ANRW II.16.2, 1987, 1254–1309.

Eck 1980: W. Eck, Die Präsenz senatorischer Familien in den Städten des Imperium Romanum bis zum späten 3. Jahrhundert, in: W. Eck (Hrsg.), Studien zur antiken Sozialgeschichte. Festschrift Friedrich Vittinghoff (Köln 1980) 283–322.

Eck 1991: W. Eck, Ein Quästor oder zwei Quästoren im kaiserzeitlichen Sizilien?, ZPE 86, 1991, 107–114.

Eck 1992: W. Eck, Ehrungen für Personen hohen soziopolitischen Ranges im öffentlichen und privaten Bereich, in: H.-J. Schalles – H. von Hesberg – P. Zanker (Hrsg.), Die römische Stadt im 2. Jahrhundert n. Chr. Der Funktionswandel des öffentlichen Raumes. Kolloquium in Xanten vom 2. bis 4. Mai 1990 (Köln 1992) 359–376.

Eck 2017: W. Eck, Ein Zeichen von senatorischer Identität: Statuenehrungen für Kaiser mit lateinischen Inschriften aus Messene, ZPE 202, 2017, 255–262.

Eck 1996: W. Eck, Senatorische Familien der Kaiserzeit in der Provinz Sizilien, ZPE 113, 1996, 109–128.

Eingartner 1991: J. Eingartner, Isis und ihre Dienerinnen in der Kunst der römischen Kaiserzeit (Leiden 1991).

Emme 2013: B. Emme, Peristyl und Polis. Entwicklung und Funktion öffentlicher griechischer Hofanlagen (Berlin 2013).

Erkelenz 2003: D. Erkelenz, Optimo Praesidi. Untersuchungen zu den Ehrenmonumenten für Amtsträger der römischen Provinzen in Republik und Kaiserzeit (Bonn 2003).

Eule 2001: J. C. Eule, Hellenistische Bürgerinnen aus Kleinasien. Weibliche Gewandstatuen in ihrem antiken Kontext (Istanbul 2001).

Famà 2009: M. L. Famà, Il museo regionale "A. Pepoli" di Trapani. Le collezioni archeologiche (Bari 2009).

Fasolo 2013: M. Fasolo, Tyndaris e il suo territorio. Vol. 1. Introduzione alla carta archeologica del territorio di Tindari (Rom 2013).

Fejfer 2008: J. Fejfer, Roman portraits in context (Berlin-New York 2008).

Fentress u. a. 2004: E. Fentress – S. Fontana – R. B. Hitchner – P. Perkins, Accounting for ARS: Fineware and Sites in Sicily and Africa, in: S. E. Alcock – J. F. Cherry (Hrsg.), Side-by-Side Survey. Comparative Regional Studies in the Mediterranean World (Oxford 2004) 147–162.

Ferrua 1941: A. Ferrua, Analecta Sicula, Epigraphica 3, 1941, 252–270.

Filges 1997: A. Filges, Standbilder jugendlicher Göttinnen. Klassische und frühhellenistische Gewandstatuen mit Brustwulst und ihre kaiserzeitliche Rezeption (Köln 1997).

Filges 2007: A. Filges, Skulpturen und Statuenbasen von der klassischen Epoche bis in die Kaiserzeit (Mainz 2007).

Filipi 2002: A. Filippi, Trapani: testimonianze storiche ed archeologiche, Sicilia Archeologia 35, 100, 2002, 73–87.

Finley 1993: M. I. Finley, Das antike Sizilien. Von der Vorgeschichte bis zur arabischen Eroberung (München 1993).

Fiorelli 1878: G. Fiorelli, XXVI. Termini, Notizie degli Scavi, 1878, 148–150.

Fittschen 1999: K. Fittschen, Prinzenbildnisse antoninischer Zeit (Mainz 1999).

Fittschen – Zanker 1983: K. Fittschen – P. Zanker, Katalog der römischen Porträts in den Capiptolinischen Museen und den anderen kommunalen Sammlungen der

LITERATUR 697

Stadt Rom, Band 3. Kaiserinnen- und Prinzessinenbildnisse, Frauenporträts (Mainz 1983).

Fittschen – Zanker 1985: K. Fittschen – P. Zanker, Katalog der römischen Porträts in den Capitolinischen Museen und den anderen kommunalen Sammlungen der Stadt Rom, Band 1. Kaiser- und Prinzenbildnisse (Berlin 1985).

Fittschen – Zanker 2010: K. Fittschen – P. Zanker – P. Cain, Katalog der römischen Porträts in den Capitolinischen Museen und den anderen kommunalen Sammlungen der Stadt Rom, Band 2. Die männlichen Privatporträts (Berlin 2010).

Forbis 1996: E. Forbis, Municipal Virtues in the Roman Empire: The evidence of Italian honorary inscriptions (Stuttgart 1996).

Fuchs 1987: M. Fuchs, Untersuchungen zur Ausstattung römischer Theater in Italien und den Westprovinzen des Imperium Romanum (Mainz 1987).

Gabba 1986: E. Gabba, La Sicilia romana, in: M. Crawford, M. H. Crawford (Hrsg.), L'Impero romano e le strutture economiche e sociali delle province (Como 1986) 71–85.

Gauthier 1985: P. Gauthier, Les cités grecques et leurs Bienfaiteurs (IVe–Ier siecle avant J.-C.). Contribution à l'histoire des institutions (Paris 1985).

Gehn 2010: U. Gehn, Spätantike Ehrenstatuen in Italien – Einige Beispiele aus Rom und Puteoli, in: N. Burkhardt – R. H. W. Stichel (Hrsg.), Die antike Stadt im Umbruch. Kolloquium in Darmstadt, 19. bis 20. Mai 2006 (Wiesbaden 2010) 36–53.

Gentili 1961: G. Gentili, Nuovi elementi di epigrafia siracusana, Archivio storico siracusano 7, 1961, 5–25.

Gentili 1950: G. Gentili, Sicilia. XIII. Piazza Armerina, NSc, 1950, 291–335.

Giannobile 2003: S. Giannobile, Iscrizioni greche, in: C. E. Greco (Hrsg.), Solunto antiquarium (Palermo 2003).

Gilhaus 2015: L. Gilhaus, Statue und Status. Statuen als Repräsentationsmedien der städtischen Eliten im kaiserzeitlichen Nordafrika (Bonn 2015).

Goette 1990: H. R. Goette, Studien zu römischen Togadarstellungen (Mainz 1990).

Goffin 2002: B. Goffin, Euergetismus in Oberitalien (Bonn 2002).

Gómez Rieser 2017: E. Gómez Rieser, L'utilisation / les usages Publics des portraits: couronner les portraits, in: F. Queyrel – R. von den Hoff (Hrsg.), La vie des portraits grecs. Statues-portraits du Ve au Ier siècle av. J.-C. Usage et re-contextualisations (Paris 2017) 28–35.

Greco 2003: C. E. Greco, Statue di Agrippina, in: C. E. Greco (Hrsg.), Solunto antiquarium (Palermo 2003) 15.

Griesbach 2013: J. Griesbach, Zur Topographie hellenistischer ‚Ehrenstatuen' auf Delos, in: M. Galli (Hrsg.), Roman Power and Greek Sanctuaries. Forms of Interaction and Communication (Athen 2013) 83–124.

Griesbach 2014a: J. Griesbach (Hrsg.) Polis und Porträt. Standbilder als Medien der öffentlichen Repräsentation im hellenistischen Osten. (Wiesbaden 2014).

Griesbach 2014b: J. Griesbach, Zwischen Zentrum und Zuhause: Zum Verhältnis von Öffentlichkeit und Privatsphäre anhand von 'Ehrenstatuen', in: J. Griesbach (Hrsg.), Polis und Porträt. Standbilder als Medien der öffentlichen Repräsentation im hellenistischen Osten (Wiesbaden 2014) 99–116.

Griesbach 2016: J. Griesbach, Wechselnde Standpunkte. Griechische Porträtstatuen und die Neu-Konfiguration von Erinnerungsräumen, in: F. Queyrel – R. von den Hoff – É. Perrin-Samindayar (Hrsg.), Eikones. Portraits en contexte. Recherches nouvelles sur les portraits grecs. Kolloquium Freiburg i. Br., 13.–14. März 2015 (Venosa 2016) 149–184.

Griffo 1949: P. Griffo, Nuova testa di Augusto e altre scoperte di epoca romana fatte a Centuripe, Studi siciliani di archeologia e storia antica 3, 1949.

Griffo 1987: P. Griffo, Il museo archeologico regionale di Agrigento (Rom 1987).

Gross 1940: W. H. Gross, Bildnisse Traians (Berlin 1940).

Gulletta 2012: M. I. Gulletta, L'agora-foro di Tyndarid: status quaestionis sulle ipotesi di ubicazione dell'agora/foro, in: C. Ampolo (Hrsg.), Sicilia occidentale: studi, rassegne, ricerche (Pisa 2012) 297–303.

Günzel 2010: S. Günzel, Raum: Ein interdisziplinäres Handbuch (Stuttgart 2010).

Habicht 1995: C. Habicht, Ist ein "Honorationsregime" das Kennzeichen der Stadt im späten Hellenismus?, in: (Hrsg.), M. Wörrle – P. Zanker (Hrsg.), Stadtbild und Bürgerbild im Hellenismus. Kolloquium, München, 24.–26. Juni 1993 (München 1995) 87–92.

Haensch 1997: R. Haensch, Capita provinciarum. Statthaltersitze und Provinzialverwaltung in der römischen Kaiserzeit (Mainz 1997).

Hanson 1959: J. A. Hanson, Roman Theater-Temples (Princeton 1959).

Haug 2003: A. Haug, Die Stadt als Lebensraum. Eine kulturhistorische Analyse zum spätantiken Stadtleben in Norditalien (Leidorf/Rahden Westfalen 2003).

Hemelrijk 2014: E. A. Hemelrijk, Hidden Lives, Public Personae. Women and Civic Life in the Roman West (Oxford 2015).

Henzel 2019: R. Henzel, Ehrenstatuen im hellenistischen Sizilien, in: M. Trümper – G. Adornato – T. Lappi (Hrsg.), Cityscapes of Hellenistic Sicily. Proceedings of a conference of the excellence cluster TOPOI. The Formation and Transformation of Space and Knowledge in Ancient Civilizations held at Berlin, 15–18 June 2017. Analysis Archaeologica 4 (Rom 2019) 179–195.

Henzel (im Druck): R. Henzel, Sicily as Part of the Global Hellenistic World – honorary statues as case study, 2022?, 23 S.

Herbin 2014: F. Herbin, Les monuments votifs et honorifiques du sanctuarie d'Apollon à Délos: évolution topographique et typologique (314–69 av. J.-C.), in: J. Griesbach (Hrsg.), Polis und Porträt. Standbilder als Medien der öffentlichen Repräsentation im hellenistischen Osten (Wiesbaden 2014) 21–31.

LITERATUR 699

Hermann 2002: P. Hermann, Italiker und Römer in Sardeis: Überlegungen zu zwei inschriftlichen Zeugnissen, in: J. Bleicken – J. Spielvogel (Hrsg.), Res publica reperta: zur Verfassung und Gesellschaft der römischen Republik und des frühen Prinzipats: Festschrift für Jochen Bleicken zum 75. Geburtstag (Stuttgart 2002) 36–44.

Hertel 2013: D. Hertel, Die Bildnisse des Tiberius (Wiesbaden 2013).

Hintzen-Bohlen 1992: B. Hintzen-Bohlen, Herrscherpräsentation im Hellenismus: Untersuchungen zu Weihgeschenken, Stiftungen und Ehrenmonumenten in den mutterländischen Heiligtümern Delphi, Olympia, Delos und Dodona (Köln 1992).

Hoffmann-Salz 2010: J. Hoffmann-Salz, Augustus und die Städte Siziliens. Ideal und Wirklichkeit der Herrschaftsübernahme auf Sizilien, in: D. Engels – L. Geis – M. Kleu (Hrsg.), Zwischen Ideal und Wirklichkeit. Herrschaft auf Sizilien von der Antike bis zum Spätmittelalter (Stuttgart 2010) 159–174.

Højte 2000: J. M. Højte, Imperial Visit as Occasion for the Erection of Portrait Statues?, ZPE 133, 2000, 221–235.

Højte 2005: J. M. Højte, Roman Imperial Statue Bases from Augustus to Commodus (Aarhus 2005).

Hölscher 1978: T. Hölscher, Die Anfänge römischer Repräsentationskunst, RM 85, 1978, 315–357.

Hörberg 1966: W. Hörberg, Die römische Provinzialverwaltung auf Sizilien und deren Prinzipien bis zum Ende der Republik (Dissertation Universität Erlangen 1966).

Horster 1998: M. Horster, Ehrungen spätantiker Statthalter, Antiquité Tardive 6, 1998, 37–59.

Horster 2001: M. Horster, Bauinschriften römischer Kaiser. Untersuchungen zu Inschriftenpraxis und Bautätigkeit in Städten des westlichen Imperium Romanum in der Zeit des Prinzipats (Stuttgart 2001).

Ianello 1994: A. Iannello, I bouleuteria in Sicilia. Fonti e monumenti, Quaderni del istituto di archeologia della facoltà di lettere e filosofia della università di Messina 9, 1994, 63–98.

Isler 1979: H. P. Isler, Monte Iato. La nona campagna di scavo, Sicilia archeologia 12, 41, 1979, 41–70.

Isler 1993: H. P. Isler, Monte Iato. La ventiduesima campagna di scavo, Sicilia archeologia 26, 81, 1993, 7–30.

Isler 2009: H. P. Isler, Die Siedlung auf dem Monte Iato in archaischer Zeit, JdI 124, 2009, 135–222.

Isler 2017: H. P. Isler, Antike Theaterbauten. Ein Handbuch (Wien 2017).

Jacob-Felsch 1969: M. Jacob-Felsch, Die Entwicklung griechischer Statuenbasen und die Aufstellung der Statue (Waldsassen 1969).

Johne 2008: K.-P. Johne (Hrsg.), Die Zeit der Soldatenkaiser. Krise und Transformation des Römischen Reiches im 3. Jahrhundert n. Chr. (235–284) (Berlin 2008).

Kazakidi 2018: N. Kazakidi, The Posthumous Depiction of Youths in Late Hellenistic and Early Imperial Gymnasia, in: U. Mania – M. Trümper (Hrsg.), Development of Gymnasia and Graeco-Roman Cityscapes (Berlin 2018) 237–252.

Kleinwächter 2001: C. Kleinwächter, Platzanlagen nordafrikanischer Städte. Untersuchungen zum sogenannten Polyzentrismus in der Urbanistik der römischen Kaiserzeit (Mainz 2001).

Klug 2017: R. Klug, Römisches Siedlungssystem in den Monti Sicani (Agrigent-Hinterland-Survey), in: J. Bergemann – O. Belvedere (Hrsg.), Survey-Archäologie: naturwissenschaftlich-technische und historische Methode in Italien und Deutschland. Villa Vigoni Gespräch, Loveno di Menaggio, 30. März bis 2. April 2015 (Rahden/Westf. 2017) 123–135.

Kockel 2005: V. Kockel, Alten und Neues vom Forum und vom Gebäude der Eumachia in Pompeji, in: R. Neudecker – P. Zanker (Hrsg.), Lebenswelten: Bilder und Räume in der römischen Kaiserzeit. Symposium am 24. und 25. Januar 2002 (Wiesbaden 2005) 51–72.

Korhonen 2004: K. Korhonen, Le iscrizioni del Museo Civico di Catania (Catania 2004).

Korhonen 2010: K. Korhonen, Greek and Latin in the urban and rural epigraphy of Byzantine Sicily, Acta Byzantina Fennica, 2010, 116–135.

Korhonen 2011: K. Korhonen, Sicily. Language and identity in the Roman colonies of Sicily, in: Sweetman, R. J. (Hrsg.), Roman colonies in the First Century of Their Foundation (Oxford 2011) 7–31.

Korhonen 2012: K. Korhonen, Sicily in the Roman Imperial period: Language and society, in: O. Tribulato (Hrsg.), Language and Linguistic contact in ancient Sicily (Cambridge 2012) 326–369.

Kotsidu 2000: H. Kotsidu, TIMH KAI DOXA. Ehrungen für hellenistische Herrscher im griechischen Mutterland und in Kleinasien unter besonderer Berücksichtigung der archäologischen Denkmäler (Berlin 2000).

Kovacs 2014: M. Kovacs, Kaiser, Senatoren und Gelehrte. Untersuchungen zum spätantiken männlichen Privatporträt (Wiesbaden 2014).

Kovacs 2018: M. Kovacs, Die Letzten ihrer Art. Archäologische und kulturgeschichtliche Beobachtungen zur Persistenz und zum Ende des 'Statue Habit' in Kleinasien im 6. Jh. n. Chr., in: M Aurenhammer (Hrsg.), Sculpture in Roman Asia Minor. Proceedings of the International Conference at Selçuk 2013, Sonderschriften des Österreichischen Archäologischen Institutes in Wien 56 (Wien 2018) 395–415.

Kragelung 2008: P. Kragelund, Roman inscriptions from Ferrara, Mazara e Nimes in the papers of Borge Thorlacius (1775–1829), Classica e Mediaevalia 59, 2008, 117–122.

Kreikenbom 1992: D. Kreikenbom, Griechische und römische Kolossalporträts bis zum späten ersten Jahrhundert nach Christus (Berlin, New York 1992).

LITERATUR

Krumeich 2007: R. Krumeich, Human achievement and divine favour. The religious context of early hellenistic portraiture, in: P. Schultz – R. von den Hoff (Hrsg.), Early Hellenistic Portraiture: image, style, context. (Cambridge 2007) 161–180.

Krumeich 2014: R. Krumeich, Ehrung Roms und Stolz auf die Polis. Zur Repräsentation römischer Magistrate auf der Akropolis von Athen, in: (Hrsg.), J. G. (Hrsg.), Polis und Porträt. Standbilder als Medien der öffentlichen Repräsentation im hellenistischen Osten (Wiesbaden 2014) 141–153.

Kruse 1975: H.-J. Kruse, Römische weibliche Gewandstatuen des zweiten Jahrhunderts n. Chr. (Göttingen 1975).

Kunz 2003: H. Kunz, Kaiserverehrung und Kaiserkult in der Provinz Sicilia. Traditionen – Formen – Organisation, in: H. Cancik – K. Hitzl (Hrsg.), Die Praxis der Herrscherverehrung in Rom und seinen Provinzen (Tübingen 2003) 233–248.

Kunz 2006: H. Kunz, Sicilia. Religionsgeschichte des römischen Sizilien (Tübingen 2006).

La Torre 2005: G. F. La Torre, La "Basilica", in: U. Spigo (Hrsg.), Tindari. L'area archeologica e l'antiquarium, (Milazzo 2005) 55–58.

La Torre 2006: G. F. La Torre, Urbanistica e architettura ellenistica a Tindari, Eraclea Minoa e Finziade: nuovi dato e prospettive di ricerca, in: M. Osanna – M. Torelli (Hrsg.), Sicilia ellensitica, consuetudo italica. Alle origine dell'architettura ellensitica d'occidente. Spoleto, 5–7 novembre 2004 (Rom 2006) 83–95.

Lahusen – Formigli 2001: G. Lahusen – E. Formigli, Römische Bildnisse aus Bronze: Kunst und Technik (München 2001).

Lahusen 1992: G. Lahusen, Ars humanissima: Zur Ikonologie des Materials der römischen Plastik und Skulptur, ActaHyp 4, 1992, 173–195.

Lahusen 1999: G. Lahusen, Zu römischen Statuen und Bildnissen aus Gold und Silber, ZPE 128, 1999, 251–266.

Lahusen 2010: G. Lahusen, Römische Bildnisse: Auftraggeber, Funktionen, Standorte (Mainz 2010).

Lappi 2015: T. Lappi, Architekturausstattung aus Marmor, in: T. Schäfer – K. Schmidt – M. Osanna (Hrsg.), Cossyra I. Die Ergebnisse der Grabungen auf der Akropolis von Pantelleria / S. Teresa. Der Sakralbereich (Tübingen 2015) 555–568.

Laurence – Newsome 2011: R. Laurence – D. Newsome, Rome, Ostia, Pompeii: movement and space (Oxford).

Lehmler 2005: C. Lehmler, Syrakus unter Agathokles und Hieron II. Die Verbindungen von Kultur und Macht in einer hellenistischen Metropole (Frankfurt a. M. 2005).

Leitmeir 2013: F. Leitmeir, Between Tradition and Innovation. The visual Representation of Severan Emperors, American journal of ancient history 6–8, 2007–2009, 465–492.

Lepelley 1992: C. Lepelley, Une forme religieuse du patriotisme municipal: le culte du génie de la cité dans l'Africa romaine, Afrique du Nord antique et médievale, 1992, 125–137.

Lefevbre 1974: H. Lefevbre, Die Produktion des Raums (2006), aus : J. Dünne – S. Günzel, Raumtheorie. Grundlagentexte aus Philosophie und Kulturwissenschaften (Frankfurt 2006) 330.

Leypold 2014: C. Leypold, Der topographische Kontext der Statuenaufstellung im Zeusheiligtum von Olympia in hellenistischer Zeit, in: (Hrsg.), J. G. (Hrsg.), Polis und Porträt. Standbilder als Medien der öffentlichen Repräsentation im hellenistischen Osten (Wiesbaden 2014) 33–41.

Libertini 1926: G. Libertini, Centuripe (Catania 1926).

Libertini 1929: G. Libertini, Il Museo archeologico di Siracusa (Rom 1929).

Libertini 1953: G. Libertini, Centuripe. Nuove indagini sulle costruzioni presso il Mulino Barbagallo. Campagna di scavo 1950–1951, NSc 1953, 353–368.

Libertini 1930: G. Libertini, Il museo Biscari. Vol. I. (Rom/Mailand 1930).

Lietz 2012: B. Lietz, La dea di Erice e la sua diffusione nel Mediterraneo: un culto tra Fenici, Greci e Romani (Pisa 2012).

Lintott 2008: A. Lintott, Cicero as Evidence. A Historian's Companion (Oxford 2008).

Löhr 2000: C. Löhr, Griechische Familienweihungen. Untersuchungen einer Repräsentationsform von ihren Anfängen bis zum Ende des 4. Jhs. v. Chr. (Rahden/ Leidorf 2000).

Lomas 2006: K. Lomas, Between Greece and Italy: an external perspective on culture in Roman Sicily, in: C. Smith – J. Serrati (Hrsg.), Sicily from Aeneas to Augustus. Approaches in Archaeology and History (Edinburgh 2000) 161–173.

Löw 2001: M. Löw, Raumsoziologie (Frankfurt 2001).

Lupus 1887: B. Lupus, Die Stadt Syrakus im Althertum (Straßburg 1887).

Ma 2007: J. Ma, Hellenistic honorific statues and their inscriptions, in: Z. Newby – R. Leader-Newby (Hrsg.), Art and Inscriptions in the ancient world (Cambridge 2007) 203–220.

Ma 2014: J. Ma, Public Spaces, private Statues, in: J. Griesbach (Hrsg.), Polis und Porträt. Standbilder als Medien der öffentlichen Repräsentation im hellenistischen Osten (Wiesbaden 2014) 87–97.

Ma 2015: J. Ma, Statues and Cities. Honorific Portraits and Civic Identity in the Hellenistic World (Oxford 2015).

Machado 2006: C. Machado, Urban space and power in late antique Rome (unpubl. PhD Oxford 2006).

Machado 2010: C. Machado, Public Monuments and Civic Life: The End of the Statue Habit in Italy, in: P. Delogu – S. Gasparri (Hrsg.), Le trasformazioni del V secolo l'Italia, I barbari e l'Occidente romano. Atti del Seminario di Poggibonsi, 18–20 Ottobre 2007 (Turnhout 2010) 237–257.

MacMullen 2000: R. MacMullen, Romanization in the time of Augustus (New Haven 2000).

LITERATUR 703

Malfitana 2012: D. Malfitana – C. Franco, 'Fructuosissima atque opportunissima provinciae' (Cicerone, In Verrem II.3.226): il sistema 'Sicilia' ed il ruolo economico delle città nella Sicilia romana. Il contributo dell'evidenza ceramica, in: S. Keay (Hrsg.), Rome, Portus and the Mediterranean (London 2012) 177–204.

Malfitana 2011: D. Malfitana, The View from the Material Culture Assemblage of Late Republican Sicily, in: F. Colivicchi (Hrsg.), Local Cultures of Southern Italy and Sicily in the Late Republican Period: Between Hellenism and Rome (Portsmouth 2011) 185–201.

Malfitana 2013: D. Malfitana – C. Franco – A. Di Mauro, Economy and Trade during the Severan Period: Highlights between Archaeology and History, AJAH 6–8, 2013, 415–462.

Manderscheid 1981: H. Manderscheid, Die Skulpturenausstattung der kaiserzeitlichen Thermenanlagen (Berlin 1981).

Managaro 1958–1959: G. Manganaro, Iscrizioni latine e greche di Catania tardoimperiale, Archivio storico per la Sicilia orientale 11, 1958–1959, 5–30.

Managaro 1961: G. Manganaro, Ricerche di epigrafia siceliota. 1. Per la storia del culto delle divinità orientali in Sicilia, Siculorum Gymnasium 14, 1961, 175–191.

Manganaro 1964: G. Manganaro, Iscrizioni latine e greche dal nuovo edificio termale di Taormina, Cronache di archeologia e di storia dell'arte 3, 1964, 38–68.

Managanaro 1965: G. Manganaro, Ricerche di antichità e di epigrafia siceliote, Archeologia Classica 17, 1965, 183–210.

Manganaro 1982a: G. Manganaro, I senatori di Sicilia e il problema del latifondo, Atti del colloquio internazionale AIEGL su Epigrafia e ordine senatorio. Roma, 14–20 maggio 1981 (Rom 1982) 369–385.

Manganaro 1982b: G. Manganaro, Die Villa von Piazza Armerina, Residenz des kaiserlichen Prokurators, eun ein mit ihr verbundenes Emporium von Henna, in: D. Papenfuss – V. M. Strocka (Hrsg.), Palast und Hütte. Beiträge zum Bauen und Wohnen im Altertum von Archäologen, Vor- und Frühgeschichtlern. Tagungsbeiträge eines Symposiums der Alexander von Humboldt-Stiftung Bonn-Bad Godesberg, veranstaltet vom 25.–30. November 1979 in Berlin (Mainz 1982) 493–513.

Managanaro 1987: G. Manganaro, Tacfarinas e la Sicilia (ovvero L. Apronius e il santuario ericino), L'Africa romana. Atti del IV convegno di studio, Sassari, 12–14 dicembre 1986 (Sassari 1987) 581–585.

Manganaro 1988: G. Manganaro, La Sicilia da Sesto Pompeio a Diocleziano, ANRW II.11.1, 1988, 3–89.

Managanaro 1989: G. Manganaro, Iscrizioni latine nuove e vecchie della Sicilia, Epigraphica 51, 1989, 161–196.

Manganaro 1999: G. Manganaro, Sikelika. Studi di antichità e di epigrafia della Sicilia greca (Pisa-Rom 1999).

Manganaro 2005: G. Manganaro, Note storiche ed epigrafiche per la villa (praetorium) del Casale di Piazza Armerina, Sicilia antiqua 2, 2005, 173–191.

Maniscalco 2015: L. Maniscalco, Breve nota sugli acroliti del thesmophorion di San Francesco Bisconti, in: L. Maniscalco (Hrsg.), Morgantina duemillaquindici. La ricerca archeologica a sessant'anni dall'avvio degli scavi (Palermo 2015) 53–58.

Manni Piraino 1963: M. T. Manni Piraino, Due iscrizioni inedite di Marsala, Kokalos 9, 1963, 157–162.

Manni Piraino 1969: M. T. Manni Piraino, Mazara ed un koinon KINAKON di età romana imperiale, Oriens Antiquus 8, 1969, 121–125.

Manni Piraino 1971: M. T. Manni Piraino, Revisioni epigrafiche siceliote, Kokalos 17, 1971, 170–183.

Manni Piraino 1973: M. T. Manni Piraino, Iscrizioni greche lapidarie del Museo di Palermo (Palermo 1973).

Maran 2005: J. Maran, Architektur als gesellschaftlicher Raum. Zur Bedeutung sozialwissenschaftlicher Theorien für die Archäologie, 2005.

Marino 1978: R. Marino, Su alcune iscrizioni latine del palazzo municipale di Marsala, Kokalos 24, 1978, 77–111.

Mason 1974: H. Mason, Greek terms for Roman institutions: a lexikon and analysis (Toronto 1974).

Massner 1982: A.-K. Massner, Bildnisangleichung. Untersuchungen zur Entstehungs- und Wirkungsgeschichte der Augustusporträts (43 v. Chr.–68 n. Chr.) (Berlin 1982).

Mastelloni 2008: M. A. Mastelloni, 2008. Dallo studio antiquario alla ricerca archeologica: note sulla scultura a Messina, Archeologia a Messina. Studi su materiali preistorici, arcaici, ellenistici e romani del museo. Quaderni dell'attività didattica del museo regionale di Messina 11, Reggio Calabria, 8–151.

Mathys 2009: M. Mathys, Das Anfang vom Ende oder das Ende vom Anfang? Strategien visueller Repräsentation im späthellenistischen Pergamon, in: M. Zimmermann – A. Matthaei (Hrsg.), Stadtbilder im Hellenismus (Berlin 2009) 227–242.

Mathys 2014a: M. Mathys, Architekturstiftungen und Ehrenstatuen. Untersuchungen zur visuellen Repräsentation der Oberschicht im späthellenistischen und kaiserzeitlichen Pergamon. PF 15 (Mainz 2014a).

Mathys 2014b: M. Mathys, Ehrenstatuen im Athenaheiligtum von Pergamon, in: J. Griesbach (Hrsg.), Polis und Porträt. Standbilder als Medien der öffentlichen Repräsentation im hellenistischen Osten. (Wiesbaden 2014b) 43–55.

Mazzarino 1980: S. Mazzarino, Antico, tardoantico ed èra costantiniana, 1980.

Mège 2014: F. Mège, Features of Hellenistic Housing at Megara Hyblaia. Insights into Recent Works on Early Excavations, in: A. Haug – D. Steuernagel (Hrsg.), Hellenistische Häuser und ihre Funktion. Internationale Tagung Kiel, 4.–6. April 2013 (Bonn 2014) 163–176.

LITERATUR

Mistretta 2013: A. Mistretta, Dalla pandromis all'Agorà-Ginnasio di Solunto – componenti architettoniche e sintassi topografico, Mare Internum, 2013, 101–119.

Mole Ventura 1996: C. Mole Ventura, Catania in età imperiale, in: B. Gentile (Hrsg.), Catania antica. Atti del convegno della SISAC. Catania, 23–24 maggio 1992 (Pisa 1996) 175–222.

Mouritsen 2006: H. Mouritsen, Honores libertini: Augustales and Seviri in Italy, Hephaistos 24, 2006, 237–248.

Müller 1995: H. Müller, Bemerkungen zu Funktionen und Bedeutung des Rats in den hellenistischen Städten, in: M. Wörrle – P. Zanker (Hrsg.), Stadtbild und Bürgerbild im Hellenismus. Kolloquium München 24.–26. Juni 1993 (München 1995) 41–54.

Murer 2017: C. Murer, Stadtraum und Bürgerin. Aufstellungsorte kaiserzeitlicher Ehrenstatuen in Italien und Nordafrika (Berlin 2017).

Muscolino 2009–2010: F. Muscolino, I monumenti di Olympis e di C. Claudio Marcello a Taormina, Rend. Pont. Acc. Rom. Arch. 82, 2009–2010, 407–457.

Muth – Schulze 2014: S. Muth – H. Schulze, Wissensformen des Raums. Die schmutzigen Details des Forum Romanum. Archäologie und Sound Studies im Dialog, Cluster Zeitung 55, 7–11.

Nenci 1991: F. Nenci, Florilegio epigrafico segestano, Annali della Scuola normale superiore di Pisa. Classe di Lettere e Filosofia 21, 3–4, 1991, 920–929.

Niemeyer 2000: H. G. Niemeyer, Studien zur statuarischen Darstellung der römischen Kaiser (Berlin 1968).

Niquet 2000: H. Niquet, Monumenta virtutum titulique. Senatorische Selbstdarstellung im spätantiken Rom im Spiegel der epigraphischen Denkmäler (Stuttgart 2000).

Orsi 1896: P. Orsi, Iscrizione relativa a Gelone II di Siracusa, Rivista di storia antica 1.4, 1896, 22–23.

Orsi 1901: P. Orsi, Siracusa, NSc 1901, 1901, 336–344.

Paci 2008: G. Paci, Epigrafia latina, Kokalos 47–48, 2008, 331–342.

Pafumi 2006: S. Pafumi, Museum Biscarianum. Materiali per lo studio delle collezioni di Ignazio Paternò di Biscari (1719–1786) (Catania 2006).

Palazzo – Vecchio 2013: P. Palazzo – P. Vecchio, Il decumano massino di Lilibeo: Ipotesi di periodizzazione di un settore urbano della città antica, 2013, 135–170.

Paliou u. a. 2014: E. Paliou – U. Lieberwirth – S. Polla (Hrsg.), Spatial analysis and social spaces. Interdisciplinary approaches to the interpretation of prehistoric and historic environments (Berlin 2014).

Parra 2006: M. C. Parra, Note di architettura ellenistica a Segesta, intorno all'agora, in: M. Osanna – M. Torelli (Hrsg.), Sicilia ellenistica, consuetudo italica. Alle origini dell'architettura ellenistica d'occidente (Rom 2006) 107–121.

Patanè 2011: R. H. Patanè, Impero di Roma e passato troiano nella società del II secolo. Il punto di vista di una famiglia di Centuripe (Rom 2011).

Palagatti 1964: P. Pelagatti, Scoperta di un edificio termale a Taormina, Cronache di archeologia e di storia dell'arte 3, 1964, 25–37.

Pansabene 1996–1997: P. Pensabene, Edilizia pubblica e committenza, marmi e officine in Italie meridionale e Sicilia durante il II e III secolo d.C., Rend. Pont. Acc. Rom. Arch. 69, 1996–1997, 3–88.

Pensabene 2005: P. Pensabene, La decorazione architettonica del teatro di Catania, in: R. Gigli (Hrsg.), Megalai nesoi. Studi dedicati a Giovanni Rizza per il suo ottantesimo compleanno (Catania 2005) 187–212.

Petersen 1892: E. Petersen, Funde. Sicilien (Megara, Syrakus, Gela, Selinunt), RM 7, 1892, 174–196.

Pfuntner 2013a: L. Pfuntner, The Changing Urban Landscape of Roman Sicily (PhD Dissertation University of California, Berkeley 2013).

Pfuntner 2013b: L. Pfuntner, Das Römische Sizilien. Kontaktzone zwischen Italien, Afrika und dem östlichen Mittelmeerraum, in: W. Gruber – S. Köhler (Hrsg.), Siziliens Geschichte: Insel zwischen den Welten (Wien 2013) 31–48.

Pfuntner 2016: L. Pfuntner, Celebrating the Severans: Commemorative Politics and the Urban Landscape in High Imperial Sicily, Latomus 75, 2016, 434–456.

Pfuntner 2019: L. Pfuntner, Urbanism and Empire in Roman Sicily (Austin 2019).

Pinzone 2004: A. Pinzone, I socii navales siciliani, in: M. Caccamo Caltabiano – L. Campagna – A. Pinzone (Hrsg.), Nuove prospettive della ricerca sulla Sicilia del III sec. a.C. Archeologia, Numismatica, Storia. Atti dell'Incontro di Studio (Messina 4–5 luglio 2002) (Messina 2004) 11–34.

Pitts – Versluys 2015: M. Pitts – M. J. Versluys (Hrsg.), Globalisation and the Roman World. World history, connectivity and material culture (New York 2015).

Polaschek 1973: K. Polaschek, Porträttypen einer claudischen Kaiserin (Rom 1973).

Portale 2004: E. C. Portale, Euergetikotatos ... kai philodoxotatos eis tous Hellenas. Rifflesioni sui rapporti fra Ierone II e il mondo greco, in: M. Caccamo Caltabiano – L. Campagna – A. Pinzone (Hrsg.), Nuove prospettive della ricerca sulla Sicilia del III sec. a.C. Archeologia, Numismatica, Storia. Atti dell'Incontro di Studio (Messina 4–5 luglio 2002) (Messina 2004) 229–264.

Portale 2005: E. C. Portale, L'antiquarium: La scultura, in: U. Spigo (Hrsg.), Tindari. L'area archeologica e l'antiquarium (Milazzo 2005) 79–83.

Portale 2006: E. C. Portale, Problemi dell'archeologia della Sicilia ellenistico-romana: Il caso di Solunto, Archeologia Classica 57, 2006, 49–114.

Portale 2009: E. C. Portale, Le sculture da Alesa, in: G. Scibona – G. Tigano (Hrsg.), Alaisa – Halaesa. scavi e ricerche (1970–2007) (Messina 2009) 67–92.

Portale 2012: E. C. Portale, Le arti figurative nella Sicilia romana: La scultura, in: P. Militello – M. Camera (Hrsg.), Ricerche e attività del corso internazionalizzato di archeologia. Catania, Varsavia, Konya 2009–2012 (Palermo 2012) 153–166.

LITERATUR 707

Portale 2017a: E. C. Portale, Siracusa e la Sicilia nel III secolo a.C.: Problemi conoscitivi e proposte di lettura dei fenomeni urbanistici e architettonici, in: L. M. Caliò – J. De Courtils (Hrsg.), L'architettura greca in occidente nel III secolo a.C. Atti del convegno di studi. Pompei-Napoli, 20–22 maggio 2015 (Rom 2017) 133–177.

Portale 2017b: E. C. Portale, Agrippina a Solunto: due o più effigi di Auguste?, in: L. Cappuccini – C. Leypold – M. Mohr (Hrsg.), Fragmenta Mediterranea. Contatti, tradizioni e innovazioni in Grecia, Magna Grecia, Etruria e Roma. Studi in onore di Christoph Reusser (Florenz 2017) 33–58.

Portale u. a. 2005: E. C. Portale – S. Angiolillo – C. Vismara, Le grande isole del mediterraneo occidentale. Sicilia, Sardinia, Corsica (Roma 2005).

Prag 2002: J. R. W. Prag, Epigraphy by numbers: Latin and the epigraphic culture in Sicily, in: A. E. Cooley (Hrsg.), Becoming Roman, Writing Latin? Literacy and epigraphy in the Roman West (Portsmouth 2002) 15–31.

Prag 2006: J. R. W. Prag, Il miliario di Aurelius Cotta (ILLRP 1277): una lapide in contesto, in: M. A. Vaggioli (Hrsg.), Guerra e pace in Sicilia nel Mediterraneo antico (VIII–III sec. a.C.) Arte, prassi e teoria della pace e della Guerra (Pisa 2006) 733–744.

Prag 2007: J. R. W. Prag, Sicilia nutrix plebis romanae. Rhetoric, Law, and taxation in Cicero's Verrines (London 2007).

Prag 2008: J. R. W. Prag, Sicilia and Britannia: Epigraphic Evidence for civic administration, in: C. Berrendonner – S. Pittia (Hrsg.), Le quotidien municipal dans l'occident romain. Colloque 19–21 octobre 2007 (Blaise-Pascal 2008) 67–81.

Prag 2013a: J. R. W. Prag – J. Quinn, The Hellenistic West. Rethinking the Ancient Mediterranean (Cambridge 2013).

Prag 2013b: J. R. W. Prag, Epigraphy in the western Mediterranean: a Hellenistic phenomenon?, in: J. Prag – J. Quinn (Hrsg.), The Hellenistic West. Rethinking the Ancient Mediterranean (Cambridge 2013) 320–347.

Prag 2015: J. R. W. Prag, Cities and Civic life in Late Hellenistic Roman Sicily, Cahiers du Centre Gustave Glotz 25 (2014), 2015, 165–208.

Prag 2017a: J. R. W. Prag, An Unpublished Funerary Inscription with Bichrome Painted Relief Lettering from Hellenistic Syracuse (I.Sicily 3387), ZPE 203, 2017, 119–130.

Prag 2017b (zuvor unter 2018): J. R. W. Prag, Il catalogo, in: J. Prag – G. Tigano (Hrsg.) Alesa Archonidea: il lapidarium. Introduzione all'archeologia di Halaesa 8 (Palermo 2017) 29–95.

Prag 2018a: J. R. W. Prag, The Birth of Epigraphic Culture in the Western Mediterranean: Sicilian EpigraphicCulture in the Later Hellenistic Period, in: El nacimiento de las culturas epigráficas en el Occidente mediterráneo. Modelos romanos y desarrollos locales (II–I a.E.), Anejos del Archivo Español de Arqueología, 131–144.

Prag 2018b: J. R. W. Prag, A New Bronze Honorific Inscription from Halaesa, Sicily, in Two Copies, Journal of Epigraphic Studies 1, 2018, 93–141.

Prag 2018c: J. R. W. Prag, The Epigraphy of Agrigento in Context, in: V. Caminneci – M.C.Parello–M.S.Rizzo–C.Soraci(Hrsg.),Agrigentoellenistico-romana.Conscienza identitaria e margini di autonomia. Atti della Giornata di studi. Agrigento, 30 giugno 2016 (Bari 2018) 27–35.

Prag – Tigano 2017: J. R. W. Prag – G. Tigano, Alesa Archonidea: il lapidarium. Introduzione all'archeologia di Halaesa 8 (Palermo 2017).

Prestianni Giallombardo 2012: A. M. Prestianni Giallombardo, Spazio pubblico e memoria civica. Le epigrafi dall'agora di Alesa, in: C. Ampolo (Hrsg.), Agora greca e agorai di Sicilia (Pisa 2012) 171–200.

Quaß 1993: F. Quaß, Die Honoratiorenschicht in den Städten des griechischen Ostens. Untersuchungen zur politischen und sozialen Entwicklung in hellenistischer und römischer Zeit (Stuttgart 1993).

Queyrel 2015: F. Queyrel, Synnaoi theoi. Die sakrale Inszenierung der Königsstatuen, in: D. Boschung – J. Hammerstaedt (Hrsg.), Das Charisma des Herrschers. Morphomata 29 (Paderborn 2015) 213–233.

Raeck 1995: W. Raeck, Der mehrfache Apollodoros. Zur Präsenz des Bürgers im hellenistischen Stadtbild am Beispiel von Priene, in: M. Wörrle – P. Zanker, (Hrsg.), Stadtbild und Bürgerbild im Hellenismus. Kolloquium, München 24. bis 26. Juni 1993 (München 1995) 231–240.

Reusser 2014: C. Reusser, Forschungen auf dem Monte Iato, Antike Kunst 57, 2014, 92–113.

Richter 1948: G. Richter, Roman portraits (New York 1948).

Robert 1948: L. Robert, Hellenica: recueil d'épigraphie, de numismatique et d'antiquités grecques. Vol. 4, Epigrammes du Bas-Empire (Paris 1948).

Rödel-Braune 2015: C. Rödel-Braune, Im Osten nichts neues? Stiftungen und Ehrungen römischer Magistrate im Osten des Römischen Reiches vom Ende des 3. Jahrhunderts v. Chr. bis zum Ende der Augusteischen Zeit (Heidelberg 2015).

Rose 1997: C. B. Rose, Dynastic Commemoration and Imperial Portraiture in the Julio-claudian Period (Cambridge 1997).

Ruck 2005: B. Ruck, Überwältigende Größe: Kolossale Standbilder von Senatoren in den Städten des Römischen Reiches?, in: W. Eck – M. Heil – G. Alföldy (Hrsg.), Senatores populi Romani. Realität und mediale Präsentation einer Führungsschicht. Koloquium der Prosopographia Imperii Romani vom 11.–13. Juni 2004 (Stuttgart 2005) 111–136.

Ruck 2007: B. Ruck, Die großen dieser Welt. Kolossalporträts im antiken Rom (Heidelberg 2007).

Salinas 1880: A. Salinas, S. Marco d'Alunzio, NSc, 1880, 191–196.

Saller 1982: R. Saller, Personal Patronage under the early Empire (Cambridge 1982).

Salmeri 1985: G. Salmeri, Sui raporti tra Sicilia ed Africa in età romana repubblicana ed imperiale, in: A. H. Mastino (Hrsg.), L'Africa romana. Atti del III convegno di studio, Sassari, 13–15 dicembre 1985 (Sassari 1985) 397–412.

Salomies 1994: O. Salomies, Observations on the development of the style of Latin honorific inscriptions during the empire, Arctos 28, 1994, 63–106.

LITERATUR 709

Sami 2013: D. Sami, Sicilian cities between the fourth and fifth centuries AD, in: R. García-Gasco – S. Gonzalez – D. Hernández de la Fuente (Hrsg.), The Theodosian Age (A. D. 379–455). Power, Place, Belief and Learning at the End of the Western Empire (Oxford 2013) 27–36.

Sanders 1991: L. Sanders, Dionysius I of Syracuse and the origins of the ruler cult in the Greek world, Historia 40, 1991, 275–287.

Sartori 1957: F. Sartori, Le dodici tribù di Lilibeo, Kokalos 3, 1957, 38–60.

Schäfer 2009: T. Schäfer, Pantelleria. Stadtanlage und Heiligtum, in: S. Helas – D. Marzoli (Hrsg.), Phönizisches und punisches Städtewesen. Akten der internationalen Tagung in Rom vom 21. bis 23. Februar 2007 (Mainz 2009) 307–325.

Schäfer 2015: T. Schäfer, Plastik aus Marmor, in: T. Schäfer – K. Schmidt – M. Osanna (Hrsg.), Cossyra I. Die Ergebnisse der Grabungen auf der Akropolis von Pantelleria / S. Teresa. Der Sakralbereich (Tübingen 2015) 717–763.

Schäfer – Alföldy 2015: T. Schäfer – G. Alföldy, Inschriften von der Akropolis von Pantelleria, in: T. Schäfer – K. Schmidt – M. Osanna (Hrsg.), Cossyra I. Die Ergebnisse der Grabungen auf der Akropolis von Pantelleria / S. Teresa. Der Sakralbereich (Tübingen 2015) 777–804.

Schäfer u.a. 2015a: T. Schäfer – K. Schmidt – M. Osanna, Cossyra I. Die Ergebnisse der Grabungen auf der Akropolis von Pantelleria / S. Teresa. Der Sakralbereich (Tübingen 2015).

Schäfer u.a. 2015b: T. Schäfer – K. Schmidt – F. Schön, Übersicht der Perioden und Phasen, in: T. Schäfer – K. Schmidt – M. Osanna (Hrsg.), Cossyra I. Die Ergebnisse der Grabungen auf der Akropolis von Pantelleria / S. Teresa. Der Sakralbereich (Tübingen 2015) 145–147.

Schmidt-Dounas 2000: B. Schmidt-Dounas, Geschenke erhalten die Freundschaft. Politik und Selbstdarstellung im Spiegel der Monumente (Berlin 2000).

Schmidt 1995: I. Schmidt, Hellenistische Statuenbasen (Frankfurt a.M. 1995).

Schöne 1867: R. Schöne, Scavi di Taormina, Bulletino dell'instituto di corrispondenza archeologica 8, 1867, 172–173.

Schröder 2009: N. Schröder, Porträts in römischen Thermenanlagen. Kontexte, Formen, Funktionen (unpubl. Dissertation Freiburg i. Br. 2009).

Schubring 1866: J. Schubring, Über das neu ausgegrabene römische Gebäude in der campagna Bufardeci zu Syrakus, Monatsbericht der Königlich Preußischen Akademie der Wissenschaften zu Berlin, 1866, 362–372.

Scibona 1971: G. Scibona, Epigraphica Halaesina, Kokalos 17, 1971, 13–20.

Scibona 2008: G. Scibona, Alesa Archonidea: l'agorà. Introduzione all archeologia di Halaesa 4 (Palermo 2008).

Scibona 2009: G. Scibona, L'agorà (scavi 1970–2004), in: G. Scibona – G. Tigano (Hrsg.), Alaisa - Halaesa. Scavi e ricerche (1970–2007) (Messina 2009) 8–43.

Scibona – Tigano 2008: G. Scibona – G. Tigano (Hrsg.), Alesa archonidea: guida all'antiquarium. Introduzione all'archeologia di Halaesa 1 (Messina 2008).

Scibona – Tigano 2009: G. Scibona – G. Tigano (Hrsg.), Alaisa – Halaesa. Scavi e ricerche (1970–2007) (Messina 2009).

Sear 2006: F. Sear, Roman Theatres. An Architectural Study (Oxford 2006).

Sehlmeyer 1999: M. Sehlmeyer, Stadtrömische Ehrenstatuen der republikanischen Zeit. Historizität und Kontext von Symbolen nobilitären Standesbewusstseins (Stuttgart 1999).

Sfameni Gasparro 1973: G. Sfameni Gasparro, I culti orientali in Sicilia (Leiden 1973).

Sfameni Gasparro 2000: G. Sfameni Gasparro, Les cultes isiaques en Sicile, in: L. Bricault, (Hrsg.), De Memphis à Rome. Actes du 1er Colloque international sur les études isiaques. Poitiers – Futuroscope, 8–10 avril 1999 (Leiden 2000) 35–62.

Sharp 2015: H. K. Sharp, Nuove ricerche sul macellum di Morgantina. Funzioni pratiche e metaforiche, in: L. Maniscalco (Hrsg.), Morgantina duemillaequindici. La ricerca archeologica a sessant'anni dall'avvio degli scavi (Palermo 2015) 172–178.

Siedentopf 1968: H. B. Siedentopf, Das hellenistische Reiterdenkmal (Waldsassen 1968).

Sielhorst 2015: B. Sielhorst, Hellenistische Agorai. Gestaltung, Rezeption und Semantik eines urbanen Raumes (Berlin/Boston 2015).

Silvestrini 2011: M. Silvestrini, Colonia Septimia Augusta Agrigentinorum, in: S. Cagnazi – A. Favuzzi – F. Ferrandini Troisi – D. P. Orsi – M. Silvestrini – E. Todisco (Hrsg.), Scritti di Storia per Mario Pani (Bari 2011) 455–468.

Silvestrini 2014: M. Silvestrini, Nuove epigrafi da Lilibeo, in: C. Zaccaria (Hrsg.), L'epigrafia dei porti. Atti della 18. rencontre d'épigraphie du monde romain, Aquileia 15–16 ottobre 2010 (Triest 2014) 207–226.

Silvestrini 2020: M. Silvestrini, Un autorevole tribuno militare e una titolatura imperiale in due epigrafi inedite di Lilibeo, ZPE 213, 2020, 294–300.

Sjöqvist 1964: E. Sjöqvist, Excavations at Morgantina (Serra Orlando) 1963. Preliminary Reports VIII, AJA 68, 1964, 137–147.

Slootjes 2004: D. Slootjes, The governor as benefactor in late Antiquity, in: L. de Ligt – E. Hemelrijk – H. W. Singor (Hrsg.), Roman Rule and Civic Life. Local and regional perspectives (Amsterdam 2004) 59–75.

Smith 1988: R. R. R. Smith, Hellenistic Royal Portraits (Oxford 1988).

Smith 2002: R. R. R. Smith, The statue monument of Oecumenius: A new portrait of a late antique governor from Aphrodisias, JRS, 2002, 134–156.

Smith 2006: R. R. R. Smith, Roman portrait statuary from Aphrodisias (Mainz 2006).

Smith 2007: R. R. R. Smith, Statue life in the hadrianic baths at Aphrodisias, AD 100–160: local context and historical meaning, in: F. A. Bauer – C. Witschel (Hrsg.), Statuen in der Spätantike (Wiesbaden 2007) 203–235.

Smith 2016: R. R. R. Smith, Statue practice in the late Roman empire: numbers, costumes, and style, in: R. R. R. Smith – B. Ward-Perkins (Hrsg.), The Last Statues of Antiquity (Oxford 2016) 1–27.

Smith 2018: R. R. R. Smith, The Long Lives of Roman Statues: Public Monuments in Late Antique Aphrodisias, in: M. Aurenhammer (Hrsg.), Sculpture in Roman Asia

LITERATUR

Minor. Proceedings of the International Conference at Selcuk, 1–3 October 2013. ÖAI Sonderschriften Bd. 56 (Wien 2019) 331–351.

Smith – Hallett 2015: R. R. R. Smith – C. Hallett, Troilos and Achilles: A Monumental Statue Group from Aphrodisias, JRS 105, 2015, 124–182.

Smith – Ward-Perkins 2016: R. R. R. Smith – B. Ward-Perkins, The last statues of Antiquity (Oxford 2016).

Soraci 2011: C. Soraci, Sicilia frumentaria. Il grano siciliano e l'annona di Roma V a.C.–V d.C. (Rom 2011).

Spigo 2004: U. Spigo, Archeologia a Capo d'Orlando. Studi per l'Antiquarium (Milazzo 2004).

Spigo 2006: U. Spigo, Tindari. Considerazioni sull'impianto urbano e notizie preliminari sulla recenti campagne di scavo nel settore occidentale, in: M. Osanna – M. Torelli (Hrsg.), Sicilia ellenistica, consuetudo italica. Alle origine dell'architettura ellenistica d'occidente. Spoleto, 5–7 novembre 2004 (Rom 2006) 97–105.

Spigo 2013: U. Spigo, Tindari. L'area archeologica e l'Antiquarium (Milazzo 2005).

Spranger 2014: S. Spranger, Honorific statuary in the third century AD (unpubl. PhD Oxford 2014).

Stemmer 1978: K. Stemmer, Untersuchungen zur Typologie, Chronologie und Ikonographie der Panzerstatuen (Berlin 1978).

Stillwell – Sjöqvist 1957: R. Stillwell – E. Sjöqvist, Excavations at Serra Orlando. Preliminary Report, AJA 61, 1957, 151–159.

Stinson 2008: P. Stinson, The Civil Basilica: urban context, design, and significance, in: C. Ratté – R. R. R. Smith (Hrsg.), Aphrodisias Papers 4. New research on the city and its monuments, JRA Suppl. 70 (Portsmouth 2008) 79–106.

Stinson 2016: P. Stinson, The Civil Basilica (Wiesbaden 2016).

Stone 1983: S. Stone, Sextus Pompey, Octavian and Sicily, AJA 87, 1, 1983, 11–22.

Stone 2015: S. Stone, The Hellenistic and Roman Fine Pottery. Morgantina Studies VI (Princeton 2015).

Stroheker 1958: K. Stroheker, Dionysios I.: Gestalt und Geschichte des Tyrannen von Syrakus (Wiesbaden 1958).

Taccola 2012: E. Taccola, Appendice. Ricostruzioni 3D per l'*agora* di Segesta, in: C. Ampolo (Hrsg.), Agora greca e agorai di Sicilia (Pisa 2012), 287–289.

Tantillo 2017: I. Tantillo, La trasformazione del paesaggio epigrafico nella città dell'Africa romana, con particolare riferimento al caso di Leptis Magna (Tripolitana), in: K. Bolle – C. Machado – C. Witschel (Hrsg.), The epigraphic cultures of Late Antiquity (Stuttgart 2017) 213–270.

Thomsen 2009: A. Thomsen, Hellenistische Städte in Unteritalien, in: A. Matthaei – M. Zimmermann (Hrsg.), Stadtbilder im Hellenismus. Die hellenistische Polis als Lebensform 1 (Berlin 2009) 380–402.

Tigano 2009: G. Tigano, Brevi note sul cimitero bizantino nell'area dell'agorà in: G. Scibona – G. Tigano (Hrsg.), Alaisa – Halaesa. Scavi e ricerche (1970–2007) (Messina 2009) 44–60.

Tigano 2012: G. Tigano, Alesa Arconidea: l'agora/foro, in: C. Ampolo (Hrsg.), Agora greca e agorai di Sicilia, (Pisa 2012) 133–154.

Torelli 2014: M. Torelli, Chalcidicum Halaesinum, SicAnt 11, 2014, 469–476.

Torre 2011: G. F. Torre, Sicilia e Magna Grecia. Archeologia della colonizzazione greca d'Occidente (Bari 2011).

Torremuzza 1762: G. L. Torremuzza, Le antiche iscrizioni di Palermo (Palermo 1762).

Tréziny 2012: H. Tréziny, L'agora de Mégara Hyblaea, in: C. Ampolo (Hrsg.), Agora greca e agorai di Sicilia, (Pisa 2012) 119–123.

Tréziny 2017: H. Tréziny, Une ville royale à la campagne. Mégara Hyblaea à l'epoque de Hiéron II, in: L. M. Caliò – J. Des Courtils (Hrsg.), L'architettura greca in Occidente nel III secolo a.c. Atti del Convegno di Studi. Pompei-Napoli 20–22 maggio 2015, 2017, 179–188.

Tréziny 2018: H. Tréziny, Mégara Hyblaea. 7, La ville classique, hellénistique et romaine (Rom 2018).

Trimble 2011: J. Trimble, Women and visual replication in Roman imperial art and culture: visual replication and urban elites (Cambridge 2011).

Trojani 2005: M. Trojani, Il c.d. Ginnasio Romano di Siracusa, in: R. Gigli (Hrsg.), Μεγάλαι νῆσοι. Studi dedicati a Giovanni Rizza per il suo ottantesimo compleanno (Catania 2005) 177–186.

Trümper 2008: M. Trümper, Die 'Agora des Italiens' in Delos. Baugeschichte, Architektur, Ausstattung und Funktion einer späthellenistischen Porticus-Anlage (Rahden 2008).

Trümper 2014: M. Trümper, The Honorific Practice of the 'Agora of the Italians' in Delos, in: J. Griesbach (Hrsg.), Polis und Porträt. Standbilder als Medien der öffentlichen Repräsentation im hellenistischen Osten (Wiesbaden 2014) 69–85.

Trümper 2018a: M. Trümper, Morgantina under Roman Rule. Recent Research in the Contrada Agnese Quarter. In O. Belvedere – J. Bergemann (Hrsg.), Römisches Sizilien: Stadt und Land zwischen Monumentalisierung und Ökonomie, Krise und Entwicklung (Palermo 2018) 369–386.

Trümper 2018b: M. Trümper, Gymnasia in Eastern Sicily of the Hellenistic and Roman Period, in: U. Mania – M. Trümper (Hrsg.), Development of Gymnasia and Graeco-Roman Cityscapes (Berlin 2018) 43–73.

Trümper 2019: M. Trümper, Crisis and Decline in Morgantina Under Roman Rule: A Reassessment, in: S. R. Amicone – E. Perego – R. Scopacasa (eds.), Collapse or Survival? Micro-Dynamics of Crisis, Change and Socio-Political Endurance in the Late Prehistoric and Early Roman Central Mediterranean (Oxford 2019) 97–138.

LITERATUR 713

Tuchelt 1970: K. Tuchelt, Die archaischen Skulpturen von Didyma: Beiträge zu früh-griechischen Plastik in Kleinasien (Berlin 1970).

Tuchelt 1979: K. Tuchelt, Frühe Denkmäler Roms in Kleinasien. Beiträge zur archäologischen Überlieferung aus der Zeit der Republik und des Augustus. Teil 1. Roma und Promagistrate (Tübingen 1979).

Tusa 1963: V. Tusa, L'Anfipolia a Solunto, Kokalos 9, 1963, 185–194.

Uggeri 1997–1998: G. Uggeri, Itinerari e strade, rotte, porti e scali della sicilia tardoantica, Kokalos 43–44, 1997–1998, 299–351.

Uggeri 2008: G. Uggeri, La Sicilia sulla rotta tra roma e l'africa (III–VI sec. d.c.), Kokalos 47–48, 2008, 63–96.

Vallarino 2017: G. Vallarino, L'epigrafe dall'area del Tempio ellenistico-romano, in: L. M. Caliò – M. Caminneci – M. Livadiotti – M. C. Parello – M. S. Rizzo (Hrsg.), Agrigento. Nuove ricerche sull'area pubblica centrale (Rom 2017) 123–126.

Vallet u. a. 1983: G. Vallet – F. Villard – P. Auberson, Mégara Hyblaea 3. Guide des Fouilles. Introduction á l'histoire d'une cité coloniale d'occident (Roma 1983).

Van Bommelen – Lopez-Bertrán 2013: P. van Bommelen – S. Lopez-Bertrán, Hellenism as Subaltern Practice: Rural Cults in the Punic World, in: J. R. W. Prag – J. Quinn (Hrsg.), The Hellenistic West. Rethinking the Ancient Mediterranean (Oxford 2013) 273–299.

van Bremen 1996: R. van Bremen, The limits of participation. Women and civic life in the Greek East in the Hellenistic and Roman periods (Amsterdam 1996).

Van Nijf – Alston 2011: O. van Nijf – R. Alston, Political Culture in the Greek city after the classical age: Introduction and preview, in: O. van Nijf – R. Alston (Hrsg.), Political Culture in the Greek City after the Classical Age (Leuven 2011) 1–26.

Varvaro 1981: A. Varvaro, Lingua e storia in Sicilia. Dalle guerre puniche alla conquista normanna (Palermo 1981).

Vera 1988: D. Vera, Aristocrazia romana ed economie provinciali nell'Italia tardoantica: il caso siciliano, Quaderni catanesi di studi classici e medievali 10 Nr. 19, 1988, 115–172.

Vera 1996: D. Vera, Augusto, Plinio il Vecchio e la Sicilia in età imperiale. A proposito di recenti scoperte epigrafiche e archeologiche ad Agrigento, Kokalos 42, 1996, 31–58.

Versluys 2013: M. J. Versluys, Material Culture and Identity in the Late Roman Republic (c. 200–c. 20), in: J. De Rose Evans (Hrsg.), A companion to the Archaeology of the Roman Republic (Oxford 2014) 429–440.

Versluys 2014: M. J. Versluys, Understanding objects in motion. An *archaeological* dialogue on Romanization, Archaeological Dialogues, 21.1, 2014, 1–20.

Veyne 1988: P. Veyne, Brot und Spiele. Gesellschaftliche Macht und politische Herrschaft in der Antike (Frankfurt/New York/Paris 1988).

von den Hoff 2004: R. von den Hoff, Ornamenta γυμνασιώδη? Delos und Pergamon als Beispielfälle der Skulpturenausstattung hellenistischer Gymnasia, in: P. Scholz – D. Kah (Hrsg.), Das hellenistische Gymnasion (Berlin 2004) 373–405.

von den Hoff 2009: R. von den Hoff, Die Bildnisstatue des Demosthenes als öffentliche Ehrung eines Bürgers in Athen, in: C. Mann – M. Haake – R. von den Hoff (Hrsg.), Rollenbilder in der Athenischen Demokratie: Medien, Gruppen, Räume im politischen und sozialen System (Wiesbaden 2009) 193–220.

von den Hoff 2018: R. von den Hoff, Ruler Portraits and Ruler Cult in the Pergamon Gymnasion, in: U. Mania – M. Trümper (Hrsg.), Development of Gymnasia and Graeco-Roman Cityscapes. Berlin Studies of the Ancient World 58 (Berlin 2018) 253–271.

von den Hoff – Queyrel 2016: R. von den Hoff – F. Queyrel (Hrsg.), Eikones: portraits en contexte. Recherches nouvelles sur les portraits grecs du Ve au Ier s. av. J.-C. (Venosa 2016).

von den Hoff – Queyrel 2017: R. von den Hoff – F. Queyrel (Hrsg.), La vie des portraits grecs. Statues-portraits du Ve au Ier siècle av. J.-C.: usages et re-contextualisations (Paris 2017).

von Thüngen 1994: S. von Thüngen, Die frei stehende griechische Exedra (Mainz 1994).

Vonderstein 2006: M. Vonderstein, Der Zeuskult bei den Westgriechen (Wiesbaden 2006).

Wallace-Hadrill 2008: A. Wallace-Hadrill, Rome's Cultural Revolution (Cambridge 2008).

Walthall 2015: A. Walthall, Recenti scavi nei granai monumentali di Morgantina, in: L. Maniscalco (Hrsg.), Morgantina duemillaquindici. La ricerca archeologica a sessant'anni dall'avvio degli scavi (Palermo 2015).

Warnking 2015: P. Warnking, Der römische Seehandel in seiner Blütezeit. Rahmenbedingungen, Seerouten, Wirtschaftlichkeit (Rahden/Westf. 2015).

Wegner 1956: M. Wegner, Hadrian. Plotina, Marciana, Matidia, Sabina (Berlin 1956).

Wegner 1971: M. Wegner, Caracalla bis Balbinus. Caracalla, Geta, Plautilla. Macrinus bis Balbinus (Berlin 1971).

Wegner 1979: M. Wegner, Gordianus III. bis Carinus. Das römische Herrscherbild III.3 (Berlin 1979).

Wesch-Klein 2008: G. Wesch-Klein, Provincia. Okkupation und Verwaltung der Provinzen des Imperium Romanum von der Inbesitznahme Siziliens bis auf Diokletian. Ein Abriß (Wien 2008).

Wesch-Klein 2016: G. Wesch-Klein, Die Provinzen des Imperium Romanum. Geschichte, Herrschaft, Verwaltung (Darmstadt 2016).

Westcoat 1989: B. D. H. Wescoat, Syrakuse, the fairest Greek city. Ancient art from the Museo Archeologico Regionale 'Paolo Orsi' (Roma 1989).

Willer 1996: F. Willer, Beobachtungen zur Sockelung von bronzenen Statuen und Statuetten, BJb 196, 1996, 337–370.

Willer 2000: F. Willer, Neue Beobachtungen zur Herstellung und Versockelungstechniken von Bronzestatuen, KölnJb 33, 2000, 565–573.

LITERATUR

Wilson 1988a: R. J. A. Wilson, Towns of Sicily during the Roman Empire, ANRW II.11.1, 1988, 90–206.

Wilson 1988b: R. J. A. Wilson, Trade and Industry in Sicily, ANRW II.11.1, 1988, 207–305.

Wilson 1990: R. J. A. Wilson, Sicily under the Roman Empire: the archaeology of a Roman province, 36 B. C.–A. D. 535 (Warminster 1990).

Wilson 2000: R. J. A. Wilson, Ciceronian Sicily: an archaeological perspective, in: C. Smith – J. Serrati (Hrsg.), Sicily from Aeneas to Augustus. Approaches in Archaeology and History (Edinburgh 2000) 134–160.

Wilson 2008: A. Wilson, Urban development in the Severan empire, in: S. Swain – S. Harrison – J. Elsner (Hrsg.), Severan Culture, (Cambridge 2007) 290–326.

Wilson 2012: R. J. A. Wilson, Agorai and fora in Hellenistic and Roman Sicily: an overview of the current status quaestionis, in: C. Ampolo (Hrsg.), Agora greca e agorai di Sicilia (Pisa 2012) 245–267.

Wilson 2013: R. J. A. Wilson, Hellenistic Sicily, c. 270–100 BC, in: J. R. W. Prag – J. Quinn (Hrsg.), The Hellenistic West. Rethinking the Ancient Mediterranean (Cambridge 2013) 79–119.

Wilson 2018: R. J. A. Wilson, Roman Villas in Sicily, in: A.-M. Marzano – G. P. Métraux (Hrsg.), The Roman Villa in the Mediterranean Basin. Late Republic to late Antiquity (Cambridge 2018) 195–219.

Witschel 2007: C. Witschel, Statuen auf spätantiken Platzanlagen in Italien und Africa, in: F. A. Bauer – C. Witschel (Hrsg.), Statuen in der Spätantike (Wiesbaden 2007) 113–169.

Wohlmayr 2004: W. Wohlmayr, Kaisersaal. Kultanlagen der Augustalen und munizipale Einrichtungen für das Herrscherhaus in Italien (Wien 2004).

Wolf 2013: M. Wolf, Die Agora von Solunt. Öffentliche Gebäude und öffentliche Räume des Hellenismus im griechischen Westen (Wiesbaden 2013).

Wolf 2016: M. Wolf, Hellenistische Heiligtümer in Sizilien: Studien zur Sakralarchitektur innerhalb und außerhalb des Reiches König Hierons II. (Wiesbaden 2016).

Zambito 2007: L. Zambito, Intervento statale e attività urbanistica: sul ruolo dei curatores rei publicae in due epigrafi da Tindari, Minima epigraphica et papyrologia 10, 2007, 103–110.

Zambito 2010: L. Zambito, Volontà dinastiche e gestione del consenso. A proposito un ritratto di Lucio Cesare da Modica, in: M.-R. Caccamo Caltabiano, C. – E. Santagati (Hrsg.), Tyrannis, Basileia, Imperium: forme, prassi e simboli del potere nel mondo greco e romano. atti delle giornate seminariali in onore di S. Nerina Consolo Langher, Messina 17–19 dicembre 2007 (Messina 2010) 417–424.

Zambon 2008: E. Zambon, Tradition and Innovation. Sicily between Hellenism and Rome (Stuttgart 2008).

Zanker 1976: P. Zanker (Hrsg.) Hellenismus in Mittelitalien. Kolloquium in Göttingen vom 5. bis 9. Juni 1974 (Göttingen 1976).

Zanker 2000: P. Zanker, Bild-Räume und Betrachter im kaiserzeitlichen Rom. Fragen und Anregungen für Interpreten, in: A. Borbein – P. Zanker (Hrsg.), Klassische Archäologie: Eine Einführung, (Berlin 2000) 205–226.

Zanker 1995: P. Zanker, Brüche im Bürgerbild? Zur bürgerlichen Selbstdarstellung in den hellenistischen Städten, in: M. Wörrle – P. Zanker (Hrsg.), Stadtbild und Bürgerbild im Hellenismus. Kolloquium, München, 24. bis 26. Juni 1993 (München 1995) 251–261.

Zanker 1997: P. Zanker, In Search of the Roman Viewer, in: D. Buitron-Oliver (Hrsg.), The Interpretation of Architectural Sculpture in Greece and Rome (Washington 1997) 179–191.

Ziche 2006: H. G. Ziche, Integrating Late Roman Cities, Countryside and Trade, in: P. Bang – M. Ikeguchi – H. G. Ziche (Hrsg.), Ancient Economies, modern Methodologies. Archaeology, comparative history, models and institutions (Bari 2006) 255–276.

Zimmer 1989: G. Zimmer, Locus datus decreto decurionum. Zur Statuenaufstellung zweier Forumsanlagen im römischen Afrika (München 1989).

Zimmer 1992: G. Zimmer, Statuenaufstellungen auf Forumsanlagen des 2. Jahrhunderts n. Chr., in: H.-J. Schalles, H. von Hesberg, P. Zanker (Hrsg.), Die römische Stadt im 2. Jahrhundert n. Chr. Der Funktionswandel des öffentlichen Raumes. Kolloquium in Xantn vom 2, bis 4. Mai 1990 (Köln 1992) 301–324.

Zuiderhoek 2010: A. Zuiderhoek, Oligarchs and Benefactors: Elite Demography and Euergetism in the Greek East of the Roman Empire, in: O. van Nijf – R. Alston (Hrsg.), Political Culture in the Greek City after the Classical Age (Leuven 2010) 185–195.

Register

1   Autoren und Persönlichkeiten

Aelius Verus   138, 159, 385
Agathokles   35, 108
Agrippina maior   40, 42, 138, 153, 412, 450,
    495, 512
Agrippina minor   137, 138, 157, 412, 467, 512
Antonia minor   137, 153, 408, 511, 513
Antoninus Pius   138, 354, 370, 510
Augustus   11, 54, 61, 62, 115, 115nn7–9, 123, 131,
    137, 141n63, 142, 144, 147, 148, 149, 154,
    155, 156, 158, 161, 162, 165n160, 175, 178,
    179, 192, 196, 199, 201, 203, 241, 242, 249,
    274, 275, 276, 279, 280, 307, 329, 359,
    380, 404, 407, 480, 508

Caesar   54, 142n67, 153, 215, 382, 407
Caracalla   42, 131, 139, 142, 143, 149, 163, 175,
    234, 256, 343, 391, 392, 453, 483, 522
Claudius   55, 61, 137, 142, 147, 227, 258, 302,
    512, 513
Claudius Gothicus   140, 397
Cicero   1, 10, 16, 22, 35n33, 47, 47n86, 63,
    64n139, 72, 73, 73n2, 77, 78n17, 95n62,
    96, 110, 112, 113, 198, 204, 205, 209,
    210–214, 262, 263, 303, 375, 377, 442
Commodus   138, 139, 141n63, 159, 336, 482,
    501, 502, 521

Diodor   10, 27n5, 35, 35n31, 47, 47n85, 47n87,
    89, 108n98, 158, 267, 286, 426
Dionysios I   35, 91
Diokletian   3, 11, 143, 160, 175, 178, 179, 400,
    403
Domitia   138, 159, 480, 514
Drusilla   137, 495, 496
Drusus minor   137, 142, 148, 149, 154, 155, 242,
    243, 249

Elagabal   139, 142, 287, 394, 395

Faustina minor   138, 371, 470, 471
Fulvia Plautilla   128, 140, 286, 452–453
Furia Sabina Tranquillina   140, 358

Galerius   175, 178, 179, 329
Gelon   9, 75, 90, 91, 106, 107, 192, 200, 362,
    455
Germanicus   123, 137, 142, 148, 149, 153, 154,
    155, 242, 243, 249, 409, 413
Geta   139, 143, 149, 156, 159, 234, 256, 328,
    391, 522
Gordian III.   140, 161, 236, 358, 398

Hadrian   138, 155, 249, 353, 370, 385, 467
Hieron II.   7, 9, 27, 31, 75, 77, 78, 84, 86, 90,
    91, 106, 107, 107n93, 108, 108n98, 109,
    190, 192, 199, 200, 204, 361, 362, 373, 374,
    454, 455

Julia Domna   140, 234, 326, 327, 351n111, 370,
    387, 388
Julia Maesia   140, 370
Julia Mamaea   140, 156, 370, 524
Julia Soaemias   140, 147
Julia Octavia   138, 450

Konstantin I.   175, 178, 179, 225, 327, 346,
    359, 402
Konstantius I.   175, 178, 179, 327, 330

L. Caesar   137, 142, 372
Licinius   175, 179, 346, 402, 404
Livia   54, 54n122, 120, 137, 144, 226, 308, 323
Livius   10, 27, 27n6
Lucilla   138, 481
Lucius Verus   120, 138, 145, 156, 519, 521

Marc Aurel   138, 481, 509, 518, 519, 520
Maximinus Daia   175, 176, 179, 397, 403

Nero   137, 142, 157, 465
Nerva   138, 157, 466

Philistis   31, 32, 107, 108, 362, 373, 374
Plautian   42n66, 62, 128, 131, 286, 453
Plinius (d. Ält.)   3n6, 10, 115n7
Plotina   138, 498
Polybios   10

718   REGISTER

Septimius Severus   62, 128, 131, 139, 143, 149, 156, 159, 163, 286, 388, 389, 502, 503, 504, 522

Severus Alexander   139, 395, 396, 524, 525

Strabon   10, 115

Tiberius   55, 61, 119, 120n19, 137, 142, 144, 147, 149, 155n124, 228, 258, 259, 276, 333, 381, 393, 492, 511

Titus   138, 153, 154, 158, 255, 409

Titus Fulvius   138, 144, 334

Trajan   138, 142, 156, 371, 411, 469, 517

Trajanus Decius   140, 142, 143, 147, 288

Valens   175, 178, 179, 347

Valentinian I.   175, 178, 179, 345

Valerian II.   140, 526

Verres   1, 10, 16, 22, 31, 35n33, 47n86, 62, 64n139, 72, 72n1, 73, 73n2–6, 78n17, 95, 95n62, 96n62, 96n64, 97, 102n80, 112, 112n123, 209, 210–214, 225, 262, 263, 303, 375, 377, 415, 475

Vibia Sabina   138, 157, 159, 467

Volusianus   68, 140, 142, 147, 281

2   Städte und Regionen
Städte

Agrigent   9, 49n96, 74n8, 76, 81, 82, 93n57, 94, 101, 102, 107, 112n122, 115n8, 116, 136, 141n63, 146, 151, 157, 162, 162n146, 169, 169n17, 170, 172, 183, 188n89, 189n101, 209, 215, 216, 217, 218, 219, 220, 221, 222, 223, 224, 225, 342, 357

Athen   3n10, 5, 13, 14n64, 23n96, 84n36, 430, 488

Aphrodisias   3n11, 5, 6, 15, 23, 80, 171n24, 173n33, 177n48

Akrai   94, 95n61, 103n83

Catania   27, 113, 118, 121, 126, 136, 141n65, 142, 146, 150, 158, 168, 168n8, 169, 169n11, 170, 172, 177, 178, 179, 180, 180n50, 181, 182, 182n67, 183, 185, 186, 188, 188n88, 194, 195, 202, 226, 227, 228, 229, 230, 231, 232, 233, 234, 235, 236, 237, 238, 239, 245, 452, 512

Cuicul   3n10, 4n14, 13, 14n60, 21n85, 165n160

Centuripe   101, 116, 116n11, 122, 133, 141n65, 146, 148, 150, 154, 155, 158, 159, 161, 190, 197, 199, 204, 213, 214, 240, 241, 242, 243, 244, 245, 246, 247, 248, 249, 250, 251, 252, 253, 254

Delos   4n18, 5, 5n22, 14n64, 15n65, 19, 23n96, 64n140, 84n36, 85n39, 94, 94n59, 103n84, 517

Delphi   93, 109

Didyma   14n64, 20n84, 23n96, 84n36, 351, 351n11

Ephesos   4n19, 6

Eryx/Erice   63, 92, 120, 120n19, 125, 135, 144, 256, 257, 258, 257, 259, 260, 267, 282, 427

Gaulus   146, 179, 323, 325, 327, 329

Haluntium/S. Marco d'Alunzio   120, 121n22, 125, 149, 161, 190, 193, 199, 201, 304, 305, 306, 307, 308, 309, 487, 489

Halaesa   3n11, 13n56, 26, 39, 41, 42n66, 47–69, 70, 71, 74, 76, 79, 81, 82, 83n33, 84, 86, 87n44, 92, 93, 94, 95, 95n62, 96, 101, 103, 105, 112, 113, 116, 117, 120, 121, 125, 126, 131, 132, 133, 136, 142, 143, 146, 147, 149, 150, 151, 152, 157, 158, 161, 163, 164, 169, 170, 172, 175, 183, 188n89, 190, 192, 193, 199, 200, 209, 257, 261, 262, 263, 264, 265, 266, 267, 268, 269, 270, 271, 272, 273, 274, 275, 276, 278, 279, 280, 281, 282, 283, 284, 285, 286, 287, 288, 289, 290, 291, 292, 293, 294, 295, 296, 297, 298, 299, 300, 301, 302, 303, 442, 453, 494

Himera   9

Karthago   9, 47, 111, 169, 195, 402

Leontinoi   73, 212, 213

Leptis Magna   14n64, 186n81

Lipari   114, 146, 151, 161, 225, 453

Marsala/Lilybaeum   34, 69, 113, 115n8, 118, 119, 125, 126, 132, 134, 135, 136, 150, 159,

REGISTER

161, 164, 169, 160n10, 171, 172, 175, 176, 178, 179, 185, 186, 187, 188n89, 190, 195, 199, 202, 330–347, 349, 350, 351, 355–359, 402

Malta   114, 118n16, 120, 135, 141n62, 161, 168, 170, 184, 193, 322, 327

Mazara   105n89, 125, 134, 135, 136, 142, 146, 159, 161, 164, 169, 179, 199, 331, 338, 339, 341, 351, 352, 353, 354, 355, 356, 357, 358, 359, 360, 494

Megara Hyblaea   76, 77, 78, 79, 101, 102, 105, 107, 190, 199, 360, 361, 362, 363, 364, 365, 366, 367

Messina   34, 146, 150, 158, 196n3, 368, 369, 370, 371

Monte Iato   58n133, 83, 84, 85, 94, 102, 124, 296, 309, 310, 311, 312, 313, 314, 315, 317, 318, 319, 320, 321

Morgantina   26–34, 58n133, 69, 70, 71, 76, 77, 77n15, 83, 94, 101, 102, 103, 103n83, 105, 106, 107, 111, 190, 199, 296, 361, 372, 373, 374, 375, 376, 377, 378, 379

Olympia   5, 13n57, 23n96, 84n36, 108, 109

Ostia   13n60, 351, 351n11

Pantelleria/Cossyra   77, 82, 83, 101, 105, 114, 116, 117, 120, 123, 142n67, 150, 153, 157, 158, 161, 162, 190, 196, 199, 203, 209, 404, 405, 406, 407, 408, 409, 410, 411, 412, 415

Palermo/Panhormus   34, 69, 113, 118, 119, 121n22, 127, 132, 135, 136, 142, 143, 144, 145, 150, 156, 159, 161, 163, 164, 165, 169, 169n10, 170, 171, 172, 175, 176, 178, 179, 188n89, 190, 199, 228, 261, 304, 305, 306, 346, 380, 381, 382, 383, 384, 385, 386, 387, 388, 389, 390, 391, 393, 394, 395, 396, 397, 398, 399, 400, 401, 402, 403, 422, 423, 441, 452, 480, 483, 484, 493, 503, 508, 509, 510, 511, 512, 513, 514, 515, 516, 518, 519, 520, 523, 525, 526

Pergamon   4n18, 5, 14n64, 20n84, 23n96, 84n36, 95, 95n65, 109, 110n109, 165n160, 167n171, 479

Pompeji   5, 38n50, 114n3, 146n80

Priene   4n12, 5, 230n2, 231n3, 232n4

Rabat   118n16, 323

Rom   3n6, 5, 6, 9, 35, 47, 72, 110, 111, 141, 143, 158, 159, 161n141, 168, 168n3, 173, 173n32, 174, 181, 185, 185n78, 195, 196, 203, 204, 226, 229, 242, 259, 411

Samos   108n95, 374n13

San Fratello   76, 260, 261

Segesta   15, 66, 77, 79, 80, 81, 82, 83n31, 85, 91, 93, 93n57, 94–96, 101–103, 105, 107n92, 112, 113, 123n32, 161, 190, 199, 200, 209, 257, 282, 422, 423, 425–436, 438, 439, 440, 485

Solunt/Soluntum   13n57, 26, 34–46, 47n83, 66, 69, 70, 71, 76, 78, 79, 80, 81, 82, 84, 85, 92, 93, 93n57, 94, 95, 96, 101, 103, 104, 105, 106, 107n92, 111, 112, 113, 116, 117, 131, 152, 157, 161, 199, 286, 426, 428, 432, 441, 442, 443, 444, 445, 446, 447, 447, 449, 450, 451, 452, 453, 474, 485

Syrakus   9, 16, 27, 41, 69, 73, 75, 76, 83, 91, 92, 103, 107, 109, 110, 113, 115, 115n8, 118n15, 132, 136, 146n83, 149, 150, 152, 153, 157, 164, 169, 169n11, 172, 175, 177, 178, 179, 183, 185, 186, 188n89, 190, 194, 209, 210, 211, 212, 214, 241, 242, 243, 250, 251, 282, 361, 371, 375, 376, 377, 453, 454, 455, 456, 457, 458, 459, 460, 461, 462, 463, 464, 465, 466, 467, 468, 469, 470, 471, 472, 476, 477

Taormina   73, 76, 77, 78, 87, 91, 92, 93n55, 95n61, 103n83, 109, 113, 120, 121, 149, 190, 199, 213, 453, 464, 473, 474, 475, 476, 477, 479, 480, 481, 482, 483

Termini Imerese   76, 101, 121, 122, 131, 132, 133, 135, 143, 144, 145, 146, 149, 150, 158, 159, 161, 163, 164, 190, 193, 199, 212, 282, 287, 306, 353, 392, 434, 485, 486, 487, 488, 489, 490, 491, 492, 493, 494, 495, 496, 197, 498, 500, 501, 502, 503, 504

Thamugadi   4n14, 165n160

Trapani   125, 200, 257, 259, 260, 333, 334

Tyndaris   73, 77, 103n83, 113, 118n15, 119, 120, 142, 143, 145, 150, 156, 165, 169, 188n89, 190, 199, 213, 214, 228, 370, 377, 505, 506, 507, 508, 509, 510, 511, 512, 513, 514, 515, 516, 518, 519, 520, 521, 522, 523, 524, 525, 526

720 REGISTER

Regionen

Ägypten 9, 162n148, 168, 196, 196n3

Griechenland 6, 49, 94, 110, 112, 177, 184n71, 186, 374, 488

Italien/Norditalien/Süditalien 5, 5n22, 9, 31, 84n37, 110, 111, 119n18, 159, 161n141, 162, 165, 165n157, 166, 166n168, 167, 185, 186, 187, 190, 193, 197, 246

Kleinasien/Asien 3n5, 6, 49, 94, 128, 166, 167, 177, 185, 186, 187n82, 188n90, 197, 259, 374

Nordafrika/Afrika 6, 7n44, 9, 35, 59, 119, 149, 159, 160, 161, 162, 162n148, 165, 165n157, 166, 166n164, 167, 167n171, 168, 169, 170n22, 186, 187, 188, 188n87, 190, 197, 258, 285, 349, 386

3 Aufstellungsorte

Agora 2, 8, 23, 26, 69, 76, 88, 100, 109, 109n105, 192, 200, 205
   Agrigent 218
   Athen 3n10, 5n20, 102n81
   Centuripe 154
   Cuicul 21n85
   Halaesa 47, 48, 49, 49n98, 50, 50n101, 50n103, 52, 58, 61, 65, 65n142, 66, 67, 68, 69, 74, 75, 81, 95, 125, 147, 151, 152, 157, 170, 183, 193, 263, 264, 265, 266, 267, 269, 270, 273, 275, 279–289, 295, 298–303
   Megara Hyblea 76, 98, 101, 360–367
   Monte Iato 83, 84, 85, 102, 309–311, 314–316, 318, 321
   Morgantina 26, 26n1, 27, 28, 28n8, 29, 30, 31, 32, 33, 33n25, 34, 78, 82, 99, 101, 106, 107, 361, 372, 376–379
   Segesta 80, 123n32, 428, 429, 433–440
   Solunt 35, 35n39, 36, 37, 38, 39, 40, 42, 42n64, 43, 44, 45, 46, 79, 80, 85, 95, 104, 152, 157, 441–442, 444–447, 449–452
   Taormina 474, 475, 477
   Tyndaris 77

Basilica/Basilika 49, 49n98, 50, 64, 74, 118n15, 156, 156n130, 188n89, 269, 270, 507, 515
Bouleuterion 3n11, 4, 28, 28n15, 30, 32, 34, 36, 69, 76, 83n32, 98, 100, 102, 102n81, 105, 151, 183, 209, 210, 214, 221, 374, 375, 427, 428, 476, 477, 479

Epiphanestatos topos/celeberrimus locus 23
Ekklesiasterion/Stufenanlage 27, 27n4, 29, 31, 32, 78, 101, 106, 117, 157, 377, 379, 407

Forum 23, 167
   Agrigent 151, 221
   Catania 126, 182, 182n66, 227, 237, 238
   Centuripe 154, 155, 242
   Pantelleria 404, 405
   Pompeji 38n50, 114n3, 146n80
   Syrakus 118n15, 157, 210, 211, 464–468
   Taormina 213, 480, 481
   Termini Imerese 486, 487, 494, 495, 497, 498, 500, 501
   Tyndaris 118n15, 156, 213

Gymnasium 4, 13, 28n8, 36, 108, 109, 152, 170, 212, 213, 218

Heiligtum 1, 2, 4, 13, 30, 31, 36, 40, 49, 69, 74, 83n32, 83n33, 91, 97, 107, 108n94, 108n95, 109, 112, 152, 153, 183, 192, 195, 198, 258, 267, 270, 361, 374n13, 374n14, 427, 456, 458, 459, 461, 484

in foro 1, 126, 210, 211, 213, 214, 237

Macellum 30, 32, 33, 33n26, 34, 99, 101, 379, 380

Platzanlage 1, 2, 4, 5, 13, 27, 32, 34, 43, 44, 45, 49, 50, 58, 59, 65, 66, 69, 70, 73, 78, 82, 97, 100, 101, 102, 103, 104, 110, 111, 112, 113, 118n15, 124, 125, 148, 150, 152, 154, 156, 157, 162, 166, 188, 192, 195, 196, 198, 230n2, 240, 261, 299, 300, 301, 361, 366, 404, 405, 406, 437, 439, 458, 446, 451, 479

Tempel 1, 6, 7, 9, 18, 49, 74, 82, 98, 99, 101, 112, 146, 151, 151n106, 152, 154, 162, 183,

REGISTER

212, 216, 218, 219, 220, 221, 222, 223, 224, 225, 255, 324, 361, 406, 407, 411, 426, 427, 434, 446, 447

Theater 4, 13, 27, 32, 35, 35n39, 36, 45, 49, 64n141, 69, 70, 79, 85, 91, 93, 95, 96, 97, 99, 101, 102, 103, 104, 107n92, 108, 118n15, 152, 156, 168n8, 170, 170n23, 177, 179, 182, 182n61, 183, 188, 188n89, 192, 195, 196, 198, 227, 229, 236, 237, 238, 239, 422, 423, 424, 425, 426, 433, 435, 461, 473, 474, 480, 481, 516, 518, 520, 521, 523, 524

Therme/Bad 4, 13, 36, 103, 182, 182n67, 192, 249, 250, 360, 361, 480, 481, 492

4   Standbilder

Bekrönung 12, 15, 16, 29, 38, 39, 48, 55, 56, 77, 80, 81, 84, 85, 117, 119, 171, 195

Bronze 13, 16, 20, 21, 21n86, 23, 23n95, 23n96, 24, 24n96, 24n97, 29, 30, 39, 41, 45, 46, 49, 61, 70, 74, 78, 79, 83, 83n31, 84, 84n36, 85, 85n38, 91, 92, 103, 104, 123, 123n32, 124, 152, 173, 174, 180n50, 195, 202, 209, 210, 214, 264, 270, 278, 305, 306, 307, 309, 324, 325, 326, 340, 346, 347, 351, 351n11, 426, 427, 428, 429, 443, 454, 472, , 428, 429, 443, 454, 472, 473, 474, 476, 477, 478, 479, 487, 499, 502, 506

Fundament 12, 13, 13n57, 19, 28, 29, 32, 33, 37, 38, 39, 43, 45, 75, 76, 77, 78, 80, 81, 82, 97, 102, 104n86, 116, 170

Oberseite 5, 13, 14, 18, 20, 21, 41, 58, 61, 76, 83, 84, 85, 92, 117, 123, 124, 162n146, 172, 173, 174, 175, 195

Plinthe 13, 16, 20, 41, 53, 61, 174, 222, 223, 243, 244, 245, 247, 258, 262, 264, 267, 278, 295, 299, 303, 323, 369, 373, 387, 423, 424, 452, 458, 472, 461, 462, 472, 483, 484, 496, 499, 500, 506, 507, 509, 514

Statuenbasen
  Biga 39, 84, 117, 121, 127, 161, 164, 399, 444
  Exedra 16, 18, 19, 23, 28, 29, 33, 34, 38, 48, 48n91, 51n106, 56, 57, 57n130, 58, 60, 64,

65, 66, 67, 68, 70, 71, 81, 82, 93n57, 101, 102, 105, 192, 193, 198, 201, 205, 215–219, 263–266, 271, 293, 296, 377, 378, 438

L-förmige Basis 15, 19, 37, 80, 437, 439, 447

Nischenbasis 14, 60, 67, 70, 79, 103, 116, 117, 292, 436

Orthostatenbasis 15, 19, 28, 48, 60, 70, 77, 106, 116, 322, 517

Quaderbasis 15, 19, 23, 28, 57, 60, 67, 75, 76, 77, 116, 117, 118, 170, 192, 198, 477

Quadriga 48, 59, 60, 67, 117, 161, 164, 194, 296, 486

Reiterbasis / Reiterstandbild 23, 28, 29, 31, 32, 33, 34, 37, 38, 52, 58, 70, 71, 73, 73n3, 76, 77, 78, 78n18, 79, 80, 81, 84, 93, 97, 101, 106, 118, 119, 127, 161, 173, 173n38, 192, 193, 198, 211, 213, 214, 238, 295, 322, 326, 362, 363, 377, 379, 400, 404, 405, 437, 440, 444, 445, 446, 447, 475, 476, 504, 517

Rundbasis 23

5   Inschriften

Agr12=*ISicily*4373
Cat6=*ISicily*0337=CIL X 7053
Cat7=*ISicily*0316=CIL X 7032
Cat8=*ISicily*0315=CIL X 7031
Cat9=*ISicily*0312=CIL X 7028
Cat16=*ISicily*0710=AE 1989,341 (keine Basis)
Cat17=*ISicily*1323=AE 1959, 24=SEG 44.0738.11
Cat18=*ISicily*0304=CIL X 7020
Cent7=AE 1993,828=AE 1996,789
Cent9=*ISicily*7021/0305=CIL X 7021=AE 1996,793=AE 1989,341b
En2=*ISicily*2908=AE 2005,674
Eri1=*ISicily*1101=IG XIV 282
Eri2=*ISicily*0537=CIL X 7257
Eri3=*ISicily*1102=IG XIV 283
Eri4=*ISicily*1103=IG XIV 284
Frat1=*ISicily*1181=IG XIV 359
Hala1=*ISicily*1175=IG XIV 353
Hala2=*ISicily*0800=AE 1973,266=SEG 37.759
Hala3=*ISicily*3351
Hala4=*ISicily*0612=AE 1973, 265=SEG 37.760
Hala5=*ISicily*1177=IG XIV 355
Hala6=*ISicily*0583=CIL X 7459

Hala7=*ISicily*1176=IG XIV 354
Hala8=*ISicily*1178=IG XIV 356
Hala15=*ISicily*0582=CIL X 7458
Hala16=*ISicily*3679
Hala17=*ISicily*3572
Hala18=*ISicily*0803=AE 1973,270
Hala19=*ISicily*3571
Hala20=*ISicily*3589
Hala21=*ISicily*3588
Hala22=*ISicily*3578
Hala23=*ISicily*3574
Hala24=*ISicily*3575
Hala25=*ISicily*0769=AE 1973,272
Hala26=*ISicily*3591
Hala27=*ISicily*3584
Hala28=*ISicily*3585
Hala29=*ISicily*3586
Hala30=*ISicily*3587
Hala31=*ISicily*3590
Hala32=*ISicily*0805=AE 1973,274
Halu1=*ISicily*1189=IG XIV 366
Halu2=IG XIV 367
Halu4=*ISicily*0587=CIL X 7463
Halu5=*ISicily*0588=CIL X 7464=AE 2001,1108
Malta3=*ISicily*3469=CIL X 7501
Malta4=CIL X 7495
Malta5=*ISicily*3354=CIL X 7507=AE 2006,518
Malta6=*ISicily*3468=CIL X 7508
Malta7=*ISicily*3464=CIL X 7502
Malta8=CIL X 7504
Malta9=CIL X 7503
Malta10=*ISicily*3465=CIL X 7506
Malta11=CIL X 7505
Mars1=*ISicily*1660=SEG 34.951
Mars2=*ISicily*1096=IG XIV 273=SEG 34.951
Mars3=*ISicily*1097=IG XIV 277=CIL X
    7240=SEG 34.0951
Mars4=*ISicily*0506=CIL X 7226
Mars5=*ISicily*0627=AE 1906.0075a
Mars6=*ISicily*0626=AE 1906,75ii
Mars7=*ISicily*0517=CIL X 7237
Mars8=*ISicily*0516=CIL X 7236
Mars9=*ISicily*0513=CIL X 7233
Mars10=*ISicily*0625=AE 1964,183
Mars11=*ISicily*0519=CIL X 7239=AE 1987,467
Mars12=*ISicily*3460
Mars13=*ISicily*3349=AE 2011,436
Mars14=*ISicily*0508=CIL X 7228=AE 2009,670

Mars15=CIL X 7229
Mars16=*ISicily*0509=CIL X 7229
Mars17=*ISicily*0810=AE 1966,166
Mars18=*ISicily*0510=CIL X 7230
Mars19=*ISicily*0514=CIL X 7234
Mars20=*ISicily*3441=EphEph696
Mars21=*ISicily*0812=AE 1966,167
Maz1=*ISicily*2988=AE 1935,123=AE 2010,613
Maz2=*ISicily*0482=CIL X 7202
Maz3=*ISicily*0490=CIL X 7210
Maz4=*ISicily*0491=CIL X 7211
Maz5=*ISicily*0492=CIL X 7212
Maz6=*ISicily*0486=CIL X 7206
Maz7=*ISicily*0630=AE 1990,438
Maz8=*ISicily*0483=CIL X 7203
Maz9=*ISicily*0485=CIL X 7205
Maz10=*ISicily*0484=CIL X 7204
Maz11=*ISicily*0489=CIL X 7209
Mess1=AE 1989,337
Pal8=*ISicily*0011=CIL X 7270
Pal9=*ISicily*0013=CIL X 7272
Pal10=*ISicily*0014=AE 1968,200
Pal11=*ISicily*0012=CIL X 7271
Pal12=*ISicily*0016=CIL X 7274
Pal13=*ISicily*0017=CIL X 7275
Pal14=*ISicily*0015=CIL X 7273
Pal15=*ISicily*0018=CIL X 7276
Pal16=*ISicily*0028=CIL X 7286
Pal17=*ISicily*0019=CIL X 7177
Pal18=*ISicily*0020=CIL X 7278
Pal19=*ISicily*0021=CIL X 7279
Pal20=*ISicily*0765=AE 1989,345d
Pal21=*ISicily*0023=CIL X 7281
Pal24=*ISicily*0031=CIL X 7295 (keine Basis)
Pal25=*ISicily*0024=CIL X 7282
Pal26=*ISicily*0811=IG XIV 296
Pal27=*ISicily*0025=CIL X 7283
Pal28=*ISicily*0026=CIL X 7284
Pante9=AE 2005,678
Seg1=*ISicily*1107=IG XIV 288.1=ISegesta G7a
Seg2=*ISicily*1108=IG XIV 288.2=ISegesta G7b
Seg3=*ISicily*2940=SEG 41.287=ISegesta G2
Seg4=*ISicily*1106=IG XIV 287=SEG
    45.1313=ISegesta G1
Seg5=ISegesta G3
Seg6=ISegesta G4
Seg7=ISegesta G5
Seg8=*ISicily*1111=IG XIV 290=ISegesta G10

Seg9=*ISicily*1112=IG XIV 291=ISegesta G11
Seg10=*ISicily*2938=SEG 41.0826=ISegesta G13
Seg11=*ISicily*2939=ISegesta G12
Seg12=ISegesta G6
Seg13=*ISicily*0622=AE 1945.64=ISegesta L2
Sol1=*ISicily*1130=IG XIV 311
Sol2=*ISicily*3419
Sol3–4=*ISicily*1413=SEG 46.1242
Sol10=*ISicily*3396=SEG 58.1055.4
Sol18=*ISicily*0047=CIL X 7336
Syr1=*ISicily*0823=IG XIV 2
Syr2=*ISicily*3331=SEG 56.1103.1.4
Syr22=*ISicily*0726=AE 1989,342d
Syr25=*ISicily*0406=CIL X 7125=IG XIV 14
Taorm1=*ISicily*1259=IG XIV 434
Taorm2=*ISicily*1260=IG XIV 435
Taorm4=*ISicily*3124=SEG 32.937
Taorm5=*ISicily*3125=SEG 32.936
Taorm8=*ISicily*4371
Taorm10=*ISicily*0281=CIL X 6993=AE
     1989,339a
Taorm11=*ISicily*0279=CIL X 6991
Taorm13=*ISicily*0048=CIL X 6989
Term1=*ISicily*1136=IG XIV 317
Term3=*ISicily*0095=CIL X 7349
Term4=*ISicily*0096=CIL X 7350

Term5=*ISicily*0098=CIL X 7351
Term9=*ISicily*0094=CIL X 7348
Term11=*ISicily*0052=CIL X 7344
Term18=*ISicily*0100=CIL X 7352
Term19=*ISicily*0108=AE 1994,773
Term20=*ISicily*0089=CIL X 7341
Term21=*ISicily*0090=CIL X 7342
Term22=*ISicily*0091=CIL X 7343
Term23=*ISicily*1135=IG XIV 316
Term24=*ISicily*0092=CIL X 7345
Term25=*ISicily*0093=CIL X 7346
Tynd1=*ISicily*3348=BE 1953,277
Tynd12=*ISicily*0672=AE 1989,338b
Tynd18=*ISicily*0063=CIL X 7472
Tynd20=*ISicily*0064=CIL X 7473
Tynd21=*ISicily*0065=CIL X 7474
Tynd22=AE 1989,338c
Tynd23=*ISicily*0066=CIL X 7475=AE 2007,682
Tynd24=*ISicily*0678=AE 1989,338e
Tynd25=*ISicily*0679=AE 1989,338f
Tynd26=AE 1989,338i
Tynd27=*ISicily*0068=CIL X 7478
Tynd28=*ISicily*0595=CIL X 7477
Tynd29=*ISicily*0067=CIL X 7476
Tynd30=*ISicily*0069=CIL X 7479
Tynd31=*ISicily*0070=CIL X 7480

Printed in the United States
by Baker & Taylor Publisher Services